―実務家のための―

刑 法 概 説

10訂版

河村 博 著

実務法規

10訂版はしがき

　平成30年8月の改訂後、令和4年法律第67号による侮辱罪の法定刑引上げ（未施行の拘禁刑創設等は条文のみ参考反映）、さらに令和5年法律第28号、第66号による刑法、刑訴法改正、同年法律第67号による「性的な姿態を撮影する行為等の処罰及び押収物に記録された性的な姿態の撮影に係る電磁的記録の消去等に関する法律」の制定などが行われるなどした。また裁判例などにも実務上参考になると思われるものが公刊物に掲載されるなどしている。

　今回の改訂にあたっては、これらの法改正などを盛り込むとともに主要な裁判例等についてもできるだけ触れるように心がけ、内容を最新のものにした。前回改訂同様、紙幅の許す限り、関連法令等の条文は注に掲記し、さらに未施行の改正条文も付記するなどして実務家等の利用の便宜を図ることとした。

　今回の改訂にあたっても緻密な編集作業を行っていただいた株式会社実務法規網谷玲彦氏に心より感謝申し上げる。

　令和6年8月　　　　　　　　　　　　　　　　　　　　著者

目　次

〈総　論〉

第1章　序　説

第1項　犯罪と刑法 3

第2項　刑法理論 6

 [1] 客観主義と主観主義　[2] 応報刑か目的刑か

 [3] 刑罰の予防的機能（一般予防と特別予防）

第3項　罪刑法定主義 10

 [1] 意　義　[2] 沿　革　[3] 内　容（1 慣習法によって人を処罰することはできな

 い（慣習刑法の排斥）　2 刑法は遡及効を有しない（刑罰法規の不遡及）　3 類

 推解釈は刑法上許されない（類推解釈の禁止）　4 絶対的不定期刑の禁止）

第4項　刑法の適用範囲 13

 [1] 時間的適用範囲　[2] 地域的適用範囲　[3] 人的適用範囲

第2章　犯　罪

第1項　意　義 25

第2項　成立要件 25

 [1] 構成要件該当性　[2] 違法性　[3] 有責性（責任）

第3項　処罰条件と処罰阻却事由 26

第3章　構成要件

第1項　構成要件 28

第2項　構成要件要素 29

第3項　行為の主体 29

第4項　行為の客体 30

第5項　行為の結果 30

 [1] 結果犯　[2] 結果と法益侵害　[3] 結果的加重犯　[4] 即成犯・状態犯・継続犯

 [5] 結合犯

第6項　行　為（実行行為） 32

2 目 次

1 実行行為　2 実行の着手　3 作為犯・不作為犯　4 間接正犯

5 原因において自由な行為　6 不能犯

第7項　因果関係...39

1 条件説　2 原因説　3 相当因果関係説

☞【実例】...41

第4章　違 法 性

第1項　違法性...43

1 違法性の本質　2 違法性阻却

第2項　法令又は正当業務による行為...44

1 法令による行為　2 正当業務による行為

☞【実例】1　（暴行を加えての現行犯人逮捕）.............................45

☞【実例】2　（学校体育時間中の罰の限界）................................47

第3項　正当防衛...48

1 意 義　2 要 件（1 急迫不正の侵害　2 自己又は他人の権利の防衛　3 やむ
を得ずにした行為）　3 効 果　4 過剰防衛　5 誤想防衛　6 盗犯等防止法によ
る特例

☞【実例】1　（警察官の行為に対する正当防衛――その1）.............54

☞【実例】2　（警察官の行為に対する正当防衛――その2）.............54

☞【実例】3　（侵害が予期された場合の急迫性）.........................55

☞【実例】4　（喧嘩と正当防衛）...57

☞【実例】5　（誤想過剰防衛行為）...58

☞【実例】6　（対物防衛）...59

第4項　緊急避難...60

1 意 義　2 要 件（1 現在の危難　2 自己又は他人の生命・身体・自由・財産
についての避難行為　3 やむを得ずにした行為　4 避難行為より生じた害が避け
ようとした害の程度を超えないこと）　3 効 果　4 過剰避難　5 誤想避難

6 業務上の特別義務者

第5項　被害者の承諾...63

１ 被害者の承諾と違法性　２ 承諾の要件

☞【実例】１　（錯誤による承諾）..65

☞【実例】２　（形式的な承諾）..65

第６項　推定的承諾..66

第７項　自救行為（自力救済）...66

１ 意 義　２ 自力救済は許されるか　３ 要 件（１ 不法な権利侵害　２ 緊急性

３ 権利保全目的　４ 相当性　５ 補充性　６ 法益権衡性）４ 効 果

第８項　労働争議行為...68

第９項　安楽死..70

第10項　可罰的違法性...71

第11項　社会的相当行為..73

第５章　責　任

第１項　責任の意義...74

第２項　責任能力..75

１ 心神喪失者・心神耗弱者　２ 瘖唖者　３ 刑事未成年

第３項　故　意..79

１ 要 約　２ 故意の内容　３ 犯罪事実の認識・認容　４ 確定的故意・未必の故意

第４項　事実の錯誤...82

１ 意 義　２ 事実の錯誤の種類　３ 具体的事実の錯誤（１ 客体の錯誤　２ 方法の

錯誤　３ 因果関係の錯誤）４ 抽象的事実の錯誤

第５項　違法性の意識...86

第６項　法律の錯誤...87

☞【実例】１　（法律の錯誤）..88

☞【実例】２　（法律の錯誤か事実の錯誤か）...................................89

第７項　過　失..90

１ 過失犯の処罰　２ 過失犯の成立要件　３ 過 失　４ 注意義務違反

５ 許された危険　６ 信頼の原則　７ 予見可能性と危惧感

８ 認識のない過失と認識ある過失　９ 業務上の過失　１０ 重過失

4　目　次

第8項　期待可能性 ……………………………………………………………99

　　①意　義　②責任阻却事由　③期待可能の標準

　　☞【実例】（中毒緩和のための麻薬使用）……………………………………100

第6章　行為の段階

第1項　陰謀（共謀）・予備・未遂・既遂…………………………………101

　　①陰謀（共謀）　②予　備　③未　遂　④既　遂

第2項　未遂犯 ………………………………………………………………103

　　①意　義　②実行の着手　③未遂の種類（1 着手未遂と実行未遂　2 障害未遂

　　と中止未遂）

第3項　中止犯 ………………………………………………………………104

　　①意　義　②要　件（1 実行に着手すること　2「自己の意思によって」やめたこ

　　と　3 犯罪を中止したこと）　③効　果　④共犯と中止犯

第4項　その他 ………………………………………………………………106

　　①自　首　②特別規定

第7章　共　犯

第1項　共犯の概念 …………………………………………………………109

　　①共犯の意義　②必要的共犯と任意的共犯　③同時犯

第2項　共同正犯………………………………………………………………111

　　①意　義　②共同意思　③共同実行　④共謀共同正犯　⑤共同正犯の責任

　　⑥共犯関係からの離脱

　　☞【実例】1（見張り）………………………………………………………116

　　☞【実例】2（承継的共同正犯）…………………………………………117

第3項　教唆犯…………………………………………………………………118

　　①意　義　②教　唆　③被教唆者の犯罪実行　④教唆犯の処罰　⑤教唆の教唆

　　（間接教唆）　⑥拘留科料の教唆犯

　　☞【実例】1（犯罪の対象が異なる教唆の錯誤）………………………121

　　☞【実例】2（結果的加重犯と教唆）……………………………………122

第4項　幇助犯（従犯）………………………………………………………122

1 正犯と幇助　2 被幇助者の犯罪実行　3 従犯（幇助犯）の処罰　4 従犯の教唆等

第5項　共犯と身分 125

1 身分犯への加功　2 加功の効果　3 身分と刑の加重

第6項　共犯の錯誤 127

1 問題点　2 考え方（1 認識と結果との食い違いが同一構成要件内にあるとき

「具体的事実の錯誤」の場合　2 認識と結果との食い違いが異なる構成要件間

にまたがるとき「抽象的事実の錯誤」の場合）

　☞【実例】1　（共同正犯の間の錯誤──その1）....................................128

　☞【実例】2　（共同正犯の間の錯誤──その2）....................................129

　☞【実例】3　（教唆犯同士の錯誤）..130

　☞【実例】4　（幇助犯の錯誤──見張り）..130

第8章　罪　数

第1項　犯罪の個数 132

第2項　一罪の範囲 132

1 接続犯　2 包括一罪　3 結合犯　4 集合犯

第3項　併合罪 134

第4項　科刑上一罪 136

1 観念的競合　2 牽連犯

第5項　法条競合 139

第9章　刑　罰

第1項　刑罰の種類 141

1 生命刑　2 自由刑　3 財産刑　4 没収

第2項　刑罰の適用 150

第3項　刑罰の執行 151

1 刑の執行猶予　2 未決勾留日数の本刑算入

〈各 論〉

第1編 個人的法益に対する罪

第1部 生命・身体に対する罪

第1章 殺人の罪

第1項 殺人罪 165

  ① 人 ② 殺人行為 ③ 処 罰

  ☞【実例】1 （ひき逃げ） 169

  ☞【実例】2 （未必の殺意） 170

  ☞【実例】3 （誤射による過失致死と殺人） 170

第2項 尊属殺人罪 171

  ① 憲法違反で無効の規定

第3項 殺人予備罪 172

  ① 予 備 ② 処 罰 ③ 特別法

第4項 自殺教唆罪・自殺幇助罪・嘱託殺罪・承諾殺罪.....................174

  ① 自 殺 ② 自殺教唆 ③ 自殺幇助 ④ 同意殺人 ⑤ 安楽死 ⑥ 未 遂

第2章 傷害の罪

第1項 傷害罪 177

  ① 傷 害 ② 傷害の方法 ③ 故 意 ④ 特別法

  ☞【実例】（自動車を発進させる方法での傷害） 180

第2項 傷害致死罪 181

  ① 結果的加重犯 ② 因果関係

  ☞【実例】 182

第3項 現場助勢罪 183

  ① 現 場 ② 助 勢

第4項 同時傷害罪 184

  ① 共犯の例による ② 同 時 ③ 傷害以外への適用

☞【実例】 185

第5項　暴行罪 185

　　1 暴行を加える　2 故 意　3 犯罪の性質による暴行概念の相違　4 特別法との
　　関係

　　☞【実例】1 187

　　☞【実例】2 187

第6項　危険運転致死傷罪 188

　　1 本条の趣旨等　2 アルコール又は薬物の影響　3 正常な運転が困難な状態

　　4 自動車　5 人　6 進行を制御することが困難な高速度で走行

　　7 進行を制御する技能を有しない　8 人又は車の通行を妨害する目的

　　9 著しく接近　10 重大な交通の危険を生じさせる速度

　　11 赤色信号又はこれに相当する信号　12 殊更に無視　13 その他

第7項　凶器準備集合罪・凶器準備結集罪 195

　　1 凶 器　2 準 備　3 集 合　4 集合させる　5 共同加害の目的　6 継続犯

第3章　過失傷害の罪

第1項　過失傷害罪 198

　　1 過 失

　　☞【実例】1（管理がずさんなため飼い犬が脱走し、幼児を咬んで怪我をさせた）...198

　　☞【実例】2（自転車を操縦中、脇見をしたため歩行者に衝突し負傷させた）.........198

第2項　過失致死罪 199

　　1 致 死　2 告訴不要

第3項　業務上過失傷害罪・業務上過失致死罪・重過失傷害罪・重過失
　　　　致死罪・自動車運転過失致死傷罪 199

　　1 業務上　2 業務上必要な注意　3 重過失　4 処 罰

　　5 自動車運転過失致死傷（1 自動車　2 運転上必要な注意）

　　6 刑の裁量的免除（1 対象となる罪　2 傷害が軽いとき　3 情状により）

　　7 加重類型

　　☞【実例】1（信頼の原則）...203

8　目　次

第4章　堕胎の罪

第1項　堕胎罪 206

　　1 堕 胎　2 母体保護法

第2項　同意堕胎罪・同意堕胎致死（傷）罪 207

　　1 行為者　2 同 意

第3項　業務上堕胎罪・業務上堕胎致死（傷）罪 208

　　1 身分犯　2 主体の資格　3 その他

第4項　不同意堕胎罪 208

　　1 同意と不同意　2 不同意

第5項　不同意堕胎致死（傷）罪 209

　　1 処 罰

第5章　遺棄の罪

第1項　遺棄罪 210

　　1 客 体　2 遺 棄

第2項　保護責任者遺棄罪 211

　　1 主 体　2 遺 棄　3 生存に必要な保護

　　☞【実例】（捨て子） 212

第3項　遺棄致死（傷）罪・保護責任者遺棄致死（傷）罪 212

　　1 結果的加重犯　2 処 罰

　　☞【実例】（轢き逃げと保護責任者遺棄） 213

第2部　自由及び生活の平穏を害する罪

第1章　逮捕監禁の罪

第1項　逮捕罪・監禁罪 217

　　1 客 体　2 逮 捕　3 監 禁　4 逮捕・監禁と暴行・脅迫　5 特別法

第2項　逮捕致死（傷）罪・監禁致死（傷）罪 218

　　1 死 傷　2 処 罰

第2章　脅迫の罪

第1項　脅迫罪 220

　　1 脅迫　2 害悪の内容　3 告知の方法　4 犯罪の性質による脅迫概念の相違

　　5 特別法との関係

　　　☞【実例】1　（取調べ警察官に対する脅迫）.................................221

　　　☞【実例】2　（凶器を示した場合）...222

第2項　強要罪 222

　　1 脅迫・暴行　2 義務のないことを行わせる　3 権利の行使を妨害する

　　4 未遂処罰　5 特別法

第3章　略取及び誘拐の罪

第1項　総　説 226

第2項　拐取罪（略取罪・誘拐罪）...226

　　1 略取　2 誘拐　3 未成年者　4 処罰

第3項　営利目的拐取罪・わいせつ目的拐取罪・結婚目的拐取罪等 228

　　1 客体　2 営利の目的　3 わいせつの目的　4 結婚の目的

　　5 生命・身体加害の目的　6 処罰

第4項　身の代金目的拐取罪・拐取者身の代金取得罪・拐取者身の代金要

　　　　求罪 229

　　1 立法趣旨　2 目的　3 近親者その他略取され又は誘拐された者の安否を憂慮する者

　　4 その財物を交付させる　5 人を略取又は誘拐した者（拐取者）

　　6 財物の交付（取得）・要求　7 特別法

第5項　所在国外移送目的拐取罪・人身売買罪等 231

　　1 所在国外に移送　2 売買　3 特別法

第6項　営利拐取等幇助目的被拐取者収受罪・営利目的被拐取者収受罪・

　　　　収受者身の代金取得罪等 233

　　1 本条の罪の種別　2 幇助する　3 引渡し　4 収受　5 輸送　6 蔵匿

　　7 隠避　8 目的

第7項　未　遂 235

　　1 適用範囲

10　目　次

第8項　解放減軽 235

　1 立法趣旨　2 安全な場所に解放する　3 減　軽

第9項　身の代金拐取予備罪 237

　1 立法趣旨　2 予　備　3 自首による減軽免除　4 特別法

第10項　親告罪 237

　1 適用範囲　2 婚姻と告訴

第4章　住居を侵す罪

第1項　総　説 239

第2項　住居侵入罪 239

　1 正当な理由がない　2 住　居　3 邸　宅　4 建造物　5 艦　船

　6 人の看守する　7 侵入する　8 不退去　9 未　遂

　☞【実例】1　（真意でない承諾があったとき）......................................242

　☞【実例】2　（推定的承諾がないとき）..243

　☞【実例】3　（居室もあるビルの階段通路）..243

　☞【実例】4　（東京タワーへの立ち入り）..243

第5章　秘密を侵す罪

第1項　信書開封罪 245

　1 封をする　2 開　封　3 特別法　4 処　罰

第2項　秘密漏示罪 246

　1 秘　密　2 漏　示　3 処　罰　4 特別法

第3部　名誉及び信用に対する罪

第1章　名誉に対する罪

第1項　名誉毀損罪・死者名誉毀損罪 253

　1 名　誉　2 公　然　3 事実の摘示　4 名誉の毀損　5 処　罰

　☞【実例】1　（公然性）..255

　☞【実例】2　（事実の摘示）..255

第2項　公共的事実に関する名誉毀損（真実の証明による不処罰）.....................256

1 立法趣旨　2 公共の利害に関する事実　3 真実の証明　4 真実であることの錯誤

第3項　侮辱罪...259

1 侮辱　2 被害主体　3 処罰（令和4年法律第67号改正）

☞【実例】（壁新聞）..260

第2章　信用及び業務に対する罪

第1項　信用毀損罪・業務妨害罪...262

1 手段　2 結果　3 虚偽の風説の流布　4 偽計を用いる

5 信用の毀損　6 業務の妨害　7 特別法

第2項　威力業務妨害罪..264

1 威力を用いる（1 地位、権勢を利用したもの　2 業務執行行為自体に実力行使を加えたもの　3 犯人の生命、身体に危害の及ぶおそれのある状態を作出したもの　4 物の奪取、抑留によるもの　5 怒号するなどして混乱させたもの　6 物理的方法によるもの）　2 業務妨害　3 特別法

第3項　電子計算機損壊等業務妨害罪...269

1 趣旨　2 人の業務に使用する電子計算機　3 その用に供する電磁的記録

4 損壊　5 虚偽の情報若しくは不正な指令を与え　6 その他の方法

7 使用目的に沿うべき動作をさせず　8 使用目的に反する動作をさせる

9 業務を妨害　10 その他　11 未遂処罰

第4部　財産に対する罪

第1章　財産犯総説

第1項　財産犯..277

第2項　各罪の特色...277

1 窃盗　2 強盗　3 詐欺　4 恐喝　5 横領　6 背任

7 贓物（贓物）の罪（盗品等に関する罪）　8 毀棄・隠匿

第3項　各罪の類別...279

1 財物罪と利得罪　2 奪取罪と非奪取罪　3 領得罪と非領得罪

第4項　財物...279

12　目　次

1 意　味　2 財物と有体物　3 財物と財産的価値　4 動産・不動産

5 財物と禁制品

第5項　財産上の利益...281

第2章　窃盗の罪

第1項　窃　盗　罪...283

1 他人の財物　2 窃取する　3 不法領得の意思　4 未　遂　5 処　罰

6 親族間の犯罪に関する特例　7 特別法

☞【実例】1　（置き忘れた財布）...287

☞【実例】2　（死者の占有）...289

☞【実例】3　（裁判所の仮処分で執行官の保管となっていた自己所有森林の無

　　　　　　断伐採）...289

☞【実例】4　（使用窃盗）...290

☞【実例】5　（窃取既遂）...291

第2項　不動産侵奪罪...291

1 他人の不動産　2 侵　奪　3 処　罰

第3章　強盗の罪

第1項　強　盗　罪...293

1 暴行・脅迫　2 強　取　3 財産上不法の利益を得た　4 処　罰　5 特別法

☞【実例】1　（暴行・脅迫の程度）...295

☞【実例】2　（暴行・脅迫の程度）...296

☞【実例】3　（ひったくり強盗）...296

☞【実例】4　（相手の畏怖状態に乗じた奪取）.........................297

☞【実例】5　（暴行と財物奪取との因果関係）.........................298

☞【実例】6　（居直り強盗）...299

第2項　強盗予備罪...300

1 強盗の予備　2 罪　数

☞【実例】（準強盗をする目的での予備）.................................300

第3項　事後強盗罪（「準強盗罪」）...301

目　次　13

　　1 趣　旨　2 窃　盗　3 暴行・脅迫　4 目　的

　　☞【実例】1　（逮捕を免れる暴行）...303

　　☞【実例】2　（窃盗の機会、警察官に対する暴行・脅迫）...................303

第4項　昏酔強盗罪...304

　　1 昏酔させる　2 強盗として論ずる

第5項　強盗致傷罪・強盗致死罪・強盗殺人罪...305

　　1 強　盗　2 人　3 死傷の結果　4 故　意　5 未　遂

　　☞【実例】1　（強盗の機会）...306

　　☞【実例】2　（強盗の機会）...306

　　☞【実例】3　（全く無関係の人を殺してしまった場合）...................307

　　☞【実例】4　（事後強盗犯の犯した殺傷行為）...................................308

　　☞【実例】5　（強殺と財物奪取との関係）...308

　　☞【実例】6　（財産上不法の利益）...309

第6項　強盗・不同意性交等罪、強盗・不同意性交等致死罪...................309

　　1 強盗の罪若しくはその未遂罪を犯した者

　　2 177条の罪若しくはその未遂の罪を犯した者

　　3 不同意性交等　4 行為により死亡させた　5 未　遂

　　☞【実例】1　（事後強盗と本条との関係）...313

　　☞【実例】2　（共犯のある場合）...314

第4章　詐欺及び恐喝の罪

第1項　詐　欺　罪...315

　　1 欺　く　2 財物・不法領得の意思　3 交付させる　4 財産上不法の利益

　　5 一項と二項との関係　6 処　罰

　　☞【実例】1　（処分行為——その1）...321

　　☞【実例】2　（処分行為——その2）...322

　　☞【実例】3　（処分行為——その3）...322

　　☞【実例】4　（訴訟詐欺）...323

　　☞【実例】5　（国家的法益の場合）...324

14　目　次

　　☞【実例】6　（権利の行使）..325

　　☞【実例】7　（窃取した通帳による払戻し）....................................326

第2項　電子計算機使用詐欺罪..327

　1趣　旨　2前条に規定するもののほか　3人の事務処理に使用する電子計算機

　4虚偽の情報若しくは不正な指令を与え

　5財産権の得喪若しくは変更に係る不実の電磁的記録

　6財産権の得喪若しくは変更に係る虚偽の電磁的記録（後段）

　7人の事務処理の用に供し　8財産上不法の利益を得

　9その他（1　着手時期　2　故　意　3　親族相盗例　4　他罪との関係）

第3項　準詐欺罪..331

　1未成年者　2知慮浅薄　3心神耗弱　4乗じて　5他罪との関係等

第4項　恐喝罪..332

　1恐　喝　2財物の交付　3財産上不法の利益　4処　罰　5他罪との関係

　　☞【実例】1　（恐喝に当たる事例）..336

　　☞【実例】2　（暴力団員らの恐喝）..337

　　☞【実例】3　（虚偽事実の告知による恐喝）..................................337

　　☞【実例】4　（黙示の処分行為）..338

　　☞【実例】5　（債権取立と恐喝、権利の行使）................................338

第5章　横領及び背任の罪

第1項　総　説..340

第2項　横領罪..340

　1自己の占有する他人の物　2横領行為　3公務所より保管を命ぜられた物

　4処　罰

　　☞【実例】　（不動産の二重売買）..345

第3項　業務上横領罪..346

　1業務上の占有　2横領行為　3処　罰

第4項　遺失物横領罪..348

　1占有を離れた他人の物　2横領行為

目　次　15

第5項　背任罪 ……………………………………………………………351

  1 他人のためにその事務を処理する者　2 その任務に背く行為（背任行為）

  3 財産上の損害　4 図利加害の目的　5 背任と横領との区別

  6 処 罰　7 特別法

第6章　盗品等に関する罪

第1項　贓　物（臓物）……………………………………………………360

  1 財産犯（領得罪）によって取得された物である

  2 被害者が法律上追求することができなくなれば、贓物性を失う

  3 盗品等に関する罪（贓物罪）を処罰する趣旨

第2項　盗品等無償譲受け罪・盗品等運搬罪・盗品等保管罪

      ・盗品等有償譲受け罪・盗品等処分あっせん罪………………………362

  1 無償譲受け　2 運 搬　3 保 管　4 有償譲受け

  5 有償処分のあっせん　6 故意犯（知情）

第3項　親族間の犯罪の特例 ……………………………………………364

第4項　本犯の共犯と本罪との関係 ……………………………………365

  ☞【実例】（窃盗本犯と共同で贓物を運搬した場合）……………………365

第7章　毀棄及び隠匿の罪

第1項　公用文書毀棄罪・公電磁的記録毀棄罪 ………………………367

  1 公務所の用に供する文書　2 公務所の用に供する電磁的記録　3 毀 棄

  ☞【実例】1（弁解録取書を丸めて捨てた）………………………………368

  ☞【実例】2（署名押印のない交通切符の引き裂き）……………………369

第2項　私用文書毀棄罪・私電磁的記録毀棄罪 ………………………369

  1 権利又は義務に関する文書　2 他人の文書

  3 権利又は義務に関する電磁的記録　4 他人の電磁的記録

  5 毀 棄　6 処 罰

  ☞【実例】（他人の有価証券の隠匿）………………………………………370

第3項　建造物等損壊罪・建造物等損壊致死罪・建造物等

    損壊致傷罪 …………………………………………………………371

1 建造物　2 艦船　3 損壊　4 致死傷　5 処罰　6 特別法

☞【実例】（ビルの美観を害したビラ貼り） 373

第4項　器物損壊罪（「毀棄罪」） 374

1 前3条に規定するもののほか　2 損壊　3 傷害　4 処罰　5 特別法

第5項　境界毀損罪 376

1 境界標　2 境界　3 処罰

第6項　信書隠匿罪 376

1 他人の信書　2 隠匿　3 処罰　4 特別法

第2編　社会的法益に対する罪
第1部　公共の平穏を害する罪

第1章　騒乱の罪

第1項　騒乱首謀罪・騒乱指揮罪・騒乱助勢罪・騒乱付和随行罪 381

1 多衆　2 集合　3 共同意思　4 暴行・脅迫　5 首謀者

6 指揮　7 率先して勢いを助け　8 付和随行　9 特別法

第2項　多衆不解散首謀罪・多衆不解散罪 384

1 不解散　2 当該公務員　3 3回以上　4 首謀者

第2章　放火及び失火の罪

第1項　現住建造物等放火罪 386

1 放火　2 焼損　3 建造物等　4 現に人が住居に使用する

5 現に人がいる　6 処罰　7 特別法

☞【実例】1（居住者殺害後の放火） 389

☞【実例】2（住宅に近接する物置への放火） 389

☞【実例】3（駅ビルの一部であるコンクリート造り交番への放火） 390

第2項　非現住建造物等放火罪・自己所有非現住建造物等放火罪 391

1 非現住建造物等放火　2 人の住居に使用せず　3 自己の所有物

4 公共の危険を生じなかったとき　5 罰しない　6 処罰

☞【実例】（不作為の放火） 393

第3項　建造物等以外放火罪・自己所有建造物等以外放火罪.............................394

　1 以外の物　2 よって公共の危険を生じさせた　3 自己の物

　4 特別法

　☞【実例】1　（ごみ入り紙袋への放火）..................................395

　☞【実例】2　（不燃建築材の建物への放火）.............................395

第4項　建造物等延焼罪・建造物等以外延焼罪.............................397

　1 本条の趣旨　2 延 焼

第5項　消火妨害罪..398

　1 火災の際　2 消火用の物　3 隠匿、損壊、その他の方法　4 特別法

第6項　建造物等失火罪・自己所有非現住建造物等失火罪.................399

　1 失火により　2 公共の危険　3 特別法

第7項　激発物破裂罪・過失激発物破裂罪..................................400

　1 激発すべき物　2 損 壊　3 放火の例による　4 失火の例による

　☞【実例】　（ガス自殺目的のガス爆発）..................................402

第8項　業務上失火（業務上過失激発物破裂）罪・重過失失火（重過

　　　　失激発物破裂）罪...404

　1 加重的構成要件　2 業務上必要な注意　3 重大な過失　4 他 罪

　☞【実例】　（サウナ風呂製作上耐火性に不備があった失火事件）.......406

第9項　ガス等漏出罪・ガス等漏出致死罪・ガス等漏出致傷罪...........407

　1 危険の対象　2 故意犯　3 致死傷

第3章　出水及び水利に関する罪

第1項　現住建造物等浸害罪..409

　1 出水させる　2 浸害する

第2項　建造物等以外浸害罪..410

　1 前条に規定する物以外の物　2 自己の物　3 前項の例による

第3項　水防妨害罪..411

　1 水害の際　2 水 防　3 特別法

第4項　過失建造物等浸害罪・過失建造物等以外浸害罪...................412

1 過失による出水　2 他罪との関係

第5項　水利妨害罪 412

1 水 利　2 出 水　3 特別法

第4章　往来を妨害する罪

第1項　往来妨害罪・往来妨害致死罪・往来妨害致傷罪 414

1 陸 路　2 水 路　3 橋　4 損 壊　5 閉 塞　6 往来の妨害

7 致死傷　8 傷害の罪との比較　9 処 罰　10 特別法

第2項　電汽車往来危険罪・艦船往来危険罪 419

1 趣 旨　2 客 体　3 行 為　4 既 遂　5 特別法

第3項　電汽車転覆罪・艦船転覆罪・電汽車転覆致死罪等 422

1 現に人がいる　2 転 覆　3 沈 没　4 破 壊　5 致 死

6 処 罰　7 特別法

第4項　電汽車往来危険転覆罪・艦船往来危険転覆罪等 424

1 結果的加重犯　2 致 死

第5項　過失往来妨害罪・業務上過失往来妨害罪 424

1 往来の危険　2 転覆・沈没・破壊　3 過失により

4 業務に従事する者　5 致死傷

☞【実例】（自動車の酒酔い運転と鉄道線路上への自動車の放置）..........425

第5章　あへん煙に関する罪

第1項　あへん煙輸入罪等 431

1 あへん煙　2 輸 入　3 製 造　4 販 売　5 所 持　6 処 罰

第2項　あへん煙吸食器具輸入罪等 433

1 吸食器具　2 処 罰

第3項　税関職員あへん煙等輸入罪 434

1 税関職員　2 輸入を許す　3 処 罰

第4項　あへん煙吸食罪・あへん煙吸食場所提供罪 434

1 吸 食　2 場所提供　3 利益を図る　4 処 罰

第5項　あへん煙等所持罪 435

　　　　　　　　　　　　　　　　　　　　　　　　　目　次　19

　　1 所 持

第6章　飲料水に関する罪

　第1項　浄水汚染罪……………………………………………………………437

　　1 人の飲料に供する　2 浄 水　3 汚 染　4 使用不能

　第2項　水道汚染罪……………………………………………………………438

　　1 水 道　2 公衆の飲料用浄水　3 水 源

　第3項　浄水毒物混入罪………………………………………………………439

　　1 毒物その他人の健康を害すべき物

　第4項　浄水汚染致死罪・水道汚染致死罪等………………………………440

　　1 致死傷　2 処 罰

　第5項　水道毒物混入罪・水道毒物混入致死罪……………………………440

　　1 混 入　2 致 死

　第6項　水道損壊罪……………………………………………………………441

　　1 水 道　2 特別法

第2部　公共の信用を害する罪

第1章　通貨偽造の罪

　第1項　通貨偽造罪・通貨変造罪・偽造通貨行使罪等……………………445

　　1 通用する　2 貨 幣　3 紙 幣　4 銀行券　5 偽 造　6 行使の目的

　　7 変 造　8 行 使　9 交 付　10 輸 入　11 処 罰

　　☞【実例】　（千円札の変造）……………………………………………447

　第2項　外国通貨偽造罪・外国通貨変造罪・偽造外国通貨行使罪等……448

　　1 日本国内に流通する　2 外国の貨幣等　3 処 罰

　第3項　偽（変）造通貨収得罪………………………………………………450

　　1 収 得

　第4項　偽（変）造通貨収得後知情行使罪等………………………………450

　　1 収得後の知情　2 額面価格　3 処 罰

　第5項　通貨偽（変）造準備罪………………………………………………451

20　目　次

　　1 器械　2 原料　3 準備

第2章　文書偽造の罪

第1項　保護法益 453

第2項　文書の意義 453

　　1 意識内容の表示　2 永続性　3 表示内容　4 作成名義　5 写真コピーの文書性

第3項　偽　造 457

　　1 意　義　2 当該文書の作成権限のないこと　3 代理資格の冒用

　　4 代理権限を超えた場合　5 偽造の方法　6 偽造の成立　7 偽造の処罰

第4項　変　造 461

　　1 意　義　2 態　様　3 偽造との区別

第5項　行　使 462

　　1 意　義　2 偽造との関係

第6項　電磁的記録 463

第7項　詔書偽（変）造罪 465

　　1 御　璽　2 国　璽　3 御　名　4 詔　書　5 その他の文書

第8項　有印公文書偽（変）造罪・無印公文書偽（変）造罪 465

　　1 本条の構成　2 公文書　3 印章と署名　4 偽造・変造

　　5 公印偽造罪・公印不正使用罪との関係

　　　☞【実例】1　（実在しない公務所名義の文書） 468

　　　☞【実例】2　（不動産登記簿の偽造とその謄本の申請） 469

第9項　虚偽有印公文書作成罪・虚偽無印公文書作成罪 470

　　1 犯罪の主体　2 行　為　3 処　罰

　　　☞【実例】　（情を知らない上司の利用） 471

第10項　公正証書原本不実記載罪・免状等不実記載罪・電磁的公正証
　　　書原本不実記録罪 472

　　1 権利若しくは義務に関する公正証書の原本

　　2 公正証書の原本として用いられる電磁的記録　3 虚偽の申立　4 不　実

　　5 行　為　6 免状・鑑札・旅券　7 未　遂

☞【実例】1　(他人の名前を使った運転免許の取得) 477

☞【実例】2　(コンピューター・システムを利用した「自動車登録ファイル」

　　　　　登録名義の承諾の効果) 478

第11項　偽造有印公文書行使罪・不実記載公正証書原本行使罪等...................479

　①行 使　②供 用　③未 遂

　☞【実例】1　(偽造の自動車運転免許証の車内携帯) 480

　☞【実例】2　(有効期限の切れている偽造免許証の呈示) 480

第12項　有印私文書偽造(変造)罪・無印私文書偽造(変造)罪...........................482

　①本条の構成　②権利、義務に関する文書　③事実証明に関する文書

　④偽造・変造　⑤有印私文書偽造　⑥無印私文書

　☞【実例】　(交通切符の違反者供述書欄の私文書偽造) 484

第13項　虚偽診断書等作成罪...................................485

　①行 為　②診断書・検案書・死亡証書

第14項　偽造有印私文書行使罪・虚偽診断書等行使罪等...................................486

　①行 使　②処 罰　③未 遂

第15項　私(公)電磁的記録不正作出罪・不正作出私(公)電磁的記録

　　　　供用罪等 487

　①人の事務処理を誤らせる目的　②その事務処理の用に供する

　③権利、義務又は事実証明に関する電磁的記録　④不正に作り

　⑤公務所又は公務員により作られるべき電磁的記録

　⑥人の事務処理の用に供し　⑦未 遂　⑧その他

第3章　有価証券偽造の罪

第1項　総 説...................................493

第2項　有価証券偽造罪・有価証券変造罪・有価証券虚偽記入罪...................................495

　①偽 造　②変 造　③虚偽の記入

　☞【実例】　(虚無人名義の約束手形) 496

第3項　偽造有価証券行使罪・変造有価証券行使罪・虚偽記入有価証

　　　　券行使罪...................................497

22 目 次

　　①趣 旨　②行使・交付・輸入　③処 罰

　第4項　支払用カード電磁的記録不正作出罪等 497

　　①本条の趣旨　②人の財産上の事務処理を誤らせる目的

　　③その事務処理の用に供する電磁的記録

　　④クレジットカードその他の代金又は料金の支払用のカード

　　⑤構成するもの（電磁的記録）　⑥不正に作る　⑦預貯金の引出用カード

　　⑧用に供する　⑨電磁的記録をその構成部分とするカード

　　⑩譲渡し、貸渡し　⑪輸 入　⑫その他

　第5項　不正電磁的記録カード所持罪 502

　　①本条の趣旨　②客 体　③所 持

　第6項　支払用カード電磁的記録不正作出準備罪 503

　　①本条の趣旨　②目 的　③電磁的記録の情報　④取 得

　　⑤情を知って　⑥提 供　⑦保 管　⑧器械又は原料　⑨準 備

　第7項　未 遂 罪 506

第4章　印章偽造の罪

　第1項　総 説 508

　第2項　御璽等偽造罪・御璽等不正使用罪・偽造御璽等使用罪 508

　　①行 為　②処 罰

　第3項　公印偽造罪・公印不正使用罪・偽造公印使用罪 509

　　①行 為　②印章・署名　③偽 造　④不正使用　⑤偽造印章・署名の使用

　　⑥処 罰

　　☞【実例】（警察官の肩書付き名刺の作成・使用）..................................510

　第4項　公記号偽造罪・公記号不正使用罪・偽造公記号使用罪 511

　　①公務所の記号　②行 為　③処 罰

　第5項　私印偽造罪・私印不正使用罪・偽造私印使用罪 513

　　①他人の印章・署名　②偽 造　③不正使用　④使 用　⑤処 罰

第4章の2　不正指令電磁的記録に関する罪

　第1項　不正指令電磁的記録作成罪等 515

1 立法趣旨　　2 正当な理由がないのに

　　　3 人の電子計算機における実行の用に供する

　　　4 その意図に沿うべき動作をさせず、又はその意図に反する動作をさせるべき

　　　不正な指令　　5 不正な指令を記述した電磁的記録、その他の記録

　　　6 作成・提供　　7 供用・未遂

　第2項　不正指令電磁的記録取得罪等..517

　　　1 正当な理由がないのに　　2 前条第1項の目的　　3 取得・保管

第3部　風俗を害する罪

第1章　わいせつ、不同意性交等及び重婚の罪

　第1項　総　　説..521

　第2項　公然わいせつ罪..521

　　　1 公　然　　2 わいせつな行為

　第3項　わいせつ文書等頒布罪・同販売罪・同陳列罪・同所持罪...................523

　　　1 わいせつ物　　2 頒　布　　3 電気通信の送信による頒布

　　　4 公然陳列　　5 有償頒布目的所持・保管　　6 特別法

　　　☞【実例】 1 （性器の部分を塗りつぶしたポルノ写真）...........................527

　　　☞【実例】 2 （英語のポルノ小説）...530

　　　☞【実例】 3 （ポルノ映画フィルムの貸主の責任）.................................531

　　　☞【実例】 4 （サイバーポルノ）..531

　　　☞【実例】 5 （同じ程度のわいせつ物が市販されていることと犯罪の成否）...........531

　第4項　不同意わいせつ罪 533

　　　1 本条の趣旨　　2 同意しない意思を形成し、表明し、又は全うすることが

　　　困難な状態　　3 誤信、人違い　　4 わいせつな行為　　5 16歳未満　　6 処　罰

　　　☞【実例】 （接吻はわいせつ行為か）...539

　第5項　不同意性交等罪..541

　　　1 本条の趣旨　　2 暴行・脅迫　　3 性交等

　　　4 16歳未満　　5 処　罰

24　目　次

　　☞【実例】（自動車に引きずり込む行為と不同意性交（強制性交）の着手）..........543

第6項　準強制わいせつ罪・準強制性交等罪（令和5年改正により削除）........544

　　1 行　為　2 心神喪失・抗拒不能　3 処　罰

第7項　集団強姦等罪（平成29年改正により削除）...................................546

第8項　監護者わいせつ罪、監護者性交等罪...546

　　1 趣　旨　2 現に監護する者　3 影響力に乗じて　4 故　意

　　5 他罪との関係　6 処　罰

第9項　不同意わいせつ等致死（傷）罪..548

　　1 行　為　2 死傷の結果　3 処　罰

　　☞【実例】（輪姦の際の致傷）...550

第10項　16歳未満の者に対する面会要求等...550

　　1 趣　旨　2 行為の客体、主体　3 わいせつの目的　4 面　会　5 要　求

　　6 威迫・偽計・誘惑　7 金銭その他の利益　8 性的な姿態をとって

第11項　淫行勧誘罪...552

　　1 行　為　2 特別法

第12項　重　婚　罪...553

　　1 配偶者のある者　2 重婚　3 相手方となって婚姻した者

第2章　賭博及び富くじに関する罪

第1項　総　説..556

第2項　賭　博　罪...556

　　1 偶然性　2 賭　博　3 財物を賭けること　4 一時の娯楽に供する物

　　5 既　遂　6 特別法

第3項　常習賭博罪・賭博開張等図利罪（賭博開張図利罪・博徒結
　　　　合図利罪）...558

　　1 常習賭博罪　2 賭博開張図利罪　3 博徒結合図利罪　4 特別法

　　☞【実例】（ギャンブル遊技機の設置）.......................................559

第4項　富くじ発売罪・同取次罪・同授受罪...560

　　1 富くじ　2 行　為

第3章　礼拝所及び墳墓に関する罪

第1項　礼拝所不敬罪・説教等妨害罪 562

  1 礼拝所に対する不敬な行為　2 説教等の妨害

第2項　墳墓発掘罪 563

  1 墳 墓　2 発 掘

第3項　死体遺棄罪・遺骨等遺棄罪・棺内蔵置物遺棄罪等 563

  1 死 体　2 死体等の損壊　3 死体等の遺棄　4 死体等の領得

第4項　墳墓発掘死体遺棄罪・墳墓発掘遺骨等遺棄罪・墳墓発掘棺内

     蔵置物遺棄罪等 566

  1 結合犯　2 墳墓発掘

第5項　変死者密葬罪 566

  1 趣 旨　2 変死者　3 検 視　4 葬 る

第3編　国家的法益に対する罪

第1章　公務の執行を妨害する罪

第1項　公務執行妨害罪・職務強要罪 573

  1 保護法益　2 公 務　3 公務員　4 職務の執行

  5 執行するに当たり　6 暴行・脅迫

  7 職務行為の適法性（1 その行為が、その公務員の一般的（抽象的）権限の範

  囲内にあること　2 具体的職務行為について法律上の要件を具備していること

  3 一定の方式や手続きが有効要件（必要）とされる行為にあっては、それらを

  正しく踏んでいること）

  8 公務執行に対する認識　9 職務強要　10 特別法

  ☞【実例】1（用便中に襲撃された派出所警察官）..................................581

  ☞【実例】2（職務質問のため通行人の腕を掴まえた警察官）...............582

  ☞【実例】3（自動車の窓から手を入れてスイッチを切り運転を制止した警察官）...583

  ☞【実例】4（エンプラ反対飯田橋事件）..584

  ☞【実例】5（庁舎管理権に基づく排除行為に対する反撃）..................585

26　目　次

　　　☞【実例】6　（誤認逮捕された者の反撃）..586

　第2項　封印破棄罪..587

　　　1 封 印　2 差押の表示　3 損 壊　4 命令・処分を無効にする

　　　5 故 意　6 その他

　第3項　強制執行妨害目的財産損壊等罪...589

　　　1 強制執行　2 行為者　3 隠 匿　4 譲渡の仮装　5 債務負担の仮装

　　　6 現状改変　7 不利益条件での譲渡・権利設定　8 特別法

　第4項　強制執行行為妨害等罪..593

　　　1 立法趣旨　2 偽計・威力　3 強制執行の行為　4 暴行・脅迫　5 特別規定

　第5項　強制執行関係売却妨害罪...594

　　　1 立法趣旨　2 売 却　3 その他　4 特別規定

　第6項　加重封印等破棄罪等...596

　　　1 立法趣旨

　第7項　公契約関係競売等妨害罪...596

　　　1 公の競売・入札　2 偽計・威力　3 公正を害すべき行為

　　　4 公正な価格　5 不正な利益　6 談 合　7 特別法

　　　☞【実例】..599

第2章　逃走の罪

　第1項　単純逃走罪..601

　　　1 法令により拘禁された者　2 逃 走　3 処 罰

　第2項　加重逃走罪..603

　　　1 前条に規定する者　2 拘禁場・拘束のための器具の損壊

　　　3 暴行・脅迫　4 結合犯　5 2人以上通謀して逃走　6 処 罰

　第3項　被拘禁者奪取罪...606

　　　1 法令により拘禁された者　2 奪 取　3 処 罰

　第4項　逃走援助罪・逃走援助暴行罪（「逃走幇助罪」等）...................606

　　　1 逃走を容易にすべき行為　2 前項の目的　3 暴行・脅迫　4 処 罰

　第5項　看守者逃走援助罪（「看守者逃走幇助罪」）.............................608

目　次　27

1 主体　2 逃走させる　3 処 罰

第3章　犯人蔵匿証拠隠滅の罪

第1項　犯人蔵匿罪・犯人隠避罪 610

1 罰金以上の刑に当たる罪　2 罪を犯した者　3 拘禁中に逃走した者

4 蔵匿する　5 隠避させる　6 故 意　7 犯人自身の行為　8 処 罰

第2項　証拠隠滅罪 612

1 他人の刑事事件　2 証 拠　3 隠滅する　4 偽造する　5 変造する

6 使用する　7 処 罰

第3項　証人威迫罪 615

1 刑事事件　2 捜査審判に必要な知識　3 知識を有すると認められる者

4 行 為　5 故 意　6 特別法

第4章　偽 証 の 罪

第1項　偽証罪 617

1 宣誓した証人　2 虚偽の陳述　3 本人の偽証教唆　4 自白の特例

5 特別法

第2項　虚偽鑑定罪・虚偽通訳罪・虚偽翻訳罪 620

1 通訳人・翻訳人　2 自白の特例

第5章　虚偽告訴の罪

第1項　虚偽告訴罪 621

1 人に　2 刑事又は懲戒の処分　3 目 的　4 申 告　5 虚 偽

6 処 罰

第6章　汚 職 の 罪

第1項　公務員職権濫用罪 623

1 職権を濫用　2 公務員　3 準起訴手続

第2項　特別公務員職権濫用罪 624

1 警察の職務を行う者　2 補助者　3 逮捕・監禁

第3項　特別公務員暴行陵虐罪 625

1 暴 行　2 陵辱・加虐

28　目　次

第4項　特別公務員職権濫用致死（傷）罪・特別公務員暴行陵虐致

死（傷）罪 626

　1 処 罰

第5項　単純収賄罪・受託収賄罪・事前収賄罪 627

　1 賄賂罪　2 賄 賂　3 公務員　4 職務関連性　5 単純収賄

　6 受 託　7 事前収賄　8 特別法

第6項　第三者供賄罪 632

　1 第三者供賄罪　2 第三者

第7項　加重収賄罪・事後収賄罪 632

　1 加重収賄　2 事後収賄

第8項　あっせん収賄罪 633

　1 あっせん　2 報酬としての賄賂

第9項　贈賄罪・あっせん贈賄罪 634

　1 賄賂を供与する　2 賄賂供与の申込をする　3 賄賂供与の約束をする

第10項　賄賂の没収と追徴 635

判例索引 637

事項索引 657

－実務家のための－
刑法概説

総　　論

第1章　序　説

第2章　犯　罪

第3章　構成要件

第4章　違法性

第5章　責　任

第6章　行為の段階

第7章　共　犯

第8章　罪　数

第9章　刑　罰

第1章　序　説

第1項　犯罪と刑法

1　われわれが社会的な共同生活を営むうえで、各人が自分の欲望のままに行動するとすれば、たちまち平穏な集団生活は崩れてしまう。このため、どの社会にも、必ず人々の行動を規律する社会規範があって、人々がそれに従い、こうして社会の維持発展が図られている。

　社会生活を営む人間はこのようであらねばならないとする社会規範には、慣習・道徳・宗教（教義）・法律などがあるが、これらのうち法律は、国家が国民の共同生活の秩序を維持するために作ったもので、その遵守を国民に強いるものであり、この点が他の規範と異なっている。

　ことに刑法は、一定の規範違反の行為を犯罪と定め、犯罪を犯した者には制裁として刑罰を科し、もって社会秩序の維持を図っている。

2　刑法は、犯罪と刑罰を定めた法である。

　犯罪と刑罰を定めた法のうち主要なものは、「**刑法**」という名称のついている法律、すなわち「**刑法典**」（明治40年法律第45号）であり、一般に刑法というときには、この刑法典のことを指す。

　ところで、犯罪と刑罰とを定めた法は、刑法典のほかにも各種の法規のうちに散在しており、これらの犯罪と刑罰とを定めた規定は、「**罰則**」とか「**刑罰法規**」と呼ばれる。

　刑法典もこれらの罰則も全部を含め刑罰法規全体を総称するときも、それを刑法と呼ぶことがある。これは広い意味の刑法であり「**実質的意義の刑法**」ともいわれる。これとの対比において、刑法典のことを狭義の刑法とか「**形式的意義の刑法**」

4　総論　第1章　序　章

と呼ぶ。そして、刑法典は、すべての刑罰法規のなかにあってそれらの基本法である。

　刑法典の総則規定は、他の法律に特別の規定のない限り、他のすべての刑罰法規にも適用される（8条（条文☞17頁**参照**））。

　広義あるいは実質的意義の刑法の中には、特定の行政目的実現のために一定の行政上の義務を課し、その義務履行を担保するために設けられた刑罰法規がある。このような犯罪の場合を含め、刑法典の総則規定をそのまま適用することが必ずしも合目的的でない場合には、特別の規定が設けられている。例えば、刑法典は犯罪の主体を自然人に限っているものと解されることから、いわゆる「**両罰規定**」を設けて、行為者のみならず、その選任監督上の過失が認められるときは法人をも処罰することとする例が多い（売防法14条、労基法121条、独禁法95条等）。その他必要的没収・追徴等を定めるものもある（公選法224条、麻薬特例法11条等）。

＊売春防止法＊
（両罰）
第14条　法人の代表者又は法人若しくは人の代理人、使用人その他の従業者が、その法人又は人の業務に関し、第九条から前条までの罪を犯したときは、その行為者を罰するほか、その法人又は人に対しても、各本条の罰金刑を科する。
＊労働基準法＊
第121条　この法律の違反行為をした者が、当該事業の労働者に関する事項について、事業主のために行為した代理人、使用人その他の従業者である場合においては、事業主に対しても各本条の罰金刑を科する。ただし、事業主（事業主が法人である場合においてはその代表者、事業主が営業に関し成年者と同一の行為能力を有しない未成年者又は成年被後見人である場合においてはその法定代理人（法定代理人が法人であるときは、その代表者）を事業主とする。次項において同じ。）が違反の防止に必要な措置をした場合においては、この限りでない。
②　事業主が違反の計画を知りその防止に必要な措置を講じなかつた場合、違反行為を知り、その是正に必要な措置を講じなかつた場合又は違反を教唆した場合においては、事業主も行為者として罰する。
＊昭和22年法律第54号（私的独占の禁止及び公正取引の確保に関する法律）＊
第95条　法人の代表者又は法人若しくは人の代理人、使用人その他の従業者が、その法人又は人の業務又は財産に関して、次の各号に掲げる規定の違反行為をしたときは、行為者を罰するほか、その法人又は人に対しても、当該各号に定める罰金刑を科する。
一　第89条　5億円以下の罰金刑
二　第90条第3号（第7条第1項又は第8条の2第1項若しくは第3項の規定による命令（第3条又は第8条第1号の規定に違反する行為の差止めを命ずる部分に限る。）に違反した場合を除く。）　3億円以下の罰金刑
三　第94条　2億円以下の罰金刑
四　第90条第1号、第2号若しくは第3号（第7条第1項又は第8条の2第1項若しくは第3項の規定による命令（第3条又は第8条第1号の規定に違反する行為の差止めを命ずる部分に限る。）に違反した場合に限る。）、第91条、第91条の2又は第94条の2　各本条の罰金刑

② 法人でない団体の代表者、管理人、代理人、使用人その他の従業者がその団体の業務又は財産に関して、次の各号に掲げる規定の違反行為をしたときは、行為者を罰するほか、その団体に対しても、当該各号に定める罰金刑を科する。
　一　第89条　5億円以下の罰金刑
　二　第90条第3号（第7条第1項又は第8条の2第1項若しくは第3項の規定による命令（第3条又は第8条第1号の規定に違反する行為の差止めを命ずる部分に限る。）に違反した場合を除く。）3億円以下の罰金刑
　三　第94条　2億円以下の罰金刑
　四　第90条第1号、第2号若しくは第3号（第7条第1項又は第8条の2第1項若しくは第3項の規定による命令（第3条又は第8条第1号の規定に違反する行為の差止めを命ずる部分に限る。）に違反した場合に限る。）又は第94条の2　各本条の罰金刑
　　　　　　　　　（第③号〜第⑥号省略）
＊公職選挙法＊
（買収及び利害誘導罪の場合の没収）
第224条　前4条の場合において収受し又は交付を受けた利益は、没収する。その全部又は一部を没収することができないときは、その価額を追徴する。
＊国際的な協力の下に規制薬物に係る不正行為を助長する行為等の防止を図るための麻薬及び向精神薬取締法等の特例等に関する法律＊
（薬物犯罪収益等の没収）
第11条　次に掲げる財産は、これを没収する。ただし、第6条第1項若しくは第2項又は第7条の罪が薬物犯罪収益又は薬物犯罪収益に由来する財産とこれらの財産以外の財産とが混和した財産に係る場合において、これらの罪につき第3号から第5号までに掲げる財産の全部を没収することが相当でないと認められるときは、その一部を没収することができる。
　一　薬物犯罪収益（第2条第2項第6号又は第7号に掲げる罪に係るものを除く。）
　二　薬物犯罪収益に由来する財産（第2条第2項第6号又は第7号に掲げる罪に係る薬物犯罪収益の保有又は処分に基づき得たものを除く。）
　三　第6条第1項若しくは第2項又は第7条の罪に係る薬物犯罪収益等
　四　第6条第1項若しくは第2項又は第7条の犯罪行為より生じ、若しくは当該犯罪行為により得た財産又は当該犯罪行為の報酬として得た財産
　五　前2号の財産の果実として得た財産、前2号の財産の対価として得た財産、これらの財産の対価として得た財産その他前2号の財産の保有又は処分に基づき得た財産
2　前項の規定により没収すべき財産について、当該財産の性質、その使用の状況、当該財産に関する犯人以外の者の権利の有無その他の事情からこれを没収することが相当でないと認められるときは、同項の規定にかかわらず、これを没収しないことができる。
3　次に掲げる財産は、これを没収することができる。
　一　薬物犯罪収益（第2条第2項第6号又は第7号に掲げる罪に係るものに限る。）
　二　薬物犯罪収益に由来する財産（第2条第2項第6号又は第7号に掲げる罪に係る薬物犯罪収益の保有又は処分に基づき得たものに限る。）
　三　第6条第3項の罪に係る薬物犯罪収益等
　四　第6条第3項の犯罪行為より生じ、若しくは当該犯罪行為により得た財産又は当該犯罪行為の報酬として得た財産
　五　前2号の財産の果実として得た財産、前2号の財産の対価として得た財産、これらの財産の対価として得た財産その他前2号の財産の保有又は処分に基づき得た財産

6 総論 第1章 序 章

③ 刑法典に定める犯罪は、そのほとんどが反倫理的色彩の強いものである。このように人倫に反する性質をもつ犯罪を「**自然犯**」という。すなわち刑法典に定める犯罪のほとんどは、自然犯である。このため、自然犯のことを「**刑法犯**」とも呼んでいる（192条（☞566頁**参照**）などは次にいう行政犯である）。

これに対し、例えば、自動車は道路の左側を通行せよとか、一般道路では時速60キロメートルを最高速度とするなどと定める道路交通法に違反する行為のように、もっぱら行政上の取締りの必要上刑罰の対象とされている犯罪もある。このような犯罪を、上記にみた自然犯・刑法犯と対比して「**行政犯**」または「**法定犯**」と呼んでいる。

ところで、特別法、特に行政法令には、前述のように刑法総則の例外となる特別の規定を設けたものが多く、このことから、特別法の罰則を総称して「**特別刑法**」といったり、行政法令の罰則（行政犯）を総称して「**行政刑法**」と呼んだりしている。

④ 刑法は社会において次の二つの機能をはたしている。一つは、「**秩序維持の機能**」であり、他は「**自由保障の機能**」である。

刑法は、刑罰という最も強力な国家的制裁を定めることによって、一定の規範が遵守されるように保障し、社会共同生活の秩序維持の機能を果たしているが、これは、刑法の本質的な機能といえる。

次に刑法は、犯罪の成立要件とそれに対する刑罰の内容を明確に規定し、そこに定められた犯罪が成立しない限り刑罰を科せられることはなく、犯罪が成立するとしても、定められた刑罰の範囲内で処罰されるにすぎないとする意味において、国家の刑罰権の行使を規制し、国民の自由や権利が不当に侵害されない機能をも果たしている。

第2項 刑法理論

刑罰の本質は何か、刑罰の目的・機能をどのようにとらえるべきであるのか、そもそも犯罪とか刑事責任というものを、どのように見るべきか、古くて新しい問題である。こういった刑法の基本的な問題については、ドイツとイタリアにおいて18世紀

以来順次二つの学派が現われ、根本的に対立する考え方のもとに論争をくりひろげ、現今においても、また我が国においても、刑法を論議するに当たって、上記の対立する考え方の重要性は認識されている。その対立とは、すなわち、「旧派」・「新派」と呼ばれる学者たち（学派）の考え方である。

「旧派」とは、これを一口でいえば、18世紀ヨーロッパの啓蒙哲学の基調である個人主義・自由主義を背景とした刑法理論をとる学者たちで、**「古典学派」**とも呼ばれる。一方**「新派」**とは、19世紀に入り、自然科学の発達に刺激を受けてさかんに行われた実証的方法による犯罪と犯罪者の研究の成果をふまえた刑法理論をとる学者たちで、**「近代学派」**とも**「実証学派」**とも呼ばれる。

1 客観主義と主観主義

人間はすべて理性を有し、その意思は自由である。犯罪は人間のこの自由な意思決定によって行われた行為である、と旧派は唱える。したがってそれに対しては道義的な非難が加えられるわけであり、そこに行為者の責任を生じる（これを**「道義的責任論」**という）。

これに対し、新派は、人間の自由意思を否定し、犯罪はもっぱらその人の素質と環境によって必然的に生起する現象なのだと説く。だから犯人に対して道義的な責任を問うのは意味がない。そうではなくて、犯罪者自信がもつ社会的危険性（悪性）に基づいてその者が社会防衛処分を受けるべき地位、それが「責任」である、という（**「社会的責任論」**という）。

上記の根本的な対立から、議論は、次のような発展をする。

旧派はいう。犯罪において重要なのは、行為者の自由意思に発して作り出された法益侵害（実害や危険の大小）など行為の客観的側面であり、刑事責任の評価に当たっても、行為の客観的側面が重視されねばならず、したがって刑罰も犯罪行為の軽重に応じて科せられるべきである、とする。これが**「客観主義」**（「客観的犯罪論」）であり**「行為主義」**とも呼ばれる。

これに対し、新派はいう。犯罪において重要なのは犯罪行為ではない。犯罪行為は犯人の悪性（犯罪を犯す反社会的性格）の徴表にすぎない。刑事責任の評価に当たって重要なのは、当該犯人自身の有する危険な素質・性格（反社会的性格）なの

である。したがって刑罰も犯人のこの悪性、危険性の程度いかんにより決められるべきで、犯罪行為ないしは法益侵害の大小などで決すべきでないとする。「罰すべきは行為者であって行為ではない」（リスト）。これが「**主観主義**」（「主観的犯罪論」）であり、行為主義と対比して「**行為者主義**」とも呼ばれる。

この「主観主義」を徹底すると危険な意思に未遂の処罰根拠を求めることになり、未遂と既遂は基本的に同様に処罰するべきことになる（英米法のモラル・ラック参照）。これに対し、「客観主義」を徹底すると法益侵害の生じていない未遂は処罰すべきではないことになるが、未遂犯処罰規定が存在するため、法益侵害結果の危険性を違法性の要素として要求し、故意が行為の危険性を高めるとの見解が有力となっている。

② **応報刑か目的刑か**

刑罰の本質は、正義の要求に基づく報復的害悪である。つまり「**応報刑**」なのだと旧派はいう。犯罪が行われて正義が侵害されたとき、これに対し制裁としての苦痛を与えるというのは人間の応報的本能からの当然の帰結であり、刑罰は正義の要求するところであると。したがって、刑罰を科すること自体に意味があるとする。

一方、新派は、刑罰は犯罪者から社会生活の安全を守るという目的に向けられた社会防衛の一つの手段である、とする。すなわち「**目的刑**」なのだと。この目的刑という考え方を徹底させたのが、刑罰の本質は教育刑なのだとする考え方であり（**教育刑主義**）、刑罰は犯罪者に苦痛を与える報復ではなく、犯人を教育し改善するための手段であり、このようにして犯人を社会に復帰させるところに刑罰の目的があるという。

③ **刑罰の予防的機能（一般予防と特別予防）**

刑罰の持つ予防的機能の論議において、旧派は「**一般予防主義**」と、新派は「**特別予防主義**」と結びついてきた。

すなわち、人間はその自由意思により犯罪による快楽と刑罰による苦痛とを比較して自らの行動を決定するものとの前提に立って、犯罪に対し一定の苦痛（刑罰）を科することは犯罪への誘惑を阻止し、犯罪から遠ざけることになり、応報的に刑

罰を科すことは、犯人のみならず、社会一般に対する威嚇・警告のために必要である（**一般予防主義**）と旧派は考える。これによると、いきおい処罰は厳しく、かつ必罰でなければならないことになる。

これに対し新派は、刑罰の本質は、社会防衛のため犯罪を予防するという目的に向けられた手段である（目的刑）との前提の下に、刑罰は、これを受ける当該犯人が将来再び犯罪を犯すことがないよう教育改善するためのもの、すなわち特定の人に向けられた特別予防に奉仕するものであるとする（**特別予防主義**）。ここでは厳罰や必罰ということは意味がない。

以上は、対立する二つの考え方の大づかみの要約であるが、このほかにも種々の見解がある。

歴史的には、一般予防目的を中心とする相対主義の考え方（ベッカリーアら）から同害報復を内容とする絶対的応報刑論（カント、ヘーゲル）、更に社会防衛を目的とする特別予防論に立脚した相対主義（リストら）を経て、応報刑の範囲内で一般予防、特別予防の両目的を達成すべきであるとする折衷主義ともいうべき**相対的応報刑論**が通説的なものとなるに至った。

我が国の現行刑法も、前記新旧両派の双方の考え方を部分的に採用していて、折衷主義ともいえよう。

以上の刑法理論は抽象的な議論であるものの、具体的事件を扱う場合においても、考え方や意見の相違の根底に、今日なお、前記学派の見解のちがいに思考の源を見出すことが多い。

憲法36条の残虐な刑罰の禁止は、「不必要な精神的、肉体的苦痛を内容とする人道上残酷と認められる刑罰」を（最大判昭23・6・30刑集2・7・777）法定刑として規定すること、更にこれを言渡し、現実に執行することを禁止するものと解されている（最大判昭30・4・6刑集9・4・663）。いかに一般予防的効果が認められても、同害報復的刑罰や単に苦痛を与えるためだけの刑罰は憲法上許されないことになろう。一般予防、特別予防の観点から必要と考えられ、国民の応報観念

＊日本国憲法＊
第36条　公務員による拷問及び残虐な刑罰は、絶対にこれを禁ずる。

10　総論　第1章　序　章

からも適正なものと認められる死刑（最大判昭23・3・12刑集2・3・191、最大判昭26・4・18刑集5・5・923、最判昭58・7・8刑集37・6・609（第9章①☞144頁参照）等）、無期懲役（最大判昭24・12・21刑集3・12・2048）等現行刑法上の刑罰が憲法上許されたものであることはいうまでもない。

第3項　罪刑法定主義

① 意　義

いかなる行為が犯罪とされるのか、個々の犯罪に対してどういう刑罰が科されるのか、これらが、あらかじめ成文の法律に規定されていなければ、人を処罰することはできない。「法律なければ刑罰なく、法律なければ犯罪なし」（フォイエルバッハ）。この原則を「**罪刑法定主義**」という。刑法における基本的大原則となっている。「**罪刑専断主義**」に対比される。

② 沿　革

罪刑法定主義は、自由主義思想と共に成立している。その源は、1215年イギリスのジョン王によって公布された大憲章（マグナカルタ）にある。その後、アメリカに移り、1787年アメリカ合衆国憲法に適正手続条項及び事後法禁止として規定され、更に、フランスでは1789年フランス革命の人権宣言中に「法律は必要な刑罰のみを厳格かつ明白に規定しなければならず、何人も犯罪に先立って制定公布され、かつ適法に適用された法律によらなければ処罰されない」と実体刑法の原則として規定された。その後、この原則は、ヨーロッパ諸国の憲法や刑法にとり入れられ、近代刑法の大原則となった。現行刑法では、解釈上明白であるので、これを規定するまでもないとされ、平成7年の改正でも同様とされたが、我が国憲法も、その31条に「何人も、法律の定める手続きによらなければ、その生命若しくは自由を奪われ、又はその他の刑罰を科せられない」とし、またその39条前段に「何人

＊日本国憲法＊
第31条　何人も、法律の定める手続によらなければ、その生命若しくは自由を奪はれ、又はその他の刑罰を科せられない。
第39条　何人も、実行の時に適法であつた行為又は既に無罪とされた行為については、刑事上の責任を問はれない。又、同一の犯罪について、重ねて刑事上の責任を問はれない。

第3項 罪刑法定主義 11

も実行の時に適法であった行為……については、刑事上の責任を問われない」と規定して、罪刑法定主義を認めている。

③ 内 容

　中心は、犯罪と刑罰とが、あらかじめ法律で定められていなければ、人を処罰することができないということであるが、これに関して、次のようなことが伴うものとされている。

1　慣習法によって人を処罰することはできない（慣習刑法の排斥）

　「**慣習法**」とは、社会生活によって自然に生じた法的慣習で、国家が法的効力を認めるものである。民事事件では法律と同じ働きをする場合があるが（民法92条、商法1条、法の適用に関する通則法3条）、刑事事件では、慣習法で犯罪や刑罰を定めることは許されない（政省令、地方自治体の条例等の罰則は法律の委任によるものである）。もっとも、刑罰法規の解釈に当たっては、慣習、条理が補充的に機能することがあるのは当然のことであり、判例も一定の先例拘束性があるため、成文の刑罰法規の範囲内で、これを具体化するものとして機能する。

2　刑法は遡及効を有しない（刑罰法規の不遡及）

　ある行為に対し、その行為が行われたあとで制定された刑罰法規を適用することは許されない（ただし、行為時に施行されていた法律である行為時法と判決宣告時の法律である裁判時法とを比較し、後者の刑が軽いときは、裁判時法が適用

＊民法＊
（任意規定と異なる慣習）
第92条　法令中の公の秩序に関しない規定と異なる慣習がある場合において、法律行為の当事者がその慣習による意思を有しているものと認められるときは、その慣習に従う。
＊商法＊
（趣旨等）
第1条　商人の営業、商行為その他商事については、他の法律に特別の定めがあるものを除くほか、この法律の定めるところによる。
2　商事に関し、この法律に定めがない事項については商慣習に従い、商慣習がないときは、民法（明治29年法律第89号）の定めるところによる。
＊法の適用に関する通則法＊
（法律と同一の効力を有する慣習）
第3条　公の秩序又は善良の風俗に反しない慣習は、法令の規定により認められたもの又は法令に規定されていない事項に関するものに限り、法律と同一の効力を有する。

12　総論　第1章　序　章

される。6条参照（条文は☞16頁))。

3　類推解釈は刑法上許されない（類推解釈の禁止）

　　刑罰法規は、通常の判断能力を有する一般人において、禁止される行為が典型
として具体的にどのようなものかが判るようなものでなければならないが（明確
性につき、最大判昭50・9・10刑集29・8・489、最大判昭60・10・23刑集
39・6・413等）、さらに、刑罰法規に規定されていない事柄につき、これと類
似の事柄を処罰する法規があるとの理由から、類推して適用し、これを処罰する
ことを刑法上の「**類推解釈**」といい、類推解釈は許されない。ただ、刑罰法規
が、いかに具体的に規定されていても、これを適用する社会事象は千差万別で、

＊鳥獣の保護及び管理並びに狩猟の適正化に関する法＊
（対象狩猟鳥獣の捕獲等の禁止又は制限）
第12条　環境大臣は、国際的又は全国的に特に保護を図る必要があると認める対象狩猟鳥獣がある場合に
　は、次に掲げる禁止又は制限をすることができる。
　一　区域又は期間を定めて当該対象狩猟鳥獣の捕獲等を禁止すること。
　二　区域又は期間を定めて当該対象狩猟鳥獣の捕獲等の数を制限すること。
　三　当該対象狩猟鳥獣の保護に支障を及ぼすものとして禁止すべき猟法を定めてこれにより捕獲等をする
　　ことを禁止すること。
　　　　　　　　　（第2項〜第6項省略）
＊鳥獣の保護及び管理並びに狩猟の適正化に関する法律施行規則＊
（対象狩猟鳥獣の捕獲等の禁止又は制限）
第10条　法第12条第1項第1号の環境大臣が禁止する捕獲等は、次の表の上欄に掲げる対象狩猟鳥獣ごと
　に、それぞれ同表の中欄に掲げる区域内及び同表の下欄に掲げる期間内において行う捕獲等とする。
　　　　　　　　　（表省略・2項省略）
3　法第十二条第一項第三号の環境大臣が禁止する猟法は、次に掲げる猟法とする。
　　　　　　　　　（第1号〜第11号省略）
　十二　矢を使用する方法
　　　　　　　　　（第13号〜第15号省略）
＊少年法＊
（不定期刑）
第52条　少年に対して有期の懲役又は禁錮をもって処断すべきときは、処断すべき刑の範囲内において、長
　期を定めるとともに、長期の2分の1（長期が10年を下回るときは、長期から5年を減じた期間。次項にお
　いて同じ。）を下回らない範囲内において短期を定めて、これを言い渡す。この場合において、長期は15
　年、短期は10年を超えることはできない。
2　前項の短期については、同項の規定にかかわらず、少年の改善更生の可能性その他の事情を考慮し特に
　必要があるときは、処断すべき刑の短期の2分の1を下回らず、かつ、長期の2分の1を下回らない範囲内に
　おいて、これを定めることができる。この場合においては、刑法第14条第2項　の規定を準用する。
3　刑の執行猶予の言渡をする場合には、前2項の規定は、これを適用しない。

かつ時代の推移と共に用語の内容にも変化があるため、法規の合目的的で、合理的な解釈は絶えず行われねばならないだけでなく、法規の範囲内でのこのような「**拡張解釈**」は認められる。

例えば、旧刑法当時、電気窃盗事件につき、大審院は、「可動性及び管理可能性」を有するとして、電気も「物」であるとし（現行刑法では245条（条文は☞280頁**参照**）にみなし規定が設けられた。）、現行刑法についても、判例上、汽車等転覆罪等における「汽車」にはガソリンカーが含まれ（大判昭15・8・22刑集19・40（125条の☑2の解説☞419頁**参照**））、外国国章損壊罪においては、遮蔽も「除去」に当たるとし（最決昭40・4・16刑集19・3・143）、写真コピーによる公文書偽造罪の成立を認めているのも（最判昭51・4・30刑集30・3・453（各論第2編第2部第2章第2項の☑5の解説☞456頁**参照**））許された拡張解釈の結果とされている（特別法では、例えば、鴨を狙って矢を射かければ、それが外れても旧「鳥獣保護及狩猟ニ関スル法律1条の4第3項」（現鳥獣の保護及び管理並びに狩猟の適正化に関する法律12条第1項3号）の委任による環境庁告示（現鳥獣の保護及び管理並びに狩猟の適正化に関する法律施行規則10条3項12号）にいう「捕獲」に当たるとする最判平8・2・8刑集50・2・221等参照）。

4　絶対的不定期刑の禁止

刑種を定めず、又は、全く刑期を定めない法定刑を規定することは許されない（少年法52条1項、2項が少年に対し刑期の長期と短期とを定めて自由刑を宣告することを規定しているのは**相対的不定期刑**である）。なお、法定刑については「不確定刑」とし、宣告刑を「不定期刑」として区別することもある。

第4項　刑法の適用範囲

（国内犯）

第1条　この法律は、日本国内において罪を犯したすべての者に適用する。

2　日本国外にある日本船舶又は日本航空機内において罪を犯した者についても、前項と同様とする。

14　総論　第1章　序　章

（すべての者の国外犯）

第2条　この法律は、日本国外において次に掲げる罪を犯したすべての者に適用する。

一　削除

二　第77条から第79条まで（内乱、予備及び陰謀、内乱等幇助）の罪

三　第81条（外患誘致）、第82条（外患援助）、第87条（未遂罪）及び第88条（予備及び陰謀）の罪

四　第148条（通貨偽造及び行使等）の罪及びその未遂罪

五　第154（詔書偽造等）、第155条（公文書偽造等）、第157条（公正証書原本不実記載等）、第158条（偽造公文書行使等）及び公務所又は公務員によって作られるべき電磁的記録に係る第161条の2（電磁的記録不正作出及び供用）の罪

六　第162条（有価証券偽造等）及び第163条（偽造有価証券行使等）の罪

七　第163条の2から第163条の5まで（支払用カード電磁的記録不正作出等、不正電磁的記録カード所持、支払用カード電磁的記録不正作出準備、未遂罪）の罪

八　第164条から第166条まで（御璽偽造及び不正使用等、公印偽造及び不正使用等、公記号偽造及び不正使用等）の罪並びに第164条第2項、第165条第2項及び第166条第2項の罪の未遂罪

（国民の国外犯）

第3条　この法律は、日本国外において次に掲げる罪を犯した日本国民に適用する。

一　第108条（現住建造物等放火）及び第109条第1項（非現住建造物等放火）の罪、これらの規定の例により処断すべき罪並びにこれらの罪の未遂罪

二　第119条（現住建造物等浸害）の罪

三　第159条から第161条まで（私文書偽造等、虚偽診断書等作成、偽造私文書等行使）及び前条第5号に規定する電磁的記録以外の電磁的記録に係る第161条の2の罪

四　第167条（私印偽造及び不正使用等）の罪及び同条第2項の罪の未遂罪

五　第176条、第177条及び第179条から第181条まで（不同意わいせつ、不同意性交等、監護者わいせつ及び監護者性交等、未遂罪、不同意わいせつ等致死傷）並びに第184条（重婚）の罪

六　第198条（贈賄）の罪

七　第199条（殺人）の罪及びその未遂罪

八　第204条（傷害）及び第205条（傷害致死）の罪

九　第214条から第216条まで（業務上堕胎及び同致死傷、不同意堕胎、不同意堕胎致死傷）の罪

十　第218条（保護責任者遺棄等）の罪及び同条の罪に係る第219条（遺棄等致死傷）の罪

十一　第220条（逮捕及び監禁）及び第221条（逮捕等致死傷）の罪

十二　第224条から第228条まで（未成年者略取及び誘拐、営利目的等略取及び誘拐、身の代金目的略取等、所在国外移送目的略取及び誘拐、人身売買、被略取者等所在国外移送、被略取者引渡し等、未遂罪）の罪

十三　第230条（名誉毀損）の罪

十四　第235条から第236条まで（窃盗、不動産侵奪、強盗）、第238条から第240条まで（事後強盗、昏酔強盗、強盗致死傷）、241条第1項及び第3項（強盗・不同意性交等及び同致死）並びに第243条（未遂罪）の罪

十五　第246条から第250条まで（詐欺、電子計算機使用詐欺、背任、準詐欺、恐喝、未遂罪）の罪

十六　第253条（業務上横領）の罪

十七　第256条第2項（盗品譲受け等）の罪

（国民以外の者の国外犯）

第3条の2　この法律は、日本国外において日本国民に対して次に掲げる罪を犯した日本国民以外の者に適用する。

一　第176条、第177条及び第179条から第181条まで（不同意わいせつ、不同意性交等、監護者わいせつ及び監護者性交等、未遂罪、不同意わいせつ等致死傷）の罪

16　総論　第1章　序　章

二　第199条（殺人）の罪及びその未遂罪

三　第204条（傷害）及び第205条（傷害致死）の罪

四　第220条（逮捕及び監禁）及び第221条（逮捕等致死傷）の罪

五　第224条から第228条まで（未成年者略取及び誘拐、営利目的等略取及び誘拐、身の代金目的略取等、所在国外移送目的略取及び誘拐、人身売買、被略取者等所在国外移送、被略取者引渡し等、未遂罪）の罪

六　第236条（強盗）、第238条から第240条まで（事後強盗、昏酔強盗、強盗致死傷）並びに第241条第1項及び第3項（強盗・不同意性交等及び同致死）の罪並びにこれらの罪（同条第1項の罪を除く。）の未遂罪

（公務員の国外犯）

第4条　この法律は、日本国外において次に掲げる罪を犯した日本国の公務員に適用する。

一　第101条（看守者等による逃走援助）の罪及びその未遂罪

二　第156条（虚偽公文書作成等）の罪

三　第193条（公務員職権濫用）、第195条第2項（特別公務員暴行陵虐）及び第197条から第197条の4まで（収賄、受託収賄及び事前収賄、第三者供賄、加重収賄及び事後収賄、あっせん収賄）の罪並びに第195条第2項の罪に係る第196条（特別公務員職権濫用等致死傷）の罪

（条約による国外犯）

第4条の2　第2条から前条までに規定するもののほか、この法律は、日本国外において、第二編の罪であって条約により日本国外において犯したときであっても罰すべきものとされているものを犯したすべての者に適用する。

（外国判決の効力）

第5条　外国において確定裁判を受けた者であっても、同一の行為について更に処罰することを妨げない。ただし、犯人が既に外国において言い渡された刑の全部又は一部の執行を受けたときは、刑の執行を減軽し、又は免除する。

（刑の変更）

第6条　犯罪後の法律によって刑の変更があったときは、その軽いものによる。

（他の法令の罪に対する適用）

第8条　この編の規定は、他の法令の罪についても、適用する。ただし、その法令に特別の規定があるときは、この限りでない。

① 時間的適用範囲

　犯罪後に刑罰法規が廃止されたときは、「罰則の適用については、なお従前の例による」旨の規定（附則に規定されるのが通例である。）が設けられない限り、もはや、その犯罪を処罰することはできない。継続犯、営業犯、包括一罪については、行為が新旧両法にまたがるときは、新法が適用されるとするのが判例である（最判昭27・9・25刑集6・8・1093、最判昭31・5・4刑集10・5・633）。牽連犯についても文書偽造罪と同行使罪・詐欺罪に関する大審院判例（大判明42・11・1刑録15・1498）は、行使等の時点の新法が適用されるとしているが、常習犯については、新旧両法の前後にまたがる行為が不可分の関係にあって、一罪と認められない限り、それぞれの行為時法によって処断すべきものとしており（最判昭31・12・26刑集10・12・1746）、牽連犯についても、同様の処断とする判例変更のなされる可能性はある。共犯にあっては、共謀共同正犯は、正犯の一人の最後の実行行為時と解されるが、教唆犯、幇助犯については争いがある。共犯従属性を極端に追及するのは疑問があり（正犯の実行行為時法とする大判明44・6・23刑録17・1252）、共犯行為の時点を基準とすべきであろう（大阪高判昭43・3・12高刑集21・2・126等）。また、犯罪後に、刑の変更を内容とする法律改正があったときは、新旧両法のうち軽い刑罰を定めた法律が適用される（6条）。改正法附則で経過措置を規定し、「改正前にした行為については、なお従前の例による。」として改正法施行前の行為には刑の変更前の法定刑によることとする例が少なくない（改正附則の適用のないものには6条の刑の変更が適用されることにつき、加重処罰規定である尊属傷害致死廃止前の行為に関し最判平8・1・28刑集50・10・827）。裁判時までに数次の変更があれば、最も軽いものが適用される。公平の思想に基づくものである。新旧両刑に軽重がないときも刑法を裁判規範ではなく行為規範とみれば行為時法となる（大判昭9・1・31刑集13・28。刑法改正に関する

18　総論　第1章　序　章

平成7年法律91号附則2条1項、同25年法律86号附則14条参照）。なお、特定の犯罪に対して科される刑の種類又は量に変更がなければ「刑の変更」には当たらないので、執行猶予制度の改廃はこれに当たらない（刑の一部執行猶予につき最決平28・7・27刑集70・6・571。また、公訴時効をその完成前に廃止することが憲法39条、31条に違反しないことにつき最判平27・12・3刑集69・8・815）。

② 地域的適用範囲

　日本の領土と領海上において犯された犯罪については、犯人の国籍いかんを問わず、刑法が適用される。他の刑罰法規もこの点は同じである（**属地主義、1条1項**。本犯が国内で行われれば幇助行為が国外で行われても国内犯であることにつき最決平6・12・9刑集48・576）。日本国外にある日本船舶（船舶法1条）又は日本の航空機（航空法3条の2）内での犯罪は、日本国内の犯罪と同じに扱われる（1条2項）。これら船舶又は航空機内で実行行為の全部若しくは一部が行われ、又は結果の全部若しくは一部が発生すれば足りる。また、排他的経済水域内において

＊刑法＊
　附　則　（平成7年5月12日法律第91号）　抄
（経過措置）
第2条　この法律の施行前にした行為の処罰並びに施行前に確定した裁判の効力及びその執行については、なお従前の例による。ただし、この法律による改正前の刑法第200条、第205条第2項、第218条第2項及び第220条第2項の規定の適用については、この限りでない。
　附　則　（平成25年6月19日法律第49号）　抄
（罰則の適用等に関する経過措置）
第14条　この法律の施行前にした行為に対する罰則の適用については、なお従前の例による。
＊日本国憲法＊
第31条・第39条　（☞10頁参照）
＊船舶法＊
第1条　左ノ船舶ヲ以テ日本船舶トス
　一　日本ノ官庁又ハ公署ノ所有ニ属スル船舶
　二　日本国民ノ所有ニ属スル船舶
　三　日本ノ法令ニ依リ設立シタル会社ニシテ其代表者ノ全員及ビ業務ヲ執行スル役員ノ3分ノ2以上ガ日本国民ナルモノノ所有ニ属スル船舶
　四　前号ニ掲ゲタル法人以外ノ法人ニシテ日本ノ法令ニ依リ設立シ其代表者ノ全員ガ日本国民ナルモノノ所有ニ属スル船舶
＊航空法＊
（国籍の取得）
第3条の2　航空機は、登録を受けたときは、日本の国籍を取得する。

は、国連海洋法条約により主権的権利等の行使が認められる目的に関連する限度において我が国の法令が適用されるので（排他的経済水域及び大陸棚に関する法律3条）、例えば水産資源の取締りに従事する海上保安官に対する公務執行妨害等については、我が国の刑法が適用される（同条1項4号）。ただし、領海内の外国船舶内の犯罪は、犯罪の結果が沿岸国に及ぶ場合、犯罪が沿岸国の平和等を乱す性質のものである場合、船長等の要請がある場合などでなければ、捜査を行えず（領海及び接続水域に関する条約19条1項）、公海上の航行上の事故に関しては、旗国又は船長等の属する国のみが管轄権を有することとされている（公海に関する条約11条1項）。

これ以外のいわゆる国外犯については、一定の罪及び一定の条件の下に限ってわが国の刑罰法規が適用される。先ず、国内犯同様、犯人の国籍の如何を問わず、刑罰法規が適用されるものとしては、刑法2条列挙の各罪がある。これらは、わが国の国家的法益等を保護する趣旨から設けられたものと説明されることが多い

＊排他的経済水域及び大陸棚に関する法律＊
（我が国の法令の適用）
第3条　次に掲げる事項については、我が国の法令（罰則を含む。以下同じ。）を適用する。
　一　排他的経済水域又は大陸棚における天然資源の探査、開発、保存及び管理、人工島、施設及び構築物の設置、建設、運用及び利用、海洋環境の保護及び保全並びに海洋の科学的調査
　二　排他的経済水域における経済的な目的で行われる探査及び開発のための活動（前号に掲げるものを除く。）
　三　大陸棚の掘削（第1号に掲げるものを除く。）
　四　前3号に掲げる事項に関する排他的経済水域又は大陸棚に係る水域における我が国の公務員の職務の執行（当該職務の執行に関してこれらの水域から行われる国連海洋法条約第111条に定めるところによる追跡に係る職務の執行を含む。）及びこれを妨げる行為
2　前項に定めるもののほか、同項第1号の人工島、施設及び構築物については、国内に在るものとみなして、我が国の法令を適用する。
　　　（3項省略）
＊公海に関する条約＊
第11条
1　公海上の船舶につき衝突その他の航行上の事故が生じた場合において、船長その他当該船舶に勤務する者の刑事上又は懲戒上の責任が問われるときは、これらの者に対する刑事上又は懲戒上の手続は、当該船舶の旗国又はこれらの者が属する国の司法当局又は行政当局においてのみ執ることができる。
　　　（2項〜3項省略）
＊印紙犯罪処罰法＊
第4条　本法ハ何人ヲ問ハス帝国外ニ於テ第1条又ハ第2条ノ罪ヲ犯シタル者ニ之ヲ適用ス

＊刑法施行法　抄＊
第26条　左ニ記載シタル罪ハ刑法第2条ノ例ニ従フ
　一　削除
　二　削除
　三　明治38年法律第66号ニ掲ケタル罪
　四　通貨及証券模造取締法ニ掲ケタル罪
　五　船舶法ニ掲ケタル罪
　六　船員法ニ掲ケタル罪
　七　船舶職員及び小型船舶操縦者法 ニ掲ケタル罪
　八　船舶検査法ニ掲ケタル罪
　九　戸籍法ニ掲ケタル罪

＊外国倒産処理手続の承認援助に関する法律＊
（財産の無許可処分及び国外への持出しの罪）
第69条　第31条第1項の規定により債務者が日本国内にある財産の処分又は国外への持出しその他裁判所の
　　指定する行為をするには裁判所の許可を得なければならないものとされた場合において、債務者がこれに
　　違反する行為をしたときは、3年以下の懲役又は300万円以下の罰金に処する。
2　承認管財人、保全管理人、承認管財人代理又は保全管理人代理が第35条第1項（第55条第1項において
　　準用する場合を含む。）の規定又は第40条第3項（第55条第1項において準用する場合を含む。）において
　　準用する第35条第1項の規定に違反したときも、前項と同様とする。

＊民事再生法＊
（国外犯）
第264条　第255条、第256条、第259条、第260条及び第262条の罪は、刑法（明治40年法律第45号）
　　第2条の例に従う。
2　第257条及び第261条（第5項を除く。）の罪は、刑法第4条の例に従う。
3　第261条第5項の罪は、日本国外において同項の罪を犯した者にも適用する。

＊仲裁法＊
（国外犯）
第55条　第50条から第53条までの規定は、日本国外において第50条から第52条までの罪を犯した者にも適
　　用する。
2　前条の罪は、刑法（明治40年法律第45号）第2条の例に従う。

＊破産法＊
（国外犯）
第276条　第265条、第266条、第270条、第272条及び第274条の罪は、刑法（明治40年法律第45号）
　　第2条の例に従う。
2　第267条及び第273条（第5項を除く。）の罪は、刑法第4条の例に従う。
3　第273条第5項の罪は、日本国外において同項の罪を犯した者にも適用する。

＊航空機の強取等の処罰に関する法律＊
（国外犯）
第5条　前4条の罪は、刑法（明治40年法律第45号）第2条の例に従う。

＊国際的な協力の下に規制薬物に係る不正行為を助長する行為等の防止を図るための麻薬及び向精神薬取締
　法等の特例等に関する法律＊
（国外犯）
第10条　第5条から第7条まで及び前条の罪は、刑法（明治40年法律第45号）第2条の例に従う。

が、特別法において「刑法第2条の例に従う」こととされるものには、このような保護主義によると考えられるものと（例えば、印紙犯罪処罰法4条、戸籍法違反・通貨等模造の罪についての刑法施行法26条、贈賄についての外国倒産処理手続の承認援助に関する法律69条、民事再生法264条、仲裁法55条2項、破産法276条1項等）、そうでないものがある（人質行為等処罰法5条、航空機強取等処罰法5条、麻薬特例法10条等）。後者は、国際社会が共通に犯罪とすべきものとの認識が形成されている場合が少なくないが、わが国の法益とは必ずしも関係がなく、犯罪地、犯人の国籍の如何を問わず、その処罰を可能とすることが適当とされるもので、世界主義と言われることがある。条約による国外犯処罰義務に対応する刑法4条の2もその背景には一種の世界主義の考え方があると言ってよい（外国では、これ以外にも条約の存在とは関係なく、犯罪地国に代わって処罰する代理処罰的な考え方による立法例もある）。刑事に関する国際協調の必要性が高まっていることを受けて、特別法において同条の例に従うこととされているものも少なくない（暴力行為等処罰法1条の2第3項、第1条の3第2項、人質行為等処罰法5条、爆発物取締罰則10条、火炎びん処罰法4条、サリン法8条、公衆等脅迫目的資金提供等処罰法5条、児童福祉法60条6項、組織的犯罪処罰法12条等）。適用対象となる条約には、捕虜等に関するジュネーブ諸条約、国家代表等保護条約、人質行為防止条

＊大正15年法律第60号（暴力行為等処罰ニ関スル法律）＊

第1条ノ二　銃砲又ハ刀剣類ヲ用ヒテ人ノ身体ヲ傷害シタル者ハ1年以上15年以下ノ懲役ニ処ス

②　前項ノ未遂罪ハ之ヲ罰ス

③　前2項ノ罪ハ刑法第3条、第3条の2及第4条の2ノ例ニ従フ

第1条ノ三　（省略）

②　前項（刑法第204条ニ係ル部分ヲ除ク）ノ罪ハ同法第4条ノ2ノ例ニ従フ

＊人質による強要行為等の処罰に関する法律＊

（人質による強要）

第1条　人を逮捕し、又は監禁し、これを人質にして、第三者に対し、義務のない行為をすること又は権利を行わないことを要求した者は、6月以上10年以下の懲役に処する。

2　第三者に対して義務のない行為をすること又は権利を行わないことを要求するための人質にする目的で、人を逮捕し、又は監禁した者も、前項と同様とする。

3　前項の未遂罪は、罰する。

（国外犯）

第5条　第1条の罪は刑法（明治40年法律第45号）第3条、第3条の2及び第4条の2の例に、前3条の罪は同法第2条の例に従う。

＊明治17年太政官布告第32号（爆発物取締罰則）＊

第10条　第1条乃至第6条ノ罪ハ刑法（明治40年法律第45号）第4条ノ2ノ例ニ従フ

22　総論　第1章　序　章

＊火炎びんの使用等の処罰に関する法律＊
（国外犯）
第4条　第2条の罪は、刑法（明治40年法律第45号）第4条の2の例に従う。
＊サリン等による人身被害の防止に関する法律＊
第8条　第5条第1項及び第2項の罪は、刑法（明治40年法律第45号）第4条の2の例に従う。
＊公衆等脅迫目的の犯罪行為のための資金等の提供等の処罰に関する法律＊
（国外犯）
第7条　第2条から第5条までの罪は、刑法（明治40年法律第45号）第3条及び第4条の2の例に従う。
＊児童福祉法＊
第60条　第34条第1項第6号の規定に違反した者は、10年以下の懲役若しくは300万円以下の罰金に処し、又はこれを併科する。
②　第34条第1項第1号から第5号まで又は第7号から第9号までの規定に違反した者は、3年以下の懲役若しくは100万円以下の罰金に処し、又はこれを併科する。
　　　　　　（第3項〜第4項省略）
⑤　第1項及び第2項（第34条第1項第7号又は第9号の規定に違反した者に係る部分に限る。）の罪は、刑法第4条の2の例に従う。
＊組織的な犯罪の処罰及び犯罪収益の規制等に関する法律＊
（国外犯）
第12条　第3条第1項第9号、第11号、第12号及び第15号に掲げる罪に係る同条の罪、第6条第1項第1号に掲げる罪に係る同条の罪並びに第6条の2第1項及び第2項の罪は刑法第4条の2の例に、第9条第1項から第3項まで及び前2条の罪は同法第3条の例に従う。
＊昭和19年法律第4号（経済関係罰則ノ整備ニ関スル法律）＊
第1条　特別ノ法令ニ依リ設立セラレタル会社、鉄道事業、電気事業、瓦斯事業其ノ他ノ性質上当然ニ独占ト為ルベキ事業ヲ営ミ若ハ臨時物資需給調整法其ノ他経済ノ統制ヲ目的トスル法令ニ依リ統制ニ関スル業務ヲ為ス会社若ハ組合又ハ此等ニ準ズルモノニシテ別表ニ掲グルモノノ役員其ノ他ノ職務ニ関シ賄賂ヲ収受シ又ハ之ヲ要求若ハ約束シタルトキハ3年以下ノ懲役ニ処ス因テ不正ノ行為ヲ為シ又ハ相当ノ行為ヲ為サザルトキハ7年以下ノ懲役ニ処ス
第7条　第1条、第2条及第5条ノ罪ハ刑法第4条ノ例ニ従フ
＊公職にある者等のあっせん行為による利得等の処罰に関する法律＊
（国外犯）
第5条　第1条及び第2条の規定は、日本国外においてこれらの条の罪を犯した者にも適用する。
＊児童買春、児童ポルノに係る行為等の規制及び処罰並びに児童の保護等に関する法律＊
（国民の国外犯）
第10条　第4条から第6条まで、第7条第1項から第7項まで並びに第8条第1項及び第3項（同条第1項に係る部分に限る。）の罪は、刑法（明治40年法律第45号）第3条の例に従う。
＊不正競争防止法＊
（罰則）
第21条　次の各号のいずれかに該当する者は、10年以下の懲役若しくは2000万円以下の罰金に処し、又はこれを併科する。
　　　（第1号〜第9号省略）（第2項〜第7項省略）
8　第2項第7号（第18条第1項に係る部分に限る。）の罪は、刑法（明治40年法律第45号）第3条の例に従う。
　　　（第9項〜第12項省略）
＊刑法施行法　抄＊
第27条　左ニ記載シタル罪ハ刑法第3条ノ例ニ従フ
　一　著作権法ニ掲ケタル罪
　二　削除
　三　移民保護法ニ掲ケタル罪

約、核物質防護条約、シージャック防止条約、拷問禁止条約、爆テロ防止条約、テロ資金防止条約、国際組織犯罪防止条約等がある。

また、わが国の公務員という一定の身分にある者に限って国外犯を処罰する刑法4条は、属人主義的に見えるが、むしろわが国の公務の適正等を保護する趣旨と理解すべきであろう。この点、特別法においては、同条の例に従うとの規定振りによるもの（前記承認援助法69条、破産法276条2項、経済関係罰則ノ整備ニ関スル法7条等）とあっせん利得処罰法5条、民事再生法264条、仲裁法55条1項、破産法276条3項等のようにその国外犯が処罰される旨を新たに規定する例とがある（後者の場合には、2条の例に従う場合と同様、身分なき共犯者もその国籍の如何を問わず処罰されることになる。）。

これに対し、刑法3条は、日本国民の国外犯について処罰するいわゆる属人主義によっているが（特別法としては、組織的犯罪処罰法12条、児童買春ポルノ法10条、不正競争防止法21条8項、著作権法違反についての刑法施行法27条等）、平成15年法律122号により、国民保護の観点から、刑法3条の罪のうち一定のものについて、国民以外の者の国外犯として刑法に3条の2が新設された。同条は、日本国外において日本国民に対して、

① 不同意わいせつ、不同意性交等、監護者わいせつ、監護者性交等、これらの未遂及び致死傷
② 殺人及び同未遂
③ 傷害及び同致死
④ 逮捕、監禁及びこれらの致死傷
⑤ 未成年者略取誘拐、営利目的等誘拐、被略取者収受等及びこれらの未遂
⑥ 強盗、事後強盗、昏酔強盗、強盗致死傷、強盗・不同意性交等、これらの未遂及び強盗・不同意性交等致死

の罪を犯した国民以外の者についても刑法を適用することとしている。日本国民を被害者とする犯罪、つまり、各罪の保護法益の主体とされている者や構成要件の内容となっている手段・行為の直接の客体となっている者が日本国民であるときはその国外犯が処罰されることになる。例えば、事後強盗において、窃盗の客体と

24　総論　第1章　序　章

なった財物の占有者や身代金目的略取誘拐において身代金を要求された者が日本国民であれば、仮にその者自身が暴行・脅迫を受けず、あるいは、誘拐されていなくとも「日本国民に対し」犯したことになる。国外犯処罰規定であるので、犯人において被害者が日本国民であることを認識している必要がないのはいうまでもない。なお、暴力行為等処罰法1条の2及び人質行為等処罰法1条の各罪も刑法3条の2の例に従うものとされている（暴力行為等処罰法1条の2第3項、人質行為等処罰法5条）。

③　人的適用範囲

　天皇・摂政は在任中訴追されない（皇室典範）が、これは、いわゆる「**人的処罰阻却事由**」が（第2章第3項☞27頁**参照**）あるものと解すべきである。

　外国の君主・大統領、その家族・従者、外国の外交官・使臣、その家族・従者、外国の軍隊及び外国の艦船に属する者、国際機関の一定の職員等に対しては、国際法上の理由から訴追できない。しかし、裁判権の行使が制限されて訴追できないだけであって犯罪が成立しないということとは異なるので、これらの身分がない共犯者は処罰されうるし、これらの者らに対する正当防衛も可能であり、これらの者らが財産犯を犯して得た財物は盗品譲受け等の罪の客体（256条（☞362頁**参照**））となり、さらに、これらの者らがその身分を喪失すれば訴追しうる。なお、親族相盗例（244条（☞283頁**参照**））の場合は、犯行時に当該親族関係があれば足り、その後、離婚等により関係が消滅しても親族相盗例の適用に消長を来たさない。

＊皇室典範＊
第21条　摂政は、その在任中、訴追されない。但し、これがため、訴追の権利は、害されない。

第2章　犯　　罪

第1項　意　義

刑法において、犯罪とは、構成要件に該当する違法かつ有責な人の行為をいう。

第2項　成立要件

犯罪が成立するといいうるためには、

① **構成要件該当性**

② **違法性**

③ **有責性（責任）**

の三つの要素がすべて存在しなければならない。これを「**犯罪構成要素**」という。犯罪の成立要件である。

1　構成要件該当性

犯罪が成立するといえるためには、まず第一に、「人を殺した」とか「他人の財物を窃取した」というように各個の刑罰法規に行為定型をもって明示されたところの「**犯罪構成要件**」に該当するものでなければならない。社会的に強く非難されるべき行為でも、その行為が当てはまる罰則規定がなければ、犯罪とならない。

2　違法性

法秩序に違反すること、すなわち法によって許されないものであることである。この違法性を備えない行為は、たとえ形式的に構成要件に該当していても、犯罪とならない。もっとも、犯罪構成要件に該当している行為は、違法な行為であるという一応の推定は受けるが、実質的にみて違法といえない特別な事由があるとき、犯罪とならない（正当防衛など）。

26 総論 第2章 犯 罪

③ 有責性（責任）

　犯罪が成立するための第三の要件としては、行為者に責任があることである。「**責任**」とは、行為者に対して非難を加えることができることをいう。例えば、14歳未満の者や心神喪失の者（これらは責任無能力者である。）の行為、又は故意も過失もない行為には、非難を加えることはできない。行為者に責任能力が備わり責任条件（故意・過失）もあってこそ非難可能性がある。なお、その人が違法行為を犯したとき、その行為をしないことをその人に期待できる情況ではなかったならば、行為者に対する非難はできない。つまり「**期待可能性**」のある場合でなければならない。もっとも、下級審には期待可能性なしとして無罪にする例は一部に見受けられるが、最高裁は一般的に同理由による無罪判断を示すことには消極的である（最判昭31・12・11刑集10・12・1605、最判昭33・7・10刑集12・11・2471）。

第3項　処罰条件と処罰阻却事由

　前記の犯罪の成立要件は、これを、「**処罰条件**」や「**処罰阻却事由**」と区別しなければならない。犯罪は成立しているが、その処罰（刑罰権の発生）は、ある一定の事実の発生を条件としているという場合（例、事前収賄罪197条2項（☞627頁**参照**）において公務員となったこと、詐欺破産罪（破産法265条）において破産開始決

＊破産法＊
（詐欺破産罪）
第265条　破産手続開始の前後を問わず、債権者を害する目的で、次の各号のいずれかに該当する行為をした者は、債務者（相続財産の破産にあっては相続財産、信託財産の破産にあっては信託財産。次項において同じ。）について破産手続開始の決定が確定したときは、10年以下の懲役若しくは1000万円以下の罰金に処し、又はこれを併科する。情を知って、第4号に掲げる行為の相手方となった者も、破産手続開始の決定が確定したときは、同様とする。
　一　債務者の財産（相続財産の破産にあっては相続財産に属する財産、信託財産の破産にあっては信託財産に属する財産。以下この条において同じ。）を隠匿し、又は損壊する行為
　二　債務者の財産の譲渡又は債務の負担を仮装する行為
　三　債務者の財産の現状を改変して、その価格を減損する行為
　四　債務者の財産を債権者の不利益に処分し、又は債権者に不利益な債務を債務者が負担する行為
2　前項に規定するもののほか、債務者について破産手続開始の決定がされ、又は保全管理命令が発せられたことを認識しながら、債権者を害する目的で、破産管財人の承諾その他の正当な理由がなく、その債務者の財産を取得し、又は第三者に取得させた者も、同項と同様とする。

定が確定したこと）、これが「**処罰条件**」である。また、親族間の犯罪に関する特例（244条1項前段（☞283頁参照））のように、犯罪は成立しているのに、犯人の一定の身分関係のゆえに刑罰権が発生しない場合、これが「**処罰阻却事由**」（**人的処罰阻却事由**）である。

　更に、区別すべきは、「**訴訟条件**」である。これは、器物損壊や強制わいせつ（親告罪）の告訴や独占禁止法違反についての公正取引委員会の告発（独禁法96条）、外国国章損壊についての外国政府の請求のように、公訴提起（起訴）をするのには、これが必要であるというにすぎないものである。

　訴訟条件は捜査の条件ではないので、例えば、親告罪については告訴等がなくとも強制捜査を含め捜査は行なえる（国税犯則事件につき、最判昭35・12・23刑集14・14・2213）。しかし、告訴等のないまま起訴されると、公訴棄却の判決（刑訴法338条4号）が言い渡されることになる（非親告罪から親告罪への訴因変更までの間に告訴の追完が許されるとした裁判例として東京地判昭58・9・30判時1091・159）。

＊昭和22年法律第54号（私的独占の禁止及び公正取引の確保に関する法律）＊
第96条　第89条から第91条までの罪は、公正取引委員会の告発を待つて、これを論ずる。
②　前項の告発は、文書をもつてこれを行う。
③　公正取引委員会は、第1項の告発をするに当たり、その告発に係る犯罪について、前条第1項又は第100条第1項第1号の宣告をすることを相当と認めるときは、その旨を前項の文書に記載することができる。
④　第1項の告発は、公訴の提起があつた後は、これを取り消すことができない。
＊刑事訴訟法＊
第338条　左の場合には、判決で公訴を棄却しなければならない。
　一　被告人に対して裁判権を有しないとき。
　二　第340条の規定に違反して公訴が提起されたとき。
　三　公訴の提起があつた事件について、更に同一裁判所に公訴が提起されたとき。
　四　公訴提起の手続がその規定に違反したため無効であるとき。

第3章　構成要件

第1項　構成要件

　刑法は、その各論をみると、人間社会に起こりうるさまざまな反社会的・反倫理的行為で処罰すべきものをできる限り拾い出して、それらを幾つもの犯罪の型として定めていることが判る。すなわち、内乱罪から始まって、最後の信書隠匿罪に至るまで、細かく分ければ300を越す多くの犯罪の型を分類して規定している。そして、どれでも同じことであるが、殺人罪をひとつの例にとってみると、殺人には、毒殺あり、射殺あり、子殺し、夫殺し、行きずりの路上の喧嘩殺人もあれば保険金欲しさの殺人もあるなど動機や方法、態様に多種多様の違いがあるが、それらを、一つの定型「人を殺した」者に代表させている（199条（☞165頁参照））。つまり類型的に定めているわけである。刑法に限らず、犯罪と刑罰を定める他の刑罰法規でも、全く同じことがいえる。このように類型的に定めた犯罪の定型を「**構成要件**」と呼んでいる。

　ところで、甲が乙を恨んで自動車で轢き殺してしまったという事件があると、まず、その事実関係をできる限り調べ、証拠によって事実関係を確定して、そのうえで、この事実が「人を殺した」という構成要件に当てはまるかどうか（**構成要件該当性**）を検討する。他人の住宅の屋根から屋根へと屋根づたいに登って通って逃げて行ったというような事例では、それが「他人の住居に侵入した」（130条（☞239頁参照））という構成要件に該当するか、となると、その判断には少し検討を要する。これを「**構成要件該当性の判断**」という。当てはまる（該当する）となると、上記の例で、甲が乙を自動車で轢き殺した、勝手に他人の住居の屋根に上がって歩いたという具体的事実を199条や130条の「**犯罪構成事実**」という。

第2項　構成要件要素

　個々の犯罪を定める構成要件をみると、構成要件は、それを形づくる幾つかの要素から成り立っていることが判る。その中心は行為であるが、それ以外に、特に行為の主体を定めたり（例、公務員を主体とする197条（☞627頁参照）・医師を主体とする160条（☞485頁参照）など）、行為の客体（行為の対象）や行為の結果を定めることが多い。このほか、一定の目的や意思（営利の目的・行使の目的・不法領得の意思など）を定めるものもある（主観的構成要件要素）。行われた行為が構成要件を形づくるすべての要素をそなえているとき、それは「**構成要件を充足している**」という。

　ところで、これらの構成要件要素のなかで、その中心となる行為は「**実行行為**」（第6項☞32頁参照）であり、実行行為にあっては、具体的な行為が構成要件に該当する「**行為**」としての定型性をもつかが大きな問題となる。不作為犯・間接正犯・原因において自由な行為などはこの問題である。さらに、犯罪は成立しているのに、犯人の一定の身分関係のゆえに刑罰権が発生しない場合、これが「**処罰阻却事由**」（人的処罰阻却事由）である。

第3項　行為の主体

　構成要件のうえで、行為の主体を、一定の身分を有するものに限る趣旨のものがある。このような犯罪を「**身分犯**」という。

　ここで「**身分**」には、秘密漏示罪（134条（☞246頁参照））・虚偽診断書等作成罪（160条）での医師などや、収賄罪（197条）での公務員のように職業や資格である場合のほか、親族関係や「他人の物の占有者」（252条（☞340頁参照））といった特殊な地位や状態が含まれる。一定の身分のある者が犯したのでなければ犯罪とならない場合、その犯罪を「**真正身分犯**」という。

　一方、一定の身分者であるため刑罰が加重される場合（身分を加重要件としているとき）、その犯罪を「**不真正身分犯**」という（過失往来危険罪129条2項（☞424頁参照）の「その業務に従事する者」、業務上横領罪253条（☞346頁参照）の「業務上他人の物を占有する者」など）。

30 総論 第3章 構成要件

このように行為の主体を特定の者に限定する趣旨を特に明示しない構成要件にあっては、行為の主体は、「何人も」である。

第4項 行為の客体

「行為の客体」とは、傷害罪（204条）では「人の身体」、脅迫罪（222条）では「人」、窃盗罪（235条）では「他人の財物」というように、犯罪行為の対象として定められているものをいう。

この「行為の客体」と区別すべきものとして、「**保護の客体**」を挙げなければならない。例えば、公務執行妨害罪（95条（☞573頁参照））にあっては、行為の客体は「公務員」であるが、保護の客体は「公務」（国家の機能）である。このような保護の客体が「**保護法益**」であり、「**被害法益**」又は単に「**法益**」ともいう。法益には、「**国家的法益**」（第3編☞571頁参照）、「**社会的法益**」（第2編☞379頁参照）、「**個人的法益**」（第1編☞163頁参照）の三つがある。

第5項 行為の結果

① 結果犯

構成要件が定める定型行為には、一定の結果の発生を必要としているものが多い。人の死亡（199条（☞165頁参照）・205条（☞181頁参照）など多数）、財物の占有移転（235条（☞283頁参照）・236条（☞293頁参照）・246条（☞315頁参照）・249条（☞332頁参照）など）などである。これを「**結果犯**」という。船舶事故により死傷の結果が発生した場合の業務上過失致死傷罪などは結果犯の典型例である。結果犯にあっては、結果の発生と、行われた行為との間に「**因果関係**」（後述第7項☞39頁参照）がなければ、構成要件は充足されず未遂にとどまったり、他の構成要件に該当したりすることとなる（例、傷害でなく暴行にとどまったり、過失致死でなく過失致傷にとどまるなど）。他の構成要件に該当せず未遂処罰規定もなければ、例えば、横領や器物損壊の未遂は不可罰である。

② 結果と法益侵害

「行為の結果」と「法益の侵害」とは区別しなければならない。侮辱（231条

（☞259頁参照））・不退去（130条（☞239頁参照））などは結果の発生を要しない「挙動犯」であるが、侮辱は人の名誉、不退去は私生活の平穏という法益を侵害している。

　ところで、現実の法益侵害の発生を要するとされる犯罪（例、生命侵害を要する殺人、財産上の利益侵害を要する窃盗など）を「**侵害犯**」といい、「侵害の危険の発生」で足りるもの（侵害の危険の発生は必要だが侵害・実害の発生までは要しないもの）を「**危険犯**」（危殆犯）という。更に、現住建造物等放火罪（108条（☞386頁参照））では「火を放つ」行為があれば、その近隣の建物等に被害が出なくても、また火を放った家自体が燃えなくても、公共危険罪としての放火に当たる。この場合は「火を放つ」行為自体に、抽象的に公共の利益（人々の生命・身体・財産）に被害を与える危険性があると評価されているのである。そこで、この場合を特に「**抽象的危険犯**」という。これに対し「現実に」危険が発生することを要するものを「**具体的危険犯**」という（例、110条（☞394頁参照）の建造物等以外放火）。

　そして法益の侵害や侵害の危険の発生を必要とする犯罪を「**実質犯**」といい、それらの発生を必要としない犯罪を「**形式犯**」という。形式犯は、行政犯に多い（行政取締法規の単純違反行為）。

③　結果的加重犯

　甲は乙を突き飛ばす（暴行）だけのつもりで突いたところ（暴行）、乙は転倒して頭を打ちつけて頭蓋骨が陥没し（傷害）、それが原因で二ヶ月後に死亡したという場合は、傷害致死罪（205条（☞181頁参照））が成立する。傷害致死罪は、典型的な結果的加重犯である。基本的な構成要件行為（暴行）から予想外の重い結果（傷害・死亡）が発生した場合に、その重い結果を含めて特別の構成要件とし、重い結果について行為者に認識がなかったのにかかわらず、重い結果が発生したことのゆえをもって重い責任（刑の加重）を負わせる犯罪を「**結果的加重犯**」という。この場合、基本的行為と結果との間に「因果関係」がなければならないのは当然であるが、判例は、因果関係さえあれば足り、結果の予見に過失があることも予見可能性があることも必要でないとしている（被害者の行為の介在についての大判大12・7・14刑集2・658（第7項【実例】の解説☞42頁参照）、最判昭25・3・31刑集

4・3・469。致死の結果の予見可能性につき最判昭26・9・20刑集5・10・1937（第7章第1項③の解説☞111頁・各論同時傷害罪③の解説☞184頁参照））。

④　即成犯・状態犯・継続犯

　傷害（204条）などは、傷害の結果の発生と同時に犯罪が既遂に達し、それ以上進行しない限り、法益の侵害も終了してしまう（なお、水俣病についての最決昭63・2・29刑集42・2・314）。これを「**即成犯**」又は「**即時犯**」という。

　窃盗（235条）などは、他人の財物の奪取による占有の移転という結果が発生すれば犯罪は既遂に達するが、既遂に達したあとも法益侵害の状態（違法状態）が続く。これを「**状態犯**」という。この場合、窃盗犯人がその奪取してきた金品を費消したり入質・売却しても、それらの行為は別に犯罪とならない。「**不可罰的事後行為**」という。しかし新たな法益侵害を伴う場合には別罪を構成する（詐欺罪の【実例】7☞326頁参照）。他人の不動産を占有する者がほしいままに抵当権を設定すると横領罪が成立するが、これをさらに売却等によって所有権を移転する行為も横領罪となる（最大判平15・4・23集57・4・467（横領罪の②の解説☞344頁参照））。

　監禁（220条（☞217頁参照））などは、結果の発生と同時に犯罪は成立するが、法益侵害の状態が継続する間、その犯罪も成立し続ける。このような犯罪を「**継続犯**」という。継続犯では、法益侵害の状態が続く限り犯罪を実行しているわけであるから、即成犯や状態犯と異なり、その間、どの段階でも共同正犯や従犯が成立しうる。

⑤　結合犯

　それぞれが単独でも、犯罪を構成する2個以上の行為を結合して1個の構成要件とする犯罪を「**結合犯**」という。例えば、強盗は窃盗と暴行脅迫の結合犯といえるが、強盗犯人が強盗の際に不同意性交等を犯せば強盗・不同意性交等罪（241条1項（☞309頁参照））に当たる。

第6項　行　為（実行行為）

①　実行行為

　「人を殺す」・「他人の財物を窃取する」などのように、構成要件（199条・235

条）に該当する定型的な行為を、「**実行行為**」という。

　実行行為をみずから行う者は「**正犯**」である（「正犯」には、このほか、後出④間接正犯（☞35頁参照）がある）。「正犯」概念は特に「共犯」（第7章☞109頁参照）のところで問題となる。

② **実行の着手**

　上記の実行行為に移らない段階は「予備」や「陰謀」といった準備にすぎず（それらは刑法犯としては原則として処罰されない）、準備行為を超えて実行に取りかかれば、構成要件に該当する行為となる（未遂も処罰する犯罪では、この段階で直ちに未遂犯が成立する）から、いつ実行に着手したとみるかは刑法上重要な問題である。この実行行為開始の時期いかんの問題を取り扱うのが「**実行の着手（☞103頁参照）**」である（例えば、窃盗罪235条における「**物色行為**」（☞286頁参照）や177条における不同意性交等の「**着手**」についての【実例】（☞543頁参照））。

　実行の着手については、「**主観説**」と「**客観説**」とがある。

　「**主観説**」は、犯意の明確化、すなわち「犯意の成立がその遂行的行為によって確定的に認められるとき」とか、「犯意の飛躍的表動があったとき」に着手があったといいうるとする。

　「**客観説**」は、行為のもつ法益侵害の危険性を基準とするものであるが、これには、「構成要件に該当する行為を開始すること」又は「構成要件に該当する行為のみならず、これに直接密接（接着）する行為を行ったとき」などと形式的な考察を唱えるもの（**形式的客観説**）と、「法益侵害に対する（一定程度の）現実的危険性を発生させたとき」などと実質的考察を唱えるもの（**実質的客観説**）とがあり、更に「行為者の計画全体からみて法益侵害の危険が切迫したとき」とするもの（**折衷説**）もある。

　形式的客観説が、着手時期を明確な客観的事実によって決めようとする点で優れているが、実質的客観説も有力である。要するに、構成要件に該当する事実を実現する意思をもって構成要件に該当する行為に取りかかったとみられればよいのであるが、**判例は形式的客観説**（窃盗につき、「すり」における「あたり」と着手に関し最決昭29・5・6刑集8・5・634参照。窃盗の占有侵害に至る危険性を強調する

ものとして最決令4・2・14刑集76・2・101）**あるいは実質的客観説**（不同意性
交等につき最決昭45・7・28刑集24・7・585）によっていると考えられる。

③ 作為犯・不作為犯

殺人に例をとると、首を手で絞めて殺すなど、作為（積極的に身体を動かすこと）による場合が「**作為犯**」、殺害の意図で監禁場所に放置したまま全く飲食物を与えず餓死させたなど不作為（放置）による場合は「**不作為犯**」である。

殺人罪は、構成要件は作為犯として規定されているが、このような不作為によって死に至らしめることは作為によって殺すのと同じ評価を受ける行為であり、不作為によって実行行為が行われたわけである。これは「**不作為による作為犯**」であり、「**不真正不作為犯**」といわれる。

「不真正不作為犯」が成立するためには、次の**四つの要件**が備わることを要する。

① **作為義務の存在**（行為者に結果の発生を防止すべき作為を行う法的な義務があること）

② **作為の可能性**（行為者において作為義務を履行して結果の発生を防止することができる場合であったこと）

③ **故意の実行行為としての不作為**（①②であるのに、行為者が故意に作為義務を履行しなかったこと）

④ **不作為と結果との因果関係の存在**（行為者が必要な作為をしたならば結果は発生しないで済んだ、作為義務を履行しなかったからこそ結果が発生した、という関係にあること）

①にいう「**作為義務**」は、単に道徳的倫理的なものでは足りず法的な義務であるが、この「**義務**」は、法令・契約のみならず習慣や条理ないし信義則に基づいても認められる。すなわち、たまたま通りかかった通行人が河の中に溺れている人を見つけたが、救助の際の身の危険を考え見捨てて逃げたという場合、道徳的には非難されても不作為による殺人の成立は困難である。法的な作為義務ありとはいえないからである（犯行を打ち明けられた者の作為義務につき東京高判平11・1・29判時1683・153。黙認による幇助につき最決平25・4・15刑集67・4・437（第7章第4項幇助犯の①の解説☞123頁参照））。しかし自分の行為によって重い結果

発生の切迫した危険を他人に生ぜしめた者は、その発生を防止する義務が条理上発生するとされ、これを「**先行行為に基づく作為義務**」という（殺人につき、最決平17・7・4集59・6・403（各論第1編第1章第1項殺人罪の**2**の解説☞166頁**参照**））。交通事故で通行人に重傷を負わせながら、わざと救護しないときは、不作為による犯罪として保護責任者遺棄、同致死又は殺人罪などが成立しうる。

　ところで、構成要件自体において実行行為が不作為であることを明らかにしているもの、例えば不退去（130条）や生存に必要な保護を与えない保護責任者遺棄（218条）などは、**真正不作為犯**と呼ばれる。これに対し、殺人（199条）のように作為犯として規定されている犯罪を不作為によって実現する場合は、前記のように不真正不作為犯と呼ばれている。

4　間接正犯

　幼児や高度の精神病者など責任無能力者をそそのかして犯罪を実行実現する（刑事未成年だけでは足りないことにつき、成人と12歳10か月の少年との共謀による強盗の共同正犯を認めた最決平13・10・25判時1766・157（第7章第3項教唆犯の**3**の解説☞120頁**参照**））、他人を強度に脅迫しその強制状態の下で犯人の意図する犯罪をその他人をして犯させる（被害者につき最決平16・1・20集58・1・1（各論第1編第1部第1章第1項殺人罪の**2**の解説☞166頁**参照**））、事情を全く知らない他人を使って犯罪の実行の部分を担当させて結果をまんまと実現させるなどは、あたかも他人を器具などの道具と同じように利用したにすぎない。その他人を使った本人自身の実行行為そのものである。このような場合を「**間接正犯**」と呼んでいる。間接正犯も「**正犯**」（**1**☞33頁**参照**）である。犯人自身の直接行動で犯罪を犯したのと同じ処罰を受ける。他人を利用して犯罪を行う点で間接正犯は教唆犯（61条（☞118頁**参照**））に似ているが、教唆犯は「共犯」であり、「正犯である他人」を利用して犯罪を行わせる「共犯」者であるのに対し、間接正犯は、正犯でない他人を利用して自己の犯罪を実行するもの、すなわち本人自身が実行行為者（「正犯」者）である点で異なる。

　間接正犯では、通常は、事情を知らない第三者をして構成要件に該当する行為を実行させたことが本人自身の実行行為と評価されるものなのであるが（「**故意な**

き道具」の利用。いわゆる離隔犯の実行の着手につき大判大7・11・16刑録24・1352）、場合によっては、事情を知っている第三者を利用したときも間接正犯が成立する（「**故意ある道具**」の利用による正犯の成立）。故意ある道具には、真正身分犯について身分なき者を利用する場合と目的犯について目的なき者を利用する場合等とがある（いわゆるコントロールドデリバリーの実施された薬物の輸入につき、情を知った通関業者が申告し、当該薬物が配送された事案につき、犯人の依託の趣旨に沿った引き取り、配達であるとして禁制品輸入罪の既遂とした最決平9・10・30刑集51・9・816）。例えば、収賄罪は公務員でなければ主体足り得ないので非公務員である妻に賄賂を収受させた場合には、妻は幇助犯に止まるという考え方がある。しかし、身分犯については、判例は非身分者との共謀共同正犯を認めているので（収賄につき、大判昭7・5・11刑集11・614）、非身分者を用いた間接正犯という概念は、学説上のものに止まる。これに対し、偽造罪における「行使の目的」のように、一定の目的を有していることが構成要件とされている場合に、例えば、行使の目的のあることを秘して、偽造させた場合には、目的なき者を利用した間接正犯が成立する。これに対し、構成要件の解釈上、間接正犯（共謀共同正犯）の形では犯し得ない犯罪を「**自手犯**」と呼んでいる（例、無免許運転、密入国）。

　これ以外にも、実行行為者の地位、関与の程度等から正犯者としての加功とは認めがたいとされ、実行行為者自身は幇助犯、あるいは単なる手足とされ、これに指示した者が正犯者とされた判例がある。例えば、法律の定める一定の場合でなければ特定の物資の輸送が禁止されているというときに、運送会社の社長が平常業務上会社の運送行為を担当している従業員の自動車運転手に指示して、不法に特定物資の輸送を実行させたという事例につき、最高裁は「社会通念上、使用人を自己の手足として当該物資を自ら運搬したと認めることが適正妥当であり、その使用人がその情を知ると否とにかかわらず（社長の行為が）運搬輸送の実行正犯であることに変わりない」とした（最判昭25・7・6刑集4・7・1178）。この場合、事情を知っている従業員の行為は形式的には犯罪の実行行為を担当したように見えても、正犯ではなく幇助犯にすぎないと評価されたわけであるが、疑問である。

5　**原因において自由な行為**

本来は正常な精神状態にある者が、多量の飲酒とか薬物注射による薬理作用により自己を一時的な心神喪失状態（責任無能力状態）に陥らせ、これを利用して犯罪を犯す場合を「**原因において自由な行為**」という。犯罪を犯す時点では責任能力が認められないから犯罪とならない（39条1項（☞75頁参照）。**行為と責任の同時存在の原則**）として不可罰とすることは、いかにも不合理であるところから、このような行為者を処罰するための理論として生まれたのが、この「原因において自由な行為」の法理である。この考え方は、犯罪の実行行為のわくを、責任無能力状態をきたす原因設定行為（飲酒行為等）にまで拡げ、その原因設定行為の段階において行為者に自由な意思決定能力（責任能力）があったと認められるとき（原因において自由であったとき）、その原因設定行為自体を犯罪実行行為として評価する。そして、責任無能力状態での自己の身体活動を一種の道具として利用して犯罪を犯したものとみる。したがって、原因設定行為を開始したとき「**実行の着手あり**」となる。

　原因において自由な行為にも、「**故意犯**」と「**過失犯**」がある。平常酒を飲むとつい深酒となり、深酒になると他人に乱暴する習癖のある者が、飲酒を抑制すべき注意義務をつい忘れて、多量に飲酒し、酩酊状態で殺人を犯したとき、これは過失致死（210条（☞199頁参照））又は重過失致死（211条後段）に当たる。ところが、自分の過去の体験から酒を飲めば他人に危害を加えることとなることは分かっているが、どうしても酒を飲みたくて、他人に乱暴を加えることになってもかまわないと覚悟して周りの制止に従わず飲み始め、結局泥酔状態となって他人に暴行を加え死亡させたときは、故意犯（「**未必の故意**」である。後出第5章第3項の**4**☞81頁参照）としての暴行を犯した結果死亡させたものとして傷害致死罪（205条（☞181頁参照））が成立することになる。裁判例では、過失犯（自動車運転過失致死傷事案）については、原因において自由な行為の理論に立脚したと認められる判示がなされる事例が少なくない。しかし、故意犯については、酒酔い運転の事犯等につき、「酒酔い運転の行為当時に飲酒酩酊により心神耗弱の状態にあったとしても、飲酒の際酒酔い運転の意思が認められる場合には、刑法39条2項を適用して刑の軽減をすべきではないと解する」などとして、この法理に従ったものがあるほかは（最決昭43・2・27刑集22・2・67等）、下級審の一部裁判例に是認した例

38 総論 第3章 構成要件

が見受けられるに止まる（なお、自動車運転死傷行為等処罰法3条参照）。ただ、実行行為の途中に酒の酔いが深まるなどして心神耗弱に陥った場合については、原因において自由な行為と同様の考え方を示して、責任能力を有していた者と同等の処罰をする例が多い（殺人についての東京高判昭54・5・15判時937・123等）。

6 不能犯

殺意をもって人の静脈内に空気を注射したが、客観的に致死量以下であったため当然のこととして死亡の結果は発生しなかった場合や、「スリ」が乗客の洋服の内ポケットに手を差し入れたが、財布はなく財産的価値の認められない白紙のメモ紙しか入っていなかった場合には、それぞれ、始めから人の死亡とか財物の奪取とかの可能性（危険性）がなかったわけであるが、犯罪の「実行行為」と認められるものがあるため、上記はいずれも、殺人未遂・窃盗未遂とされている。ところが、他人を祈り殺す意図の下に祈祷を続ける行為や、マネキンを生きていると誤信して殺意をもって突き刺す行為などは、行為の性質上（単なる祈祷）又は行為が向けられた客体の性質上（物体）、もともと殺人の構成要件を実現する危険性がなかったので結果が発生しなかっただけのことであり、犯罪の実行行為というものが存在しない（構成要件に該当する行為としての定型性がない）。このような場合を「**不能犯**」という。不能犯か未遂犯かを区別する基準としては、客観的にみて結果発生の可能性が絶対にないとき（絶対不能）は不能犯、そうでないとき（相対不能）は未遂とするもの（客観説）や、行為者本人が行為当時に認識していた事情及び一般人が認識できたであろう事情のもとにおいてその結果発生の可能性を一般的経験法則に照らして認めることができれば未遂、そうでないと不能犯とするもの（具体的危険説）などがある（なお、主観説として、主観内容が実現したら一般人からみて危険か否かで判断する抽象的危険説がある）。判例は、主観説ではないこれら絶対不

＊自動車の運転により人を死傷させる行為等の処罰に関する法律＊

第3条　アルコール又は薬物の影響により、その走行中に正常な運転に支障が生じるおそれがある状態で、自動車を運転し、よって、そのアルコール又は薬物の影響により正常な運転が困難な状態に陥り、人を負傷させた者は12年以下の懲役に処し、人を死亡させた者は15年以下の懲役に処する。

2　自動車の運転に支障を及ぼすおそれがある病気として政令で定めるものの影響により、その走行中に正常な運転に支障が生じるおそれがある状態で、自動車を運転し、よって、その病気の影響により正常な運転が困難な状態に陥り、人を死傷させた者も、前項と同様とする。

能・相対不能説（客観説）等の考え方によっているものと思われ、不能犯が認められた事例は、硫黄粉末を汁鍋等に混入して殺害しようとした事案（大判大6・9・10録23・999）等、稀である（殺人未遂を認めたものとして、ストリキニーネの食物混入についての最判昭26・7・17刑集5・8・1448、致死量に満たない空気の静脈注射についての最判昭37・3・23刑集16・3・305等）。

第7項　因果関係

構成要件要素として「行為の結果」が定められている「**結果犯**」（第5項の①☞30頁**参照**）において、構成要件が充足され犯罪が既遂となるためには、「**行為**」（実行行為）と発生した結果との間に「**因果関係**」がなければならない。例えば人の死亡（不自然死）という違法な結果が発生した場合、その発生原因が単一である場合（犯人の実行行為のみ）もあるが、これに種々の特殊事情（第三者や被害者の故意又過失による行為といった偶然の介入など）が加わって結果発生に至る場合も多い（被害者の行為が介在したものとして最決平4・12・17刑集46・9・683、最決平15・7・16刑集57・7・950（【**実例**】の解説☞42頁**参照**）、最決平16・2・17集58・2・169（各論第1編第1部第2章第2項傷害致死罪の②の解説☞182頁**参照**）、同16・10・19集58・7・645、第三者である消防士の消火活動の不手際が介在したものとして大阪高判平9・10・16判時1634・152、第三者の前方不注視の追突により、トランクに監禁した被害者が死亡したものとして最決平18・3・27集60・3・38、第三者の暴行が死期を幾分早めるものであった場合につき最決平2・11・10刑集44・8・837）。このような場合、どの範囲の結果を構成要件に該当する結果とみるかによって、成立する犯罪が異なったり、既遂でなく未遂となったりするうえ、因果関係を余り広く認めると行為者に不利となり（重い結果の全部につき責任あり）、逆に余り狭く認めると行為者に有利となる（結果につき責任が軽くなったり免れたりする）など適正な責任を求められないこととなる。そこで、当該実行行為は違法な結果のどの範囲までの原因とみるのが妥当か、刑法上の因果関係（構成要件における因果関係）とは何かが、刑法理論における重要な問題点の一つとされてきた。

① 条件説

40 総論 第3章 構成要件

もしその行為がなかったならばその結果は発生しなかったであろう、という条件的関係が認められる限り、刑法上も因果関係がある、とする考え方である（すべての条件を平等に結果の原因とみる）。もっとも、例えば、自動車運転上の過失で通行人を轢き負傷させたが、その被害者を乗せた救急車が途中で衝突事故を起こしたため、重傷でもなかった被害者が死亡してしまったという場合は、確かに最初の交通事故は被害者の死亡という最終的な結果に向かって抽象的には条件を与えてはいるが、予期されない異常な事情の発生という他の条件が加わって前の条件とは全く無関係に結果を生じている（因果関係の中断）。条件関係は具体的、個別的な形態における結果に対して論じられるのであるから、いくら条件関係をいう条件説でも上記の事例につき因果関係は認められない。

② 原因説

結果に対する諸条件のうち条件と原因とを区別し、結果に対して決定的と認められる条件だけを原因と考え、結果に対し原因となる関係に立つ行為にのみ因果関係を認める考え方である（個別化説）。条件と原因をどのような基準で区別するかについて、結果に最も近接する条件を原因とする最終条件説、最有力な条件を原因とする最有力条件説など種々の対立があったが、現在では学説上も支持者は皆無に近い。

③ 相当因果関係説

その行為から問題とされる結果の生じることは、日常経験（経験法則）に照らして通常一般に認められることであるというとき（すなわち相当性があるとき）、因果関係を認める考え方である。**判例（大審院・最高裁）は伝統的に条件説**を貫いてきていると言われる。しかし、**学説では相当因果関係説が通説**であり、下級裁判所の裁判例にもこの考え方を明らかにするものが多い。

相当因果関係説の中でも、その相当性判断の基礎となる事情の範囲につき、

　　① もっぱら行為当時の行為者の認識し、又は認識し得た事情に限るもの（**主観的相当因果関係説**）

　　② 行為時に存在したすべての事情及び一般人に予見可能な行為後に発生した事情を基準とするもの（**客観的相当因果関係説**）

③　行為時において一般人が認識又は予見し得た事情及び行為者が特に認識
し、予見していた事情を基準とするもの（**折衷的相当因果関係説**）

の対立があるが、現在では①説の支持者は皆無である。

☞【実例】

　　甲がAに暴行を加えた。甲は暴行を加えるだけのつもりで行動したにすぎな
い。ところが、Aは、たまたま重篤な心臓疾患をわずらっていたため、甲の暴
行は、通常一般の場合だと、とても被害者が死亡するような打撃ではなかった
のに、Aは甲の暴行によって間もなく死亡してしまった。甲は、行為当時、A
が上記の疾患をわずらっている事情は知らなかったし、したがってAが死亡す
るなどとは予見することもできなかった。

〔解説〕

　　甲は、致死につき責任なしと争った。高等裁判所は、相当因果関係説をと
り、経験則に照らしてAの死亡の結果と甲の暴行との間に通常一般、原因・結
果の関係があるとは認めがたいとして、因果関係の存在を否定した。ところ
が、最高裁は、上記のような事情があるとしても、本件の事実関係の下では、
「その暴行がその特殊事情と相まって致死の結果を生ぜしめたものと認められる
以上、その暴行と致死との間に因果関係を認める余地があるといわねばならな
い。」とした。すなわち、条件説をとることを明らかにしている（最判昭46・
6・17刑集25・4・567。同様の心筋梗塞死亡につき最決昭36・11・21刑集
15・10・1731）。

　　もっとも、次のような判例もある。すなわち、Xが友人Yを助手席に乗せて
乗用車を運転中、自転車で通行中のAをはね、失神したAをXらの車の屋根に
乗せたまま気づかずに4粁程進行した際、助手席のYが屋根の上のAに気づい
て、その身体をさかさまに引きずり降ろして舗装道路上に転落させ、Aが8時
間後に死亡した事件で、Aの致命傷となった頭部の傷害が最初の衝突のときの
ものかYの行為によるものか鑑定の結果でも確定できなかったという事案につ
き、最高裁はYの行った引きずりおろしの如きは、Xにとって、「経験上普通予
想しえられるところでない」とか、Xの過失行為からAの死の結果の発生する

42 総論 第3章 構成要件

ことが「われわれの経験則上当然予想しえられるところであるとは到底いえない」とし、Xに「業務上過失致死の罪責を肯定したのは刑法上の因果関係の判断を誤った結果」であるなどと判示している（最決昭42・10・24刑集21・8・1116）。この判例は最高裁が「相当因果関係説」を採用したものとする論評もあるが、もともとこの事件では、Xの過失行為とAの死亡との因果関係の存在自体が証明できなかった事案であるというべきであって、条件説か相当因果関係説かという、論争以前に問題（事実の証明の問題）があり、さきに見た最高裁昭46・6・17の判例が明確に相当因果関係説を排斥しているところからも判例（最高裁）は条件説で一貫していると解されよう。過去の著名な事例では、被害者に暴行を加え軽傷を負わせたが、被害者が神がかりで治療のため神水を患部に塗布したので丹毒症を起こして死亡した事件（大判大12・7・14刑集2・658（第5項**3**の解説☞31頁・各論の傷害致死罪**2**因果関係の解説☞182頁**参照**))、暴行を加えられた被害者が脳梅毒であったため脳の組織が崩壊して死亡した事件（最判昭25・3・31刑集4・3・469）につき、大審院・最高裁は、暴行と死亡との間の因果関係の存在に問題はないとして、いずれも傷害致死（205条）を認めている。被告人らの暴行に耐えかねた被害者が逃走の際負った傷害の結果、死亡した事案につき、暴行と死の間に因果関係を認めるのも同様の考え方の表われであろう（最判昭25・11・9刑集4・11・2239（各論第1編第1部第2章**2**の解説☞179頁**参照**)、最決昭59・7・6刑集38・8・2793、最決平15・7・16集57・7・950）。なお、本項本文☞39頁**参照**のこと。

第4章 違法性

第1項 違法性

⊡ 違法性の本質

　犯罪は、**構成要件該当性・違法性・有責性**の三つから成り立っているが、ここに「**違法性**」とは、単に刑罰法規に違反することによって違法となるという形式的な意味のもの（**形式的違法性**）ではなく、実質的に法秩序全体の見地から許されないものであること（**実質的違法性**）をいう。実質的違法性は、目的の正当性、手段の相当性、法益の権衡等を総合的に考慮して判断することになるが（最判昭50・8・27集29・7・442、最決平17・12・6刑集59・10・1901（第11項☞73頁**参照**））、もともと構成要件は、法秩序に照らして許されない（違法な）行為を類型化し、定型化して出来上がった観念的形象であるから、行為が構成要件に該当すれば、いちおう違法性を備えたものとの推定を受ける（**構成要件の違法性推定機能**）。それで刑法は、違法性を、犯罪の成立要件として積極的に規定することなく、消極的に、違法性が阻却される特定の場合を規定するにとどめている。なお、刑法各論で「**正当な理由がないのに**」とか「**不法に**」などと、特に違法性を強調する用語を用いるものがあるが（130条（☞239頁**参照**）・133条（☞245頁**参照**）・168条の2（☞515頁**参照**）・168条の3（☞517頁**参照**）・220条（☞217頁**参照**））、これは、いわば言葉のあやにすぎず、その犯罪に限って違法性が要求されるとか、或いは一段と高い違法性が求められるとかの趣旨ではない。

⊡ 違法性阻却

　刃物を用いて腹部に切りつけ切り開く行為であっても医師が手術として行うとき、双方が強烈に殴り合ってもボクシングの試合として行うとき、他人の住居に侵

44　総論　第4章　違法性

入しても警察官が現行犯人を逮捕する、その際、捜索のため人の住居に立ち入るなどにあっては、これらは形式的には構成要件に該当する行為であっても、実質的違法性を欠き犯罪成立の余地がない。

　このように構成要件に形式的に該当しても違法性が否定される特別の事由を「**違法性阻却事由**」といい、刑法は、その典型的なもの四つだけを掲げている。

　　①　**法令による行為**（35条参照）
　　②　**正当業務行為**（35条参照）
　　③　**正当防衛**（36条☞48頁参照）
　　④　**緊急避難**（37条☞60頁参照）

　しかし、違法生阻却事由は、これら刑法に明文のあるものに尽きるのではなく、法秩序全体から導かれる違法性阻却事由として、「**被害者の承諾・同意（☞63頁参照）**」「**自救行為（☞66頁参照）**」「**労働争議行為（☞68頁参照）**」などが判例・学説上問題とされている。

第2項　法令又は正当業務による行為

　（正当行為）
　第35条　法令又は正当な業務による行為は、罰しない。

① 法令による行為

　形式的には犯罪構成要件に該当する行為であっても、法令の規定によってそれが許される場合には、犯罪は成立しない。死刑の執行として法務大臣の命令により死刑判決の確定した被収容者を絞首して死亡させる（刑訴法475条等、刑法11条（☞141頁参照））などはその最たるものである。また、例えば、犯罪捜査のため、令

＊刑事訴訟法＊
第475条　死刑の執行は、法務大臣の命令による。
②　前項の命令は、判決確定の日から6箇月以内にこれをしなければならない。但し、上訴権回復若しくは再審の請求、非常上告又は恩赦の出願若しくは申出がされその手続が終了するまでの期間及び共同被告人であつた者に対する判決が確定するまでの期間は、これをその期間に算入しない。

状に基づき捜査機関が人の住居に入って捜索・差押等を行うなども法令による行為
である。同様に私人による現行犯逮捕（刑訴法213条）も法令による行為として違
法性が阻却される例である。これに対し、法令上の権限の全くない者が犯罪捜査と
称して行えば、住居侵入、強盗・窃盗等の犯罪が成立することになる。なお、私人
には現行犯逮捕以外に強制捜査権限は認められていないことに注意を要する（逮捕
に伴う令状によらない捜索・差押等は捜査機関のみに認められていることにつき刑
訴法220条1項）。親権者にも「体罰その他の子の心身の健全な発達に有害な影響を
及ぼす言動」は禁止されるようになったが（民法821条。体罰禁止については、親
権者につき児童虐待防止法14条1項、児童相談所長などにつき児童福祉法33条の
2第2項、47条3項）、懲戒権を規定していた改正前の民法822条の下においても正
当な懲戒権の限度を超えるものには違法性が認められていた（（【実例】2☞48頁参
照）東京高判昭35・2・13下刑集2・2・113）。

② **正当業務による行為**

社会通念上正当と認められる業務によってした行為は違法性がない。医師の手
術、ボクサーの殴打などがこれに当たる。しかし、それらは、もとより、業務の
性質・目的に適応することを要し、その範囲を逸脱した場合には違法性が阻却さ
れない。

ところで、刑法35条は「正当な業務による」と規定しているが、この「業務」
ということが違法生阻却事由として特に重要な意味をもつものではない。職業とし
て或いは反復して柔道を行う人の柔道では暴行・傷害に当たらない行為が、素人が
たまたま行った柔道なら同じことをしても暴行・傷害に当たるとした場合の不合理
は明らかである。そこで、通説は、前記の**「正当な業務行為」**というのは、「正当
な行為」の一つの例示にすぎず、同条は「正当な行為（違法性のない行為）は犯罪
にならない」という原則を規定しているものと解している。

☞**【実例】 1 （暴行を加えての現行犯人逮捕）**

甲は漁業組合のために密漁を監視中、密漁の現行犯のXらを発見したので、
Xらを現行犯逮捕するため、Xらの密漁船を船で追跡した。Xらは停船の呼び
かけに応じるどころか甲らの船に3回も突っ込んできて衝突させたり、ロープを

46　総論　第4章　違法性

　　流して甲らの船のスクリューに絡ませたりしたので、甲らは、Xらの抵抗を排

　　除する目的で、Xらの船の操船者の手足を竹竿で叩いたり突いたりした。この

　　ため上記操舵者に全治1週間の刺創を負わせた。

〔解説〕

　　甲らの行為は、犯罪とならない。現行犯人はこれを逮捕することができるこ

＊刑事訴訟法＊

第213条　現行犯人は、何人でも、逮捕状なくしてこれを逮捕することができる。

第220条　検察官、検察事務官又は司法警察職員は、第199条の規定により被疑者を逮捕する場合又は
　現行犯人を逮捕する場合において必要があるときは、左の処分をすることができる。第210条の規定
　により被疑者を逮捕する場合において必要があるときも、同様である。

　一　人の住居又は人の看守する邸宅、建造物若しくは船舶内に入り被疑者の捜索をすること。

　二　逮捕の現場で差押、捜索又は検証をすること。

　　　　（第2項～第4項省略）

＊民法＊

（子の人格の尊重等）

第821条　親権を行う者は、前条の規定による監護及び教育をするに当たっては、子の人格を尊重するとと
　もに、その年齢及び発達の程度に配慮しなければならず、かつ、体罰その他の子の心身の健全な発達に有害
　な影響を及ぼす言動をしてはならない。

＊令和4年法律102号による改正前の民法＊

（懲戒）

第822条　親権を行う者は、第820条の規定による監護及び教育に必要な範囲内でその子を懲戒すること
　ができる。

＊児童福祉法＊

第33条の2　児童相談所長は、一時保護が行われた児童で親権を行う者又は未成年後見人のないものに対し、
　親権を行う者又は未成年後見人があるに至るまでの間、親権を行う。ただし、民法第797条の規定による縁
　組の承諾をするには、内閣府令の定めるところにより、都道府県知事の許可を得なければならない。

②　児童相談所長は、一時保護が行われた児童で親権を行う者又は未成年後見人のあるものについても、監護
　及び教育に関し、その児童の福祉のため必要な措置をとることができる。この場合において、児童相談所長
　は、児童の人格を尊重するとともに、その年齢及び発達の程度に配慮しなければならず、かつ、体罰その他
　の児童の心身の健全な発達に有害な影響を及ぼす言動をしてはならない。

　　　　（第3項～第4項省略）

第47条　児童福祉施設の長は、入所中の児童で親権を行う者又は未成年後見人のないものに対し、親権を行
　う者又は未成年後見人があるに至るまでの間、親権を行う。ただし、民法第797条の規定による縁組の承諾
　をするには、内閣府令の定めるところにより、都道府県知事の許可を得なければならない。

　　　　（第2項省略）

③　児童福祉施設の長、その住居において養育を行う第6条の3第8項に規定する内閣府令で定める者又は里
　親（以下この項において「施設長等」という。）は、入所中又は受託中の児童で親権を行う者又は未成年後
　見人のあるものについても、監護及び教育に関し、その児童の福祉のため必要な措置をとることができる。
　この場合において、施設長等は、児童の人格を尊重するとともに、その年齢及び発達の程度に配慮しなけれ
　ばならず、かつ、体罰その他の児童の心身の健全な発達に有害な影響を及ぼす言動をしてはならない。

　　　　（第4項～第5項省略）

と（刑訴法213条）に基づく行為であり、逮捕の際、現行犯人から抵抗を受けたときはその場の状況から社会通念上逮捕のために必要かつ相当であると認められる限度内の実力を行使することは許されるからである（最高裁昭50・4・3刑集29・4・132）。この場合、逮捕しようとする者が警察官であっても私人であっても同じである。たとえ暴力を加えたことが傷害の構成要件に該当しても、35条により違法性が阻却され、犯罪不成立となる（東京高判昭51・11・8判時836・124、東京高判平10・3・11判時1660・55も同旨）。

　　しかし、私人が犯人を逮捕後、従前の同種被害についても追及し、弁償させようとして犯人に手錠をするなどして長時間監禁するのは正当な行為として違法性を阻却されることはない（東京高判昭55・10・7刑裁月報12・10・1101（各論第2編第2部第1章第2項1の解説☞219頁参照））。

☞【実例】2（学校体育時間中の罰の限界）

　　甲は、高等学校の体育教師で、低学年の女子学生30数名にバスケットボール競技の練習を指導中、真面目に指導に従えば難なく行える動作を指導通りに行えない生徒には罰として約3メートルの高さにある手すりに30秒ぶら下がることを指示していた。5名の生徒が上記の罰を命じられて、ぶら下がったが、うち1人は要領が悪く、無造作に床にころげ落ち、足を骨折した。

〔解説〕

　　体育教師の生徒に対する体育指導には多少の懲戒的行為が行われても、いわゆる体罰でない限り、正当の業務によりなしたる行為に当たり、犯罪は成立しない（学校教育法11条）はずである。ところが、ここで問題なのは、まだ身長・体力の十分でない女子学生に対し3メートルもの高さの手すりにぶら下る運動を実施させるのであるから、手すりから下に落ちる際の注意事項を与えるなり手すりの下にマットを敷くなどして生徒の身体に対する危険の発生を防止する方法をあらかじめ実施すべきであったのに、何らの注意も与えず、いきな

＊学校教育法＊
第11条　校長及び教員は、教育上必要があると認めるときは、文部科学大臣の定めるところにより、児童、生徒及び学生に懲戒を加えることができる。ただし、体罰を加えることはできない。

48　総論　第4章　違法性

り、上記の罰を実施してしまった点にある。この行為は、過失傷害（209条）の「構成要件に該当する行為」である。甲の行為は、正当の業務によりなしたる行為であるとして、違法性が阻却され、犯罪不成立となるのであろうか。

　本件のような事案において、行為が違法性なしとして犯罪不成立となるためには、その行為が、業務の性質・目的に適応するのはもとより、その範囲を逸脱しないこと、社会通念上相当性の認められるものであることを要する。その意味で、上記の罰は、実施の仕方における欠陥のゆえに社会通念上相当性が認められない、行き過ぎた罰という評価を受ける。甲の前記の行為には、過失傷害罪が成立する（甲は生徒に「危険」な行為をさせることを反復する業務を行っていたのでないとみると業務上過失傷害罪は成立しないことになる）。

　同様に親権者の体罰は、令和4年法律102号による改正後の民法821条（条文☞46頁**参照**）で禁止されているが、同改正前の同法822条の懲戒についても、限度を超えたものは違法とされていた。裁判例では、5歳11月の女子を板の間等に突き倒し、顔面等を手で殴打し、浴槽内に頭まで押し込み、さらにぼんやりとして風呂場の廊下に裸で立っている同児を背後から突き倒すなどして死亡させたもの（東京高判昭35・2・1東高時報11・2・9）、手癖の悪い9歳の子の両手首を針金で縛り、押入れ内に入れて、釘を打って戸が開かないようにし、10数時間閉じ込めて放置したもの（東京高判昭35・2・13下刑集2・2・113）などが正当な懲戒権の行使の限度を超えたものとされている。

第3項　正当防衛

（正当防衛）
第36条　急迫不正の侵害に対して、自己又は他人の権利を防衛するため、やむを得ずにした行為は、罰しない。
2　防衛の程度を超えた行為は、情状により、その刑を減軽し、又は免除することができる。

第3項　正当防衛　49

① 意　義

「**正当防衛**」とは、急迫不正の侵害に対し、自己又は他人の権利を防衛するため、やむをえずに行った反撃行為をいう。

山林内で見知らぬ男に情交をいどまれた山菜取りの女性が、拒絶しつつ逃げようとする際、男が腕をつかみ押し倒すなどして情交を強要するため、これを免れるためたまたま手許にあった山菜取りの切り出し包丁で男を無我夢中で突き刺し、男は間もなく死亡した。この事例で、この女性に傷害致死や殺人の罪が成立するかどうかを念頭におきつつ、正当防衛の要件を、次に見ていこう。

② 要　件

1　急迫不正の侵害

「**急迫**」とは、法益の侵害が現に存在しているか間近に押し迫っていることをいう（最判昭46・11・16刑集25・8・996。「**自招侵害**」につき、被告人の不正の行為により自ら侵害を招いたといえるときは、相手方の攻撃が被告人の暴行の程度を大きく超えるものでない場合には被告人が何らかの反撃に出ることが正当化される状況にないとするものとして最決平20・5・20刑集62・6・1786（【実例】4の解説☞57頁**参照**）、自らの暴行を止めれば相手の反撃が止むという関係にあったとして、急迫性を否定したものとして東京高判平8・2・27判時1568・145）。当然又は確実に侵害が予期された場合には、侵害の急迫性はないといえるかどうかも問題となる（【実例】3☞55頁**参照**）。過去の侵害に対しては、自救行為が問題となるだけであるが、過去であるかどうかは、既遂か否かとは一致せず、犯罪として現に継続しているか否かの問題である（侵害の継続性につき最判平9・6・16刑集51・5・435）。

「**不正**」とは、違法なことをいう。客観的に違法なものであれば足り、侵害が犯罪となるものであることは必要でない。責任無能力者の攻撃や故意・過失のない行為でも、違法な行為である限り正当防衛が成り立つ。適法行為に対する正当防衛はない。正当防衛にあっては、違法な侵害者と正当な防衛者との「不正対正」の関係が認められるところに特徴がある。

「**侵害**」とは、法益に対する実害又はその危険を生じさせる行為で、積極的な

作為によるものに限らず消極的な不作為によるものも含む（例、不退去罪を犯している者に対する正当防衛としての退去の強制もありうる）。

2　自己又は他人の権利の防衛

「**権利**」とは、法律が保護する利益（法益）を指し、個人的法益（生命・身体・自由・名誉・貞操・財産など）であることが一般的であるが（財産権を防衛するための暴行について正当防衛を認めた最判平21・7・16刑集63・6・711）、国家・公共の法益についても（極めて稀ではあるが）正当防衛があり得よう（最判昭24・8・18刑集3・9・1465）。

「**防衛**」とは、侵害から法益を守ることをいう。自分自身が侵害を受けているときはもとより、他人が侵害を受けているときも、その防衛が成り立つが、防衛は必ず侵害者に向けられたものでなければならない。

防衛行為といいうるためには、正当防衛の客観的要件である「**情況（違法な法益の侵害が現に存在しているか切迫している情況）の認識**」が反撃行為者になければならないが、このほかに「**防衛の意思**」をも必要とするのが判例の立場である（最判昭46・11・16刑集25・8・996（☞前頁・【実例】3 ☞56頁参照）等）。

ところで、侵害を受けた者が侵害に憤激又は逆上して反撃行為に出る場合が多い。この場合、憤激又は逆上して反撃を加えたからといって直ちに「防衛の意思」を欠くものとすべきでなく、あくまで行為者に「防衛の意思」もあったかどうかを確かめるべきである。「防衛の意思」は、必ずしも積極的或いは明確な意思である必要はないとされている。判例は、侵害者に対する攻撃的な意思と防衛の意思とが「併存」した場合について、「急迫不正の侵害に対し自己又は他人の権利を防衛するためにした行為と認められる限り、その行為は、同時に侵害者に対する攻撃的な意思に出たものであっても、正当防衛のためにした行為に当たると判断するのが相当である」としている（最判昭60・9・12刑集39・6・275）。もっぱら憤激とか日頃の憎しみによる仕返しなど攻撃的な意思のみで、防衛の意思が認められない行為は、たとえ攻撃を受けた際の反撃の形態をとっていても単に防衛に名を借り、あるいは、これに乗じたもので防衛行為に当たらない（最判昭50・11・28刑集29・10・983）。

3　やむを得ずにした行為

「防衛行為の相当性」といわれる要件である。すなわち防衛行為が、具体的事情の下で法益を防衛するために当時の社会通念上「必要かつ相当な限度」のものであったことを要する（最判昭44・12・4刑集23・12・1573）。

具体的な事案に即してそれぞれ個々の法益を防衛するのに必要な限度というものがあるから、その必要性が認められるものでなければならない。一連一体のものと認められる事案では、分析的に判断するのではなく全体的に考察することになる。刀で襲いかかる相手に追い詰められて逃げ場を失ったところにたまたま包丁があったのでこれで相手の腕を切ったなどは正当防衛行為の適例である（武器対等の原則が絶対的なものでないことにつき最判平元・11・13集43・10・823）。しかし、このことは、それ以外ほかにとるべき方法がなかったということを必要とする趣旨ではない（いわゆる「補充の原則」の適用はない）。また軽微な法益を防衛するために極めて重大な法益を害する反撃は、相当性がない。例えば、豆腐の貸し売りを迫られたため、相手を角材で殴打するような行為は相当性を欠く（大判昭3・6・19新聞2891・14）。しかし、防衛（反撃）によって侵害者が受ける損害が、侵害を防衛しないことによって生じる損害の程度を超えてはならないという制限はない（いわゆる「法益権衡の原則」の適用をみるわけでない）。

③　効　果

「罰しない」とは、犯罪が成立しない（犯罪とならない）という意味である。緊急の場合に不正な侵害を排除する正当防衛行為は、人の自衛本能に基づくものであり、権利の保護を目的とする法の精神に反せず、是認されるべきもの、違法性のない、犯罪とならないものなのである。

④　過剰防衛

急迫不正の侵害に対し防衛の程度を超えた反撃行為をすることを「過剰防衛」という（36条2項）。過剰防衛は、正当防衛の要件のうちの3の「防衛行為の相当性」の限度を超えたものにほかならないから、正当防衛の要件の1、2を備えていることを要する（質的過剰。最判平9・6・16刑集51・5・435、最決平21・2・

52　総論　第4章　違法性

24刑集63・2・1等）。

　過剰防衛は、もはや正当防衛でないから、犯罪となる。しかし、この種の防衛行為は、勢いの赴くところ相当な程度を超えてしまったという場合が多く、防衛者に通常の刑を科すと酷に失することもあるため、刑法は、状況によって刑を減軽したり免除したりできることとした（当初、防衛手段として相当なものが含まれているときも、これを続けるうちに相手の侵害が止むなどしているのにそれを認識しながら同様の反撃行為を加える量的過剰については、全体的に考察して一個の過剰防衛とした最決平21・2・24刑集63・2・1、侵害の継続性、防衛意思に断絶があり一個の過剰防衛とは認められないとした最決平20・6・25刑集62・6・1859。なお、共同正犯の場合には、各人毎に正否を判断すべきことにつき最決平4・6・5集46・4・245）。

⑤　誤想防衛

　急迫不正の侵害がないのに、これがあると誤信して防衛行為を行うのを「**誤想防衛**」という。夜間友達が急に飛び出して、うしろから木の枝を手に持ち、構えて「どうだ」と言っていたずらしたのを、本当に拳銃を所持している第三者が発射するかも知れないと勘違いし、身を守るため傍の棒で殴って負傷させたというような場合がこれに当たる（正当防衛として行った行為によって犯人以外の者を死亡させてしまった場合も誤想防衛とするものとして大阪高判平14・9・4判タ1114・293）。

　急迫不正の侵害がないので、正当防衛にはならず、違法性は阻却されない。しかし、正当防衛の要件がないのにあると信じた錯誤があり、その錯誤のため行為者としては、犯罪とならない事実（正当防衛行為だと犯罪とならないから）の認識しかないわけであるから、故意の内容となるべき「犯罪事実の認識」を欠き、行為につき故意の責任を問うわけにはいかないとする説が有力である（東京高判昭59・11・22高刑集37・3・414）。急迫不正の侵害があると誤信したことに過失があるときは、過失犯が成立する（過失もなければ犯罪は成立しない）。誤想防衛は公務執行妨害罪における公務の適法性をめぐって問題となることが少なくない。

　以上は防衛の程度が相当性の範囲内にあった場合の話である。そこで、急迫不正

の侵害があると誤信したために過剰防衛行為に出てしまった場合はどうであろうか。過剰防衛はもともと犯罪であるから、犯罪事実の認識があることになり、故意犯が成立する。これを「誤想過剰防衛行為」という。誤想過剰防衛行為は「故意」ありとされるが、「過剰防衛」（36条2項）として寛大に扱われ得る（【実例】5☞58頁参照）。

6　盗犯等防止法による特例

盗犯等ノ防止及処分ニ関スル法律1条1項は、

①　盗犯を防止したり盗まれた物を取り返そうとするとき

②　凶器を携帯していたり門や塀を乗り越えたりして住居などに侵入してくる者を防止しようとするとき

③　正当な理由なく人の住居などに侵入した者や要求を受けても退去しない者を排斥しようとするとき

の3種の場合を掲げ、これらの各号の場合に、「自己又は他人の生命、身体又は貞操に対する現在の危険を排除するため、犯人を殺傷した」ときは、正当防衛に当たると規定する（本来なら過剰防衛に当たるようなものも正当防衛に当たり、犯罪不成立とする）。ただ、相当性については、刑法36条1項より緩やかなもので足りる（最決平6・6・30刑集48・4・21）。

更に同法は、これらの場合に、自己又は他人の生命などに対する現在の危険がなかったのに、恐怖・驚愕・興奮・狼狽のために現場において犯人を殺傷したとき（誤想防衛・誤想過剰防衛の行為）、これを罰しない（犯罪不成立）としている（1条2項。恐怖等に起因する場合に限られることにつき最決昭42・5・26刑集21・

＊昭和5年法律第9号（盗犯等ノ防止及処分ニ関スル法律）＊

第1条　左ノ各号ノ場合ニ於テ自己又ハ他人ノ生命、身体又ハ貞操ニ対スル現在ノ危険ヲ排除スル為犯人ヲ殺傷シタルトキハ刑法第36条第1項ノ防衛行為アリタルモノトス

一　盗犯ヲ防止シ又ハ盗贓ヲ取還セントスルトキ

二　兇器ヲ携帯シテ又ハ門戸牆壁等ヲ踰越損壊シ若ハ鎖鑰ヲ開キテ人ノ住居又ハ人ノ看守スル邸宅、建造物若ハ船舶ニ侵入スル者ヲ防止セントスルトキ

三　故ナク人ノ住居又ハ人ノ看守スル邸宅、建造物若ハ船舶ニ侵入シタル者又ハ要求ヲ受ケテ此等ノ場所ヨリ退去セザル者ヲ排斥セントスルトキ

②　前項各号ノ場合ニ於テ自己又ハ他人ノ生命、身体又ハ貞操ニ対スル現在ノ危険アルニ非ズト雖モ行為者恐怖、驚愕、興奮又ハ狼狽ニ因リ現場ニ於テ犯人ヲ殺傷スルニ至リタルトキハ之ヲ罰セズ

54　総論　第4章　違法性

4・710）。これは正当防衛でないから違法性阻却ではなく、行為者に適法行為に出る「期待可能性」がなかった点で責任が阻却されて犯罪とならないものである。ここでは過失犯も成立しない。

　刑法の正当防衛の要件や誤想防衛の効果について重大な特例を設けているので注意を要する。

☞【実例】 1　（警察官の行為に対する正当防衛──その1）

　　　警察官甲は、民家A方の一階の道路に面した部屋を借りて、道路を通行中のXをカメラでひそかに撮影した。実は、Xは左翼活動家で事件を起こし裁判を受け実刑判決が確定していた人物なので刑の執行としての収監の必要上人物確認のため写真撮影が行われたのであった。ところが、XがYと連れ立って歩いていたためYも一緒に写真撮影の対象となった。Xは警察官の写真撮影に気づかなかったがYが気付いて、近くにあるXYらの集会場から仲間を呼び集めて来て、A方から警察官甲を連れ出し、路上を10米程引きずったりしたうえ数人共同して警察官甲からカメラを強奪した。Yらは強盗罪で起訴されたが、Yらはカメラ奪取は急迫不正の侵害に対する正当防衛だと主張した。

〔解説〕

　　　Yらは、警察官がひそかに写真撮影をしたのは、①肖像権の侵害、②政治活動の自由の侵害（思想・信条・集会・結社の自由の侵害）、③個人の尊厳の侵害などに当たり「不正」であり、急迫であり、Yらの行為は、やむをえざる行為だからと無罪を強調した。裁判所は、収監の必要上人物確認のため行われたXに対する写真撮影行為は適法な行為とし、かつ、Yをも写真撮影したのは、XとYが同道していたため分離して写せないため一緒に写したもの（写ったもの）で、警察官の正当業務行為であり、「不正」といえないから、Yらの行為は、正当防衛の要件である「急迫不正の侵害があった」との要件を欠き、正当防衛にはならないとした（最判昭38・7・9刑集17・6・579）。

☞【実例】 2　（警察官の行為に対する正当防衛──その2）

　　　甲は兄嫁の婦人用自転車を借りて夜間友人方へ赴く途中、警ら勤務中の警察官A巡査の職務質問を受けた。甲は「急いでいるので勘弁して下さい」と先を

急ぐ気配なのでA巡査は、ますます不審を抱いて質問を続け、A巡査が甲の自転車を少し引っ張ったことから自転車が倒れ甲が路上に膝をついた。甲は少し立腹してA巡査に対し「こんなことまでする必要はないでしょう」「お巡りさんも若いですね」などと抗議めいたことを言ったため、A巡査が興奮し、甲の首を押す形で襟元を掴んで暴行行為にでた。これに対し甲もA巡査の手を振り払うため咄嗟に右手でA巡査の胸元を掴んでその身体を前後に押し、かつ引っ張った。甲は、A巡査に対して暴行を加えたとして起訴された。甲の弁護人は、甲の行為は正当防衛に当たり甲は無罪と主張した。

〔解説〕

　　裁判の結果は、甲は無罪。正当防衛が認められたのである。甲がA巡査に先制攻撃を加えたという証拠はなく、むしろA巡査が暴行行為に出たのに対して甲が反撃して暴行行為に出た、しかもその甲の暴行行為はA巡査の行動に対する反撃として相当性の範囲内にあるとされたのである（東京高裁昭52・10・31刑裁月報9・9＝10・675）。任意同行については職務執行が違法とされ、正当防衛の認められた事例が散見される。

☞【実例】3　（侵害が予期された場合の急迫性）

　　甲は、特定の勤務先のない安宿の住民であるが、同宿のAから以前暴行を加えられたことがあり、またAが入墨をしているのでAを怖れていた。そのAと当日たまたま口喧嘩となったため、甲はいっそこの宿を出てしまおうと思い、屋外に出た。しかし、その宿は住み心地が良かったため、Aに謝まって仲直りしようと思い直し、宿の中に入り、Aの姿を見かけたのでAのいる帳場まで行ったところ、Aが立ち上がり「また来たのか」と言いざま、いきなり甲の顔を手拳で2回強く殴打し、後退する甲を追いかけた。甲は次の部屋に逃げるように後退したが逃げ場を失った。ところが、その部屋の鴨居の上に小刀が隠して置いてあるのに気付いて、その小刀を取り出し、迫ってくるAの胸を突き刺した。Aは心臓を刺され間もなく死亡した。ところで帳場でAが甲の顔を殴打したときは、甲は10日間の加療を要する顔面挫傷と眼の出血の傷害を負っていた。なお、甲が宿の外に出て再び宿に戻るとき、戻ってゆけばAと必ずひと悶

56　総論　第4章　違法性

着があり、場合によってはAから手荒な仕打ちを受けることがあるかも知れないとは予想していた。

〔解説〕

　甲は、Aの胸を小刀で刺すとき、Aが死ぬかも知れないが構わないとの気持ち（殺人の未必の故意＝後出第5章第3項故意の4☞81頁参照）で行為したと認定され、殺人罪に問われた。しかし、問題は、甲の行為が正当防衛ないし過剰防衛に当たるかであり、その中心問題は、甲が宿に戻るとき、Aから手荒な仕打ちを受けること位はあると予測し、それを覚悟の上で酒の勢いにかられて戻っている点にあった。Aからの侵害は予期されたことであるから「急迫」には当たらないものと控訴審は判断して、甲の行為は正当防衛の要件を欠き、過剰防衛を論じる余地はないとした。これに対し、最高裁は、上記の事実関係では、Aの侵害行為が甲にとってある程度予期されていたものであったとしても、そのことから直ちに上記侵害が急迫性を失うものと解すべきではないとし（したがって「急迫不正」の要件を備えると認め）、しかし防衛の程度が相当性を欠く（素手の相手に対してくり小刀で突き刺すのは必要かつ相当の限度を超える）として甲の行為を過剰防衛行為と認めた（最判昭46・11・16刑集25・8・966（前掲2の2の解説☞50頁参照））。その後、最高裁は、侵害がどの程度予期されたとき急迫性を欠くことになるかの問題につき、原審が革マル派による第二の攻撃を当然のこととして予想していたとして急迫性を否定したのに対し、「当然又は確実に侵害が予期される場合」であっても「そのことから直ちに急迫性が失われるわけではない」とし、かつ「侵害を受けた機会を利用し積極的な加害意思で侵害に臨んだとき（反撃したとき）は「急迫性」が失われる」としている（最決昭52・7・21刑集31・4・747）。この積極的加害意思による場合も急迫性を否定される一類型であるが、結局、相手方との従前の関係、予期された侵害の内容、予期の程度、侵害回避の容易性、対抗行為の準備状況、実際の侵害内容との異同、行為者の意思内容等を総合考慮し、緊急状況下で公的機関による法的保護を求めることが期待できないときに対抗措置を許容した法の趣旨に照らして急迫性の有無を判断することになる（最決平29・4・26刑

集71・4・275)。

☞【実例】4 （喧嘩と正当防衛）

　　甲はAにからまれた。Aは、そのとき酔っ払って怒って手当たり次第に物を投げつけ乱暴していて甲に対しても何の理由もなく顔を殴ったりした。甲は、その場は、いったん黙って別れたが、近くで又Aと顔を合わせたところ、又々Aが甲の足を蹴ったので、ここで甲はおさまらず、憤激の余りAを痛めつけてやろうとAの顔を殴った。するとAがふところに手を入れて立ち向かう態度を示したので、これは刃物で危害を加えてくるものと速断し、機先を制して、ポケットに入れていたカミソリでAの顔に切りつけたところ、Aが顔をそむけてAの首に切りつけてしまい、Aは出血が多く死亡した。

〔解説〕

　　甲の行為は、喧嘩闘争の加害行為にほかならない。このため、正当防衛（36条1項）はもとより過剰防衛（36条2項）も誤想防衛も論ずる余地がない。傷害致死罪が成立する。

　　ところで、いわゆる「**喧嘩**」とは、相互的挑発によって闘争者双方が攻撃及び防禦を繰り返す一団の連続的闘争行為である。攻撃の最初の暴行を加える行為が違法なものであるのはもちろんであるが、これに対する防禦行為もまた相手方を侵害する手段として行われるのが喧嘩であって、これまた違法であり、結局、喧嘩闘争は違法な行為の相互的交換とその連続ということになる（「**自招侵害**」についての最決平20・5・20刑集62・6・1786（第3項の**2**の解説☞49頁）**参照**）。

　　このため、昭和初期の大審院は、喧嘩の際における闘争者双方の行為には、刑法36条の正当防衛の観念をいれる余地が全くないとし、我が国においては古来「喧嘩両成敗」という格言もあって喧嘩の闘争者双方を共に処罰すべきものとした理由も上にみたような関係にあるからであるとした。そして、これが、喧嘩と正当防衛についての伝統的な考え方であった。しかし、最近ではいちがいに喧嘩といっても様々の態様があり、喧嘩であれば直ちに、すべて正当防衛不成立というべきでなく、喧嘩の場合は正当防衛の観念をいれる余地のない場

58 総論 第4章 違法性

合が多いというだけのことであって、喧嘩にあっても、正当防衛・過剰防衛・誤想防衛を論じる余地のある場合があることを指摘する判例が現われ（最判昭32・1・22刑集11・1・31）この考え方が有力になりつつある。

一方、喧嘩闘争にあっては、闘争中のある瞬間においては闘争者の一方が専ら防禦に終始していて正当防衛を行う観を呈することがあっても、闘争の全般からみると正当防衛の観念をいれる余地のない場合があり、闘争中の瞬間的な部分の攻防の態様によって事を判断してはならない。上記の判例は、このことも指摘している。同最判の差戻審では全体を考察し、過剰防衛の成立を認めた（裁判例として、大阪高判平11・3・31判時1681・159）。

☞【実例】 5 （誤想過剰防衛行為）

甲は、自宅の表の道路で甲の長男乙が叫び声をあげたので表へ出てみたところ、甲の家といさかいを起こしているAが、包丁を構えて乙の方を向いているので、これはAが乙に危害を加えるところだと理解した。しかし実は、甲の長男乙がAに対してチェーンで襲いかかって殴りつけ、なおもAに対して攻撃を加えようとしているのに対してAが構えていたところであった。甲は、その事情を知らず、Aが一方的に乙に攻撃を加えていると誤信し、乙に対するAの侵害を排除するつもりで包丁を構えているAに対し、猟銃を発射し、散弾の一部をAの首に命中させ負傷させた。

〔解説〕

この事件では、甲がAに向け猟銃を発射するとき、殺人の未必の故意があったとされ、殺人罪（殺人未遂）が成立するとされた。しかし、甲の行為は、正当防衛（36条1項）には当たらないけれども、急迫不正の侵害があると誤信したもので、「誤想防衛」であり、かつ単に包丁を構えているに過ぎないAを猟銃で撃って首に命中させるようなことまでする「必要」があったとは認められないので「防衛の程度を超えたもの」すなわち「過剰防衛」に当たるとされ、殺人未遂罪につき36条2項が適用された（最決昭41・7・7刑集20・6・554）。このように「誤想防衛」にすぎない場合にあっても、程度を超えたものにつき正当防衛なみに「過剰防衛」を認めうるか、という問題につき、判例は積極に解

している（素手の言動粗暴者をペティナイフで刺した東京高判平13・9・19判時1809・153）。

　誤想防衛においては急迫不正の侵害が客観的に不存在なので、これと防衛行為との程度の比較は不可能であるとして誤想防衛における過剰防衛の成立の余地はないとの考え方もありうる。しかしながら、そもそも誤想防衛の場合において、「違法性を基礎づける事実」の認識を欠くとして「故意犯不成立」を認めるのは、違法性阻却事由である正当防衛（36条1項）の要件を犯人の主観においてはすべて備えているとき、すなわち犯人の誤信する急迫不正の侵害に対し防衛行為が相当性をもつからなのであるが、正当防衛（36条1項）にあっては、その要件のうち「相当性」を超えた場合に刑の減軽免除という特別扱いのできる「過剰防衛」の規定（36条2項）があるのであるから、これとの均衡を考えると、誤想防衛の場合にあっても、防衛行為が相当性を欠くため違法な事実の認識があったものとして「故意犯成立」となるとき、直ちに通常の犯罪の成立と全く同じに処罰するというのでは妥当を欠くこととなる。誤想防衛のうち防衛行為が相当性を超えるため故意犯成立となるときであってもその処罰に36条2項を適用することとする理由は、このように罪責の「均衡」の理論である。最近の事例としては、単に連れの女性が悪態をつくため揉み合っているに過ぎないのに不法な攻撃を加えているものと誤信し、これに近づいたところ、相手が構えたのを攻撃してくるものと誤信し、顔面付近に回し蹴りを命中させて死亡させたのを誤想過剰防衛に当たるとしたものがある（最決昭62・3・26刑集41・2・182）。具体的事案においては、誤認か単なる弁解かの認定によって左右されるものも少なくない。

☞【実例】6　（対物防衛）

　甲が釣竿を抱えて塀の角を廻ったところ、Aの家の門から大きな犬が飛び出して来た。甲は突然の出合いに一瞬ひるんだ。犬は何を思ったか歯をむき出して甲に飛びかかってきた。甲は、やむをえず釣竿で殴ったり突いたりして犬の片方の目を潰す傷害を負わせた。犬の持主Aは愛犬の負傷につき、甲に治療代を請求したが、甲は正当防衛だと言い張って支払わない。Aは甲を器物損壊罪

60　総論　第4章　違法性

（261条）で告訴した。

〔解説〕

　　物、ことに動物に対する正当防衛のことを「**対物防衛**」と呼んでいる。人以外
のものによる急迫な侵害に対し、正当防衛が認められるかが問題の中心である。
　　犬の所有者が犬をけしかけた場合はもとより、癖の悪い犬なのに飼い主が
繋留を怠った場合も、犬の侵害動作は飼い主の故意・過失に基づくもの、すな
わち、人の不正な侵害行為と評価してよいから、これに対する反撃の防衛行為
は、正当防衛になると考え得る。しかし、飼い主の作為・不作為及び故意・過
失と全く無関係な動物の襲撃に対しては、学説の対立はあるが、それは正当防
衛における侵害行為でないから、正当防衛の成否を論じる余地がなく、次にみ
る「**緊急避難**」（第4項）ができるにすぎない。

第4項　緊急避難

　（緊急避難）
第37条　自己又は他人の生命、身体、自由又は財産に対する現在の危難を避け
　るため、やむを得ずにした行為は、これによって生じた害が避けようとした害
　の程度を超えなかった場合に限り、罰しない。ただし、その程度を超えた行為
　は、情状により、その刑を減軽し、又は免除することができる。
2　前項の規定は、業務上特別の義務がある者には、適用しない。

① 意　義

　　現在の危難を避けるため、やむをえず、正当な他人の法益を侵害した場合、一定
の要件を備えておれば犯罪とならない。これを「**緊急避難**」という。歩行中自動車
と衝突しそうになったので避けようとして他の歩行者を突き飛ばし怪我をさせた、
強姦されそうになった女性が近所の家のドアを押し破って難を避け、ガラス戸など
を壊し、住居侵入をしたなどの場合である。正当防衛の場合は急迫不正の侵害を行
う者に対する反撃として行われたが、緊急避難の場合は、危難の原因とは無関係な

他人の法益を侵害する場合も含むところに特徴がある（自己の生命・身体に対する切迫した危難を回避するため、やむを得ず言われるまま覚せい剤を使用することが緊急避難に当たり得ることにつき、東京高判平24・12・18判時212・123、仙台高判令2・2・13高裁刑事裁判速報令和2年563）。

② 要　件

1　現在の危難

「**現在**」というのは正当防衛の場合の「急迫」と同じ意味と解してよい（第3項の②☞49頁参照）。

「**危難**」とは、法益侵害又は侵害の危険性の意味である。この侵害は、正当防衛の場合のように「不正な侵害」「人の侵害」に限らない。発生原因のいかんを問わない。人の行為でも、動物の動作（番犬による猟犬のかみ伏せにつき大判昭12・11・6裁判例11・87）でも、あるいは自然現象（地震・水害・火災・海難など）でもよい（大判昭8・11・30刑集12・2160）。

2　自己又は他人の生命・身体・自由・財産についての避難行為

緊急避難をなしうる法益の範囲は、正当防衛をなしうる法益の範囲と異なり限定されている。しかし貞操や名誉に対する危難についても、法に掲げる法益に準ずるものとして緊急避難を認めるのが通説である。また国家的法益や社会的法益も除外する理由に乏しく、法文には直接規定されていないが、これらの法益についても緊急避難を認めうる。

緊急避難についても防衛の意思と同様の「**避難の意思**」を要すると解される。

3　やむを得ずにした行為

「**やむを得ず**」とは、他にとるべき方法がなかったことをいう。その避難行為が法益を救うための唯一の手段であったことを要する。通常、これを緊急避難の「**補充性**」（「**補充の原則**」）と呼んでいる。この点、正当防衛と異なる。この差があるのは、正当防衛では不正な侵害者に対する反撃であるが、緊急避難は、現在の危難の下に行われるとはいえ、正当な第三者の法益を犠牲にするからである。正当防衛では「不正対正」の関係であるが緊急避難では「正対正」の関係なので、一層厳格な要件が要求させるのである（脱出のため組事務所に放火したの

は、他に平穏な態様の逃走手段があり、条理上是認できないとして補充性を認めず過剰避難も成立しないとした大阪高判平10・6・24高刑集51・2・116☞62頁参照)。

4 避難行為より生じた害が避けようとした害の程度を超えないこと

これを「**法益の権衡性**」(「**法益権衡の原則**」) と呼んでいる。緊急避難は、正当防衛と異なり「正対正」の関係であるところから、或る利益を保護するために、より大きな利益を犠牲にすることは認められないのである。両法益の価値が少なくとも等しいと認められるときは緊急避難が認められる。法益の大小・軽重は客観的に判断されるべきであり、社会通念によって決する。例えば、数十反の水田の冠水を排水する目的で他人所有の40円相当の板堰を損壊すること (大判昭8・11・30前掲) や咬み伏せられた600円相当の猟犬を救うため150円相当の番犬に銃創を負わせること (大判昭12・11・6前掲) は権衡を害さない。

③ **効 果**

「罰しない」とは、犯罪が成立しない、犯罪とならないことを意味する。「緊急避難」に当たる行為は犯罪が成立しないことの理由づけについて、構成要件に該当はしても違法性が阻却されるためであるとする違法性阻却事由説が通説である。或る利益を救うためにそれより小さい利益或いは同等の利益を犠牲にすることは違法性がないというのである。この説は、救われる法益と侵される法益との間に均衡の保たれていること (法益権衡の原則) が緊急避難の要件とされていることを論拠とする。このほか責任阻却事由説 (緊急状態では他人の法益の尊重を期待できないことを理由とする。すなわち、緊急避難は違法性のある行為であるが適法行為を期待できないから責任が阻脚され犯罪不成立となると説く) や、「二分説」(大きな法益を救うため小さな法益を犠牲にするときは違法性を阻却、両法益が同じときは責任阻却とする説) などがある。

④ **過剰避難**

避難行為が「その程度を超えた」もの (相当性を充たさないこと) であるとき、すなわち

① 「**補充性**」(他に救助の方法がない) を欠いたとき

② 「法益の権衡性」を超えたとき

これを「**過剰避難**」という（最判昭28・11・25刑集7・13・2671）。過剰避難となると、もはや違法性は阻却されず、したがって犯罪が成立する（監禁されている暴力団事務所から脱出するため、事務所に放火した行為につき大阪高判平10・6・24高刑集51・2・116前掲☞62頁参照）。しかし責任の軽い場合が多いから、刑を減軽又は免除できる（37条1項但）。ただし、相当性の逸脱が著しいときは過剰避難の成立する余地はない（最判昭35・2・4刑集14・1・61）。

⑤ 誤想避難

切迫した危難がないのに、これがあると誤想して避難行為をした場合である。正当防衛のところで触れた「誤想防衛」と同様に考えることができる（第3項の⑤☞52頁参照）。

⑥ 業務上の特別義務者

業務上特別の義務がある者には、緊急避難の規定は適用されない（37条2項）。ここにいう「**特別の義務**」とは、危難に身をさらすことが業務の性質上特別の義務となっていることを指し、この義務がある者としては、警察官・消防官・船長等がある。医師も伝染病の治療に当たることなどを考えるとこの義務者である。これらの者は業務上の義務と相容れないような行動をとり、他人を犠牲にして自己の法益を救うことは許されない。もっとも、この点は、絶対に許されないというものではなく、自己の義務の遂行を怠って安易に緊急避難行為に走ることは許されないという趣旨と解される。また、第三者の生命、身体等に対する現在の危難を避けるための緊急避難行為は業務の内容をなすことが多いであろうが、このような場合についてまで本条1項の適用を除外するのは疑問がある。

第5項　被害者の承諾

① 被害者の承諾と違法性

被害者の承諾があることによって行為の違法性が阻却されることがある。行為が構成要件に該当するのに違法性がなくなることにより犯罪が成立しない場合である。

「**被害者の承諾**」が違法性阻却事由となるのは、被害者本人がその自由意思で自

由に処分・処理できる個人的法益に対する罪に限られる。国家・公共の法益を侵害する罪については、保護法益は国家的利益・公共の利益であるから、たとえ当該公務等を直接担当する者が侵害を承諾したりしても違法性阻却の問題は起きない。

また個人的法益であっても、あらゆる場合に承諾が行為の違法性を失わせるわけでない。被害者の承諾が構成要件要素となっている罪（例、同意殺202条）については、承諾は違法性を軽減させる事由であり、被害者の承諾の有無が犯罪の成否に影響のないことが明文上明らかな罪（例、16歳未満の男女に対する不同意わいせつ176条3項（☞533頁参照）、不同意性交等177条3項（☞541頁参照））については、承諾が違法性を阻却、軽減しないことは明らかである。

住居侵入をはじめ不同意性交等・不同意わいせつ・窃盗・横領・信書開封などの罪にあっては、被害者の承諾のないことが、明示的又は黙示的に構成要件の内容とされているのだという意見が有力になっており、この見解に従えば、承諾があれば「構成要件該当性」自体を欠くことになり「違法性阻却事由」としての承諾を論じる余地がない。また、私文書偽造等の罪にあっては、承諾が一定の場合に構成要件該当性を失わせるという点に異論はない。

② 承諾の要件

被害者の承諾が違法性阻却事由になるとされる罪にあっても、その承諾が有効でなければならず、それには、次の要件を備えていることを要する。

1　被害者が承諾に必要な判断能力を有し、かつその承諾が真意に合致するものであることを要する

判断能力を欠く精神病者（最決昭27・2・21刑集6・2・756）や幼児（大判昭9・8・27刑集13・1086）に死ぬことを承諾させて殺した場合は、同意殺（202条）となるのでなく普通の殺人（199条）である。なお、【実例】1・2参照。

2　承諾は法益侵害行為が行われるときに存在しなければならない

事後承諾は犯罪の成立に影響を与えない。

3　承諾に基づく侵害行為が、その方法・程度など全体として公の秩序、善良の風俗に反しないことを要する

「承諾」だけ、或いは「行為」だけをみて判断するのでなく、承諾と行為を両面からみて全体的に考察する（未成年者略取における親権者の承諾と故意の関係につき高松高判平26・1・28高検速報458）。例えば、指を切断する（仙台地石巻支判昭62・2・18判時1249・145等）、或いは眼球を切除するというような重大な法益侵害は医療行為でないかぎり承諾があっても許されない（必要な措置をとらずに行った豊胸手術につき東京高判平9・8・4高刑集50・2・130）。また交通事故にみせかけて保険金を詐取することを相談し車両に轢かれることを承諾したという場合（最決昭55・11・13刑集34・6・396（各論第1編第1部第2章第2項の【実例】☞183頁参照））や、身内の足手まといとなる老人が「遺棄」されることを承諾したというような場合の承諾も、違法性の阻却は認められない。私文書偽造（159条）や私印・署名偽造（167条）にあっては、名義を用いることの承諾を得ておれば、原則として犯罪が成立しないが、交通切符原票の違反者の供述書欄のように文書の性質上名義人の承諾があっても私文書偽造などの犯罪が成立するものがある（最決昭56・4・8刑集35・3・57（各論第2編第2部第2章第3項の②☞458頁参照・同第2章第12項【実例】の解説☞485頁参照））。

☞【実例】 1 （錯誤による承諾）

　　　　甲は、喧嘩相手のAがX工場の構内に逃げ込んだと思ったので、X工場の入口守衛室にいた警備員Yに対し、「事務所に用がある」と嘘をつきYから工場に入る許可をもらって構内に入り、Aを探し、Aに暴行を加えた。

〔解説〕

　　　　Yは、甲が業務で工場内に入るものと誤信したので甲が入るのを許したのであって、甲がAに喧嘩のため暴行を加える目的で入るものと判っておれば、とうてい許可しなかったと思われる。判例は、こういう場合に「承諾が錯誤に基づく場合」であるとし、建造物侵入罪が成立するとしている（最大判昭24・7・22刑集3・8・1363等（各論第130条の【実例】1の解説☞243頁参照））。

☞【実例】 2 （形式的な承諾）

　　　　甲ら5人の青年が女学生Aを不同意性交（強姦、強制性交）する共謀をしたうえ、A女を倉庫に連れ込むなどし、まず2人の青年が馬乗りとなって性交（姦

淫）を試み甲が3番目に馬乗りになるとき、甲自身はＡ女に特段の暴行を加えず
かつ「いいか」と諒解を求めたところ、Ａ女が「いい」と答えた。

〔解説〕

　　上記のような経緯ないし当時の情況からみて、Ａ女の自由な真意に基づく承
諾と考えることができないものであることは、いうまでもない（その場逃れの
承諾につき東高判昭30・4・8東時6・5・142、東京高判昭43・11・28東時
19・11・248）。甲には、勿論、不同意性交等罪（強姦罪、強制性交等罪）が成
立する。

第6項　推定的承諾

「推定的承諾」とは、被害者の明示又は黙示の承諾はないが、被害者が当然承諾し
たであろうと客観的に認められるような場合をいう。

　例えば、不在者の家の中でガス漏れの疑いが濃厚であったり水道管が破裂している
ようなとき窓や戸を破って屋内に入る、火災の際類焼する危険のある不在者の家屋の
一部を防火のため壊すなど、或いはまた、親しい友人の家に、不在中無断で立ち入る
ような場合もこれに当たる。このような場合、いずれも被害者がその事態を知ってい
たならば、当然承諾を与えたであろうと考えられ、いちおう形式的には構成要件に該
当するが違法性が阻却され、犯罪不成立となる。

第7項　自救行為（自力救済）

① 意　義

　「自救行為」とは、権利に対する不法な侵害がある場合に、国家機関による救済
（主として警察活動や裁判所の行う仮処分・仮差押など）をまたずに、権利者がみ
ずから実力で（自力）で権利の回復・保全、すなわち救済を図る行為をいう。例え
ば、物を盗んで逃げる犯人を追いかけて物を取り戻すなどは、その一例である（最
大判昭24・5・18刑集3・6・772）。

② 自力救済は許されるか

　権利の侵害に対する救済は、国家機関が行うのが原則であり、私人の実力による

救済を無制限に容認すれば、暴力是認やいわゆる「強い者勝ち」の風潮を招き、社会秩序を混乱させることになりかねない。このため、自救行為（自力救済）を違法性阻却事由とする法律の明文もなく、また判例も、一般論としては違法性阻却事由としての自救行為を認めながらも（最決昭46・7・30刑集25・5・756）、具体的事案において自救行為として容認されるとすることには消極的である（なお、権利行使との関連で東京高判昭57・6・6判タ470・73に注意）。

　しかしながら、学説は、厳格な条件の下に自救行為が超法規的違法性阻却事由あるいは刑法35条（☞44頁参照）の正当行為であるとするのが通説的見解である。

　それは次の理由による。

　　①　法益を侵害された者が被害を回復するために官憲の力を求めるいとまがなく、機を逸すると権利の救済が不能になるか著しく困難になる場合がある（正当防衛だけではカバーしきれない）。

　　②　いかなる場合にもこれを許さないとすると、法が不正義に味方する結果となる。

　　③　刑法238条（☞301頁参照）は、窃盗犯人が財物を窃取したのちこれを取り戻されまいとして、或いは逮捕されまいとして、暴行・脅迫を加えたとき強盗として扱う旨規定しているが、この規定は、窃盗被害を受けた財物の占有者等に対し被害品を取り戻すために必要・相当限度での実力行使を認めている趣旨に解される。

　これらのことからすると、緊急の際には自救行為の許される場合もあると解さざるをえない。

③ 要　件

　正当防衛や緊急避難に比し、一層厳格な要件をみたすことが求められる。なお、次の要件の5、6については、不要とする説も有力である。

1　不法な権利侵害

　適法な行為に対する自救行為は認められず、現実の権利侵害が必要である。侵害のおそれなどについては、正当防衛、緊急避難によることになる。

2　緊急性

68　総論　第4章　違法性

官憲の救済（法の保護）を求めるいとまがなく、かつ機を逸すれば権利の救済
が不能又は著しく困難になる場合であること。

3　権利保全目的

権利を保全、回復する目的がなければ違法性を阻却されない。

4　相当性

権利救済のため必要限度内の適当な方法であること。

5　補充性

私人が実力を用いる以外に救済のための他の方法がないこと。

6　法益権衡性

小さな利益を救済するために大きな利益を害するものでないこと。

④　効　果

違法性が阻却されるものとして犯罪が成立しない（**違法性阻却事由**）。刑法35条
が、違法性を欠く行為が犯罪にならないことを一般的に規定したものと解されるこ
とは、先に述べたが（第1項**2**違法性阻却☞43頁**参照**）、自救行為もこの刑法35
条の「**正当行為**」の一場面と考えられる。

例えば、窃盗被害にかかった者が、盗品を所持する犯人を被害の数日後にたまた
ま道路上で発見し、逃げるのを追いかけ奪い取って取り戻したような場合は、さき
に述べた要件に合致するかぎり自救行為といえよう。

第8項　労働争議行為

憲法は、労働者に対して団結権・団体交渉権その他団体行動権を保障している
（28条）。ところで、これらの権利の行使として行われる労働争議行為が、しばしば
使用者側や第三者に対し、威力業務妨害（234条（☞264頁**参照**））などの構成要件
に該当する行為となることがある。しかし、この争議行為が、上記権利の行使として
専ら労働者の経済的地位の向上や労働組合の結成・労働協約の締結などを目的とする
もので、かつ、その手段・方法が社会通念上相当と認められるときは、正当な争議行

＊日本国憲法＊
第28条　勤労者の団結する権利及び団体交渉その他の団体行動をする権利は、これを保障する。

為として、違法性が阻却される（労働組合法1条2項）。国家公務員法、地方公務員法等により争議行為が禁止されている者の争議行為については、労働争議行為であるからと言って違法性が阻却されることはない。この点につき、判例に変遷があったが、最大判昭52・5・4刑集31・3・182（名古屋中郵事件）、最判平8・11・8刑集50・10・745等は、国公法による争議行為の禁止は憲法28条に違反するものではなく、その禁止違反の争議行為は同条による権利として保障されないものであるから、その争議行為が郵便法等の罰則に触れるときは、原則として違法性が阻却されず、労組法1条2項の適用はないとし、判例として確立するに至っている。

　争議行為そのもの、あるいは、これに付随する行為であれ、違法性が阻却されるには、労働基本権の行使という観点からみての目的の正当性が必要である。例えば、政治的要求実現のためであったり、官憲に対する抗議、個人的憎悪に基づくいやがら

＊**労働組合法**＊
（目的）
第1条　この法律は、労働者が使用者との交渉において対等の立場に立つことを促進することにより労働者の地位を向上させること、労働者がその労働条件について交渉するために自ら代表者を選出することその他の団体行動を行うために自主的に労働組合を組織し、団結することを擁護すること並びに使用者と労働者との関係を規制する労働協約を締結するための団体交渉をすること及びその手続を助成することを目的とする。
2　刑法（明治40年法律第45号）第35条 の規定は、労働組合の団体交渉その他の行為であつて前項に掲げる目的を達成するためにした正当なものについて適用があるものとする。但し、いかなる場合においても、暴力の行使は、労働組合の正当な行為と解釈されてはならない。
＊**国家公務員法**＊
（法令及び上司の命令に従う義務並びに争議行為等の禁止）
第98条　職員は、その職務を遂行するについて、法令に従い、且つ、上司の職務上の命令に忠実に従わなければならない。
②　職員は、政府が代表する使用者としての公衆に対して同盟罷業、怠業その他の争議行為をなし、又は政府の活動能率を低下させる怠業的行為をしてはならない。又、何人も、このような違法な行為を企て、又はその遂行を共謀し、そそのかし、若しくはあおつてはならない。
③　職員で同盟罷業その他前項の規定に違反する行為をした者は、その行為の開始とともに、国に対し、法令に基いて保有する任命又は雇用上の権利をもつて、対抗することができない。
＊**地方公務員法**＊
（争議行為等の禁止）
第37条　職員は、地方公共団体の機関が代表する使用者としての住民に対して同盟罷業、怠業その他の争議行為をし、又は地方公共団体の機関の活動能率を低下させる怠業的行為をしてはならない。又、何人も、このような違法な行為を企て、又はその遂行を共謀し、そそのかし、若しくはあおつてはならない。
2　職員で前項の規定に違反する行為をしたものは、その行為の開始とともに、地方公共団体に対し、法令又は条例、地方公共団体の規則若しくは地方公共団体の機関の定める規程に基いて保有する任命上又は雇用上の権利をもつて対抗することができなくなるものとする。

70　総論　第4章　違法性

せを主目的とする場合には正当なものとはいえない（最判昭24・4・23刑集3・5・592等）。また、前記のとおり、その手段・方法が社会通念上相当と認められるものでなければならない。暴行罪、脅迫罪（ただし、業務等に対する一定限度の害悪の告知は除く。）に当たる行為については、労組法1条2項の適用はなく、原則として違法である（最大判昭24・5・18刑集3・6・772等）。

第9項　安楽死

　もはや医学・医術から見離された瀕死の傷病者で甚しい苦痛を訴えるものに対し、その死を早めることによって、その苦痛を緩和・除去してやる作為・不作為の行為を、一般に「**安楽死**」と呼んでいる。それは、殺人罪ないし同意殺人罪の構成要件に該当する行為である。一定の要件を満たせば、安楽死をさせることが違法性を欠くものとして（正当行為ないしは違法性阻却事由として）犯罪とならない、といえるかどうかは、古くから議論されてきた。

　最近の医学の発達により肉体的苦痛について、これを患者の死と直接引き換えることなく（生命を維持しつつ）緩和・除去する道も開けるようになり、死を与えることが唯一の緩和・除去方法とされていた時期ほどには問題の意義が薄れたともいわれる。しかし麻酔薬の投与もその蓄積による中毒症状が末期的病状に影響を与え、生命短縮の作用をもたらすなど問題がないわけではない。至尊なるべき人命を人為的に絶つ、又は縮めるのであるから、安楽死といえども絶対に違法との考え方も強いが、一定の厳格な要件の下にこれを認めうるとした裁判例もある（名古屋高判昭37・12・22高刑集15・9・674等（各論第1編第1部第1章第4項⑤の解説☞176頁参照））。

　同裁判例では、

　　　①　病者が現代医学の知識と技術からみて不治の病に冒され、その死が目前に
　　　　迫っていること。
　　　②　病者の苦痛が甚しく、何人も真にこれを見るに忍びない程度のものである
　　　　こと。
　　　③　専ら病者の死苦の緩和の目的でなされたこと。
　　　④　病者の意識がなお明瞭で意思を表明できる場合には本人の真摯な嘱託又

は承諾があること。

⑤　医師の手によること。これにより得ない場合には医師により得ないことがやむをえない特別の事情があること。

⑥　方法が倫理的にも妥当なものとして認容できるものであること。

の六つを挙げている。この裁判例の事案では、①から④の要件を備えていたが、⑤⑥の要件を満たさず（父の死苦を見るに忍びない長男が牛乳に有機燐殺虫剤を混入して父に飲用させ死亡させた）、嘱託殺人罪として有罪とされた。下級裁判所でも、安楽死事件は少なくないが、安楽死と認めて無罪判決をしたものは、いまだ見当たらない（近時の事例として、高知地判平2・9・17判時1363・160、横浜地判平7・3・28判時1530・28、同平17・3・25判タ1185・114）。安楽死は安楽目的による作為（積極的）又は不作為（消極的）による殺人が違法性を阻却されることがあるかどうかの問題である。これに対し、人工呼吸器等による高度の末期医療技術の進歩に伴い、治る見込のない末期患者（特に植物状態）、に単なる延命のため高度医療を施すことが人間としての尊厳ある死という観点からかえって問題を生ぜしめることになるということで、延命治療を拒否し、自然な死を迎える権利を患者に認めようとするのが「**尊厳死**」の考え方である（いまだ回復可能性等について的確な判断を下せる状況になく、推定的意思に基づくものでもないこん睡状態の患者からの気管内チューブ抜管を違法とした最決平21・12・7刑集63・11・1899）。

第10項　可罰的違法性

人の身体に対して素手で暴力を加える場合を例にとってみると、手拳で殴打した、突き飛ばした、足で蹴りつけたというような態様のものは暴行罪として処罰されるべきであるが、肩を指で押した、身体で身体を軽く押したという程度のものは可罰的違法性がなく犯罪は成立しない、とか、家庭内の暴力につき息子が母親の顔を2回殴打したというが如きは可罰的違法性のないもので犯罪にならない、などというように用いられる。

「**可罰的違法性**」とは、犯罪として刑罰を加えるに値する程度の違法性という意味である。

「可罰的違法性の理論」とは、具体的な行為が形式的には構成要件に該当するように見える場合でも、可罰的違法性が備わっていないときは、犯罪が成立しないとする理論である。

刑罰を加えるに値する程度の違法性というとき、二つの意味がある。すなわち、およそ刑罰という法的効果を科するに足る程度の違法という意味（これは、他の法領域で違法とされても刑法上直ちに違法とはいえないという考え方に結びつく）と、それぞれの構成要件が予定している程度の違法性という意味（これは、形式的に構成要件に該当しても軽微な場合にはまだ違法とはいえないという考え方に結びつく）と、二つの意味で用いられる。

多くは公安労働事件において、「所携の旗竿を警官に向けた程度では公務執行妨害罪にいう暴行に当たらない」とか管理者側の1人に対し「注意を喚起するため衿に手をかけ身体を廻す程度では暴行に当たらない」などと、個々の行為に構成要件該当性がないかのような表現で可罰的違法性理論を用いて無罪とした下級裁裁判例が、かつては続出した時期があった。

また、家庭内暴力（親子喧嘩・夫婦喧嘩）につき「この程度の暴力の行使は、家庭の平和や家族相互の感情のきずなを少しも破綻させないし、親族共同生活の維持に危険がない。むしろ、これを1回限りの家庭内の一波乱として不問に付すことが家族の利益に合致し、また社会秩序の維持の妨げにもならない程度のものというべきであって、結局刑法上の保護に値しない行為といわなければならない。」（子が母親を殴打した事件）とか、「本件の如き夫婦喧嘩に基づく軽微な傷害行為の可罰性には一定の限界があり、それが特に狂暴な暴行に基づくものでなく、正常な夫婦関係が維持されている限り、国家の刑罰権より放任された領域の行為として、可罰的違法性を欠くものといわねばらない」などとして、正当業務行為、正当防衛・緊急避難のような法律上明文のある違法性阻却事由ではない違法性阻却事由（**超法規的違法性阻却事由**）を認めて犯罪不成立とし無罪とした裁判例も少なくない。

しかしながら、最高裁判所は、可罰的違法性がないとして無罪判決をした下級裁の判断を、ことごとく破棄しており、可罰的違法性論の採用には消極的である。

第11項　社会的相当行為

　具体的な行為が、一見構成要件該当の行為のようにみえても、それが、日常営まれる行為の常規性、歴史的定着性に着目してみて、常規的な、歴史的に形成された社会的な生活秩序の枠内にある行為であれば、違法なものとはいえないという考え方が一部に有力に唱えられている。「社会的相当行為」論といえよう。ここでは、歴史的に形成されてきた社会生活秩序というものを重視する。しかし、この考え方には問題が多い。例えば、公害を出す企業は社会悪であり、住民や被害者が相寄ってこれを糾弾することは今日においては日常行われ一般化しているから、こういう大衆運動の集団糾弾行動として行われたものであれば、多少の行き過ぎがあっても、脅迫や共同脅迫或いは威力業務妨害などに当たらないなどとする一面的な見方・考え方につながりかねない。やはり具体的事案に即し、個々の具体的行為につき、「諸般の事情」を考慮しつつ「全法律秩序の見地」から違法性や構成要件妥当性を検討・判断すべきである（最決昭55・12・17刑集34・7・672）。この意味で、近時のものとしては、夫婦など家族間での子供の略取誘拐につき、犯行態様等諸般の事情から社会通念上許容されるか否かを判断した最決平15・3・18集57・3・371（各論第1編第2部第3章第5項1の解説☞232頁参照）、同平17・12・6集59・10・1901（第1項1☞43頁・各論第1編第2部第3章第2項1の解説☞227頁参照）が参考になろう（祖父母による孫の連戻し（未成年者誘拐）を執行猶予とした最判平18・10・12判タ1225・227。なお、団体交渉などにおける強要未遂罪（各論第1編第2部第2章第2項☞222頁参照）における脅迫該当性に関し、社会的相当性を判断して同罪の成否を判示したものとして大阪高判令3・12・13判例秘書L07620630）。

74 総論 第5章 責 任

第5章 責 任

第1項 責任の意義

「**責任**」とは、犯罪行為について、行為者を非難しうること（**非難可能性**があること）をいう。

「**犯罪**」とは、構成要件に該当する違法かつ有責な行為であり、構成要件に該当する違法な行為であっても、もしその行為者を非難することができないものであれば、犯罪は成立しない。

例えば、甲がAを絞め殺した。甲の行為は、刑法199条の「人を殺した」という構成要件を充足している。そして、甲には正当防衛その他の違法性阻却事由が、何もなかったとする。すなわち、甲の行為は違法である。しかし、これだけでは、まだ殺人罪が成立するとはいえない。もし、甲が自分の行為の善悪を判断できない精神病者であったり、14歳未満のものであったりすれば、その行為について、甲に刑法上の責任を負わせることができず、犯罪は成立しない。このように、犯罪が成立するためには、行為者に「**責任**」がある場合でなくてはならない。

行為者を、その行為について非難しうるということ、すなわち**責任**があるということは、構成要件該当性、違法性とともに犯罪成立の要件なのである。

責任の要素としては、「**責任能力**」と、「**責任条件**」（責任の形式）としての「**故意**」（第3項☞79頁）・「**過失**」（第7項☞90頁）がある（多数説は、故意を責任要素であるとともに構成要件要素とする）。更に、行為者に責任能力があり責任条件が備わっていても、行為者にその違法行為をせず他の適法な行為をすることを期待できないような特殊な事情があれば、非難を加えることができず責任は生じない。これは「**期待可能性**」（第8項☞99頁参照）の問題である。なお、英米法では行政取締法規違反等に

ついては、過失すら必要としない厳格責任の考え方が判例上認められているが、我が国では、少なくとも過失が必要とされている（両罰規定につき最大判昭32・11・27刑集11・12・3113等）。

第2項　責任能力

「**責任能力**」とは、行為のときに、その行為の是非善悪を判断し、その判断に従って行為できる能力をいう。責任無能力者と限定責任能力者について、刑法39条ないし41条（☞77頁**参照**）に規定がある。

① 心神喪失者・心神耗弱者

（心神喪失及び心神耗弱）

第39条　心神喪失者の行為は、罰しない。

2　心神耗弱者の行為は、その刑を減軽する。

「**心神喪失者**」とは、精神機能の障害（生物学的要素）により、行為当時、自己の行為の是非善悪を判断し、その判断に従って行為する能力を全く欠く状態（心理学的要素）にある者をいう（大判昭6・12・3刑集10・682）。「**心神喪失**」は、重度の知的障害、統合失調症（精神分裂病）その他の精神病患者の場合のように継続的病態として存することもあれば（最判平20・4・25刑集62・5・1559）、飲酒による病的酩酊のように一時的異常として生じることもある。熟睡中に無意識で行う動作も心神喪失中の行為である。

「**心神耗弱者**」とは、精神の障害が心神喪失の程度にまでは達しないが、是非善悪を判断しその判断に従って行為する能力が、通常人に比べ著しく減弱した者をいう（大判昭6・12・3前掲。なお、妄想性障害があっても判断能力の減退を認めなかったものとして最判平27・5・25判時2265・123）。

心神喪失・心神耗弱の存否を認定するためには、精神医学（生物学的方法・要素）や心理学（心理学的方法・要素）などの専門的知識を必要とする場合が多いので、実務においては鑑定人の鑑定の結果が重要な資料となるが、心神喪失や心神耗

76 総論 第5章 責 任

弱というのは医学上の観念ではなくて刑法上の観念である。したがって、終局的に判断をする者は鑑定人ではなくて裁判官（不起訴のときは検察官）である（最決昭59・7・3刑集38・8・2783、最決平21・12・8刑集63・11・29。なお、鑑定人の意見を採用し得ない合理的理由がない限りこれを尊重すべきとする最判平20・4・25刑集62・5・1559）。性格異常のために社会適応能力を欠いている精神病質や不安、過労等による神経症等は、是非弁別能力、行動制御能力の点で、通常人より著しく劣った状態にあるとは通常考えがたい（パラノイアにつき心神喪失とした大阪地判平1・6・28判タ730・250、心神耗弱とした高松高判昭59・12・4判タ545・305、完全責任能力とした山口地裁下関支判平14・9・20判時1824・140、神戸地判平21・5・29判時2053・150。なお、クレプトマニア（窃盗症）につき東京高判令2・11・25高等裁判所刑事裁判速報令和2年274）。

また、飲酒して、酩酊状態で犯罪を犯した者が、しばしば「何をしたか覚えていない」などと記憶喪失を申し立てることがあるが、記憶の有無と行為当時心神喪失であったか否かとは別個のことであるから、飲酒量や行為当時の言動など客観的な事実や状況を中心に責任能力の有無を判断することとなる。なお、酩酊状態で犯罪を犯した者につき飲酒時の責任を問う「**原因において自由な行為**」については、第3章第6項**⑤**の解説☞36頁**参照**。

② **瘖啞者**

第40条 削 除

「瘖啞者」とは、先天的に耳が聞こえないため、又は極めて幼少時に耳が聞こえなくなったため、口のきけなくなった者（言語能力がないもの）をいう。瘖啞者は、一般的に精神の発育が不完全であるとの前提に立って（刑法が制定された明治40年頃の状況認識）、責任能力者とみず、精神の発育程度いかんによって、責任無能力者或いは限定責任能力者とされていた。ろうあ教育の進んでいる今日の状況にかんがみ、平成7年の法改正で削除された。

③ 刑事未成年

（責任年齢）

第41条 14歳に満たない者の行為は、罰しない。

　　14歳に満たない者は、一律に責任無能力者（刑事未成年）とされている。後記のように発育途上の年少者の精神状況と可塑性にかんがみた政策的理由から不処罰としているので、14歳以上の者の知的能力が14歳未満であっても責任能力が否定されるわけではない（広島高判昭26・2・6判時20・9）。

　　14歳未満かどうかは、いわゆる満年齢により（年齢のとなえ方に関する法律）、真実の年齢による（出生の日が起算日。年齢計算ニ関スル法律）。戸籍と実際の生年月日が違っていれば、実際の生年月日による（大判明29・3・19刑録2・87）。

　　14歳に満たないで刑罰法令に触れる行為をした少年は、**「触法少年」**と呼ばれ（刑法では犯罪を犯したことにならないが）、児童福祉法による保護措置を優先させ、さらに都道府県知事又は児童相談所長から送致された場合には、家庭裁判所の

＊明治35年法律第50号（年齢計算ニ関スル法律）＊
① 年齢ハ出生ノ日ヨリ之ヲ起算ス
② 民法第143条ノ規定ハ年齢ノ計算ニ之ヲ準用ス
③ 明治6年第36号布告ハ之ヲ廃止ス

＊少年法＊
（審判に付すべき少年）
第3条　次に掲げる少年は、これを家庭裁判所の審判に付する。
　一　罪を犯した少年
　二　14歳に満たないで刑罰法令に触れる行為をした少年
　三　次に掲げる事由があつて、その性格又は環境に照して、将来、罪を犯し、又は刑罰法令に触れる行為
　　をする虞のある少年
　　イ　保護者の正当な監督に服しない性癖のあること。
　　ロ　正当の理由がなく家庭に寄り附かないこと。
　　ハ　犯罪性のある人若しくは不道徳な人と交際し、又はいかがわしい場所に出入すること。
　　ニ　自己又は他人の徳性を害する行為をする性癖のあること。
2　家庭裁判所は、前項第2号に掲げる少年及び同項第3号に掲げる少年で14歳に満たない者については、都
　道府県知事又は児童相談所長から送致を受けたときに限り、これを審判に付することができる。
（都道府県知事又は児童相談所長の送致）
第6条の7　都道府県知事又は児童相談所長は、前条第1項（第1号に係る部分に限る。）の規定により送致を
　受けた事件については、児童福祉法第27条第1項第4号の措置をとらなければならない。ただし、調査の

結果、その必要がないと認められるときは、この限りでない。

2 都道府県知事又は児童相談所長は、児童福祉法の適用がある少年について、たまたま、その行動の自由を制限し、又はその自由を奪うような強制的措置を必要とするときは、同法第33条、第33条の2及び第47条の規定により認められる場合を除き、これを家庭裁判所に送致しなければならない。

（児童福祉法の措置）

第18条　家庭裁判所は、調査の結果、児童福祉法の規定による措置を相当と認めるときは、決定をもって、事件を権限を有する都道府県知事又は児童相談所長に送致しなければならない。

2 第6条の7第2項の規定により、都道府県知事又は児童相談所長から送致を受けた少年については、決定をもって、期限を付して、これに対してとるべき保護の方法その他の措置を指示して、事件を権限を有する都道府県知事又は児童相談所長に送致することができる。

（検察官への送致）

第20条　家庭裁判所は、死刑、懲役又は禁錮に当たる罪の事件について、調査の結果、その罪質及び情状に照らして刑事処分を相当と認めるときは、決定をもって、これを管轄地方裁判所に対応する検察庁の検察官に送致しなければならない。

2 前項の規定にかかわらず、家庭裁判所は、故意の犯罪行為により被害者を死亡させた罪の事件であつて、その罪を犯すとき16歳以上の少年に係るものについては、同項の決定をしなければならない。ただし、調査の結果、犯行の動機及び態様、犯行後の情況、少年の性格、年齢、行状及び環境その他の事情を考慮し、刑事処分以外の措置を相当と認めるときは、この限りでない。

（死刑と無期刑の緩和）

第51条　罪を犯すとき18歳に満たない者に対しては、死刑をもつて処断すべきときは、無期刑を科する。

2 罪を犯すとき18歳に満たない者に対しては、無期刑をもつて処断すべきときであつても、有期の懲役又は禁錮を科することができる。この場合において、その刑は、10年以上20年以下において言い渡す。

（検察官への送致についての特例）

第62条　家庭裁判所は、特定少年（18歳以上の少年をいう。以下同じ。）に係る事件については、第20条の規定にかかわらず、調査の結果、その罪質及び情状に照らして刑事処分を相当と認めるときは、決定をもつて、これを管轄地方裁判所に対応する検察庁の検察官に送致しなければならない。

2 前項の規定にかかわらず、家庭裁判所は、特定少年に係る次に掲げる事件については、同項の決定をしなければならない。ただし、調査の結果、犯行の動機、態様及び結果、犯行後の情況、特定少年の性格、年齢、行状及び環境その他の事情を考慮し、刑事処分以外の措置を相当と認めるときは、この限りでない。

　　一　故意の犯罪行為により被害者を死亡させた罪の事件であつて、その罪を犯すとき16歳以上の少年に係るもの

　　二　死刑又は無期若しくは短期1年以上の懲役若しくは禁錮に当たる罪の事件であつて、その罪を犯すとき特定少年に係るもの（前号に該当するものを除く。）

＊少年院法＊

（少年院の種類）

第4条　少年院の種類は、次の各号に掲げるとおりとし、それぞれ当該各号に定める者を収容するものとする。

　　一　第一種　保護処分の執行を受ける者であって、心身に著しい障害がないおおむね12歳以上23歳未満のもの（次号に定める者を除く。）

　　二　第二種　保護処分の執行を受ける者であって、心身に著しい障害がない犯罪的傾向が進んだおおむね16歳以上23歳未満のもの

　　三　第三種　保護処分の執行を受ける者であって、心身に著しい障害があるおおむね12歳以上26歳未満のもの

　　四　第四種　少年院において刑の執行を受ける者

2 法務大臣は、各少年院について、一又は二以上の前項各号に掲げる少年院の種類を指定する。

審判に付される（少年法3条、6条の7、18条等。少年院はおおむね12歳以上の少年が対象であることにつき、少年院法4条。）。少年は精神の発育途上にあることから一般に是非弁別能力等を欠くことが多く、仮りに実際には責任能力を有していても、人格の可塑性からみて刑法上の避難を加えるのは相当でないとの考え方に基づいている。

また、14歳以上の少年についても、少年法に特別の規定があり、16歳未満の者には刑事処分は例外とされ（20条）、行為時において18歳未満の者には死刑を科さない（51条）など成人に対する場合と異なる特別な取扱いがなされる（手続時18歳以上の特定少年については、62条等）。

第3項　故　意

（故意）

第38条　罪を犯す意思がない行為は、罰しない。ただし、法律に特別の規定がある場合は、この限りでない。

2　重い罪に当たるべき行為をしたのに、行為の時にその重い罪に当たることとなる事実を知らなかった者は、その重い罪によって処断することはできない。

3　法律を知らなかったとしても、そのことによって、罪を犯す意思がなかったとすることはできない。ただし、情状により、刑を減軽することができる。

① 要　約

犯罪の成立には故意を必要とする（「罪を犯す意思がない行為は、罰しない」）。ただし、故意のない場合、すなわち過失しかない場合でも、それを処罰する特別な規定があれば、例外的に処罰される（「ただし、法律に特別の規定がある場合は、この限りでない」）。

軽い事実を犯す意思で行為し、重い事実を実現したときは、その行為者に、重い事実の故意犯を認めてはならない（38条2項）。

自己の行為が、法秩序によって許されないものであることを知らなかったからと

80 総論 第5章 責 任

いって、故意なしとすることはできない（38条3項本文）。しかし、自己の行為が法秩序によって許されないものであることを知らなかったこと（違法性の錯誤（第4項②の解説☞82頁・第6項法律の錯誤☞87頁参照））について酌量すべき事情があるときは、刑を減軽できる（38条3項ただし書）。

② 故意の内容

故意は、上にみたように「**罪を犯す意思**」（犯意）である。故意の内容としては、まず、犯罪事実（罪となるべき事実）の認識・予見が基本的な要素である。更に、犯罪事実の認識だけでは足りず、その犯罪の実現をやむをえないものと自ら認容したことを要する。以上をまとめて、「**故意**」とは、罪となるべき事実を認識し、かつ認容することをいう。なお、このほかに、故意の内容として、「**違法性の意識**（第5項の解説☞85頁参照）」を必要とするか、という問題がある。違法性の意識は、「**違法性の認識**」ともいわれ、要するに、自己の行為が法秩序によって許されないものであることを知っていることをいう。この認識・意識があって行為したのでなければ故意ありとはいえない、という考え方（厳格故意説）、刑法犯のような自然犯については違法性の意識は不要であるが、行政犯等については必要とする考え方（自然犯・法定犯区別説）、違法性の意識の可能性は必要とする考え方（制限故意説。可能性がなければ責任が阻却されるとする責任説）なども有力であるが、判例（最大判昭23・7・14刑集2・8・889、最判昭26・11・15刑集5・12・2354等）は、違法性の意識不要説をとっている（違法性の意識の可能性を必要とする説に近いものとして最決昭62・7・16刑集41・5・237（第5項☞87頁参照））。

③ 犯罪事実の認識・認容

判例は、古くは犯罪事実の認識・予見さえあれば故意ありとの考え方（「認識説」）であったが、学説には、それだけでは足りず、積極的に犯罪の実現を意欲・希望することが必要（意思説・希望説）とか、少なくとも犯罪の実現をやむえないものと認容したことを要するとするもの（通説であり「**認容説**」という）があり、判例も、この認容説による傾向を示しており（最判昭33・9・9刑集12・13・2882等）、本書でもこの考え方によった。処罰条件・処罰阻却事由の類は、犯罪成

立要件ではないので、これについての認識・認容がなくとも故意は認められる。

④ 確定的故意・未必の故意

特定の犯罪事実の発生（実現）を確定的なものとして認識・認容した場合（例、殺すつもりで、首を絞めた）、これを「**確定的故意**」という。これに対し、結果（死・殺害）の発生（実現）を確実なものとして意欲はしなかったが、それが可能なものとして認識し、しかも認容した場合（そうなるかも知れないが構わない、そうであるかもしれないが構わない）という場合を「**未必の故意**」という。

未必の故意は、過失犯の「**認識ある過失（第7項8☞97頁参照）**」と境を接している。すなわち、認識ある過失にあっては、「そういうことがあるかもしれないが、発生することはあるまい、あってはならない」として結果の発生・実現を「認容しない」ため過失犯となるのに対し、未必の故意にあっては、あえてこれを「認容した」ところに故意犯となる要素がある（殺人の「未必の故意」すなわち「未必の殺意」の例は、正当防衛（第4章第3項）の【実例】3・5☞55・58頁参照及び殺人罪の【実例】2☞170頁参照。覚せい剤につき最決平2・2・9判時1341・157。自己の行為が詐欺に当たるかもしれないと認識しながら宅配便荷物を受領したいわゆる「受け子」について詐欺の故意、共謀を認めた最判平30・12・14刑集72・6・734）。

未必の故意は次のような場合にも用いられる。すなわち、他人が盗んできた泥棒品と知ってその品物を買い取るとき、盗品有償譲受け罪（256条2項）が成立するが、買い受ける際に、「泥棒品であるかもわからないが、泥棒品であっても構わない」と思った場合、「盗品」であることの知情について「未必の故意」があったことになる（最判昭23・3・16刑集2・3・227）。

なお、未必の故意は、実は、いわゆる不確定故意の一態様であり、不確定故意には、未必の故意のほかに、「**択一的故意**」（いくつか複数の事実のうち、どれか一つの事実の発生を確実なものとして認識・認容したが、どの一つであるかは不確定であったとき。例、甲乙2人のどちらかを倒すつもりで撃った）、「**概括的故意**」（一定範囲のいくつかの客体のうち、どれかに結果が発生することを認識・認容していたとき。例、集団の中に乱射した）があり、いずれも、故意犯である。また、一定の

82 総論 第5章 責 任

条件成就により結果を惹起させる意思である場合を「**条件付き故意**」というが、条件成就前に共犯者によって結果が発生しても故意犯として処罰される（最判昭59・3・6刑集38・5・1961）。

第4項 事実の錯誤

1 意 義

「**事実の錯誤**」とは、行為者の認識・認容した内容と、現実に発生（実現）した事実とが食い違っていることをいう。

甲だと思って（認識）切りつけたら、実はそれは乙であった（発生事実）など。

このように認識と発生事実とが一致しない場合、行為者の行為に「故意」があるのか「故意」はないのか（錯誤が故意を阻却するか）、これが「事実の錯誤」の問題である。

2 事実の錯誤の種類

構成要件のどの要素に事実の錯誤があったかによって、「**客体の錯誤**」・「**方法の錯誤**」・「**因果関係の錯誤**」の三つの態様がある。また、事実の錯誤は、それが同一構成要件の範囲内での錯誤にとどまる場合（**具体的事実の錯誤**）と、異なる構成要件にまたがる錯誤（**抽象的事実の錯誤**）とに分けられる。急迫不正の侵害がないのに、そういう侵害があると思って（誤信＝錯誤）防衛行為をしたという場合、その錯誤は「**事実の錯誤**」である。正当防衛に当たらないのに正当防衛だと思う錯誤は、こういう事実の錯誤が中心となっているので、「**違法性の錯誤（後出第6項**☞**87頁参照）**」ではなく、「**事実の錯誤（違法性の事実に関する錯誤）**」であり、その錯誤のため「犯罪事実の認識」を欠くため「故意犯不成立」となる場合がある。これに対し、事実そのものについては誤信はないが、例えば、公務執行妨害において、その公務の評価について違法と誤信したにとどまる場合は、違法性の錯誤である。

3 具体的事実の錯誤

同一構成要件内での事実の錯誤が「故意」の成立にどのように影響するかをみるのが、ここでの問題である。

ところで、「認識」したところと「発生事実」とが同じ一つの構成要件（例「人

を殺した」）の範囲内であっても、故意があるとするためには、認識内容と発生事実との「具体的な符合」（具体的一致）が必要で、この具体的一致を欠けば故意不成立とする考え方を「**具体的符合説**」という。しかし、これでは余りにも厳格すぎて不合理な面が多い。そこで、故意ありとするには、具体的一致は不要で、構成要件の範囲内で（構成要件が「人を殺した」というのであれば、その「人」を「殺した」という概念の範囲内で）一致しておればよいとの考え方が、通説であり、判例もこの考え方に立っている（最判昭25・7・11刑集4・7・1261、最判昭53・7・28刑集32・5・1068）。この考え方を「**法定的符合説**」（**構成要件的符合説**）という。次のいずれの場合も「故意」が成立する。

1　客体の錯誤

　甲を殺そうとして切りつけたら、甲だと思った人は乙であった（客体の取り違え）。

2　方法の錯誤

　甲を殺そうとして切りつけたら甲によけられ、傍にいた乙を切ってしまった（方法の手違い）。

3　因果関係の錯誤

　殺意をもって首を絞め、死んだと思って立ち去ったが、実際は相手はまだ生きており、戸外に放置されていたため凍死した（行為者の思ったとおりの死という結果は発生したが、行為者の認識した因果関係である窒息——死という経過をたどらず、別の因果関係である気絶——凍死という経過を辿った）。失神させてから溺死させようとして水中に沈めたが、失神させる行為で既に死亡していた（殺人既遂となることにつき最決平16・3・22集58・3・187）。もっとも、この因果関係が余りにかけ離れた経過を辿ると問題である。気絶したままを発見されて救急車で運ばれる途中、救急車が河に転落して全員死亡したなど。こうなると、因果関係の錯誤か因果関係の有無かの問題である（第3章第7項「因果関係」の解説☞39頁参照）。

4　抽象的事実の錯誤

　客体の錯誤や打撃の錯誤のため、認識した事実と発生した事実とが「異なる構成

要件」の間にまたがるとき、錯誤が故意の成立にどのように影響するかを問題とする。

　これについての考え方に、主要なものとして「**抽象的符合説**」と「**法定的符合説**」とがある。「**抽象的符合説**」では、あらかじめ認識したところと実現した事実とが、異なる構成要件にまたがるときでも、犯罪を犯す意思で犯罪を実現したものであると、犯罪というものを抽象的に考える。従って実現した犯罪については、行為者の意図、認容していたものでなくとも故意犯が成立するとし、ただ軽い犯罪の認識で重い犯罪を実現したときは、38条2項（☞79頁参照）があるから軽い犯罪の故意犯が成立する（しかも既遂が成立する）という（この考え方によれば、下記①の事例では器物損壊の既遂となるなど、異質の構成要件間にまたがる錯誤に当てはめた結果が不当で通説ではない）。

　これに対し、判例、通説は、「**法定的符合説**」に立つ。その考え方では、行為者が認識していた構成要件の範囲内でのみ故意の成立を認め、現実に発生した事実については故意は成立しないとする。ただ、認識していた構成要件と発生した事実の構成要件とが質的に重なり合う面があるときは、軽い構成要件事実での故意の成立を認める（その限度では抽象的符合を認めることになる）。この考え方を更に説明すると次のようになる。

　①　**異質な構成要件にまたがる錯誤のとき**

　　　まず、軽い罪（犬を殺す・器物損壊）を犯す意思で、異質の重い罪（人を殺す・殺人）を実現したとき、殺人につき故意は成立せず（過失致死にとどまる）、認識した器物損壊の未遂犯（未遂処罰規定なし）か不能犯が問題となる（この場合は、38条2項が働く場面である）。逆に、重い罪（殺人）を犯す意思で軽い異質の罪（器物損壊）を実現したとき、器物損壊には故意は成立しないとし、過失犯の成立のみを問題とし、認識した殺人の方は殺人未遂か殺人の不能犯を問題とする。

　②　**同質的で重なり合う構成要件間にまたがる錯誤のとき**

　　　持主が近くにいると誤信し、他人の物を盗むつもりで奪取したが実はそれは遺失物であったというときは、実現した軽い罪の遺失物横領（254条）の故意

犯（既遂）が成立し、逆に、他人が置き忘れて行ったものと信じて勝手に持っ
て来たら、実は、その物の持ち主は犯人からは見えにくいがその物の近くにい
たというときは、実現したのは窃盗（235条）であるが犯人の認識は遺失物横
領なので、軽い罪の遺失物横領の故意犯（既遂）が成立する（38条2項。東
京高判昭35・7・15下集2・7＝8・989）。

　特別法に関しても同様であり、例えば、麻薬を覚せい剤と誤信して輸入した場
合、覚せい剤取締法の覚せい剤輸入罪と麻薬特例法上の麻薬輸入罪（条文☞次頁
参照）については、両法の取締目的等は類似しており、目的物の差を除けば、構成

＊覚せい剤取締法＊
（刑罰）
第41条　覚せい剤を、みだりに、本邦若しくは外国に輸入し、本邦若しくは外国から輸出し、又は製造した
　者（第41条の5第1項第2号に該当する者を除く。）は、1年以上の有期懲役に処する。
2　営利の目的で前項の罪を犯した者は、無期若しくは3年以上の懲役に処し、又は情状により無期若しくは
　3年以上の懲役及び1000万円以下の罰金に処する。
3　前2項の未遂罪は、罰する。
第41条の2　覚せい剤を、みだりに、所持し、譲り渡し、又は譲り受けた者（第42条第5号に該当する者を
　除く。）は、10年以下の懲役に処する。
2　営利の目的で前項の罪を犯した者は、1年以上の有期懲役に処し、又は情状により1年以上の有期懲役及
　び500万円以下の罰金に処する。
3　前2項の未遂罪は、罰する。
＊国際的な協力の下に規制薬物に係る不正行為を助長する行為等の防止を図るための麻薬及び向精神薬取締
　法等の特例等に関する法律＊
（規制薬物としての物品の輸入等）
第8条　薬物犯罪（規制薬物の輸入又は輸出に係るものに限る。）を犯す意思をもって、規制薬物として交付
　を受け、又は取得した薬物その他の物品を輸入し、又は輸出した者は、3年以下の懲役又は50万円以下の
　罰金に処する。
2　薬物犯罪（規制薬物の譲渡し、譲受け又は所持に係るものに限る。）を犯す意思をもって、薬物その他の
　物品を規制薬物として譲り渡し、若しくは譲り受け、又は規制薬物として交付を受け、若しくは取得した
　薬物その他の物品を所持した者は、2年以下の懲役又は30万円以下の罰金に処する。
＊関税法＊
（輸入してはならない貨物）
第69条の11　次に掲げる貨物は、輸入してはならない。
　一　麻薬及び向精神薬、大麻、あへん及びけしがら並びに覚醒剤（覚せい剤取締法にいう覚せい剤原料を
　　含む。）並びにあへん吸煙具。ただし、政府が輸入するもの及び他の法令の規定により輸入することが
　　できることとされている者が当該他の法令の定めるところにより輸入するものを除く。
　　　　　（第1号の2～第10号省略）
　　　　　（第2項～第3項省略）
第109条　第69条の11第1項第1号から第6号まで（輸入してはならない貨物）に掲げる貨物を輸入した者
　は、10年以下の懲役若しくは3000万円以下の罰金に処し、又はこれを併科する。
　　　　　（第2項～第5項省略）

86 総論 第5章 責 任

要件要素が同一であり、法定刑も同一であるので、発生した結果である麻薬輸入罪の故意犯が成立するが、関税法違反（ただし、改正前のもの）については、覚せい剤が輸入制限物件にとどまるのに対し麻薬は輸入禁制品であり、後者の法定刑が重いので、輸入禁制品である麻薬の輸入の故意は欠くことになるが、両罪の構成要件の重なり合う限度で軽い覚せい剤の無許可輸入の故意犯が成立することになる（最決昭54・3・27刑集33・2・140）。法定刑を異にする覚せい剤と麻薬の所持罪の関係も前頁の②同様、両罪の構成要件が実質的に重なり合う限度で軽い麻薬所持罪の故意が認められることになる（最決昭61・6・9刑集40・4・269）。もっとも、麻薬特例法8条は、薬物犯罪を犯す意思をもって、規制薬物として輸出入等した者について、客体が実際には規制薬物でなかった場合をも故意犯として処罰する旨を規定し、コントロールドデリバリー等の実施のための特則を設ける例もある。ただし、没収については、認識内容ではなく、現実の客体の性状によって、根拠規定が決定される（最決昭61・6・9前掲）。

第5項 違法性の意識

行為が法秩序によって許されないものであることを行為者において意識していることをいう。

故意の内容として、「犯罪事実の認識と認容」のほかに「違法性の意識」が必要であるかどうかは争いのあるところである。この点は、さきに第3項②の「故意の内容（前出☞80頁参照）」の項で簡単にふれたが、次の「法律の錯誤（第6項）」の問題を考える上で重要な意味をもってくるので、立ち入って検討することとする。

まず、判例（最大判昭23・7・14刑集2・8・889、最判昭26・11・15刑集5・12・2354等（第3項②☞80頁参照））は、違法性の意識**不要説**をとる。これに対し、いかなる犯罪にあっても故意ありとするには違法性の意識が必要であるとする**「厳格故意説」**があり、不要説と厳格故意説との中間にある考え方として主要なものに次の二つがある。すなわち自然犯（刑法犯）にあっては必要でないが法定犯（行政犯）にあっては必要とする**「自然犯法定犯区分説」**と、あらゆる犯罪につき違法性の現実の意識は不要であるが違法性を認識できる可能性がなければならず、またその可

能性があれば足りるとする「**違法性の認識可能性説**」とでも呼ぶべき考え方である。この説には、さらに、違法性の意識の可能性を故意の要件とする「**(制限) 故意説**」と同可能性を故意の要素とは別の責任要素としつつ、同可能性がなければ責任形式としての故意がないとする「**(制限) 責任説**」がある。

　判例のとる「**不要説**」は刑法犯（自然犯）のようにそれ自体反社会的反倫理的な性格をもつ犯罪にあっては問題がないが、倫理的色彩に乏しい法定犯（行政犯）にあって違法性の意識を欠いたことに無理からぬ事情（相当の理由）があるとき、それまでも故意ありとするのは苛酷で妥当でないとの批判があり、その点で上にみた「自然犯法定犯区分説」、ことに「可能性説」がこの批判に応えるものと言える（百円札に紛らわしい外観の飲食店サービス券につき最決昭62・7・16集41・5・237（第3項②の解説☞80頁・第6項【実例】1の解説☞89頁参照）。儀式用包丁につき東京高判平5・6・4高刑集46・2・155）。

第6項　法律の錯誤

　行為者が刑罰法規に触れる行為（構成要件に該当する違法な行為）を犯したのに、自己の行為が法によって許されないものであることを知らなかったこと、あるいは法によって許されるものと誤信していたことを、「**法律の錯誤**」という。「**違法性の錯誤**」ともいい法の不知ということもある。

　この点について、38条3項は「法律を知らなかったとしても、そのことによって、罪を犯す意思がなかったとすることはできない。ただし、情状により、その刑を減軽することができる。」と規定しているので、この規定の解釈をめぐって、さきにみた「**違法性の意識**」（適用される刑罰法令の具体的規定内容・法定刑の知・不知ではない（最判昭32・10・18刑集11・10・2663））についての考え方の差が現われ、意見が分かれる。

　まず、故意の内容としての違法性の意識「**不要説**」は、38条3項にいう「法律を知らない」とは個々の刑罰法令の存在を知らないというような狭い意味ではなく、行為が法秩序によって許されないものであることを知らないこと、つまり違法性の意識がないことを意味し、それが「罪を犯す意思」（故意）を阻却しないことを明示して

いるのがこの38条3項であり、それは刑法総論の規定で、刑法総則が、特別な排除規定のない限り、すべての刑罰法規に適用があること（8条（条文は☞17頁参照））を重視する。そして、そのように適用して一律に故意犯成立とすると、違法性の意識がなかったものに、あったものと全く同じ処罰を科すことが妥当でない場合も起こりうるので、錯誤について酌量すべき事情があるときは「刑を減軽できる」こととしたものであるという。

　次に「**厳格故意説**」では、すべての犯罪につき、一律に、法律の錯誤があれば故意を阻却するのであるが、行為者が自分の行為に当てはめられる刑罰法規を知らなかったとか、その刑罰法規を誤解していたというとき、故意を阻却しないことを言い現わしたのが38条3項であるとする。また、「**自然犯法定犯区分説**」では、38条3項は自然犯における法律の錯誤は故意を阻却しないことを言い現わした規定だとする（なお、座席の一部が取り外され乗車定員未満の席となっていてもその旨を車検証に記載していないときは道交法上の大型自動車に当たり、座席の状況を認識しておれば普通免許しか有しない被告人には無免許運転の故意が認められるとする最決平18・2・27刑集60・2・253）。

　更に「**可能性説**」では、あらゆる犯罪について、法律の錯誤があっても違法性の認識が可能であったときには故意は阻却されないことを言い現わしたのが38条3項であるとする。この立場では特別の事情により違法性認識の可能性がなかったためやむなく法律の錯誤に陥ったというとき、すなわち法律の錯誤に至るのに相当の理由があったときは、反対動機形成の可能性がなく、その法律の錯誤は故意を阻却することになる。注目すべき考え方であることは、さきに触れた。

☞**【実例】 1 （法律の錯誤）**

　　　甲は、乙から勧められて覚せい剤を貰ったので、これを所持していた。甲としては覚せい剤を今すぐ使用する必要はないので、いつか必要なときになれば使おうと思っていた。そして覚せい剤を身体に注射をすることはいけないことだか、ただ所持しているだけなら悪いことではなく処罰されることはないと思い込んでいた。

　〔解説〕

甲には、覚せい剤所持の故意犯が成立する。注射は悪いが所持だけなら悪くないという認識は、全く誤った認識であるが、法によって許されないものであることについて錯誤があった、つまり法律の錯誤があったわけである。このような法律の錯誤は故意を阻却しない（判例の「不要説」による結論）。「可能性説」をとるにしても、最近における覚せい剤取締りの状況やマスコミの報道等からして「違法性の認識の可能性」は当然あるといわなければならないし、それを認識しないことについて相当の理由があったとか過失もなかったとはいえないから、故意犯成立となる。なお、特別法違反では行政庁の行政指導等により違法性の意識の可能性がなかったとして無罪とした裁判例（石油カルテルにつき東京高判昭55・9・26高刑集33・5・359、けん銃部品輸入につき大阪高判平21・1・20判タ1300・302）があり、最高裁も単純な不要説とは言いがたい判示のものが見受けられる（模造百円札につき、最決昭62・7・16刑集41・5・237（☞87頁参照））。

☞【実例】2　（法律の錯誤か事実の錯誤か）

甲は、書籍販売店主であるが、「チャタレー夫人の恋人」という本で中味として男女の性愛描写の写真や文章の沢山あるものを、それと知って販売していた。甲は、その本は、おそらく「わいせつ性」はなく、処罰されることはないと思っていたと主張した。

〔解説〕

「わいせつ文書販売罪」（175条（条文☞523頁参照））の「故意」の成立については、問題となる写真や記事があるという認識とこれを販売することの認識があれば足り、このような写真や記事のある文書が、同条所定のわいせつ性を具備するかどうかの認識まで必要としない。かりに主観的に175条のわいせつ文書に当たらないものと信じてその文書を販売したのであっても、それが客観的にわいせつ性を有するならば、それは法律の錯誤であり、故意を阻却しない（最大判昭32・3・13刑集11・3・997（第2編第3部第1章第3項１の解説☞523頁参照））。学説には、「わいせつ」の認識は、いわゆる「意味の認識」であり、この意味の認識における錯誤は事実の錯誤であって犯罪事実の認識を欠

90　総論　第5章　責　任

くから故意不成立とする批判する説がある。もっとも、その場合でも、これは
わいせつな本だが、この程度のわいせつなものなら刑法175条の「わいせつ文
書」には当たらないと考えたというのであれば、法律の錯誤であることは異論
がない。

　なお、旧鳥獣保護狩猟適正化法違反に関し、狩猟を禁止されている「むささ
び」と俗称の「もま」は別種と誤信した事件については、故意は阻却されない
とした判例（大判大13・4・25刑集3・364）と同様の「たぬき」と「むじな」
間の錯誤については故意が阻却されるとした判例（大判大14・6・9刑集4・
378）があるが、前者は「もま」という俗称が与えられていても両者が同一で
あることは一般に知られていたのに対し、後者については、古来、「たぬき」と
「むじな」は別物であると一般に認識されてきたという事情の差がある。この
両判決は、事実の錯誤か法律の錯誤かと言う点で種々の評価が与えられて来て
いるが、事実の認識に欠ける所がないことからみて、判例が違法性の意識の可
能性を、特別法の分野ではあるが、事実の錯誤か否かの判断に考慮した例と言
えるかもしれない。これに対し、法律的事実（例えば財物の他人性）の錯誤は
一般的に事実の錯誤として故意を阻却することになる（なお、鑑札のない他人
の飼犬の無主物性についての最判昭26・8・17刑集5・9・1789）。

第7項　過　失

1　過失犯の処罰

　過失犯が処罰される場合は限られている。刑法は、故意があるものを犯罪とする
のを原則とし、過失による行為を処罰するのは法律に特別の規定がある場合に限る
（38条1項但書）。刑法についてみると、失火（116条☞399頁）、過失激発物破裂
（117条2項☞404頁）、過失往来危険（129条☞424頁）、過失傷害（209条☞198
頁）、過失致死（210条☞199頁）（これらの中には業務上又は重過失のとき重く処
罰されるものもある）などがある。このようにみてくると、過失犯が処罰されるの
は、実害を発生させたか実害が発生しないまでも実害発生の危険のある状態を作り
出したこと、すなわち結果が発生したときである。その意味で過失犯は結果犯であ

る。もっとも、行政取締法上の過失犯にあっては、例えば過失免許証不携帯のように、上記のような結果という程のものがなくても、処罰されるものがある。

　ところで、特別に過失行為をも処罰する旨の明文はないけれども、行為の性質上ないし取締る事柄の性質上、行為が故意犯で犯されても過失犯で犯されても同一に処罰すると解されている刑罰規定がある。このような規定も「法律に特別の規定がある場合」に含まれる。例えば、外国人登録証明書の不携帯罪（旧外国人登録法違反）や古物営業を営む者が所定の帳簿に所定の事項を記載しなかった罪（古物営業法違反）などにあっては、故意にしなかったものばかりでなく過失でしなかったものをも含む法意（法律の趣旨）と解するのが相当であるとされている（最決昭28・3・5刑集7・3・506、最判昭37・5・4刑集16・5・510。なお、自動車保管場所確保法の路上継続駐車は故意犯であることにつき最判平15・11・21刑集57・10・1043）。

　この種の違反は、その事柄の性質上、むしろ過失で（ついうっかり）犯すのが常態であり、そういうものも処罰の対象としなければ取締りの実効を期することができず、もともと立法の当初から過失犯も処罰することを予定している規定と解せられるからである。

2　過失犯の成立要件

　過失犯は、不注意な行為により結果を発生させることによって成立する（取締法上の過失犯では、不注意によって、法規が義務づけていることや禁止していることに違反することによって成立する）。ところで、この過失犯も犯罪であるから、犯罪の成立要件である

　　① 構成要件該当性

　　② 違法性

　　③ 責任（有責性）

の三つを備えていなければならないのは当然である。したがって、過失犯にあっても、構成要件に該当する違法な行為ではあるが、責任がないため犯罪が成立しないといったことが起こりうるのは故意犯の場合と同一である。

　故意犯の場合と比べ過失犯の構成要件に固有の要素は、**「客観的注意義務」**違反

92　総論　第5章　責　任

があることと、その違反と発生した結果との間に「**因果関係**」があることである。過失犯は、不注意な行為（注意義務に違反する行為）により結果を発生させることによって成立するが、そこにいう注意義務は、当該具体的事案の客観的状態において社会通念上一般的に要求される程度の注意であり、普通人（平均人）としての注意義務（一般通常人の注意能力を標準として客観的に判断されるところの注意義務）である。これを「**客観的注意義務**」と呼んでいる。この注意義務は、場合によっては、法令の規定で明示しているところがそのまま過失犯の注意義務となることもあるが（道交法38条1項など）、そのような場合はむしろ少なく、個々の具体的事件ごとに具体的事情に応じて、慣習上・条理上の（社会通念に従った）注意義務が要求される。それゆえ、過失犯は、殺人罪とか窃盗罪の構成要件のような定型的な行為が定められておらず、個々の結果が発生した事件ごとにその事件の個別的具体的事情に応じて客観的な注意義務の内容をその都度設定しなければならないところに、故意犯にみられない過失犯の特色がある（補充を要するいわゆる「**開かれた構成要件**」）。

3　過　失

　従来の伝統的な過失論では、過失は故意とともに「責任の形式」「責任の種類」である。犯罪事実を認識（予見）した場合が「**故意**」であり、認識（予見）がないがそれは不注意で予見しなかった、あるいは予見はしたが不注意で結果は発生しないと思った場合が「**過失**」である。責任の場における過失は、あくまで人の内心の心理状態（危険に気付かなかった、危険だとは思わなかった）が、故意との対比において考えられねばならない。しかしながら、過失は、行為者が危険（結果発

＊道路交通法＊
（横断歩道等における歩行者等の優先）
第38条　車両等は、横断歩道又は自転車横断帯（以下この条において「横断歩道等」という。）に接近する場合には、当該横断歩道等を通過する際に当該横断歩道等によりその進路の前方を横断しようとする歩行者又は自転車（以下この条において「歩行者等」という。）がないことが明らかな場合を除き、当該横断歩道等の直前（道路標識等による停止線が設けられているときは、その停止線の直前。以下この項において同じ。）で停止することができるような速度で進行しなければならない。この場合において、横断歩道等によりその進路の前方を横断し、又は横断しようとする歩行者等があるときは、当該横断歩道等の直前で一時停止し、かつ、その通行を妨げないようにしなければならない。
　　　　　（第2項〜第3項省略）

生）に気付かなかった、危険と思わなかったといっても、それが不注意（注意義務違反）に基づくものであるところから、過失の本質は何かについて論争が繰りひろげられた。そして、過失を故意とともに責任条件とする従来の伝統的な考え方に対して、過失を構成要件要素ないし違法性の問題としてとらえる新しい過失論（従前の過失論を「旧過失論」と呼ぶのに対し、「新過失論」と言う。）が有力となっている。「新過失論」では、過失犯である過失致死罪とか過失傷害罪とかは、それ自体が構成要件である。人を殺した、人を怪我させたという基本の構成要件があって、そのうち責任形式が故意のものが殺人罪・傷害罪、過失のものが過失致死罪・過失傷害罪となるのでなく、始めから過失犯は、過失犯として独自の犯罪類型・行為定型であるとみる。そして、この考え方では、過失犯の中心は、結果を回避する適切な措置をとるべきであるのにとらなかった義務違反にあるとする。これに対し、旧過失論では結果予見義務を注意義務の本質ととらえることになる。

4 **注意義務違反**

　過失犯は、不注意な行為すなわち注意義務に違反する行為をして、結果を発生させることによって成立する。ところで、過失を、責任条件（責任の形式）とみる伝統的な考え方では、過失犯における注意義務の内容を、（違法な）結果の発生を予見することができるのに（**予見可能性の存在**）、従って結果を予見（認識）すべきであるのに（**結果予見義務**）、これを怠った（関心を払わなかった）点に求める。

　これに対し、新しい過失論では、予見可能性のあることを前提として、**結果回避義務**（予見し又は予見しえた特定の結果の発生を回避する適切な措置をとるよう配慮すべき義務）を怠ったことが中心であるとする（結果が発生しても、その結果を回避するため求められている措置を怠ったのでなければ過失犯は成立しない）。

　判例は、「過失犯には、結果の発生を予見する可能性とその義務、及びその結果の発生を未然に防止する可能性とその義務が認められねばならない」として、過失犯における注意義務は、結果予見義務とそれを受けた結果回避義務をから成り立つことを明らかにしている（最決昭42・5・25刑集21・4・584弥彦神社参拝群衆死傷事件）。

94　総論　第5章　責　任

⑤　許された危険

　物質文明が急速に発達しそれによって社会生活が改善前進し、科学技術等の進歩がひろく有用・有益なものとして迎えられている現代においては、これに伴って、それ自体に危険性をはらんではいるが、それだからといって禁止することのできない行為がますます増加している。高速度交通機関の運営、土木建築事業、化学等の実験、工場等の企業活動、進歩的医療行為などは、今日の文明社会にとって生活を維持していくうえで不可欠である。このような行為にあっては、たとえそれが法益侵害の危険を伴うものであっても、一定範囲では危険を犯すことが法的に許されるとする原則が「**許された危険**」と呼ばれるものである。もとより、すべて適法とされるとするのではなく、それらの行為が落ち度なく行われたことを要件とする（当該具体的事情の下で必要な通常の注意を払っていなければならないが、通常の注意を払っていさえすれば、結果が発生しても適法な行為とされ、過失犯は成立しない）。

⑥　信頼の原則

　「**信頼の原則**」とは、行為者がある行為をする際、他人も結果の不発生に向けて適切な行動をすることを信頼してよい相当な事情がある場合においては、その他人の不適切な行動によってたとえ結果が発生してもそれに対して責任を問われない原則をいう。これは、特に交通事故（自動車運転過失致死傷事件）において、従来の伝統的な過失論では、運転者に対して刑事責任として余りにも苛酷な結果責任を負わせることとなりかねないところから、ドイツの裁判例が形成した法理を昭和30年代から我が国の裁判所も採り入れるようになり、昭和40年代以降は最高裁判所も採用し、現在では我が国の判例の中に完全に定着した。すなわち交通関与者は、他の交通関与者が交通規則その他の交通秩序を守るであろうことを信頼するのが相当な場合には、他の交通関与者の不適切な行動のために結果を発生させたとしても、それに対して責任を負わないとするものである（最判昭41・12・20刑集20・10・1212（各論第1編第1部第3章第3項**【実例】1の解説☞204頁参照**））。例えば、青信号に従って交差点を通過してゆく自動車の運転者は、左右の道路から他の車両が交差点に向って来るのに気付いていても、信号に従って停止してくれると信

頼し、衝突はしないと考え回避措置をとらなくてよい。逆に言うと、「他の交通関与者が交通法規に違反した行動や交通上不適切な態度に出るであろうことまで予想して、安全を確認すべき注意義務はない」とする原則である。学説は、これを「予見可能性が否定されるもの」とみる見方と「結果回避義務が免除されるもの」とみる見方に分かれるが、過失犯における注意義務を限定するための基準に関する原則であることに変わりはない（時差式信号機の表示について最決平16・7・13刑集58・5・360）。

　信頼の原則の適用を受けるためには、原則として行為者自身落度のない行動をとっていなければならない。もっとも完璧に適法な行動であることが求められるのでなく、当該具体的事案に即して通常求められる注意を払っていればよい（最判昭42・10・13刑集21・8・1097。なお、対面信号で進入した際交差道路から高速度で進入してくる車両についての最判平15・1・24判時1806・157（各論第1編第1部第3章第3項【実例】1の解説☞204頁参照））。

　また、他の交通関与者が交通規則その他の交通秩序を守るであろうことを信頼するのが相当でない特別な事情がある場合（幼児・白杖の盲人・老人・泥酔者・危険に直結する異常な挙動を示している相手を予め発見しているときなど）には、信頼の原則は適用されない（東京高判昭43・9・21高検速報1622等）。

⑦　予見可能性と危惧感

　行為者が結果を発生させたことについて、不注意があったからだ、落ち度があったからだとして注意義務違反を問うことができるためには、行為者において、その結果の発生を予見することができた場合でなければならない。普通人（平均人）の注意能力を基準に考えてみて、とうてい予見不能であったという場合には注意義務違反も問うことはできない。すなわち「予見可能性のあること」が、前記の義務違反を問うことのできる前提なのである。

　この点は、過失犯における注意義務について、「結果予見義務を中心」に考える立場にあっても「結果回避義務説」にあっても、あるいは又「結果予見義務と結果回避義務とから成り立つ」と考える立場にあっても、みな同じである。

　ところで、この「**予見可能性**」のとらえ方については、見解が分かれている。

96　総論　第5章　責任

多数説では、結果の発生とそこに至る過程（経過）について具体的に予見できる情況・事情がなければ結果予見可能性ありとはいえないとするが（例えば、左右の見通しの悪い交差点での出合いがしらの自動車交通事故の場合、単に自動車を運転すれば衝突・人身事故が起きるかもしれないというのでは足りず、左右の道路の見通しが困難な交差点を通過しようとするので左右の道路から来る車と衝突するかもしれないといった具体性がなければならない）、これに対し、具体的な結果予見可能性がなくても、結果が発生するかも知れないという「**危惧感**」・「**不安感**」があればそれが危険の予見にほかならず、結果予見可能性ありといえるとする新しい有力な考え方があり、裁判例のなかにはこの考え方を採用したものもある（森永ドライミルク砒素中毒事件・最高裁による差戻審判決である徳島地判昭48・11・28判時721・7）。

　技術開発の先端をゆく企業などが、いわゆる企業災害を惹起して人身被害等が発生した場合に、従来のような具体的な予見可能性を言っていたのでは、企業などの刑事責任は全く放置されてしまうこととなって不合理であるとの発想から考え出されたもので、科学技術が進歩して未知の危険に臨むことが多くなった現代においては、人の生命身体に何らかの危害を及ぼすのではないかという一般的な不安感がもたれる事業などを推進しようとする場合に、安全確保のための用心深い態度を伴わない限り、そのまま行わせることに危惧感、不安感があるときは、具体的にはわからない未知の危険を積極的に探知したり、できる限り控え目な行動をとって未知の危険が発生するのを回避できるよう心がけるべきであるのは、条理上当然のことであるなどという議論が展開されている。この**危惧感説**では、結果発生の可能性が具体的に予見できるような場合は重い結果回避義務を負担し、一般的な危惧感があるにとどまるときは結果回避義務も軽いなどと説くが、この説に対しては、この考え方を過失犯一般に適用すると苛酷な結果責任の追求に発展しかねないとの批判が強い。

　学説で「**因果関係の予見可能性**」として論じられる問題に関連して、一般的・抽象的な危惧感、不安感では足りず、結果発生に至る「因果関係の基本的部分」の予見可能性を要するとした裁判例もあるが（札幌高判昭51・3・18高刑集29・

1・78（各論第1編第1部第3章第3項【実例】の解説☞205頁参照））、判例も実際に生じた結果に至る個別具体的経過についてまでの予見可能性は必要とはしていない（最決平12・12・20刑集54・9・1095、最決平21・12・7刑集63・11・2641）。メタンガス、大量の水のような危険な物が現に存在し、あるいは出現することが見込まれる場合にその排除機器が原因不明のものを含め正常に働かない、あるいは、流入防止構造物が機能し得ないことがありうること（最決平28・5・25刑集70・5・117、最決平13・2・7刑集55・1・1（⑨の解説☞次頁参照））、多数人が関与して手術、航空管制などの行為を行うときには関与者のミスもありうること（最決平19・3・26刑集61・2・131（各論第1編第1部第3章第3項【実例】の解説☞205頁参照）、最決平22・10・26刑集64・7・1019、最決平24・2・8刑集66・4・200）などを前提に、その危険の現実化（結果発生）を避けるため情報伝達、指示・監督、避難措置等を講ずることが求められているように思われる（ホテル火災についての最決平2・11・16刑集44・8・744、最決平2・11・29刑集44・8・871、最判平3・11・14刑集45・8・221等。車両のリコール等につき最決平24・2・8刑集66・4・200）。

⑧ **認識のない過失と認識ある過失**

　過失にあっては、犯罪事実について認識している場合とその認識のない場合とがある。不注意から犯罪事実の認識の全くなかった場合を「**認識のない過失**」という（人がいることを知らずに猟銃を撃ったら意外にも人がいて当たった）。

一方、犯罪事実についての認識はあるが、不注意から結果は発生しないと思っている場合で、結果の発生を認容しない場合である。これを「**認識ある過失**」という（子供が遊んでいる傍を自動車を運転して通行するとき、自分の運転技術の過信や横着から子供を轢くようなことはあるまいと信じてそのまま進行したところ子供が進路上に走ってきて轢いた）。

　「認識のない過失」も「認識のある過失」も同じ過失であって処罰上の差異もないが、「認識ある過失」は、故意のうちの「**未必の故意**」と境を接する。一方は結果の発生を回避しうるものと信じているのに、他方は結果の発生を認容している点で、区別される（第3項④確定的故意・未必の故意の解説☞81頁参照）。

98　総論　第5章　責　任

⑨　業務上の過失

　業務上過失傷害・同致死（211条（☞199頁参照））の場合は、人の生命身体に危険を及ぼすおそれのある業務やこれを防止する業務に従事する者（例、主治医とその指導医、最決平17・11・15集59・9・1558。航空管制の実地訓練者と訓練監督者、最決平22・10・26刑集64・7・1019。工作物の管理者、最決平13・2・7集55・1・1。非加熱製剤のエイズ対策の中心的立場にある本省課長、最決平20・3・3刑集62・4・567）、業務上失火（117条の2（☞404頁参照））にあっては、火を失する危険のある行為（火気を用いる行為）を反復することや火災発生防止がその人の業務の全部又は一部となっている者、というように、それぞれ危険行為や危険防止行為を反復継続する者に対しては、その業務に応じた特別な（一般通常人の場合とは違った）注意義務が要求され（各論第1編第1部第3章第3項【実例】1の解説☞203頁参照）、その義務を怠って結果を発生させた場合に通常の過失よりも思い処罰を受けるのである。なお、業務性を必要としない自動車運転上の過失については、更に重い処罰とされている（各論第1編第1部第3章第3項⑤の解説☞202頁参照）。

⑩　重過失

　「**重過失**」とは、わずかの注意で結果を予見し得、かつ、結果の発生を容易に回避できる場合のことである。重過失失火（117条の2）・重過失傷害・同致死（211条）などの場合である。重過失については、さらに、重過失失火罪における③の解説☞405頁参照のこと。なお、特別法の中には（例えば公職選挙法250条）重過失を故意犯と同様に処罰するものがある。

＊公職選挙法＊
（懲役又は禁錮及び罰金の併科、重過失の処罰）
第250条　第246条、第247条、第248条、第249条及び第249条の2（第3項及び第4項を除く。）の罪を犯した者には、情状により、懲役又は禁錮及び罰金を併科することができる。
2　重大な過失により、第246条、第247条、第248条、第249条及び第249条の2第1項から第4項までの罪を犯した者も、処罰するものとする。ただし、裁判所は、情状により、その刑を減軽することができる。

第8項　期待可能性

① 意　義

行為の際の種々の事情からみて行為者に違法行為をしないことを「期待できない状態にあった」とすれば、その行為者を非難することは無理である。「**期待可能性**」とは、行為の際の諸事情に照らし行為者に違法な行為をしないことを期待できることをいう。期待可能性のない場合には、行為者に刑事責任を問うことはできない。もともと責任とは、違法行為をしないことが期待できる状態であるのに、あえて違法行為をしたということが基本なのであるから、責任（有責性）の本質を非難可能性と考える立場からは、期待可能性は、いわば責任の中心観念といえる。

② 責任阻却事由

期待可能性の不存在は責任阻却事由である。

責任能力のある者が、犯罪事実を認識すれば（更に違法性を意識すればなおさら）その行為をしてはならないと思い、それを思い止まることは当然であり、思い止まることを期待しうるのが「通常」である。また、注意さえすれば結果を予見し結果を避けることが可能であれば、注意を払って過失を犯さないようにすることは「通常」期待できる筈である。したがって、違法行為をした者が、責任能力者で故意又は過失があるときは、違法行為に出ない期待可能性があったと一応推定される。ところが、例外がないとはいえない。すなわち責任能力も故意・過失もあっても、期待することのできないような特殊な事情のある場合があり得る。こういう特殊事情があれば、このような推定はできなくなり、「期待不可能」を理由としてこの推定が破られる超法規的責任阻却事由となる（最判昭31・12・11刑集10・12・1605。ただし、判例上、この理論を肯定するものは見当たらない。殺人につき東京地判平8・6・26判時1578・39）。

自己の刑事事件の証拠を隠滅する行為が罪にならない（104条（☞612頁**参照**））とされるのも、凶器を携帯して住居に侵入してきた者などに対して恐怖・驚愕などのあまり誤想防衛行為に出て相手を殺傷する行為が犯罪とならない（盗犯等ノ防止及処分ニ関スル法律1条2項（条文は☞53頁**参照**））のも、期待可能性のないこと

100　総論　第5章　責　任

が、その理由なのである。

③　期待可能の標準

　　期待することができたかどうかは何を（誰を）標準に考えるかという問題である。通常人にとって可能であれば可能とする通常人標準説（**平均人標準説**）、当該行為者本人を標準とする説（**行為者標準説**）、現実の情況の下における国家（の期待するもの）ないし法規範による適法行為の期待を標準とする**国家標準説**などがある。個々の事件ごとの個別的具体的事情の下で、客観的情況についてもまた行為者の知能・身体的能力・年齢・性別等の主観面についても考慮して、その行為者の立場に置かれたならば、普通の人なら誰もが適法行為に出ることが不可能であったかどうかを判断して決すべきものと解される。

☞**【実例】**　（中毒緩和のための麻薬使用）

　　　　甲は麻薬中毒者となってしまった。麻薬を用いないと死ぬ苦しみを味わうため、この麻薬中毒を緩和するため麻薬を不正に入手して使ったところを検挙された。甲の弁護人は、「誰でも麻薬中毒になってしまった者は、中毒の苦しみからまぬがれるためには、悪いことであろうと何であろうと、麻薬を手に入れて使うほかなく、それをしないことをその者に期待することはできないのだ」と主張し、甲には期待可能性がなかった、したがって無罪だと主張した。

〔解説〕

　　　　裁判所は（東京高判昭36・8・15高刑集14・5・326）、「麻薬中毒者は医師の指示により適法な治療を受けることができるのであるから、その中毒緩和のため麻薬を使わないことを期待することが不可能であるとはいえない」旨を判示して甲を有罪とした。この場合、普通の人なら誰もが適法行為に出ることが不可能であったとはいえないことが明らかにされている。最高裁は、期待可能性なしとするのに消極的である。

第6章　行為の段階

第1項　陰謀（共謀）・予備・未遂・既遂

　処罰の対象となる行為を段階的に観察すると、**「陰謀」・「予備」・「未遂」・「既遂」**に分けることができる。

１　陰　謀（共謀）

　刑法で陰謀が処罰されるのは、内乱陰謀罪（78条）、外患陰謀罪（88条）、私戦陰謀罪（93条）だけである。刑法は、陰謀の定義を設けていないが、2人以上の者が一定の犯罪を実行することを相談することを**「陰謀」**という。現行の刑法は、これ以外の罪については、陰謀の段階に止まった場合を犯罪としていない。もっとも、これは現行法体系で陰謀罪を認めがたいということではないので、特別法では、「陰謀」や「共謀」、「企て」を処罰したり、「あおり、そそのかし」を独立の罪とする例がある（国家公務員法110条1項17号、競馬法32条の6等）。

２　予　備

　「予備」とは、犯罪を実行するためにする準備行為で、いまだ犯罪の実行の着手

＊刑法＊
（予備及び陰謀）
第78条　内乱の予備又は陰謀をした者は、1年以上10年以下の禁錮に処する。
（外患誘致）
第81条　外国と通謀して日本国に対し武力を行使させた者は、死刑に処する。
（外患援助）
第82条　日本国に対して外国から武力の行使があったときに、これに加担して、その軍務に服し、その他これに軍事上の利益を与えた者は、死刑又は無期若しくは2年以上の懲役に処する。
（予備及び陰謀）
第88条　第81条又は第82条の罪の予備又は陰謀をした者は、1年以上10年以下の懲役に処する。
（私戦予備及び陰謀）
第93条　外国に対して私的に戦闘行為をする目的で、その予備又は陰謀をした者は、3月以上5年以下の禁錮に処する。ただし、自首した者は、その刑を免除する。

102 総論 第6章 行為の段階

に至らないものをいう。予備の段階に止まった場合は、刑法は、陰謀の場合と同様に、一般の罪については、これを犯罪とせず、限られた重大な罪についてのみ予備を処罰する。予備罪にも共同正犯があり得る（最決昭37・11・8刑集16・11・1522（201条の**2**の解説☞173頁参照））。内乱予備（78条）・外患予備（88条）・私戦予備（93条）・放火予備（113条（☞386頁参照））通貨偽造等準備（153条（☞451頁参照））・殺人予備（201条）・強盗予備（237条（☞300頁参照））の各罪である。なお、テロリズム集団その他の組織的犯罪集団による死刑又は無期若しくは長期4年以上の懲役・禁錮に当たる一定の重大な組織的犯罪についての実行準備行為を伴う犯罪遂行計画を処罰する特別法として組織的犯罪処罰法6条の2がある。

＊国家公務員法＊

第110条 次の各号のいずれかに該当する者は、3年以下の懲役又は100万円以下の罰金に処する。

　　（第1号～第16号省略）

　十七 何人たるを問わず第98条第2項前段に規定する違法な行為の遂行を共謀し、そそのかし、若しくはあおり、又はこれらの行為を企てた者

　　（第18号～第20号省略）

　　（第2項省略）

＊競馬法＊

第32条の6 競馬においてその公正を害すべき方法による競走を共謀した者は、2年以下の懲役又は100万円以下の罰金に処する。

＊組織的な犯罪の処罰及び犯罪収益の規制等に関する法律＊

（テロリズム集団その他の組織的犯罪集団による実行準備行為を伴う重大犯罪遂行の計画）

第6条の2 次の各号に掲げる罪に当たる行為で、テロリズム集団その他の組織的犯罪集団（団体のうち、その結合関係の基礎としての共同の目的が別表第三に掲げる罪を実行することにあるものをいう。次項において同じ。）の団体の活動として、当該行為を実行するための組織により行われるものの遂行を2人以上で計画した者は、その計画をした者のいずれかによりその計画に基づき資金又は物品の手配、関係場所の下見その他の計画をした犯罪を実行するための準備行為が行われたときは、当該各号に定める刑に処する。ただし、実行に着手する前に自首した者は、その刑を減軽し、又は免除する。

　一 別表第四に掲げる罪のうち、死刑又は無期若しくは長期10年を超える懲役若しくは禁錮の刑が定められているもの 5年以下の懲役又は禁錮

　二 別表第四に掲げる罪のうち、長期4年以上10年以下の懲役又は禁錮の刑が定められているもの 2年以下の懲役又は禁錮

2 前項各号に掲げる罪に当たる行為で、テロリズム集団その他の組織的犯罪集団に不正権益を得させ、又はテロリズム集団その他の組織的犯罪集団の不正権益を維持し、若しくは拡大する目的で行われるものの遂行を2人以上で計画した者も、その計画をした者のいずれかによりその計画に基づき資金又は物品の手配、関係場所の下見その他の計画をした犯罪を実行するための準備行為が行われたときは、同項と同様とする。

3 別表第四に掲げる罪のうち告訴がなければ公訴を提起することができないものに係る前2項の罪は、告訴がなければ公訴を提起することができない。

　　（第4項省略）

予備の実例については、殺人予備罪（☞172頁**参照**）・強盗予備罪の各解説**参照**。

③ **未　遂**

「**未遂**」とは、犯罪の実行に着手してこれを遂げないものをいう。未遂が処罰されるのも、特に未遂処罰規定が設けられている罪についてだけである（44条）。

④ **既　遂**

「**既遂**」とは、犯罪の構成要件を完全に充足した場合、すなわち犯罪が完成した場合をいう。既遂は犯罪の終了と同義ではなく、構成要件の充足の問題である。構成要件の要素として「行為の結果」を含まない犯罪にあっては、犯罪の成立のほかに犯罪の既遂を論じる実益がないが、いわゆる結果犯にあっては犯罪の成立（未遂の段階に入ったことが明らかとなれば構成要件該当性があり犯罪成立となる）ということのほかに既遂に達したかどうかが大きな問題となる。刑法は、犯罪が既遂に達した姿を基本型として規定し、その未遂をも処罰する場合は、上に述べたように各罪について未遂処罰規定を設けている。

第2項　未遂犯

（未遂減免）
第43条　犯罪の実行に着手してこれを遂げなかった者は、その刑を減軽することができる。ただし、自己の意思により犯罪を中止したときは、その刑を減軽し、又は免除する。
（未遂罪）
第44条　未遂を罰する場合は、各本条で定める。

① **意　義**

「**未遂犯**」とは、犯罪の実行に着手してこれを遂げなかったものである。すなわち、実行に着手したが、構成要件が充足されなかった場合である。

② **実行の着手**

判例は、構成要件に属する行為若しくはこれに密接な行為（窃盗につき大判昭

104　総論　第6章　行為の段階

9・10・19刑集13・1473）、又は結果発生に至る客観的な危険性が認められる行為（不同意性交等につき最決昭45・7・28刑集24・585（177条の【実例】の解説☞544頁参照、うなぎの稚魚の無許可輸出につき最判平26・11・7刑集68・9・963））に着手することであるとしている（結果発生の危険性ある先行行為（準備的行為）に、後行行為（予定していた実行行為）との密接関連性等から着手を認めた最決平16・3・22刑集58・3・187。第3章第6項[2]☞33頁参照）。

③　未遂の種類

　1　着手未遂と実行未遂

　　犯罪の実行に着手したが、何らかの事情で実行行為そのものが終らなかった場合が「**着手未遂**」（例、殺害の目的で崖下に落とそうとして突いたり押したりしたが抵抗されて落とせなかった）である。実行行為は終了したが何らかの事情で結果が発生しなかった場合が「**実行未遂**」である（例、殺害目的で崖から落としたが、たまたま崖下の枯葉の山の上に落ちたため死亡しなかった）。

　2　障害未遂と中止未遂

　　結果の発生しなかった理由が、犯人の意思によらない場合は「**障害未遂**」であり（例、抵抗されたため財物の強取が出来なかった強盗未遂）、一方、結果の発生しなかった理由が「犯人の意思」による場合が「**中止未遂**」である。中止未遂は「**中止犯**」ともいう。

第3項　中止犯

①　意　義

　「中止犯」とは、犯罪の実行には着手したものの、自己の意思によって犯罪を完成させなかったものをいう（43条ただし書）。犯人の意思以外の障害があって犯罪が完成しなかった障害未遂に対応する「**中止未遂**」の場合がこれに当たる。

②　要　件

　1　実行に着手すること

　　前頁の解説参照。

　2　「自己の意思によって」やめたこと

これは任意にやめたことと言い替えてもよい（例、不同意性交しようとして婦女に暴行を加えたが相手が泣き出したので悪いことをしたと反省して姦淫するのをやめた。泥棒に入って物色を始めたものの、もし発覚すれば大変なことになると思い直して逃走したなど）。

任意にやめたのかどうかを判断する基準をどこに置くかについては説が分かれている。**第一説（限定主観説）**は後悔（悔悟）による場合だけをいうとするもの、**第二説（主観説）**は外部的事情によるときは障害未遂、内部的動機によるときは中止未遂という。**第三説（客観説）**は、犯罪を遂げない原因が、社会通念に照らし通常一般に犯罪遂行の障害となるような事情（障害事情）と考えられる性質のものであるときは障害未遂、そうでないときを中止未遂とする。判例は、第三説に近いものといえよう（母親である被害者の流血を見て驚愕、恐怖して殺害を止めた事例についての最決昭32・9・10刑集11・9・2202）。放火に着手したものの時刻が遅く発火が払暁に及ぶおそれがあったため、発覚するのを恐れて止めた（大判昭12・9・21刑集16・1303）、不同意性交しようとしたところ相手が生理で陰部から血が出ているのを見て嫌悪と驚愕のため姦淫をやめた（最判昭24・7・9刑集3・8・1174（181条の**2**の解説☞549頁参照））などは中止未遂に当たらないとされている。

3 犯罪を中止したこと

着手した犯罪を完成させない、すなわち既遂にしないことである。これには、前述の「着手未遂」と「実行未遂」の区別に対応して、「着手中止」と「実行中止」とがある。**「着手中止」**は、実行に着手したものの実行行為が終わる前に実行行為を中止した場合、**「実行中止」**は、実行行為は完了したが結果の発生を防止した場合である。「着手中止」の場合は、その後の実行行為を任意にやめれば、それで足りるが、「実行中止」の場合は、結果発生を防止する行為が必要であり、また現実に結果の発生が防止されなければならない（殺人未遂に関し、客観的に、既に被害者の生命に対する現実的な危険性が生じており、被害者が気を失った後約30秒間も首を絞め続けたものの、被害者が死亡するのをおそれてその後の絞頸を中止した事案につき、実行中止としたものとして、福岡高判

平11・9・7判時1691・156)。毒殺しようとしたが致死量に達していない場合であって結果不発生と中止行為との間に因果関係がないような場合は、「中止未遂」とはならない。致死量に達していた場合に比し一見不均衡はあるが、解釈論としては止むを得ないと考える。この結果発生防止行為は、少なくとも犯人自らこれに当たるか又は他人の助力による場合には自ら防止したのと同視するに足る程度の努力を払う必要がある（積極的な防止行為があったとされた名古屋高判平2・7・17判タ739・243及び否定された東京地判平7・10・24判時1596・125、福岡高判平11・9・7判時1691・156）。また犯人が防止を試みたもののその効果がなく、他人において現実にこれを防止したという場合は中止犯とならない。放火に着手後、「火事だ」と叫んで走り去っても中止したことにならないのは言うまでもない（大判昭12・6・25刑集16・998）。なお、予備行為に着手した後に中止しても既に成立している予備罪の中止犯が成立しないことはいうまでもない（最大判昭29・1・20刑集8・1・41）。

③ 効 果

中止未遂（中止犯）の場合は寛大に扱われ、必ず刑が減軽又は免除される。

④ 共犯と中止犯

共同正犯の一人について中止犯が成立するためには、その者の努力によって他の者の実行を妨害するなどして、結果の発生を防止しなければならない（大判大12・7・2刑集2・610）。結果が発生した以上は共謀者全員につき既遂犯が成立し、一人の中止行為はその者の犯情として考慮されるにとどまる（第7章第2項⑥共犯関係からの離脱の解説☞114頁参照）。

第4項　その他

（自首等）

第42条 罪を犯した者が捜査機関に発覚する前に自首したときは、その刑を減軽することができる。

2　告訴がなければ公訴を提起することができない罪について、告訴をすること

第4項　その他　107

> ができる者に対して自己の犯罪事実を告げ、その措置にゆだねたときも、前項
> と同様とする。

1　自　首

　「自首」とは、犯人が捜査機関に自発的に自己の犯罪事実を申告し、その訴追を
含む処分を求めることであり（刑法42条1項）、親告罪の告訴権者に対する同様の
申告も「広義の自首」といわれることがある（同条2項。平成7年改正前の「首
服」）。これらは、犯行後の行為であるが刑の任意的減軽事由とされている。犯罪の
捜査等を容易にさせるなどの刑事政策的理由（自首行為が犯人隠避に当たることを
理由に共同正犯の行為を単独犯行と申告したときは自首に当たらないとした東京高
判平17・6・22判夕1195・299（103条の5の解説☞611頁参照））と犯行後の情
状による広義の責任の減少をその理由とする。

　「捜査機関」とは検察官又は司法警察員（特別司法警察員）のことであり（告
訴・告発同様司法巡査、検察事務官には受理権限がない。刑訴法245条、241
条）、これに対し、自己の犯罪事実を発覚前に、かつ、自発的に申告しなければ
ならない。余罪の嫌疑をもって取調がなされたことによる自供（東京高判昭55・
12・8刑月12・12・1237）や自宅の捜索を受けた際、けん銃が発見されるのが必
至の状況で、観念してその所在を明らかにするなどは自発的申告に当たらない（東
京高判平7・2・22高検速報3026、福岡高判平8・3・19判時1579・143）。自首
は必ずしも反省悔悟に出たものである必要はない。申告内容は、一罪を構成する
事実全体についてでなければならず（覚せい剤につき東京高判平12・2・24判時
1738・140）、訴追等の処分を求める趣旨のものでなければならない（東京高判平
2・4・11東高時41・1＝4・19、札幌高判令3・1・21高裁刑事裁判速報令和3年
565）。内容の一部に虚偽が含まれていても、犯罪事実の申告と認められるもので
あれば自首となることがある（最決平13・2・9集55・1・76。嘱託がないのに嘱
託を受けて殺害したと供述するなど重要部分に虚偽があるとして自首を認めなかっ
た最決令2・12・7刑集74・9・757、東京高判平17・3・31判時1894・155）。

2　特別規定

108 　総論　第6章　行為の段階

　　刑法80条、93条、爆発物取締罰則11条の自首は刑の必要的免除とされ、刑法
228条の3、航空機強取法3条、サリン法5条3項等の自首は、必要的減軽又は免
除とされるなど自首の特別規定は少なくない（自発性は必要であるが捜査機関に発
覚前であることを要しないと解されているものとして銃刀法31条の5。名古屋高
判平13・12・10高検速報平13・191）。

＊刑事訴訟法＊
第241条　告訴又は告発は、書面又は口頭で検察官又は司法警察員にこれをしなければならない。
②　検察官又は司法警察員は、口頭による告訴又は告発を受けたときは調書を作らなければならない。
第245条　第241条及び第242条の規定は、自首についてこれを準用する。
＊刑法＊
（内乱等幇助）
第79条　兵器、資金若しくは食糧を供給し、又はその他の行為により、前2条の罪を幇助した者は、7年以
　下の禁錮に処す
（自首による刑の免除）
第80条　前2条の罪を犯した者であっても、暴動に至る前に自首したときは、その刑を免除する。
（私戦予備及び陰謀）
第93条　外国に対して私的に戦闘行為をする目的で、その予備又は陰謀をした者は、3月以上5年以下の禁
　錮に処する。ただし、自首した者は、その刑を免除する。
＊明治17年太政官布告第32号（爆発物取締罰則）＊
第11条　第1条ニ記載シタル犯罪ノ予備陰謀ヲ為シタル者ト雖モ未タ其事ヲ行ハサル前ニ於テ官ニ自首シ因
　テ危害ヲ為スニ至ラサル時ハ其刑ヲ免除ス第5条ニ記載シタル犯罪者モ亦同シ
＊航空機の強取等の処罰に関する法律＊
（航空機強取予備）
第3条　第1条第1項の罪を犯す目的で、その予備をした者は、3年以下の懲役に処する。ただし、実行に着
　手する前に自首した者は、その刑を減軽し、又は免除する。
＊サリン等による人身被害の防止に関する法律＊
（罰則）
第5条　サリン等を発散させて公共の危険を生じさせた者は、無期又は2年以上の懲役に処する。
2　前項の未遂罪は、罰する。
3　第1項の罪を犯す目的でその予備をした者は、5年以下の懲役に処する。ただし、同項の罪の実行の着手
　前に自首した者は、その刑を減軽し、又は免除する。
＊銃砲刀剣類所持等取締法＊
第31条の5　第3条第1項の規定に違反してけん銃等を所持する者が当該けん銃等を提出して自首したとき
　は、当該けん銃等の所持についての第31条の3の罪及び当該けん銃等の所持に係る譲受け又は借受けにつ
　いての前条第1項又は第2項の罪の刑を減軽し、又は免除する。

第7章　共　犯

第1項　共犯の概念

① 共犯の意義

　犯罪はこれを1人で行うことが多い。「**単独犯**」と呼ばれる。構成要件は、集合犯を除き1人の者が犯罪を行った場合、すなわち単独犯を基本型として規定されている。犯罪は、しかし、2人以上の者によって行われることも多い。「**共犯**」とは、2人以上の者が共同して犯罪を行うことをいう（**広義の共犯**）。

　共犯として刑法に規定されているのは、

　　　①　2人以上の者が共同して犯罪を実行する「**共同正犯**」

　　　②　他人に犯罪実行の決意を生じさせ犯罪を実行させる「**教唆犯**」

　　　③　犯罪を実行する者に実行し易いよう援助する「**幇助犯**」

の3種である。

　刑法が、その各論の各本条において定めている個々の罪の構成要件を念頭に置いて考えると、共同正犯にあっては、各人の行為は、それ自体では構成要件の一部に該当するにすぎない場合が多いし、また教唆犯と幇助犯にあっては、それ自体では全く構成要件に該当しない。にもかかわらず、それを一つの犯罪とするというのであるから、共犯は、構成要件の修正形式であり、処罰拡張事由である。すなわち、単独犯で規定されている刑法各本条の構成要件（基本的な構成要件）を、刑法総則において一般的に修正することによって作られた特殊な構成要件に当たる行為なのである。

　「教唆犯」と「幇助犯」は、「共同正犯」と区別する意味で用いられるとき、「**狭義の共犯**」と呼ばれる。

110　総論　第7章　共　犯

② 必要的共犯と任意的共犯

　法律上犯罪の実行が1人でできる犯罪（例、窃盗・殺人）を2人以上の者が共同して犯すことを、「必要的共犯」と区別して「**任意的共犯**」という。普通に「共犯」というときは、この「任意的共犯」のことである。一方、「**必要的共犯**」とは、法律上犯罪の実行が2人以上の共同を必要とする犯罪をいう。例えば内乱罪（77条）・騒乱罪（106条（☞381頁参照））・賄賂罪（197条（☞627頁参照）ないし197条の3（☞632頁参照）、198条（☞634頁参照））・重婚罪（184条（☞553頁参照））などである。「**必要的共犯**」は、「**集合犯**」と「**対向犯**」に分けられる。

　「**集合犯**」とは内乱・騒乱のように2人以上の者の共同行為が同一目的に向かっている場合である。これに対し「**対向犯**」とは、贈収賄・賭博のように2人以上の者の互いに対向する行為を必要とする犯罪のことを言う。いずれにせよ、ここにみた必要的共犯は、いわゆる構成要件の修正形式とされる共犯とは区別しなければならない。「**対向犯**」には、わいせつ物頒布（175条（☞523頁参照））のように、対向者の一方だけを処罰することとしているものがある。

③ 同時犯

　2人以上の者が意思の連絡なく、たまたま同じ機会に同一の客体に対して同一の構成要件に該当する行為をする場合である。甲乙の2人が意思の連絡のもとに、それぞれ拳銃で丙に向けて射ったため丙は死亡したが、丙に命中した弾は一発だけであり、その弾は甲乙のどちらの発射したものか確定できなかったというとき、甲乙は意思の連絡があって共同目的の下に実行行為をしているので、甲乙は共犯であり、丙の死の結果が甲の行為によって生じても乙の行為によって生じても、甲乙ともに共同正犯として丙の死の結果について責任を負う（殺人既遂の共同正犯）。ところが、甲乙間に意思の連絡がなく、たまたま時を同じくして発射していたというのであれば、甲乙は同時犯であるから、甲乙のどちらの弾で丙が死んだのか確定できないならば、甲乙とも、死の結果について責任を負わせることができず、甲も乙も「殺人未遂」の責任を負うにすぎない。同時犯の場合は、行為者は、各自の行為から生じた結果についてのみ、それぞれ独立して責任を負う。ただ、傷害罪についてだけは特例が設けられており、2人以上で暴行を加えて傷害を負わせた場合の同

時犯については、共犯者（60条）として処断される（207条（☞184頁参照））。これは、発生することの多い傷害罪について、結果を発生させた暴行の行為者を特定する立証の困難を救済する政策的考慮から設けられた特例にすぎないから、傷害致死罪（205条）の同時犯には適用があるが（最判昭26・9・20刑集5・10・1937（同時傷害罪の**③**の解説☞184頁**参照**）、最決平28・3・24刑集70・3・1等）、自動車運転過失致傷（過失運転致傷）の同時犯（自動車の二重衝突などによる負傷）や不同意性交等致傷の同時犯（意思連絡なき2人以上の者による順次不同意性交による致傷）などには適用がない。

第2項　共同正犯

> （共同正犯）
> **第60条**　2人以上共同して犯罪を実行した者は、すべて正犯とする。

1　意　義

「**共同正犯**」とは、2人以上の者が共同して罪となるべき事実を実現した場合をいう。例えば、通行人から金品を強奪しようとした2人のうち、1人が相手に暴行を加え、1人が金品を奪取したとき、2人とも強盗の正犯に問われるのであって、1人が暴行、1人が窃盗となるのでない。

共同正犯となる要件は

①　共同意思（共同実行の意思）

②　共同者による犯罪の実行（共同実行の事実）

の二つである（なお、「自手犯」につき第3章第6項**4**の解説☞36頁**参照**）。

2　共同意思

共同正犯が成立するためには、行為者が相互に協力して特定の犯罪を行うという意思の連絡が全員に必要である。この意思連絡のことを、実務では、単に「**共謀**」とか「**共同加功の意思**」という。

上記の意思連絡の方法は、計画的な犯行の場合のように犯行に先立って行われる

事前共謀（謀議）もあれば、実行行為に臨んで相互に犯行を認識し合い、意思を通じて協力するもの（現場共謀）もあり（例、目くばせをするなど合図をしているものに限らず、1人ないし一部の者の行動に他の者が直ちに応じて協力している犯行の態様などから認定できるものもある）、更に数人の間で次々と次の者を介して順次意思連絡が行われる場合（**順次共謀**）もある。

更に1人あるいは一部の者が実行行為に取りかかったあとで（実行の着手後、実行行為遂行中に）、その実行中の者と意思連絡を生じて仲間に加わる場合（**承継的共同正犯**）もある（【実例】2 ☞117頁参照）。

この場合、継続犯でない限り、実行中の者の行為が犯罪既遂に達したあとで仲間に加わったというのでは、「**事後従犯**」（後出第4項幇助犯の**2**の解説☞124頁参照）にはなっても、共同正犯ではない。

3 **共同実行**

共同正犯が成立するためには、意思連絡のある各人が、その意思連絡の発現として犯罪を共に実行したことが必要である。各人が構成要件に該当する事実をそれぞれ完全に全部行う場合はもちろん、構成要件に該当する行為を一部づつ分担して実行しても「共同実行」となる。例えば、Aが3人の辻強盗に襲われて金品を奪われたとき、Aに対して、まず甲がAの腕をとらえ、乙がAに「おとなしくしないと殺す」と脅かし、丙がAの内ポケットに手を入れて財布を抜き取るというやり方であったとしても、甲乙丙3人は共同実行をしたことに当たる。これにより甲乙丙3人とも強盗の責任を問われる。

以上は、通常の共同正犯について述べてきたのであるが、例えば、暴力団の幹部が部下数名と相談をしてその部下が殺人を実行したという場合に、現場で実行行為を担当した者だけが「実行行為」をしたのであるから、実行行為を共同して行わなかったあとの者は「教唆犯」又は「幇助犯」だとなると、実質的には重要な役割を果たした幹部が共同正犯とならず、狭義の共犯に終わるというのは不都合である。教唆犯には教唆犯としての要件があり（部下が既に犯罪を犯す決意をしていたときは教唆に当たらない）、また幇助犯（従犯）として処罰するというのでは、その幹部が実際に果たしている役割から見て犯罪の実態にそぐわない。共謀をした者は、

実行行為をしなくても、他の者がその共謀に基づいて実行をした以上、全員が共同正犯としての刑責を問われるべきではないか、ここから次の「**共謀共同正犯**」の理論が現われる。

④ 共謀共同正犯

2人以上の者が協力して犯罪を行った場合において、その協力者間にあらかじめ「共謀」（共同謀議）が成立していたときは、その一部の者による実行行為があれば、全員について「共同正犯」が成立するという考え方を「**共謀共同正犯の理論**」という。この場合、一般に共同正犯の成立に要するとされる「共同実行」は要件とならず、共謀のみに加わった者も共同正犯とされる。そして、共謀のみに参加して共同正犯に問われる者を「**共謀共同正犯**」といっている。判例（大審院・最高裁をはじめ下級裁も）は、一貫してこの考え方をとっている。共同実行を必要とする罪（例・暴力行為等処罰法1条（条文は☞139頁**参照**））にも、その罪の共謀共同正犯が認められる（最判昭34・5・7刑集13・5・489）。

この考え方を理論的に基礎づけたのは、「**共同意思主体説**」といわれる。この学説は、共犯を特殊な社会心理現象である共同意思主体の活動と理解する。すなわち、異心別体の個々人が、犯罪を実現しようとする共同目的のもとに一心同体となり（ここに共同意思主体成立）、そのうちの1人が犯罪の実行に着手すれば、その者の行為は、共同意思主体の活動である。そしてその責任は、共同意思主体の構成員全員、いいかえれば共謀者全員に帰する、というのである。

社会通念上、集団の活動として理解される共犯現象の犯行において誰が実行行為を担当したかは、責任の種別を決める決定的基準とはなりえない。

また、刑法60条には「2人以上共同して犯罪を実行した者」と規定しているが、「共同して実行」とは協力して犯罪を実行することと解し、協力は必ずしも実行行為の分担のみを意味しないと解することは、合理的である。すなわち、この解釈は罪刑法定主義の上から禁止されている「類推解釈」ではなく、構成要件の合理的な解釈に当たるものと考えられる。判例が一貫して採用するこの考え方は、実務において完全に定着しているが、最高裁は、「共謀共同正犯が成立するためには、2人以上の者が特定の犯罪を行うため、共同意思の下に一体となって互に他人

114　総論　第7章　共　犯

の行為を利用し、各自の意思を実行に移すことを内容とする謀議をなし、よって犯
罪を実行した事実がなければならない」としている（練馬事件、最大判昭33・5・
28刑集12・8・1718）。他人の行為をいわば自己が犯罪を行う手段として使った
こと、或いは自己がみずから実行したと同視されるような実質を備えていることが
要求されている（けん銃等の所持につき暴力団組長とボディガードらとの間の黙示
的な意思連絡を認めた最決平15・5・1刑集57・5・507。未必の故意による共謀
共同正犯として最決平19・11・14刑集61・8・757、福岡高判平28・12・20判
時2338・112。いわゆる特殊詐欺の受け子に関し「自己の行為が詐欺に当たるか
もしれないと認識」しながら受領することで足りるとした最判平30・12・11刑集
72・6・672、最判平30・12・14刑集72・6・737）。

⑤　共同正犯の責任

　60条は共同して犯罪を実行した者は、すべて「正犯」とするとしている。「正
犯」とは、集合犯を除き単独犯の姿で規定されている刑罰法規各本条の構成要件
（基本的な構成要件）に該当する実行行為を行う者のことである。正犯は自分みず
から実行行為を行う直接正犯がその典型例であるが、数人が共同して一つの犯罪を
実現した場合でも、実行した以上共同した者全員について正犯としての刑責を問う
というわけである。したがって、各本条の刑罰が共同正犯各自に科せられる。

⑥　共犯関係からの離脱

　共犯関係からの離脱は、一旦成立した謀議内容を実現する過程で、共犯者の一部
が犯行継続の意思を失った場合、いかなる要件の下に共犯関係からの離脱が認めら
れるか、その後の他の共犯者の行為、発生した結果についてどの範囲で責任を負う
ことになるかという問題である。

　これは、

　　①　実行行為の着手前

　　②　着手後でかつ既遂前

　　③　既遂後

の3段階に分けて考える必要がある。

　①の段階（実行行為の着手前）においては、共犯関係からの離脱意思の表明と、

他の共犯者の了承により離脱を認め、その後の共犯者の行為等について責任を負わないとする裁判例が多いが、暴力団幹部が報復計画の指導的立場に立ち、他の組員と対向グループの構成員の殺害を共謀した事案につき、「共謀関係の離脱というるためには、自己と他の共謀者との共謀関係を完全に解消することが必要であって、殊に離脱しようとするものが共謀者団体の頭にして他の共謀者を統制支配しうる立場にあるものであれば、離脱者において共謀関係がなかった状態に復元させなければ、共謀関係の解消がなされたとはいえない」とし、他の共犯者が犯罪を実行する危険性があるのに、その一部の者に皆を連れて帰るよう指示しただけでは共謀関係は解消されないとした裁判例もある（松江地判昭51・11・2刑裁月報8・11＝12・495）。共謀の内容、態様はそれぞれの具体的事案によって千差万別であり、他の共犯者に与えた影響力も当該共謀者の関与の時期、態様、共謀者間で果たした役割等によって異なるものであり、共謀を遂げた後、犯罪実行に向けて動き出した集団が現実の実行に至る危険性の程度とも関連して、犯意を放棄し、その共謀関係から離脱しようとする者に離脱が認められるために要求される行為も異なることになる（住居侵入後強盗着手手前の現場離脱によっても共犯関係が解消しないとした最決平21・6・30刑集63・5・475）。

　②の段階（着手後でかつ既遂前）では、共謀者の1人が実行行為に着手するに至れば、当初の共謀はまさに実効性を有するに至ったことになるのであるから、その後の離脱は未遂あるいは中止犯の限度で責を負うかどうかという形で問題になるに過ぎない。このように共謀関係が実効性を有し、少なくとも未遂の限度で責を負うべき状態に至った場合、単独犯であれば、その後の実行を単に思いとどまることによっても犯罪が不完成となる場合が多いが、共謀共同正犯にあっては、他の共犯者による犯罪の遂行、完成が予想され、それはいわば当初の共謀の因果の流れともいうべきものであるから、単に共犯者の一部がその後の実行行為の遂行を思いとどまっただけでは足りず、犯罪自体が未遂にとどまるのでなければ中止犯の成否を論じる余地はない。

　犯罪の着手後、犯意を翻したものの、共犯者のその後の実行を防止するための何らの手段も講じなかったときは、中止犯成立の余地はなく（大判昭10・6・20刑集

116 総論 第7章 共 犯

14・722)、当初の共謀による犯罪が行われた場合、他の共犯者によって遂行された行為の結果につき責を負うとする（大判大12・7・2刑集2・610）のが判例である。

着手後については、単に離脱の告知と他の共犯者による了承では足りず、共犯者の犯行阻止等積極的な作為を要求するのが判例の立場であると考えられる（最決平1・6・26刑集43・6・567等）。

③の段階（既遂後）に至ると、継続犯、包括一罪となる犯行など既遂に達した後の一連の行為についても犯罪として処罰されるものでなければ、共犯関係の離脱は問題とならないが、②同様、積極的な作為が必要である。例えば、東京地判昭51・12・9判時864・128は、共謀による劇物の所持からの離脱につき、共犯者から「一たん取り戻すなどして同人の占有を失わせるか、或は、そのための真摯な努力をなしたにもかかわらず、同人においてこれが返還等をなさず、以後の判示薬品の所持が当初の共謀とは全く別個な同人独自の新たな意思に基づいてなされたものと認めるべき特段の事情がなければならないものと解される」としている。

☞【実例】1 （見張り）

　　　甲は、乙が休日にA大学印刷工場から試験問題用紙を盗み出す間、屋外で見張りをしていた。

〔解説〕

　　　仲間が見張ってくれているという意識は、目的とする犯罪の実行行為をする者に安心して大胆に行動する心理をもたらすといわれる。それ程見張りは重要な役割を果たす。それでなくても、既に犯罪実行の謀議があれば、そのことからだけでも見張りをした甲に共同正犯（共謀共同正犯）を認めてよいのであるが、それに加え、その謀議の実行として現場で見張り行為を分担しているのであるから、優に「共同正犯」といえる（最判昭23・3・16刑集2・3・220、最判昭24・2・8刑集3・2・113等）。

　　　ところで、2人の意思連絡が謀議という程度に至らないものであったとき、例えば少年Aが日頃服従している年長者Bに「ついて来い」と言われて、ある家の前まで行ったところ、Bから「人が来たら知らせろ」と言われ、Bだけで家の中へ忍び込んでゆくのを見て、AはBが盗みをすると判ったが、言われた

とおり見張りをしていた、という場合は、どうであろうか。これでも意思の連絡はあるが、謀議にまでは達していない。このような場合には、この少年は共同正犯か幇助犯（従犯62条）かまことに微妙である。見張りでも犯罪の態様によっては犯罪遂行上欠くことのできない重要な役割である場合があり、逆にそれ程重要でない場合もある。幇助か共謀共同正犯かは、「自己の犯罪」としての加功か、「他人の犯罪」としての加功であるかによって区別されるが、他人のためということで直ちに幇助となるものではなく、結局、実行行為はしていないが犯罪を行うのに役立つ行為をした者については、意思連絡の状態やその者の行為態様など（共犯者中における地位・勢力なども）を総合して犯罪実現に重要な役割を果たしたかどうかを判断して共同正犯か幇助犯かを決定することになる（賭博開帳図利につき幇助とした大判大7・6・17刑録24・844、逃走のための運転手段について幇助にとどまるとした大阪地裁堺支判平11・4・22判時1687・157等）。

☞【実例】 2 （承継的共同正犯）

　　甲と乙は仲間で深夜に人気のない道路を通行中、通行人Ａとすれ違った。甲乙は事前に何ら意思連絡がなかったのに、後ろを歩いていた乙の方が、通行人Ａを殴って金品を強奪しようとして、Ａを追いかけて行き、いきなり顔を殴りつけたうえ「金を出せ」と要求した。これを遠くから見ていた甲は、乙に協力して金品を奪おうと考え、急いで乙・Ａのいる場所に来て、乙に「おれにもやらせろ」と言って乙にＡの腕をおさえさせてＡの腕時計をはずしたり洋服の内ポケットから財布を取ったりした。乙がＡの顔を殴った暴行が強かったのでＡは顔面に治療1週間の傷を負っていた。

〔解説〕

　　甲乙には事前共謀はない。しかし犯行中互に他の者の犯行を認識し協力する意思で行動しており意思の連絡は十分に認められる。いわゆる現場共謀である。共犯者がこのように各自実行行為を分担しているときは、意思の連絡は、何も上記の例のように甲が乙に「おれにもやらせろ」などという言動がなくても（すなわち、甲乙とも無言で行為していても）相互に共同して犯罪を実行し

118 総論 第7章 共 犯

ているという認識（共同犯行の認識）があれば、共同正犯の成立要件である意思連絡として十分な内容をもつものといえる。

さて、次の問題は、甲が途中から乙の犯行に加わっている点で、甲は甲が加わった時点から後の事実についてだけ刑責を問われるのか、最初の乙の犯行の分を含め全体につき刑責を問われるかである。

甲は乙がAを殴って金品を奪おうとしているのを見て知っていた。乙の実行行為を認識したうえで乙と意思連絡をとげ、乙が作り出した犯罪状態を利用して共同実行をしたのであるから、甲に対しては、全体の責任を負わせるべきである。このような事例につき、札幌高判昭28・6・30高刑集6・859は「たとえ共犯者が先になした暴行の結果生じたる傷害につき、なんら認識なかりし場合といえども、その所為に対しては強盗傷人罪の共同正犯とするのが正当である」としている。甲は自分が加功する前に乙が被害者に与えた傷害についてまで責任を負うのである（甲と乙とが2人共同して強盗傷人の罪を実現したといえる）。本件の甲のように、他の者の実行行為の途中から共犯関係を生じる場合を「**承継的共同正犯**」といい、これも共同正犯であり、共同正犯としての刑責を負う（いわゆるだまされたふり作戦につき最決平29・12・11刑集71・10・535）。ただし、先行者の行為を自己の犯罪遂行の手段として利用したと認められないときは、先行者の行為について罪責を負わないとされるので注意が必要である（結合犯である強盗と異なり、傷害については、先行者の行為を利用する意思があってもそれは動機に過ぎず、共謀加担後の行為によって発生に寄与した傷害のみの責任を負うにとどまるとする最決平24・11・6刑集17・11・1281）。

第3項 教唆犯

（教唆）
第61条 人を教唆して犯罪を実行させた者には、正犯の刑を科する。
2 教唆者を教唆した者についても、前項と同様とする。
（教唆及び幇助の処罰の制限）

第3項　教唆犯　119

> **第64条**　拘留又は科料のみに処すべき罪の教唆者及び従犯は、特別の規定がなければ、罰しない。

① 意　義

「**教唆犯**」とは、他人に犯罪を実行する決意を生じさせ、犯罪を実行させるという共犯形態である。教唆犯の成立要件としては、「**他人に対する犯罪の教唆**」と「**教唆された者の犯罪実行**」の二つを必要とする。

② 教　唆

「**教唆**」とは、犯罪を実行する決意を他人に生じさせることをいう。すなわち、ある犯罪について、それを実行する決意を有していない人に、そそのかして、決意させることである。すでに実行を決意している者に対しては、「教唆」はありえず、犯罪の決意を強める言動をしたものとして幇助犯となるにすぎない。「教唆」は、このように、実行の決意を有していない者にその決意を生じさせること、言い替えれば教唆行為がなかったならばその犯罪は発生しなかったであろうと評価されるものである点で、反社会性の著しい行為なのである。

教唆の方法には制限はなく、命令・依頼・威嚇・哀願などがある。明示的方法に限らず、黙示でもよい。しかし、特定の犯罪の実行を決意させなければ刑法上の教唆とはいえないから、ただ漠然と何か犯罪を犯すようそそのかすというのでは足りない。もっとも、日時・場所・方法等の特定までも指示することは必要でない（最判昭26・12・6刑集5・13・2485。犯罪の実行方法を考え、積極的に提案していた者に対し、これを承諾し、その実行を依頼することで提案者の犯罪遂行意思を確定させたと認められる場合に依頼者を教唆犯とした最決平18・11・21刑集60・9・770）。

③ 被教唆者の犯罪実行

教唆犯が成立するには、教唆を受けた者がその教唆によって犯罪の実行を決意し実行することが必要である。決意しなかった場合はもとより、実行しなかったときは、教唆犯（61条）は成立しない（共犯従属性。特別法には特定秘密保護法25条など従属性を要しないものがある）。教唆を受けた者が実行する行為は、構成要件

に該当し違法で有責なものであることを要するが必ずしも処罰される要件を備えていることを要しないとするのが、判例、多数説である（**極端従属性説**）。したがって教唆された者は限定責任能力者を含め責任能力のある者でなければならない。責任無能力者に犯罪を実行させるのは、道具を使って自己の犯罪を犯すもので間接正犯であり教唆犯ではない。ただし、未成年者に対する場合でも、教唆犯の成立することがある（最決昭58・9・21刑集37・7・1070、最決平13・10・25刑集55・6・519（第3章第6項の④の解説☞35頁**参照**））。また、被教唆者の行為が、親族相盗例（244条）などによって刑の免除となり処罰されることのないものであっても教唆犯は成立する。なお学説上は、少数説ではあるが、構成要件該当の行為のみ（**最小従属性説**）、あるいは、これに加えて違法性があれば足りるとする説（**制限従属性説**）や、さらには、有責のみならず一定の処罰要件の具備を必要とする説（**誇張従属性説**）もある。

④ **教唆犯の処罰**

　　人を教唆して犯罪を実行させた者は、さきにも触れたように、その教唆行為がなかったならばその犯罪は起きなかったと評価される反社会性の強い行為であるから

＊特定秘密の保護に関する法律＊

　　第七章　罰則

第23条　特定秘密の取扱いの業務に従事する者がその業務により知得した特定秘密を漏らしたときは、10年以下の懲役に処し、又は情状により10年以下の懲役及び1000万円以下の罰金に処する。特定秘密の取扱いの業務に従事しなくなった後においても、同様とする。

2　第4条第5項、第9条、第10条又は第18条第4項後段の規定により提供された特定秘密について、当該提供の目的である業務により当該特定秘密を知得した者がこれを漏らしたときは、5年以下の懲役に処し、又は情状により5年以下の懲役及び500万円以下の罰金に処する。第10条第1項第1号ロに規定する場合において提示された特定秘密について、当該特定秘密の提示を受けた者がこれを漏らしたときも、同様とする。

　　（第3項～第5項省略）

第24条　外国の利益若しくは自己の不正の利益を図り、又は我が国の安全若しくは国民の生命若しくは身体を害すべき用途に供する目的で、人を欺き、人に暴行を加え、若しくは人を脅迫する行為により、又は財物の窃取若しくは損壊、施設への侵入、有線電気通信の傍受、不正アクセス行為（不正アクセス行為の禁止等に関する法律（平成11年法律第128号）第2条第4項に規定する不正アクセス行為をいう。）その他の特定秘密を保有する者の管理を害する行為により、特定秘密を取得した者は、10年以下の懲役に処し、又は情状により10年以下の懲役及び1000万円以下の罰金に処する。

　　（第2項～第3項省略）

第25条　第23条第1項又は前条第1項に規定する行為の遂行を共謀し、教唆し、又は煽せん動した者は、5年以下の懲役に処する。

2　第23条第2項に規定する行為の遂行を共謀し、教唆し、又は煽動した者は、3年以下の懲役に処する。

刑責も重い。すなわち、犯罪を実行した者（正犯）と同様に扱われる。当然のことである。それゆえ、正犯に適用される罪の法定刑によって処断される（最判昭25・12・19刑集4・12・2586）。実行者（正犯）が現実に処罰されることは必要でない。

5 教唆の教唆（間接教唆）

教唆された者乙が、更に他人丙を教唆して丙が犯罪を実行したとき、乙に教唆した甲の行為は、「**教唆の教唆**」である。この場合、刑法は甲も正犯（丙）に準ずるものとする（61条2項）。甲は丙に適用される罪の法定刑により処断される。さらに、これを教唆した者も同様である（大判大11・3・1刑集1・99）。

数人が集まって他人に特定の犯罪の実行を教唆しようと謀議し、その謀議者のうちの1人がみんなの代表になって他人に対する教唆を実行したという場合は、共謀共同正犯と同じ形になる。判例は、こういう場合も、教唆犯という犯罪についての共謀共同正犯の成立を認めている（各自が教唆犯となる大判明41・5・18刑録14・539等）。

6 拘留科料の教唆犯

教唆犯はすべての場合に処罰されるのではない。法定刑が拘留又は科料だけしかない罪（例えば、改正前の侮辱231条☞259頁**参照**）の教唆者は、特別の規定（例、軽犯罪法3条、酩酊防止法4条3項）がある場合にだけ処罰される（64条）。軽微な罪については、処罰される者の範囲をできる限り広めないという政策的配慮にもとづく。

☞【実例】1 （犯罪の対象が異なる教唆の錯誤）

　　甲が乙にA方へ行って何か金目になるものを盗んで来いと言った。乙はA方へ行ったが戸締りが厳重であるため忍び込み易い隣りのB方へ入って泥棒をした。

＊軽犯罪法＊
第3条　第1条の罪を教唆し、又は幇助した者は、正犯に準ずる。
＊酒に酔つて公衆に迷惑をかける行為の防止等に関する法律＊
第4条　酩酊者が、公共の場所又は乗物において、公衆に迷惑をかけるような著しく粗野又は乱暴な言動をしたときは、拘留又は科料に処する。
2　前項の罪を犯した者に対しては、情状により、その刑を免除し、又は拘留及び科料を併科することができる。
3　第1項の罪を教唆し、又は幇助した者は、正犯に準ずる。

〔解説〕

　　乙の盗みが、甲の教唆に基づくものであると認められる以上（因果関係があると認められるとき）、甲について窃盗教唆が成立する（大判大9・3・16刑録26・185）。異質の構成要件に属する行為を乙が実行したわけではないし、甲の教唆とは無関係の独自の発想による犯行を犯したというのでもないからである。構成要件が異なる場合も単独犯についての錯誤の考え方がそのまま妥当する。なお、この場合、甲が教唆犯なのか、又は共謀共同正犯なのかという問題もある。区別の基準は、乙の実行行為が、甲にとって、乙という他人の犯罪にすぎないのか、甲にとっても自分の犯罪なのかという点にある。いずれにしても、具体的な事実認定の問題である。

☞【実例】2　（結果的加重犯と教唆）

　　甲は乙にAを殴打して暴行を加えて来るよう教唆した。乙はAに暴行の犯意で殴打したところAが転倒し頭を地面に打ちつけて負傷しそれが原因で死亡した。

〔解説〕

　　一定の故意に基づく犯罪行為が、行為者の予期しない重い結果を生じたときに、その重い結果ゆえに刑罰が加重される犯罪を「**結果的加重犯**」といい（前出第3章第5項の**3**☞31頁**参照**）、傷害致死罪（205条）はその典型例である。暴行の故意があれば予期しなかった死の結果についても刑責を問われ重い処罰を受ける。そこで、結果的加重犯という犯罪の性格上、教唆者についても、実行者（正犯）について成立したと同じ罪と刑で処断される。すなわち、甲は、傷害致死の教唆犯である（大判昭6・10・22刑集10・470等）。

第4項　幇助犯（従犯）

（幇助）

第62条　正犯を幇助した者は、従犯とする。

2　従犯を教唆した者には、従犯の刑を科する。

（従犯減軽）
　第63条　従犯の刑は、正犯の刑を減軽する。

１　正犯と幇助

　「**正犯**」とは刑罰法規の各本条の構成要件に該当する行為を実行する者であり、「**幇助**」とは、正犯の犯行を容易ならしめる一切の行為をいう。凶器を貸してやったり買ってきてやる、犯罪を犯す資金と知って金を貸すなどの物質的援助のほか、助言を与えたり激励したりする精神的援助もある（危険運転致死罪につき、発進の了解、黙認を幇助としたものとして最決平25・4・15刑集67・4・437（第3章第6項の**３**☞34頁**参照**））。「**幇助**」となる行為は、犯罪の実行行為以外の行為によって正犯の行為を助けるものでなければならない。実行行為を分担していれば共同正犯となるのが原則であるが、正犯者としての意思のない実行行為の分担については、幇助犯とする下級審の裁判例があることには注意を要する。幇助は不作為によっても成立し、その場合には作為義務の存在が必要となるが、犯罪実行をほぼ確実に阻止し得たのに放置したといったようなことなどは不要である（最判昭29・3・2裁判集93・59、大阪高判昭62・10・2判タ675・246、東京高判平11・1・29判時1683・153、札幌高判平12・3・16判時1711・170）。

　幇助犯も共犯なのであるから正犯との間に「意思の連絡」を必要とするとの考え方もあるが、判例、通説は、幇助者に幇助の認識さえあれば足り（具体的な正犯行為の認識認容までは不要であることにつき最決平23・12・19刑集65・9・1380）、必ずしも被幇助者において幇助を受けていることの認識は不要とし**片面的従犯**の成立を認める（大判大14・1・22刑集3・921等。さらに、不作為によるものにつき大判昭3・3・9刑集7・172）。

２　被幇助者の犯罪実行

　幇助犯が成立するには、正犯が犯罪を実行したことを要する。すなわち、幇助行為が終了したものの正犯が実行にとりかからなかったときは、幇助犯（犯罪）は成立しない。

　更に、正犯が実行した行為は、構成要件に該当し違法で有責なものでなければな

らないが、必ずしも処罰されるものであることを必要としないことは、教唆犯の場合と同様である。

「**幇助行為**」は正犯の実行の前に行われても、実行中に行われてもよい。正犯の実行中に幇助行為に出たときは、正犯に成立した犯罪の従犯となる。それまでの事実についてある程度の認識があれば、幇助した時点以降の正犯の行為についてだけの従犯となるのでない（被害者が強盗目的で殺害された後の強取行為の幇助を強盗殺人幇助とした大判昭13・11・18刑集17・839）。正犯の実行行為終了後に幇助的行為に出た場合を「**事後従犯**」と呼ぶが、「**事後従犯**」は、もはや刑法上の幇助犯（従犯）ではない（例えば、正犯の犯行の終了後、正犯をかくまったり証拠を隠したりする犯人蔵匿及び証拠隠滅の罪や、盗品の処分を手伝う盗品等に関する罪など）。しかし、実行行為の終了と既遂とは別の概念である。また外形的な幇助行為は犯罪終了後に行われていても、事前に申し出等をなしておれば、精神的幇助に当たる。

3　従犯（幇助犯）の処罰

従犯の刑は正犯の刑に照らして減軽する。減軽できるというのでなく、必ず法定刑を減軽しなければならない（必要的減軽）。例えば窃盗を幇助した者は、235条に定める懲役10年の法定刑の半分を減じた5年以下の懲役の範囲で処罰される（68条）。もっとも具体的事件においては、従犯が必ずしも正犯よりも軽く処罰されるわけではない（大判昭13・7・19新聞4305・18）。なお、教唆同様、法定刑が拘留又は科料だけしかない罪の幇助者は、特別の規定がなければ処罰されない（64条）。

4　従犯の教唆等

幇助行為をするよう教唆した者は、幇助犯（従犯）と同じ扱いを受ける（正犯を教唆した者が正犯と同じ扱いを受けるのと同様）。従犯の幇助（**間接従犯**）も従犯として処罰される（最決昭44・7・17刑集22・10・61等）。また教唆犯の幇助も、因果関係が認められる以上、間接教唆の従犯として処罰されると解される（大判昭12・3・10刑集16・299）。なお錯誤については、教唆犯と同様に解してよい。

第5項　共犯と身分　125

第5項　共犯と身分

（身分犯の共犯）
第65条　犯人の身分によって構成すべき犯罪行為に加功したときは、身分のない者であっても、共犯とする。
2　身分によって特に刑の軽重があるときは、身分のない者には通常の刑を科する。

① 身分犯への加功

　　犯人の身分によって構成すべき犯罪行為とは、行為者が一定の身分を有することが犯罪成立の要件となっているものをいう。すなわち「**身分犯**」（真正身分犯）を指す（第3章第3項「行為の主体」☞29頁**参照**）。医行為における医師免許取得者のように、一定の身分のあることが違法性を阻却される場合（**消極的身分犯**）、このような身分は、ここに言うところの身分には当たらない（大判大3・9・21刑録20・1719等）。

　　「身分犯」は、逃走罪（97条（☞601頁**参照**））の「裁判の執行により拘禁された既決・未決の者」、収賄罪（197条（☞627頁**参照**））の「公務員」、横領罪（252条（☞340頁**参照**））の「他人の物を占有する者」など刑法の罪についてみても多数あり、これらは、その身分を有しない者は、単独ではその犯罪の行為者となることができない。ところで、一定の身分のある者だけが行為主体とされている犯罪に、身分のない者が関与した場合に、身分のない者は犯罪不成立とされるのか、それとも共犯として扱われるのかについて本条は規定している。

② 加功の効果

　身分犯とされる犯罪に加功した身分のない者も、その共同正犯となり、或いは、教唆犯・帮助犯となる。このことを明らかにしたのが65条1項である。

　　例えば、逃走罪にあっては裁判の執行により拘禁された既決・未決の者でないものは単独ではこの犯罪を犯すことはできない構成要件になっているが、所定の被収

126 総論 第7章 共 犯

容者と共謀してその逃走を実現させれば被収容者でない者にも逃走罪の適用される
共同正犯が成立する。

③ 身分と刑の加重

「身分によって特に刑の軽重があるとき」とは、身分犯のうち身分を有すること
で刑が加重される**「不真正身分犯」**の場合である（第3章第3項「行為の主体」☞
29頁参照）。この不真正身分犯に身分のない者が共犯として加功した場合は（それ
が共同正犯・教唆犯・幇助犯のいずれの形態のものであれ）、通常の（すなわち軽
い基本型の）罪の刑が科せられる（営利目的を加重類型とする目的犯につき最判昭
42・3・7刑集21・2・417、東京高判平10・3・25判タ984・287）。このことを
明らかにしたのが65条2項である。

ただ、次のような問題がある。業務上他人の者を占有する者とそういう地位に
ない者とが共謀の上、他人の財物の横領を実現した場合には、まず65条1項によ
り、2人とも業務上横領罪の共同正犯となり（身分なき者にも253条が適用され
る。犯罪共同説的考え方）、そのうえで、身分なき者は65条2項により252条の
法定刑で処断されることになる（最判令4・6・9刑集76・5・613。旧商法486
条1項、現行会社法960条1項の特別背任罪につき最決平17・10・7集59・8・

＊会社法（平成17年法律第86号）＊
（取締役等の特別背任罪）
第960条 次に掲げる者が、自己若しくは第三者の利益を図り又は株式会社に損害を加える目的で、その任
務に背く行為をし、当該株式会社に財産上の損害を加えたときは、10年以下の懲役若しくは千万円以下の
罰金に処し、又はこれを併科する。
一 発起人
二 設立時取締役又は設立時監査役
三 取締役、会計参与、監査役又は執行役
四 民事保全法第56条に規定する仮処分命令により選任された取締役、監査役又は執行役の職務を代行す
る者
五 第346条第2項、第351条第2項又は第401条第3項（第403条第3項及び第420条第3項において準
用する場合を含む。）の規定により選任された一時取締役（監査等委員会設置会社にあっては、監査等委
員である取締役又はそれ以外の取締役）、会計参与、監査役、代表取締役、委員（指名委員会、監査委員
会又は報酬委員会の委員をいう。）、執行役又は代表執行役の職務を行うべき者
六 支配人
七 事業に関するある種類又は特定の事項の委任を受けた使用人
八 検査役
（第2項省略）

1108。医師による業務上堕胎罪と非身分者による教唆につき大判大9・6・3刑録26・382)。

次に、賭博罪についてみると、正犯が、賭博の常習者であると否とにかかわらず、幇助者自身が賭博の常習者でその常習性の発露として幇助行為が行われたのであれば常習賭博罪（186条1項（☞558頁**参照**））の従犯として、常習者でなければ賭博罪（185条（☞556頁**参照**））の従犯として処断される（行為共同説的考え方。大判大2・3・18刑録19・353）。

第6項　共犯の錯誤

① 問題点

共犯者と共犯者の間に、認識したところと実現した結果との食い違いがある場合である。例えば、甲と乙が窃盗することを謀議して実行にかかったところ乙が強盗を犯してしまった、甲は乙が窃盗をするというので見張りをしてやっていたら乙は強盗をやってしまった、甲は乙に窃盗を教唆しただけなのに乙が強盗をやってしまったなど。

② 考え方

前記の例で甲の認識と共犯者乙の実現した事実が食い違うとき、結果を実現した乙にはその実現した事実に従って犯罪の成立することは当然である。問題は、その共同正犯（共謀共同正犯を含む）者や、幇助犯・教唆犯という形で関与した甲が、何罪の共同正犯、何罪の幇助犯・教唆犯とされるのか、である。これは、「単独犯」における「**事実の錯誤（第5章第4項☞82頁参照）**」の問題を解明したときと同じ考え方で対処すればよい。すなわち、この例で甲を「認識」、乙を「実現した結果」と置き替えるわけである。こうすることによって、次のようになる。

1　認識と結果との食い違いが同一構成要件内にあるとき「**具体的事実の錯誤**」の場合

「故意は阻却されない」から、共犯（甲）についても、乙が実現した罪の故意犯の共犯（共同正犯・教唆犯・幇助犯）が成立。

2　認識と結果との食い違いが異なる構成要件間にまたがるとき「抽象的事実の錯

128　総論　第7章　共犯

誤」の場合

　異質の構成要件間にまたがる場合と、同質の重なり合う構成要件間にまたがる場合とに区別し

①　異質の構成要件間にまたがる場合（殺人をやると思っていたら放火を実行したなど）は、実現した事実につき「故意犯は不成立」なのであるから（法定的符合説）、先の例で、共犯（甲）についても、乙が実現した罪の故意犯の共犯（共同正犯・教唆犯・幇助犯）は成立せず、

②　同質で重なり合う構成要件間にまたがる場合（窃盗をやると思っていたら強盗を実行したなど）は、重なり合う限度で（軽い罪を実現していれば実現した罪で、重い罪を実現していれば38条2項が働き認識した軽い罪の限度で）、甲に故意犯の共犯（共同正犯・教唆犯・幇助犯）が成立する。もっとも、この場合、結果的加重犯の問題がある。すなわち、甲が予め認識していた罪が、もし重い結果が発生すれば結果的加重犯に発展する性質のものである場合は（例、傷害致死罪へと発展する暴行罪又は傷害罪の如し）、乙が甲の予期しない重い結果（例、死亡）を実現したとき、乙に成立する犯罪が故意犯（例、殺人罪）であれ、結果的加重犯（例、傷害致死罪）であれ、共犯の甲は、その乙の実現した重い結果についても、結果的加重犯（例、傷害致死罪）の限度で責任を負わねばならない（なお、未必的な殺意をもって医療を受けさせず放置して患者を死亡させた者を殺人とし、患者の他の家族を保護責任者遺棄致死とした最決平17・7・4刑集59・403）。この場合、38条2項が働くため故意犯の既遂（例、殺人罪）の共犯とはならないが、結果的加重犯という犯罪の性格から導かれるやむをえない帰結には、従わざるをえないのである（教唆犯の【実例】2☞122頁及び【実例】2参照）。

☞【実例】1　（共同正犯の間の錯誤──その1）

　　　甲乙の2人は、通行人から金（かね）をたかろうと相談し、若い方の乙が、まず、通りかかった高校生Aに、いきなり「お前、金を貸してくれ」と言ったところ、Aが逃げだしたので、乙はAの顔面を殴打し、転倒したAを足蹴りにして、Aが手から離したAの鞄の中から財布を抜き出して奪い取った。

第6項　共犯の錯誤　129

〔解説〕

　　甲の認識は「恐喝」にすぎないのに、乙が実現したのは「強盗」である。し
たがって、もとより、乙には強盗罪が成立する。ところで、この事例では、甲
について、認識したところと発生した結果とは質的に同じ犯罪であって重なり
合う。しかし、38条2項によって重い強盗罪の故意犯（既遂）には問うことが
できず、軽い「恐喝」罪の共同正犯となる（Aが畏怖したのは専ら乙の行為が
原因であって甲の現場での存在や行動が何も影響していなければ、甲は共謀共
同正犯となるが、あくまで恐喝罪の故意の既遂が成立するにとどまる）。

☞【実例】2　（共同正犯の間の錯誤──その2）

　　暴力団員甲乙丙は、日頃から対抗意識の強かった相手派の中堅のAの姿を路
上で見かけたので、Aを痛めつけてやろうと、直ちに謀議が成立した。このと
き、甲ら3人はAに対し攻撃を加えてせいぜい怪我をさせるようなことはあって
も、殺してしまうことまでは考えていなかった。ところが甲ら3人がAに攻撃を
しようとしたとき一番若い丙が血気にはやって、たまたま懐中に忍ばせていた
短刀を用いてAに襲いかかり、Aの胸や腹を刺したので、Aはまもなく死亡し
た。丙の行為は殺人罪と認定された。甲乙の2人は、まさか丙がそのような殺人
までも犯してしまうとは予期しておらず、甲乙ともまだAに手を出す前に丙が
Aを攻撃してしまったのであった。

〔解説〕

　　丙は殺人を犯したので丙には殺人罪が成立する。甲乙の刑責はどうか。甲乙
は、丙と3人で謀議したとき、Aに対する暴行か傷害は認識していたのであっ
た。ところで、丙が甲乙の予期しないAの死亡という重い結果を発生させたも
のの、甲乙の認識した暴行罪や傷害罪は、結果的加重犯である傷害致死罪へと
発展する性質の罪である。本件の場合、甲乙は38条2項が働いて殺人罪の共同
正犯とはならないが、傷害致死罪の共同正犯となる。もとより甲乙はAに対し
て全然手を出していないのにかかわらず共謀者の1人の丙が実行行為を行った
ために傷害致死罪が成立するので、この甲乙は丙との関係で共謀共同正犯であ
る。この場合、甲乙丙は3人とも同じ共謀者で共犯であるはずなのに、丙につい

130　総論　第7章　共犯

ては殺人罪が成立し、甲乙には傷害致死罪の（共謀）共同正犯（60条）が成立
するという変則的な共犯関係となる（最決昭54・4・13刑集33・3・179）。

☞【実例】3　（教唆犯同士の錯誤）

　　公務員AをそそのかしてAの職務に関して虚偽公文書を作成させようとの謀
議を甲乙丙の3人が行い、丙が3人の代表格でAに働きかけることになった。と
ころが、丙は、Aの職務に関してA作成名義の虚偽内容の公文書をAに作成さ
せることには不都合があり、むしろAをしてAの役所の上司の作成名義を冒用
した偽造公文書を作成させた方が手取り早いと考え、Aにその旨働きかけ、A
をしてAの上司の名義を冒用した公文書の偽造を遂げさせ、それを貰って甲乙
丙3人の共同の目的に当てた。丙がAに働きかけた実際の行動については、甲乙
は、後日、丙から聞いて知った。

〔解説〕

　　甲乙丙3人の謀議の内容は、「虚偽公文書作成の教唆」であるのに、その謀議
内容を実行した丙が実際に実現したのは「公文書偽造の教唆」であった。丙に
ついては、もとより「公文書偽造」の教唆犯が成立する。甲乙についてはどう
か。認識したところと構成要件の異なる結果が実現したが同質のものというこ
とができる。それに、この場合法定刑は同じである（155条（☞465頁参照）、
156条（☞461頁参照）、同一刑）。38条2項の制約がないので、甲乙について
も発生した犯罪事実である公文書偽造教唆の「故意犯」が成立する（薬物の輸
入罪につき最決昭54・3・27刑集33・2・140）。したがって甲乙丙は3人と
も公文書有形偽造罪の教唆犯である。なお、甲乙は、単に「教唆すること」を
謀議したのみで、教唆行為は行っていないため、丙との関係でいわば共謀共同
正犯的に「教唆犯」が成立するわけである（最判昭23・10・23刑集2・11・
1386）。

☞【実例】4　（幇助犯の錯誤──見張り）

　　甲は、日頃面倒を見てもらっている年長の乙から、「ついて来い」と言われた
ので一緒に出かけたところ、乙が、ある工場の入口のところで「ここで見張っ
ていろ、いい物を持ってくるから」と言うので、乙が工場から何か盗み出して

くるとは思ったが、まさか乙が強盗をしてくるとは考えもしなかった。ところが、乙は財物を盗んだあと工場内で監視員に見つかり格闘となって監視員に強い暴行を加えて逃げ出して来た。乙は事後強盗（238条（☞301頁**参照**））と認定された。

〔解説〕

　見張り行為が共同正犯に当たるかそれとも幇助犯という評価しか受けないかは各個の具体的事案に即して検討しなければならない。共同正犯（第2項）の説明の【実例】1（☞116頁**参照**）の見張りは共同正犯と評価されたものであった。本件の場合は、相互の関係、甲の犯行実現への積極性、利得の有無にもよるが、幇助犯とみるのが妥当と思われる。

　ところで本件では、甲は、乙が窃盗をしてくるとの「認識」でいたところ、乙は強盗を実現してしまった。共犯の錯誤の問題である。窃盗と強盗とは同質の犯罪である。そして38条2項が働くので、甲には、実現した重い犯罪の故意犯（既遂）の成立を認めることはできない（法定的符合説）。甲には、その認識した軽い犯罪である窃盗罪の限度で共犯（従犯）が成立する（最判昭25・10・10刑集4・10・1965。教唆犯につき、住居侵入・強盗ではなく、住居侵入・窃盗の教唆とした最判昭25・7・11刑集4・7・1261）。

132　総論　第8章　罪　数

第8章　罪　数

第1項　犯罪の個数

　ある者が犯した犯罪がいくつあるかということと、ある事実がいくつの犯罪に当たるかという両者の意味を含めて犯罪の個数を問題とすることを「**罪数論**」という。一罪か数罪かは、併合罪との関係で科刑上相違を生じるほか、刑事訴訟法上の手続きを進めるうえでも重要な意味をもつ（一罪一勾留の原則、追起訴か訴因変更か、一事不再理効の範囲など）。

　甲が旅館で乙の部屋と丙の部屋からそれぞれ乙・丙の物を盗んだという場合、窃盗罪は1個成立するとみれば一罪であるし、2個成立するとみると二罪（数罪）となる。罪数を定める標準については、犯罪的意思の個数による「犯意標準説」、犯罪行為の個数による「行為標準説」、侵害された法益、結果の個数による「法益標準説」など説が分かれているが、犯罪は構成要件該当性を基準にまずその成否が決せられるのであるから行為が1個の構成要件に当たる毎に一罪となるという「**構成要件標準説**」が妥当である。設例の場合、甲は乙の占有を侵害して財物を取得したことによって1個の窃盗を犯し、丙についても同様1個の窃盗を犯し、2個の罪を犯したことになる（この場合は2個の行為で2個の罪）。

第2項　一罪の範囲

数個の罪のようにみえるが一罪に含ませるべき行為の形態がある。

① 接続犯

　　単一の犯意のもとに同一機会に相接して同性質の行為を行った場合であり、単純一罪である。

例えば、同一人が同じ機会に継続して同種の賭博を行った場合、あるいは甲が乙に対し手拳で顔面を殴打し腰に足蹴りを加え、逃げる乙の背中に石を投げて命中させた場合や、夜間短時間の間に同じ倉庫から3回にわたり商品を盗み出した場合（最判昭24・7・23刑集3・8・1373）などがこれに当たる。

② 包括一罪

　もともと同一法益に向けられた一連の行為で実質的にみれば単純一罪と同視すべき場合である。例えば、人を逮捕して監禁したときは包括して監禁罪だけの成立を認める。賄賂を要求し約束し収受したときは1個の収賄罪（大判昭10・10・23刑集14・1052）、旅館で無銭飲食と無銭宿泊をしたときは1項と2項を含んだ246条の一罪が成立する（大判大4・4・26刑録21・422）。同一人に対する長期間の一連の暴行によって生じた傷害を包括一罪とした例もある（最決平26・3・17刑集68・3・368）。しかし、一連の速度違反等の行為であっても、犯意、道路状況、距離等により、併合罪となる（最決平5・10・29刑集47・8・98）。また、多数の通行人に対する約2か月にわたる街頭募金詐欺という被害法益が単一のものでないときにも事案の特殊性から包括一罪とするのが判例である（最決平22・3・17刑集64・2・111）。

③ 結合犯

　他人の財物を窃取したのち逮捕を免れるためなどの目的で暴行・脅迫を加えた場合は、窃盗罪と暴行・脅迫罪とが成立するのに、これを結合して別の新たな一つの構成要件（事後強盗238条）が設けられている。これも、もちろん一罪である。

④ 集合犯

　構成要件の性質上同種の行為の反覆が予想される場合には、その同種の数個の行為は総体で一罪を構成するにすぎない。常習犯（常習賭博、常習傷害など）や営業犯（無許可風俗営業、無免許医業など。ただし、業として貸付を行う場合の制限利率違反行為はそれぞれが併合罪となることにつき、最決平17・8・1集59・676。児童ポルノの提供罪と提供目的所持が併合罪であることにつき最決平21・7・7刑集63・6・507（各論第2編第3部第1章第3項**6**の解説☞527頁**参照**））がこれに当たる（大判明44・1・24刑録17・8等。前訴の確定判決による一事不再理効に

134　総論　第8章　罪　数

つき最判平15・10・7刑集57・9・1002に注意）。

第3項　併合罪

＊刑法等の一部を改正する法律（令和4年法律第67号）の施行後は、下線部分の（拘禁刑）（有期拘禁刑）等となる。

（併合罪）

第45条　確定裁判を経ていない2個以上の罪を併合罪とする。ある罪について
禁錮以上の刑に処する確定裁判があったときは、その罪とその裁判が確定する
（拘禁刑）
前に犯した罪とに限り、併合罪とする。

（併科の制限）

第46条　併合罪のうちの1個の罪について死刑に処するときは、他の刑を科さ
ない。ただし、没収は、この限りでない。

2　併合罪のうちの1個の罪について無期の懲役又は禁錮に処するときも、他の
（無期拘禁刑）
刑を科さない。ただし、罰金、科料及び没収は、この限りでない。

（有期の懲役及び禁錮の加重）
（有期拘禁刑）
第47条　併合罪のうちの2個以上の罪について有期の懲役又は禁錮に処すると
（有期拘禁刑）
きは、その最も重い罪について定めた刑の長期にその2分の1を加えたものを
長期とする。ただし、それぞれの罪について定めた刑の長期の合計を超えるこ
とはできない。

（罰金の併科等）

第48条　罰金と他の刑とは、併科する。ただし、第46条第1項の場合は、この
限りでない。

2　併合罪のうちの2個以上の罪について罰金に処するときは、それぞれの罪に
ついて定めた罰金の多額の合計以下で処断する。

（没収の付加）

第49条　併合罪のうちの重い罪について没収を科さない場合であっても、他の
罪について没収の事由があるときは、これを付加することができる。

2　2個以上の没収は、併科する。

（余罪の処理）

第3項　併合罪　135

第50条　併合罪のうちに既に確定裁判を経た罪とまだ確定裁判を経ていない罪とがあるときは、確定裁判を経ていない罪について更に処断する。

（併合罪に係る2個以上の刑の執行）

第51条　併合罪について2個以上の裁判があったときは、その刑を併せて執行する。ただし、死刑を執行すべきときは、没収を除き、他の刑を執行せず、<u>無期の懲役又は禁錮</u>を執行すべきときは、罰金、科料及び没収を除き、他の刑を
（無期拘禁刑）
執行しない。

2　前項の場合における<u>有期の懲役又は禁錮</u>の執行は、その最も重い罪について
（有期拘禁刑）
定めた刑の長期にその2分の1を加えたものを超えることができない。

（一部に大赦があった場合の措置）

第52条　併合罪について処断された者がその一部の罪につき大赦を受けたときは、他の罪について改めて刑を定める。

（拘留及び科料の併科）

第53条　拘留又は科料と他の刑とは、併科する。ただし、第46条の場合は、この限りでない。

2　2個以上の拘留又は科料は、併科する。

＊(令和4年法律第67号により、令和7年6月17日までに、懲役・禁錮は「拘禁刑」に統一。以下、各条文において同じ。)

　1人が数個の犯罪を次々と犯した場合で次にみる科刑上一罪（第4項）に当たらないものは、併合罪として、一罪だけ犯した者より重く処断される。例えば、窃盗罪一つと業務上横領罪一つを犯した者は、窃盗罪の法定刑の長期10年にその半数の5年を加えた15年を長期として処断される（47条）。この場合、併合罪を構成する個々の罪について法定刑に加重減軽を行った刑を積算することは許されず、各罪全体に対する「統一刑」を処断刑として形成し、いわば修正された法定刑であるこの処断刑の範囲内で、各罪全体に対する具体的な刑を決することになる（最判平15・7・10刑集57・7・903）。また、併合罪関係にあって同時に審判される複数の罪のうち1個の罪について死刑又は無期刑を選択する際には、その結果科されないこととなる

136 総論 第8章 罪 数

刑（46条）に係る罪も含めて処罰する趣旨でこれらの罪を考慮でき、当該1個の罪だけで死刑又は無期刑相当でなければならないというものである必要はない（最決平19・3・22刑集61・2・81）。

暴行罪と傷害罪を犯した者が、いずれも罰金で処断されるときは、暴行罪（208条☞185頁**参照**）の30万円と傷害罪（204条☞177頁**参照**）の50万円の合計額（80万円）以下で処断される（48条2項）。拘留・科料は各罪ごとに併科される（53条2項）。併合罪は確定裁判（略式命令、交通事件即決裁判等を含む）を経ていない数個の犯罪であるが（継続犯、牽連犯、集合犯等は一罪であるので他の罪の確定判決によって分断されないことにつき最決昭35・2・9刑集14・1・82、最大判昭44・6・18刑集23・7・950）、間に禁錮刑（拘禁刑）以上に処する確定裁判があるときは、判決でその確定裁判前（確定日前のこと）の犯罪と後の犯罪とに分けて2以上の刑が主文で言い渡されることになる（45条）。刑の全部執行猶予を言い渡した確定裁判が27条により効力を失っても、この併合罪関係の成否には影響を与えない（最決昭45・9・29刑集24・10・142）。常習犯の場合、別種の罪の確定判決があっても一個の罪が確定判決後に終了したものとされるが（最決昭39・7・9刑集18・6・375）、一罪の一部についての確定判決であれば同判決前の犯行は免訴となる（刑訴法337条1号。最決昭43・3・29刑集22・3・153、最判平15・10・7刑集57・9・1002）。

第4項 科刑上一罪

　（1個の行為が2個以上の罪名に触れる場合等の処理）
第54条 1個の行為が2個以上の罪名に触れ、又は犯罪の手段若しくは結果である行為が他の罪名に触れるときは、その最も重い刑により処断する。
2 第49条第2項の規定は、前項の場合にも、適用する。

本来は数個の犯罪であるのに、特に一罪として処断する場合を定めた規定がある。「1個の行為が2個以上の罪名に触れ、又は犯罪の手段若しくは結果である行為が他の罪名に触れるときは、その最も重い刑により処断する」（54条1項）。実質的に数罪

第4項　科刑上一罪　137

でありながら、この規定により一罪として取扱われるものを「**科刑上の一罪**」とい
う。これには「**観念的競合**」と「**牽連犯**」とがある。

1　観念的競合

　一個の行為であるのに数個の構成要件に該当するために数罪が成立する場合を
「**観念的競合**」（「想像的競合」）又は「**一所為数法**」という。例えば、公務執行中
の警察官に暴行を加えて公務の執行を妨害すると共に警察官に傷害を負わせたとい
う場合、暴行という行為は1個であるのに「公務執行妨害罪」と「傷害罪」の両罪
が成立し（異種の観念的競合）、1発の弾丸で甲乙2人に傷つけた場合も行為は1個
であるが甲に対する傷害罪と乙に対する傷害罪が成立する（同種の観念的競合）。
このような観念的競合の関係にある数罪は、科刑上は一罪として扱い、数罪のうち
の最も重い法定刑を定めた罪の刑によって処断する（54条。他の法条の最下限の
刑より軽くできないことにつき最判昭28・4・14刑集7・4・850。また、他の法
条に罰金刑の任意的併科の定めがあれば、最も重い罪の懲役刑（拘禁刑）に罰金
を併科できることにつき最決平19・12・3刑集61・9・821。また、重い罪と軽い
罪のいずれにも選択刑として罰金刑があり、軽い罪の多額の方が多いときには、
罰金刑の多額は軽い罪のそれによることにつき名古屋高判平26・3・18高検速報
760）。

　無免許でかつ酒に酔って運転をしたときは、1個の行為で数罪（無免許運転の罪
と酒酔い運転の罪）が成立する場合か、それとも2個の行為で併合罪となるのかに
つき、判例は「1個の行為とは、法的評価を離れ構成要件的観点を捨象した自然的
観察のもとで行為者の動態が社会的見解上1個のものと評価を受ける場合をいう」
とし、そして無免許運転と酒酔い運転とは自然的観察のもとにおける社会的見解上
明らかに1個の車両運転行為であるから、1個の行為で数罪（二罪）にふれる場合
であるとしている（最大判昭49・5・29刑集28・4・114）。

＊刑事訴訟法（昭和23年法律第131号）＊
第337条　左の場合には、判決で免訴の言渡をしなければならない。
一　確定判決を経たとき。
二　犯罪後の法令により刑が廃止されたとき。
三　大赦があつたとき。
四　時効が完成したとき。

酒酔い運転をした罪と、酩酊のため運転を中止すべき義務に違反して運転し人身事故を起こした業務上過失致死傷とは、1個の行為で数罪にふれる場合か、2個の行為で併合罪となるのか。もともと自動車の運転行為は、通常、時間的継続と場所的移動とを伴うものである。これに対し、人身事故は、運転中の一時点、一場所における出来事であり、形態が全く異なる（殺人と銃砲刀剣類不法所持・携帯につき最判昭26・2・27刑集5・3・466）。自然的観察からすると、両者は、酒に酔った状態で運転したことが事故を惹起した過失の内容をなすものかどうかにかかわりなく、社会見解上別個のものと評価すべきであって、1個の行為とみることはできない。従って、右は併合罪である（最大判昭49・5・29前掲）。これに対し、無免許運転と車検切れ車両の運転や、ひき逃げの救護義務違反と報告義務違反とは観念的競合の関係に立つ（最大判昭51・9・22刑集30・8・1640）。

② 牽連犯

犯罪の手段又は結果となる行為が他の罪名に触れる場合を「**牽連犯**」という。例えば、窃盗の手段として他人の家に侵入すれば窃盗罪のほかに住居侵入罪が成立する。文書を偽造することと、その偽造文書を使うこととは手段、結果の関係にあり、犯人の主観においてもそのような関係にある（主観的な牽連性だけでは足りないことにつき、最判昭32・7・18刑集11・7・1861、最大判昭44・6・18刑集23・7・950（各論第2編第2部第2章第11項【実例】1の解説☞480頁**参照**）等）。このように二つ以上の構成要件に該当する行為が、罪質上、通常互いに手段と結果の関係（客観的牽連性。最判昭24・7・12刑集3・8・1237等は主観的牽連性を問題としていないことに注意）にある場合には、54条により、科刑上の一罪として扱われ、そのなかの最も重い法定刑を規定した罪の刑によって処断される。他人の住居に侵入して、数人を殺害した場合のように、結果が本来であれば併合罪関係に立つ場合でも1個の住居侵入と数個の殺人罪が牽連犯関係にあるので、一罪として扱われることになる（最判昭29・5・27刑集8・5・741等）。他の罪でも同様のことがおこるが、これを「**かすがい関係**」という。

私文書を「偽造」し、これを「行使」して「詐欺」を犯したというような場合も、この三つの罪が科刑上は一罪として扱われ、このうち法定刑の最も重い詐欺

罪（246条（☞315頁**参照**））の刑（懲役（拘禁刑）10年以下）のもとで処罰される。このように科刑上一罪をなす数罪は、起訴状の「公訴事実」においても、判決の「罪となるべき事実」においても、単純一罪の場合と同様に、一つにまとめて記載されているし、詐欺をまず起訴したあとで私文書偽造・同行使をも起訴しよう（公判係属させよう）とするときは、さきに起訴した詐欺の起訴状の公訴事実に対して「訴因の追加（変更）」という手続きがとられ、追起訴の手続きをとらない。また、その一部について判決が確定すると後日、余罪として起訴しても免訴（刑訴法337条1号（☞137頁**参照**））となる。科刑上一罪の関係にあるためである。

第5項　法条競合

「森林においてその産物を窃取した者」（森林法197条、森林窃盗）も、窃盗であるから刑法235条に該当するが、**「特別法は一般法に優先する」**から、森林法違反の罪のみが成立し刑法の適用は排除される。また現場で数人共同して暴行・脅迫を加えたとき、刑法の暴行罪（208条（☞185頁**参照**））・脅迫罪（222条（☞220頁**参照**））にも該当するが「暴力行為等処罰ニ関スル法律」（1条）違反のみが成立する（結合犯の一罪の一部起訴が許されることにつき最大判昭28・12・16刑集7・12・2550）。有価証券も文書であるからその偽造は私文書偽造などにも該当するが「有価証券偽造の罪」（162条（☞495頁**参照**））が特別に設けられているから、その罪だけが成立する（以上は**特別関係**）。

　火を放って建造物の一部を焼失させたとき建造物損壊罪にも該当するが、建造物放火罪のみが成立する（**吸収関係**）。

　傷害罪が適用をみるとき（暴行を加えて負傷させた）は、暴行罪にも該当するが暴行罪の適用は排除される。これに伴い、数人が現場で共同して暴行を加えた結果、被

＊森林法＊
第197条　森林においてその産物（人工を加えたものを含む。）を窃取した者は、森林窃盗とし、3年以下の懲役又は30万円以下の罰金に処する。
＊大正15年法律第60号（暴力行為等処罰ニ関スル法律）＊
第1条　団体若ハ多衆ノ威力ヲ示シ、団体若ハ多衆ヲ仮装シテ威力ヲ示シ又ハ兇器ヲ示シ若ハ数人共同シテ刑法（明治40年法律第45号）第208条、第222条又ハ第261条ノ罪ヲ犯シタル者ハ3年以下ノ懲役又ハ30万円以下ノ罰金ニ処ス

害者が傷害を負い傷害事件となったときは「暴力行為等処罰ニ関スル法律違反」の罪の適用は排除され刑法の傷害罪のみが適用される（**補充関係**）。

　事件が背任罪にも横領罪にも該当するようにみえても一方の法条の適用をみると他は適用をみないように相互に排他的関係に立つこともある（**択一関係**）。

　以上のように、1個の行為が、外観上は、幾つもの処罰規定に該当するようにみえるものの、一つだけが適用され他は排除される関係を「**法条競合**」と呼んでいる。法条競合は、本来の一罪の場合である（検察官の訴因構成権との関係につき最決昭59・1・27刑集38・1・136）。

第9章 刑 罰

第1項 刑罰の種類

＊刑法等の一部を改正する法律（令和4年法律第67号）の施行後は、下線部分の（拘禁刑）（有期拘禁刑）等となる。

（刑の種類）

第9条 死刑、懲役、禁錮、罰金、拘留及び科料を主刑とし、没収を付加刑とする。
（拘禁刑）

（刑の軽重）

第10条 主刑の軽重は、前条に規定する順序による。ただし、無期の禁錮と有期の懲役とでは禁錮を重い刑とし、有期の禁錮の長期が有期の懲役の長期の2倍を超えるときも、禁錮を重い刑とする。
＊下線部分は刑法等の一部を改正する法律（令和4年法律第67号）の施行後に削除

2 同種の刑は、長期の長いもの又は多額の多いものを重い刑とし、長期又は多額が同じであるときは、短期の長いもの又は寡額の多いものを重い刑とする。

3 2個以上の死刑又は長期若しくは多額及び短期若しくは寡額が同じである同種の刑は、犯情によってその軽重を定める。

（死刑）

第11条 死刑は、刑事施設内において、絞首して執行する。

2 死刑の言渡しを受けた者は、その執行に至るまで刑事施設に拘置する。

（懲役）
（拘禁刑）

第12条 懲役は、無期及び有期とし、有期懲役は、1月以上20年以下とする。
（拘禁刑）　　　　　　　　　　　　　　　　（有期拘禁刑）

2 懲役は、刑事施設に拘置して所定の作業を行わせる。
（拘禁刑は、刑事施設に拘置する。）

（＊新設＊ 第3項 令和4年法律第67号により）
（3 拘禁刑に処せられた者には、改善更生を図るため、必要な作業を行わせ、又は必要な指導を行うことができる。）

（禁錮）

第13条 禁錮は、無期及び有期とし、有期禁錮は、1月以上20年以下とする。
＊第13条は、刑法等の一部を改正する法律（令和4年法律第67号）の施行後に削除
2 禁錮は、刑事施設に拘置する。

（有期の懲役及び禁錮の加減の限度）
　　　　　　（有期拘禁刑）
第14条 死刑又は無期の懲役若しくは禁錮を減軽して有期の懲役又は禁錮とす
　　　　　　　　　（無期拘禁刑）　　　　　　　　　　　　　　　　（有期拘禁刑）
る場合においては、その長期を30年とする。

2 有期の懲役又は禁錮を加重する場合においては30年にまで上げることがで
　　　（有期拘禁刑）
き、これを減軽する場合においては1月未満に下げることができる。

（罰金）

第15条 罰金は、1万円以上とする。ただし、これを減軽する場合において
は、1万円未満に下げることができる。

（拘留）

第16条 拘留は、1日以上30日未満とし、刑事施設に拘置する。
（＊新設＊　第2項　令和4年法律第67号により）
（2　拘留に処せられた者には、改善更正をはかるため、必要な作業を行わせ、又は必要な指導を行うことができる。）

（科料）

第17条 科料は、1000円以上1万円未満とする。

（労役場留置）

第18条 罰金を完納することができない者は、1日以上2年以下の期間、労役場
に留置する。

2 科料を完納することができない者は、1日以上30日以下の期間、労役場に留
置する。

3 罰金を併科した場合又は罰金と科料とを併科した場合における留置の期間
は、3年を超えることができない。科料を併科した場合における留置の期間
は、60日を超えることができない。

4 罰金又は科料の言渡しをするときは、その言渡しとともに、罰金又は科料を
完納することができない場合における留置の期間を定めて言い渡さなければな
らない。

5 罰金については裁判が確定した後30日以内、科料については裁判が確定した

後10日以内は、本人の承諾がなければ留置の執行をすることができない。

6　罰金又は科料の一部を納付した者についての留置の日数は、その残額を留置1日の割合に相当する金額で除して得た日数（その日数に1日未満の端数を生じるときは、これを1日とする。）とする。

（没収）

第19条　次に掲げる物は、没収することができる。

一　犯罪行為を組成した物

二　犯罪行為の用に供し、又は供しようとした物

三　犯罪行為によって生じ、若しくはこれによって得た物又は犯罪行為の報酬として得た物

四　前号に掲げる物の対価として得た物

2　没収は、犯人以外の者に属しない物に限り、これをすることができる。ただし、犯人以外の者に属する物であっても、犯罪の後にその者が情を知って取得したものであるときは、これを没収することができる。

（追徴）

第19条の2　前条第1項第3号又は第4号に掲げる物の全部又は一部を没収することができないときは、その価額を追徴することができる。

（没収の制限）

第20条　拘留又は科料のみに当たる罪については、特別の規定がなければ、没収を科することができない。ただし、第19条第1項第1号に掲げる物の没収については、この限りでない。

＊（懲役・禁錮が拘禁刑に統一されることにつき☞135頁**参照**）

　現行刑法における刑罰の種類としては、「**死刑**」（11条）・「**懲役**」（12条）・「**禁錮**」（13条）（**拘禁刑**（改正後12条））・「**罰金**」（15条）・「**拘留**」（16条）・「**科料**」（17条）・「**没収**（**追徴**）」（19条・19条の2）の7種類がある（9条）。刑罰は「**主刑**」と「**附加刑**」とに分けられる。「**主刑**」は、それだけを単独に科しうる刑罰であり、「**附加刑**」は単独に科すことができず主刑に附随してのみ科しうる刑罰である。現行刑法では附

144 総論 第9章 刑 罰

加刑は没収（追徴）だけで、それ以外の6種のものはすべて主刑である。

更に刑罰は、剥奪する法益の相違により、生命刑・身体刑・自由刑・名誉刑・財産刑に分けられるが、現行刑法は、「**生命刑**」・「**自由刑**」・「**財産刑**」だけを採用している。

① 生命刑

「**生命刑**」とは生命を奪うつまり「**死刑**」のことである。死刑については存置論と廃止論が対立している。

「**廃止論の論拠**」は、

① 誤判の場合に回復できない結果を招来する

② 生命を奪うことは人道上許されない

③ 死刑にはそれほど大きな一般予防的効果を期待できない

④ 刑罰による犯人の改善・教育という機能が全くない

などが主なものであり、外国には死刑を廃止した国がかなりあるが、死刑廃止国では、検挙現場での事実上の死刑（殺害）が問題となっているところも少なくない。

「**存置論の論拠**」は、

① 重大な犯罪を防止するためには死刑のもつ犯罪抑止力に期待せざるをえない

② 死をもって償わせることが倫理的要求として存する場合がある。何ら罪なくして無残な被害を受け生命を失った人達を犠牲にして極悪非道な行為者の生命を保障することは正義、人道にかなうものでない

③ 兇悪犯罪に対抗する警察官等の危険、死刑のない場合の囚人の看守者に対する脅威等を含め一般善良な国民の安全への脅威は図り知れない

などが主なものである。最高裁判所は、死刑は、その執行方法がその時代と環境において、人道上の見地からみて残虐なものでない限り、残虐な刑罰（憲法36条（条文☞9頁**参照**））にも当たらないし、現行の絞首刑は適法、合憲とし（最大判昭23・3・12刑集2・3・191等）、犯行の罪質、動機、態様、結果の重大性等各般の情状を考慮してその罪責が重大で、罪刑の均衡、一般予防の見地からも極刑がやむを得ないと認められる場合には、死刑の選択も許されるとしている（最判昭58・7・8刑集37・6・609、同平18・6・20判時1948・31等）。平成16年の総理府世論調査では、死刑存置が81パーセント強に達している（なお、平成26年の世論調

査でも80パーセント強が死刑存置であり、仮釈放のない終身刑を導入したととしても51パーセント強は存置意見であった。平成31年の世論調査結果も同様。）。

2 **自由刑**

わが刑法における自由刑は、「**懲役**」（12条）・「**禁錮**」（13条）・「**拘留**」（16条)の三つであり、刑事施設に収容して犯罪者の矯正と治安の確保を図ることを主な目的とする。懲役は所定の作業（定役）を行わせるが、禁錮と拘留は刑としてこれを行わせることはない。有期の懲役・禁錮の上限は、20年であり（12条、13条）、加重した場合が30年である（14条2項）。なお、令和4年法律第67号により、「拘禁刑」に統一され、改善更正のために、作業を行わせ、指導するものとなる。

3 **財産刑**

「**財産刑**」には、**罰金**（15条)・**科料**（17条）と**没収**（19条）がある。刑法等以外の罰金・科料の金額は「罰金等臨時措置法」とその改正によって貨幣価値の下落に対応する措置が時々とられている（昭和23年、昭和47年、平成3年）。現在、罰金は1万円以上（軽減事由があればそれ以下にできる。1万円未満の罰金、拘留等を定める条例については罰金の法定刑の限度で失効することにつき、最決平11・4・8判時1689・153)、科料は1000円以上1万円未満となっている。罰金は自由刑と併科される場合があり、必要的（256条2項（☞362頁**参照**))と裁量的（96条の2（☞589頁**参照**）等）の併科がある。裁量的な場合も現実の利得は不要である（利益取得目的での犯罪行為が経済的にも引き合わないことを犯人や一般人に感銘させて再犯の防止を期するものであることにつき、漁業法違反であるが札幌高判平26・2・6公刊物未登載）。

罰金・科料は、これを完納しないと、その不完納の金額に応じて、一定期間「労役場」に留置される（18条）。

4 **没 収**

没収は**附加刑**で**財産刑**である。犯人に不正な利益を得させないためと危険な物件を放置しないためとから科せられる。「**麻薬特例法**」や後記の「**組織的犯罪処罰法**」には、刑法の概念にはない特殊の没収、追徴制度があることに注意を要する。

没収の対象となるものは、

146 総論 第9章 刑 罰

① **犯罪行為を組成した物**（例、文書偽造・行使事件での偽造文書や、わいせつ文書販売事件でのわいせつ文書）

② **犯罪行為に供し又は供せんとした物**（例、殺人に使用した拳銃・刀剣）

③ **犯罪行為より生じ又はこれによって得た物**（例、通貨偽造の偽貨、わいろとして受取った現金、賭博によって得た賭金）

④ **③に掲げた物の対価として得た物**（例、盗品を売却して得た代金）

の4種類であり、対象は有体物に限定される（ただし、わいろは有体物に限らず、わいろを没収等するとされているので、有体物でない場合には追徴の対象となる）。②には性犯罪被害者の口封じのために犯行状況を録画した記録媒体も含まれるとされている（最決平30・6・26刑集72・2・209。なお、「性的な姿態を撮影する行為等の処罰及び押収物に記録された性的な姿態の影像に係る電磁的記録の消去等に関する法律」により、いわゆる盗撮等を含め、上記の撮影行為自体が未遂とともに処罰され、撮影された当該電磁的記録の複写物も没収可能とされるとともに、押収物にこの種の対象電磁的記録があるときは、起訴されていなくとも検察官の行政処分による消去廃棄が可能となっている。）。③④に掲げた物の全部又は一部が消費されたりして没収できないときは、その価額を「追徴」できる（19条の2）。

刑法総則（19条以下）の没収・追徴は、裁判所の判断（裁量）によって没収することも没収しないこともできる（任意的没収・追徴）。これに対し法律で必ず没収する又は追徴すると定めている場合がある（必要的没収・追徴。例、刑法197条の5のわいろ、公職選挙法224条の収受利益等。なお、麻薬特例法違反の幇助犯からの没収・追徴につき最判平20・4・22刑集62・5・1528参照）。犯人以外の者の所有に属するときは、その取得者が情を知っている場合でなければ、刑事事件における第三者所有物の没収手続に関する応急措置法に定める公告等の手続を履践する

＊性的な姿態を撮影する行為等の処罰及び押収物に記録された性的な姿態の影像に係る電磁的記録の消去等に関する法律（令和5年法律第67号）＊

（性的姿態等撮影）

第2条 次の各号のいずれかに掲げる行為をした者は、3年以下の拘禁刑又は300万円以下の罰金に処する。

一 正当な理由がないのに、ひそかに、次に掲げる姿態等（以下「性的姿態等」という。）のうち、人が通常衣服を着けている場所において不特定又は多数の者の目に触れることを認識しながら自ら露出し又はとっているものを除いたもの（以下「対象性的姿態等」という。）を撮影する行為

イ　人の性的な部位（性器若しくは肛門若しくはこれらの周辺部、臀部又は胸部をいう。以下このイにおいて同じ。）又は人が身に着けている下着（通常衣服で覆われており、かつ、性的な部位を覆うのに用いられるものに限る。）のうち現に性的な部位を直接若しくは間接に覆っている部分
　　ロ　イに掲げるもののほか、わいせつな行為又は性交等（刑法（明治40年法律第45号）第177条第1項に規定する性交等をいう。）がされている間における人の姿態
　二　刑法第176条第1項各号に掲げる行為又は事由その他これらに類する行為又は事由により、同意しない意思を形成し、表明し若しくは全うすることが困難な状態にさせ又はその状態にあることに乗じて、人の対象性的姿態等を撮影する行為
　三　行為の性質が性的なものではないとの誤信をさせ、若しくは特定の者以外の者が閲覧しないとの誤信をさせ、又はそれらの誤信をしていることに乗じて、人の対象性的姿態等を撮影する行為
　四　正当な理由がないのに、13歳未満の者を対象として、その性的姿態等を撮影し、又は13歳以上16歳未満の者を対象として、当該者が生まれた日より5年以上前の日に生まれた者が、その性的姿態等を撮影する行為
2　前項の罪の未遂は、罰する。
3　前2項の規定は、刑法第176条及び第179条第1項の規定の適用を妨げない。
第8条　次に掲げる物は、没収することができる。
　一　第2条第1項又は第6条第1項の罪の犯罪行為により生じた物を複写した物
　二　私事性的画像記録の提供等による被害の防止に関する法律（平成26年法律第126号）第3条第1項から第3項までの罪の犯罪行為を組成し、若しくは当該犯罪行為の用に供した私事性的画像記録（同法第2条第1項に規定する私事性的画像記録をいう。次条第1項第2号及び第10条第1項第1号ロにおいて同じ。）が記録されている物若しくはこれを複写した物又は当該犯罪行為を組成し、若しくは当該犯罪行為の用に供した私事性的画像記録物（同法第2条第2項に規定する私事性的画像記録物をいう。第10条第1項第1号ロにおいて同じ。）を複写した物
2　前項の規定による没収は、犯人以外の者に属しない物に限り、これをすることができる。ただし、犯人以外の者に属する物であっても、犯罪の後にその者が情を知って保有するに至ったものであるときは、これを没収することができる。
（押収物に記録された電磁的記録の消去及び押収物の廃棄）
第10条　検察官は、その保管している押収物が第1号に掲げる物である場合において、当該押収物が対象電磁的記録を記録したものであるときは、次節に定める手続に従い、第2号に掲げる措置をとることができる。
　一　次に掲げる物
　　イ　第2条第1項各号に掲げる行為により生じた物若しくは第5条第1項各号に掲げる行為により影像送信をされた影像を記録する行為により生じた物又はこれらを複写した物
　　ロ　私事性的画像記録の提供等による被害の防止に関する法律第3条第1項から第3項までに規定する行為を組成し、若しくは当該行為の用に供した私事性的画像記録が記録されている物若しくは当該行為を組成し、若しくは当該行為の用に供した私事性的画像記録物又はこれらを複写した物
　　ハ　児童買春、児童ポルノに係る行為等の規制及び処罰並びに児童の保護等に関する法律第2条第3項に規定する物
　二　次に掲げる措置
　　イ　当該押収物に記録されている対象電磁的記録を全て消去すること。
　　ロ　当該押収物に記録されている電磁的記録が大量であることその他の事由により当該押収物に記録されている全ての電磁的記録の内容を確認することができないため、イに掲げる措置をとることが困難であると認めるときは、当該押収物に記録されている電磁的記録を全て消去すること。
　　ハ　技術的理由その他の事由により、イ及びロに掲げる措置をとることが困難であると認めるときは、当該押収物を廃棄すること。
2　検察官は、その保管している押収物であって前項第1号に掲げるものが対象電磁的記録を記録したものでないときは、次節に定める手続に従い、当該押収物を廃棄することができる。

148 総論 第9章 刑 罰

　必要がある（最大判昭40・4・28刑集19・3・300参照）。

　　なお、組織的犯罪においては、薬物犯罪のみならず、各種犯罪が収益の獲得を目

的として敢行され、それによる犯罪収益が将来の犯罪活動に投資されるなどするこ

とから、これを防止するため、「**組織的な犯罪の処罰及び犯罪収益の規制等に関す**

る法律」は犯罪収益が生じる前提となる犯罪（**前提犯罪**という。）を規定した上、

その収益についての没収・追徴に関し特則を設けている。すなわち、薬物犯罪のほ

＊公職選挙法＊

（買収及び利害誘導罪）

第221条　次の各号に掲げる行為をした者は、3年以下の懲役若しくは禁錮に又は50万円以下の罰金に処する。

　一　当選を得若しくは得しめ又は得しめない目的をもつて選挙人又は選挙運動者に対し金銭、物品その他
　　　の財産上の利益若しくは公私の職務の供与、その供与の申込み若しくは約束をし又は供応接待、その申
　　　込み若しくは約束をしたとき。

　二　当選を得若しくは得しめ又は得しめない目的をもつて選挙人又は選挙運動者に対しその者又はその者
　　　と関係のある社寺、学校、会社、組合、市町村等に対する用水、小作、債権、寄附その他特殊の直接利
　　　害関係を利用して誘導をしたとき。

　三　投票をし若しくはしないこと、選挙運動をし若しくはやめたこと又はその周旋勧誘をしたことの報酬
　　　とする目的をもつて選挙人又は選挙運動者に対し第1号に掲げる行為をしたとき。

　四　第1号若しくは前号の供与、供応接待を受け若しくは要求し、第1号若しくは前号の申込みを承諾し又
　　　は第2号の誘導に応じ若しくはこれを促したとき。

　五　第1号から第3号までに掲げる行為をさせる目的をもつて選挙運動者に対し金銭若しくは物品の交付、
　　　交付の申込み若しくは約束をし又は選挙運動者がその交付を受け、その交付を要求し若しくはその申込
　　　みを承諾したとき。

　六　前各号に掲げる行為に関し周旋又は勧誘をしたとき。

　　　　（第2項～第3項省略）　（第222条～第223条の2省略）

（買収及び利害誘導罪の場合の没収）

第224条　前4条の場合において収受し又は交付を受けた利益は、没収する。その全部又は一部を没収する
　　ことができないときは、その価額を追徴する。

＊組織的な犯罪の処罰及び犯罪収益の規制等に関する法律＊

（団体に属する犯罪行為組成物件等の没収）

第8条　団体の構成員が罪（これに当たる行為が、当該団体の活動として、当該行為を実行するための組織に
　　より行われたもの、又は第3条第2項に規定する目的で行われたものに限る。）を犯した場合、又は当該罪を
　　犯す目的でその予備罪（これに当たる行為が、当該団体の活動として、当該行為を実行するための組織に
　　より行われたもの、及び同項に規定する目的で行われたものを除く。）を犯した場合において、当該犯罪行
　　為を組成し、又は当該犯罪行為の用に供し、若しくは供しようとした物が、当該団体に属し、かつ、当該
　　構成員が管理するものであるときは、刑法第19条第2項本文の規定にかかわらず、その物が当該団体及び
　　犯人以外の者に属しない場合に限り、これを没収することができる。ただし、当該団体において、当該物
　　が当該犯罪行為を組成し、又は当該犯罪行為の用に供され、若しくは供されようとすることの防止に必要
　　な措置を講じていたときは、この限りでない。

（犯罪収益等の没収等）

第13条　次に掲げる財産は、不動産若しくは動産又は金銭債権（金銭の支払を目的とする債権をいう。以下
　　同じ。）であるときは、これを没収することができる。

一　犯罪収益（第6号に掲げる財産に該当するものを除く。）

二　犯罪収益に由来する財産（第6号に掲げる財産に該当する犯罪収益の保有又は処分に基づき得たものを除く。）

三　第9条第1項の罪に係る株主等の地位に係る株式又は持分であって、不法収益等（薬物犯罪収益、その保有若しくは処分に基づき得た財産又はこれらの財産とこれらの財産以外の財産とが混和した財産であるもの（第4項において「薬物不法収益等」という。）を除く。以下この項において同じ。）を用いることにより取得されたもの

四　第9条第2項又は第3項の罪に係る債権であって、不法収益等を用いることにより取得されたもの（当該債権がその取得に用いられた不法収益等である財産の返還を目的とするものであるときは、当該不法収益等）

五　第10条又は第11条の罪に係る犯罪収益等

六　不法収益等を用いた第9条第1項から第3項までの犯罪行為又は第10条若しくは第11条の犯罪行為により生じ、若しくはこれらの犯罪行為により得た財産又はこれらの犯罪行為の報酬として得た財産

七　第3号から前号までの財産の果実として得た財産、これらの各号の財産の対価として得た財産、これらの財産の対価として得た財産その他これらの各号の財産の保有又は処分に基づき得た財産

　　　　（第2項～第5項省略）

（追徴）

第16条　第13条第1項各号に掲げる財産が不動産若しくは動産若しくは金銭債権でないときその他これを没収することができないとき、又は当該財産の性質、その使用の状況、当該財産に関する犯人以外の者の権利の有無その他の事情からこれを没収することが相当でないと認められるときは、その価額を犯人から追徴することができる。ただし、当該財産が犯罪被害財産であるときは、この限りでない。

　　　　（第2項～第3項省略）

（没収保全命令）

第22条　裁判所は、第2条第2項第1号イ若しくはロ若しくは同項第2号ニに掲げる罪又は第10条第3項若しくは第11条の罪に係る被告事件に関し、この法律その他の法令の規定により没収することができる財産（以下「没収対象財産」という。）に当たると思料するに足りる相当な理由があり、かつ、これを没収するため必要があると認めるときは、検察官の請求により、又は職権で、没収保全命令を発して、当該没収対象財産につき、この節の定めるところにより、その処分を禁止することができる。

　　　　（第2項～第6項省略）

（起訴前の没収保全命令）

第23条　裁判官は、前条第1項又は第2項に規定する理由及び必要があると認めるときは、公訴が提起される前であっても、検察官又は司法警察員（警察官たる司法警察員については、国家公安委員会又は都道府県公安委員会が指定する警部以上の者に限る。次項において同じ。）の請求により、同条第1項又は第2項に規定する処分をすることができる。

　　　　（第2項～第7項省略）

（追徴保全命令）

第42条　裁判所は、第2条第2項第1号イ若しくはロ若しくは同項第2号ニに掲げる罪又は第10条第3項若しくは第11条の罪に係る被告事件に関し、この法律その他の法令の規定により不法財産の価額を追徴すべき場合に当たると思料するに足りる相当な理由がある場合において、追徴の裁判の執行をすることができなくなるおそれがあり、又はその執行をするのに著しい困難を生ずるおそれがあると認めるときは、検察官の請求により、又は職権で、追徴保全命令を発して、被告人に対し、その財産の処分を禁止することができる。

　　　　（第2項～第5項省略）

（起訴前の追徴保全命令）

第43条　裁判官は、第16条第3項の規定により追徴すべき場合に当たると思料するに足りる相当な理由がある場合において、前条第1項に規定する必要があると認めるときは、公訴が提起される前であっても、検察官の請求により、同項に規定する処分をすることができる。

2　第23条第3項本文及び第4項から第6項までの規定は、前項の規定による追徴保全について準用する。

150 総論 第9章 刑 罰

か殺人、放火、強窃盗、詐欺等一定の重大犯罪を前提犯罪とし（組織的犯罪処罰法別表）、金銭債権、無体財産権等のように刑法では没収等の対象とはされていないものについても、没収・追徴を可能にしている（同法13条以下）。前記①（**犯罪組成物件**）及び②（**犯罪供用物件**）についても、団体の構成員による組織的な犯罪に用いられたものは、当該団体に属し、かつ、当該構成員が管理するものである場合には、当該団体及び犯人以外の者に属しないときは、没収できることとされ、犯人との関係では第三者である団体の所有物も没収可能とされている（同法8条）。また、没収・追徴の実効性を確保するため、その処分等を禁じる保全手続も設けられている点も（同法22条以下、42条以下）、麻薬特例法と同様である。

第2項 刑罰の適用

まず刑罰法規の各本条に定められている刑罰（これを**法定刑**という。主刑が複数あるときは、そのうちの一つを選択。）につき、加重事由（併合罪加重・累犯加重）や減軽事由（心神耗弱・中止犯・未遂・自首による減軽、酌量減軽）があれば、それらによって加重・減軽の修正を行い（修正したものを**処断刑**という）、その範囲内で裁判所が具体的に刑罰を言い渡す（この刑を**宣告刑**といい、裁判官の裁量により刑の量定が行われる）。刑の量定は、犯罪行為に対する評価を中心としてなされるべきものであるので、犯行後の態度を考慮するについては、自ら限界がある（公判審理中の社会奉仕活動につき、東京高判平10・4・6判時1661・160）。「**刑の免除**」の場合は、有罪ではあるが処罰しないこととするものである（例として、刑法43条（☞103頁**参照**）。これに対し、刑法5条（☞16頁**参照**）や31条（刑の時効）は刑の執行の免除である。）。

＊覚せい剤取締法＊
第41条の2 覚せい剤を、みだりに、所持し、譲り渡し、又は譲り受けた者（第42条第5号に該当する者を除く。）は、10年以下の懲役に処する。
2 営利の目的で前項の罪を犯した者は、1年以上の有期懲役に処し、又は情状により1年以上の有期懲役及び500万円以下の罰金に処する。
3 前2項の未遂罪は、罰する
＊刑事訴訟法＊
第471条 裁判は、この法律に特別の定のある場合を除いては、確定した後これを執行する。
第472条 裁判の執行は、その裁判をした裁判所に対応する検察庁の検察官がこれを指揮する。
　　　　（以下省略）

法定刑として自由刑（懲役・禁錮。(拘禁刑)）と財産刑（罰金・科料）とが定められているとき（例、傷害204条（☞177頁**参照**））は、どちらを選ぶかは事案の性質、軽重等によるが、法定刑として自由刑と財産刑とを必ず併せて科すべきこととしているものがある（例、盗品の有償譲受など256条2項）。特別法のなかには、法定刑として自由刑を定めておき、情状により自由刑に罰金刑を併科できる旨定めるものも少なくない（例、覚せい剤取締法41条の2第2項）。このように財産刑（罰金刑）を併科する法の趣旨は、その犯罪によって得た儲け（利得）を犯人に保有させないということよりも、そのような犯罪行為をすることは金銭面でも採算が合わないことを犯人に感得させるのがねらいである（東京高判昭50・4・28高検速報2101）。

第3項　刑罰の執行

　言い渡された刑罰の執行は、判決が確定したのち検察官の指揮により行われる（刑訴法471条、472条）。もっとも罰金・科料・追徴には仮納付制度があり確定前にも執行されうる。

　刑罰は、その全部又は一部が現実に執行されないことがある。刑の執行猶予の場合と一定の事由（刑の時効・外国判決の執行・恩赦）による執行の免除又は減軽である。

① 刑の執行猶予
＊刑法等の一部を改正する法律（令和4年法律第67号）の施行後は、下線部分の（拘禁刑）（有期拘禁刑）等となる。

（刑の全部の執行猶予）

第25条　次に掲げる者が3年以下の<u>懲役若しくは禁錮</u>又は50万円以下の罰金の
　　　　　　　　　　　　　　　　　　　　（拘禁刑）
　言渡しを受けたときは、情状により、裁判が確定した日から1年以上5年以下
　の期間、その刑の全部の執行を猶予することができる。
　一　前に<u>禁錮</u>以上の刑に処せられたことがない者
　　　（拘禁刑）
　二　前に<u>禁錮</u>以上の刑に処せられたことがあっても、その執行を終わった日
　　　（拘禁刑）
　　又はその執行の免除を得た日から5年以内に<u>禁錮</u>以上の刑に処せられたこと
　　　　　　　　　　　　　　　　　　　　　　（拘禁刑）
　　がない者
　2　前に<u>禁錮</u>以上の刑に処せられたことがあってもその刑の全部の執行を猶予さ
　　　　（拘禁刑）
　　れた者が<u>1年以下の懲役又は禁錮</u>の言渡しを受け、情状に特に酌量すべきもの
　　　　　（2年以下の拘禁刑）

152 総論 第9章 刑 罰

があるときも、前項と同様とする。ただし、次条第1項の規定により保護観察
（ただし、この項本文の規定により刑の全部の執行を猶予されて、）
に付せられ、その期間内に更に罪を犯した者については、この限りでない。

（刑の全部の執行猶予中の保護観察）

第25条の2　前条第1項の場合においては猶予の期間中保護観察に付すること
ができ、同条第2項の場合においては猶予の期間中保護観察に付する。

2　前項の規定により付せられた保護観察は、行政官庁の処分によって仮に解除
することができる。

3　前項の規定により保護観察を仮に解除されたときは、前条第2項ただし書及
び第26条の2第2号の規定の適用については、その処分を取り消されるまでの
間は、保護観察に付せられなかったものとみなす。

（刑の全部の執行猶予の必要的取消し）

第26条　次に掲げる場合においては、刑の全部の執行猶予の言渡しを取り消さ
なければならない。ただし、第3号の場合において、猶予の言渡しを受けた者
が第25条第1項第2号に掲げる者であるとき、又は次条第3号に該当するとき
は、この限りでない。

一　猶予の期間内に更に罪を犯して禁錮以上の刑に処せられ、その刑の全部
（拘禁刑）
について執行猶予の言渡しがないとき。

二　猶予の言渡し前に犯した他の罪について禁錮以上の刑に処せられ、その
（拘禁刑）
刑の全部について執行猶予の言渡しがないとき。

三　猶予の言渡し前に他の罪について禁錮以上の刑に処せられたことが発覚
（拘禁刑）
したとき。

（刑の全部の執行猶予の裁量的取消し）

第26条の2　次に掲げる場合においては、刑の全部の執行猶予の言渡しを取り
消すことができる。

一　猶予の期間内に更に罪を犯し、罰金に処せられたとき。

二　第25条の2第1項の規定により保護観察に付せられた者が遵守すべき事項
を遵守せず、その情状が重いとき。

三　猶予の言渡し前に他の罪について禁錮以上の刑に処せられ、その刑の全
（拘禁刑）

第3項　刑罰の執行　153

　　部の執行を猶予されたことが発覚したとき。

（刑の全部の執行猶予の取消しの場合における他の刑の執行猶予の取消し）

第26条の3　前2条の規定により禁錮以上の刑（拘禁刑）の全部の執行猶予の言渡しを取

　　り消したときは、執行猶予中の他の禁錮以上の刑（拘禁刑（次条第2項後段又は第27条の7第2項後段の規定に
　　よりその執行を猶予されているものを除く。次条第6項、第
　　27条の6及び第27条の7第6項において同じ。）に）についても、その猶予の言渡

　　しを取り消さなければならない。

（刑の全部の執行猶予の猶予期間経過の効果）

第27条　刑の全部の執行猶予の言渡しを取り消されることなくその猶予の期間

　　を経過したときは、刑の言渡しは、効力を失う。

（＊新設＊　令和4年法律第67号により）
（2　前項の規定にかかわらず、刑の全部の執行猶予の期間内に更に犯した罪（罰金以上の刑に当たるものに限る。）につ
　いて公訴の提起がされているときは、同項の刑の言渡しは、当該期間が経過した日から第4項又は第5項の規定により
　この項後段の規定による刑の全部の執行猶予の言渡しが取り消されることがなくなるまでの間（以下この項及び次項に
　おいて「効力継続期間」という。）、引き続きその効力を有するものとする。この場合においては、当該刑については、
　当該効力継続期間はその全部の執行猶予の言渡しがされているものとみなす。
3　前項前段の規定にかかわらず、効力継続期間における次に掲げる規定の適用については、同項の刑の言渡しは、効力
　を失っているものとみなす。
　一　第25条、第26条、第26条の2、次条第1項及び第3項、第27条の4（第3号に係る部分に限る。）並びに第34条の
　　2の規定
　二　人の資格に関する法令の規定
4　第2項前段の場合において、当該罪について拘禁刑以上の刑に処せられ、その刑の全部について執行猶予の言渡しが
　ないときは、同項後段の規定による刑の全部の執行猶予の言渡しを取り消さなければならない。ただし、当該罪が同項
　前段の猶予の期間の経過後に犯した罪と併合罪として処断された場合において、犯情その他の情状を考慮して相当でな
　いと認めるときは、この限りでない。
5　第2項前段の場合において、当該罪について罰金に処せられたときは、同項後段の規定による刑の全部の執行猶予の言
　渡しを取り消すことができる。
6　前項の規定により刑の全部の執行猶予の言渡しを取り消したときは、執行猶予中の他の拘禁刑についても、その猶予
　の言渡しを取り消さなければならない。）

（刑の一部の執行猶予）

第27条の2　次に掲げる者が3年以下の懲役又は禁錮（拘禁刑）の言渡しを受けた場合に

　　おいて、犯情の軽重及び犯人の境遇その他の情状を考慮して、再び犯罪をする

　　ことを防ぐために必要であり、かつ、相当であると認められるときは、1年以

　　上5年以下の期間、その刑の一部の執行を猶予することができる。

　一　前に禁錮以上の刑（拘禁刑）に処せられたことがない者

　二　前に禁錮以上の刑（拘禁刑）に処せられたことがあっても、その刑の全部の執行を

　　猶予された者

　三　前に禁錮以上の刑（拘禁刑）に処せられたことがあっても、その執行を終わった日

　　又はその執行の免除を得た日から5年以内に禁錮以上の刑（拘禁刑）に処せられたこと

　　がない者

154　総論　第9章　刑　罰

2　前項の規定によりその一部の執行を猶予された刑については、そのうち執行が猶予されなかった部分の期間を執行し、当該部分の期間の執行を終わった日又はその執行を受けることがなくなった日から、その猶予の期間を起算する。

3　前項の規定にかかわらず、その刑のうち執行が猶予されなかった部分の期間の執行を終わり、又はその執行を受けることがなくなった時において他に執行すべき懲役又は禁錮_{（拘禁刑）}があるときは、第1項の規定による猶予の期間は、その執行すべき懲役若しくは禁錮_{（拘禁刑）}の執行を終わった日又はその執行を受けることがなくなった日から起算する。

（刑の一部の執行猶予中の保護観察）

第27条の3　前条第1項の場合においては、猶予の期間中保護観察に付することができる。

2　前項の規定により付せられた保護観察は、行政官庁の処分によって仮に解除することができる。

3　前項の規定により保護観察を仮に解除されたときは、第27条の5第2号の規定の適用については、その処分を取り消されるまでの間は、保護観察に付せられなかったものとみなす。

（刑の一部の執行猶予の必要的取消し）

第27条の4　次に掲げる場合においては、刑の一部の執行猶予の言渡しを取り消さなければならない。ただし、第3号の場合において、猶予の言渡しを受けた者が第27条の2第1項第3号に掲げる者であるときは、この限りでない。

一　猶予の言渡し後に更に罪を犯し、禁錮_{（拘禁刑）}以上の刑に処せられたとき。

二　猶予の言渡し前に犯した他の罪について禁錮_{（拘禁刑）}以上の刑に処せられたとき。

三　猶予の言渡し前に他の罪について禁錮_{（拘禁刑）}以上の刑に処せられ、その刑の全部について執行猶予の言渡しがないことが発覚したとき。

（刑の一部の執行猶予の裁量的取消し）

第27条の5　次に掲げる場合においては、刑の一部の執行猶予の言渡しを取り消すことができる。

一　猶予の言渡し後に更に罪を犯し、罰金に処せられたとき。

　　　二　第27条の3第1項の規定により保護観察に付せられた者が遵守すべき事項
　　　　を遵守しなかったとき。

　（刑の一部の執行猶予の取消しの場合における他の刑の執行猶予の取消し）

第27条の6　前2条の規定により刑の一部の執行猶予の言渡しを取り消したと
　　きは、執行猶予中の他の<u>禁錮以上の刑</u>についても、その猶予の言渡しを取り消
　　　　　　　　　　　　　（拘禁刑）
　　さなければならない。

　（刑の一部の執行猶予の猶予期間経過の効果）

第27条の7　刑の一部の執行猶予の言渡しを取り消されることなくその猶予の
　　期間を経過したときは、その<u>懲役又は禁錮</u>を執行が猶予されなかった部分の期
　　　　　　　　　　　　　　　　（拘禁刑）
　　間を刑期とする<u>懲役又は禁錮</u>に減軽する。この場合においては、当該部分の期
　　　　　　　　　（拘禁刑）
　　間の執行を終わった日又はその執行を受けることがなくなった日において、刑
　　の執行を受け終わったものとする。

（＊新設＊　令和4年法律第67号により）
（2　前項の規定にかかわらず、刑の一部の執行猶予の言渡し後その猶予の期間を経過するまでに更に犯した罪（罰金以
上の刑に当たるものに限る。）について公訴の提起がされているときは、当該期間が経過した日から第4項又は第5項の
規定によりこの項後段の規定による刑の一部の執行猶予の言渡しが取り消されることがなくなるまでの間（以下この項
及び次項において「効力継続期間」という。）、前項前段の規定による減軽は、されないものとする。この場合におい
ては、同項の刑については、当該効力継続期間は当該猶予された部分の刑の執行猶予の言渡しがされているものとみなす。
3　前項前段の規定にかかわらず、効力継続期間における次に掲げる規定の適用については、同項の刑は、第1項前段の
規定による減軽がされ、同項後段に規定する日にその執行を受け終わったものとみなす。
　一　第25条第1項（第2号に係る部分に限る。）、第27条の2第1項（第3号に係る部分に限る。）及び第3項、第27条の
　　4、第27条の5、第34条の2並びに第56条第1項の規定
　二　人の資格に関する法令の規定
4　第2項前段の場合において、当該罪について拘禁刑以上の刑に処せられたときは、同項後段の規定による刑の一部の執
行猶予の言渡しを取り消さなければならない。ただし、当該罪が同項前段の猶予の期間の経過後に犯した罪と併合罪と
して処断された場合において、犯情その他の情状を考慮して相当でないと認めるときは、この限りでない。
5　第2項前段の場合において、当該罪について罰金に処せられたときは、同項後段の規定による刑の一部の執行猶予の言
渡しを取り消すことができる。
6　前2項の規定により刑の一部の執行猶予の言渡しを取り消したときは、執行猶予中の他の拘禁刑についても、その猶予
の言渡しを取り消さなければならない。）

　＊（令和4年法律第67号により、「拘禁刑」に統一されるほか、再度の刑の全部執
　　　行猶予言渡し要件の緩和、猶予期間内再犯による期間経過後の執行猶予取消等
　　　が整備。）

　　　有罪判決を言渡し刑罰として自由刑又は財産刑を言い渡すが、情状によりその
　　執行を一定期間猶予し、その期間を無事経過したときは、刑の言渡しの効力を失

わせ、刑の言渡しがなかったと同様の効果を生じさせる制度が、「**刑の執行猶予**」
である。刑の言い渡しの効力がなくなっても、その後行われた犯罪の量刑に当た
り、執行猶予前科のあることを情状として斟酌し得るのは言うまでもない（最決昭
33・5・1刑集12・7・1293）。

執行猶予には、刑の「**全部執行猶予**」と「**一部執行猶予**」がある。刑の執行を猶
予することにより、刑罰の執行、前科の及ぼす弊害をできるだけ避け、その取消し
を警告することで善行を保持させるなどして再犯防止の目的を達成しようとするも
のといえるが（全部執行猶予につき最判昭24・3・31刑集3・3・406など）、特に
一部執行猶予は、それまで全部実刑か全部執行猶予しかなかったものを、再犯防止
の観点から、施設内処遇に引き続いて、十分な期間の社会内処遇を可能とするため
（仮釈放の場合には社会内処遇は残刑期に限られる）平成25年改正（平25年法49
号）により導入されたものである。執行猶予は、刑罰そのものではなく、刑の付随
処分として裁判所に宣告刑についての選択肢を与えるものであり、特定の犯罪に対
して科される刑の種類・量を変更するものではないため、執行猶予要件の変更は6
条の刑の変更には当たらない（最判昭23・6・22刑集2・7・964、最大判昭24・
7・13刑集3・8・1264、最決平28・7・27刑集70・3・406）。保護観察につき
高松高判昭29・4・20高刑集7・6・823、名古屋高判昭29・5・25高刑集7・7・
1005）。

刑の全部執行猶予の要件は25条に、一部執行猶予の要件は27条の2に規定され
ている。
① 前に禁錮（拘禁刑）以上の刑に処せられたことがない者
② 前に禁錮（拘禁刑）以上の刑に処せられたことがあっても、その執行を終わっ
た日又はその執行の免除を得た日から5年以内に禁錮（拘禁刑）以上の刑に
処せられたことがない者

「**前に**」とは、判決言渡し前のことであり、「**禁錮（拘禁刑）以上の刑に処せられ
た**」とは、刑の執行を受けたことではなく、禁錮（拘禁刑）以上の刑の確定判決を
受けたことをいう。全部執行猶予であっても「処せられた」ことになるが（最判
昭24・3・31刑集3・3・406）、執行猶予期間を経過して言い渡しが効力を失った

とき（27条）、刑の消滅として期間経過により刑の言い渡しが効力を失ったとき、恩赦による罰金以下の刑に減刑されたとき（恩赦6条）などは「禁錮（拘禁刑）以上の刑に処せられた」ことにはならない。刑の一部執行猶予の場合には「執行を終わった日」について27条の7が一部執行猶予との関係を規定しているが、未決勾留日数が刑に満つるまで算入されたときは裁判の確定と同時に刑の執行を終わったことになる。

「執行の免除を得た」とされるのは、刑の時効（31条、32条、33条）、外国において言い渡された刑の全部又は一部執行を受けたとき（5条但書）などである。

上記①、②の場合には、3年以下の懲役・禁錮（拘禁刑）の言い渡しとともに

　　ア　1年ないし5年の執行猶予期間による全部執行猶予

　　イ　1年ないし5年の執行猶予期間による刑の一部執行猶予

が可能であり、50万円以下の罰金については全部執行猶予のみ可能である。

　　③　前に禁錮（拘禁刑）以上の刑に処せられたことがあっても、その刑の全部の執行を猶予された者については

＊恩赦法＊
第6条　減刑は、刑の言渡を受けた者に対して政令で罪若しくは刑の種類を定めてこれを行い、又は刑の言渡を受けた特定の者に対してこれを行う。
＊刑法＊
（外国判決の効力）
第5条　外国において確定裁判を受けた者であっても、同一の行為について更に処罰することを妨げない。
　　ただし、犯人が既に外国において言い渡された刑の全部又は一部の執行を受けたときは、刑の執行を減軽し、又は免除する。
（刑の時効）
第31条　刑（死刑を除く。）の言渡しを受けた者は、時効によりその執行の免除を得る。
（時効の期間）
第32条　時効は、刑の言渡しが確定した後、次の期間その執行を受けないことによって完成する。
　一　無期の懲役又は禁錮については30年
　二　10年以上の有期の懲役又は禁錮については20年
　三　3年以上10年未満の懲役又は禁錮については10年
　四　3年未満の懲役又は禁錮については5年
　五　罰金については3年
　六　拘留、科料及び没収については1年
（時効の停止）
第33条　時効は、法令により執行を猶予し、又は停止した期間内は、進行しない。
2　拘禁刑、罰金、拘留及び科料の時効は、刑の言渡しを受けた者が国外にいる場合には、その国外にいる期間は、進行しない。

158　総論　第9章　刑　罰

　　　あ　保護観察のない全部執行猶予の場合には、1年以下の懲役・禁錮（罰金は
　　　　含まれない。（改正後は2年以下の拘禁刑））とともに1年ないし5年の猶予
　　　　期間による再度の全部執行猶予（25条2項）
　　　い　あ以外の場合も初めて刑務所に服役することになる者などについての上
　　　　記①、②と同様3年以下の懲役・禁錮（拘禁刑）の言い渡しとともに1年
　　　　ないし5年の猶予期間による刑の一部執行猶予
　　　が可能である。

　　再度の全部執行猶予の場合には保護観察が必要的であるが、それ以外の執行猶予
には保護観察は必要的とはされていない（25条の2、27条の3）。保護観察が付さ
れると再度の全部執行猶予ができず、保護観察中の遵守事項違反は執行猶予の裁量
的取消し事由となる（26条の2第2号、27条の5第2号）。執行猶予の必要的取消
しについては、26条、27条の4に、裁量的取消しについては26条の2、27条の5
にそれぞれ規定されている。

　　執行猶予判決確定前に犯された余罪は、25条1項が適用され、取消要件の「**猶予
の言渡前に犯した他の罪**」とは、猶予判決確定前のものをいう（最決昭59・12・

＊刑事訴訟法＊
第350条の16　検察官は、公訴を提起しようとする事件について、事案が明白であり、かつ、軽微であるこ
　と、証拠調べが速やかに終わると見込まれることその他の事情を考慮し、相当と認めるときは、公訴の提
　起と同時に、書面により即決裁判手続の申立てをすることができる。ただし、死刑又は無期若しくは短期1
　年以上の懲役若しくは禁錮に当たる事件については、この限りでない。
　　　　（2～⑥項省略）
＊薬物使用等の罪を犯した者に対する刑の一部の執行猶予に関する法律＊
（刑の一部の執行猶予の特則）
第3条　薬物使用等の罪を犯した者であって、刑法第27条の2第1項各号に掲げる者以外のものに対する同項
　の規定の適用については、同項中「次に掲げる者が」とあるのは「薬物使用等の罪を犯した者に対する刑
　の一部の執行猶予に関する法律（平成25年法律第50号）第2条第2項に規定する薬物使用等の罪を犯した
　者が、その罪又はその罪及び他の罪について」と、「考慮して」とあるのは「考慮して、刑事施設における
　処遇に引き続き社会内において同条第1項に規定する規制薬物等に対する依存の改善に資する処遇を実施す
　ることが」とする。
（刑の一部の執行猶予の必要的取消しの特則等）
第5条　第3条の規定により読み替えて適用される刑法第27条の2第1項の規定による刑の一部の執行猶予の
　言渡しの取消しについては、同法第27条の4第3号の規定は、適用しない。
2　前項に規定する刑の一部の執行猶予の言渡しの取消しについての刑法第27条の5第2号の規定の適用につ
　いては、同号中「第27条の3第1項」とあるのは、「薬物使用等の罪を犯した者に対する刑の一部の執行猶
　予に関する法律第4条第1項」とする。

18刑集38・305等）。なお、懲役・禁錮（拘禁刑）について執行猶予言渡しが必要的な裁判手続として、即決裁判手続（刑訴法350条の16以下）がある。また、薬物使用等の罪を犯した者についての刑の一部執行猶予には特例が設けられている（薬物一部猶予3条ないし5条）。

② 未決勾留日数の本刑算入

（未決勾留日数の本刑算入）
第21条 未決勾留の日数は、その全部又は一部を本刑に算入することができる。

捜査中及び裁判中勾留されていた者については、その未決勾留期間の全部又は一部を、裁判所の判断により、自由刑及び財産刑（罰金・科料）の本刑に算入できる（21条、**裁定通算**という）。一個の主文である限り、懲役刑と罰金刑の併科の場合であってもこれが本刑に当たり、未決勾留日数を非勾留事実についての罰金刑にも算入できる（最決平18・8・30刑集60・6・457等）。裁判所が裁量によって算入できるのは勾留状執行の日から判決言渡しの前日までの間の現実に拘禁されていた日数である。ただし、上訴期間中や、検察官が上訴した場合及び被告人側上訴の上訴審で原判決破棄された場合の上訴申立後の勾留期間は、当然に本刑に算入される（刑訴法495条、**法定通算**という）。鑑定留置（刑訴法167条6項）や観護措置により少年鑑別所に収容されていた期間（少年法53条）も未決勾留日数とみなされる。未決勾留中に他の確定した刑の執行が行われることもあるが、このように未決勾留と刑の執行が重なったときは、その期間は未決勾留を本刑に算入できない（最大判昭32・12・25刑集11・4・3377。労役場留置につき最判昭54・4・19刑集33・3・261）。

未決勾留日数が本刑に算入されると、受刑者は、その分だけ既に受刑し終わったものとして扱われる。刑期の終了日は、まず算入がなかったとした場合の満期日を算出した上、その日から算入日数を逆算する方法によって決定するのが実務上の取扱いである。また、無期刑の言い渡しの場合も、恩赦による減刑があり得るので、

160 総論 第9章 刑 罰

算入可能とするのが判例である（最判昭30・6・1刑集9・7・1103）。財産刑の場合は、「未決勾留日数○日をその1日○○○円に換算して算入する」といった形で主文で言い渡される（18条4項、刑訴333条1項。法定通算は判決で宣告すべきものではないことにつき最決昭26・3・29刑集5・4・722）。

＊刑事訴訟法＊

第167条　被告人の心神又は身体に関する鑑定をさせるについて必要があるときは、裁判所は、期間を定め、病院その他の相当な場所に被告人を留置することができる。

② 前項の留置は、鑑定留置状を発してこれをしなければならない。

③ 第1項の留置につき必要があるときは、裁判所は、被告人を収容すべき病院その他の場所の管理者の申出により、又は職権で、司法警察職員に被告人の看守を命ずることができる。

④ 裁判所は、必要があるときは、留置の期間を延長し又は短縮することができる。

⑤ 勾留に関する規定は、この法律に特別の定のある場合を除いては、第1項の留置についてこれを準用する。但し、保釈に関する規定は、この限りでない。

⑥ 第1項の留置は、未決勾留日数の算入については、これを勾留とみなす。

第333条　被告事件について犯罪の証明があつたときは、第334条の場合を除いては、判決で刑の言渡をしなければならない。

② 刑の執行猶予は、刑の言渡しと同時に、判決でその言渡しをしなければならない。猶予の期間中保護観察に付する場合も、同様とする。

第495条　上訴の提起期間中の未決勾留の日数は、上訴申立後の未決勾留の日数を除き、全部これを本刑に通算する。

② 上訴申立後の未決勾留の日数は、左の場合には、全部これを本刑に通算する。

　一　検察官が上訴を申し立てたとき。

　二　検察官以外の者が上訴を申し立てた場合においてその上訴審において原判決が破棄されたとき。

③ 前二項の規定による通算については、未決勾留の1日を刑期の1日又は金額の4000円に折算する。

④ 上訴裁判所が原判決を破棄した後の未決勾留は、上訴中の未決勾留日数に準じて、これを通算する。

＊少年法＊

（少年鑑別所収容中の日数）

第53条　第17条第1項第2号の措置がとられた場合においては、少年鑑別所に収容中の日数は、これを未決勾留の日数とみなす。

－実務家のための－
刑法概説

各　　論

第1編　個人的法益に対する罪
第1部　生命・身体に対する罪
第2部　自由及び生活の平穏を害する罪
第3部　名誉及び信用に対する罪
第4部　財産に対する罪

第2編　社会的法益に対する罪
第1部　公共の平穏を害する罪
第2部　公共の信用を害する罪
第3部　風俗を害する罪

第3編　国家的法益に対する罪

第1編　個人的法益に対する罪

第1部　生命・身体に対する罪

第1章　殺人の罪

第2章　傷害の罪

第3章　過失傷害の罪

第4章　堕胎の罪

第5章　遺棄の罪

第1章　殺人の罪

第1項　殺人罪

＊刑法等の一部を改正する法律（令和4年法律第67号）の施行後は、下線部分の（拘禁刑）（有期拘禁刑）等となる。

（殺人）

第199条　人を殺した者は、死刑又は無期若しくは5年以上の懲役に処する。
（拘禁刑）

（未遂罪）

第203条　第199条及び前条の罪の未遂は、罰する。

① 人

　この世に生を受け、それぞれの運命の下に死んでゆく自然人を指す。人となる始期は「**出生**」であり、人でなくなる終期は「**死亡**」である。

　出生のいかなる段階から人となるか。民法では、母体から胎児が全部露出した時とするのが通説・判例となっているが、刑法では一部露出説が通説・判例（大判大8・12・13刑録25・1367）となっている。民法では、権利能力（権利を得、義務を負う主体となる資格・地位）を与えるかどうかという観点から考えるが（民法第3条1項）、刑法では、胎児の一部でも母体外に現われれば直接その生命・身体に侵害を加えることができる状態に達するから、この段階から独立の保護の対象とする。胎児が出生時に死亡していれば、人とはいえず、また、胎児を死亡させる行為は殺人罪ではなく、堕胎罪として処罰される。

＊民法＊

　第一節　権利能力

第3条　私権の享有は、出生に始まる。

2　外国人は、法令又は条約の規定により禁止される場合を除き、私権を享有する。

166 各論第1編第1部 第1章 殺人の罪

人は、いかなる状態となったとき、死亡とされるか。**脈搏終止説**（心臓の鼓動が永久的に停止したとき）、**呼吸終止説**（呼吸の永久にとまったとき）などがあるが、脈搏及び自発的呼吸の停止並びに**瞳孔散大**（対光反射の喪失）をもって死とする**三徴候説**が有力である。しかし、最近における科学技術の発達により、人工呼吸器を使用することで、自発的呼吸の停止、瞳孔散大後も心臓が停止しないという従前の基準では不十分な事例も現われ、全能の不可逆的機能停止を死とする**脳死説**さらには、脳幹部分の同様の機能停止を死とする**脳幹死説**も唱えられている。なお、脳死下における臓器移植のための臓器の摘出等について死体に脳死した身体を含め、一定の要件の下でこれを認める臓器の移植に関する法律が制定されている。

2 殺人行為

未必的なものも含め、殺意をもって自然の死期に先立って生命を絶つことである。絞め殺す、刺し殺す、射殺する、焼き殺す、毒殺するなどその手段・方法に制限はない（気管確保用チューブを抜管し、筋弛緩剤を投与した場合につき最決平21・12・7刑集63・11・1899）。乳児や、重病者に対し、殺意（未必的殺意を含む）をもって、乳や食事・薬を与えないという不作為による殺人もある（必要な治療を受けさせなかった最決平17・7・4集59・6・403、インスリンは毒であるなどと母親に申し向け、同女を道具として利用して生命維持に必要なインスリンを投与させなかった最決令2・8・24刑集74・5・517（総論第3章第6項**3**の解説☞35頁**参照**））。被害者に暴行脅迫を加えて自殺させる（最決平16・1・20集58・1・1）のはもとより、自殺の意味も首吊りの結果も理解する能力がない者に、無知に

＊臓器の移植に関する法律＊

（臓器の摘出）

第6条 医師は、次の各号のいずれかに該当する場合には、移植術に使用されるための臓器を、死体（脳死した者の身体を含む。以下同じ。）から摘出することができる。
一 死亡した者が生存中に当該臓器を移植術に使用されるために提供する意思を書面により表示している場合であって、その旨の告知を受けた遺族が当該臓器の摘出を拒まないとき又は遺族がないとき。
二 死亡した者が生存中に当該臓器を移植術に使用されるために提供する意思を書面により表示している場合及び当該意思がないことを表示している場合以外の場合であって、遺族が当該臓器の摘出について書面により承諾しているとき。
2 前項に規定する「脳死した者の身体」とは、脳幹を含む全脳の機能が不可逆的に停止するに至ったと判定された者の身体をいう。
　　　（第3項～第6項省略）

乗じて首吊りを実行させて死亡させるなども殺人の故意がある限り自殺関与罪など（202条）ではなく、殺人罪が成立する。

③ 処　罰

　　未遂を処罰する（203条）。殺人の故意をもって行為に着手したが、死亡の結果が発生しなかった場合である（既遂の事案ではあるが、クロロホルム吸引より失神させる行為についての最決平16・3・22刑集58・3・187）。

　　次条の「**尊属殺人罪**」が、憲法違反の条文であるという最高裁判所の判例（本章第2項☞171頁参照）が出、さらに平成7年の法改正で削除されたため、自己又は配偶者の直系尊属を殺した場合も、殺人罪（199条　未遂203条を含む）が成立するにすぎない。

＊組織的な犯罪の処罰及び犯罪収益の規制等に関する法律＊

（組織的な殺人等）

第3条　次の各号に掲げる罪に当たる行為が、団体の活動（団体の意思決定に基づく行為であって、その効果又はこれによる利益が当該団体に帰属するものをいう。以下同じ。）として、当該罪に当たる行為を実行するための組織により行われたときは、その罪を犯した者は、当該各号に定める刑に処する。

　一　刑法（明治40年法律第45号）第96条（封印等破棄）の罪　5年以下の懲役若しくは500万円以下の罰金又はこれらの併科

　二　刑法第96条の2（強制執行妨害目的財産損壊等）の罪　5年以下の懲役若しくは500万円以下の罰金又はこれらの併科

　三　刑法第96条の3（強制執行行為妨害等）の罪　5年以下の懲役若しくは500万円以下の罰金又はこれらの併科

　四　刑法第96条の4（強制執行関係売却妨害）の罪　5年以下の懲役若しくは500万円以下の罰金又はこれらの併科

　五　刑法第186条第1項（常習賭博）の罪　5年以下の懲役

　六　刑法第186条第2項（賭博場開張等図利）の罪　3月以上7年以下の懲役

　七　刑法第199条（殺人）の罪　死刑又は無期若しくは6年以上の懲役

　八　刑法第220条（逮捕及び監禁）の罪　3月以上10年以下の懲役

　九　刑法第223条第1項又は第2項（強要）の罪　5年以下の懲役

　十　刑法第225条の2（身の代金目的略取等）の罪　無期又は5年以上の懲役

　十一　刑法第233条（信用毀損及び業務妨害）の罪　5年以下の懲役又は50万円以下の罰金

　十二　刑法第234条（威力業務妨害）の罪　5年以下の懲役又は50万円以下の罰金

　十三　刑法第246条（詐欺）の罪　1年以上の有期懲役

　十四　刑法第249条（恐喝）の罪　1年以上の有期懲役

　十五　刑法第260条前段（建造物等損壊）の罪　7年以下の懲役

2　団体に不正権益（団体の威力に基づく一定の地域又は分野における支配力であって、当該団体の構成員による犯罪その他の不正な行為により当該団体又はその構成員が継続的に利益を得ることを容易にすべきものをいう。以下この項及び第6条の2第2項において同じ。）を得させ、又は団体の不正権益を維持し、若しくは拡大する目的で、前項各号（第5号、第6号及び第13号を除く。）に掲げる罪を犯した者も、同項と同様とする。

168　各論第1編第1部　第1章　殺人の罪

　なお、組織的な態様又は団体の不正権益を獲得、維持、拡大する目的で行われた

ときは、刑の下限が6年以上の懲役（拘禁刑）に加重されている（**組織的犯罪処罰**

法3条）。**「組織的な態様」**とは、団体の活動（団体の意思決定に基づく行為であっ

＊組織的な犯罪の処罰及び犯罪収益の規制等に関する法律＊

（定義）

第2条　この法律において「団体」とは、共同の目的を有する多数人の継続的結合体であって、その目的又は
意思を実現する行為の全部又は一部が組織（指揮命令に基づき、あらかじめ定められた任務の分担に従っ
て構成員が一体として行動する人の結合体をいう。以下同じ。）により反復して行われるものをいう。

2　この法律において「犯罪収益」とは、次に掲げる財産をいう。

　一　財産上の不正な利益を得る目的で犯した別表に掲げる罪の犯罪行為（日本国外でした行為であって、
当該行為が日本国内において行われたとしたならばこれらの罪に当たり、かつ、当該行為地の法令によ
り罪に当たるものを含む。）により生じ、若しくは当該犯罪行為により得た財産又は当該犯罪行為の報酬
として得た財産

　二　次に掲げる罪の犯罪行為（日本国外でした行為であって、当該行為が日本国内において行われたとし
たならばイ、ロ又はニに掲げる罪に当たり、かつ、当該行為地の法令により罪に当たるものを含む。）に
より提供された資金

　　イ　覚せい剤取締法（昭和26年法律第252号）第41条の10（覚せい剤原料の輸入等に係る資金等の提
供等）の罪

　　ロ　売春防止法（昭和31年法律第118号）第13条（資金等の提供）の罪

　　ハ　銃砲刀剣類所持等取締法（昭和33年法律第6号）第31条の13（資金等の提供）の罪

　　ニ　サリン等による人身被害の防止に関する法律（平成7年法律第78号）第7条（資金等の提供）の罪

　三　次に掲げる罪の犯罪行為（日本国外でした行為であって、当該行為が日本国内において行われたとし
たならばこれらの罪に当たり、かつ、当該行為地の法令により罪に当たるものを含む。）により供与され
た財産

　　イ　第7条の2（証人等買収）の罪

　　ロ　不正競争防止法（平成5年法律第47号）第18条第1項の違反行為に係る同法第21条第2項第7号
（外国公務員等に対する不正の利益の供与等）の罪

　四　公衆等脅迫目的の犯罪行為のための資金等の提供等の処罰に関する法律（平成14年法律第67号）第3
条第1項若しくは第2項前段、第4条第1項若しくは第5条第1項（資金等の提供）の罪又はこれらの罪の
未遂罪の犯罪行為（日本国外でした行為であって、当該行為が日本国内において行われたとしたならば
これらの罪に当たり、かつ、当該行為地の法令により罪に当たるものを含む。）により提供され、又は提
供しようとした財産

　五　第6条の2第1項又は第2項（テロリズム集団その他の組織的犯罪集団による実行準備行為を伴う重大
犯罪遂行の計画）の罪の犯罪行為である計画（日本国外でした行為であって、当該行為が日本国内にお
いて行われたとしたならば当該罪に当たり、かつ、当該行為地の法令により罪に当たるものを含む。）を
した者が、計画をした犯罪の実行のための資金として使用する目的で取得した財産

3　この法律において「犯罪収益に由来する財産」とは、犯罪収益の果実として得た財産、犯罪収益の対価と
して得た財産、これらの財産の対価として得た財産その他犯罪収益の保有又は処分に基づき得た財産をいう。

4　この法律において「犯罪収益等」とは、犯罪収益、犯罪収益に由来する財産又はこれらの財産とこれらの
財産以外の財産とが混和した財産をいう。

5　この法律において「薬物犯罪収益」とは、麻薬特例法第2条第3項に規定する薬物犯罪収益をいう。

6　この法律において「薬物犯罪収益に由来する財産」とは、麻薬特例法第2条第4項に規定する薬物犯罪収
益に由来する財産をいう。

7　この法律において「薬物犯罪収益等」とは、麻薬特例法第2条第5項に規定する薬物犯罪収益等をいう。

て、その効果又はこれによる利益が当該団体に帰属するもの）として、当該罪にあたる行為を実行するための組織（指揮命令に基づき、あらかじめ定められた任務の分担に従って構成員が一体として行動する人の結合体のこと）により行われることである。また、「**不正権益**」とは、団体の威力に基づく一定の地域又は分野における支配力であって、当該団体の構成員による犯罪その他の不正な行為により当該団体又はその構成員が継続的に利益を得ることを容易にすべきものであり、いわゆる縄張りがこれに当たる。「**団体**」は、一時的な人の集合では足りず、「共同の目的を有する多数人の継続的結合体であって、その目的又は意思を実現する行為の全部又は一部が組織により反復して行われるもの」と定義されている（同法2条1項）。

☞**【実例】 1 （ひき逃げ）**

　　　　甲は、自動車を運転中、過失で歩行者Aを轢いてしまった。甲は、怪我の大きいAを最寄りの病院に運ぼうと思って、Aを助手席に乗せて発進したものの、途中で、この事故が発覚するのをおそれて、どこか適当な場所にAを捨ててしまおうと決意し、病院とは全く別の方向に向かい20キロ余走行しているうちに、Aは車内で出血とショックで息を引き取った。

〔解説〕

　　　　改正前の自動車運転過失致傷罪（自動車の運転により人を死傷させる行為等の処罰に関する法律5条過失運転致傷罪）のほか殺人罪が成立する。

　　　　人の生命・身体を危険に陥れる行為を自ら行ったために他人をして扶助・保護を要する危険な状態にさせた者が、その他人の扶助・保護を引き受ける行為に出たとき、殊に、本件のように自分の車に乗せて自己の管理下に置いたような場合には、その他人を、身体の危険の一層の増大や生命の危険から守るべく最善の努力を尽くすべき義務がある。これは道路交通法に定める負傷者の救護義務のような、法律が定めた義務とは性質を異にするところの根本的・基本的な条理上（道理上・人倫上）の義務である。したがって、この義務に背いて、

自動車の運転により人を死傷させる行為等の処罰に関する法律
（過失運転致死傷）
第5条　自動車の運転上必要な注意を怠り、よって人を死傷させた者は、7年以下の懲役若しくは禁錮又は100万円以下の罰金に処する。ただし、その傷害が軽いときは、情状により、その刑を免除することができる。

なすべき手を尽くさなかった（不作為）のであるし、かつ、被害者の死を予見し認容していた（捨ててしまえば死ぬだろうし死んでもかまわない）のであるから、その予見した結果（死）が発生すれば殺人罪が成立するのは当然である。この場合の殺人罪は、いわゆる不真正不作為犯である（東京地判昭40・9・30下刑集7・9・1828、東京高判昭46・3・4判タ265・220等）。

☞【実例】2　（未必の殺意）

　　甲は、A女を不同意性交しようとした際、A女が抵抗するので、A女を押し倒して馬乗りとなりA女の頸部（くび）を約3分間もの間、力一杯絞りあげているうち、A女は動かなくなったので急いでA女に対し性交して逃げた。A女は翌日其の場で死亡しているのが発見された。甲は、殺すつもりは全くなかったと主張して殺意を否認した。

〔解説〕

　　甲は不同意性交等致死罪だけでなく殺人罪も成立し、観念的競合となるとするのが判例である（大判大4・12・11刑録21・2088、最判昭31・10・25刑集10・10・1455（181条の①の解説☞549頁参照））。事実の認定の問題としては、甲がA女の首を絞めた点につき「扼頸によって窒息死するまでの時間は、緊扼の強さや態様により異なり、緊扼が強く頸動脈や神経気道に対する圧迫が強ければ時間が短くなるが、一般には3分ないし5分であるところ、甲の扼頸の態様は、かなり強力で執ようかつ継続的なものであったこと、扼頸という方法が、人を殺す場合ことに素手で殺人を行う場合における通常のかつ有効な手段であることは何人もこれを知っていることなどを合わせ考えると、甲がA女を扼頸していた時点においてその扼頸によりA女が死亡してしまうかも知れないがそれもやむをえないと考えていたものであると認定するのが相当である。」としている。犯人が包丁などの刃物を使って切りつけ被害者が死亡した事件で、犯人が殺意を否定することが多いが、胸や首など身体の枢要部を深く突き刺しているときは確定的な殺意が認められるのが一般であり、また身体をメッタ切り、メッタ突きしているのも少なくとも未必の殺意のある情況である。

☞【実例】3　（誤射による過失致死と殺人）

甲は、狩猟仲間のＡらと熊射ちに出かけ薄暗い山の中に入ったが、山小屋内で動く黒い影を熊と思い込んで２発射ったところ、それは仲間のＡで、Ａは重傷を負って倒れた。甲はＡを射ったことに気付き、Ａが断末魔の苦悩にあえいでいる様子を直視したが、目撃者がいないところから、いっそＡを殺害して早く楽にさせてやり、かつ自分の犯行が判らないようにしようと思い、Ａに至近距離から胸に１発射ち込み、Ａを即死させて逃げた。

　死体の鑑定の結果、Ａは甲の最初の誤射２発により、もはや回復不可能で、あとの３発目を射たなくても数分ないし10数分後に必ず死亡するに至るような傷害を受けていた。しかし、３発目も死期を早めたものであることが認められた。

〔解説〕

　甲の誤射によりＡが瀕死の重傷を負ったから、甲には、まず業務上過失致傷か致死かが成立するが、Ａがまだ死亡する前に甲の殺意による発射行為が開始され、既に生じていた傷害のほかに新たな傷害が加えられて死亡の結果が生じたので、殺人罪の構成要件を充足する行為もあったというべきである。この場合、最初の誤射による因果の進行は、次の瞬間に発生した殺意による発射行為により断絶したものと評価せざるをえないし、因果が断絶する迄の段階では傷害にとどまるとみざるをえないのである。本件では最初の２発による業務上過失傷害罪と３発目による殺人罪とが成立し、両罪は併合罪の関係にあるとされている（最決昭53・3・22刑集32・2・381）。

第２項　尊属殺人罪

:･･･
: 第200条　削　除
:･･･

① 憲法違反で無効の規定

　最大判昭48・4・4（刑集24・3・265）は、自己又は配偶者の直系尊属に対する殺人を死刑又は無期懲役に処するとする刑法200条は、憲法14条１項に違反して無効である旨の判決を言い渡した。尊属の生命・身体に対する犯罪を一般人に対

172 　各論第1編第1部　第1章　殺人の罪

する犯罪よりも重く処罰する特別規定は、尊属傷害致死（205条2項）、尊属遺棄（218条2項）、尊属逮捕監禁（220条2項）にもみられたが、違憲無効の規定と宣言されたのは、200条のみである。判例の考え方によれば、法改正により法定刑の下限が引き下げられれば、尊属殺規定は合憲ということになるが、これら「**尊属加重規定**」は、平成7年の法改正ですべて削除され、適用の余地がなくなった。

第3項　殺人予備罪

＊刑法等の一部を改正する法律（令和4年法律第67号）の施行後は、下線部分の（拘禁刑）（有期拘禁刑）等となる。

> （予備）
> **第201条**　第199条の罪を犯す目的で、その予備をした者は、2年以下の懲役に
> 　　　　　　　　　　　　　　　　　　　　　　　　　　　　　　　（拘禁刑）
> 　　　処する。ただし、情状により、その刑を免除することができる。

1　予　備

犯罪を実現するためにする準備行為で、実行の着手に至らないものをいう。未必的殺意に基づくものを含むのは言うまでもない。必ずしも、殺人が自ら企画したり、共犯者の企画したものである必要はなく、自己の行為が殺人の準備行為であることの認識があれば足りると解される（東京高判平10・6・4判時1650・155）。

毒薬の購入、凶器の準備などは他の具体的情況と一緒になって殺人の予備を構成する。

一般に犯罪の予備段階の行為は処罰されないが、殺人・強盗・内乱など重大犯罪については、予備段階の行為も、特別に規定を設けて処罰されることになっている（78条（条文は☞101頁参照）、237条（☞300頁参照）など）。

2　処　罰

予備から進んで、行為者の行為が実行の着手から先へ向かうと、もはや、予備の

＊日本国憲法＊

第14条　すべて国民は、法の下に平等であつて、人種、信条、性別、社会的身分又は門地により、政治的、経済的又は社会的関係において、差別されない。

②　華族その他の貴族の制度は、これを認めない。

③　栄誉、勲章その他の栄典の授与は、いかなる特権も伴はない。栄典の授与は、現にこれを有し、又は将来これを受ける者の一代に限り、その効力を有する。

第3項 殺人予備罪 173

行為は、殺人未遂や殺人既遂に吸収されてしまう（この場合の予備行為は不可罰的事前行為）。

他人の行う殺人のための準備行為（例えば青酸ソーダの準備）もその他人と意思を通じておれば、殺人予備の共同正犯となる（最決昭37・11・8刑集16・11・1522。上記東京高判平10・6・4は承継的共同正犯を認める）。

3 特別法

政治目的のためにする殺人の予備・陰謀・教唆・せん動は、破壊活動防止法

＊破壊活動防止法＊
（政治目的のための放火の罪の予備等）
第39条 政治上の主義若しくは施策を推進し、支持し、又はこれに反対する目的をもって、刑法第108条、第109条第1項、第117条第1項前段、第126条第1項若しくは第2項、第199条若しくは第236条第1項の罪の予備、陰謀若しくは教唆をなし、又はこれらの罪を実行させる目的をもってするその罪のせん動をなした者は、5年以下の懲役又は禁こに処する。
＊組織的な犯罪の処罰及び犯罪収益の規制等に関する法律＊
（組織的な殺人等の予備）
第6条 次の各号に掲げる罪で、これに当たる行為が、団体の活動として、当該行為を実行するための組織により行われるものを犯す目的で、その予備をした者は、当該各号に定める刑に処する。ただし、実行に着手する前に自首した者は、その刑を減軽し、又は免除する。
　一　刑法第199条（殺人）の罪　5年以下の懲役
　二　刑法第225条（営利目的等略取及び誘拐）の罪（営利の目的によるものに限る。）　2年以下の懲役
2　第3条第2項に規定する目的で、前項各号に掲げる罪の予備をした者も、同項と同様とする。
（テロリズム集団その他の組織的犯罪集団による実行準備行為を伴う重大犯罪遂行の計画）
第6条の2 次の各号に掲げる罪に当たる行為で、テロリズム集団その他の組織的犯罪集団（団体のうち、その結合関係の基礎としての共同の目的が別表第三に掲げる罪を実行することにあるものをいう。次項において同じ。）の団体の活動として、当該行為を実行するための組織により行われるものの遂行を2人以上で計画した者は、その計画をした者のいずれかによりその計画に基づき資金又は物品の手配、関係場所の下見その他の計画をした犯罪を実行するための準備行為が行われたときは、当該各号に定める刑に処する。ただし、実行に着手する前に自首した者は、その刑を減軽し、又は免除する。
　一　別表第四に掲げる罪のうち、死刑又は無期若しくは長期10年を超える懲役若しくは禁錮の刑が定められているもの　5年以下の懲役又は禁錮
　二　別表第四に掲げる罪のうち、長期4年以上10年以下の懲役又は禁錮の刑が定められているもの　2年以下の懲役又は禁錮
2　前項各号に掲げる罪に当たる行為で、テロリズム集団その他の組織的犯罪集団に不正権益を得させ、又はテロリズム集団その他の組織的犯罪集団の不正権益を維持し、若しくは拡大する目的で行われるものの遂行を2人以上で計画した者も、その計画をした者のいずれかによりその計画に基づき資金又は物品の手配、関係場所の下見その他の計画をした犯罪を実行するための準備行為が行われたときは、同項と同様とする。
3　別表第四に掲げる罪のうち告訴がなければ公訴を提起することができないものに係る前2項の罪は、告訴がなければ公訴を提起することができない。
4　第1項及び第2項の罪に係る事件についての刑事訴訟法（昭和23年法律第131号）第198条第1項の規定による取調べその他の捜査を行うに当たっては、その適正の確保に十分に配慮しなければならない。

（39条）に特別の処罰規定がある。また、組織的な態様又は団体の不正権益の獲得・維持・拡大を目的とするものは5年以下の懲役（拘禁刑）とされ、自首の場合には刑の必要的減軽・免除とされている（組織的犯罪処罰法6条。同法3条（条文☞167頁参照）の罪の計画罪につき6条の2）。

第4項　自殺教唆罪・自殺幇助罪・嘱託殺罪・承諾殺罪

＊刑法等の一部を改正する法律（令和4年法律第67号）の施行後は、下線部分の（拘禁刑）（有期拘禁刑）等となる。

（自殺関与及び同意殺人）
第202条　人を教唆し若しくは幇助して自殺させ、又は人をその嘱託を受け若しくはその承諾を得て殺した者は、6月以上7年以下の懲役又は禁錮に処する。
_{（拘禁刑）}

1 自 殺

自殺の意味を理解する能力のある者の自由な意思による自殺を意味する。その能力のない幼児（大判昭9・8・27刑集13・1086）や白痴、或いは自由な意思を持つ状態にない例えば強烈な脅迫下にある者に対して、本条の行為を行えば、殺人罪の成立を考慮しなければならない（自由が完全に失われる必要のないことにつき最決平16・1・20刑集58・1・1）。

自殺者自身は、生き返っても自殺をしたこと自体について刑事責任を問われない。しかし、他人が自殺者の自殺に関与したときは、不可罰とならない。生命は本人が自ら法益を放棄したとしても公益上はこれを容認すべき性質のものではないため、少なくとも自殺に関与した者には処罰を加えることとしている。

2 自殺教唆

自殺の意思のない者に自殺の決意をさせることである。

3 自殺幇助

すでに自殺の決意をしている者の自殺行為を容易にさせる手助け行為のいっさいをいう。

4 同意殺人

本人の依頼により、又は同意のもとに犯す殺人である。被害者の依頼や同意があ

る点で普通殺人より刑が軽減される。「嘱託殺」、「承諾殺」ともいう。

　本人は死の意味を理解する者でなければならないし、依頼や同意は本人の自由意思から出た真意に基づくものでなければならない。騙したり錯誤を利用したとき、未必的にでも殺意があれば殺人罪の適用を考慮しなければならない。また、決闘による場合も本条ではなく決闘罪と殺人罪の問題として処理することになる（決闘ニ関スル件2条、3条）。

　一緒に死ぬ意思はないのに、一緒に死ぬ旨婦女を騙して死ぬ気にならせ、心中するふりをして女に青酸ソーダを飲ませて殺した場合は、承諾殺でなく殺人である（最判昭33・11・21刑集12・15・3519）。承諾のなかったことは、検察官に立証責任があるので、被害者が承諾していた可能性が否定できないときは、承諾殺人罪が認定されることになる（横浜地判平11・10・6判時1691・158）。なお、被害者が死の結果に結びつくことを意識してナイフでの刺突行為を依頼したときは、たとえ死の結果を望んでいなくとも真意に基づく殺害の嘱託になるとした裁判例がある（大阪高判平10・7・16判時1647・156。被害者から死の結果発生の危険性の高い暴行行為を依頼されたものの犯人に殺意が認められない場合を傷害致死としたものとして札幌高判平25・7・11高検速報平25・253）。

5　**安楽死**

　不治の病などで死期の切迫した者の肉体的な苦痛が甚しい場合に、その苦痛を軽減又は除去するため、薬等で死なせる方法を講ずることを「**安楽死**」又は「**安死術**」と呼んでいる。本人の嘱託・承諾のあるときは本条の問題となり、それがないときは殺人罪の問題となる。

＊明治22年法律第34号（決闘罪ニ関スル件）＊
第1条　決闘ヲ挑ミタル者又ハ其挑ニ応シタル者ハ6月以上2年以下ノ重禁錮ニ処シ10円以上100円以下ノ罰金ヲ附加ス
第2条　決闘ヲ行ヒタル者ハ2年以上5年以下ノ重禁錮ニ処シ20円以上200円以下ノ罰金ヲ附加ス
第3条　決闘ニ依テ人ヲ殺傷シタル者ハ刑法ノ各本条ニ照シテ処断ス
第4条　決闘ノ立会ヲ為シ又ハ立会ヲ為スコトヲ約シタル者ハ証人介添人等何等ノ名義ヲ以テスルニ拘ラス1月以上1年以下ノ重禁錮ニ処シ5円以上50円以下ノ罰金ヲ附加ス
②　情ヲ知テ決闘ノ場所ヲ貸与シ又ハ供用セシメタル者ハ罰前項ニ同シ
第5条　決闘ノ挑ニ応セサルノ故ヲ以テ人ヲ誹毀シタル者ハ刑法ニ照シ誹毀ノ罪ヲ以テ論ス
第6条　前数条ニ記載シタル犯罪刑法ニ照シ其重キモノハ重キニ従テ処断ス

176　各論第1編第1部　第1章　殺人の罪

安楽死は許されるという説がある。一定の条件のもとにおいて行われる安楽死は犯罪構成要件に該当しても違法性が阻却されるからとか、違法性は阻却されないが具体的事情のもとではそれ以外の行為に出ることを期待できないと認められれば期待可能性なしとして責任が阻却されるからとか、というのがその理由である。

しかし、我が国においては、いくつかの事件でこの問題が争われたものの、いまだこの種の安楽死を認めて行為者を無罪とした裁判例は現れておらず、いずれも有罪となっているが、不治の病に冒され、命脈すでに迫った父親が死にまさる苦しみにあえいで「殺してくれ」「楽にしてくれ」と申し出ているので牛乳に殺虫剤を混入して死なせた事案につき、嘱託殺人を認め、かつ厳格な条件の下でなら安楽死を認めうる旨説示する裁判例がある（名古屋高判昭37・12・22高刑集15・9・674等）。総論第4章第9項安楽死（☞70頁）**参照**。

6　未　遂

自殺関与罪及び同意殺人罪は未遂も処罰される（203条（条文☞165頁**参照**))。

第2章　傷害の罪

第1項　傷害罪

＊刑法等の一部を改正する法律（令和4年法律第67号）の施行後は、下線部分の（拘禁刑）（有期拘禁刑）等となる。

> （傷害）
> 第204条　人の身体を傷害した者は、15年以下の懲役又は50万円以下の罰金に
> 　（拘禁刑）
> 　処する。

① 傷　害

「**傷害**」とは、あくまでも法的な概念であるから、傷創にとどまらず、病原菌感染等により病気にかからせた場合（最判昭27・6・6刑集6・6・795）、失神・吐気・めまいを起こさせた場合（大判昭8・6・5刑集12・736、大判昭8・9・6刑集12・1593）を含み、暴行を加えた結果、外見的には皮下出血、打撲痕等がなくとも疼痛（ずきずき痛む打撲痛）が生じた場合も、これに当たる（最決昭32・4・23刑集11・4・1393）。ＰＴＳＤ（心的外傷後ストレス障害）も傷害と考えてよい（最決平24・7・24刑集66・8・709、富山地判平13・4・19判タ1081・291、東京地判平16・4・20判時1877・154）。

「**傷害**」の意味について三つの考え方がある。

　　第一は、人の生理機能に障害を生じさせること、或いは、人の健康状態を不良
　　　に変更することをいうとする説

　　第二は、身体の完全性を害することをいうとする説

　第二の説には、頭髪や爪を不法に切り取ってしまったものも入る。説が分かれるのは、主として毛髪や爪を切り取った場合であるが、これには程度の差もあり、ま

た女性と男性、幼児と成人とでは被害の程度も違う。そこで、

　　第三は、第一の説の考え方に加え、人の外貌（容姿）を著しく損傷する場合も
　　　含むとする説

　明治時代の判例には、傷害とは人の「生活機能の毀損即ち健康状態の不良変更を
惹起すること」であるとして、婦女の頭髪の切断を「暴行」にすぎないとしたもの
もある（大判明45・6・20刑録18・896）。しかしながら、不法に成人の女性の黒
髪をズタズタに切断する暴行を加え、丸坊主に近い状態にし、そのままでは人前に
出られないようにした場合などは、生理的機能には直接明白な障害を生じさせなく
ても、頭脳を外力から防護する生活機能を持つ頭髪を失わせるものである上、極め
て強烈な心理的ショックを与え、かつ日常生活にたちまち障害をきたすのであり、
まさに生活機能に著しい障害を生じさせる性質のものであるところからも、「頭髪
が頭部の全面にわたり欠落する」傷害を負わせたというべきである（東京地判昭
38・3・23判タ147・92など）。なお、極めて短時間で治癒するもの、被害者も自
覚しないもの、キスマークなど軽微なものについては、「日常生活上看過されるも
の」として、傷害に当たらないとする下級審裁判例が少なからず存することに注意
が必要である。

2　**傷害の方法**

　傷害を生じさせる方法は、通常は暴行（殴る・蹴る・突く・切る・刺す・撃つ・
大きな音を立てるなど）であるが、暴行以外の方法もある。すなわち、病菌を感染
させる（チフス菌の混入した食べ物を贈って食べさせチフスにかからせるなど、最
判昭27・6・6刑集6・795）、睡眠薬等を摂取させて意識障害等を伴う急性薬物中
毒の症状を生じさせる（最決平24・1・30集66・1・36）、いやがらせ電話によっ
て神経衰弱に陥らせる（東京地判昭54・8・10判時943・122）、ラジオの音声、
めざまし時計のアラームで慢性頭痛症、睡眠障害等を負わせる（最決平17・3・29
集59・2・54）などのほか、病人に医薬を与えず病状を悪化させる（この場合は
不作為）場合もある。また、被害者を脅迫し、被害者自身を道具として指を切らせ
る間接正犯の形態によることも可能である（鹿児島地判59・5・31刑裁月報16・
5・437）。

第1項　傷害罪　179

このほか、相手を平手で叩く意思で手を振り上げたところ恐れた相手が逃げ出し転倒して怪我をした場合（最判昭25・11・9刑集4・11・2239（総論第3章第7項【実例】の解説☞42頁参照））、刀でみね打ちを食わせるつもりで刀を近づけたところ相手が手で防ごうとして受傷した場合、これらも傷害罪が成立する（この二つの例では、傷害罪が暴行罪の結果的加重犯として成立するのである）。狭い室内で相手を脅かすために日本刀を振り回すことも、相手に対する暴行となり、誤って腹に突き刺ささった場合も傷害罪が成立する（最決昭39・1・28刑集18・1・31）。車の幅寄せ（東京高判平16・12・1東高時報55・1＝12・107）なども同様である。

なお、同じ相手に同一機会に幾つもの暴行を加え（頭を殴り・足を蹴り・肩を棒で叩くなど）、1個の負傷（例えば肩部打撲症）のみ生じさせた場合、傷害の直接原因でない暴行も一つの傷害罪に吸収されてしまう。また一定期間内の同一被害者に対する暴行の反復累行による傷害が包括一罪となることがある（最決平26・3・17刑集68・3・368）。

③　故　意

暴行を加えて傷害を生じさせたときは、傷害の発生についての認識が暴行の際になくても傷害罪は成立するが（最判昭25・11・9刑集4・11・2239等）、暴行以外の方法で傷害の結果を発生させたときに傷害罪が成立するためには、行為のとき傷害を負わせることの認識認容が必要である。

暴行を手段とするときにだけ、必ずしも傷害の故意を必要としないというのは、暴行罪の規定（208条☞185頁参照）との関係からである。すなわち、208条は「暴行を加えた者が人を傷害するに至らなかったときは」と規定しているので、結果的に人に傷害を負わせてしまったときは傷害罪を適用することが予定されていると解されること（条文の文言の文理上の理由）と、傷害罪が成立するためには傷害の故意が必要であるとすると、暴行の意思のみで行為した者は傷害の結果が発生すると過失傷害罪（法定刑は罰金以下）、傷害の結果が生じないと暴行罪（法定刑に懲役もある）となり不合理であること（刑罰の均衡上の理由）による。したがって、暴行を手段とする傷害罪には、暴行のときから傷害を負わせる意思があったもの（故意犯としての傷害罪）と、結果的に傷害を発生させてしまったもの（結果的

180　各論第1編第1部　第2章　傷害の罪

加重犯としての傷害罪）の二つがある。

　傷害の故意をもって暴行を加えたが、傷害の結果が発生しなかったときは、暴行罪（208条）が成立する。傷害罪には未遂処罰の規定がない（ただし、次の項に注意）。

4　特別法

　銃砲又は刀剣類を用いて人の身体を傷害した場合には、法定刑が重くなるうえ、未遂も処罰される（暴力行為等処罰ニ関スル法律第1条ノ2）。したがって、銃砲又は刀剣類を用いて人の身体を傷害する意思で暴行を加えたが、傷害を負わせるに至らなかったときは、単なる暴行罪（場合によっては脅迫罪）ではなく、上記の特別法の第1条ノ2（持兇器傷害の未遂罪）が成立する。同条の傷害罪は故意犯である。なお、常習的に傷害罪を犯している者には、刑罰の加重された常習傷害罪が適用される（同法第1条ノ3）。

☞【実例】　（自動車を発進させる方法での傷害）

　　　　甲は、自動車を運転中に過失で自車をA運転の自動車に追突させて車の同乗者を負傷させたのち付近でAらと同事故について話し合い中、急に逃亡を企て、自車に乗り込んだうえ、そのまま自車を発進させれば車両左側の助手席付近に手をかけて発進を制止しようとしているAを転倒させて傷害を負わせるかもしれないことを知りながら、あえて発進加速し、Aを路上に転倒させ、Aに傷害を負わせた。そして、そのまま逃走してしまった。

〔解説〕

　　　　まず追突事故が発生した。甲の自動車運転過失致傷（過失運転致傷）事件である。ところが甲は逃げようとした。しかも、何がなんでも逃げようとした。Aがどうなっても構わないという気になっていたと認めざるをえない情況で

＊大正15年法律第60号（暴力行為等処罰ニ関スル法律）＊

第1条ノ2　銃砲又ハ刀剣類ヲ用ヒテ人ノ身体ヲ傷害シタル者ハ1年以上15年以下ノ懲役ニ処ス

②　前項ノ未遂罪ハ之ヲ罰ス

③　前2項ノ罪ハ刑法第3条、第3条の2及第4条の2ノ例ニ従フ

第1条ノ3　常習トシテ刑法第204条、第208条、第222条又ハ第261条ノ罪ヲ犯シタル者人ヲ傷害シタルモノナルトキハ1年以上15年以下ノ懲役ニ処シ其ノ他ノ場合ニ在リテハ3月以上5年以下ノ懲役ニ処ス

②　前項（刑法第204条ニ係ル部分ヲ除ク）ノ罪ハ同法第4条の2ノ例ニ従フ

あった。甲が、もしＡに傷害を負わせることまでは考えもしなかったと申し立てても、このやり方は不法な有形力の行使（暴力）と評価できるもので、Ａの転倒による傷害は、自動車運転者としての甲の不注意による傷害すなわち自動車運転過失傷害ではなく、204条の傷害罪（暴行による傷害）が成立するのである。もし、Ａが打ちどころが悪くて死亡していれば、甲は傷害致死の責任を負う。逆に本件においてＡが転倒したものの傷を負わなかったとしたら、甲には208条の暴行罪が成立する。

なお、本件では、転倒したＡが負傷して甲には204条の傷害罪（すなわち故意犯）が成立するわけであるが、この場合、負傷のＡを放って逃げた甲には道交法上の救護義務違反も成立するか。甲はあわてて逃げるに当たり、Ａが怪我をしてもかまわないと考えて車を発進させ、そしてＡが怪我をしたため、傷害罪として刑責を問われるわけであるから、Ａを救護しないで行くことも傷害の評価の中に含まれてしまって、救護義務違反は別に成立しないのではないか、との考え方も成り立つ。一審、二審は、いずれも甲にＡの救護義務違反は成立しないとしたが、最高裁判所はこれをしりぞけ、もし直ちに救護をしないと更に負傷者の身体の被害が増大し更には生命に対し危険が及ぶ可能性があるから、そのような事態を一般的に防止するという行政的見地から、道路交通法は、人身事故を発生させた者であると否とを問わず、ひろく運転者その他乗務員に対して一律に、応急の措置として負傷者の救護を命じたものであり、それが道交法の「負傷者救護義務」であるとして、本件のように故意の傷害罪が成立するときでも、道交法の救護義務違反が成立し、両者は併合罪の関係に立つとした（最判昭50・4・3刑集29・4・111）。

第2項　傷害致死罪

＊刑法等の一部を改正する法律（令和4年法律第67号）の施行後は、下線部分の（拘禁刑）（有期拘禁刑）等となる。

（傷害致死）

第205条　身体を傷害し、よって人を死亡させた者は、3年以上の<u>有期懲役</u>に処
　　　　　　　　　　　　　　　　　　　　　　　　　　　　　　　　　（有期拘禁刑）
する。

182 各論第1編第1部 第2章 傷害の罪

① 結果的加重犯

傷害を負わせる行為をしたときには相手を死亡させることまでは考えていなかったのに、その傷害が原因となって死亡させてしまったとき、本罪が成立する。

手段が暴行である場合には、暴行を加えることの認識があれば足り、傷害を負わせることまで考えていなくても、その結果として発生した傷害が原因で死亡すれば、本罪が成立する（致死結果の予見可能性が不要であることにつき最判昭26・9・20刑集5・10・1937）。典型的な結果的加重犯である。死の結果につき認識・予見があり、認容があったときは、殺人罪が成立する。

② 因果関係

本罪の成否をめぐって常に問題となるのは、死亡の原因、すなわち行為と死亡との因果関係である。追いつめられたので暴行を受けるのを避けようとする余り河中に飛び込んで溺死をした場合や、駅のホームで突き飛ばしたところ相手が線路に落ち、そこへ列車が来て轢かれて死亡した場合などは因果関係は比較的明白といえるが、傷害のあと被害者の治療方法に誤りがあったため傷口から病菌が入り丹毒症を起こして死亡したとか、医師の診療が当を得なかったことが一因となって死亡した場合などでは争われることが多い。判例は、条件説の立場から相当広く因果関係を認め、これらの場合も本罪が成立するとしている（医師の指示に従わなかった場合につき最決平16・2・17集58・2・169（総論第3章第7項の解説☞39頁参照）、丹毒症につき大判大12・7・14刑集2・658（総論第3章第7項【実例】の解説☞42頁参照））。また被害者の顔面を殴打するなどして、眉間部打撲傷の傷害を負わせ、同傷害によるびまん性脳損傷によって脳死状態に至らせたときには、心停止が切迫し、これが不可避であるので、その後の人口呼吸器の取り外しによって心停止に至ったとしても、暴行と心臓死の間の因果関係は認められている（大阪地判平5・7・9判時1473・156。第三者による暴行が死期を早めた場合につき最決平2・11・20集44・8・837）。

☞【実例】

　　　男女が性交の際、一方が相手方の承諾の下にその首をバンドで絞めているうち窒息死させてしまった。

〔解説〕

　　　たとえ相手方が承諾したとはいえ客観的にみて相手方が死亡する程度に強く首を絞める行為は、社会的相当行為とはいえないから、このような場合は傷害致死罪が成立する（東京高判昭52・11・29東時28・11・143。被害者から殺害を嘱託されたものの殺意がない場合も傷害致死罪となることにつき札幌高判平25・7・11高検速報25・253）。同様に、保険金詐欺目的の傷害についても、その動機・目的からみて被害者の承諾は違法性を阻却しない（最決昭55・11・13刑集34・6・396）。被害者の承諾については、総論第4章第5項☞63頁参照。

第3項　現場助勢罪

＊刑法等の一部を改正する法律（令和4年法律第67号）の施行後は、下線部分の（拘禁刑）（有期拘禁刑）等となる。

（現場助勢）

第206条　前2条の犯罪が行われるに当たり、現場において勢いを助けた者は、自ら人を傷害しなくても、1年以下の<u>懲役</u>又は10万円以下の罰金若しくは科料
　　　　　　　　　　　　　　　　　（拘禁刑）
に処する。

---

① 現　場

　　傷害や傷害致死という結果を発生させる実行行為が行われている時点で、その場所で行われたものに限る。これらの結果が発生しなければ本罪は成立しない。

② 助　勢

　　本犯の気勢を高める支援行為を野次馬的に行った場合をいう。喧嘩の現場などでの声援行為のうち本犯に直接働きかけその犯行を容易にしたものは、幇助犯（従犯）になる（大判昭2・3・28集6・118）から、助勢で処罰するのは、幇助に至らないもの、すなわち本犯が支援行為とは関係なく実行行為を犯していた場合である。

184　各論第1編第1部　第2章　傷害の罪

第4項　同時傷害罪

（同時傷害の特例）

第207条　2人以上で暴行を加えて人を傷害した場合において、それぞれの暴行による傷害の軽重を知ることができず、又はその傷害を生じさせた者を知ることができないときは、共同して実行した者でなくても、共犯の例による。

１　共犯の例による

　　本条は、共犯関係にない2人以上の者が、それぞれ同一人に対し暴行を加えた場合に、一定の条件がととのえば、共犯の規定（60条）を適用する（共同正犯と同じ扱いをする）ことを定めた規定である。たまたま同じ場所を通りかかった甲と乙が、それぞれ丙に暴行を加え、丙が傷害を負ったが、甲の暴行によるものか乙の暴行によるものか不明なとき、或いは丙の傷害が幾つかあり重い傷も軽い傷もあるが、どの傷が誰の暴行によって生じたのか特定できないとき、このような場合に、甲と乙は、共同正犯の規定が適用されて、丙の傷害全部について責任を負うことになる。これは、立証の困難を救済するためのその意味で、例外的な政策的規定である。共犯関係解消前後のいずれの暴行による傷害か不明のときも本条の適用がある（名古屋高判平14・8・29判時1831・158）。

２　同　時

　　暴行が同一機会に（同じ時点と場所で）行われることは必要でないが、時間的場所的に近接していることが必要である（大判昭12・9・10刑集16・1251）。

３　傷害以外への適用

　　2人以上の暴行により被害者が傷害を負い死亡したという傷害致死事件において、誰の暴行が致死の原因となったのか特定できないとき、本条の適用があり、暴行者全員が傷害致死の罪責を負うことになる（最判昭26・9・20刑集5・10・1937（総論第7章第1項③の解説☞111頁・各論第2章第2項①☞182頁参照））。各暴行が傷害を生じさせる危険性があり、外形的には共同実行に等しい状況で行わ

れた場合には、仮りに他の者による暴行と死との間に因果関係が認められても、自己の暴行によるものが死因となる傷害ではなかったことを立証しなければ傷害致死の責を負うことになる（最決平28・3・24刑集70・3・1）。傷害致死罪は傷害罪の結果的加重犯であるため特に同じ扱いを受けるのである。したがって、業務上過失傷害、自動車運転過失傷害（自動車の二重追突）、不同意性交等致傷、強盗致傷の場合に本条は適用されない。

☞【実例】

　　　自動車の中で甲が怒り出しAに暴行を加えたが、自動車がその後20分進行し、2、3キロメートルも走った所で、今度は同乗者の乙が怒り出し、Aの態度が気に入らないとして、Aに暴行を加えた。あとでAは受傷に気がついたが甲と乙のどちらの暴行が原因か特定できないし甲と乙に共犯関係は認められない。

〔解説〕

　　　自動車を用いているときは、歩行しているときと違い、この程度では時間的場所的に近接しているとみることができ、本条を適用できるであろう（福岡高判昭49・5・20刑裁月報6・5・561）。その場合も、後行者乙の暴行が当該傷害を生じさせ得る危険性がなければ、本条によって乙が傷害の責任を問われることはない（最決令2・9・30刑集74・6・669）。しかし、場所的には極めて近接しているが、約40分も間があり、かつ全然別個の原因に端を発している事例では、本条の適用が否定されている（札幌高判昭45・7・14高刑集23・3・479）。

第5項　暴行罪

＊刑法等の一部を改正する法律（令和4年法律第67号）の施行後は、下線部分の（拘禁刑）（有期拘禁刑）等となる。

（暴行）

第208条　暴行を加えた者が人を傷害するに至らなかったときは、2年以下の<u>懲役</u>若しくは30万円以下の罰金又は拘留若しくは科料に処する。
（拘禁刑）

① 暴行を加える

人の身体に対して不法に有形力を行使することをいう。殴る・蹴る・叩く・突

く・押す・引っ張るなどが通常の態様である。傷害に至る可能性のないものでも、例えば塩壷から塩を掴んで相手の身体に数回ふりかける行為も暴行に当たるとされている（福岡高判昭46・10・11判時655・98）。しかし、

① 必ずしも人の身体に接触するかたちで有形力が行使されることは必要でない。相手の数歩手前を狙って投石し石が相手に当たらなくても、石を人に向かって投げつけたという評価ができれば暴行である（東京高判昭25・6・10高刑集3・2・222）。走行中の自動車に投石した場合も自動車の運転者・同乗者つまり人に向かって投げつけたと評価できれば、暴行に当たる（東京高判昭30・4・9高刑集8・4・495）。同様に刀を相手の目の前で振り廻せば、暴行になるとされている（最決昭39・1・26刑集18・1・31）。

② 有形力の行使は、人の力を用いるものに限らない。相手の耳のそばで携帯用拡声機を使って怒鳴りつけた場合（大阪地判昭42・5・13判時487・70）、相手の頭脳の感覚が鈍り意識もうろうになる程に相手の身辺で太鼓を連打した場合（最判昭29・8・20刑集8・8・1277）はもとより、平穏に直進して併進走行中の自動車にわざと接触させんばかりに自分の自動車（フォークリフト）を著しく接近させるという態様も暴行に当たる（東京高判昭56・2・18刑裁月報13・1＝2・81）。

② 故　意

暴行を加え、しかも傷害に至らなかった場合に暴行罪が成立するわけであるが、これには、暴行の意思だけで暴行を加え、結果も暴行にとどまったときのほか、傷害の結果発生を予見しながら暴行を加えたが、傷害が生じなかったときも含まれる。傷害罪（204条）に未遂処罰の規定がなく、208条の文理上からも、このように解される。

③ 犯罪の性質による暴行概念の相違

1 騒乱罪における暴行は、有形力の不法な行使のすべてを含む。人に対するも

＊大正15年法律第60号（暴力行為等処罰ニ関スル法律）＊
第1条　団体若ハ多衆ノ威力ヲ示シ、団体若ハ多衆ヲ仮装シテ威力ヲ示シ又ハ兇器ヲ示シ若ハ数人共同シテ刑法（明治40年法律第45号）第208条、第222条又ハ第261条ノ罪ヲ犯シタル者ハ3年以下ノ懲役又ハ30万円以下ノ罰金ニ処ス

のも物に対するものも、そこでは暴行に当たる（106条④☞382頁参照）。

2　公務執行妨害罪での暴行は、物に対して加えられた有形力の行使で間接的に一定の人に物理的心理的感応を与えるようなものも、含まれる（95条⑥☞575頁参照）。

3　暴行罪の暴行は、人の身体に対する有形力の行使である。

4　強盗罪・不同意性交等罪での暴行は、人の反抗を抑圧（強盗罪）ないし著しく困難（不同意性交等罪）にする程度の有形力の行使でなければならない（236条①☞293頁・177条②☞542頁参照）。

④　特別法との関係

団体や多衆の威力を示したりそのような威力を仮装した場合、凶器を示した場合、2人以上現場で共同して犯した場合、常習として犯した場合には、暴行罪ではなく「暴力行為等処罰ニ関スル法律違反の罪」が成立する（同法1条、1条ノ3（条文は☞180頁参照）。いずれも法定刑が重くなり、常習暴行は懲役刑（拘禁刑）のみ）。

☞【実例】1

殴るぞと言ったあとで殴打した。

☞【実例】2

殺すぞと言ったあとで首を絞めた。

〔解説〕

【実例】1では脅迫行為は独立の意味を持たないから暴行罪のみが成立し（大判大15・6・15刑集5・252）、【実例】2では殺意の認定ができないとき、暴行よりも重大な法益侵害の告知があるので、脅迫罪と暴行罪の両罪が成立する（大判昭6・12・10刑集10・745）。

188　各論第1編第1部　第2章　傷害の罪

第6項　危険運転致死傷罪

(危険運転致死傷)

第208条の2（削除）（平成25年改正前の規定）

1　アルコール又は薬物の影響により正常な運転が困難な状態で自動車を走行させ、よって、人を負傷させた者は15年以下の懲役に処し、人を死亡させた者は1年以上の有期懲役に処する。その進行を制御することが困難な高速度で、又はその進行を制御する技能を有しないで自動車を走行させ、よって人を死傷させた者も、同様とする。

2　人又は車の通行を妨害する目的で、走行中の自動車の直前に進入し、その他通行中の人又は車に著しく接近し、かつ、重大な交通の危険を生じさせる速度で自動車を運転し、よって人を死傷させた者も、前項と同様とする。赤色信号又はこれに相当する信号を殊更に無視し、かつ、重大な交通の危険を生じさせる速度で自動車を運転し、よって人を死傷させた者も、同様とする。

1　本条の趣旨等

　本罪は、「故意に危険な自動車の運転行為を行い、その結果人を死傷させた者を、暴行により人を死傷させた者に準じて処罰しよう」とするものである。第一次的には、人の生命・身体の安全を保護法益とするが、危険運転行為という手段によ

＊自動車の運転により人を死傷させる行為等の処罰に関する法律＊

(定義)

第1条　この法律において「自動車」とは、道路交通法（昭和35年法律第105号）第2条第1項第9号に規定する自動車及び同項第10号に規定する原動機付自転車をいう。

2　この法律において「無免許運転」とは、法令の規定による運転の免許を受けている者又は道路交通法第107条の2の規定により国際運転免許証若しくは外国運転免許証で運転することができるとされている者でなければ運転することができないこととされている自動車を当該免許を受けないで（法令の規定により当該免許の効力が停止されている場合を含む。）又は当該国際運転免許証若しくは外国運転免許証を所持しないで（同法第88条第1項第2号から第4号までのいずれかに該当する場合又は本邦に上陸（住民基本台帳法（昭和42年法律第81号）に基づき住民基本台帳に記録されている者が出入国管理及び難民認定法（昭和26年政令第319号）第60条第1項の規定による出国の確認、同法第26条第1項の規定による再入国の許可（同法第26条の2第1項（日本国との平和条約に基づき日本の国籍を離脱した者等の出入国管理に関する

特例法（平成3年法律第71号）第23条第2項において準用する場合を含む。）の規定により出入国管理及び難民認定法第26条第1項の規定による再入国の許可を受けたものとみなされる場合を含む。）又は出入国管理及び難民認定法第61条の2の12第1項の規定による難民旅行証明書の交付を受けて出国し、当該出国の日から3月に満たない期間内に再び本邦に上陸した場合における当該上陸を除く。）をした日から起算して滞在期間が1年を超えている場合を含む。）、道路（道路交通法第2条第1項第1号に規定する道路をいう。）において、運転することをいう。（危険運転致死傷）

第2条　次に掲げる行為を行い、よって、人を負傷させた者は15年以下の懲役に処し、人を死亡させた者は1年以上の有期懲役に処する。

一　アルコール又は薬物の影響により正常な運転が困難な状態で自動車を走行させる行為

二　その進行を制御することが困難な高速度で自動車を走行させる行為

三　その進行を制御する技能を有しないで自動車を走行させる行為

四　人又は車の通行を妨害する目的で、走行中の自動車の直前に進入し、その他通行中の人又は車に著しく接近し、かつ、重大な交通の危険を生じさせる速度で自動車を運転する行為

五　赤色信号又はこれに相当する信号を殊更に無視し、かつ、重大な交通の危険を生じさせる速度で自動車を運転する行為

六　通行禁止道路（道路標識若しくは道路標示により、又はその他法令の規定により自動車の通行が禁止されている道路又はその部分であって、これを通行することが人又は車に交通の危険を生じさせるものとして政令で定めるものをいう。）を進行し、かつ、重大な交通の危険を生じさせる速度で自動車を運転する行為

第3条　アルコール又は薬物の影響により、その走行中に正常な運転に支障が生じるおそれがある状態で、自動車を運転し、よって、そのアルコール又は薬物の影響により正常な運転が困難な状態に陥り、人を負傷させた者は12年以下の懲役に処し、人を死亡させた者は15年以下の懲役に処する。

2　自動車の運転に支障を及ぼすおそれがある病気として政令で定めるものの影響により、その走行中に正常な運転に支障が生じるおそれがある状態で、自動車を運転し、よって、その病気の影響により正常な運転が困難な状態に陥り、人を死傷させた者も、前項と同様とする。

（過失運転致死傷アルコール等影響発覚免脱）

第4条　アルコール又は薬物の影響によりその走行中に正常な運転に支障が生じるおそれがある状態で自動車を運転した者が、運転上必要な注意を怠り、よって人を死傷させた場合において、その運転の時のアルコール又は薬物の影響の有無又は程度が発覚することを免れる目的で、更にアルコール又は薬物を摂取すること、その場を離れて身体に保有するアルコール又は薬物の濃度を減少させることその他その影響の有無又は程度が発覚することを免れるべき行為をしたときは、12年以下の懲役に処する。

（過失運転致死傷）

第5条　自動車の運転上必要な注意を怠り、よって人を死傷させた者は、7年以下の懲役若しくは禁錮又は100万円以下の罰金に処する。ただし、その傷害が軽いときは、情状により、その刑を免除することができる。

（無免許運転による加重）

第6条　第2条（第3号を除く。）の罪を犯した者（人を負傷させた者に限る。）が、その罪を犯した時に無免許運転をしたものであるときは、6月以上の有期懲役に処する。

2　第3条の罪を犯した者が、その罪を犯した時に無免許運転をしたものであるときは、人を負傷させた者は15年以下の懲役に処し、人を死亡させた者は6月以上の有期懲役に処する。

3　第4条の罪を犯した者が、その罪を犯した時に無免許運転をしたものであるときは、15年以下の懲役に処する。

4　前条の罪を犯した者が、その罪を犯した時に無免許運転をしたものであるときは、10年以下の懲役に処する。

190 各論第1編第1部 第2章 傷害の罪

るこのような個人的法益の侵害を処罰することとすることにより、第二次的には、交通の安全も保護法益となっているものと言えよう。もっとも、本罪の対象となる運転行為は、道路上のものには限られないことに注意を要する。本罪では、基本となるいくつかの類型の危険運転行為には「故意」が要件とされるが、それによって生じた死傷の結果については、故意のない場合に限って本罪が成立するものであり、その意味では一種の結果的加重犯のようなものと言える。

本条第1項の危険運転行為は、運転者の意思によっては的確に進行を制御することが困難な状態での走行の類型であり、第2項のそれは、特定の相手方との関係で又は特定の場所において重大な死傷事故を発生させる危険性のある運転行為の類型である。

このような危険運転行為による死傷事犯について、従前は業務上過失致死傷罪（211条）等（☞199頁参照）によって処理せざるをえなかったが、その罪質、法定刑等の点で事案の実態に即したものとは言い難いことから、平成13年の刑法改正（法律138号）により、本罪が新たに設けられた。その後、平成25年改正（平成25年法律86号）により、刑法から削除され「自動車の運転により人を死傷させる行為等の処罰に関する法律」第2条1号ないし5号に規定されることとなった。

2 アルコール又は薬物の影響

「アルコール」とは、典型的にはいわゆる酒類であるが、アルコール分を含むものであれば飲料用でないものであってもよく、アルコールそのものもこれに当たる。

「薬物」とは、アルコール以外のものであって、運転者の精神的又は身体的能力に影響を及ぼす薬理作用を有するものである。麻薬、覚せい剤、あへん等の規制薬物

＊道路交通法＊

（酒気帯び運転等の禁止）

第65条 何人も、酒気を帯びて車両等を運転してはならない。

（第2項〜第4項 省略）

（罰則 第1項については第117条の2第1号、……（省略）……）

第117条の2 次の各号のいずれかに該当する者は、5年以下の懲役又は100万円以下の罰金に処する。

一 第65条（酒気帯び運転等の禁止）第1項の規定に違反して車両等を運転した者で、その運転をした場合において酒に酔つた状態（アルコールの影響により正常な運転ができないおそれがある状態をいう。以下同じ。）にあつたもの

（第2号〜第5号 省略）

に限らず、睡眠薬等の医薬品、シンナー、ボンド等の類もこれに含まれる（いわゆる危険ドラッグにつき東京地判平28・1・15判タ1443・248）。アルコールなどの影響が認められるのであれば、過労等の他の原因と競合していても差し支えない。

③ **正常な運転が困難な状態**

　道路及び交通の状況等に応じた運転操作を行うことが困難な心身の状態である。道交法上の酒酔い運転（同法117条の2第1号、65条1項）にいうところの「正常な運転ができないおそれのある状態」とは異なり、アルコール等の影響により、例えば、前方の注視が困難になる（視覚探索能力の低下につき福岡高判平21・5・15高検速報1467）、ハンドル、ブレーキ等の操作時期やその加減について意図したとおりに行うことが困難になるなどといったように、現実にこのような運転操作を行うことが困難な心身の状態にあることを要する。

④ **自動車**

　「自動車」とは、原動機により、レール又は架線を用いないで走行する車両のことであり、いわゆる原動機付自転車や自動二輪車も法律的には「自動車」であり、本罪ではその対象を四輪以上のものに限定していたが、平成19年改正でかかる限定がなくなった。道路上を走行するのが一般的であるが、必ずしも一般の道路走行用のものである必要はなく、また、本罪の運転行為が行われたときに道路上を走行していたことを要するものでもない。なお、補助動力装置の付いた車椅子等のように、歩行者と同視されるものや自走機能のないアシスト機能付自転車の類は、本条の自動車には含まれないものと解される。

⑤ **人**

　「人」とは、犯人以外の自然人のことである。

⑥ **進行を制御することが困難な高速度で走行**

　速度が速すぎるため、道路状況（他の走行車両は含まないとするものとして名古屋高判令3・2・12判時2510・81）に応じて進行することが困難な状態で自車を走行させることである。例えば、カーブを曲がりきれないような高速度での走行等、道路の形状、路面の状況といった道路状況、車両の構造、性能、積載状況等の具体的な客観的事実に照らし当然に、あるいは、ハンドルやブレーキの操作のわ

ずかなミスによって、自車を進路から逸脱させて事故を発生させることになると認められるような速度での走行がこれに当たる（東京高判令4・4・18判タ1502・116、福岡高判平21・10・20高検速報1469、函館地判平14・9・17判時1818・176）。

７ 進行を制御する技能を有しない

ハンドル、ブレーキなどの運転装置を操作する初歩的な技能すら有しないような、運転技量が極めて未熟なことをいう。無免許であることと同義ではない。

８ 人又は車の通行を妨害する目的

「**人**」とは、犯人以外の自然人である歩行者のことである。「**車**」とは、車輪等を有する移動・運搬手段であり、自動車（自動二輪車、原動機付自転車を含む。）、軽車両を含む車両全般を意味する。「**通行を妨害する目的**」とは、相手方に自車との衝突を避けるため急な回避措置をとらせるなど、相手方の自由かつ安全な通行を妨げることを意図し、又は妨害することになるのが確実であることを認識していることであり、同目的が主たるものであることは要しない（具体例として東京高判平16・4・13判時1890・156、同平25・2・22判タ1395・368、大阪高判平28・12・13判時2365・93）。未必的な認識、認容があるだけでは足りない。

９ 著しく接近

自車を相手方の直近に移動させることであり、「**走行中の自動車の直前に進入**」というのは例示である。例えば、相手方車両の直前に割り込む、幅寄せする、後方からあおる、さらには、対向車線上を走行して対向車両に著しく接近するなどの運転行為がこれに当たる。

⑩ 重大な交通の危険を生じさせる速度

相手方に著しく接近した場合、自車が相手方と衝突すれば、単に物損にとどまらず、死傷の結果を伴うような大きな事故を生じさせる蓋然性があると一般的に認められる速度、あるいは、相手方の動作に即応するなどしてそのような事故になることを回避することが困難であると一般的に認められる速度である。本項前段の運転態様によるものであれば、例えば、渋滞中に、同一方向に走行中の車両の直前に低速で割り込むような場合は、このような速度には当たらないことになるが、制限速

度以下であっても、この速度要件は充たし得るものである。また、本項後段につい
て言えば、例えば、交差道路等を通行する人や車を発見したときに衝突を回避する
ことが可能な速度にまで減速したような場合には、重大な交通の危険を生じさせる

＊道路交通法＊
（公安委員会の交通規制）
第４条　都道府県公安委員会（以下「公安委員会」という。）は、道路における危険を防止し、その他交通の
　安全と円滑を図り、又は交通公害その他の道路の交通に起因する障害を防止するため必要があると認める
　ときは、政令で定めるところにより、信号機又は道路標識等を設置し、及び管理して、交通整理、歩行者
　又は車両等の通行の禁止その他の道路における交通の規制をすることができる。この場合において、緊急
　を要するため道路標識等を設置するいとまがないとき、その他道路標識等による交通の規制をすることが
　困難であると認めるときは、公安委員会は、その管理に属する都道府県警察の警察官の現場における指示
　により、道路標識等の設置及び管理による交通の規制に相当する交通の規制をすることができる。
２　前項の規定による交通の規制は、区域、道路の区間又は場所を定めて行なう。この場合において、その規
　制は、対象を限定し、又は適用される日若しくは時間を限定して行なうことができる。
３　公安委員会は、環状交差点（車両の通行の用に供する部分が環状の交差点であつて、道路標識等により車
　両が当該部分を右回りに通行すべきことが指定されているものをいう。以下同じ。）以外の交通の頻繁な交
　差点その他交通の危険を防止するために必要と認められる場所には、信号機を設置するように努めなけれ
　ばならない。
４　信号機の表示する信号の意味その他信号機について必要な事項は、政令で定める。
５　道路標識等の種類、様式、設置場所その他道路標識等について必要な事項は、内閣府令・国土交通省令で
　定める。
　　　（罰則　第１項後段については第119条第１項第１号、第121条第１項第１号）
（警察官等の交通規制）
第６条　警察官又は第114条の４第１項に規定する交通巡視員（以下「警察官等」という。）は、手信号その他
　の信号（以下「手信号等」という。）により交通整理を行なうことができる。この場合において、警察官等
　は、道路における危険を防止し、その他交通の安全と円滑を図るため特に必要があると認めるときは、信
　号機の表示する信号にかかわらず、これと異なる意味を表示する手信号等をすることができる。
２　警察官は、車両等の通行が著しく停滞したことにより道路（高速自動車国道及び自動車専用道路を除く。
　第４項において同じ。）における交通が著しく混雑するおそれがある場合において、当該道路における交通
　の円滑を図るためやむを得ないと認めるときは、その現場における混雑を緩和するため必要な限度におい
　て、その現場に進行してくる車両等の通行を禁止し、若しくは制限し、その現場にある車両等の運転者に
　対し、当該車両等を後退させることを命じ、又は第８条第１項、第３章第１節、第３節若しくは第６節に規定
　する通行方法と異なる通行方法によるべきことを命ずることができる。
３　警察官は、前項の規定による措置のみによつては、その現場における混雑を緩和することができないと認
　めるときは、その混雑を緩和するため必要な限度において、その現場にある関係者に対し必要な指示をす
　ることができる。
４　警察官は、道路の損壊、火災の発生その他の事情により道路において交通の危険が生ずるおそれがある場
　合において、当該道路における危険を防止するため緊急の必要があると認めるときは、必要な限度におい
　て、当該道路につき、一時、歩行者又は車両等の通行を禁止し、又は制限することができる。
５　第１項の手信号等の意味は、政令で定める。
　　　（罰則　第２項については第120条第１項第１号　第４項については第119条第１項第１号、第121条第１
　　　項第１号）

194　各論第1編第1部　第2章　傷害の罪

速度には当たらないであろうが、通常、時速20キロメートル程度で走行しておれ
ば、この要件を充たすものと考えられる（最決平18・3・14刑集60・3・363）。

11　赤色信号又はこれに相当する信号

「赤色信号」とは、法令に基づき公安委員会が設置した信号機の表示する赤色灯
火の信号（道交法4条、同施行令2条）のことであり、**「これに相当する信号」**と
は、赤色信号と同様の効力を有する信号のことであり、具体的には、道路交通法が
定める「警察官の手信号その他の信号」を挙げることができる（同法6条1項、同
施行令4条、5条）。

12　殊更に無視

故意に赤信号に従わない行為のうち、およそ赤信号に従う意思のないものを言
う。赤信号であることについて確定的な認識があり、停止位置で停止することが十
分可能であるにもかかわらず、これを無視して進行する行為のみならず、信号の規
制自体を無視し、およそ赤信号であるか否かについて一切意に介することなく、赤
信号規制に反して進行する行為がこれに当たる（赤信号の確定的認識のない場合に
つき最決平20・10・16刑集62・9・2797）。信号の変わり際で、赤信号であるこ
とについて未必的な認識しかないときは、「殊更に無視」したことにはならない。

13　その他

故意犯である本罪が成立する場合には、過失犯である自動車運転過失致死傷罪は
成立せず、暴行の故意はあるが、傷害の故意のない場合における傷害罪、傷害致死
罪の特別類型としての性質をも有しているので、これらの罪も成立しないことにな
ろう。なお、当該危険運転行為が酒酔い運転、速度違反等の道路交通法違反行為に
該当していても、別途同法違反として処罰されることはない。ただし、運転行為と
して1個のものとはいえない場合や、当該危険運転行為には構成要件的に取り込ま
れていない道路交通法違反行為、例えば、無免許での1項前段の運転行為、酒気帯
びでの2項の運転行為等は、本罪とは別に道路交通法違反の罪が成立し、両者は併
合罪の関係に立つ。本罪には、共同正犯を含め共犯規定の適用がある（互いに、赤
信号を殊更に無視する意思であることを認識しながら、高速で交差点に進入した複
数の自動車の運転手間に共同正犯を認めた最決平30・10・23刑集72・5・471）。

207条の同時犯規定については、暴行の故意によるような場合は格別、原則として適用はないものと解すべきであろう。

　平成25年改正により制定された、自動車の運転により人を死傷させる行為等の処罰に関する法律（条文☞188頁**参照**）では同法2条6号に通行禁止道路を進行し、かつ、重大な危険を生じさせる速度（赤信号無視の場合と同義）で自動車を運転する行為が危険運転として規定されている（通行禁止道路につき施行令2条・平成26年政令166）。また、同法3条に、アルコール又は薬物の影響により、その走行中に正常な運転に支障が生じるおそれがある状態であることを認識しながら自動車を運転し、その結果としてアルコール等の影響で正常な運転が困難な状態に陥り、人を死傷させた場合及び自動車の運転に支障を及ぼすおそれがある病気として政令で定めるもの（一定の統合失調症、てんかん、低血糖症、そう鬱病等、施行令3条）の影響により、その走行中に正常な運転に支障が生じる状態であることを認識しながら自動車を運転し、その結果としてその病気の影響により正常な運転が困難な状態に陥り、人を死傷させた場合について、危険運転致死傷罪よりは軽いものの、一般の過失運転致死傷罪よりは重い罰則が設けられた。さらに同法6条には無免許運転であった場合の加重規定も設けられている。

第7項　凶器準備集合罪・凶器準備結集罪

＊刑法等の一部を改正する法律（令和4年法律第67号）の施行後は、下線部分の（拘禁刑）（有期拘禁刑）等となる。

（凶器準備集合及び結集）（平成25年改正により条数変更）

第208条の2　2人以上の者が他人の生命、身体又は財産に対し共同して害を加える目的で集合した場合において、凶器を準備して又はその準備があることを知って集合した者は、2年以下の<u>懲役</u>又は30万円以下の罰金に処する。
　　　　　　　　　　　　　　　　　（拘禁刑）

2　前項の場合において、凶器を準備して又はその準備があることを知って人を集合させた者は、3年以下の<u>懲役</u>に処する。
　　　　　　　　　　　　　（拘禁刑）

① 凶　器

　改正前の「兇器」と同義であり、刀剣や銃砲といった**「性質上の凶器」**のほか、

角材・角材の柄付プラカード・コンクリート塊・竹竿・ガラス瓶などのような「**用法上の凶器**」を含む（大判明39・4・12録12・443等）。なお、殺傷用具として準備されたダンプカーについて、凶器として利用される外観がなく、社会通念上、直ちに他人に危険感を抱かせるに足りない場合には凶器には当たらないとされている（最判昭47・3・14刑集26・2・187）。

2 **準　備**

凶器を必要に応じていつでも所定の加害行為に使用できる状態に置くことをいう（東京高判昭39・1・27判時373・47）。

3 **集　合**

2人以上の者が共同行為をする目的で時と場所を同じくする状態を形成することをいう。2人以上の集合体が形成されているところへ加わる場合や、既に集まっている者が凶器の準備されていることを知り、共同殺害目的を有するに至った場合（最決昭45・12・3刑集24・13・1707）も含む。

4 **集合させる**

人を呼び集める場合のほか既に集合している者に対して所定の加害目的を与えて互いに目的を共通にさせる場合も含む。結集者自らが集合場所に赴く必要はない。

5 **共同加害の目的**

共同して害を加える対象は、他人の生命・身体・財産であるが、自由や貞操についても、身体・財産に対する侵害を含むときは、本罪の目的に含まれることになろう（逮捕・監禁罪、不同意性交等罪等）。

加害は、積極的に攻撃してゆく（殴り込む）という場合に限られず、相手側が襲撃してきたときに（その蓋然性なり切迫性の存在もその認識も不要）これを迎え撃つ場合を含む（最決昭37・3・27刑集16・3・326、最決昭58・11・22刑集37・9・1507）。

6 **継続犯**

本罪は集合の状態が継続するかぎり犯罪として成立しており（最決昭45・12・3刑集24・13・1707）、いったん成立したのち、共同加害の実行行為に発展しても、本罪は吸収されず、本罪と目的である暴力行為等処罰に関する法律違反の罪等

とは併合罪となる（最決昭48・2・8刑集27・1・1）。

　なお、本罪は、個人の生命・身体・財産の安全のみならず、社会生活の平穏も保護法益とするものであり（最判昭58・6・23刑集37・5・555）、しかもいわゆる抽象的危険犯である。

第3章　過失傷害の罪

第1項　過失傷害罪

（過失傷害）

第209条　過失により人を傷害した者は、30万円以下の罰金又は科料に処する。

2　前項の罪は、告訴がなければ公訴提起することができない。

① **過　失**

　本罪の過失は、重過失とか業務上の過失とちがい、単純な過失であり、通常人が通常払うべき必要な注意を怠った場合であり、親告罪である。人がいるかどうかよく確かめないで物を投げたり、助手席を開けたところ、たまたま通行人がいたため怪我させたというような日常身の廻りで通常に発生する失敗である。

☞**【実例】1**

　　　飼犬の管理がずさんであったため、犬が戸外へ出てゆき、近所の路上で遊戯中の幼児を噛んで怪我をさせた。

☞**【実例】2**

　　　主婦が自転車を操縦中、わき見をしたため、誤って歩行者に衝突して負傷させた。

〔解説〕

　　　【実例】1では、たえず人に噛みつく猛犬なのに、極めてルーズな管理をしていたり（名古屋高判昭36・7・20判時282・26。211条の重過失に当たる場合として那覇地沖縄支判平7・10・31判時1571・153）、【実例】2では自転車を狭

い道路から猛スピードで広い道路に走らせてきたため、広い道路にいた歩行者に衝突・負傷させたというようなケースでは、重過失傷害となろうが、通常の不注意によるものなら、単なる過失傷害にとどまる（赤信号に従わない歩行者に警音器を吹鳴して注意を促す義務があるとしたものとして大阪高判昭42・1・18判タ208・206）。

第2項　過失致死罪

（過失致死）
第210条　過失により人を死亡させた者は、50万円以下の罰金に処する。

① 致　死

過失傷害が原因で被害者が死亡してしまった、誤って人に突き当たったところ転落死亡した、ため池など危険な施設、設備につき防護さくを補修しなかったために幼児が破損箇所から転落死亡した（東京高判昭62・4・7判時1254・135）、母親が授乳中眠ってしまい乳房で乳児を窒息死させた（大判昭2・10・16刑集6・413）などがこれに当たる。

② 告訴不要

死亡事故であるため、処罰を告訴にかからせていない。

第3項　業務上過失傷害罪・業務上過失致死罪・重過失傷害罪・重過失致死罪・自動車運転過失致死傷罪

＊刑法等の一部を改正する法律（令和4年法律第67号）の施行後は、下線部分の（拘禁刑）（有期拘禁刑）等となる。

（業務上過失致死傷等）
第211条　業務上必要な注意を怠り、よって人を死傷させた者は、5年以下の<u>懲役若しくは禁錮</u>又は100万円以下の罰金に処する。重大な過失により人を死傷
_{（拘禁刑）}
させた者も、同様とする。
（平成25年改正により2項削除）

200　各論第1編第1部　第3章　過失傷害の罪

（改正前の規定）
2　自動車の運転上必要な注意を怠り、よって人を死傷させた者は、7年以下の懲役若しくは禁錮又は100万円以下の罰金に処する。ただし、その傷害が軽いときは、情状により、その刑を免除することができる。

1 業務上

「業務」とは、人がその社会生活上の地位に基づき反復・継続的に行う仕事のことであり、本罪の業務は人の生命・身体に危害を加えるおそれのあるものであることを要する（最判昭33・4・18刑集12・6・1090）。列車の運転、踏切番、車掌、航空機・船舶の運航、医業、食品の製造・販売・調理、工事現場の管理・監督、危険な動物の飼育・管理などなど枚挙にいとまがない。法は、このような「業務に従事する者」に対しては、それ相応の重い注意業務が求められるところから、これを怠った者に、特に重い刑罰を定めているのである。

業務上といえるか一般的なものなのかを考えるうえで、次の諸点が問題となる。
① 継続して従事してきたわけではなく、たまたま従事した仕事でも、継続し反復する考えで開始したのであれば、ただ1回の行為でも業務といえる。
② 従事することがらが、その人の職業に関連があるかどうかは関係がない。船舶の運航を例にとれば、専業主婦や学生が操船していても業務に当たる。
③ それに従事することによって収入・利益を伴うかどうかも関係がない。レジャーのためでも反復継続性があれば業務足り得る（最判昭33・4・18前掲）。
④ 免許がなければ従事できないとされる行為に免許なく従事していた場合も、反復継続性が認められるかぎり、業務に当たる。免許を受けず医業に従事していた場合や無免許で操船をしていた場合などがこれに当たる。免許内容と異なった種類の船舶の運航についても、同様に反復継続性の有無によって決まることになる。

2 業務上必要な注意

各種の職業や業務について、国が行政上の取締法規を定めていることが多いが、

そのような取締法規に定めるところが、そのまま業務上必要な注意義務であるとはいえない。自動車運転過失致死傷罪制定前の例ではあるが、例えば、時速40キロメートルが制限速度と定められ追越禁止となっている道路を、制限速度内で追越しもせず自動車を運転していても、それだけでは業務上の注意を尽くしていたとはいえない。当該具体的な状況事情に応じて、その場その場で業務上の注意義務が具体的に発生するからである。このため、逆に、道路交通法が定める最高速度を超えて運転していて交通事故を起こしても、事故原因が車の速度に全く関係のないわき見運転であったという場合、上記の速度違反の点は、道路交通法違反が成立することはあっても、業務上の過失（不注意）の内容にはならない。

③ 重過失

重過失失火（117条の2）の「**重大な過失**」の解説☞405頁**参照**。

操船の経験の全然ない者が、ためしに船舶を海水浴場付近に進出させたところ操作がうまくゆがず人身事故を起こした場合など、注意義務を怠った程度が著しいときで、業務上のものといえないとき、重過失となる（過失傷害罪の【実例】の解説☞198頁**参照**）。操船行為以外では、住宅街の道路上でゴルフクラブの素振りをして、通りかかった者の胸を強打して死亡させた場合（大阪地判昭61・10・13判タ630・228）、泥酔状態の内妻を着衣のまま水風呂に入らせ、そのまま放置して死亡させた場合（東京高判昭60・12・10判時1201・148）、夫婦喧嘩の際、日本刀で自宅ふすまを突き刺し、その背後に佇立していた妻と長男のうち、長男の胸部に日本刀を突き刺して死亡させた場合（神戸地判平11・2・1判時1671・161）などがその例である。

④ 処　罰

昭和43年の法改正で、業過・重過失とも、法定刑は「3年以下の禁錮」又は「1000円以下の罰金」であったのが、懲役刑が加えられるとともに自由刑の上限が5年に引き上げられた。これにより、公訴時効も3年間から5年間に伸延された。公訴時効は死亡の時点から進行し、死亡時期の異なるものでも観念的競合の関係にあるときは、最終の結果発生（死亡）のときを起算点として時効期間を計算することになる（最決昭63・2・29刑集42・2・314）。さらに平成18年改正で罰金

202　各論第1編第1部　第3章　過失傷害の罪

の上限が100万円に引き上げられた。

5　自動車運転過失致死傷

　従前は自動車運転による過失致死傷は、業務性が認められれば業務上過失致死傷罪（本条1項）として、これが認められなければ、重過失致死傷罪（209条、210条）として処罰されていたが、飲酒運転等の悪質危険な自動車運転による死傷事故等に対し、実態に即した適正な科刑を実現するため、平成19年改正で本条2項に業務性を要件とすることなく、しかも自由刑の上限が7年という自動車運転上の過失致死傷罪という特別類型の過失犯処罰規定が設けられた。さらに、平成25年改正により、自動車の運転により人を死傷させる行為等の処罰に関する法律5条（条文☞189頁参照）に過失運転致死傷罪として規定されることとなった。

1　自動車

　危険運転致死傷罪（208条の2）の自動車と同義であり、原動機自転車等も含まれる。

2　運転上必要な注意

　自動車の運転者が、自動車の各種装置を操作し、そのコントロール下において、自動車を動かす上で必要な注意義務である。反復継続性は不要であるが、従前、自動車運転による過失致死傷事犯として、業務上過失致死傷罪に当たるとされてきたものは一般的に本罪に当たることになる。

　自動車の運転行為なり運転中だけに注意義務が課されるわけではなく、運転手に整備不良や積荷の不適切積載の過失が認められる場合、道路状況によっては夜間の無灯火駐車自体が他人の走行等に危険を生じさせた場合なども本罪が成立し得る。「運転」が発進から停止までを言うものとすると、停止場所、停止方法等は運転上の過失となるが、停車後のドアの開閉は含まれないという結論になるが、停止し、自動車から離れるまでは運転に含まれると解してよいようにも思われる（自動車運転業務の一環として業務上過失としたものとして東京高判平25・6・11高検速報3496）。

6　刑の裁量的免除

　自動車運転による業務上過失傷害事犯は、多くの国民がその日常生活の過程でわ

ずかな不注意により犯しかねない状況となっており、現に軽傷事犯の中には、その情状に照らし刑の言渡しを要しないものも少なくなく、それらの事犯のすべてを処罰することは適当でないことから、平成13年の刑法改正（法律138号）により、そのような事犯についての裁量的な刑の免除規定が本条2項に設けられた（自動車運転死傷処罰法5条ただし書（条文☞189頁参照））。もっとも、実務的には、そのような事犯については起訴猶予とされるのが通例であるので、実際の刑事裁判で本項が適用されて刑の免除が言い渡されるということはまず考えられないであろう。

1 対象となる罪

自動車運転過失傷害の罪に限られ、同致死罪や業務上・重過失致死傷罪等は対象とはされていない。

2 傷害が軽いとき

「傷害が軽いとき」に当たるか否かは、加療期間のみで決せられるものではなく、傷害の種類、内容等も考慮し、社会通念によって決せられることになる。

3 情状により

本項の裁量的免除規定は、軽傷事犯であることが前提となるが、そのような事犯に一律に適用されるのではなく、「**情状**」、すなわち、事故の態様、過失の程度・内容、被害状況、慰謝措置の有無・内容、被害者の処罰意思、本人の改悛の程度等のすべての情状を総合的に考慮して決せられるものである。

⑺ 加重類型

特別法（平成25年法律86号）では、アルコール又は薬物の影響によりその走行中に正常な運転に支障が生じるおそれのある状態で自動車を運転し、過失運転致死傷罪を犯した者が運転時のアルコール等の影響の有無又は程度を発覚することを免れる目的で、更にアルコール等を摂取したり、その場を離れるなどその影響の有無又は程度を免れるべき行為をしたとき（実際に免れる必要はない）には懲役12年以下に処することとし（同法4条）、過失運転致死傷罪を含め無免許運転の場合にはその法定刑を加重する規定（同法6条）が設けられている（条文☞189頁参照）。

☞【実例】 1 （信頼の原則）

小型自動車が交差点の中央付近で右折を始めようとして、右後方をちらりと

204　各論第1編第1部　第3章　過失傷害の罪

見ただけで右折にかかったところ、後続してきた原付自転車がセンターライン
の右側にはみ出して交通法規違反の猛スピードで追い越しをかけたため、この
原付自転車を見落とした上記自動車の運転者が上記追越し車両に衝突し運転手
を負傷させた。

〔解説〕

　かつては、自動車事故における過失の認定に当たって、極めて厳格な注意義
務が要求され、この事例でも右折する自動車の運転者は、右後方の安全を十分
に確認してからでなければ右折を開始してはならない業務上（自動車運転上）
の注意義務を守っていないので、本来なら自動車の運転者に過失ありとされる
べきところであるが、最高裁は、「交通法規に違反し高速度でセンターラインの
右側にはみ出してまで自車を追い越そうとする車両のありうることまでも予想
すべき注意義務がない」と判示し、自動車の運転者に過失責任はない旨の見解
を示した（最判昭41・12・20刑集20・10・1212（総論第5章第7項⑥の解
説☞94頁参照））。この場合、一般に自動車とか原付自転車の運転者としては、
特別の事情のないかぎり、他の車両も交通法規を守り衝突を回避するため適切
な行動に出るであろうことを信頼して運転すれば足りるという考え方（危険分
配の法理ないし信頼の原則）に立っているわけである。昭和41年ころから、
最高裁判所は、この考え方（**信頼の原則**）を明らかにし始め、今日では確立し
た判例の考え方となっている。自動車運転者がなすべきすべての注意義務を果
たさなければ、この信頼の原則の適用を受けないのかという点について、判例
は、「被告人に道交法上の義務違反があっても、それが事故発生との関係上間接
的なものであるにすぎないときは、必ずしも信頼の原則の適用を妨げるもので
はない」が（最判昭45・11・17刑集24・12・1622等）、「交差点直前におけ
る徐行義務のように、交差点内における円滑な通行の不可欠の前提をなすもの
で、交差点内における衝突事故と直結するものにあっては、これを守った場合
において初めて適用をみる」（最判昭47・11・16刑集26・9・538等。なお、
回避が可能でなければならないことにつき最判平15・1・24判時1806・157
（総論第5章第7項⑥の解説☞95頁参照））としている。また、相手が幼児、

第3項　業務上過失傷害罪・業務上過失致死罪・重過失傷害罪・重過失致死罪
・自動車運転過失致死傷罪　205

老人、泥酔者のように不測の行動に出ることが予想される場合など特別な事情の存するときにもこの原則は適用されない。

　チーム医療についても一定範囲で他者が適正に医療行為を行っているものと信頼して自己の分担する治療行為を行うことが許されようが（札幌高判昭51・3・18高集29・1・78（総論第5章第7項⑦の解説☞96頁参照））、患者の同一性のような基本的事項は重畳的にそれぞれが確認義務を負う（最決平19・3・26刑集61・2・131（☞97頁参照））。また、医療について専門の研究者等しか知り得ないような先端的な知識の類は、それが一般化しているのでなければ開業医等の注意義務の内容とはできない（東京地判平13・3・28判時1763・17）。

　同様に、技術等未熟練者に対しては熟練者による直接の指導・監督下でのみ操作を行うよう安全教育を行い、その旨を熟練者に指示することなく未熟練者を配置することは上司の注意義務違反とされ（最判昭63・10・27刑集42・8・1109）、指導監督者である管制官には実地訓練中の管制官の不適切な管制指示があった場合にはこれに気づいて是正すべき注意義務が課される（最決平22・10・26刑集64・7・1019）などしている（経験豊富な現作業者が野焼き作業の鉄則に反した危険な行為をした結果焼死した事案につき、そのような行為に出ることの予見義務等を否定した東京高判平31・1・23判時2412・92）。

　注意義務として、その発生原因のいかんを問わず、施設内に防火設備の設置や客の避難誘導訓練等が義務づけられ（最決平2・11・16刑集44・8・744等）、人工砂浜の陥没等による死傷事故発生防止のための措置を講じること（最決平26・7・22刑集68・6・775）、メタンガス漏出による爆発事故を防止するため施設の設計担当者から必要な情報を施設運営会社に確実に説明すること（最決平28・5・25刑集70・5・117（総論第5章第7項⑦の解説☞97頁参照））などそれぞれの業務の内容に応じた注意義務が課されている。

206　各論第１編第１部　第４章　堕胎の罪

第４章　堕胎の罪

第１項　堕胎罪

＊刑法等の一部を改正する法律（令和４年法律第67号）の施行後は、下線部分の（拘禁刑）（有期拘禁刑）等となる。

(堕胎)

第212条　妊娠中の女子が薬物を用い、又はその他の方法により堕胎したとき
は、1年以下の懲役に処する。
　　　　　（拘禁刑）

① **堕胎**

　　自然の分娩期に先立って人為的に生命ある胎児を母体外に排出する行為をいう
（大判明44・12・8刑録17・2183等）。方法に制限はない。胎内において胎児の
生命を断ったうえで排出する場合も含む。排出された胎児が死亡することは堕胎の
要件ではない（大判大7・5・18刑録24・609）。胎児の発育の程度は問わない（大
判昭2・6・17刑集6・208）。

② **母体保護法**

　　妊娠の継続・分娩が身体的・経済的理由によって母体の健康を著しく害するお
それがあるときや、強姦されて妊娠したときなどの場合に、本人及び配偶者が同
意すれば、人工妊娠中絶を行うことができる（同法2条2項、14条。なお、通常妊
娠22週未満であることにつき平成2年3月20日厚労省発健医55号）。この場合は、
違法性が阻却される。また、母体の生命に対する現在の危難を避けるための緊急
非難として堕胎行為の違法性が阻却される場合もある（大判大10・5・7刑録27・
257）。

第2項　同意堕胎罪・同意堕胎致死（傷）罪　207

第2項　同意堕胎罪・同意堕胎致死（傷）罪

＊刑法等の一部を改正する法律（令和4年法律第67号）の施行後は、下線部分の（拘禁刑）（有期拘禁刑）等となる。

（同意堕胎及び同致死傷）

第213条　女子の嘱託を受け、又はその承諾を得て堕胎させた者は、2年以下の懲役（拘禁刑）に処する。よって女子を死傷させた者は、3月以上5年以下の懲役（拘禁刑）に処する。

1　**行為者**

次条との関係で、医師・助産師・薬剤師・医薬品販売業者以外の者に限られる。

2　**同　意**

任意で、かつ、真意に出たものであることを要し、騙されて同意していた場合など、真実の意思による同意といえないときは、215条の不同意堕胎となる。

＊母体保護法＊
（定義）
第2条　この法律で不妊手術とは、生殖腺を除去することなしに、生殖を不能にする手術で厚生労働省令をもつて定めるものをいう。
2　この法律で人工妊娠中絶とは、胎児が、母体外において、生命を保続することのできない時期に、人工的に、胎児及びその附属物を母体外に排出することをいう。
（医師の認定による人工妊娠中絶）
第14条　都道府県の区域を単位として設立された公益社団法人たる医師会の指定する医師（以下「指定医師」という。）は、次の各号の一に該当する者に対して、本人及び配偶者の同意を得て、人工妊娠中絶を行うことができる。
　一　妊娠の継続又は分娩が身体的又は経済的理由により母体の健康を著しく害するおそれのあるもの
　二　暴行若しくは脅迫によつて又は抵抗若しくは拒絶することができない間に姦淫されて妊娠したもの
2　前項の同意は、配偶者が知れないとき若しくはその意思を表示することができないとき又は妊娠後に配偶者がなくなつたときには本人の同意だけで足りる。

208　各論第１編第１部　第４章　堕胎の罪

第３項　業務上堕胎罪・業務上堕胎致死（傷）罪

＊刑法等の一部を改正する法律（令和４年法律第67号）の施行後は、下線部分の（拘禁刑）（有期拘禁刑）等となる。

（業務上堕胎及び同致死傷）

第214条　医師、助産師、薬剤師又は医薬品販売業者が女子の嘱託を受け、又はその承諾を得て堕胎させたときは、３月以上５年以下の懲役に処する。よって女子を死傷させたときは、６月以上７年以下の懲役に処する。

（拘禁刑）

（拘禁刑）

① **身分犯**

　医師など特定の者が行った場合にのみ成立する一種の身分犯であり、身分のない者の加功には65条2項が適用される（大判大９・６・３刑録26・382）。

② **主体の資格**

　医師らは免許・許可を受けている者に限られる。歯科医師、獣医師は本条の「医師」に含まれないと解される。

③ **その他**

　堕胎を行った医師が生存する未熟児を放置して死亡させたときは、本条前段の罪のほか保護責任者遺棄致死罪（219条）も成立することになる（最判昭63・１・19刑集42・１・１（第５章第２項①の解説☞211頁参照））。

第４項　不同意堕胎罪

＊刑法等の一部を改正する法律（令和４年法律第67号）の施行後は、下線部分の（拘禁刑）（有期拘禁刑）等となる。

（不同意堕胎）

第215条　女子の嘱託を受けないで、又はその承諾を得ないで堕胎させた者は、６月以上７年以下の懲役に処する。

（拘禁刑）

２　前項の罪の未遂は、罰する。

① **同意と不同意**

　自由意思から出た真意に基づく同意でなければならないので、「堕胎をしたら入

籍してやる」と内妻を騙して堕胎に応じさせた事件では、不同意堕胎が成立する（仙台高判昭36・10・24高刑集14・7・506）。

2 **不同意**

本罪は妊婦の同意がないのに堕胎させた一切の場合を含み、妊婦が知らない間に薬物を服用させた場合などがこれに当たる。

第5項 不同意堕胎致死（傷）罪

（不同意堕胎致死傷）
第216条 前条の罪を犯し、よって女子を死傷させた者は、傷害の罪と比較して、重い刑により処断する。

1 **処 罰**

傷害の罪と比較して重い刑により処断するとは、不同意堕胎「致傷」の場合は、不同意堕胎罪の法定刑と「傷害罪」（☞177頁）の法定刑とを比較して重い法定刑により（上限は傷害罪の15年、下限は215条の6月をとり、6月以上15年以下の懲役（拘禁刑）となる）、不同意堕胎「致死」の場合は、不同意堕胎罪の法定刑と「傷害致死罪」（☞181頁）の法定刑とを比較して重い法定刑による（上限も下限も傷害致死罪の法定刑により、3年以上の有期懲役（有期拘禁刑）ということになる）。

210 各論第1編第1部 第5章 遺棄の罪

第5章 遺棄の罪

第1項 遺棄罪

＊刑法等の一部を改正する法律（令和4年法律第67号）の施行後は、下線部分の（拘禁刑）（有期拘禁刑）等となる。

（遺棄）

第217条 老年、幼年、身体障害又は疾病のために扶助を必要とする者を遺棄した者は、1年以下の懲役に処する。
（拘禁刑）

① 客 体

扶助を必要とする者とは、他人の助力を得ないと自分では日常生活に必要な動作をすることのできない者である（大判大4・5・21刑録21・670）。疾病は精神的、肉体的疾患であり、高度の酩酊（最決昭43・11・7判時541・83）、負傷を含む。

② 遺 棄

現に居る場所から保護・助力が得られない危険な場所に移すこと（移置）をいう。本条の罪は、次条の場合と異なり、保護義務のない者の行為であるから、扶助を要する者を、そのまま放置するいわゆる置き去りは本条の遺棄に当たらない。また、本罪の成立には被遺棄者に現実に生命・身体に対する危険の発生は不要とされている（抽象的危険犯。大判大4・5・21刑録21・670）。

第2項　保護責任者遺棄罪

＊刑法等の一部を改正する法律（令和4年法律第67号）の施行後は、下線部分の（拘禁刑）（有期拘禁刑）等となる。

> （保護責任者遺棄等）
>
> **第218条**　老年者、幼年者、身体障害者又は病者を保護する責任のある者がこれらの者を遺棄し、又はその生存に必要な保護をしなかったときは、3月以上5年以下の<u>懲役</u>に処する。
> <small>（拘禁刑）</small>

① 主 体

本罪は「**保護責任（保護義務）**」のある者の行為につき規定する。保護義務は、法令の定め・契約・慣習や条理などから生じる。例えば、子を保護する責任（民法、親権者。未届であるが養子として幼児を受け取った者につき大判大5・2・12刑録22・134）、病気にかかった住み込み雇人を適切に保護する義務（契約、雇主。大判大8・8・30刑録25・963）、自動車に轢かれて重傷を負った通行人を保護する義務（道交法、過失で轢いた自動車運転者）などがその例である。本来は保護義務がないのに、いったん病人を引き取って同居させた場合の病人に対する保護義務（事務管理として病人を引き取った者）なども、法令、契約による保護責任に当たり、婦女から依頼を受けて堕胎させ、未熟児を出生させた医師が、同児を医院内に放置して死亡させたような場合も業務上堕胎罪（☞208頁）とともに保護責任者遺棄致死罪（☞次頁）が成立する（最決昭63・1・19刑集42・1・1）。通行中の女性を誘って助手席に同乗させたが、同女が下車したがったにもかかわらず、これを無視したため、飛び降りた同女が負傷した場合（東京高判昭45・5・11判タ252・231）やホテルに連れ込んだ女性に覚せい剤を注射したところその薬理作用により心身に異常をきたした場合（最決平1・12・15刑集43・13・879）などは条理上、保護責任の認められる場合に当たると言える。

② 遺 棄

前条の場合と異なり、置き去り（不作為）でも遺棄となる（母親が14歳から2歳までの実子を自宅に置き去りにした事案につき東京地判昭63・10・26判タ690・

212　各論第1編第1部　第5章　遺棄の罪

245）。

③　生存に必要な保護

　　扶助を要する者が日常生活をするのに必要な、或いは生きてゆくのに必要な援助
　をいう（要保護状況にあることを前提に（認識）、刑法上期待される特定の行為を
　行わないことに関し、乳児重症型先天性ミオパチーと診断された幼児について判示
　したものとして最判平30・3・19刑集72・1・1）。

☞【実例】（捨て子）

　　　　甲は、未婚の母で、乳児を警察署の玄関に捨て子した。

〔解説〕

　　　　直ちに保護される状態ではあるが、遺棄の罪は、生命・身体に対する抽象的
　　危険犯であって現実に具体的に危険が生じたことを要しないとされている（大
　　判大4・5・21刑録21・670）。捨て子は、一般的抽象的に乳児の生命・身体に
　　対して危険を生じさせる性質の行為であるから、本件では、保護者遺棄罪が成
　　立する。

第3項　遺棄致死（傷）罪・保護責任者遺棄致死（傷）罪

　（遺棄等致死傷）
　第219条　前2条の罪を犯し、よって人を死傷させた者は、傷害の罪と比較し
　　て、重い刑により処断する。

①　結果的加重犯

　　本条の罪は、殺意や傷害の予測がないのに、死亡・傷害の結果が発生した場合で
　ある（救急医療を要請しなかったこととの因果関係を認めた最決平1・12・15刑
　集43・13・879）。初めから傷害の結果発生を認識・認容して遺棄したときは、傷
　害罪・傷害致死罪が成立し、遺棄罪は吸収される。また殺意（死ぬかもしれないし
　死んでもかまわないという未必の殺意を含む。）をもって遺棄したときは、殺人罪
　が成立し、遺棄罪は吸収される。

第3項　遺棄致死（傷）罪・保護責任者遺棄致死（傷）罪　213

② 処　罰

　「致傷」の場合は「傷害罪」（204条）と、「致死」の場合は「傷害致死罪」（205条1項）と、それぞれ法定刑を比較し合って上限、下限とも重い法定刑によって処断する（216条の解説①☞209頁参照）。

☞【実例】（轢き逃げと保護責任者遺棄）

　　　　　甲は深夜自動車を運転中、誤って歩行者Ａをはねて路上に転倒させ、重傷を負わせたが、甲は意識を失っているＡを歩道上まで運んだだけでそこに放置して車で逃走した。Ａは、無意識のまま苦悶しているうちに側溝に転落して溺死した。

〔解説〕

　　　　　自動車に衝突されて負傷した者が「病者」に当たるとする点で判例・学説は一致している。すなわち、「傷者」も「病者」に当たる。ところで、本件のように過失で人をはね、その人を生命の危険が迫っている状態に置いた自動車運転者は、判例上、「法令により病者を保護すべき責任ある者」に当たるとされている（最判昭34・7・24刑集13・8・1163）。道路交通法上の負傷者に対する救護義務（同法72条1項、117条）がその根拠とされている。すなわち、道交法上の救護義務が刑法上の「保護責任」の根拠となり、この義務に基づいて、人を負傷させた自動車運転者には、その負傷者に対する保護責任が生じるという

＊道路交通法＊
（交通事故の場合の措置）
第72条　交通事故があつたときは、当該交通事故に係る車両等の運転者その他の乗務員（以下この節において「運転者等」という。）は、直ちに車両等の運転を停止して、負傷者を救護し、道路における危険を防止する等必要な措置を講じなければならない。この場合において、当該車両等の運転者（運転者が死亡し、又は負傷したためやむを得ないときは、その他の乗務員。以下次項において同じ。）は、警察官が現場にいるときは当該警察官に、警察官が現場にいないときは直ちに最寄りの警察署（派出所又は駐在所を含む。以下次項において同じ。）の警察官に当該交通事故が発生した日時及び場所、当該交通事故における死傷者の数及び負傷者の負傷の程度並びに損壊した物及びその損壊の程度、当該交通事故に係る車両等の積載物並びに当該交通事故について講じた措置を報告しなければならない。
　　　（第2項～第4項　省略）
第117条　車両等（軽車両を除く。以下この項において同じ。）の運転者が、当該車両等の交通による人の死傷があつた場合において、第72条（交通事故の場合の措置）第1項前段の規定に違反したときは、5年以下の懲役又は50万円以下の罰金に処する。
2　前項の場合において、同項の人の死傷が当該運転者の運転に起因するものであるときは、10年以下の懲役又は100万円以下の罰金に処する。

のである（学説の多くは、この点、道交法上の救護義務は行政上の便宜のための緊急義務にすぎず刑法上の保護責任の根拠とはならないとし、「自己の先行行為に基づく保護責任」とか、「条理にもとづく保護責任」といった説明をしている）。

ところで、本件の場合は、通行人をはねとばし、転倒した場所にそのまま置き去りにしたのではなく、車道から歩道まで運んでいる。この行為は、ほかの車に更に轢かれないようにとか、歩道を行く歩行者が発見してくれるようにといった配慮からとも思われ、そこに被害者の保護を引き受け始めた行為の一端が見受けられ、この点を重視すると、ここに、「引き受け」行為に基づく保護責任というものを認め得ようし、或いはまた、場所を移したという点を重視すると、保護責任者でなくても成立する単純遺棄罪の成立の余地もあろう。しかしながら、本件の如き、車道上から歩道上に移したという行為は、刑法的にみる場合、結局逃げてしまった運転者の行為としてさ程大きな評価をすることはできず、「置き去り」にした行為（不作為）として扱ってよいと思われる。誤って自動車で人をはねてしまった運転者が218条の保護責任者に当たることは、先にふれたが、保護責任ある者の場合は、単なる「置き去り」でも遺棄に当たる。本件では、運転者に、殺意（未必の殺意を含め）はなかったので、保護責任者遺棄致死罪の成立が認められる。

道交法違反の罪と本罪とは観念的競合とする判例がある（最判昭34・7・24前掲）。しかし、事実関係いかんにもよるが、本来は実行行為が一部（点）で重なるにすぎず、例えば、車にはねられ負傷した人を直ちに救護することなく、その場から自動車に乗せて現場を離れ、折から雪の降る暗い場所まで運んでから被害者を降ろして放置して逃げたという場合は、置き去りというよりも、運んで捨てた、すなわち移置の遺棄ということができ、本件も事故現場での道交法の救護義務違反と、このほか保護責任者遺棄罪とが別々に（併合罪として）成立するものと解すべきであろう。また、自動車運転過失致傷罪（過失運転致傷罪）と保護責任者遺棄罪とは併合罪であるが、遺棄の結果死亡すれば、自動車運転過失致死罪ではなく、自動車運転過失致傷罪と保護責任者遺棄致死罪の併合罪ということになる（東京高判昭37・6・21高刑集15・7・422）。

第1編　個人的法益に対する罪

第2部　自由及び生活の平穏を害する罪

第1章　逮捕監禁の罪

第2章　脅迫の罪

第3章　略取及び誘拐の罪

第4章　住居を侵す罪

第5章　秘密を侵す罪

第1章　逮捕監禁の罪

第1項　逮捕罪・監禁罪

＊刑法等の一部を改正する法律（令和4年法律第67号）の施行後は、下線部分の（拘禁刑）（有期拘禁刑）等となる。

（逮捕及び監禁）

第220条　不法に人を逮捕し、又は監禁した者は、3月以上7年以下の懲役に処
（拘禁刑）
する。

① 客　体

本罪は、人の行動の自由に対する罪である。行動が自由にできる者であれば、心神喪失者や幼児も本罪の被害者たりうる。泥酔者や睡眠中の者（一時的に行動の自由を失っているだけ）あるいは病気で行動の自由を失っている者（他人の助けを借りて動くことができる）も、被害者たりうると解する。被害者1歳7か月で意思能力がなくとも（京都地判昭45・10・12刑裁月報2・10・1104）、欺罔により監禁されているとの認識を有していなくとも（最決昭33・3・19刑集12・4・636）本罪は成立する。

② 逮　捕

身体の自由を直接拘束することである。紐や縄で手足を縛る、身体を掴んでいて逃げ出せないようにする、凶器を突き付けて身動きできないようにする、警察官が連行するのであるかのように詐称して官公署まで連行するなど、種々の態様がある。

③ 監　禁

人が、一定の区域内から通常の手段方法では、出ることが不可能又は著しく困

難にすることである。部屋に入れて出入口で番をする、外から旋錠して閉じ込める、自動車に乗せて疾走させ脱出困難な状態におく、入浴中の女性の衣類全部を奪って浴室から退出困難にするなど、種々の態様がある。被疑者の承諾があれば人の行動の自由という法益の侵害がないか違法性を阻却することになろうが、承諾の真意性は慎重な判断を要する（児童虐待事案の8歳児の表面上の承諾につき大阪高判平27・10・6判時2293・139。長女を約10年間にわたり、簡易トイレを含め1畳程度の居室に閉じ込めた事案についての大阪高判令3・4・19判時2496・96）。

4 **逮捕・監禁と暴行・脅迫**

　逮捕に引き続き監禁が行われたときは逮捕監禁罪という一個の犯罪が成立する（大判大6・10・25刑録23・1131）。逮捕・監禁の手段として暴行・脅迫が行われたときは、逮捕監禁に吸収され別罪を構成しないが、監禁中に別の動機から行われたときは暴行罪・脅迫罪が独立して成立する（最判昭28・11・27刑集7・11・2344）。なお、恐喝目的で監禁し、恐喝の目的を遂げた場合及び傷害目的でその目的を遂げた場合も監禁と恐喝又は傷害は併合罪である（最決昭43・9・17刑集22・853、最判平17・4・14集59・3・283（第1編第4部第4章第4項恐喝罪5の解説☞336頁参照））。

5 **特別法**

　組織的な態様又は団体の不正権益の獲得・維持・拡大する目的のものについては、3月以上10年以下の懲役とされている（組織的犯罪処罰法3条（条文は☞167頁参照））。

第2項　逮捕致死（傷）罪・監禁致死（傷）罪

（逮捕等致死傷）

第221条　前条の罪を犯し、よって人を死傷させた者は、傷害の罪と比較して、重い刑により処断する。

1 死　傷

　逮捕・監禁行為そのものによって、結果として死亡・傷害が生じた場合に本罪が成立する（外傷後ストレス障害を発症させた場合に本罪が成立することにつき最決平24・11・6集66・8・709）。結果的加重犯である（自動車のトランク内に監禁されていた被疑者が後から走行してきた自動車に追突されて死亡した場合につき最決平18・3・27刑集60・3・382）。従って、被害者が難を逃れようとして負傷・死亡した場合も含まれる（東京高判昭55・10・7判時1006・109等（総論第4章第2項【実例】1の解説☞47頁**参照**））。逮捕・監禁の機会に意図的に傷害・殺人が行われた場合は、逮捕・監禁致死傷罪ではなく、逮捕・監禁罪と傷害（致死）罪や殺人罪が成立し、併合罪となる（最決昭42・12・21裁判集165・551、最判昭63・1・29刑集42・1・38）。逮捕監禁行為が殺人行為そのものであったときは殺人罪のみが成立することになろう（大判大9・2・16刑録26・46）。

2 処　罰

　216条の1の解説☞209頁**参照**。

220 各論第1編第2部 第2章 脅迫の罪

第2章 脅迫の罪

第1項 脅迫罪

＊刑法等の一部を改正する法律（令和4年法律第67号）の施行後は、下線部分の（拘禁刑）（有期拘禁刑）等となる。

（脅迫）

第222条 生命、身体、自由、名誉又は財産に対し害を加える旨を告知して人を脅迫した者は、2年以下の懲役又は30万円以下の罰金に処する。

2 親族の生命、身体、自由、名誉又は財産に対し害を加える旨を告知して人を脅迫した者も、前項と同様とする。

① 脅　迫

人を畏怖させる（こわがらせ、おそろしがらせる）に足りる性質の害悪を告知することをいう。相手が現実に恐れる必要はない（危険犯である。大判大6・11・12刑録23・1195）。「**人**」とは、自然人に限るとするのが通説である（大阪高判昭61・12・16判時1232・160、高松高判平8・1・25判時1571・148）。

② 害悪の内容

条文上列挙されている生命等に対して害を加えるものであることを要する。貞操は明示されていないが「**自由**」のうちに含まれると解される。村八分は名誉及び自由に対する加害であり（大判昭10・10・25刑集14・1405）、営業に対する加害は、名誉及び財産に対する加害（大判昭7・7・20刑集11・1104）とするのが判例である。親族の範囲は民法725条に規定されているところによるが、文言上はそれ以外の者に対する害悪の告知であっても本人や親族に対する加害を暗示するものであれば本罪が成立する。

第1項　脅迫罪　221

③　告知の方法

文書・言語・動作のいずれでもよく、第三者を介して伝達したり、公衆の目に触れるところに貼紙をして知らせることも告知したことになる。

④　犯罪の性質による脅迫概念の相違

1　公務執行妨害罪の手段としての脅迫は、人を畏怖させるに足る害悪の告知のすべてを含み、その害悪の内容や告知の方法のいかんを問わず、また相手方に畏怖心を生じさせたことを要しない。

2　脅迫罪・強要罪では告知させる害悪の内容・種類が限定されており、特に強要罪では相手方に畏怖心を生じさせることを要する。

3　強盗罪・不同意性交等罪の手段としての脅迫は、告知される害悪の内容、種類に限定はないが、人の反抗を抑圧ないし著しく困難にする程に畏怖心を生じさせる強い害悪の告知であることを要する。

⑤　特別法との関係

団体や多衆の威力を示したりそのような威力を仮装した場合、凶器を示した場合、2人以上現場で共同して犯した場合、常習として犯した場合には、脅迫罪ではなく、暴力行為等処罰ニ関スル法律違反の罪が成立する（同法1条（条文☞186頁）、1条ノ3（条文☞180頁）、いずれも法定刑が加重され、常習脅迫は懲役刑のみ）。

☞【実例】　1　（取調べ警察官に対する脅迫）

被疑者として取調べを受けていた甲が、取調べ官Aに対し「お前を恨んでいるのは俺だけじゃない。何人いるか判らない。駐在所にダイナマイトを仕掛けて爆発させ貴男を殺すと言っている者もある」「俺の仲間は沢山いて、そいつらも君をやっつけるのだと相当意気込んでいる」と申し向けた。

〔解説〕

告知した言葉の中味だけから判断して脅迫の成否を考えればよく、実際に被

＊民法＊
（親族の範囲）
第725条　次に掲げる者は、親族とする。
一　6親等内の血族
二　配偶者
三　3親等内の姻族

疑者に同調している仲間がいたり、連携し合う立場にある必要はなく、相手方がそのように感じとるようにすればよいから、本件では脅迫罪が成立する（最判昭27・7・25刑集6・7・941）。しかもこの場合、団体又は多衆を仮装して威力を示して脅迫しているとなると、特別法の集団的脅迫が成立する余地もある。ただ害悪が第三者によって実現されるものであるので、具体的状況下で第三者に対する影響力の有無、大小をある程度告知しなければ、単なる警告となる場合もある。

☞【実例】2　（凶器を示した場合）

　　暴力団員甲は、組の事務所へ被害者Aを連行したうえ、長さ84センチメートルの樫の木刀を突き付け「この木刀で50回殴られてこの町から出てゆくか、組に入るか、どっちか決めろ」と怒号し、危害を加えかねない気勢を示した。

〔解説〕

　　木刀を用いた脅迫が「凶器」を示した脅迫といえるならば、脅迫罪ではなく、暴力行為等処罰ニ関スル法律違反の罪が成立する。同法の1条（条文☞186頁参照）にいう凶器とは、凶器準備集合罪（208条の2☞195頁参照）の凶器と同様に、「**性質上の凶器**」（銃砲・刀剣のように本来の性質上人を殺傷するに十分な物）のほか、「**用法上の凶器**」（鎌とか棍棒のように用法によっては人の生命・身体又は財産に害を加えるに足る器物で社会通念上人をして危険感を抱かせるに足るもの）を含むと解すべきであり、「用法上の凶器」については、具体的事案において客観的及び主観的要素を勘案して判断するのが相当であり、本件での木刀は「用法上の凶器」として凶器といいうる（福岡高昭54・9・11判時971・129。一見ナイフのように見えるヘラにつき東京高判平29・10・20東高判決時報刑事68・128）。

第2項　強要罪

＊刑法等の一部を改正する法律（令和4年法律第67号）の施行後は、下線部分の（拘禁刑）（有期拘禁刑）等となる。

（強要）

第223条　生命、身体、自由、名誉若しくは財産に対し害を加える旨を告知し

て脅迫し、又は暴行を用いて、人に義務のないことを行わせ、又は権利の行使
　　を妨害した者は、3年以下の懲役（拘禁刑）に処する。

2　親族の生命、身体、自由、名誉又は財産に対し害を加える旨を告知して脅迫
　　し、人に義務のないことを行わせ、又は権利の行使を妨害した者も、前項と同
　　様とする。

3　前2項の罪の未遂は、罰する。

1 脅迫・暴行

　　本罪は、人に脅迫又は暴行を加え、その結果として、相手方に義務のないことを
行わせ、又は行うべき権利を妨害することによって成立する（侵害犯である）。

　　「**脅迫**」は、すでに脅迫罪について述べたとおりであるが、脅迫罪にあっては相
手方が現実に畏怖しなくても成立するが、強要罪では相手方がそれによって意思決
定の自由が害されて右のような結果が発生して初めて既遂となる。また、その害悪
の内容に自己又は親族という制限があるのは、脅迫と同様である。

　　「**暴行**」は、公務執行妨害罪における暴行と同じ性格のものである（公務執行妨
害罪95条**6**の解説☞575頁**参照**）。第三者に対する暴行も同人が親族であるなど被
害者の意思決定に影響を及ぼすような関係にあれば、本罪の手段足り得ると解され
る（大判昭9・10・29刑集13・1380）。

2 義務のないことを行わせる

　　自分には、相手方をしてそのようなことをさせる権利・権限はないのに相手方に
作為・不作為をさせることをいう（大判大8・6・30刑録25・820）。例えば、謝罪
をさせる正当な理由もないのに、相手に詫び状を書かせる（最判昭28・11・26裁
判集88・861、福岡高判昭57・6・25判タ476・214）、謝罪文を読み上げさせる
（最判昭34・4・28刑集13・4・466）、雇主を脅迫し、正当な理由もないのに特
定の従業員を解雇させる（大判昭7・3・17刑集11・437）などが挙げられる。

3 権利の行使を妨害する

　　法律上行使することができる権利の行使を、妨害することである。料理店の主人
が新聞記者を告訴しようとしたところ、告訴をしたら料理店にとって不利益な事項

を自分の新聞紙上に掲載するぞと脅かして告訴を中止させた事件（大判昭7・7・20刑集11・1104）が、古くから引き合いに出されている。

④ 未遂処罰

人に義務のないことを行わせる意思で、又は行うべき権利を妨害する意思で、脅迫・暴行を加えたが、その目的を果たさなかった場合（ストーカー被害者に対し、警察官を介して、警察署宛ての手紙で告知した事案についての東京高判令元・11・5高裁刑事裁判速報令和元年304）のほか、脅迫が相手に了知されないなど告知されたとは言えない場合（大判昭7・3・17刑集11・437）、加えた脅迫・暴行とは関係なしに上記結果が発生したときも強要未遂となる。

⑤ 特別法

組織的な態様又は団体の不正権益の獲得・維持・拡大を目的とするものは刑が加重され、5年以下の懲役（拘禁刑）に処せられる（組織的犯罪処罰法3条（条文は☞167頁参照））。

人を逮捕し、又は監禁し、これを人質にして第三者に対し、義務のない行為をすること又は権利を行わないことを要求した場合には、当該第三者が要求に応じたかどうかにかかわらず6月以上10年以下の懲役（拘禁刑）に処せられる（人質処罰法1条1項）。2人以上の者が共同し、かつ凶器を示して人を逮捕、監禁し、これを人質にして同様の要求を行えば、無期又は5年以上の懲役（拘禁刑）に処せられることになる（同法2条）。「**人質にして**」とは、逮捕され、又は監禁された者の生

＊人質による強要行為等の処罰に関する法律＊

（人質による強要等）

第1条 人を逮捕し、又は監禁し、これを人質にして、第三者に対し、義務のない行為をすること又は権利を行わないことを要求した者は、6月以上10年以下の懲役に処する。

2 第三者に対して義務のない行為をすること又は権利を行わないことを要求するための人質にする目的で、人を逮捕し、又は監禁した者も、前項と同様とする。

3 前項の未遂罪は、罰する。

（加重人質強要）

第2条 2人以上共同して、かつ、凶器を示して人を逮捕し、又は監禁した者が、これを人質にして、第三者に対し、義務のない行為をすること又は権利を行わないことを要求したときは、無期又は5年以上の懲役に処する。

（国外犯）

第5条 第1条の罪は刑法（明治40年法律第45号）第3条、第3条の2及び第4条の2の例に、前3条の罪は同法第2条の例に従う。

命、身体等の安全に関する第三者の憂慮に乗じ、釈放、返還又は生命、身体の安全に対する代償として第三者に作為又は不作為を要求する目的で被逮捕者等の自由を拘束することである。「**第三者**」には、身の代金拐取のような制限はなく、犯人及び人質以外のすべての者が含まれ、自然人であると法人であるとを問わない。権利能力なき社団、国、地方公共団体の機関、さらには国自体も含まれる。国外犯も処罰されるので、外国で日本国民が犯人となりあるいは人質とされた場合でも処罰可能である（同法5条（総論第1章第4項刑法の適用範囲の**2**の解説☞21頁**参照**))。

226　各論第1編第2部　第3章　略取及び誘拐の罪

第3章　略取及び誘拐の罪

第1項　総　説

　略取・誘拐の罪は、人をその自由な生活環境又は正常な保護環境から離脱させて、これを自己又は第三者の支配に移すことにより、その人の身体的自由を侵害する犯罪である。未成年者に対する場合は、その保護者の監督権も侵害することになる（大判明43・9・30刑録16・1569等）。

　拐取の罪としては、拐取罪（未成年者拐取罪）、営利拐取罪・わいせつ拐取罪・結婚拐取罪のほか、昭和39年の刑法の一部改正により新設された「身の代金拐取罪」、「拐取者身の代金取得罪」等がある。また、平成17年の改正で目的のいかんを問わず人身売買が処罰されるなどした。これらの罪のうち、親告罪とされるものがある（229条）ことに留意する要がある。なお、略取と誘拐とを合わせたときは「拐取」（かいしゅ）と呼ばれ、略取・誘拐された本人のことを「被拐取者」（ひかいしゅしゃ）という。

第2項　拐取罪（略取罪・誘拐罪）

＊刑法等の一部を改正する法律（令和4年法律第67号）の施行後は、下線部分の（拘禁刑）（有期拘禁刑）等となる。

> （未成年者略取及び誘拐）
> 第224条　未成年者を略取し、又は誘拐した者は、3月以上7年以下の懲役（拘禁刑）に処する。

① 略　取

　他人の意思に反して現在の生活環境から離れさせ、自己又は第三者の支配下に移すことである。通常は暴行・脅迫によるが、幼児を保護者の知らない間に連れ去る

という態様もある（高松高判平26・1・28高検速報458）。暴行などの手段は、直接被拐取者本人に加えても、また保護者らに加えても略取になる。保護者らに暴行などを加えて立ち去らせてしまうという方法での略取もありうる。逆に保護者も他の保護者（例えば別居中の共同親権者）との関係で拐取の犯人となることがある（最決平15・3・18集57・3・371（本章第5項1の解説☞232頁参照）、同平17・12・6集59・10・1901（総論第4章第11項の解説☞73頁参照））。

2 誘拐

「**誘拐**」とは、欺罔や誘惑によって、他人の現在の生活環境から離し、自己又は第三者の事実的支配下に移すことである（大判大3・4・14刑録20・559）。「**欺罔**」は、嘘をついて相手を錯誤に陥らせること、「**誘惑**」は、甘言を用いて相手の正当な判断を誤らせることである。欺罔・誘惑は、直接被拐取者本人に用いても、保護者らに用いても誘拐である。

3 未成年者

18歳未満の者をいう（民法4条。令和4年3月31日以前は20歳未満。）。未成年者が婚姻（結婚届を出した正式の結婚）をすると成年に達したものとみなされる旨を平成30年法律59号による削除前の民法753条が規定していたが、本罪では、民法改正前の20歳未満の者は、婚姻と関係なく、未成年者である（民法と刑法とでは、法律制度の違いから、このような扱いの差異が出てくることが、起きる）。未成年者が現実に他人の保護監督下にあることは必要でない。

4 処 罰

未遂も処罰される（228条（第7項☞235頁参照））。本罪は、親告罪である。平成29年改正により婚姻例外は削除された（229条（第10項☞237頁参照））。

―――――――――――――――――――――――――――――――――――

＊民法＊
（成年）
第4条　年齢18歳をもって、成年とする。
（婚姻適齢）
第731条　婚姻は、18歳にならなければ、することができない。
（重婚の禁止）
第732条　配偶者のある者は、重ねて婚姻をすることができない。
（削除前）（婚姻による成年擬制）
第753条　未成年者が婚姻をしたときは、これによって成年に達したものとみなす。

228 　各論第１編第２部　第３章　略取及び誘拐の罪

第３項　営利目的拐取罪・わいせつ目的拐取罪・結婚目的拐取罪等

＊刑法等の一部を改正する法律（令和４年法律第67号）の施行後は、下線部分の（拘禁刑）（有期拘禁刑）等となる。

（営利目的等略取及び誘拐）

第225条　営利、わいせつ、結婚又は生命若しくは身体に対する加害の目的で、人を略取し、又は誘拐した者は、１年以上10年以下の懲役に処する。
（拘禁刑）

① **客　体**

　未成年者を含み、男女の別を問わない。未成年者に対して本条の罪を犯したときは、本条の罪だけが成立する。

② **営利の目的**

　財産上の利益を得又は第三者にこれを得させることが動機であることをいう。営業とする目的のことではない。被拐取者の稼働による報酬を前借金の返済に当てる（大判大14・１・28刑集４・14）、拐取行為に対して第三者から報酬を得る（最決昭37・11・21刑集16・11・1570）なども含まれる。「みのしろ金」を得ようとする目的のときは、特別な規定（身の代金拐取罪）が設けられているため、本条の営利の目的からは除外される。

③ **わいせつの目的**

　被拐取者とわいせつ行為をしたり、わいせつ行為の対象としたりすることが動機であることをいう。姦淫（性交）も、この場合、わいせつ行為の中に含まれる（名古屋高金沢支判昭32・３・12高刑集10・２・157）。

④ **結婚の目的**

　法律上又は事実上夫婦として暮らすことが動機であることをいう。

⑤ **生命・身体加害の目的**

　自己又は第三者が被拐取者を殺害し、傷害し、又はこれに暴行を加える目的のことである。例えば、報復、制裁等のため暴行を加える、営利目的のない臓器摘出の目的などがこれに当たる。平成17年の改正で追加された。

第4項　身代金目的拐取罪・拐取者身の代金取得罪・拐取者身の代金要求罪　229

⑥　処　罰

　未遂が処罰される（228条☞235頁参照）。金品強取目的で略取し、被拐取者から金品を強取したとき、営利目的略取罪と強盗罪は併合罪とされている（東京高判平14・2・14東高刑時53・1＝12・10）。わいせつ目的誘拐と児童ポルノ製造罪も後者の保護法益等から見て前者のわいせつ目的を実現する犯罪とはいえず、併合罪である（東京高判令元・8・20高裁刑事裁判速報令和元年232）。

第4項　身の代金目的拐取罪・拐取者身の代金取得罪・拐取者身の代金要求罪

＊刑法等の一部を改正する法律（令和4年法律第67号）の施行後は、下線部分の（拘禁刑）（有期拘禁刑）等となる。

```
（身の代金目的略取等）
第225条の2　近親者その他略取され又は誘拐された者の安否を憂慮する者の憂
　慮に乗じてその財物を交付させる目的で、人を略取し、又は誘拐した者は、無
　期又は3年以上の懲役に処する。
　　　　　　　（拘禁刑）
2　人を略取し又は誘拐した者が近親者その他略取され又は誘拐された者の安否
　を憂慮する者の憂慮に乗じて、その財物を交付させ、又はこれを要求する行為
　をしたときも、前項と同様とする。
```

①　立法趣旨

　この種の犯罪が続発し悪質化がみられたことから、無期懲役を含む重い刑を定めた本条等が、昭和39年法律第124号（刑法の一部改正法）によって、新設された。重い刑を定めることとした理由は、およそこの種の犯罪は、

①　被拐取者（年少者が多い）の生命・身体に極めて大きな危険が及ぶ犯罪であること

②　近親者らの極度の心痛を利用して利得を得ようとする犯人の心情が卑劣極まるものであること

③　犯人が検挙されても被拐取者の生死・所在がわからない場合も予想されるものであること

230　各論第1編第2部　第3章　略取及び誘拐の罪

　　　④　模倣性が強いこと
などである。
　　上記の刑法改正では、本条のほか「身の代金拐取幇助目的被拐取者収受」「身の
代金被拐取者収受」「収受者身の代金要求」「身の代金拐取予備」の各罪も新設され
たほか、実行着手前の自首や被拐取者を解放した場合の刑の減軽についても規定を
設けている。

② 目　的

　　条文の柱書においては「身の代金目的」という用語を用いているが、条文では、
目的として、「身の代金」という用語でなく、被誘拐者の安否を憂慮する近親者ら
の憂慮に乗じて財物を交付させる目的としている。これは、単に被拐取者の釈放の
代償（身の代金）を要求する考えであった場合のほか、被拐取者殺害後に金を要求
する考えであった場合や自己の支配下に置き続けて金を要求する考えであった場合
も含む趣旨である。

③ 近親者その他略取され又は誘拐された者の安否を憂慮する者

　　近親者のほか近親者と同様に憂慮する関係にあると社会通念上考えられる人とい
う意味である。相互銀行の代表取締役が拐取された場合の同行幹部もこれに当たる
（最決昭62・3・24刑集41・2・173）。犯人がこれらの者の憂慮に乗じてやろう
と考えておれば足り、これらの者が現実に憂慮していることを要しない。

④ その財物を交付させる

　　近親者らが事実上処分できる財物を交付させることをいう。財物の交付を受け
る権利を有する場合も本条の目的・態様で行われるときは正当な権利行使とはい
えないので本罪が成立する。近親者らが他から借財して来た場合も含む。特に「財
物」とのみ規定されているため、財物ではなくて「財産上不法の利益」を得る目的
であったときは、本条が適用できず、単なる営利拐取（225条）として扱うほかな
い。

⑤ 人を略取又は誘拐した者（拐取者）

　　本条1項の拐取者はもとより、未成年者年拐取（224条）の犯人も、営利・わい
せつ・結婚等の目的で拐取した犯人（225条）も、更に国外移送目的で拐取した犯

人（226条）も含まれる。

6 財物の交付（取得）・要求

　要求する行為は、交付（取得）に至る過程に当たるものであり、取得に失敗したときは取得未遂となる態様のものであるが、取得（交付を受けた）と同様に処罰する。要求時点で被拐取者が殺害されていても（併合罪）、本罪は成立する（死刑を維持した最判昭62・7・9裁判集246・65、最判平10・9・4裁判集273・551）。要求をしたが近親者らに届かなかったとき、要求を受けた側で拒否したり、憂慮していなかったり、要求した段階で検挙された場合も本罪（2項）が成立する。身の代金拐取罪と同要求罪とは牽連犯になり（最決昭58・9・27刑集37・7・1078）、事実関係いかんによるが（逮捕、監禁行為を手段とする略取とそうでない誘拐など）、被誘拐者については、その監禁とこれらの罪とは併合罪の関係に立つとされている（前記最決昭58・9・27）。また、身の代金取得目的以外で拐取した者が本条2項の罪を犯した場合は両罪は併合罪である（最決昭57・11・29刑集36・11・988）。

7 特別法

　組織的態様又は団体の不正権益の獲得・維持・拡大を目的とするものは刑が加重され、無期又は5年以上の懲役（拘禁刑）に処せられる（組織的犯罪処罰法3条（条文は☞167頁参照））。

第5項　所在国外移送目的拐取罪・人身売買罪等

＊刑法等の一部を改正する法律（令和4年法律第67号）の施行後は、下線部分の（拘禁刑）（有期拘禁刑）等となる。

（所在国外移送目的略取及び誘拐）

第226条　所在国外に移送する目的で、人を略取し、又は誘拐した者は、2年以上の<u>有期懲役</u>に処する。
（有期拘禁刑）

（人身売買）

第226条の2　人を買い受けた者は、3月以上5年以下の<u>懲役</u>に処する。
（拘禁刑）

　2　未成年者を買い受けた者は、3月以上7年以下の<u>懲役</u>に処する。
（拘禁刑）

　3　営利、わいせつ、結婚又は生命若しくは身体に対する加害の目的で、人を買

232　各論第1編第2部　第3章　略取及び誘拐の罪

　い受けた者は、1年以上10年以下の懲役に処する。
　　　　　　　　　　　　　　　（拘禁刑）
4　人を売り渡した者も、前項と同様とする。

5　所在国外に移送する目的で、人を売買した者は、2年以上の有期懲役に処す
　　　　　　　　　　　　　　　　　　　　　　　　　　　　　　（有期拘禁刑）
る。

（被略取者等所在国外移送）

第226条の3　略取され、誘拐され、又は売買された者を所在国外に移送した者
は、2年以上の有期懲役に処する。
　　　　　　　　（有期拘禁刑）

1　所在国外に移送

　対象者の所在する国（日本に限らない。）の領土、領空又は領海外に運び出すこ
とであり、「移送」は運び出した時点で既遂となり、他国に入国させるまでの必要
はない。226条の罪は、現実に所在国外への移送も必要なく、同目的で拐取すれば
既遂である（大判昭12・3・5刑集16・254）。未成年者を拐取する場合でも、わ
いせつ等の目的がある場合でも同条の罪のみが成立する（大判昭12・9・30刑集
16・1333。別居中の妻が監護養育する幼児を病院から連れ去った事案につき最決平
15・3・18刑集57・3・371（総論第4章第11項の解説☞73頁参照・本章第2項1
の解説☞227頁参照））。なお、従前の同条2項は、平成17年改正により、226条の3
として規定された（ただし、日本国内から国外に限定されていたものが、所在国外に
拡大されている。）。

2　売　買

　対価を得て売主の事実的支配下（被害者に対し物理的又は心理的な影響を及ぼ
し、その意思を左右できる状態に被害者を置き、自己の影響下から離脱すること
を困難にさせることを要するとしたものとして東京高判平22・7・13東高判決時

＊児童買春、児童ポルノに係る行為等の規制及び処罰並びに児童の保護等に関する法律＊
（児童買春等目的人身売買等）
第8条　児童を児童買春における性交等の相手方とさせ又は第2条第3項各号のいずれかに掲げる児童の姿態
　を描写して児童ポルノを製造する目的で、当該児童を売買した者は、1年以上10年以下の懲役に処する。
2　前項の目的で、外国に居住する児童で略取され、誘拐され、又は売買されたものをその居住国外に移送し
　た日本国民は、2年以上の有期懲役に処する。
3　前2項の罪の未遂は、罰する。

報刑事61・167）にある人を買い受け、売り渡す行為である。対価は金銭に限られず、債務免除、財物との交換の類も含まれる。売買の約束だけではなく、現実に人の授受がなされた時点で既遂となるが、必ずしも場所的移転を要するわけではない。

③　特別法

　児童買春の相手方（第2編第3部第1章第4項**⑥**の解説☞538頁**参照**）や児童ポルノの対象（第2編第3部第1章第3項**⑥**の解説☞527頁**参照**）として、児童を売買する行為は1年以上10年以下懲役（拘禁刑）に（児童買春等目的人身売買罪。児童買春等処罰法8条1項）、外国に居住する児童で、これらの目的で略取、誘拐され、又は売買された者を、その居住国外に移送する行為は、2年以上の有期懲役（有期拘禁刑）に（児童買春等目的国外移送罪。同法8条2項）処せられる（未遂罪につき同法8条3項）。

第6項　営利拐取等幇助目的被拐取者収受罪・営利目的被拐取者収受罪・収受者身の代金取得罪等

＊刑法等の一部を改正する法律（令和4年法律第67号）の施行後は、下線部分の（拘禁刑）（有期拘禁刑）等となる。

> （被略取者引渡し等）
> **第227条**　第224条、第225条又は前3条の罪を犯した者を幇助する目的で、略取され、誘拐され、又は売買された者を引き渡し、収受し、輸送し、蔵匿し、又は隠避させた者は、3月以上5年以下の懲役に処する。
> 　　　　　　　　　　　　　　　　　　　　　　　　　　　　（拘禁刑）
> 2　第225条の2第1項の罪を犯した者を幇助する目的で、略取され又は誘拐された者を引き渡し、収受し、輸送し、蔵匿し、又は隠避させた者は、1年以上10年以下の懲役に処する。
> 　　　　　　　　（拘禁刑）
> 3　営利、わいせつ又は生命若しくは身体に対する加害の目的で、略取され、誘拐され、又は売買された者を引き渡し、収受し、輸送し、又は蔵匿した者は、6月以上7年以下の懲役に処する。
> 　　　　　　　　　（拘禁刑）
> 4　第225条の2第1項の目的で、略取され又は誘拐された者を収受した者は、2年以上の有期懲役に処する。略取され又は誘拐された者を収受した者が近親者
> 　　　　　（有期拘禁刑）
> その他略取され又は誘拐された者の安否を憂慮する者の憂慮に乗じて、その財

234　各論第1編第2部　第3章　略取及び誘拐の罪

物を交付させ、又はこれを要求する行為をしたときも、同様とする。

1　本条の罪の種別

　本条には、もともと、未成年者拐取、営利等目的での拐取、国外移送目的の拐取の各犯人を幇助する目的で被拐取者らを、収受・蔵匿・隠避した行為の処罰規定と、営利・わいせつの目的で被拐取者らを収受した行為の処罰規定とがあったところへ、昭和39年の法改正の際、新たに、身の代金目的での拐取犯人を幇助する目的で被拐取者を収受等した行為の処罰規定と、身の代金目的で被拐取者を収受した行為の処罰規定を設けて、身の代金の場合に刑を重くし、更に被拐取者を収受した者が身の代金を取得・要求した行為を処罰する規定が設けられた。さらに平成17年改正で人身取引議定書に対応するため引渡し、輸送等の行為も処罰されることとなった。

2　幇助する

　ここに「**幇助**」とは、一般の従犯（62条（総論第7章第4項幇助犯の解説☞122頁参照））の幇助の概念と異なり、本犯（拐取者等）が拐取行為等を完了したのちに、本犯をしてその結果を確保させるため手助けすることをいう。例えば、拐取行為じたいを幇助したときは、62条の幇助犯となる。

3　引渡し

　対象者の支配を他の者に移転すること。対価を得て行えば226条の2第4項の罪が成立する。

4　収　受

　受け取って自己の支配内に置くこと。有償で収受すれば226条の2の買受けの罪が成立する。

5　輸　送

　対象者をひとつの場所から他の場所に移転させること。国境を越えるものであるときは、226条の3の罪が成立する。

6　蔵　匿

　発見を妨げるような場所を提供すること（偽名で旅館に滞在させた場合につき大

判明44・7・28刑録17・1477）。

7 隠 避

蔵匿以外の方法で対象者（被拐取者・被売者）の発見を免れさせる一切の行為をいう。

8 目 的

身の代金要求目的と他の目的が併存するときは、本条4項のみが、身の代金目的拐取者幇助目的と営利目的等が併存するときは2項のみが成立する。1項の目的と3項の目的が併存したときも同様に3項のみが成立する。目的は、収受等を行う者についてのものである。

第7項　未　遂

> （未遂罪）
> **第228条**　第224条、第225条、第225条の2第1項、第226条から第226条の3まで並びに前条第1項から第3項まで及び第4項前段の罪の未遂は、罰する。

1 適用範囲

拐取者（本犯）や収受者が身の代金を取得し要求した場合の処罰規定では、すでに未遂の形態も処罰する内容が盛り込まれてしまっているため、除外されている（第4項の225条の2の説明 6 ☞231頁参照）。

第8項　解放減軽

> （解放による刑の減軽）
> **第228条の2**　第225条の2又は第227条第2項若しくは第4項の罪を犯した者が、公訴が提起される前に、略取され又は誘拐された者を安全な場所に解放したときは、その刑を減軽する。

236 各論第1編第2部 第3章 略取及び誘拐の罪

① 立法趣旨

　身の代金目的の犯罪には、その発生を防止する観点からは重い刑罰が科されることが必要であるが、いったん発生した場合には被拐取者を安全に生還させることが第一の緊要事となる。自暴自棄になったり、証拠を残すまいとしたり、足手まといと考えたりして、犯人が被拐取者の生命を奪う方向へ心情を傾けがちとなるから、その心情を食い止める必要がある。また、犯人がみずから被拐取者を生還させたときは、犯人の責任を考えるうえで、大きく評価されてよい。解放減軽の規定は、このような趣旨から設けられた。

② 安全な場所に解放する

　「**解放**」とは、被拐取者に対する拘束状態を解いて、生命身体に危険がない状態におくことをいう。「**安全な場所**」とは、ここでは、近親者や警察当局などによって安全に救出されると認められる場所をいう。この場合、「**安全**」とは、被拐取者が救出されるまでの間に具体的で実質的な危険にさらされるおそれのないことを意味する。解放場所の位置、状況、解放時刻、方法、自宅などに復帰させるために講じた方法などを総合的に判断してそのような状態になれば、たとえ一般的抽象的には危険があるといえたり、被拐取者が不安感や危惧感を抱いたとしても、安全性はあるとするのが判例である（最決昭54・6・26刑集33・4・364）。親許に帰る列車に乗せ、傍の乗客に保護を依頼して立ち去ったときは、近親者に列車到着時刻等を連絡しなくても、安全な場所に解放したといえよう。

③ 減軽

　必ず減軽される。したがって、本来なら無期に当たるものも、7年以上30年以下、有期懲役（有期拘禁刑）に当たる事案のときは10年が上限となる（68条、12条、14条）。身の代金目的と所在国外移送目的の併存の場合には、重い身の代金拐取罪のみが成立するとすると（営利目的が併存しても所在国外移送目的拐取罪のみが成立することにつき大判昭12・9・30刑集16・1333参照）、1年6月以上30年以下の懲役（拘禁刑）が処断刑となり、所在国外移送目的のみの場合（本条適用なし）よりも下限が軽い処断刑となる不都合がある。そのため、そのような場合には、下限を2年以上とすべきとの説もある。

第10項　親告罪　237

第9項　身の代金拐取予備罪

＊刑法等の一部を改正する法律（令和4年法律第67号）の施行後は、下線部分の（拘禁刑）（有期拘禁刑）等となる。

（身の代金目的略取等予備）

第228条の3　第225条の2第1項の罪を犯す目的で、その予備をした者は、2年以下の<u>懲役</u>に処する。ただし、実行に着手する前に自首した者は、その刑を減軽し、又は免除する。

_{（拘禁刑）}

1　立法趣旨

身の代金目的の略取・誘拐は、その予備も処罰している。犯行を早期に抑制する必要が認められる犯罪であるからである。

2　予　備

「予備」とは、実行の着手には至らない準備行為をいう。犯行場所や被害者の行動について下見や情報収集をする、略取に使う凶器などを入手する、実行場所に接近する、被拐取者をかくまう場所を用意するなどがこれに当たる。

3　自首による減軽免除

実行の段階にまで進むのをできる限り防止しようとの政策的配慮から出ており、必ず刑が減軽され、又は免除される（一般の自首は裁量的に減軽されうるにとどまるのと対比、42条）。

4　特別法

組織的な態様又は団体の不正権益の獲得・維持・拡大を目的とする225条の罪（営利の目的に限る。）の予備も本条と同様の処罰、自首による減軽免除が定められている（組織的犯罪処罰法6条）。

第10項　親告罪

（親告罪）

第229条　第224条の罪及び同条の罪を幇助する目的で犯した第227条第1項の

238　各論第1編第2部　第3章　略取及び誘拐の罪

罪並びにこれらの罪の未遂罪は、告訴がなければ公訴を提起することができない。

① 適用範囲

身の代金関係、営利目的等略取誘拐関係、人身売買関係の罪は、平成29年法律72号改正により、いずれも、親告罪からはずされ、未成年者略取誘拐関係の罪のみが親告罪とされている。

② 婚姻と告訴

公訴提起後、婚姻すると既になされた告訴の効力は消滅する（名古屋高金沢支判昭32・3・12高刑集10・2・157）とされていたが、一般の親告罪にあっては、公訴提起後の告訴の取消はできないこと（刑訴法237条1項）などからみて疑問がないではなく（富山地判昭31・10・1判時90・27）、平成29年改正で婚姻の例外は削除された。224条の説明④☞227頁**参照**。なお、告訴権者は被害者及び法定代理人であるが、事実上の監護権を有する監督者も告訴権が認められている（福岡高判昭31・4・14裁特3・409。ただし、監護権のない雇主について大判大7・11・11刑録24・1326は、告訴権を否定している）。

＊組織的な犯罪の処罰及び犯罪収益の規制等に関する法律＊
（組織的な殺人等の予備）
第6条　次の各号に掲げる罪で、これに当たる行為が、団体の活動として、当該行為を実行するための組織により行われるものを犯す目的で、その予備をした者は、当該各号に定める刑に処する。ただし、実行に着手する前に自首した者は、その刑を減軽し、又は免除する。
一　刑法第199条（殺人）の罪　5年以下の懲役
二　刑法第225条（営利目的等略取及び誘拐）の罪（営利の目的によるものに限る。）　2年以下の懲役
2　第3条第2項に規定する目的で、前項各号に掲げる罪の予備をした者も、同項と同様とする。
＊刑事訴訟法＊
第237条　告訴は、公訴の提起があるまでこれを取り消すことができる。
②　告訴の取消をした者は、更に告訴をすることができない。
③　前2項の規定は、請求を待つて受理すべき事件についての請求についてこれを準用する。

第4章　住居を侵す罪

第1項　総　説

　住居を侵す罪の保護法益は、住居における私生活の平穏である。刑法は、公共の法益を害する罪とみたようであるが（規定の位置）、犯罪の性質は、個人的法益に対する罪と解するのが妥当である。

第2項　住居侵入罪

＊刑法等の一部を改正する法律（令和4年法律第67号）の施行後は、下線部分の（拘禁刑）（有期拘禁刑）等となる。

（住居侵入等）
第130条　正当な理由がないのに、人の住居若しくは人の看守する邸宅、建造物若しくは艦船に侵入し、又は要求を受けたにもかかわらずこれらの場所から退去しなかった者は、3年以下の<u>懲役</u>又は10万円以下の罰金に処する。
（拘禁刑）
（未遂罪）
第132条　第130条の罪の未遂は、罰する。

1 正当な理由がない

　正当な事由がなくてという意味であり、条文の文言として明示されなくてもよいものであるが、他人の家などを訪問したりすることは日常一般によく行われるところから、犯罪となるものを構成要件上明らかにしようとの意図から、ことさら用いられたものと解される。「**正当な事由**」とは、例えば、警察官が犯人を逮捕する場合に人の住居等に立ち入って捜索するとき（刑訴法210条1項）、令状を得て屋内で検証するとき、検察官から求められて警察官が他人の家に入り、屋内で変死体の

240　各論第1編第2部　第4章　住居を侵す罪

司法検視を行うとき（刑訴法229条）のほか、近隣の共通の適法な用務で訪問するなどが適例である。

② 住　居

「**住居**」とは、人が寝起きしたり、くつろいだり、食事をしたりして生活の一部又は全部を過ごすため占有使用している場所である。旅館・ホテルの客室でも、滞在客にとっては住居であり、アパートや下宿屋などでは、その一部屋がその部屋の住人の住居である。空家や建築中の場合は、邸宅又は建造物に入る。

住居が塀や石垣で囲まれている場合には、庭とか軒下など建物の付属地の部分は、「**囲繞地**（いにょうち・いじょうち）」であるが、これも住居の概念に含まれる。囲障設備が仮設的なものでもよい（建造物侵入につき最判昭51・3・4刑集30・2・79）。

建物の囲繞地を刑法130条の客体とする理由は、その部分への侵入によって建物自体への侵入もしくはこれに準ずる程度にその建物利用の平穏が害され又は脅かされることから、これを保護しようとする趣旨である。また、縁側や屋根の上、共用階段・通路も住居に含まれる（東京高判昭54・5・21高刑集32・2・134、名古屋高判平8・3・5判時1575・148。集合住宅の一階出入口から各室玄関前までを「邸宅」とし、その囲繞地も邸宅のそれであるとするものとして最判平20・4・11刑集62・5・1217（☞243頁**参照**））。

③ 邸　宅

「**邸宅**」とは、住居の用に供する目的で作られた家屋で現に住居に使用されていないものをいい、シーズンオフの別荘や空家がこれに当たる。なお、家屋のまわり

＊刑事訴訟法＊

第210条　検察官、検察事務官又は司法警察職員は、死刑又は無期若しくは長期3年以上の懲役若しくは禁錮にあたる罪を犯したことを疑うに足りる充分な理由がある場合で、急速を要し、裁判官の逮捕状を求めることができないときは、その理由を告げて被疑者を逮捕することができる。この場合には、直ちに裁判官の逮捕状を求める手続をしなければならない。逮捕状が発せられないときは、直ちに被疑者を釈放しなければならない。

②　第200条の規定は、前項の逮捕状についてこれを準用する。

第229条　変死者又は変死の疑のある死体があるときは、その所在地を管轄する地方検察庁又は区検察庁の検察官は、検視をしなければならない。

②　検察官は、検察事務官又は司法警察員に前項の処分をさせることができる。

にある庭・構内・敷地内の部分で塀や石垣によって外部から明確に区画され、その建物の附属地として建物利用のために供されるものであることが明示されている場所、つまり囲繞地は邸宅の一部である。

　石垣で囲まれ、責任者が看守し、門があって内側から閉める仕組になっており、内に20戸の社宅がある敷地内は「人の看守する邸宅」に当たるとした判例（最判昭32・4・4刑集11・4・1327）や、工場の敷地でも門塀が設けられ、外部との交通は制限され、守衛警備員が配置されるなど外来者がみだりに出入りできないようになっている場所は「人の看守する邸宅」とする判例がある（最判昭25・9・27刑集4・9・1783）。囲繞地であるためには、建物の付属地であることを明示するに足りる門塀等の設置が必要であるが守衛等の存在は要件ではない（最判昭51・3・4前掲。なお、囲障の存在によって、その土地を建物の利用に供し、部外者の立入りを禁止する居住者の意思が明示されているものと認められるものであるときは囲繞地に当たるとする広島高判令2・11・10高裁刑事裁判速報令和2年539、大阪高判令3・7・16判夕1500・120）。

4　建造物

　「建造物」とは、土地に定着し、内部に人が出入りできる構造をもつ家屋その他これに類似した工作物で、住居や邸宅以外のものをいう。駅舎・事務所・官公署の庁舎などはビルディングになっているものが多い。建物のまわりに門塀等でかこわれ固有の附属地として建物利用のために供されていることが明示されている囲繞地があれば、それも建造物に含まれる（警察署の塀の上部に上がることが建造物侵入に当たることにつき最決平21・7・13刑集63・6・590）。

5　艦　船

　軍艦と一般の船舶のことであり大小を問わない。

6　人の看守する

　「人の看守する」とは、みだりに他人が出入りできないように人に監視させたり、鍵をかけるなどの戸締りをしたりしていることをいう。

7　侵入する

　「侵入する」とは、住居であれば住居者、邸宅・建造物等のときは看守者の意思

242　各論第1編第2部　第4章　住居を侵す罪

に反して立ち入ることである（最判昭58・4・8刑集37・3・215、最決平19・7・2刑集61・5・379。ビラ等配布につき最判平20・4・11刑集62・5・1217、最判平21・11・30刑集63・9・1769）。承諾の限度を超える場合、例えば飲食店へ傷害の目的で、ＡＴＭコーナーに暗証番号盗撮の目的（最決平19・7・2前掲）で立ち入ったときは侵入に当たる。また、住居の屋根にあがって歩く、はう行為は住居の平穏をおびやかすこと甚しいので侵入に当たる（東京高判昭54・5・21前掲②☞240頁参照）。いわゆる煙突男の場合も、煙突が人の看守する建造物の一部を形成するときは、建造物侵入罪が成立しうる。

⑧　不退去

「**不退去**」とは、はじめ適法に入った者が、居住者・看守者から退去の要求を受けたのに、相当の時間内に退去しないことをいう。侵入罪が成立している者については、退去要求に応じなかった場合も不退去罪は成立しない（最決昭31・8・22刑集10・8・1237）。

退去要求は、要求する権限のある者が明示して行うことを要する。執務中一般に解放されている官公署の庁舎の出入口や廊下も、その庁舎管理者の看守内にある建造物であり、管理者は庁舎管理権に基づいて執務を妨害するなどの外来者に退去を要求することができる（場合によっては、従わない者に対し社会通念上認められる程度の実力行使（押して外に出す）も許される）が、この場合、退去要求の内容を相手方に明示する必要があり、不退去意思が強固であるような場合でなければ、通常は退去するのに必要と認められる合理的な時間が経過してのちに不退去罪が成立する。不退去罪は退去するまで犯罪の継続する継続犯である。

⑨　未　遂

侵入罪についてだけ未遂が成立し、処罰される（132条）。不退去罪には、未遂の成立する余地がないとするのが通説である。なお、侵入罪も不退去罪も継続犯である。

☞**【実例】　1　（真意でない承諾があったとき）**

強盗が訪問客を装い「今晩は」と家人に声をかけ、「おはいり」といわれたので屋内に立ち入ったうえ、強盗に及んだ。

第2項　住居侵入罪　243

〔解説〕

　　　勘違い（錯誤）による承諾であり、真意に出たものでない。それは承諾に
　　よったといえないから、住居侵入罪は成立する（最大判昭24・7・22刑集3・
　　8・1363（総論第4章第5項【実例】1の解説☞65頁参照））。

☞【実例】2　（推定的承諾がないとき）

　　　警察の措置に抗議する内容の宣伝ビラを警察官等に配付する目的で、警察署
　　庁舎内に立ち入った。

〔解説〕

　　　官公署庁舎に公衆が一般に自由に出入りするのは、通常予想される目的で入
　　ることについて包括的に庁舎管理権者の黙示の承諾又は推定的承諾があるとみ
　　られるからであるが、本件の場合、建物の看守者である警察署長の同意又は推
　　定的同意があったものということができないから、建造物侵入となる（東京高
　　判昭27・4・24高刑集5・8・666）。「推定的承諾」とは、居住者や管理権者等
　　がその場に居合わせたならば立ち入りを承諾したであろうと推定されることを
　　いう。

☞【実例】3　（居室もあるビルの階段通路）

　　　1階が店舗、2階は事務所、3階から5階までは居室となっている5階建ビルの
　　階段通路や屋上に、正当な理由なく立ち入った。

〔解説〕

　　　上記階段通路や屋上は、ビル内の居室と一体をなし、人の住居に当たる。住
　　居侵入罪が成立すると思われるが（広島高判昭51・4・1高刑集29・2・240）、
　　前掲最判平20・4・11（☞240・242頁参照）の考え方に従えば「邸宅」とな
　　り、看守者の意思が問題となる。

☞【実例】4　（東京タワーへの立ち入り）

　　　日本の捕鯨に反対する外国人が、東京タワーの鉄塔を鉄骨伝いに中段まで
　　登ってデモンストレーションをしようと企て、タワーの塔脚のまわりの有刺鉄
　　線をめぐらせた鉄柵を外部から乗り越えて塔脚敷地内に立ち入った。

〔解説〕

244 各論第1編第2部 第4章 住居を侵す罪

　東京タワーは土地に定着し、塔脚の一部分は各種の施設等のある建築物になっていて、人が内部に出入りでき、人の看守する建造物といえるし、そのまわりには鉄柵が設置されて通常の門塀に準じ外部との交通を阻止できる構造で明確に区画されたタワーの附属地としての敷地部分があり、建造物の利用のために供されるものであることが明示されていて、これは囲繞地といえ、建造物の概念の中に含まれるから、その中に立ち入った段階で、建造物侵入罪が成立する（万博会場の太陽の塔の頂部「黄金の顔」部分につき、大阪高判昭49・9・10判時781・118）。建物の囲繞地を刑法130条の客体とする理由について、最高裁は、「まさに右部分への侵入によって、建造物自体への侵入若しくはこれに準ずる程度に建造物利用の平穏が害され又は脅かされることから、これを保護しようとする趣旨にほかならないと解される」としている（最判昭51・3・4前掲）。鉄線をはりめぐらすだけで単に立ち入ることを禁じた場所（建造物のないもの）にすぎないと認められるものは、建造物の囲繞地ではないから、そこへの立ち入りは軽犯罪法違反（1条32号）の問題となる。

───────────────────────────────

＊軽犯罪法＊
第1条　左の各号の一に該当する者は、これを拘留又は科料に処する。
　　　（第1号〜第31号省略）
　三十二　入ることを禁じた場所又は他人の田畑に正当な理由がなくて入つた者
　　　（第33号〜第34号省略）

第5章　秘密を侵す罪

第1項　信書開封罪

＊刑法等の一部を改正する法律（令和4年法律第67号）の施行後は、下線部分の（拘禁刑）（有期拘禁刑）等となる。

（信書開封）

第133条　正当な理由がないのに、封をしてある信書を開けた者は、1年以下の<u>懲役</u>又は20万円以下の罰金に処する。
（拘禁刑）

（親告罪）

第135条　この章の罪は、告訴がなければ公訴を提起することができない。

① **封をする**

改正前の「封緘（ふうかん）」と同義であり、第三者に読まれないように封筒の口の部分に糊づけなどをすることをいう。葉書は、封がされていないので本条の客体とはならず、郵便法違反の客体となる。

② **開　封**

改正前の「開披（かいひ）」と同義で、あけることであり、中身を読むことは要件ではない。発信前、発信後を問わない。正当な理由による場合は、本罪は成立しない（例えば、法令によるものとして破産法82条、刑事収容施設法127条等）。

＊郵便法＊

第80条（信書の秘密を侵す罪）　会社の取扱中に係る信書の秘密を侵した者は、これを1年以下の懲役又は50万円以下の罰金に処する。

②　郵便の業務に従事する者が前項の行為をしたときは、これを2年以下の懲役又は100万円以下の罰金に処する。

246　各論第1編第2部　第5章　秘密を侵す罪

③　特別法

郵便局取扱い中の郵便物や一般信書便事業者等取扱い中の信書便物については、郵便法77条、信書便法44条等の適用がある。また、営業秘密は不正競争防止法2条の適用がある。

④　処　罰

親告罪である（135条）。発信者はつねに告訴権があり、受信者は到着後に告訴権がある（大判昭11・3・24刑集15・307）。

第2項　秘密漏示罪

＊刑法等の一部を改正する法律（令和4年法律第67号）の施行後は、下線部分の（拘禁刑）（有期拘禁刑）等となる。

> （秘密漏示）
>
> 第134条　医師、薬剤師、医薬品販売業者、助産師、弁護士、弁護人、公証人又はこれらの職にあった者が、正当な理由がないのに、その業務上取り扱ったことについて知り得た人の秘密を漏らしたときは、6月以下の<u>懲役</u>又は10万円以下の罰金に処する。
> 　　　　　　　　　　　　　　　　　　　　　　　　　　　（拘禁刑）
> 2　宗教、祈禱若しくは祭祀の職にある者又はこれらの職にあった者が、正当な理由がないのに、業務上取り扱ったことについて知り得た人の秘密を漏らしたときも、前項と同様とする。

①　秘　密

ここでは、特定の小範囲の者だけが知っている事実であって、通常人ならば一般

＊破産法＊
第82条　破産管財人は、破産者にあてた郵便物等を受け取ったときは、これを開いて見ることができる。
2　破産者は、破産管財人に対し、破産管財人が受け取った前項の郵便物等の閲覧又は当該郵便物等で破産財団に関しないものの交付を求めることができる。
＊刑事収容施設及び被収容者等の処遇に関する法律＊
（信書の検査）
第127条　刑事施設の長は、刑事施設の規律及び秩序の維持、受刑者の矯正処遇の適切な実施その他の理由により必要があると認める場合には、その指名する職員に、受刑者が発受する信書について、検査を行わせることができる。
　　　　（第2項省略）

に秘密にしておきたいと考える事実（他人に知られることが本人の不利益となる事実）であり、本人も秘密にしたいと思うものである。業務遂行過程で知りえた秘密のみが対象となる（医師が鑑定過程で知り得た鑑定対象者及びそれ以外の者の秘密が含まれることにつき最決平24・2・13集66・4・405）。

＊郵便法＊
第77条（郵便物を開く等の罪）　会社の取扱中に係る郵便物を正当の事由なく開き、き損し、隠匿し、放棄し、又は受取人でない者に交付した者は、これを3年以下の懲役又は50万円以下の罰金に処する。ただし、刑法の罪に触れるときは、その行為者は、同法の罪と比較して、重きに従って処断する。
＊民間事業者による信書の送達に関する法律＊
第44条　一般信書便事業者又は特定信書便事業者の取扱中に係る信書便物を正当の事由なく開き、毀損し、隠匿し、放棄し、又は受取人でない者に交付した者は、3年以下の懲役又は50万円以下の罰金に処する。ただし、刑法（明治40年法律第45号）の罪に触れるときは、その行為者は、同法の罪と比較して、重きに従って処断する。
2　前項の罪の未遂は、罰する
＊不正競争防止法＊
（定義）
第2条　この法律において「不正競争」とは、次に掲げるものをいう。
　　　（第1号～第3号省略）
　　四　窃取、詐欺、強迫その他の不正の手段により営業秘密を取得する行為（以下「不正取得行為」という。）又は不正取得行為により取得した営業秘密を使用し、若しくは開示する行為（秘密を保持しつつ特定の者に示すことを含む。以下同じ。）
　　五　その営業秘密について不正取得行為が介在したことを知って、若しくは重大な過失により知らないで営業秘密を取得し、又はその取得した営業秘密を使用し、若しくは開示する行為
　　六　その取得した後にその営業秘密について不正取得行為が介在したことを知って、又は重大な過失により知らないでその取得した営業秘密を使用し、又は開示する行為
　　　（第7号～第16号省略）　（第2項～第5項省略）
6　この法律において「営業秘密」とは、秘密として管理されている生産方法、販売方法その他の事業活動に有用な技術上又は営業上の情報であって、公然と知られていないものをいう。
　　　（第7項～第10項省略）
（罰則）
第21条　次の各号のいずれかに該当する者は、10年以下の懲役若しくは2000万円以下の罰金に処し、又はこれを併科する。
　　一　不正の利益を得る目的で、又はその営業秘密保有者に損害を加える目的で、詐欺等行為（人を欺き、人に暴行を加え、又は人を脅迫する行為をいう。次号において同じ。）又は管理侵害行為（財物の窃取、施設への侵入、不正アクセス行為（不正アクセス行為の禁止等に関する法律（平成11年法律第128号）第2条第4項に規定する不正アクセス行為をいう。）その他の営業秘密保有者の管理を害する行為をいう。次号において同じ。）により、営業秘密を取得した者
　　二　詐欺等行為又は管理侵害行為により取得した営業秘密を、不正の利益を得る目的で、又はその営業秘密保有者に損害を加える目的で、使用し、又は開示した者
　　　（第2号～第9号省略）　（第2項～第12項省略）

248 各論第1編第2部　第5章　秘密を侵す罪

② 漏示

　「**漏示**」とは、その事実を知らない第三者に知らせることをいう。改正前の「**漏泄**」と同義である。正当な理由なく漏らしたときのみ処罰される。法令上告知義務を負う場合（感染症の予防及び感染症の患者に対する医療に関する法律12条等）や法廷で証言を求められて告知する場合、被告人が身代わりであることを知った弁護人が被告人の利益を擁護するためこれを漏らす結果となった場合（大判昭5・2・7刑集9・51）などは、正当な理由があることになる。刑訴法197条2項の照会に応じる場合も同様である。秘密の主体である本人が同意したときも違法性は阻却される。

＊感染症の予防及び感染症の患者に対する医療に関する法律＊
（医師の届出）
第12条　医師は、次に掲げる者を診断したときは、厚生労働省令で定める場合を除き、第1号に掲げる者については直ちにその者の氏名、年齢、性別その他厚生労働省令で定める事項を、第2号に掲げる者については7日以内にその者の年齢、性別その他厚生労働省令で定める事項を最寄りの保健所長を経由して都道府県知事に届け出なければならない。
　一　一類感染症の患者、二類感染症、三類感染症又は四類感染症の患者又は無症状病原体保有者、厚生労働省令で定める五類感染症又は新型インフルエンザ等感染症の患者及び新感染症にかかっていると疑われる者
　二　厚生労働省令で定める五類感染症の患者（厚生労働省令で定める五類感染症の無症状病原体保有者を含む。）
　　　（第2項～第6項省略）
＊刑事訴訟法＊
第197条　捜査については、その目的を達するため必要な取調をすることができる。但し、強制の処分は、この法律に特別の定のある場合でなければ、これをすることができない。
②　捜査については、公務所又は公私の団体に照会して必要な事項の報告を求めることができる。
③　検察官、検察事務官又は司法警察員は、差押え又は記録命令付差押えをするため必要があるときは、電気通信を行うための設備を他人の通信の用に供する事業を営む者又は自己の業務のために不特定若しくは多数の者の通信を媒介することのできる電気通信を行うための設備を設置している者に対し、その業務上記録している電気通信の送信元、送信先、通信日時その他の通信履歴の電磁的記録のうち必要なものを特定し、30日を超えない期間を定めて、これを消去しないよう、書面で求めることができる。この場合において、当該電磁的記録について差押え又は記録命令付差押えをする必要がないと認めるに至つたときは、当該求めを取り消さなければならない。
④　前項の規定により消去しないよう求める期間については、特に必要があるときは、30日を超えない範囲内で延長することができる。ただし、消去しないよう求める期間は、通じて60日を超えることができない。
⑤　第2項又は第3項の規定による求めを行う場合において、必要があるときは、みだりにこれらに関する事項を漏らさないよう求めることができる。

第2項　秘密漏示罪　249

③　**処　罰**

親告罪である（135条）。

④　**特別法**

秘密保護に関する刑罰法規としては、国家公務員法109条12号、100条1・2項、地方公務員法60条2号、34条1・2項、司法書士法24条のほか、弁理士法31条・80条、税理士法38条・59条、特定秘密保護法23条など各種のものがある。

＊国家公務員法＊
（秘密を守る義務）
第100条　職員は、職務上知ることのできた秘密を漏らしてはならない。その職を退いた後といえども同様とする。
②　法令による証人、鑑定人等となり、職務上の秘密に属する事項を発表するには、所轄庁の長（退職者については、その退職した官職又はこれに相当する官職の所轄庁の長）の許可を要する。
　　　（第③項〜第⑤項省略）
第109条　次の各号のいずれかに該当する者は、1年以下の懲役又は50万円以下の罰金に処する。
　　　（第1号〜第11号省略）
　十二　第100条第1項若しくは第2項又は第106条の12第1項の規定に違反して秘密を漏らした者
　　　（第13号〜第18号省略）
＊地方公務員法＊
（秘密を守る義務）
第34条　職員は、職務上知り得た秘密を漏らしてはならない。その職を退いた後も、また、同様とする。
2　法令による証人、鑑定人等となり、職務上の秘密に属する事項を発表する場合においては、任命権者（退職者については、その退職した職又はこれに相当する職に係る任命権者）の許可を受けなければならない。
3　前項の許可は、法律に特別の定がある場合を除く外、拒むことができない。
（罰則）
第60条　次の各号のいずれかに該当する者は、1年以下の懲役又は50万円以下の罰金に処する。
　　　（第1号省略）
　二　第34条第1項又は第2項の規定（第9条の2第12項において準用する場合を含む。）に違反して秘密を漏らした者
　　　（第3号〜第8号省略）
＊司法書士法＊
（秘密保持の義務）
第24条　司法書士又は司法書士であつた者は、正当な事由がある場合でなければ、業務上取り扱つた事件について知ることのできた秘密を他に漏らしてはならない。
＊弁理士法＊
（秘密を守る義務）
第30条　弁理士又は弁理士であった者は、正当な理由がなく、その業務上取り扱ったことについて知り得た秘密を漏らし、又は盗用してはならない。

第80条　第16条の5第1項、第30条又は第77条の規定に違反した者は、6月以下の懲役又は50万円以下の罰金に処する。

2　前項の罪は、告訴がなければ公訴を提起することができない。

＊税理士法＊

（秘密を守る義務）

第38条　税理士は、正当な理由がなくて、税理士業務に関して知り得た秘密を他に洩らし、又は窃用してはならない。税理士でなくなつた後においても、また同様とする。

第59条　次の各号のいずれかに該当する者は、2年以下の懲役又は100万円以下の罰金に処する。

　　　　（第1号～第2号省略）

　三　第38条（第50条第2項において準用する場合を含む。）又は第54条の規定に違反した者

　　　　（第4号省略）

2　前項第3号の罪は、告訴がなければ公訴を提起することができない。

＊特定秘密の保護に関する法律＊

第23条　特定秘密の取扱いの業務に従事する者がその業務により知得した特定秘密を漏らしたときは、10年以下の懲役に処し、又は情状により10年以下の懲役及び1000万円以下の罰金に処する。特定秘密の取扱いの業務に従事しなくなった後においても、同様とする。

2　第4条第5項、第9条、第10条又は第18条第4項後段の規定により提供された特定秘密について、当該提供の目的である業務により当該特定秘密を知得した者がこれを漏らしたときは、5年以下の懲役に処し、又は情状により5年以下の懲役及び500万円以下の罰金に処する。第10条第1項第1号ロに規定する場合において提示された特定秘密について、当該特定秘密の提示を受けた者がこれを漏らしたときも、同様とする。

3　前2項の罪の未遂は、罰する。

4　過失により第1項の罪を犯した者は、2年以下の禁錮又は50万円以下の罰金に処する。

5　過失により第2項の罪を犯した者は、1年以下の禁錮又は30万円以下の罰金に処する。

第1編　個人的法益に対する罪

第3部　名誉及び信用に対する罪

第1章　名誉に対する罪

第2章　信用及び業務に対する罪

第1章　名誉に対する罪

第1項　名誉毀損罪・死者名誉毀損罪

＊刑法等の一部を改正する法律（令和4年法律第67号）の施行後は、下線部分の（拘禁刑）（有期拘禁刑）等となる。

（名誉毀損）

第230条　公然と事実を摘示し、人の名誉を毀損した者は、その事実の有無にかかわらず、3年以下の懲役若しくは禁錮又は50万円以下の罰金に処する。
（拘禁刑）

2　死者の名誉を毀損した者は、虚偽の事実を摘示することによってした場合でなければ、罰しない。

（親告罪）

第232条　この章の罪は、告訴がなければ公訴を提起することができない。

2　告訴をすることができる者が天皇、皇后、太皇太后、皇太后又は皇嗣であるときは内閣総理大臣が、外国の君主又は大統領であるときはその国の代表者がそれぞれ代わって告訴を行う。

1　名　誉

「**名誉**」とは、人の価値に対する社会的評価をいう。この社会的評価の対象となるものは、人の道徳的・人格的なことがらに限らず、美醜・健康・身分・職業等についての評価もある。経済的義務履行に対する信用は、別に信用に対する罪があるから、本条の名誉には含まれない。法人も名誉の主体たりうる。法人格はないが社会的に独立存在と認められている団体も同じである（侮辱に関し、最決昭58・11・1刑集37・9・1341（第3項**2**の解説☞259頁**参照**））。犯罪者も名誉をもつ。

254　各論第1編第3部　第1章　名誉に対するの罪

2　公　然

　「**公然**」とは、不特定の人又は多数の人が認識できる状態をいう。認識できる状態であれば足りるので、現実に摘示された内容が他人に認識され、了解される必要はない（大判大6・7・3刑録23・782等）。その意味で本罪は抽象的危険犯である。数名の居合わせた者に対して事実を告知した場合でも他の不特定又は多数人に伝播することによって認識できるようになる事情があるときは公然といえる（大判昭6・10・19刑集10・462。「**伝播可能性の理論**」という）。

3　事実の摘示

　「**事実**」は、ここでは、人の社会的評価を低下させる事実を指す。既に一般に知られていることがらでもさらに名誉を低下させるおそれがあれば本罪は成立するとするのが判例である（大判大5・12・13刑録22・1822等）。真実のことであっても不実（虚偽）のことであってもよい（死者の場合は虚偽の事実に限られる。本条2項）。単なる意見判断を述べるのは事実の摘示ではないので、侮辱罪（231条）の成否の問題となる。摘示した事実が真実であるか嘘であるかが具体的な証拠によって証明されるような具体的な事実でなければならない。特定の人に関する事実であることを要するが、表現全体の趣旨や周囲の事情から特定の人のことだと判ればよい（最判昭28・12・15刑集7・12・2436（【**実例**】2の解説☞256頁**参照**・第2項1の解説☞257頁**参照**））。

　事実が真実であったときは、次の230条の2（☞256頁**参照**）の場合には違法性が阻却されて犯罪成立せず、死者に対する名誉毀損罪では摘示事実が虚偽のときだけ犯罪が成立する。

　「**摘示**」とは、指摘・表示することをいう。ある事実の存在を断定して表示する場合に限らず、ある事実に関する風聞を記載した投書を新聞へ掲載した場合でも、その記事が特定の事実の存在を明示又は暗示するものである以上、事実の摘示といえる。伝聞（またぎき）である旨断っても、これに当たる（東京高判昭41・11・30判タ207・159。インターネット上の疑問符を付けた投稿につき、適示を受けた相手がその事実の存在を信じる可能性があれば人の名誉が害される危険があり、事実の適示に当たるとする福岡高判令3・5・26高裁刑事裁判速報令和3年536）。

第1項　名誉毀損罪・死者名誉毀損罪　255

④　名誉の毀損

人の社会的評価を低下させるおそれのある状態をつくることをいう。

⑤　処　罰

親告罪である。公然摘示の状態が続く限り、犯罪は終了していないので告訴期間は進行しない（なお、大阪高判平16・4・22判タ1169・316）。天皇・皇族が被害者であるときは内閣総理大臣が、外国の君主・大統領についてはその国の代表者が、代わって告訴する（232条）。インターネット上に掲載されたものは、その被害が時として深刻なものになり得、一度損なわれた名誉の回復が容易でないことにつき最決平22・3・15刑集64・2・1参照。

☞【実例】1　（公然性）

甲は、火事場近くで不審な男を見て、それは近所のAだと思い込んだ。その後、火事見舞いに甲方を訪れた村会議員Xに対し、問われるままに確証もないのに「Aの放火を見た」「Aを捕らえることができなかった」などと述べ、その後またA方で、Aの妻と娘、Aの近所の人3名に対し、やはり問われるままに同様の事実を述べた。この噂は、村中に相当ひろまった。

〔解説〕

公の職にある第三者のXに告げれば容易に伝播することが明らかであるうえ、すでに直接6人に対して事実を摘示しており、この6人は「不定多数」の人といえる。質問に対する答としてなされたというようなことは、犯罪の成否に影響がない。公然事実を摘示したといいうる（最判昭34・5・7刑集13・5・641）。自分の家庭内だけ（最決昭34・12・25刑集13・13・3360）とか被害者・検事・検察事務官だけが在室する検事取調室での発言（最決昭34・2・19刑集13・2・186）などの例では、公然性が否定されている。後者の例では、守秘義務が公然性否定の一理由とされている。

☞【実例】2　（事実の摘示）

旬刊新聞の編集発行人が、町議会議員Aの仕事ぶりを批判するに当たり、Aが実際に片腕のないことと結びつけ、発行する紙上に執筆掲載した文中に「無節操振りは片手落ちの町議でなくては、よも実行の勇気はあるまじく、肉体的の片手

落ちは精神的の片手落ちに通ずるとか」、「ハハ呑気だね」などと書いて頒布した。

〔解説〕

　　名誉毀損の事実の摘示があったといいうるためには、それによって特定の人の名誉を毀損する可能性のある或る具体的事実が明らかにされなければならない。本件の場合、文中に町議の名前を挙げたわけではない。しかし、被害者の氏名こそ明示していないが、町議Aに関してなされたものであることが容易にわかる場合であるとの認定がなされ、この記事は被害者の特定に欠くるところはないとされて本罪の成立が認められた（最判昭28・12・15前掲**3**☞254頁**参照**）。一般に知られている真実のことでも、事実として摘示すれば本罪が成立する。なお、本件では被害者は町会議員であるところから、次の230条の2（公共的事実に関する名誉毀損）の適用の有無も、一つの問題点であるが、町会議員の変節を批判するのに公務と何ら関係のない身体的不具の事実を取り上げており、公務員の公務員たる職責・資質・品位などに関係のないものであり、230条の2は適用されないとされた。

　　なお、モデル小説等の体裁をとっていても、読者に特定の人物についての事実を記載したものと推測させるものであれば、名誉毀損罪が成立するものと考えられる（東京地判昭32・7・13判時119・1）。事実に多少のフィクションを加え、ユーモラスに風刺をきかせて書かれた実話と小説の中間的なものも同様である（本名に酷似した氏名等を用いた人物を登場させた事案につき大阪高判昭43・11・25判時552・86）。

第2項　公共的事実に関する名誉毀損（真実の証明による不処罰）

（公共の利害に関する場合の特例）

第230条の2　前条第1項の行為が公共の利害に関する事実に係り、かつ、その目的が専ら公益を図るためであったと認める場合には、事実の真否を判断し、真実であることの証明があったときは、これを罰しない。

> 2　前項の規定の適用については、公訴が提起されるに至っていない人の犯罪行為に関する事実は、公共の利害に関する事実とみなす。
>
> 3　前条第1項の行為が公務員又は公選による公務員の候補者に関する事実に係る場合には、事実の真否を判断し、真実であることの証明があったときは、これを罰しない。

① 立法趣旨

　名誉毀損は、死者に対する場合は別として、公表した事実が真実であっても成立する（これは人格権としての個人の名誉の保護のためである）。しかし、一方、公益的な見地からの公正な批判の自由は、社会の進展のために保障されなければならない。そこで、刑法は、一定の場合に、摘示事実が真実であれば、違法性が阻却されて犯罪が成立せず処罰されないことを規定した。

　本条第1項は、名誉毀損事件の裁判においては、

①　摘示事実が公共の利害に関する事実であり

②　動機がもっぱら公益目的でなされている

と認められたときは、摘示事実が真実か嘘かを審理判断しなければならないとし、その審理の結果、摘示事実が真実であることが証明されたときには、処罰しないとしたものである。

　本条第2項は、起訴前の犯罪行為については、①の要件は満たされたものとみなし、また、第3項は、公務員や公選候補者に関する事実（公務と何ら関係のない事実は含まない。最判昭28・12・15刑集7・12・2436（第1項第**3**の解説☞254頁**参照**））が摘示事実の場合は、①②の要件は不要で、真実の証明があれば不処罰としたものである。

② 公共の利害に関する事実

　摘示して公表することが、公益上必要又は有益と認められる事実であるかどうかによって決まる。著名な団体の会長の女性関係記事事件であるいわゆる月刊ペン事件において、最高裁は「『公共ノ利害ニ関スル事実』にあたるか否かは摘示された事実自体の内容・性質に照らして客観的に判断されるべきもの」であるとしている

258　各論第1編第3部　第1章　名誉に対するの罪

（最判昭56・4・16刑集35・3・84）。

③　真実の証明

　摘示事実が真実であるとの心証を、合理的な疑いを容れない程度に裁判官に得させることを要するとするのが裁判例の主流である（東京高判昭46・2・20高刑集24・1・97、同昭59・7・18高刑集37・2・360等）。ニュースソースの秘匿の倫理慣行がある者（マスコミ関係者）であっても同様の証明を要する（最判昭30・12・9刑集9・13・2633）。名誉毀損の行為者（被告人）が、真実であることにつき挙証責任を負う（刑事訴訟法上はすべて検察官に挙証責任があるから、その例外である）。摘示事実が虚偽であると明らかになったときはもとより、被告人側が種々立証しても真実であることを証明できなかったときは、被告人に不利益に判断され、名誉毀損罪が成立する。

　噂話で真偽は別だがと前置きしていた場合、その噂話そのものが存在したかどうかでなく、噂話の内容となった事実の真偽が問われる（最決昭43・1・18刑集22・1・7）。

④　真実であることの錯誤

　人の名誉を毀損する行為をしたのではあるが、行為者は真実を摘示したのだと誤信している場合、名誉毀損の故意がないといえるかどうかは一つの問題である。通常人が相当の注意を払っても真実と信ずるような資料・根拠に基づいて真実だと思い込んだという場合は、真実と信ずるにつき相当の理由があったものとして故意が否定され犯罪が成立しない（最判昭44・6・25刑集23・7・975。インターネットを利用した場合も同様であり、いわゆる**「対抗言論の法理」**が適用されないことにつき最決平22・3・15刑集64・2・1）。この場合、行為が違法なのかどうかについて勘違いがあったのではなく、違法性を阻却する事由に関して誤信があったので事実の錯誤になり、故意がないことになる。誤信が、現に係属中の刑事事件の一方当事者の主張、要求、抗議に偏するなど断片的な客観性のない資料に基づくものであるときは、その誤信は相当の理由があるとはいえない（最決昭46・10・22刑集25・7・838）。

第3項　侮辱罪　259

第3項　侮辱罪

＊刑法等の一部を改正する法律（令和4年法律第67号）の施行後は、下線部分の（拘禁刑）（有期拘禁刑）等となる。

> （侮辱）
> 第231条　事実を摘示しなくても、公然と人を侮辱した者は、1年以下の<u>懲役若</u>
> 　　　　（拘禁刑）
> <u>しくは禁錮</u>若しくは30万円以下の罰金又は拘留若しくは科料に処する。

① 侮　辱

「能なしめ」と言ったり、嘲笑するなど、人の人格を蔑視する価値判断の表示であり、言語によると動作によるとを問わない。名誉毀損との違いは、事実を具体的に摘示したかしなかったかの点にあるとするのが判例であるが、侮辱は、被害者の名誉感情をも害するところに特質がある。

② 被害主体

主観的名誉感情を保護法益と解すると名誉感情を有し得ない法人等の団体に対する侮辱は成立しないことになるが、通説は、名誉の主体たり得る者はすべて侮辱罪の主体となるとしている。判例も、A保険会社が悪徳弁護士Bと結託して被害者を弾圧している旨のビラを同保険会社支店の玄関柱に貼付した事案につき、「刑法231条にいう『人』には法人も含まれると解すべき」であるとして、A保険会社に対する侮辱罪の成立を認めている（最決昭58・11・1刑集37・9・1341（第1項①の解説☞253頁**参照**））。

なお、外国の元首、使節に対する侮辱罪が廃止されているので、本罪の被害主体にはこれらの者も含まれるが（外国の駐日大使に対する侮辱につき、東京地判昭62・10・16判タ650・255）、名誉毀損罪のように特別規定がないので死者は含まれないと解される。

③ 処　罰

親告罪である（232条）。インターネット上で人の名誉を害する行為など、事実の適示のない事案にも名誉を侵害する程度の大きいものが少なくないことなどから令和4年法律第67号による改正で法定刑が「拘留又は科料」から引き上げられ

260　各論第1編第3部　第1章　名誉に対するの罪

た。同改正の結果、教唆および幇助の処罰の制限（64条（総論第7章第3項教唆犯
☞118頁**参照**）。特別の規定として軽犯罪法3条）の適用がなくなった。もっとも、
同改正法施行前、すなわち令和4年7月7日前（7月6日以前）の行為については、
改正前の法定刑によるので、公訴時効が1年間と短期であることに注意を要する
（刑訴法250条2項7号、実例の事案でも最高裁は時効完成を理由に免訴としてい
る）。なお、ネット上で掲載を続ける限り、継続犯となるので法改正前後にまたが
るものは新法が適用される（最判昭27・9・25刑集6・8・1093参照）。

☞【実例】　（壁新聞）

　　　「左の者は売国奴につき注意せよ」と書き、その左側に「A地区署B巡査」
　　　と書いた壁新聞を掲示した男が捕まった。

〔解説〕

　　　B巡査が具体的に何をしたとかという事実の摘示がなく、単にB巡査を売国
　　　奴呼ばわりをしているもので、上記壁新聞の提示は、侮辱に当たる（大阪高判
　　　昭30・3・25判時48・25）。

＊刑事訴訟法＊

第250条　時効は、人を死亡させた罪であつて禁錮以上の刑に当たるもの（死刑に当たるものを除く。）については、次に掲げる期間を経過することによつて完成する。

一　無期の懲役又は禁錮に当たる罪については30年

二　長期20年の懲役又は禁錮に当たる罪については20年

三　前2号に掲げる罪以外の罪については10年

②　時効は、人を死亡させた罪であつて禁錮以上の刑に当たるもの以外の罪については、次に掲げる期間を経過することによつて完成する。

一　死刑に当たる罪については25年

二　無期の懲役又は禁錮に当たる罪については15年

三　長期15年以上の懲役又は禁錮に当たる罪については10年

四　長期15年未満の懲役又は禁錮に当たる罪については7年

五　長期10年未満の懲役又は禁錮に当たる罪については5年

六　長期5年未満の懲役若しくは禁錮又は罰金に当たる罪については3年

七　拘留又は科料に当たる罪については1年

③　前項の規定にかかわらず、次の各号に掲げる罪についての時効は、当該各号に定める期間を経過することによつて完成する。

一　刑法第181条の罪（人を負傷させたときに限る。）若しくは同法第241条第1項の罪又は盗犯等の防止及び処分に関する法律（昭和5年法律第9号）第4条の罪（同項の罪に係る部分に限る。）　20年

二　刑法第177条若しくは第179条第2項の罪又はこれらの罪の未遂罪　15年

三　刑法第176条若しくは第179条第1項の罪若しくはこれらの罪の未遂罪又は児童福祉法第60条第1項の罪（自己を相手方として淫行をさせる行為に係るものに限る。）　12年

④　前2項の規定にかかわらず、前項各号に掲げる罪について、その被害者が犯罪行為が終わつた時に18歳未満である場合における時効は、当該各号に定める期間に当該犯罪行為が終わつた時から当該被害者が18歳に達する日までの期間に相当する期間を加算した期間を経過することによつて完成する。

＊軽犯罪法＊

第1条　左の各号の一に該当する者は、これを拘留又は科料に処する。

　　　　　（第1号～第34号　省略）

第3条　第1条の罪を教唆し、又は幇助した者は、正犯に準ずる。

第2章　信用及び業務に対する罪

第1項　信用毀損罪・業務妨害罪

＊刑法等の一部を改正する法律（令和4年法律第67号）の施行後は、下線部分の（拘禁刑）（有期拘禁刑）等となる。

> （信用毀損及び業務妨害）
>
> **第233条**　虚偽の風説を流布し、又は偽計を用いて、人の信用を毀損し、又は
> その業務を妨害した者は、3年以下の懲役又は50万円以下の罰金に処する。
> 　　　　　　　　　　（拘禁刑）

① **手　段**

虚偽の風説を流布するか、又は偽計を用いるかどちらかの方法を使ったことが要件である。

② **結　果**

上記方法で他人の信用を毀損するか業務を妨害するおそれのある行為を行うことによってこの犯罪は成立する。実務上は、現実に結果が発生した事案を処罰する例が多いが、法律的には、信用を現実に毀損し、業務を現実に妨害するという意味での結果発生は必要ではない（抽象的危険犯。大判昭11・5・7刑集15・573）。

③ **虚偽の風説の流布**

実際の事実とは異なる事実・噂を不特定又は多数の人に伝えることであり、特定の少数の人に告げてそれが順次伝播してゆくことを認識していれば流布に当たる（大判昭12・3・17刑集16・365）。

④ **偽計を用いる**

欺罔・計略などを使うことをいう（インターネット上の虚偽の犯罪予告を警察署職員らに対する偽計業務妨害としたものとして東京高判平21・3・12判タ1304・

302（第3編第1章⑥の解説☞576頁参照）。会社内外で不信感等が広まる可能性の
ある郵便物を繰り返し郵送して余計な選別作業などを行わせた事案につき東京高判
令3・2・2高裁刑事裁判速報令和3年246。）。威力（234条）に当たるものや、悪
戯（軽犯罪法1条31号）程度のものは除かれるが、必ずしも人の錯誤に直接結び
つく必要はない（人の意思に働きかける必要がないとして、ユーザーの「魔法石」
（オンラインゲーム上の商品）購入による課金の機会を減少させるプログラムのイ
ンストールを偽計に当たるとした東京高判令元・12・17高裁刑事裁判速報令和元
年367）。暗証番号等盗撮用カメラを設置したＡＴＭに客を誘導するため、一般客
を装って隣接するＡＴＭを占拠し続ける行為も偽計とされる（最決平19・7・2刑
集61・5・379）。

⑤　信用の毀損

　人の財産的・経済的な側面での評価、主として支払能力や支払意思に関する信頼
を「信用」というが、販売される商品の品質に対する社会的な信頼も含まれる（最
判平15・3・11刑集57・3・293）。「毀損」は、信用を低下させるおそれのある状
態を作り出すだけでよい（大判明44・4・13刑録17・557等）。

⑥　業務の妨害

　「業務」は、人がそれぞれの社会的地位に基づいて継続的に行う事務又は事業の
ことである。妨害するおそれのある状態を作り出せば既遂である（最判昭28・1・
30刑集7・128等）。具体例としては、通話料金の自動的課金を不能にする装置であ
るマジックホンを取りつけて電々公社の通話料金課金業務を妨害した事例（最判昭
59・4・27刑集27・4・2584、最決昭61・2・3刑集40・1・1等。ただし、246条
の2（☞327頁参照）が設けられる以前のものであることに注意）、わずか3か月足
らずのうちに飲食店に970回も無言電話をかけた事例（偽計業務妨害・東京高判昭
48・8・7高刑集26・3・322）などがある。また、権力的業務に伴う強制力が直ち

＊軽犯罪法＊
第1条　左の各号の一に該当する者は、これを拘留又は科料に処する。
　　　（第1号～第30号省略）
　三十一　他人の業務に対して悪戯などでこれを妨害した者
　　　（第32号～第34号省略）

264 各論第１編第３部 第２章 信用及び業務に対するの罪

に行使されない場面では公務も本条の業務に当たる（東京高判平21・3・12前掲）。

⑦ 特別法

組織的な態様による又は団体の不正権益の獲得・維持・拡大を目的とするものは、5年以下の懲役又は50万円以下の罰金に刑が加重されている（組織的犯罪処罰法3条（条文は☞167頁参照））。

第２項　威力業務妨害罪

....

（威力業務妨害）

第234条　威力を用いて人の業務を妨害した者も、前条の例による。

....

① 威力を用いる

古くから挙げられる有名な事件は、営業中の百貨店の食堂に蛇をまき散らしたというもので（大判昭7・10・10刑集11・1519）、今日ではもはや昔ばなしであるが、本罪の「威力」というものを理解するうえで参考となろう。人の意思を制圧するに足りる勢力を示すことをいい（現実の意思の制圧が不要であることにつき最判昭28・1・30刑集7・1・128）、暴行・脅迫を含み、地位や集団の力を利用する場合もある。悪戯などで他人の業務を妨害したにすぎないときは、軽犯罪法（1条31号（条文は☞前頁参照））が適用される。

労働争議に伴って、会社側の業務の遂行を労働者側がスクラムを組み、集団で座り込むなどして妨害する例が多い。労働争議に随伴して発生する威力業務妨害に

＊労働組合法＊

（目的）

第1条　この法律は、労働者が使用者との交渉において対等の立場に立つことを促進することにより労働者の地位を向上させること、労働者がその労働条件について交渉するために自ら代表者を選出することその他の団体行動を行うために自主的に労働組合を組織し、団結することを擁護すること並びに使用者と労働者との関係を規制する労働協約を締結するための団体交渉をすること及びその手続を助成することを目的とする。

2　刑法（明治40年法律第45号）第35条の規定は、労働組合の団体交渉その他の行為であつて前項に掲げる目的を達成するためにした正当なものについて適用があるものとする。但し、いかなる場合においても、暴力の行使は、労働組合の正当な行為と解釈されてはならない。

あっては、業務妨害の行為それ自体だけでなく、それが発生するに至った経緯をも考慮する必要がある。これは、労働組合法1条2項に「刑法35条の規定は、労働組合の団体交渉その他の行為であって前項に掲げる目的を達成するためにした正当なものについて適用があるものとする。」とあり、正当な労働争議行為は、犯罪の構成要件に当てはまっても違法性が阻却されて犯罪が成立しないことになるからである。しかし、同法1条2項但書は「いかなる場合においても暴力の行使は、労働組合の正当な行為と解釈されてはならない。」と規定していて、暴力の行使と認められる行為は、争議行為として行われたものでも違法性が阻却されない。裁判例において「威力」とされたものには次のようなものがある。

1　地位、権勢を利用したもの

「将来米1合ノ収穫ナキモ又畦畔ノ損壊スルコトアルモ足ノ骨1本折ルル事アルモ隣地ノ者ノ所為ト疑フ勿レ此田地ヲ耕作スルモノハ白骨トナリテ帰ルコトモアルヘシ尚帰途ニハ注意セヨ」と申し向けた事例（大判明43・2・3刑録16・147）、70数名の者がスクラムを組むなどし、工場長らの制止を振り切って専務室に乱入し、同工場長を乱入者の一団と対席させ、その質問に身をさらさせ（最判昭28・1・30刑集7・1・128）あるいは、執務中の課長を事務所外の組合本部前広場まで連行し、その後約3時間40分もの長時間にわたって、組合員数百名と円陣を作って取り囲むなどした事例（最決昭32・12・24集11・14・3349）などがこの類型に属する。

2　業務執行行為自体に実力行使を加えたもの

航行中の船舶に接舷してロープを投げかけ、あるいは、同船が接岸するやこれと岸壁との間に自船を割り込ませ、岸壁より押離すなどした事例（福岡地判昭39・7・7下刑集6・7＝8・845）、駅コンコース内で、多数の者がデモ行進、坐り込みをなし、改札業務を中止させるなどした事例（大阪高判昭51・10・12判時846・120）あるいは、多数の者が協議会会場に通じる道路を塞ぐ形でスクラムを組むなどし、参加者の入場を妨害した事例（札幌高判昭59・5・17判時160・1156）等がある。

3　犯人の生命、身体に危害の及ぶおそれのある状態を作出したもの

業務を執行しようとすれば犯人の生命、身体等に危害が及ぶおそれがあるため、必然的に業務の執行を中止もしくは制限せざるを得ないような心理的威圧を加える行為も威力に当たる。例えば、走行中の自動車の直前に飛び出して停車させ、その前に立ちふさがること（福岡地裁小倉支判昭45・10・19判タ255・231、広島高判昭48・1・29判タ291・270）、大型ライトやスピーカーが設置された地上約60メートルの高さにある「黄金の顔」の眼孔部を占拠すること（大阪地判昭47・2・17刑裁月報4・2・394）、船倉に積んだ砕石をバケットでつかんでクレーンにより持ち上げ、海中に投入する捨石作業を行っている際に、同船倉内に立ち入ること（福岡地裁小倉支判昭54・4・18判時937・138）などである。

4 物の奪取、抑留によるもの

業務執行に必要な物を奪取、抑留することも威力とされる場合がある。例えば、歩道上などで新聞を頒布中の者の足元に置いてある新聞入り手提袋を奪い取り、あるいは、頒布のため通行人に差し出した新聞を奪い取ること（大阪地判昭59・1・31公刊物未登載）、争議行為の一環として自己の運転するタクシーから車検証等を持ち出し、これを保留すること（松山地裁宇和島支判昭43・6・12下刑集10・6・645）、弁護士が携帯している訟廷日誌、訴訟記録等を入れた鞄を奪取すること（最決昭59・3・23集38・5・2030）などがこの類型に属している。

5 怒号するなどして混乱させたもの

総会屋が5名が、株主総会において、議長が議事に入ろうとするや、「あなたは前科者じゃないか」、「嘘八百並べる奴が何で社長の座にすわれるのか、人格識見ともお前は落伍者だ」などと怒号し（東京地判昭50・12・26刑裁月報7・11＝12・984）、又は、発煙筒に点火して議長席附近に至り、「二股膏薬をやめろ」などと間断なく野次り、所携のビラをまき散らすなどして（同昭36・9・13判時280・12）議場を紛糾混乱させた事例、立候補届出受理会場で、突如「気をつけ」と大声を発したり、ボールペンを机上に叩きつけるなどした事例（最決平12・2・17集54・2・38）、日教組の組合大会において7本の発煙筒に点火し

（東京高判昭35・6・9高刑集13・5・403）、あるいは、国会内でアジビラをまき、爆竹を鳴らして（同昭50・3・25刑裁月報7・3・162）議場を混乱させた事例のほか、多数の顧客が飲食中の食堂内で、「（甲）店ハ詐欺ヲ為スモノナリ」などと怒号して食堂を混乱させた事例（大判昭10・9・23刑集14・938）、百貨店の食堂配膳部にシマヘビ20匹をまき散らして食堂を混乱させた事例（大判昭7・10・10前掲**1** ☞264頁**参照**）キャバレーの客席で牛の内臓やニンニクを焼き、悪臭をホール内に充満させて客を退散させた事例（広島高裁岡山支判昭30・12・22裁特2追録1342）などがこの類型に属するものと思われる。

6　物理的方法によるもの

　店舗の道路に面する部分の前面に物件を一面に立て並べたもの（東京高判昭39・11・25高刑集17・8・814）、診療所出入口直前に鉄条柵を張りめぐらしたもの（東京高判昭29・6・9高刑集7・7・1047）、修繕に藉口（しゃこう）して商家の表に板囲いをしたもの（大判大9・2・26刑録26・82）、議場の入口の内側から机、椅子等を積み上げ、扉のドアチェックに針金を巻きつけて開閉できないようにしたもの（長崎地判昭55・8・22判時1008・208）、工場内モーター室において、同室配電盤設置のスイッチを切り、運転中のモーターを停止させて織機320台の運転を止めたもの（大阪高判昭26・10・22高刑集4・9・1165）、イルカを捕獲、収容中の仕切網のロープを解き、あるいは、切断したもの（長崎地裁佐世保支判昭55・5・30判時999・131、静岡地裁沼津支判昭56・3・12判時999・135）、タクシー会社の営業用自動車のタイヤの空気を抜いたもの（大阪地判昭43・7・13判時545・27）、進行しようとする自動車の前後に石、ドラム罐を置くなどしたうえ、同車周辺に蝟集（いしゅう）したもの（東京高判昭45・2・19刑裁月報2・2・86）、競馬場の本馬場に平釘約1たる分を散布したもの（大判昭12・2・27新聞4100・4）、テレビ生放送中のスタジオ出入口外側でシュプレヒコール、合唱等を行って、これを放送音に混入させたもの（大阪高判昭47・1・31刑裁月報4・1・50）、播種（はしゅ）生育中の苗代田を畦鍬（あぜ）で決壊したもの（最判昭25・2・14集4・2・161）などがこの類型に属する。東京高判昭39・11・25前掲も「たとえそれが他人の知らぬ間になされ、したがって他人の現実の抵抗または反対を押

し切ってなされたのではないにしても、かような物件を並べられた結果客は出入りすることができなくなり、商品を陳列することも事実上できなくなるのであるから、………『威力ヲ用ヒ』たことになるといわざるをえない」と判示しているところであって、被害者側の制止、抵抗を威迫行為等によって排除することも要求されてはいない。

これに対し、**物の損壊等の方法によるもので、偽計に当たるとされたもの**には、荒縄製の網に多量の石を入れたいわゆるビク4個を海底に沈めたため、同障害物の存在を知らない被害者が漁網を破損し、漁獲ができなくなったもの（大判大3・12・3刑録20・2322）、稲植付け設備をした田に多量のガラス破片を散布したもの（長崎地判大5・8・24新聞1180・29）あるいは、医師に対し、病院にいたたまれないようにして退職させるため、同医師が患者の診察をはじめた際、診療器具、薬品類、患者カルテ等の一部を他室に移動させて他の物品中に紛れ込ませたもの（京都地判昭22・5・10判例体系34・877）などがあり、判例が「偽計」に、「あまねく陰険な手段を用いる場合までをも含めている」との指摘もなされているところであるが、前記6の「威力」に当たるとされた事例とこれら「偽計」に当たるとされた事例とを比較対照すると、**威力と偽計を区別する基準**としては、当該行為あるいは結果の公然性、すなわち、被害者側において直接的に妨害のなされていることを知り、その結果、心理的な威圧感・畏怖感を与えられ（机の引出しに猫の死骸を入れるなどして被害者に発見させたものとして最決平4・11・27刑集46・8・623）、あるいは、事実上業務執行が困難であることを知らされるような行為が「威力」となるものと一応いい得るのではないかと思われる。したがって、「威力」による場合には、現実の被害を回避する措置を講じる可能性のあることが多く、妨害の対象も表面的、外形的な執行行為が対象となりやすいともいえよう。もっとも、顧客からの電話かもしれないとの被害者の錯誤を利用した多数回の無言電話をかけたもの、他人名義で虚偽の電話注文をなし、無益な注文品配達をさせたものなどは他人の錯誤を利用しているので「偽計」というべきであるが、実行する意思のない場合でも、爆破予告電話、あるいは食品等に対する毒物混入予告電話をかけ、または、ニセ爆弾を設置するなどの行為は、暴力的、脅迫的色彩が強いので

第3項　電子計算機損壊等業務妨害罪　269

「威力」というべきであろう（人糞を「出ていけ」などと記載した文書とともに封入した郵便物の送付を威力とした広島高判令2・2・18判タ1482・126）。

② 業務妨害

偽計業務妨害と同じである（法律上の手続的瑕疵ある業務につき最決平14・9・30刑集56・7・395）。強制力を行使する権力的公務は公務執行妨害罪によって保護され、本条の業務に含まれないが（最決昭62・3・12刑集41・2・140）、それ以外の公務は本罪の業務にも含まれる（国鉄の業務につき最大判昭41・11・30刑集20・9・1076。県議会委員会の条例案採択事務につき最決昭62・3・12刑集41・2・140。公選法の立候補届出受理事務につき、最決平12・2・17刑集54・2・38等）。なお、公務執行妨害と業務妨害の関係は公務執行妨害罪の解説②☞573頁・⑥☞575頁参照。

③ 特別法

組織的犯罪処罰法3条（条文は☞167頁参照）に、信用毀損等についてと同様の刑の加重規定が設けられている。

第3項　電子計算機損壊等業務妨害罪

＊刑法等の一部を改正する法律（令和4年法律第67号）の施行後は、下線部分の（拘禁刑）（有期拘禁刑）等となる。

（電子計算機損壊等業務妨害）

第234条の2　人の業務に使用する電子計算機若しくはその用に供する電磁的記録を損壊し、若しくは人の業務に使用する電子計算機に虚偽の情報若しくは不正な指令を与え、又はその他の方法により、電子計算機に使用目的に沿うべき動作をさせず、又は使用目的に反する動作をさせて、人の業務を妨害した者は、5年以下の懲役又は100万円以下の罰金に処する。
（拘禁刑）

2　前項の罪の未遂は、罰する。

① 趣　旨

本条は、電子計算機による大量迅速な情報処理に基づいて行われる業務の範囲が拡大しつつある現状を踏まえ、電子計算機に向けられた加害行為を手段とする業

270　各論第1編第3部　第2章　信用及び業務に対するの罪

務妨害罪を新たな業務妨害罪としてとらえ、3年の懲役（拘禁刑）を上限とする偽
計・威力業務妨害罪（刑233条・234条）よりも重く処罰することとしたものであ
る。

　本罪の構成要件は、

　　①　電子計算機若しくは電磁的記録の損壊、虚偽の情報若しくは不正の指令の
　　　入力又はその他の方法によって（**電子計算機に向けられた加害行為**）

　　②　電子計算機に使用目的にそうべき動作をさせず又は使用目的に反する動作
　　　をさせるという状態を生じさせて（**電子計算機の動作阻害**）

　　③　人の業務を妨害すること（**業務妨害**）

である。

2　人の業務に使用する電子計算機

　「**人**」とは、犯人以外の者をいい、自然人、法人のみならず法人格を有しない団
体も含まれる。「**業務**」とは、人がその社会生活上の地位に基づき、反復継続する
意図で行う経済的社会的活動であり、営業、職業として行われるものに限定される
ものではない（大判大10・10・24刑録27輯643）。本条新設に当たっては、本罪
の業務に公務が含まれないという考え方はとられておらず、強制力を行使する権力
的公務でないものは、これに含まれることになる。

　「**電子計算機**」とは、いわゆるコンピュータと同義であり、自動的に計算やデー
タ処理を行う電子装置である。しかしながら、本条新設の趣旨等にかんがみ、「**人
の業務に使用する電子計算機**」には、マイクロコンピュータを組み込んだ自動販売
機など、当該機器の機能、性能を向上させるためこれに組み込まれてその部品と
なっているような、それ自体として独立性をもって業務に用いられているとは認め
られないものは含まれず（パチンコ遊技台に組み込まれた電子計算機部分につき、
福岡高判平12・9・21判時1731・131）、本罪の加害行為の対象である電子計算機
は、それ自体が自動的に情報処理を行う装置として一定の独立性を持って業務に用
いられ、それ自体が業務を左右するような判断、事務処理、制御等の機能を果たし
ている電子計算機と評価されるものに限定されるものと解する。

3　その用に供する電磁的記録

他人の業務に使用する電子計算機の用に供する電磁的記録のことである。本罪では、かかる電磁的記録が損壊された結果として、当該電子計算機の動作阻害の生じることが予定されるものに限定されるので、当面業務に使用することが予定されていないバックアップコピーのようなものは、これに含まれないことになる。「**電磁的記録**」とは、磁気テープ、ディスクなどのように、人の知覚によっては認識することができない方式によって作られた記録であって、電子計算機によって行われる、情報についての計算、検索等の処理に用いられるものであり、プログラムも含まれる。「**記録**」とは、一定の記録媒体上に情報又はデータが記録、保存されている状態をいい、情報又はデータ自体や、記録媒体そのもののことではない。

④ **損 壊**

「**損壊**」とは、電子計算機や電磁的記録を物質的に変更、滅失させること（インターネット利用者に提供するため開設したホームページ内の天気予報画像を消去して、わいせつ画像に置き換えた事案につき、大阪地判平9・10・3判タ980・285）のほか、電磁的記録の消去等その効用を毀損することをも含む。

⑤ **虚偽の情報若しくは不正な指令を与え**

「**虚偽の情報**」とは、当該システムにおいて予定されている情報処理の目的に照らして許容されないその内容が真実に反する情報のことであり、「**不正な指令**」とは、当該事務処理の場面において、与えられるべきでない指令のことである。「**与え**」とは、このような情報又は指令を電子計算機に入力することである。

⑥ **その他の方法**

「**その他の方法**」とは、損壊等以外の、当該電子計算機に向けられた加害手段であって、その動作に直接影響を及ぼすような性質のものをいう。例えば、電子計算機の電源切断、温度、湿度といった動作環境の破壊、通信回線の切断、入出力装置等の損壊、処理不能データの入力などがこれに当たる。

⑦ **使用目的に沿うべき動作をさせず**

改正前の「副ふ」と「沿う」は同義であり、「**使用目的に沿うべき**」とは、電子計算機を設置して、これを業務遂行に使用している者が、具体的な業務遂行の場面において、当該電子計算機を使用して実現しようとしている目的に適合するような

ということであり、「**動作**」とは、電子計算機の機械としての働き、すなわち情報処理のために行う出入力、演算等の機械としての働きのことである。したがって、ここにいう「**使用目的**」は、単なる情報の貯蔵、管理といった抽象的なものではない。このような動作をさせないこと、例えば、電子計算機自体を停止させることや本来予定されたところとは異なる情報を提供させることなどのほか、通信回線を切断することにより電子計算機に外部からの入出力を不能ならしめるような場合なども含まれることになろう。なお、いわゆるコンピューターウィルス（不正指令電磁的記録）を人の業務に使用する電子計算機における実行の用に供してその業務妨害したときは、168条の2第2項の罪と本罪の観念的競合になる（東京高判平24・3・26東高時報63・1＝12・42（168条の2の解説⑦☞517頁**参照**））。

⑧　**使用目的に反する動作をさせる**

　「**使用目的**」及び「**動作**」の意義については、本条解説⑦を参照。「**使用目的に反する動作**」とは、このような使用目的に反するような動作、例えば、一定の条件下において行われるべきでない、人の業務を妨害することとなるような制御等の動作のことである。改正前の「使用目的に違（たが）ふ動作」と同義である。他人のパスワードを用いて、データベースの情報を不正に入手すること、あるいは他人の電子計算機を無断で使用することなどは、電子計算による情報の処理等自体は行われており、業務遂行の外形的妨害も生じてはいないので、使用目的に反する動作をさせて業務を妨害したことにはならない。

⑨　**業務を妨害**

　威力業務妨害等におけると同義である。すなわち、人がその社会生活上の地位に基づき、反復継続する意図で行う経済的社会的活動を妨害することであるが、現実に妨害の結果が発生することは必要でない（最判昭28・1・30刑集7・1・128（第1項⑥の解説☞263頁**参照**）、大判昭11・5・7刑集15・573等）。電子計算機の動作阻害が生じ、それが業務を妨害するおそれがあれば足りる。その意味では危険犯である。

⑩　**その他**

　本罪の故意については、電子計算機に向けられた加害行為であること、それが何

らかの動作阻害を生じさせること、更に、その結果業務を妨害するおそれのある状態が発生することの認識、認容が必要なように思われる。未必の故意で足ることはいうまでもないが、当該業務主体の具体的な使用目的、及び危険発生に至る因果関係の詳細の認識あるいは具体的に生じ得る被害の程度についての予見までは必要ではないと考えられる。

本条の適用事例としては、雇用保険失業給付金受給者がゴルフパターなどを用いて公共職業安定所内で暴れ、労働省総合的雇用情報システム受理端末装置のキーボード、プリンターなどを損壊して同安定所職員らの職務を妨害したもの（公務執行妨害罪も成立、山口地徳山支判平元・8・10公刊物未登載）、放送業者が開設したホームページ内の天気予報画面を消去してわいせつな画像等に置き換えたもの（わいせつ図画公然陳列罪も成立、大阪地判平9・10・3前掲④の解説☞271頁参照）などがある。

⑪　未遂処罰

未遂が処罰される（本条2項）。平成23年改正で追加されたもので、例えば、インターネットを通じて不正な指令を与えようとするなど、攻撃が加えられたものの動作阻害が生じなかった場合、あるいは損壊行為に着手したものの損壊に至らなかった場合なども処罰することとされた。なお、不正アクセス禁止法11条、12条等参照（国外犯処罰につき同法14条）。

＊不正アクセス行為の禁止等に関する法律＊
（不正アクセス行為の禁止）
第3条　何人も、不正アクセス行為をしてはならない。
（他人の識別符号を不正に取得する行為の禁止）
第4条　何人も、不正アクセス行為（第2条第4項第1号に該当するものに限る。第6条及び第12条第2号において同じ。）の用に供する目的で、アクセス制御機能に係る他人の識別符号を取得してはならない。
（不正アクセス行為を助長する行為の禁止）
第5条　何人も、業務その他正当な理由による場合を除いては、アクセス制御機能に係る他人の識別符号を、当該アクセス制御機能に係るアクセス管理者及び当該識別符号に係る利用権者以外の者に提供してはならない。
（他人の識別符号を不正に保管する行為の禁止）
第6条　何人も、不正アクセス行為の用に供する目的で、不正に取得されたアクセス制御機能に係る他人の識別符号を保管してはならない。

274　各論第1編第3部　第2章　信用及び業務に対するの罪

（識別符号の入力を不正に要求する行為の禁止）
第7条　何人も、アクセス制御機能を特定電子計算機に付加したアクセス管理者になりすまし、その他当該ア
　　クセス管理者であると誤認させて、次に掲げる行為をしてはならない。ただし、当該アクセス管理者の承
　　諾を得てする場合は、この限りでない。
　一　当該アクセス管理者が当該アクセス制御機能に係る識別符号を付された利用権者に対し当該識別符号
　　を特定電子計算機に入力することを求める旨の情報を、電気通信回線に接続して行う自動公衆送信（公
　　衆によって直接受信されることを目的として公衆からの求めに応じ自動的に送信を行うことをいい、放
　　送又は有線放送に該当するものを除く。）を利用して公衆が閲覧することができる状態に置く行為
　二　当該アクセス管理者が当該アクセス制御機能に係る識別符号を付された利用権者に対し当該識別符号
　　を特定電子計算機に入力することを求める旨の情報を、電子メール（特定電子メールの送信の適正化等
　　に関する法律（平成14年法律第26号）第2条第1号に規定する電子メールをいう。）により当該利用権者
　　に送信する行為
　（罰則）
第11条　第3条の規定に違反した者は、3年以下の懲役又は100万円以下の罰金に処する。
第12条　次の各号のいずれかに該当する者は、1年以下の懲役又は50万円以下の罰金に処する。
　一　第4条の規定に違反した者
　二　第5条の規定に違反して、相手方に不正アクセス行為の用に供する目的があることの情を知ってアクセ
　　ス制御機能に係る他人の識別符号を提供した者
　三　第6条の規定に違反した者
　四　第7条の規定に違反した者
　五　第9条第3項の規定に違反した者
第14条　第11条及び第12条第1号から第3号までの罪は、刑法（明治40年法律第45号）第4条の2の例に
　　従う。

第1編　個人的法益に対する罪

第4部　財産に対する罪

第1章　財産犯総説

第2章　窃盗の罪

第3章　強盗の罪

第4章　詐欺及び恐喝の罪

第5章　横領及び背任の罪

第6章　盗品等に関する罪

第7章　毀棄及び隠匿の罪

第2項 各罪の特色 277

第1章 財産犯総説

第1項 財産犯

　財産に対する罪としては、窃盗・強盗・詐欺・恐喝・横領・背任・贓物（贓物）罪（盗品等に関する罪）・毀棄・隠匿と各種のものがあり、これらは総じて「**財産犯**」と呼ばれる。

　総説では、まずこれらの各罪の特色を分かりやすく解説したうえで、この財産犯の類別を検討し、更に、財産犯の保護法益である「**財物**」と「**財産上の利益**」を説明することとする。

第2項 各罪の特色

① **窃 盗**（第2章☞283頁参照）

　被害者が気付かないうちなど被害者の隙を衝いて、暴力などを用いず人の金品を奪ってしまう。空巣・忍び込み・すり・万引など、通常の態様にあっては財物に対する被害者の占有をひそかに奪うところに特色がある。客体は有体物である財物に限られる。

② **強 盗**（第3章☞293頁参照）

　力づくでウムを言わさず被害者から金品を奪ってしまう。被害者が抵抗できなくなる程に暴行や脅迫を加えて奪う。被害者は、奪われることが分っているが、こわくて手を出しようがなく、奪われるにまかせるほかないところに特色がある（この点は不同意性交等に似た面がある）。

③ **詐 欺**（第4章第1項～第3項☞315頁参照）

　被害者は、本当は騙されているのにそれに気付かず、犯人の言動を信じて金品を

提供してしまう。もし本当のことが分かっていたなら被害者は、提供しなかったのに、「**騙して取る**」ところに特色があり、また、被害者は、騙されているとはいえ、自分の意思で自分に不利益な処分をしているところに窃盗や強盗との違いがある。

④ 恐　喝（第4章第4項☞332頁参照）

　　ゆすり・たかりが典型例。被害者は、おどかしや嫌がらせに困り果てて、嫌々ながら、犯人の言いなりになり金品を提供する気になって与えてしまう。おどかしや嫌がらせがなければ、そういう処分はしないのに、「**困らせて取る**」ところに特色があり、また、被害者は、こわがり困ってしまったためとはいえ、まがりなりにも自分の意思で自分に不利益な処分をするところに強窃盗との違いがある。

⑤ 横　領（第5章第2項〜第4項☞340頁参照）

　　他人から信頼されて預かっている他人の物を、勝手に自分のものにして使い込んでしまう。他人の物を犯人が既に占有している点や他人の信頼を裏切る点が、上にみてきた各罪と全く異なる。窃盗同様、客体は財物に限られる。

⑥ 背　任（第5章第5項☞351頁参照）

　　他人から信頼されて一定の任務を与えられ人の財産を管理しているうち、その任務に背いて財産状態を悪化させてしまう。他人から既に財産管理を任されていた点や信頼されて与えられていた任務に背いた点では、横領と同一性質の犯罪であるが、強窃盗や詐欺・恐喝とは全く異なる。横領が個々の財物を不法に領得するのに対し、背任は本来処分権限があり、これを濫用して財産状態を害するという違いがある。

⑦ 贓物（臓物）の罪（盗品等に関する罪）（第6章☞360頁参照）

　　他人が不法に領得してきた財物を、泥棒品だなどと知っていながら貰う・運んでやる・かくす・買う・処分を手伝ってやる。これらは、どれも、被害者が奪われた財物を追求し、回復するのを困難にする一面と窃盗などの財産犯を助成、誘発させる一面があるが、すでに他人が奪取などしたあとで発生する犯罪である。

⑧ 毀棄・隠匿（第7章☞367頁参照）

　　他人の財産を侵害する犯罪であり、客体は有体物に限られるが、犯人が物の利

用ということを目的とせず、物の領得を内容としない（従って不法領得の意思がない）点で他の財産犯、特に窃盗と違う特色がある。

第3項　各罪の類別

① 財物罪と利得罪

行為の客体が「**財物**」であるものを「**財物罪**」といい、「**財産上の利益**」であるものを「**利得罪**」という。強盗・詐欺・恐喝・背任は財物罪である場合と利得罪である場合とがあり、窃盗・不動産侵奪・横領・贓物罪・毀棄・隠匿は財物罪である。

② 奪取罪と非奪取罪

他人の財物に対する所持を奪って自己の支配に移すものを「**奪取罪**」、そうでないものを「**非奪取罪**」という。窃盗・不動産侵奪・強盗・詐欺・恐喝が奪取罪である。

③ 領得罪と非領得罪

犯罪として成立するのに「不法領得の意思」が必要であるとされているものを「**領得罪**」、そうでないものを「**非領得罪**」という。奪取罪である各罪と横領とが領得罪である。

第4項　財　物

① 意　味

強窃盗・詐欺・恐喝の各罪の条文のように「他人の財物」「財物」と明示している場合と横領（252条）のように単に「他人の物」と表現してある場合とで、違いがあるわけではない。財物とは財産権、殊に所有権の目的となりうる物をいうが、財物の概念をめぐっては、有体物に限るか、財産的価値がなくてもよいか、不動産は含まれるか、禁制品はどうかなどの問題がある。

② 財物と有体物

民法では、物とは有体物をいうとしている（85条☞次頁**参照**）。刑法でも、財物は有体物でなければならないという考え方が支配的であった。これを**有体性説**とい

280 各論第1編第4部 第1章 財産犯総説

う。固体・液体のほか気体も有体物なので、ガスなども財物であるが、電気・熱気・冷気・水力・太陽熱などのエネルギーは無体物である。エネルギーは現代社会において重要な存在となってきたためもあって、これら無体物に対する刑法的保護の必要性が叫ばれ、無体物でも、人が管理・支配しうるものであれば財物と認めるべきであるとする**管理可能性説**が有力となっている。ただし、人の労働力、債権等の権利も含める考え方は、刑法が「財物」と「財産上の利益」を区別していることとの関係で少数説といえる。電気は、既に財物とみなされて（245条、251条）、解決がついているが、ほかのエネルギーについては判例をまつほかない。

③ 財物と財産的価値

　財物は経済的な価値の高いものでなくてもよく、財産権の目的となりうる物であればよい（最判昭25・8・29刑集4・9・1585）。例えば「入学試験問題用紙」の財物性について、裁判例は、「かりに所有者・管理者にとって積極的に経済的価値のないものであっても、他人の手に渡って悪用されないことについて消極的価値が認められ、その価値が刑法的保護に値すると認められる場合には財物に含まれる」としている（窃盗・東京高判昭56・8・25判時1032・139等）。また、他人になりすますなどして預金口座を開設して得た預金通帳についても「これを利用して預金の預入れ、払戻しを受けられるなどの財産的な価値を有する」ことに言及している（最決平14・10・21刑集56・8・670）。

＊民法＊
　第4章　物
　（定義）
第85条　この法律において「物」とは、有体物をいう。
　（不動産及び動産）
第86条　土地及びその定着物は、不動産とする。
2　不動産以外の物は、すべて動産とする。
3　無記名債権は、動産とみなす。
＊刑法＊
　第36章　窃盗及び強盗の罪
　　　（第235条〜第244条省略）
　（電気）
第245条　この章の罪については、電気は、財物とみなす。

４ 動産・不動産

　財物には不動産を含む（不動産侵奪、不動産の騙取^{へんしゅ}（第４章第１項３の７の解説☞319頁参照）・喝取・横領のほか不動産の強取^{ごうしゅ}もありうる）。

５ 財物と禁制品

　麻薬・覚せい剤・偽造文書などその物自体の危険な性質などから（法令に基づき特に認められる場合を除き）何びとも所有・所持すること自体が許されないものや、許可を受けると所有・所持できる拳銃・刀剣なども、ともに財産犯の客体である財物である。

第５項　財産上の利益

　タクシーの運転手に対して、料金をあとで支払うように装って乗り込み、自分の目的地まで運転させたり、料金を請求する運転手を脅かして一銭も支払わず立ち去ったという場合、本来なら一定の料金を対価として支払わなければならない役務^{えきむ}を、運転手をして不法に提供させたわけで、不法に財産上の利益を得たものであり、財物を奪った場合と同じ処罰を受ける。行為の対象（客体）として、財物のみならず、この「**財産上の利益**」を規定しているのは、「**強盗**（☞293頁参照）・**詐欺**（☞315頁参照）・**恐喝**（☞332頁参照）」の３種の罪である。

　　　　財産上の利益には、およそ三つの態様が考えられる。

　　① 債務の支払いを免れたり、弁済を延期させるなど被害者に財産上一定の処分をさせる場合（債務免除の意思表示をさせることなく逃亡して事実上支払をしなかったというだけでは足りないが（最決昭30・7・7刑集9・9・1856）、強盗殺人のように請求不能にさせる場合を含む。）

　　② 冒頭のタクシーの例のように被害者に一定の労務（役務）を提供させる場合（初めから代金支払いの意思がない無銭宿泊の場合もこれと同じ。）

　　③ 今後毎月10万円を支払う旨を確約させるなど被害者をして一定内容の債務を負担する意思表示をさせる場合

である。利得罪の成立に財物の移転と同様の利益の移転を要するとみるか、利益を得たという状態で足りるかの対立があり、①や②の成否の判断に影響を与えることにな

282 各論第1編第4部 第1章 財産犯総説

るが、裁判例などは後者の考えが強いように思われる（例えば、いつでもキャッシュカードの占有を取得できる状態に置いた上でその暗唱番号の聞き出した行為に二項強盗の成立を認めた東京高判平21・11・16判時2103・158）。

第2章　窃盗の罪

第1項　窃盗罪

＊刑法等の一部を改正する法律（令和4年法律第67号）の施行後は、下線部分の（拘禁刑）（有期拘禁刑）等となる。

（窃盗）

第235条　他人の財物を窃取した者は、窃盗の罪とし、10年以下の懲役又は50万円以下の罰金に処する。

（他人の占有等に係る自己の財物）

第242条　自己の財物であっても、他人が占有し、又は公務所の命令により他人が看守するものであるときは、この章の罪については、他人の財物とみなす。

（未遂罪）

第243条　第235条から第236条まで及び第238条から第241条までの罪の未遂は、罰する。

（親族間の犯罪に関する特例）

第244条　配偶者、直系血族又は同居の親族との間で第235条の罪、第235条の2の罪又はこれらの罪の未遂罪を犯した者は、その刑を免除する。

2　前項に規定する親族以外の親族との間で犯した同項に規定する罪は、告訴がなければ公訴を提起することができない。

3　前2項の規定は、親族でない共犯については、適用しない。

① 他人の財物

他人が占有する他人所有の財物のことである。ここに「**占有**」とは、物に対する

事実上の支配をいう。「**財物**」については☞279頁**参照**。

　例外的に、自己の所有物でも、他人の支配下に入ってしまっているものや公務所の命によって他人が看守しているものは、他人の財物とみなされる（242条）。

　他人が自己の所有物を不法に所持（占有）しているときはどうか。奪われた直後などのように所有者らが自らの力で回復することを法も認める場合はともかく、他人が完全にその支配下におさめ現実に所持している事実がある以上社会の法的秩序を維持する必要から、法律上正当に所持する権限を有するかどうかを問わず、所持は所持として保護されるから（譲渡担保に供された自動車の無断運び去りにつき最判昭35・4・26刑集14・6・478、買戻特約付売買契約による自動車の無断引き上げにつき最決平元・7・7刑集43・7・607等）、この場合も「他人の財物」に当たる。

2 　**窃取する**

　他人の占有する物を、不法に領得する意思で、その他人の意思に反して占有を排除し、自己又は第三者の占有に移すことをいう。空巣泥棒・忍び込み泥棒・万引・すりが典型例である。

　家を留守にしていたとしても、また、その所在を見失っていても家の中の物は、家人の占有する物である（大判大15・10・8刑集5・440）。また他人が置き忘れて行った物でも、すぐ引き返して取りに戻る時間的場所的範囲内にあってまだその人の支配内にあると認められる場合は、他人の占有する物である（最判昭32・11・8刑集11・12・3061（**【実例】1**の解説☞288頁**参照**）、最決平16・8・25刑集58・6・515等）。一時道路に放たれた飼犬、帰巣本能のある神社の鹿（大判大5・5・1刑録22・672）などは、まだ飼主の占有下にある。店の中にある商品は、通常は店主の占有下にあり、店員は占有者とはいえない（大判大7・2・6録24・32。上下主従間の占有）。主体性をもつ管理を委ねられていたときは店員の占有である。他人から委託されて預かっていた物の中味を一部抜き取ったとき、中味は、まだ他人の占有下にある（最判昭32・4・25刑集11・4・1427。預かっていた物をそっくり処分すれば横領、中味を領得すれば窃盗となる）。客が旅館内に遺失した財布（旅館主の占有、大判大8・4・4刑録25・381（第5章第4項遺失物横領

①の解説（☞349頁参照））、回収・再利用を予定されているゴルフ場のロストボール（ゴルフ場の占有、最決昭62・4・10刑集41・3・221）なども遺失物ではなく管理者の占有下にあるとされている。銀行などの自動支払装置（ＡＴＭ）からキャッシュカードを用いて現金を引き出すのは、他人を欺罔したり他人から処分を受けたわけではないので、これも窃盗である（東京高判昭55・3・3刑裁月報12・3・67等。振り込め詐欺によって振り込まれた自己名義口座からの引出につき名古屋高判平24・7・5高検速報750。誤って振り込まれた場合の引出につき東京高判平6・9・12判時1545・113）。体感器を装着してのパチスロ遊技機からのメダルの取得も管理者の意思に反するものとして窃盗とされている（最決平19・4・13集61・3・340。共犯者が通常の方法で取得したものが混在した場合には、同方法によるものが窃盗の客体から除かれるとしたものとして最決平21・6・29刑集63・5・461）。

　通常は、ひそかに占有の移転が行われるが、ひそかであることは、窃取の要件でない（最決昭32・9・5刑集11・9・2143）。例えば占有者である他人を含め人が多数目撃しているところで行われても、また、瞬間的にひったくって取る場合（ひったくり窃盗）も窃取となる。

③ 不法領得の意思

　窃盗罪が成立するためには、財物の窃取が不法領得の意思をもって行われなければならない。罪とならないいわゆる使用窃盗と区別するため、及び毀棄・隠匿と区別するためである。

　「不法領得の意思」とは、権利者を排除して他人の物を自分の所有物と同様にその経済的用法に従って利用又は処分する意思をいう（最判昭26・7・13刑集5・8・1437等（代金はその後レジで支払ったものの、動画としてアップロードするため陳列されている商品である魚切り身を精算前に口腔内に入れて嚥下する行為につき名古屋高判令3・12・14高裁刑事裁判速報令和3年501）。元に戻す考えであったとしても4時間余りの無断乗り回しも不法領得の意思が認められることにつき最決昭55・10・30刑集34・5・357）。所有者であるかのように物を自由にする意思、所有者でなければできないような利用・処分をする意思などとも表現されて

286　各論第1編第4部　第2章　窃盗の罪

いる。窃盗の場合だけでなく強盗・詐欺・恐喝・横領の各罪についても、この不法
領得の意思が必要であるが、これは、これらの罪の本質が所有権の侵害にあるとい
う考え方に基づいている。

④　未　遂

　窃盗の実行に着手したものの財物の窃取に至らなかったときは、窃盗未遂として
処罰される（243条）。

　窃盗の実行の着手は、屋内窃盗では、目的物の物色を始めれば着手となり（最判
昭23・4・17刑集2・4・399）、例えば金品物色のため箪笥に近寄る（大判昭9・
10・19刑集13・1473）、懐中電灯で店内を照らし出して現金のありそうなところ
へ近づくなどすれば着手が認められる（最決昭40・3・9刑集19・2・69）。土蔵や
倉庫の場合は、侵入行為の着手と同時に窃盗の着手ありとみられる（名古屋高判昭
25・11・14高刑集3・4・748等。車上狙い、自動車盗も同様であることにつき東
京高判昭45・9・8判タ259・306）。また、計画的ないわゆるキャッシュカードす
り替え型の窃盗の事案において、被害者に対しキャッシュカード入り封筒から注意
をそらすための行為をいまだ行っていない段階でもそのための嘘が告げられるなど
した時点で着手が認められている（最決令4・2・14刑集76・2・1011）。

⑤　処　罰

　平成18年改正により、選択刑として罰金刑が設けられた。比較的軽微な窃盗事
犯の処理を適正に行うため、刑の選択肢の多様化を図ったものであるので、上訴理
由としての判決後の刑の変更（刑訴法383条2号）には当たらない（最決平18・
10・10集60・8・523）。

⑥　親族間の犯罪に関する特例

　犯人と被害者とが親族関係にあるときの特例が定められている。すなわち、直
系血族・配偶者（内縁関係を含まないことにつき最決平18・8・30集60・6・479

＊刑事訴訟法＊
第383条　左の事由があることを理由として控訴の申立をした場合には、控訴趣意書に、その事由があるこ
　とを疎明する資料を添附しなければならない。
　一　再審の請求をすることができる場合にあたる事由があること。
　二　判決があつた後に刑の廃止若しくは変更又は大赦があつたこと。

（第6章第3項の解説☞365頁参照））・同居の親族の間における窃盗・同未遂については、刑が免除され、その他の親族間の行為については、告訴がなければ公訴提起が違法となる（244条）。この特例を「**親族相盗例**」という。この場合、犯人と占有者との間にこのような関係があれば足りるのか、犯人と占有者、所有者の両者との間に必要なのかについては、占有者と犯人の間に認められるべきとするのが判例の考え方であると理解があったが（最判昭24・5・21刑集3・6・852等）、被害法益を占有に限るべきではないと思われ、判例も後説であることを明示するに至っている（最決平6・7・19判時1507・169）。なお、家庭裁判所から選任された成年後見人（未成年後見人）が業務上占有する成年被後見人（未成年被後見人）所有の財物を横領した場合には、後見事務が家庭裁判所の監督する公的性格を有することから、親族相盗例の適用はない（最決平20・2・18刑集62・2・37、最決平24・10・9刑集66・10・981）。また、偽造の離婚届が提出された後行われた犯行であっても、実体を伴った婚姻関係がなく、後日当該離婚が追認されている事案につき、親族相盗例の適用はないとする裁判例がある（大阪高判平31・3・14高裁刑事裁判速報令和元年383）。

この「親族相盗例」は、窃盗の罪について、本来的な刑罰阻却事由（刑の免除に関して）や訴訟条件（親告罪）を定めるものであると解され、森林窃盗の罪にも適用される。

7 特別法

常習として夜間人の住居などに侵入して窃盗を犯した者（**常習特殊窃盗**という）、過去10年以内に懲役（拘禁刑）6月以上の刑で3回以上も窃盗で服役したのに常習として再び窃盗を犯した者（**常習累犯窃盗**という）などは、「**盗犯等ノ防止及処分ニ関スル法律**」により重い処罰を受け、罪名も異なる（常習累犯窃盗の常習性は、窃盗を反復累行する習癖であり、手段・方法等の常習性が不要であることにつき、東京高判平10・10・12判時1678・153）。

また、森林において森林の産物を窃取した場合は、刑法に定める一般の窃盗よりも刑罰の軽い「**森林法**」の処罰規定（197条・198条）が適用される。

☞【実例】1　（置き忘れた財布）

東京駅新幹線出札所の4番カウンターで特急券を買う際に財布をカウンターに置き忘れたAが、15、6メートル離れた13番カウンターで乗車券を買ったのち財布のないのに気付き、4番カウンターに戻ったが財布は既に持ち去られていた。置き忘れてから気付くまで2分位であった。

〔解説〕

　　Aは4番カウンターを離れた直後に気付いており、しかも13番カウンターに至った時点において、4番カウンター上の財布は、Aの目が届き、その支配力を推し及ぼすについて相当な場所的区域内にあったと認められるから、依然としてAの実力的支配のうちにあったと認めうる。占有離脱物とはいえない（東京高判昭54・4・12判時938・133）。バスを待つ行列に加わっていて、カメラを置き忘れたのに気付いたのが20メートル移動したとき、時間にして5分後であった例でも、持主の占有が認められている（最判昭32・11・8前掲②の解説☞284頁参照。公園のベンチに置き忘れた物につき最決平16・8・25集58・6・515。これに対し、スーパーマーケットの6階ベンチ上に札入れを忘れ、地下1階に移動した約10分間の放置で占有離脱物とした例として東京高判平3・4・1判時1400・128）。遺失物横領罪の解説☞348頁参照。

＊昭和5年法律第9号（盗犯等ノ防止及処分ニ関スル法律）＊

第2条　常習トシテ左ノ各号ノ方法ニ依リ刑法第235条、第236条、第238条若ハ第239条ノ罪又ハ其ノ未遂罪ヲ犯シタル者ニ対シ窃盗ヲ以テ論ズベキトキハ3年以上、強盗ヲ以テ論ズベキトキハ7年以上ノ有期懲役ニ処ス

一　兇器ヲ携帯シテ犯シタルトキ

二　2人以上現場ニ於テ共同シテ犯シタルトキ

三　門戸牆壁等ヲ踰越損壊シ又ハ鎖鑰ヲ開キ人ノ住居又ハ人ノ看守スル邸宅、建造物若ハ艦船ニ侵入シテ犯シタルトキ

四　夜間人ノ住居又ハ人ノ看守スル邸宅、建造物若ハ艦船ニ侵入シテ犯シタルトキ

第3条　常習トシテ前条ニ掲ゲタル刑法各条ノ罪又ハ其ノ未遂罪ヲ犯シタル者ニシテ其ノ行為前10年内ニ此等ノ罪又ハ此等ノ罪ト他ノ罪トノ併合罪ニ付3回以上6月ノ懲役以上ノ刑ノ執行ヲ受ケ又ハ其ノ執行ノ免除ヲ得タルモノニ対シ刑ヲ科スベキトキハ前条ノ例ニ依ル

第4条　常習トシテ刑法第240条ノ罪（人ヲ傷シタルトキニ限ル）又ハ第241条第1項ノ罪ヲ犯シタル者ハ無期又ハ10年以上ノ懲役ニ処ス

＊森林法＊

第197条　森林においてその産物（人工を加えたものを含む。）を窃取した者は、森林窃盗とし、3年以下の懲役又は30万円以下の罰金に処する。

第198条　森林窃盗が保安林の区域内において犯したものであるときは、5年以下の懲役又は50万円以下の罰金に処する。

第1項　窃盗罪　289

☞【実例】2　（死者の占有）

　　　自動車の中で人を殺害したのち、1時間20分後、殺害現場から約3キロ離れ
　　た山中で、死体を埋めるとき、領得の意思を生じて、被害者の腕時計を取り、
　　更に約2キロ離れた地点に来てから、車内に遺留されていた被害者の指輪を
　　取った。

〔解説〕

　　　人が者を占有しているといえるためには、占有の事実と占有の意思とが必要
　　である。死者には、これらを欠くので、死者の占有は成り立たない。しかし、
　　死亡を生じさせた犯人やそれを目撃していた者との関係においては、死亡直後
　　の状態では、被害者の身につけていた物は、その占有は依然として死亡した被
　　害者にあると解されており（最判昭41・4・8刑集20・4・207）、この事例の場
　　合も、死亡した被害者の占有が認められ、窃盗となる（東京高判昭20・1・29
　　刑裁月報7・1・32）。高裁判例には、車中で殺害後、被害者を乗せたまま同車
　　を支配下に置き続けた事案につき、約3日経過後に死亡した被害者の占有を認め
　　たものもある（東京高判平25・6・6高検速報3494）。

☞【実例】3　（裁判所の仮処分で執行官の保管となっていた自己所有森林の無断伐採）

　　　甲所有の山林は、裁判所の仮処分決定が出たのでその裁判所の執行官が占有
　　保管していた。甲は、ひそかに同山林に入り執行官の許可なく、山の松を伐採
　　搬出して処分してしまった。

〔解説〕

　　　森林窃盗の場合は、同じ窃盗でも特別法（森林法197条以下）で刑が軽く
　　なっている。ところで、上記の例では、自己所有山林であるが、公務所の命に
　　より他人の看守した物であり、窃盗罪では242条により「他人の財物」とみな
　　されるものである。第一審の簡易裁判所は、右の森林窃盗は、他人の財物を窃
　　取したものとして有罪とした。ところが高等裁判所は、これに対し、刑法242
　　条の規定は森林窃盗には適用されないとして無罪とした。事件は最高裁判所に
　　持ち込まれた。最高裁判所も、高等裁判所の結論を支持した。刑法242条には
　　「この章の罪については」という文言があり、適用範囲を明示していること、

290　各論第1編第4部　第2章　窃盗の罪

それに242条は窃盗の成立する場合を拡張する規定つまり処罰範囲を拡張する規定であって「例外的規定」といわねばならないから、むやみに特別法の森林窃盗にまで拡げて適用すると「罪刑法定主義」に反する、これがその理由であったが、疑問なしとしない（最決昭52・3・25刑集31・2・96。なお、刑法96条以下（☞587頁）参照）。ところで最高裁判所は、親族相盗例に関する刑法244条や257条は、森林窃盗や森林贓物の罪（森林法197条以下）にも適用があるとしている（最判昭33・2・4刑集12・2・109）ので留意を要する。

☞【実例】 4 （使用窃盗）

　　A大学の入学試験問題等を印刷する同大学印刷所の職員甲・乙が、共謀の上、厳重に管理保管されていた印刷ずみの入学試験問題の用紙を、コピーをとるため、ひそかに持ち出し、コピーして直ちに元の場所に戻しておいた。

〔解説〕

　　犯人に「不法領得の意思」が認められないと窃盗罪は成立しない。判例は、この不法領得の意思につき、「永久的にその物の経済的利益を保持する意思であることを要しない」とし、要するに「権利者を排除し、他人の物を自己の所有物と同様にその経済的用法に従いこれを利用又は処分する意思」なのだとしている（最決昭43・9・17判時534・85等）。本事例では、元のところへ戻す意思で犯したとはいえ、性質上、所有者ないし権利者でなければ出来ない利用・処分をしているうえ、用法に従った利用をしたといえるから、不法領得の意思の存在を認めうる（いわゆる産業スパイ事件につき東京地判昭55・2・14判時954・119、同昭59・8・31判時1126・6等）。

　　自転車や自動車の無断乗り廻しも、他人が自分の思いのままに利用すれば、たとえ数時間の利用後に元の場所へ戻すことを予定していたとしても、またその利用が違法な目的でなくても、不法領得の意思ありといわねばならない（最決昭55・10・30刑集34・5・357）。ただし、持主を困らせる目的から持主の目の届かない場所に投棄する意思で持ち出した、つまり物の利用という目的のないときは、不法領得の意思は否定され、毀棄・隠匿の問題となる（大判大4・5・21刑録21・663等）。

☞【実例】5 （窃取既遂）

　　　泥棒に入った甲は、住宅内部の一室で現金を発見してこれをポケットに納め、他の部屋を物色中に家人に誰何され、捕まった。甲は、窃盗は未遂だと主張した。

〔解説〕

　　　住宅内部や工場内部などでは、いまだ犯人の占有は確立せず、家人や管理者の占有下にあるとみなければならない場合もあるが、現金とか時計・指輪・衣類といったものは、これをポケットに入れたり着用したりすると、もはやそこに物に対する独立した現実の支配関係が成立してしまう。そのため、屋内であっても、このような場合は、犯人が現金などにつき他人の占有を排除し自らの占有を取得したものとして、窃盗は既遂といわねばならない（大判大12・4・9刑集2・330）。一方、1人では手で持って運ぶのに容易でないかさばった物などのときは、屋外に運び出さないうちは、いまだ犯人の占有に移っていないとされることがある（名古屋高判昭24・11・12特報3・93等）。また衣料品店での試着を名目とするときは、店内では、いまだ占有は店主にあると認められることがある。

第2項　不動産侵奪罪

＊刑法等の一部を改正する法律（令和4年法律第67号）の施行後は、下線部分の（拘禁刑）（有期拘禁刑）等となる。

> （不動産侵奪）
> 第235条の2　他人の不動産を侵奪した者は、10年以下の懲役に処する。
> 　　　　　　　　　　　　　　　　　　　　　　　　　　　（拘禁刑）

① 他人の不動産

　　他人が占有する他人の不動産（土地と家屋）である。自己所有の不動産でも賃借権・地上権に基づいて他人が占有しているときなどは、他人の不動産とみなされる（242条（条文は☞283頁））。

② 侵　奪

　　不法領得の意思をもって、不動産に対する他人の占有を排除し、これを自己又は

第三者の支配下に移すことである（最決昭42・11・2刑集21・9・1179）。不動産に対する占有は、ここでは、不動産に対する事実上の支配を意味し、他人の土地に無断で建物を建てたり（角材を土台に柱と屋根を取り付け、周囲をビニールシートなどで覆った簡易建物につき本罪の成立を認めた最判平12・12・15刑集54・9・923、東京高判平13・6・26高裁刑事裁判速報平成13年109）、境界線を不法に越えて侵略し隣地を取り込んでしまうこと、他人の農地を無断で耕し、播種するなどすること（新潟地相川支判昭39・1・10下刑集6・1＝2・25）、他人の土地を掘削して、その跡地に残土やコンクリート片等の廃棄物を投棄すること（大阪高判昭58・8・26判時1102・155）などが侵奪の通常の態様である。

単に登記簿上の所有者となったり、権利証（登記済権利証）を奪ったりしただけでは本罪は成立しない。

他人の土地を材料置場として借用し占有していた者が、契約上利用関係が不明確なまま住宅を建築してしまったという用法違反の場合、直ちには不動産侵奪には当たらない（東京高判昭53・3・29高刑集31・1・48）。用法違反の場合は、常に侵奪にならないというわけではなく、原状回復の困難性の程度等によっては侵奪となり、例えば、資材置場として借用していたものを、制止に反してコンクリートブロック塀を築造するなどすれば占有が質的に異なるので侵奪になる（最決昭42・11・2前掲）。同様に、建物の賃借権とこれに付随する土地利用権を譲り受けた者が、勝手に、土地上に廃棄物を高さ13メートル以上も堆積させた場合（最決平11・12・9刑集53・9・1117）、使用貸借された土地の無断転借人が簡易施設を本格的店舗に改造した場合（最決平12・12・15刑集54・9・1049）なども本罪が成立するとされている。侵奪が暴行等を伴えば不動産の強取（強盗）になると解するが、本条が設けられたことの反対解釈として窃盗の財物には不動産が含まれないことや「持ち去る」ことが不能であることを理由に不動産は強取の客体とはならず、強盗利得罪が成立するにとどまるとする説が有力である。

③　処　罰

未遂も処罰される（243条（条文は☞283頁））。親族相盗例の適用もある（244条（条文は☞283頁））。

第1項　強盗罪　293

第3章　強盗の罪

第1項　強盗罪

＊刑法等の一部を改正する法律（令和4年法律第67号）の施行後は、下線部分の（拘禁刑）（有期拘禁刑）等となる。

（強盗）

第236条　暴行又は脅迫を用いて他人の財物を強取した者は、強盗の罪とし、5年以上の<u>有期懲役</u>に処する。
（有期拘禁刑）

2　前項の方法により財産上不法の利益を得、又は他人にこれを得させた者も、同項と同様とする。

（未遂罪）

第243条　第235条から第236条まで、第238条から第240条まで及び第241条第3項の罪の未遂は、罰する。

[1] 暴行・脅迫

「**暴行**」は人に向けられた有形力の行使であり、「**脅迫**」は人を畏怖させるような害悪を告知することであるが、本罪が成立するためには、いずれも、相手の反抗を抑圧するに足る程度のものでなければならない。これに至らないときは恐喝である。反抗を抑圧するに足るかどうかは、客観的基準、すなわち行為者の年齢、性別、体格、風体、被害者の年齢、性別、体格、時刻、場所、凶器の有無等の事情を考慮して決することになる（最判昭24・2・8刑集3・2・75等）。

例えば「ひったくり強盗」の場合のように、直接には物に対して加えられた有形力でも、人に向けられたものであり、かつそれが被害者の意思の自由・行動の自由を抑圧するに足るものであれば、これまた強盗の手段としての暴行に当たる。財物

294　各論第1編第4部　第3章　強盗の罪

奪取の目的であることが必要であるが、犯人自身が他目的で加えた暴行・脅迫による反抗抑圧状態に乗ずるのでもよい（不同意性交等の犯意での暴行・脅迫につき東京高判昭57・8・6判時1083・150。なお、強取の犯意発生後に新たな暴行・脅迫と評価できる行為が必要とするものとして東京高判平20・3・19判タ1274・342。被害者からの奪取を妨げようとした同人の同行者に対する暴行につき東京高判平30・8・1高裁刑事裁判速報平成30年209）。

　暴行は財物の所有者や占有者自体に対して加えられることを要件としない。例えば玄関番をしている人に暴行・脅迫を加え、その抵抗を排し、畏怖している奥の人から金品を奪った場合でも強盗となる（最判昭22・11・29刑集1・36。一個の脅迫行為であれば強盗罪の観念的競合）。

② 強　取
　「強取」とは、他人の占有する財物を、前記の手段によって、自己又は第三者の占有に移すことをいう。

　暴行・脅迫を加えて財物を奪取する犯意の下に、まず他人の手にする財物を奪い、直ちに暴行を加えて奪取を確保したときでも、強取であり、事後強盗ではない。

　強盗犯人が被害者の反抗を抑圧したうえで財物を奪取したのである以上、被害者が個々の財物奪取に気付かなかった場合でも、強取に当たる（大阪高判昭47・8・4高刑集25・3・368（第6項の【実例】2の解説☞314頁参照）等）。強盗の場合は、被害者の反抗を抑圧しているところから、強取完了つまり強盗既遂となる時期が窃取よりも幾分早まることがある。被害者方事務所に居合わせた全員を縛ったうえで、洋服類は着用し、その他の物は荷造りして持ち出すばかりにしたところで逮捕されても既遂（最判昭24・6・14刑集3・7・1066）とされ、反抗を抑圧された被害者の鞄を奪って階段を2、3段降りたところで取り戻されたときも既遂（札幌高判昭27・11・24高刑集5・11・2227）とされている。ただし、前者の事例では、従前の窃盗に関する判例を引用しており、窃盗と同様に考えていると見ることができる。

③ 財産上不法の利益を得た

第1項　強盗罪　295

　　タクシー運転手に暴行を加え、乗車料金の支払いを免れたとき、飲食したのち飲
　食代金の請求を免れるため暴行を加え、その支払いを免れたときなど、事実上支
　払いの請求ができない状態に陥らせてしまう場合も本条2項に当たる。窃取に着手
　し、いつでも容易にその占有を取得できる状態のキャッシュカードの暗証番号を
　暴行・脅迫を加えて聞き出した場合には当該預貯金口座から払戻しを受ける地位と
　いう財産上不法の利益を得ることになるとされている（東京高判平21・11・16判
　時2103・158）。被害者から無理に債務免除や債務受諾の意思表示をさせたり、運
　送サービスなどの財産的価値ある役務を提供させたりした場合（相手方の意思によ
　る処分行為を強制して財産上の利益を得た場合）に限らない。また、相続による承
　継は民法による法的効果であり、反抗抑圧のない状態での任意の処分を考えるこ
　とができないので二項強盗罪とはならない（東京高判平元・2・27高刑集42・1・
　87）。第1章第5項財産上の利益の解説☞281頁**参照**。

④　**処　罰**

　　未遂も処罰される（243条）。親族相盗例の適用はない。

⑤　**特別法**

　　凶器を携帯して犯す強盗の常習犯や、夜間人の住居などに侵入して犯す強盗の常
　習犯などは常習特殊強盗と呼ばれ、常習累犯強盗とともに、「盗犯等ノ防止及処分
　ニ関スル法律」により重い刑が科せられ（同法2条・3条（条文は☞288頁**参照**))、
　罪名も異なる。

☞**【実例】　1　（暴行・脅迫の程度）**

　　　　強盗を計画した3人の男が、深夜A方に行き、2人の男が無言でAの傍らに立
　　ち、あとの1人があいくちをAに示して金を貸せと脅かした。Aは大胆な男で
　　「いくら要るか」などと受け答えをして200円だけ財布から渡したところ、男
　　は、200円を奪い、更に他の1人があいくちを示して財布をもぎ取り、3人で逃
　　走した。Aは直ちに鎌を持って追いかけた。

〔解説〕

　　　　この事件では、Aが直後に死亡していて、どの程度畏怖したか真実は不明だ
　　が、上記の情況をみると、Aは大胆な人で、反抗を抑圧されるほど畏怖しなか

296　各論第1編第4部　第3章　強盗の罪

ったのではないかとも考えられるものの、最高裁判所は「恐喝罪となるか強盗罪となるかは、暴行・脅迫が、社会通念上一般に被害者の反抗を抑圧するに足るものであるかどうかという客観基準によって決せられるのであって、具体的事案の被害者の主観を基準としてその被害者の反抗を抑圧する程度であったかどうかによって決せられるのでない」として、上記の事例につき強盗罪の成立を認めている（最判昭24・2・8刑集3・2・75）。結局、反抗を抑圧するに足る程度の暴行、脅迫が加えられ、これと財物奪取の間に因果関係があれば、被害者の意思、行動の自由を完全に制圧する必要はない（最判昭23・11・18刑集2・12・1614）。

☞【実例】2　（暴行・脅迫の程度）

　　夜間、58歳と26歳の女ばかりの家に3人の男が侵入し、母親の口元を手で押さえようとした。

〔解説〕

　　相手の反抗を抑圧するに足る程度かどうかは、客観的基準によるわけであるが、そのことは具体的事情を考慮しないという意味ではない。すなわち、例えば、犯人や被害者の人数、男女の別、年齢、場所・時刻などの具体的事情は、当然に考慮されなければならない。屈強な男に対しては反抗を抑圧するに足りない程度の暴行も、力の弱い女性に対しては、基準に達するとみられる場合があり、また昼間の人通りの多い場所での行為と同じことが深夜の人通りのない場所で行われたとき、同じ程度と評価しては不合理と言えよう。上記の事件では、強盗の暴行・脅迫に当たる（最判昭23・11・18前掲等**参照**）。

☞【実例】3　（ひったくり強盗）

　　夜間、他に人通りのない場所で、女性が腕に通して提げていたハンドバッグの持ち手部分を片手で掴んで引っ張り、これをひったくろうとしたが、女性が持ち手部分を握りしめて離さず、犯人は両手でバッグの持ち手を掴んで一層強く引っ張って同女を転倒させ、女性の手がバッグの持ち手から自然に離れた恰好になると共に女性は足を捻挫して一時起き上がれない状態となったすきに、犯人は、バッグを持って逃げた。

〔解説〕

　本件では、有形力の行使が直接的には物に対して行使されているが、物を通じて直接人に向けられていることは明らかである。しかし、本件が抵抗を抑圧する程度であるといえるか。

　夜間他に人通りのない路上をひとり自転車に乗っていた20歳の女性の背後から、原付自転車に乗った犯人が速度を上げ追い越しざまに、同女が右手で自転車のハンドルと共にバンドを握っていたハンドバッグを無理にでも引っ張って奪い取ろうとした行為につき、裁判例は女性が僅かでも抵抗すれば両車の接触、同女の転倒を招き、その生命・身体に重大な危険を生ずる可能性のある極めて危険な行為で、同女の反抗を抑圧するに足る暴行に当たるとしている（東京高判昭38・6・28高刑集16・4・377）。また、自動車やバイクを使った犯人が歩行者の女性を狙った類似の事案（被害者がバッグを離さないのでバッグもろとも女性を数米引きずり同女の身体を自動車の側面に打ちつけることとなった事案）につき、強盗を認めている（最決昭45・12・22刑集24・13・1882）。【実例】3の事件は、犯人も被害者も歩行者であるが、夜間、人通りがない、男対女、女性が転倒してハンドバッグを思わず手放す程に強く引っ張っているなどの諸事情からすると強盗と評価できる。

☞【実例】4　（相手の畏怖状態に乗じた奪取）

　暴行・脅迫を手段とする不同意性交等をしたのち、その場で、新たに、婦女の反抗抑圧の状態を利用して財物を奪取する犯意を生じ、同女の持ち物である財物を奪った。

〔解説〕

　不同意性交等（177条1項（1号））の罪は、被害者に対し、暴行若しくは脅迫を用いること又はそれらを受けたことにより同意しない意思を形成し、表明し若しくは全うすることが困難な状態にさせ又はその状態にあることに乗じて性交等をすることにより成立する。同罪の暴行、脅迫と強盗罪のそれとが反抗抑圧程度として同一ではないという問題はあるが、本件の場合、その暴行・脅迫によって反抗不能の状態に陥った女性は、その犯人が現場を去らない限りその

畏怖状態が継続しており、犯人が速やかにその場から退去することを願っているものと認められる。金品を奪取する犯意を生じたのちの犯人の行動が、例えば「金を出せ」と申し向けたり、あるいは衣服をさぐって金品を取り出すというようなものであれば、そのこと自体が、このような特殊状況下での反抗抑圧に足る脅迫行為といえるのであるが、上記のような状況下では、犯人が単にその場に居つづけることも、また被害者の畏怖状態を継続させる。女性の人格を完全に無視して自分の思いどおりの欲望を遂げた無法者が、立ち去らずに、そばに居つづけるということは、更にひどいことをされるかも知れないとの畏怖心を女性に起こさせることは当然である。このように畏怖状態を継続させ、それを利用する場合は、暴行・脅迫を加えたのと同視される。本件では、不同意性交等罪のほかに、独立して強盗罪が成立するとするのが判例であった（最判昭24・12・24刑集3・12・2114等☞310頁**参照**）。不同意性交の目的で女性の反抗を抑圧する暴行を加えたが、女性が畏怖して「金をあげるからやめて下さい。そして早く立ち去って下さい」と懇願して現金を差し出したのを奪って女性から離れ立ち去った事件では、不同意性交等未遂のほか強盗の既遂を認める裁判例が多い。不同意わいせつ等についても暴行等の程度によっては同様の結論を示すものがある（大阪高判昭61・10・7判時1217・143、大阪高判平元・3・3判タ712・248等）。

　上記例と異なり、女性が不同意性交の被害のため失神してしまったのに乗じて所持品を奪ったときは、初めからその意思で犯していた場合は別として窃盗に止まることがある（大阪高判昭61・7・17判タ624・234）。

　この不同意性交等罪と強盗罪については平成29年改正が行われ、不同意性交後の強盗も従前の強盗犯人が不同意性交（強制性交・強姦）した場合と同様の処罰となっている。241条の解説を参照のこと（第6項☞309頁）。

☞**【実例】5　（暴行と財物奪取との因果関係）**

　甲とAとが喧嘩をして、甲がAを棒で殴ったため、Aが転倒し、失神状態となった。そのとき、Aのポケットから財布が転ろげ出してきたので、甲はそれを奪う気になり拾い上げて持ち去った。

〔解説〕

　強盗が成立するためには（強取といいうるには）、被害者が何らかの事情で抵抗できない状態にある（それが犯人自らが手を下したものであれ）のに乗じただけでは足りず、犯人が財物奪取の犯意を生じてから、被害者の抵抗を不能ならしめる暴行・脅迫に値する行為が存在して初めて強取といえる。本件の場合、甲は、財物奪取の犯意を生じてからＡの失神状態を継続させる行為、暴行・脅迫を加えたと同視できる行動を何ひとつとっていない。本件では、甲が財布を奪った点は、窃盗であり、強盗ではないとされている（高松高判昭34・2・11高刑集12・1・18）。

　もっとも、不同意性交等を共謀した犯人の1人が不同意性交を実行中に、他の共犯者が、被害者の反抗不能の状態にあるのに乗じて財物を奪取した事件では、窃盗でなく強盗の成立が認められている（東京高判昭30・7・19高刑集8・6・817）。これは、共犯という特殊な関係にあるからである（なお【実例】4の解説参照）。

☞【実例】6　（居直り強盗）

　甲は、窃盗の目的でＡ方に侵入して、その一部屋で現金を発見して窃取し、これをポケットに入れて次の部屋へ物色に入ったところ、寝ていた家人がいて目を覚まし声を立てたので、これを縛ったが、騒がれたため、新たに何も奪うことなく、窃取した現金のみを持って逃走した。

〔解説〕

　窃盗既遂と強盗未遂の二罪が成立するか、強盗既遂となるか、或いは強盗未遂となるのかという問題である。

　窃盗と強盗とは、単に窃取か強取かの違いだけで罪質は同じであり、かつ同一屋内での1人の犯人の継続した行為は包括してとらえるべきである。強盗そのものが既遂であれば、強盗既遂の一罪であるとされている（大判明43・1・25刑録16・34）。窃盗既遂と強盗未遂とでは未遂とはいえ強盗の方が重い罪であるから（未遂は単に刑の減軽事由、しかも裁量による減軽事由）、この場合、強盗未遂の一罪が（窃盗既遂を含んで）成立すると解される（東京地判昭55・10・

300 各論第1編第4部 第3章 強盗の罪

30判時1006・132。共犯事件につき名古屋高判平10・4・23高裁刑事裁判速報平成10年86)。

第2項 強盗予備罪

＊刑法等の一部を改正する法律（令和4年法律第67号）の施行後は、下線部分の（拘禁刑）（有期拘禁刑）等となる。

（強盗予備）

第237条 強盗の罪を犯す目的で、その予備をした者は、2年以下の<u>懲役</u>に処する。
(拘禁刑)

1 **強盗の予備**

強盗を行う目的で、

① 凶器を買い入れた

② 侵入する家の様子を下見に行った

③ 侵入する家の前で凶器を持ってうろついて機をうかがっていた

④ 侵入したが、まだ家人に暴行脅迫も加えず、物色もしていなかった

という場合、いずれも強盗予備に当たる（強取相手が具体的に決まっている必要のないことにつき最判昭24・12・24刑集3・12・2088）。他人に強盗させる目的の強盗予備行為は成立を否定する見解が有力であるが、他人予備目的の殺人予備（最決昭37・11・8刑集16・11・1522）と同様と解されるのではなかろうか。

2 **罪　数**

強盗の実行の着手があれば、それまでの予備行為は、強盗未遂又は強盗既遂に吸収される（最大判昭24・12・21刑集3・12・2048）。

☞【実例】（準強盗をする目的での予備）

甲は、深夜、駅前のビル街をうろついていたところを、警らの警官に職務質問され、問い詰められた結果、金に困ったためビルの事務所に忍び込んで物を盗むつもりであったことを白状した。そして携行していたアタッシュケースの中からは、ドライバー・ペンチ・ガラス切り・金槌・模造けん銃・登山ナイフが出てきた。

警察では、甲が、他家に押し入って金品を強取しようと企て、模造けん銃などを携えて、侵入する家屋を物色しながら徘徊して機をうかがい、もって「強盗の予備」をした、という被疑事実で送検し、検察官もその事実で起訴した。ところが裁判所は、「事務所等に忍び込んで窃盗を働き、もし他人に発見された場合にはこれに脅迫を加え、金品を得るか、もしくは逮捕や贓物の取還を免れることを計画」し、その用具として模造けん銃などを携行して侵入すべき事務所等を物色しながら徘徊していたと認定した。つまり、居直り強盗か又は準強盗（事後強盗ともいう。次条）の目的で予備をしたとみた。被告人が控訴したところ、控訴審では、「被告人は、人にみつかったときに凶器を脅迫の手段に使って財物を奪取することまでも意図していたとみるべきでなく、凶器の用い方についての被告人の考えは、せいぜい盗んだ財物の取還を防ぎ、又は逮捕を免れる手段に使う意図の下に携行していたもの」と認め、事後強盗（準強盗ともいう。次条238条）の目的での予備であるとみた（東京高判昭52・12・8刑裁月報9・12・850）。しかしながら、これにつき、237条（強盗予備）を適用して処罰した。被告人・弁護人は、238条に定める強盗予備は、236条の強盗をする目的での予備だけを処罰の対象とするもので、238条（事後強盗）の意思しかない場合には、成立しない旨主張して争った。

〔解説〕

当初から暴行・脅迫を手段として財物を強取しようとする意思がある場合に限らず、相手に暴行・脅迫を加える目的が未必的な場合である事後強盗（準強盗）の目的であった場合を含むとするのが判例であり、本件でも強盗予備が成立する（最決昭54・11・19刑集33・7・710）。

第3項　事後強盗罪（「準強盗罪」）

（事後強盗）

第238条　窃盗が、財物を得てこれを取り返されることを防ぎ、逮捕を免れ、又は罪跡を隠滅するために、暴行又は脅迫をしたときは、強盗として論ずる。

① 趣　旨

窃盗犯人が、

① 窃取した財物を被害者から取り戻されまいとして暴行・脅迫に及んだとき

② 逮捕されまいとして、又は証拠をかくそうとして、暴行・脅迫に及んだとき

は、これは強盗として扱う（したがって、強盗致死傷や強盗・不同意性交等などの規定も適用になる）というのが、本条の趣旨である。

② 窃　盗

ここでは「**窃盗の機会にその犯人が**」の意味である。窃盗の実行に着手したならば、もはや窃盗の犯人である。もっとも、まだ財物を奪っていない窃盗犯人の場合には、逮捕を免れるためか、証拠を隠滅するために暴行・脅迫を加えた場合だけが、強盗となる。窃盗の未遂、既遂によって準強盗も未遂、既遂が決まる（最判昭24・7・9刑集3・8・1188等）。

③ 暴行・脅迫

次の二つの点が重要である。

① **相手の反抗を抑圧するに足る程度のものであること**

強盗と同じ扱いを受けるからである。

② **窃盗の機会になされたこと**

「**窃盗の機会**」とは、窃盗の現場又はこれに引き続いて財物の取還（取り戻し）や犯人の逮捕ができるような状況のある場合をいう（「**窃盗の機会の継続中**」の積極例として窃取場所の天井裏に潜んでいた犯人が約3時間後に駆け付けた警察官に暴行を加えた最決平14・2・14刑集56・2・86。消極例として発見追跡されることなく逃走後、盗んだ現金が少額であったため約1km離れた公園から約30分後に被害者方に戻った最判平16・12・10刑集58・9・1047）。

暴行・脅迫は、窃盗の被害者以外の者に対してなされてもよい。現に相手の反抗を抑圧したかどうかは必要でない（大判昭7・6・9刑集9・778、東京高判昭36・6・6東高時報12・81等）。

第3項　事後強盗罪（「準強盗罪」）　303

4　目　的

　　窃盗犯人において財物の取り戻しをふせぐ目的や逮捕を免れ、証拠を隠滅する目的があって暴行・脅迫を加えた以上、被害者が現実に財物を取り戻そうとする行動をしたかどうか、犯人を逮捕しようとする行動をしたかどうかは問うところでない（最判昭22・11・29刑集1-40）。もちろん、目的達成の有無と既遂、未遂とは関係がない。

☞【実例】1　（逮捕を免れる暴行）

　　　　被害者が屋外に出て騒ぎ立てた。犯人は、近隣の者らが騒ぎを聞いて集まり自分が逮捕される事態が生じるのをおそれて、単に騒いだにすぎない被害者に強い暴行を加えて逃げた。

〔解説〕

　　　　犯人において、自分の逮捕を免れようという目的のもとに、暴行を加えておれば、逮捕を免れるための暴行に当たる。被害者において逮捕しようとする行動に出た事実の存在は要件でない（東京高判昭46・7・15高刑集24・3・464）。

☞【実例】2　（窃盗の機会、警察官に対する暴行・脅迫）

　　　　甲は、工場で窃盗を働き、現場から約10メートル離れた道路上で警戒中の警察官に発見され、現行犯人として追跡を受けたので、約600メートル進んだ地点で警察官に向かい胸部を突くなどの暴行を加えた。間もなく、警察官に捕まって工場守衛詰所に連行される途中、2、30メートル進んだところで、振り切って逃げ出し、逮捕を免れるため、警察官の首のあたりを殴り、胸を突いてその場に転倒させ、足蹴にするなどの暴行を加え傷害を負わせた。

〔解説〕

　　　　結論として、甲の暴行は、「窃盗の機会」になされたものである。

　　　　最初の暴行が行われたときは、現場の近くから追跡されているから、犯行の現場の延長とみられる。犯行直後から引き続き追跡されていた場合は、「窃盗の機会」の範囲内と考えてよい。

　　　　暴行を加えた相手は、窃盗の被害者でなくてもよいから、本件の暴行の相手

は警察官であるが本罪が成立する。離れた場所で事情を全く知らない警察官から職務質問を受けた際に暴行脅迫を加えた場合や（東京高判昭27・6・26特報34・86）、追跡されていなかった犯人が1時間後に、約200メートル離れた場所で探索中の警察官に誰何（すいか）された場合（福岡高判昭29・5・26高刑集7・6・866）などには、「窃盗の機会」とはいいがたいとする裁判例がある。

　本件では、警察官の逮捕行為が2回にわたって行われているが、一連の逮捕行為と解するのが相当である（身柄拘束が確定的にならないうちにこれから逃れるための暴行・脅迫につき最決昭33・10・31刑集12・14・3421等）。連行途中の暴行も、事後強盗の行為であるから、この暴行によって傷害を負わせたことにより、行為全体を通じて強盗致傷罪（240条）が成立する。また、警察官が職務を執行しているのに対して暴行を加えたのであるから、公務執行妨害罪（95条）も成立し、強盗致傷と公務執行妨害罪とは1個の行為で数個の罪名にふれる場合（54条の観念的競合）に当たる（最判昭23・5・22刑集2・5・496）。

第4項　昏酔強盗罪

（昏酔強盗）
第239条　人を昏酔させてその財物を盗取した者は、強盗として論ずる。

① 昏酔させる

　薬や酒を用いるなどして、被害者の意識作用に一時的又は継続的障害を生じさせて、物に対する有効な支配を及ぼすことができない状態に陥らせることをいう（睡眠薬・精神安定剤を用いた例として水戸地判平11・7・8判時1689・155）。必ずしも意識を喪失させることを要しない。運動失調をきたして反抗不能に陥ったときも昏酔に当たる。財物盗取のために昏酔させることが必要である。

　共犯ではない他人が昏酔させたときや被害者がみずから昏酔状態に陥ったり熟睡している間に、その財物を奪っても、窃盗であり、本罪は成立しない。

② 強盗として論ずる

第5項　強盗致傷罪・強盗致死罪・強盗殺人罪　305

　本条の法定刑は、236条により、240条（強盗致死傷）や241条（強盗・不同意性交等）の規定にいう強盗には、この昏酔強盗も含むという趣旨である。事後強盗罪とともに準強盗と呼ばれている。

第5項　強盗致傷罪・強盗致死罪・強盗殺人罪

＊刑法等の一部を改正する法律（令和4年法律第67号）の施行後は、下線部分の（拘禁刑）（有期拘禁刑）等となる。

（強盗致死傷）

第240条　強盗が、人を負傷させたときは無期又は6年以上の懲役に処し、死亡
　　　　　　　　　　　　　　　　　　　　　　　　　　　　　（拘禁刑）
　させたときは死刑又は<u>無期懲役</u>に処する。
　　　　　　　　　　（無期拘禁刑）

---

1 **強　盗**

　ここでは「**強盗の機会にその犯人が**」の意味である。強盗の実行の着手があれば強盗の犯人である。盗取行為の既遂か未遂かを問わない。

2 **人**

　強盗の被害者にかぎらない（傍らで寝ていた乳児の殺害につき最判昭25・12・14刑集4・12・2548、逮捕を免れるための警察官の殺害につき最判昭26・3・27刑集5・4・686）。

3 **死傷の結果**

　強盗の手段である暴行・脅迫行為から生じたことを必要としない。死傷の結果を生じた原因行為が、「強盗の機会」になされれば足りる。「**強盗の機会**」とは、強盗の現場又はこれに引き続いて財物の取り戻しや犯人の逮捕ができるような状況のある場合をいう。

　強盗が未遂でも死傷の結果が生じると、強盗致傷（強盗傷人）・強盗致死（強盗殺人）の既遂が成立する。したがって、強盗に着手し、人に傷害を与えた後、強盗を中止しても、強盗傷人、致傷の既遂であり、中止未遂にはならない（大判昭8・11・30刑集12・2177）。

4 **故　意**

　殺人又は傷害の故意をもって行為が行われることを要しない。しかし、本罪は、

306 　各論第1編第4部　第3章　強盗の罪

殺人や傷害の故意があった場合にも成立する（殺意あるとき、強盗殺人といっている）。したがって、殺意があった場合も、別に殺人罪を適用しない。また、複数の被害者に暴行を加え、それぞれ致死傷の結果が生じれば、被害者の数に応じた併合罪となり（最決昭26・8・9刑集5・9・1730）、致死傷の結果が生じなかった者には強盗罪が致死傷の結果が生じた者には本罪が成立し、併合罪となる（東京高判平2・12・12判時1376・128）。

5　未　遂

240条の未遂（243条（条文は☞293頁））が成立するのは、殺人の故意があって殺害の目的を遂げなかった場合だけである（大判昭4・5・16刑集8・251）。

☞【実例】1　（強盗の機会）

　　強盗犯人が被害者宅の家人やその他これに呼応して逮捕に赴いた者から追跡を受けたため、逮捕を免れるため、追跡してきた人々に暴行を加えたため死傷者が出た。

〔解説〕

　　強盗致死傷は、人を死傷させる結果を生じさせた原因行為が、「強盗の機会」に行われることを要するが、この「強盗の機会」とは、強盗の現場である場合にかぎらない。強盗に入られた家の家族や付近の住民、あるいは警察官が、現場や現場付近から犯行直後又はこれに近接する時から犯人を追跡したり、現場近くで捜索するとき、強盗犯人が、奪った財物を取り戻されまいとして又は逮捕を免れる目的や犯跡をかくす目的から、殺傷に及ぶのも、強盗の機会といえる。判例は、岡山県下で強盗を犯した犯人が、贓物を舟に積み、翌朝神戸に着き、陸揚げ中に警官に発見され、逮捕を免れるため死傷させた事件については、「強盗の機会」ではないとしている（最判昭32・7・18刑集11・7・1861）。

　　本件では、優に強盗致死傷罪が成立する。理論的には、「強盗の機会」であれば、財物の取還を防ぐ、逮捕を免れる、罪跡隠滅の目的も不要である（最判昭32・8・1刑集11・8・2065）。

☞【実例】2　（強盗の機会）

第5項　強盗致傷罪・強盗致死罪・強盗殺人罪　307

　　　甲は、共犯3人と共に、川原で被害者Aを縛りあげ、Aが運転していた自動
　　車も所持金品も奪取したうえ、犯跡を隠すため、Aを甲らの乗っていた車のト
　　ランクに押し込め、その車を草むらに隠した。甲らは、Aから奪った車を運転
　　して、いったん1キロメートル余り現場から離れたところまで来たものの、草む
　　らに隠してきた車が釣人らに発見されるのをおそれて、再び現場へ引き返し、
　　その車も運転し2台で出発し山の中に入った。途中、甲らの運転していた車が
　　走行不能になったので、トランクの中に押し込んであった被害者の処置につい
　　て謀議し、犯跡隠ぺいを確実にするためにはAを殺害するよりほかにないと決
　　め、被害者を被害者の車のトランクの中に移し変え、その車を運転して更に山
　　中奥深く入り、最初の強奪の現場から約29キロメートルも離れた場所で、共犯
　　者と共にAを殺害した。そのとき最初の強奪から約2時間経過していた。

〔解説〕

　　　本件も「強盗の機会」に殺害したもので強盗殺人罪が成立する。

　　　甲らが、一時、強奪現場から離脱したことがあったとしても、甲らの行動
　　には犯跡隠ぺいの意図の継続性がみられ、かつ、被害者に対する甲らの反抗抑
　　圧・監禁の状態が継続しており、犯跡隠ぺいの一手段として被害者殺害の方法
　　を選んだのであるから、時間的場所的継続性が認められる。これが、「強盗の機
　　会」と認められる理由である。

　　　一方、強盗犯人（強盗現場で殺人を犯している）が、犯行から約5時間後現
　　場近くへ引き返し、犯行目撃者と思われる人を誘い出して殺害した事件では、
　　それが強盗行為に接近し犯跡を隠すため行われたのであっても、新たな決意
　　に基づく別個独立の殺人罪であるとされている（最判昭23・3・9刑集2・3・
　　140）。

☞【実例】3　（全く無関係の人を殺してしまった場合）

　　　犯人が、警察官から拳銃を奪うためには拳銃携帯の警察官の殺害もやむなし
　　との犯意の下に、路上を通行中の警察官に銃弾を発射した。ところが、その警
　　察官に胸部銃創を負わせたほか、全く予期しなかった別の一般の通行人にも銃
　　弾が命中し腹部銃創を負わせた。

308　各論第1編第4部　第3章　強盗の罪

〔解説〕

　　犯人の意思は、財物（拳銃）を強取するという目的のためには人を殺害して
　もやむをえないというものであり、その目的を実現するための行為が行われた
　ため、人が負傷した（殺人未遂という結果が発生した）のであるから、警察官
　に対する関係はもちろん、犯人の認識していなかった通行人に対する関係でも
　故意は阻却されず（事実の錯誤についての法定的符合説）、ともに強盗殺人未遂
　罪が成立する（最判昭53・7・28刑集32・5・1068）。

☞【実例】4　（事後強盗犯の犯した殺傷行為）

　　窃盗の目的で金品を物色中に、家人に発見された窃盗未遂の犯人が、追跡し
　てきた家人に対し、逮捕を免れる目的で棒で殴り怪我させた。

〔解説〕

　　この場合も、強盗傷人罪が成立する。240条にいう強盗には、事後強盗（238
　条、準強盗）も含まれ、しかも、窃盗未遂のときは、強盗（事後強盗）として
　は未遂であるが、しかし死傷の結果が発生してしまうと、強盗致死傷（強盗傷
　人・強盗殺人）の既遂が成立するのである。窃盗犯人でかつ窃盗が未遂であっ
　たり、窃取した財物が金銭的価値の少ないものである場合には、法定刑がずい
　分重い感じを受けることもあるが、やむをえない（警察官による逮捕を免れる
　ため殺害した福岡高判昭29・5・29高刑集7・6・866）。

☞【実例】5　（強殺と財物奪取との関係）

　　財物奪取の目的で会社事務所において社長を殺害したうえ、現場で被害者の
　所持品を奪い、更にその犯意に基づいて、そのあと、会社事務室において、社
　長から会社経営を委ねられていると嘘をついて事務員から株券を受け取り、次
　いで同居人のいない社長の自宅に行き、株券預り証等を持ち出し、これらを領
　得した。

〔解説〕

　　当初から社長の財物を奪取することが目的で行われているので、株券等の事
　務員からの受け取りや社長自宅からの持ち出しも、相続人の占有だとか占有離
　脱物とかを考える余地がなく、当初から予定された一連の行動で、強盗殺人罪

の実行行為そのものという認定をすべきである。この事件では、強盗殺人罪のみが成立する（東京高判昭53・9・13判時916・104）。

☞【実例】6 （財産上不法の利益）

　　貸した金を早く返せと強く迫られ、返済の手段に窮した甲は、借用証書が作成されていなかったところから、貸主A本人を殺害すれば貸借の詳細を知る者もないと考え、Aを殺して債務の履行を免れる目的で、Aを殺そうとしたが傷を負わせるにとどまった。

〔解説〕

　　強盗殺人未遂罪が成立する。

　　強盗罪にいう不法利得（236条2項）の成立には、相手方が処分行為をしたことを要件としない（詐欺や恐喝では必要）。強盗の場合は、相手の意思に基づいて財物を交付させたり、利益を得るのではなく、相手の意思を無視して奪うことである。本件事例では、貸主を殺害すれば、それで事実上債務の履行を免れることになる。このようにして2項強盗は既遂であり、殺意があるので強盗殺人で、殺害していないから、その未遂となる（覚せい剤代金等の事案につき、最決昭61・11・18刑集40・7・201）。

第6項　強盗・不同意性交等罪、強盗・不同意性交等致死罪

＊刑法等の一部を改正する法律（令和4年法律第67号）の施行後は、下線部分の（拘禁刑）（有期拘禁刑）等となる。

（強盗・不同意性交等及び同致死）

第241条　強盗の罪若しくはその未遂罪を犯した者が第177条の罪若しくはその未遂罪をも犯したとき、又は同条の罪若しくはその未遂罪を犯した者が強盗の罪若しくはその未遂罪をも犯したときは、無期又は7年以上の懲役に処す　　　　　　　　　　　　　　　　　　　　　　　　　　　　　　　　　（拘禁刑）る。

2　前項の場合のうち、その犯した罪がいずれも未遂罪であるときは、人を死傷させたときを除き、その刑を減軽することができる。ただし、自己の意思によりいずれかの犯罪を中止したときは、その刑を減軽し、又は免除する。

310　各論第1編第4部　第3章　強盗の罪

> 3　第1項の罪に当たる行為により人を死亡させた者は、死刑又は無期懲役に処
> 　する。
> 　　　　　　　　　　　　　　　　　　　　　　　　　　（無期拘禁刑）

① 強盗の罪若しくはその未遂罪を犯した者

　ここでも「強盗の機会にその犯人が」不同意性交等の罪又はその未遂罪を犯した
とき、これを処罰するものである。強盗の実行の着手があれば、強盗犯人である。
「強盗の機会」にというのは、通常は、強盗犯人（準強盗を含む。）が財物奪取を終
えてからとか未遂ではあっても強盗の行為を終えてから不同意性交の行為に及ぶこ
とが想起されるが、不同意性交等の犯人がその実行行為の継続中に強盗の犯意を生
じて強盗の所為に出て、その後も引き続き姦淫行為を行ったという場合（大判昭
19・11・24刑集23・252）や、強盗の目的で包丁を持って押し入り、女性をみて
不同意性交（強制性交、強姦）の犯意を生じ包丁で脅かして不同意性交したのち、
予定どおり、その女性らに暴行・脅迫を加えて財物を強取した場合も、「強盗の機
会」に不同意性交が行われたものと評価されている（大判昭8・6・29刑集12・
1269）。平成29年改正でこの未遂の点も明文化された。

② 第177条の罪若しくはその未遂の罪を犯した者

　「不同意性交等の機会にその犯人が」強盗又はその未遂罪を犯したときに従前の
241条前段（強盗強姦）の罪と同様に処罰することとするものであり、従前、不同
意性交（強制性交、強姦）の犯人が不同意性交終了後、強盗の犯意を生じて、所
持品を強取したときは不同意性交と強盗罪が独立して成立し（併合罪）241条の罪
は成立しない（強盗犯人が強盗の機会に行うことが必要。最判昭24・12・24刑集
3・12・2114（第1項の【実例】4の解説☞298頁参照）。ただし、強盗かつ不同意
性交の犯意を有しておれば、暴行・脅迫を加えることで、強盗の実行の着手がある
ことになるので、姦淫行為が先行しても改正前の強盗強姦罪が成立する。）とされ
ていたが（処断刑の下限は懲役5年、上限は有期懲役の加重の上限30年となる。
47条（条文☞134頁参照）、14条2項（条文☞142頁参照））、平成29年改正により
改められたものである。しかも、不同意性交等の罪では、「性交」（従前の姦淫と同
義であり、膣内に陰茎を入れる行為）のみならず、「肛門性交」（肛門内に陰茎を入

れる行為）、「口腔性交」（口腔内に陰茎を入れる行為）も追加されており、従前の強制わいせつ行為の一部も本罪で処罰され、被害者は男女を問わないことになる。177条の狭義の強制性交等の罪だけでなく、その例によるとされる178条（準強制性交等）も含まれ、179条2項の罪（監護者性交等）は、強盗の機会に犯されることが想定しがたいとして除かれていたが、従前の178条に当たる行為も不同意性交等罪（177条）に規定されることとなったため、令和5年改正で178条は削除された。また、同改正により、「膣若しくは肛門に身体の一部（陰茎を除く。）若しくは物を挿入する行為であってわいせつなもの」が「性交等」に追加されるとともに、暴行・脅迫等を伴わない「性交等」自体が処罰される被害者の年齢が16歳未満に引き上げられている（177条解説☞541頁参照）。

3 不同意性交等

暴行・脅迫を加えるなどして、上記の性交、肛門性交、口腔性交等をすることであるが、未遂も同様の処罰とされている。従前の強盗強姦罪が未遂となるのは、強盗犯人（未遂・既遂を問わない。）が強盗の機会に不同意性交（強制性交、強姦）しようとして未遂となった場合とされていたが（処断刑の不均衡につき東京高判平5・12・13高刑集46・3・312）、平成29年改正によりこのような意味での未遂は観念することができなくなった。

このように、強盗と不同意性交等の双方が未遂であっても本条1項の罪が成立することから、人の死傷の結果が生じていないときには、酷なこともあることなどにかんがみ、任意的な刑の減軽を本条2項は認めることとされている。また、このような任意的な刑の減軽が可能な場合であって、しかも、その強盗、不同意性交等のいずれか一方の未遂が自己の意思によるものであるときは（他方がいわゆる障害未遂であっても）、43条ただし書（条文☞103頁参照）の中止犯に当たらないものの、本条2項ただし書により、必要的な刑の減軽又は刑の免除することとされている。なお、令和5年改正により、本条1項の罪の公訴時効が20年に延長され、被害

＊刑法・平成29年改正前＊

（強盗強姦及び同致死）

第241条　強盗が女子を強姦したときは、無期又は7年以上の懲役に処する。よって女子を死亡させたときは、死刑又は無期懲役に処する。

者が犯罪行為終了時に18歳未満であるときは、当該被害者が18歳に達する日までの期間に相当する期間が加算されて公訴時効期間がさらに延長されることとなった（刑訴法250条3項1号、4項）。

4 行為により死亡させた

「によって死亡させた」というのは通常は結果的加重犯を意味する（例えば、205条（第2章第2項☞181頁参照）、改正前の本条）。本条3項は「当たる行為により死亡させた」と表現することで、殺意のある場合も含むものと考えられている。

結果的加重犯としては、同一の機会に強盗に当たる行為と不同意性交等に当たる行為が（その前後がいずれであれ）なされ、そのいずれかの行為によって死亡の結果が生じたときは、本条3項により強盗・不同意性交等致死罪として死刑又は無期懲役に処せられることになる。この場合には強盗や不同意性交等の手段である暴行・脅迫なり不同意性交等の行為それ自体でなくとも、これに随伴する行為（例えば、逃走するために被害者に暴行を加えた事案についての最決平20・1・22刑集62・1・1）や被害者が難を逃れようとしてとった行動の結果、死亡するに至った場合も含まれるのは他の結果的加重犯と同じであると解される。

傷害については規定がないことから従前は強盗強姦のみが成立するとされていたが（大判昭8・6・29刑集12・1269）、平成29年改正により、本条2項で1項の罪に傷害を負わせた場合が含まれることが明らかにされている。

では、殺意のある場合をどのように考えるかであるが、強盗なり不同意性交等の実行行為それ自体や上記のようなこれに随伴する行為としての殺害行為であれば、本条3項の罪が成立することになる（この点、改正前であれば、強盗犯人が、女子を強姦し、かつ、殺意をもって死亡させた場合には、強盗強姦致死罪ではなく、強盗強姦罪と強盗殺人罪の観念的競合とされていた。大判昭10・5・13刑集14・514）。それ以外の「強盗の機会」における殺害行為であれば（例えば、強盗着手後、逃走中、警察官に発見されて逮捕されそうになったため同警察官を殺害した最判昭26・3・27刑集5・4・686（第5項2の解説☞305頁参照））、強盗・不同意性交等罪と強盗殺人罪の観念的競合ということになろう（前記大判昭10・5・13。強盗犯人が被害者を強姦しようとして未遂に終わった後、被害者を殺害した事案に

第6項　強盗・不同意性交等罪、強盗・不同意性交等致死罪　313

つき強盗殺人罪と強姦未遂罪の観念的競合とした最判昭33・6・24刑集12・10・
2301参照)。

⑤　未　遂

本条3項の殺人の未遂は処罰される（243条（条文は☞293頁))。

☞【実例】　1　（事後強盗と本条との関係）

　　　　　衣類を窃取して屋外に出たところ、帰宅した家人の女性に発見されたので、
　　　　逮捕を免れるため同女に暴行を加えて縛り、押入れに入れたりしたが、その後
　　　　盗品を元の場所に返し、それから不同意性交の意思を起こして不同意性交し
　　　　た。

　　〔解説〕

　　　　　不同意性交の意思が生じるまでの犯人の行為は、事後強盗（238条、準強
　　　　盗）であるが、これは通常の強盗（236条）と同じ扱いを受けるから（238

＊刑事訴訟法＊

第250条　時効は、人を死亡させた罪であつて禁錮以上の刑に当たるもの（死刑に当たるものを除く。）につ
　いては、次に掲げる期間を経過することによつて完成する。
　一　無期の懲役又は禁錮に当たる罪については30年
　二　長期20年の懲役又は禁錮に当たる罪については20年
　三　前2号に掲げる罪以外の罪については10年
②　時効は、人を死亡させた罪であつて禁錮以上の刑に当たるもの以外の罪については、次に掲げる期間を
　経過することによつて完成する。
　一　死刑に当たる罪については25年
　二　無期の懲役又は禁錮に当たる罪については15年
　三　長期15年以上の懲役又は禁錮に当たる罪については10年
　四　長期15年未満の懲役又は禁錮に当たる罪については7年
　五　長期10年未満の懲役又は禁錮に当たる罪については5年
　六　長期5年未満の懲役若しくは禁錮又は罰金に当たる罪については3年
　七　拘留又は科料に当たる罪については1年
③　前項の規定にかかわらず、次の各号に掲げる罪についての時効は、当該各号に定める期間を経過するこ
　とによつて完成する。
　一　刑法第181条の罪（人を負傷させたときに限る。）若しくは同法第241条1項の罪又は盗犯等の防止及
　　び処分に関する法律（昭和5年法律第9号）第4条の罪（同項の罪に係る部分に限る。）　20年
　二　刑法第177条若しくは第179条第2項の罪又はこれらの罪の未遂罪　15年
　三　刑法第176条若しくは第179条第1項の罪若しくはこれらの罪の未遂罪又は児童福祉法第60条第1項
　　の罪（自己を相手方として淫行をさせる行為に係るものに限る。）　12年
④　前2項の規定にかかわらず、前項各号に掲げる罪について、その被害者が犯罪行為が終わつた時に18歳
　未満である場合における時効は、当該各号に定める期間に当該犯罪行為が終わつた時から当該被害者が18
　歳に達する日までの期間に相当する期間を加算した期間を経過することによつて完成する。

314　各論第1編第4部　第3章　強盗の罪

条）、241条の適用がある。不同意性交前に盗品を元に戻しても本条1項の罪（改正前の強盗強姦罪）が成立する（最判昭30・12・23刑集9・14・2957）。

☞【実例】2　（共犯のある場合）

　　甲が乙・丙と共にA女を不同意性交することを共謀したうえ、まず甲がA女を不同意性交し、そのあと、3人でA女の所持品を強取することを共謀し、丙がA女から所持品を奪い、引き続き乙・丙の順でA女を不同意性交した。

〔解説〕

　　初めは不同意性交（強制性交）の犯意のみで甲がA女を不同意性交してはいるが、その後の3人の行為は、強盗犯人（共犯）がその機会に不同意性交（共犯）したことが明らかである。平成29年改正前はこの場合、共犯関係にある事案全体を包括して観察することにより、共犯者として本件の甲については、強盗強姦罪のみが成立するとされていた（大阪高判昭47・8・4高刑集25・3・368（第1項2強取の解説 ☞294頁参照））。現在では、強盗と不同意性交等の前後は問われないので甲・乙・丙いずれも本条1項の罪（強盗・不同意性交等）が成立することは明らかである。

第４章　詐欺及び恐喝の罪

第１項　詐　欺　罪

＊刑法等の一部を改正する法律（令和４年法律第67号）の施行後は、下線部分の（拘禁刑）（有期拘禁刑）等となる。

（詐欺）

第246条　人を欺いて財物を交付させた者は、10年以下の懲役に処する。

2　前項の方法により、財産上不法の利益を得、又は他人にこれを得させた者
も、同項と同様とする。

（未遂罪）

第250条　この章の罪の未遂は、罰する。

（準用）

第251条　第242条、第244条及び第245条の規定は、この章の罪について準
用する。

1　欺　く

「**欺く**」とは、改正前の「**欺罔（ぎもう）**」と同義であり、だますこと、人を錯誤に陥らせ
ることをいう。

1　人をだますのには、いろいろの場合があるが、詐欺罪における欺罔行為は、相
手方の財産的な処分行為に向けられたものでなければならない（後述**3**の解説
☞317頁**参照**）。

2　真実を告知する義務があるのに、相手の錯誤を利用して、真実を告知しない
という方法での欺罔もある（不作為による欺罔）。例えば、相手が誤って余分に
釣銭を出してきた場合に、知らぬ顔をして受け取ってしまうこと（釣銭詐欺）な

どがこれに当たる。この場合、取引上一般に要請されるところの信義誠実の観念から、真実を告知する義務があるからである（自己の口座に誤って振り込まれた預金の払戻につき最決平15・3・12集57・3・322。自己名義口座からの振り込め詐欺被害金の払戻しにつき東京高判平25・9・4高検速報3507）。第三者に譲渡する意図であるのに、これを秘して金融機関から自己名義の預金通帳とキャッシュカードの交付を受ける（最決平19・7・17刑集61・5・521。暴力団員でないかのように装って、ゴルフ場を利用した場合（後記二項詐欺）につき最決平26・4・7刑集68・4・715）、国際線搭乗手続で他人に搭乗させる意図を秘して自己の搭乗券の交付を受ける（最決平22・7・29刑集64・5・829）も同様である。

3　無銭飲食や無銭宿泊の場合、初めから代金支払いの意思や能力がないときは、飲食物を注文したり宿泊を申し込む行為そのものが、いかにも飲食・宿泊後確実に代金を支払うかの如く装う欺罔行為を認められるのであって、「装う詐欺」であり、作為的欺罔行為である。飲食店やホテルで飲食・宿泊する場合、店の関係者と特別な関係・事情のない限り、代金は店や宿を出るとき即時払いをすべきは社会通念上当然であり、その意思・能力がないことが相手方に判っていれば相手方は注文・申込に応じるはずがないことも当然である（最決昭30・7・7刑集9・9・1856（⑤の2の解説☞321頁・【実例】2☞322頁参照））。支払能力がないのに商品を注文したり、不渡となるのを知りながら代金支払のため小切手を交付するのも、注文あるいは交付そのものが作為による欺罔行為である（最決昭43・6・6刑集22・6・434等）。

4　一般の取引で慣行されている程度のかけひきや世間一般が承知している程度の誇大広告にあっては、ただちに刑法上の欺罔ありとはいえない（いわゆる「客殺し商法」が詐欺罪に当たることにつき最決平4・2・18刑集46・2・1）。ただし、誇大広告等については特定商取引に関する法律（72条1号、12条）、不正競争防止法（2条1項1号、14号、21条2項1号）等に罰則が設けられている。

② 財物・不法領得の意思

財産犯総説・第4項財物の解説☞279頁参照。廃棄の意図であったとして本罪の不法領得の意思が否定された例として最決平16・11・30刑集58・8・1005がある。

③ 交付させる

「騙取(へんしゅ)」とは、だましとる、すなわち、錯誤に陥った相手をして財物を交付（占有の移転）させることであり、強盗や窃盗の場合と異なり、相手方の処分行為によって財物の交付を受けることを要するが、平成7年の法改正により、騙取は「交付させる」と改められ、用語が平易化された。改正前後で規定内容の変更はない。

＊不正競争防止法＊

（定義）

第2条 この法律において「不正競争」とは、次に掲げるものをいう。

一 他人の商品等表示（人の業務に係る氏名、商号、商標、標章、商品の容器若しくは包装その他の商品又は営業を表示するものをいう。以下同じ。）として需要者の間に広く認識されているものと同一若しくは類似の商品等表示を使用し、又はその商品等表示を使用した商品を譲渡し、引き渡し、譲渡若しくは引渡しのために展示し、輸出し、輸入し、若しくは電気通信回線を通じて提供して、他人の商品又は営業と混同を生じさせる行為

（第2号〜第13号省略）

十四 商品若しくは役務若しくはその広告若しくは取引に用いる書類若しくは通信にその商品の原産地、品質、内容、製造方法、用途若しくは数量若しくはその役務の質、内容、用途若しくは数量について誤認させるような表示をし、又はその表示をした商品を譲渡し、引き渡し、譲渡若しくは引渡しのために展示し、輸出し、輸入し、若しくは電気通信回線を通じて提供し、若しくはその表示をして役務を提供する行為

（第15号〜第16号省略）

（第2項〜第10項省略）

（罰則）

第21条 （第1項省略）

（第1号〜第9号省略）

2 次の各号のいずれかに該当する者は、5年以下の懲役若しくは500万円以下の罰金に処し、又はこれを併科する。

一 不正の目的をもって第2条第1項第1号又は第14号に掲げる不正競争を行った者

（第2号〜第7号省略）

（第3項〜第12項省略）

＊特定商取引に関する法律＊

（誇大広告等の禁止）

第12条 販売業者又は役務提供事業者は、通信販売をする場合の商品若しくは特定権利の販売条件又は役務の提供条件について広告をするときは、当該商品の性能又は当該権利若しくは当該役務の内容、当該商品若しくは当該権利の売買契約の申込みの撤回又は売買契約の解除に関する事項（第15条の3第1項ただし書に規定する特約がある場合には、その内容を含む。）その他の主務省令で定める事項について、著しく事実に相違する表示をし、又は実際のものよりも著しく優良であり、若しくは有利であると人を誤認させるような表示をしてはならない。

第72条 次の各号のいずれかに該当する者は、100万円以下の罰金に処する。

一 第12条、第36条、第43条又は第54条の規定に違反して、著しく事実に相違する表示をし、又は実際のものよりも著しく優良であり、若しくは有利であると人を誤認させるような表示をした者

（第2号〜第7号省略）

（第2項省略）

318　各論第1編第4部　第4章　詐欺及び恐喝の罪

1　詐欺罪の構成要件は、**欺罔**——**錯誤**——**処分行為**——**財産的利得**である。相手
方の財産的な処分行為を要することは、法文上なんらの規定もないので、「**書か
れていない構成要件要素**」ともいわれていたが、改正により「**交付させた**」と規
定された。財物騙取（**一項詐欺**）の場合は、相手方が財物を交付するという行為
があれば、財産的な処分行為があったものとみてよい（被害者に信販会社を介
してクレジット契約による立替払いとして金員を交付させたものとして最決平
15・12・9刑集57・11・1088）。この場合、財物の交付は、特別な事情のない
かぎり、財物の所持者が、自分の意思で、財物の価値や利用を他人に与えてしま
う行為をしたと認められるからである。

2　「**欺罔行為**」と「**処分行為ないし交付行為**」との間に「**因果関係**」のあるこ
とが必要である。「**欺罔行為**」を施した結果、相手が「**錯誤**」に陥り、その「**錯
誤**」に基づいて「**処分行為**」をしたことが必要である（文書の内容が分かった上
で作成して交付すれば詐欺となり得るが、内容を分からないまま作成させて交付
を受ければ詐欺罪ではなく、文書偽造罪が成立することにつき大判大5・5・9刑
録22・705）。このことから、ふたつのことがいえる。

①　詐欺罪における欺罔行為は、処分行為に向けられたものでなければならない
②　騙し取ろうとして嘘をついたが、相手は見破っていて可愛想に思って交付
したというときは、詐欺は既遂でなく未遂として処理しなければならない

ということである（受領行為への関与も未遂の共同正犯であることにつき、いわ
ゆるだまされたふり作戦に関し最決平29・12・11刑集71・10・535）。

3　甲が騙し、乙が交付を受けても、上記の因果関係があれば騙取に当たると解
する（一項詐欺については、共犯、情を知らない道具等、甲乙間に特別の関係を
要するとした裁判例として大阪高判平12・8・24判時1736・130）。

4　一般に私人の所持が禁じられている物でも（例、覚せい剤・天然記念物・密輸
品など）、他人が現実に所持している物を騙し取れば、詐欺罪は成立する（最判昭
24・2・15刑集3・2・175）。財物奪取罪の規定は、人の物に対する事実上の所持
を保護しようとするものである。その所持者が法律上正当にこれを所持する権限
を有するかどうかに関係なく、物の所持という事実上の状態それ自体が、独立の

法益として保護され、みだりに不正の手段によって侵害することを許さない。禁制品などについても詐欺が成立するのは、このためである（財産犯第1章総説第4項**5**の解説☞281頁**参照**）。ただし、判例には、偽造文書については無価値で何人の所有も許さないことを理由に詐欺罪が成立しないとするものがある（大判大元・12・20刑録18・1563）。他の法禁物との権衡からみても同判例の立場は疑問である。

5　真実を告知するときは相手方（例、買主）がとうてい申込みを承諾するようなことがない取引では、たとえ申込者（例、売主）が価格相当の商品を提供しても、**騙取**（例、代金名下の金員騙取）に当たり（時価相当額支払による抵当権等の放棄（後記二項詐欺）につき最決平16・7・7刑集58・5・309）、また買主に一定の資格などがなければ売主において絶対に売らないというような取引において、買主が資格等を偽った場合は（クレジットカードの名義人に成りすます場合につき、最決平16・2・9刑集58・2・89）、たとえ代金を正しく支払っていても、**騙取**となる。

6　約定^{やくじょう}よりも品質の悪い品物を約定どおりの品質の良い品物であると偽って代金名下に金員を騙取したとき（大判大14・5・14刑集4・308等）、郵便貯金通帳の預金が小額なのに、その残高記載を悪用し多額の預金があるかのように改ざんして払い戻しを受けたとき（東京高判昭52・11・21東高時報28・11・140）などいずれも、交付を受けた金員の全額について騙取が成立する。

7　不動産の騙取の場合は、事実上の占有の移転があったときに限らず、所有名義の移転登記を完了する方法（法律上の支配の移転）も、財物の騙取（交付）に当たる（大判明36・6・1刑録9・930等）。

4　**財産上不法の利益**

不法に財産上の利益を得ることをいう（暴力団員を秘してのゴルフ場利用につき積極に解した最決平26・3・28判時2244・126、消極に解した同判時2244・121）。「**財産上の利益**」の意味は、財産犯総説第5項の解説☞281頁**参照**。人を欺罔して不法に財産上の利益を得る詐欺のことを、財物詐欺（一項）と区別する意味で、「**二項詐欺**」という。

320 各論第1編第4部 第4章 詐欺及び恐喝の罪

1　詐欺罪において、不法に財産上の利益を得たといいうるのには、それが相手方（被害者）の処分行為によったものであることを要する。相手方をして権利の放棄、債務の約束その他財産上の利益を犯人側へ授与させる特定の行為（意思の表示）をさせ（これが処分行為）、これによって欺罔者又は第三者において事実上利益を取得した事実があって初めて二項詐欺は既遂となる。処分行為は不作為であってもよい（最判昭30・4・8刑集9・4・827（【実例】3解説☞323頁参照））。

2　不法の利益の取得が法律上有効であることを要しない。例えば、いわゆる詐欺賭博においては、被害者も客となって開張者（犯人）らと共に不法な行為をしているので、そこから発生したとされる寺銭や賭博負金の支払い義務（金銭債務）を被害者の客が負担することとなったとしても、この債務（犯人側にとっては債権）は、裁判（民事訴訟）にかけて実現することのできないもの、すなわち民法上有効なものとはいえないが、それでもこの債務を客に負担させたことによって開張者側（犯人）は刑法上は財産上の利益を得たものといいうる（大判明42・11・15刑録15・1614、大判昭9・6・11刑集13・736等参照）。

⑤　一項と二項との関係

1　金品を交付する意思表示（約束）をさせたのち、現実に目的の金品を交付させたときは、どうか。最初の意思表示がそれ自体で独立の財産的価値を有する権利を犯人に与えるものであれば、あたかも一項詐欺における財物の交付と同様の処分行為があったといってよく、すでにそれによって財産上不法の利益を得たものといえる（上記に見た詐欺賭博の客が寺銭や賭博負金を支払うことを確約した例などは、これに当たり、この段階で発覚しても、二項詐欺の既遂となる）。それでは、あとで金品を現実に交付させたことは、当然の結果として不処罰とされるのか。学説は反対説（約束は未遂にとどまる）が有力であるが、判例は、現実の金品交付も一項詐欺に当たり、一項と二項を包括した246条の詐欺の一罪が成立するとしている（大判明44・5・23刑録17・747）。もっとも実務では、金品の現実の交付があったところでとらえて一項詐欺で処理することが多い（傷病により入院中であることを秘して、簡易保険契約を締結させ、同保険証書の交付を受けた場合に、同証書について一項詐欺が成立するとした最決平12・3・27刑集54・3・402）。

もし、最初の金品交付の意思表示が、それ自体独立の財産的価値をもつ権利を犯人に与えたとは評価できないようなものであるときは、現実に金品交付があったときに一項詐欺の既遂となり、発覚などで現実交付までに至らなかったときは、一項詐欺の未遂となる。

2　代金支払いの意思がないのに、あるように装って飲食物の提供を受ける無銭飲食は一項の財物の騙取に当たるが、代金支払い意思があるように装って宿泊する無銭宿泊は、宿泊の利益を提供させたもので二項詐欺である。代金支払を免れたときではなく、宿泊、飲食時に既遂となる（最決昭30・7・7刑集9・9・1856（☞【実例】2の解説☞322頁**参照**））。宿泊中に飲食物の提供も受ける無銭宿泊では、246条の詐欺の一罪が（一項と二項とを包含して）成立する（東京高判昭29・6・7特報40・141、東京高判昭33・12・25判タ88・67等）。もっとも、ホテル式のシステムの場合、代金請求時に欺罔（欺く）手段を用いれば被害者を異にする詐欺の包括一罪が成立することもあろう。

6　**処　罰**

　　未遂も処罰され（250条（条文は☞315頁**参照**））、親族相盗例の準用がある（251条）。現金等の交付を求める文言を述べていなくとも、被害者に現金等を交付させる計画の下、被害者が交付に至る危険性のある嘘を一連のものとして述べた段階で実行の着手が認められる（最判平30・3・22刑集72・1・82）。罪数に関し、多数の被害者の街頭募金詐欺を包括一罪としたものがある（最決平22・3・17刑集64・2・111）。

　　なお、組織的な態様によるものについては、刑が加重され、1年以上の有期懲役に処せられる（組織的犯罪処罰法3条（条文は☞167頁**参照**））、リゾート会員権販売につき最決平27・9・15刑集69・6・721。

☞**【実例】　1　（処分行為──その1）**

　　　　　時計店で、時計を騙し取ろうとして、買い取る意思もないのに店番に陳列棚の時計を見せてくれと申し出て、顧客と誤信した店番から、品定めのために渡させた時計を、店番のすきをみて持ったまま店から逃げ出し領得した。

〔解説〕

本件では、外形的には、あたかも詐欺罪が成立しそうにみえるが、実は、店番が時計を犯人に渡した状況を見ると、その交付は、詐欺罪の成立に必要な処分行為とみることはできない。店員は、時計の価値や利用を自分の意思で犯人に与えてしまったものではないからである。したがって、本件では窃盗罪が成立する（店の中では、犯人が手にしていても、時計は店の関係者の占有下にある）。

☞【実例】２（処分行為──その２）

　　旅館に宿泊して飲食もしていた客が、途中で財布をもっていないことに気付くとともに支払いをするのが惜しくなって、旅館の者に気付かれないように、こっそりと逃げ出して行方をくらましてしまった。

〔解説〕

　　無銭飲食や無銭宿泊の中には、当初は代金支払いの意思や能力があったと認めざるをえない事例があり、こういうときは、代金債務の支払いを免れた二項詐欺の成立を検討しなければならない。この場合、欺罔行為とそれに基づく被害者の財産的処分行為がなければならない（例、明日必ず代金を持参すると申し欺いて、それならと支払いを一時免れるなど）。

　　本件の場合、被害者に対する欺罔行為がなく、又、債務免除や支払い延期を承諾する被害者側の処分行為もない。単に逃走して事実上債務の支払いを免れたというだけである。これでは詐欺罪は成立しない。本件では、結局、民事上の責任（代金支払い債務）が残るにすぎない。同様の事案で小便をしてくるとか友人を見送ってくるなどと申し欺いて逃げたときはどうか。この場合も、代金支払い債務を免れたといっても、事実上のことであり、相手方の処分行為に向けられた欺罔行為も処分行為もなく、詐欺は成立しない（最決昭30・7・7刑集9・9・1856（①の３☞316頁・⑤の２☞321頁参照））。

☞【実例】３（処分行為──その３）

　　リンゴの仲買人が、リンゴ500箱をＡ駅で引き渡すという契約をして買主からその代金を受取ったのに履行期が過ぎても履行しなかったため買主から再三督促を受けた。そこで、ある日、履行の意思がないのに買主をＢ駅に案内し、その駅で第三者をしてリンゴ500箱を貨車に積み込ませ、これにＡ駅行きとい

第1項　詐欺罪　323

う標識をつけさせ、あたかも約束のリンゴをA駅に送る手続を完了し、あとは
その到着を待つばかりだと買主を誤信させ、買主を安心させて帰宅させた。

〔解説〕

　単に「安心させて帰宅させた」というだけでは、事実上一時的に債務の履行
の請求を受けないようにしたというだけのことであって、被害者の何らかの財
産的な処分行為（履行の延期を認めるなどの被害者の意思表示）があったのか
どうか、これに伴って犯人が「財産上の利益」を得たのかどうか、が明らかで
ない。すでに履行遅滞の状態にある債務者に債権者が履行の督促をしなかった
というだけでは、処分行為ありと認めることはできず、またそのような債務者
が、欺罔手段によって債権者の督促を一時免れたからといって、ただそれだけ
では、二項詐欺にいう財産上の利益を得たものとすることはできない。

　債権者がもし騙されなかったならば、必ず督促なり要求なりを行い、債務
の全部又は一部（又はこれに代るかこれを担保する具体的措置）の履行が行わ
れざるをえなかったであろうといえるような、そういう特段の情況があったの
に、債権者が騙されたために、上記のような具体的措置を伴う督促なり要求を
行うことをしなかったといえる場合に、初めて、債務者は、欺罔行為によって
一時的にせよ上記のような結果を免れるものとして、財産上の利益を不法に得
たといいうるし、債権者側の処分行為（不作為のもの）があったといいうるの
である（最判昭30・4・8刑集9・4・827（4の1の解説☞320頁参照））。ま
た、不当に早く代金を受領した場合には、欺罔手段がなかった場合と比べ別個
の代金支払とみられるような支払時期の早期化であれば金額について詐欺が成
立する（最判平13・7・19刑集55・5・371）。

☞【実例】4　（訴訟詐欺）

　甲は、Aの財産を自分のものにしようと企て、その所有者Aを被告として、裁
判所に対し、「この財産はAの所有物でなく甲に所有権がある」旨の全く虚偽の
申立を行って財産の引渡を求め、Aの応訴態度が不十分であったこともあって、
裁判所の判断を誤らせ、甲は勝訴判決を得てAの財産に強制執行を行わせた。

〔解説〕

324　各論第1編第4部　第4章　詐欺及び恐喝の罪

　これは、いわゆる訴訟詐欺の事件であり、詐欺罪が成立する。詐欺罪において欺罔は必ずしも財産上の被害者に対して行われることを必要としない。本件の場合、被欺罔者は裁判所である。また、強制執行によって財産権の移転が行われた場合、被欺罔者である裁判所は、処分行為者（A）の財産を処分しうる地位にあり、処分行為を命ずれば処分行為者は処分行為をすることを義務づけられているという関係が認められるから、処分行為者自身が処分行為をしたと同じ関係になり詐欺罪は成立するのである。既遂は、財物の交付を受け、あるいは不動産の登記を得たときである（大判昭6・2・17新聞3258・7、同大5・10・10新聞1195・30）。もっとも、詐害行為取消にあっては、勝訴判決を得れば、二項詐欺が成立する、とされている（大判昭11・2・24新聞3983・16）。

　これに反し、例えば、法務局において、甲が登記官吏を欺罔してA所有不動産につき甲の所有名義に移転登記をさせたという事例にあっては、登記官吏は、Aの不動産を処分できる地位にあるものではないから、この場合は詐欺罪は成立しない（公正証書原本不実記載等の罪が成立する）。

☞【実例】5　（国家的法益の場合）

　国有地である未墾地が農地法により開拓地として売り渡される旨公示されるや、売渡基準（買主の条件）に適合している甲が、建物の敷地を求めていた乙と共謀の上、甲には上記土地を開墾利用して営農に役立てる意思がなく、本当は売渡処分を受ける適格のない乙の建物の敷地として提供してやる意図であるのに、この事情を秘し、甲において国有地の買受け申込みをして、国から売渡処分名下に上記土地を取得した。

〔解説〕

　本件における主な実害は、国の農業政策という国家的法益であるといえる。欺罔行為によって国家的法益を侵害する場合でも、それが同時に、詐欺罪の保護法益である財産権を侵害するものである以上は、当該行政法規（本件では農地法）が特別法として詐欺罪の適用を排除する趣旨のものと認められない限り、詐欺罪の成立を認めるのが確立された判例の立場である（最決昭51・4・1刑集30・3・425。補助金等適正化法29条1項違反の罪に該当するときも本罪が成立しう

ることにつき最決令3・6・23刑集75・7・641）。国家といえども、各種の財産を所有するなどしており、優に財産権の主体たりうることは論をまたない。健康保険被保険者証等も取得者に財産上の利益を与え、交付者に損害を生ぜしめるものであることなどから同様にその不正受給は詐欺罪を構成し得る（大阪高判昭59・5・23高刑集37・2・328）。

☞【実例】6　（権利の行使）

　　大正時代のことであるが、預金残高300円を払い戻そうとして手続をしたところ、銀行係員が勘違いして3,000円を支払ったので、そのまま黙って受け取って領得してしまった。

〔解説〕

　　この場合、預金の払戻しは、初めから多額の金を騙し取ろうとして手続をしたのでなく、たまたま銀行員が間違って多額のものを差し出したのを、領得したにすぎない。したがって、小額の預金残高しかないのに改ざんして払い戻し名下に金員を騙取した場合や、品質の悪い商品をいかにも品質の良い商品のように申し欺いて代金名下に金員を騙取した場合などとは全然性質を異にする。本件では300円の分は正当に受領すべき権利を有したものといわざるをえない。このため、2,700円についてのみ詐欺罪が成立するとされ、これと類似の事例で、学校の会計課長が、物品納入業者と結託して、契約数量全部の納入がないのに、全部納入したように装った水増し請求をして学校長から全額支払わせたときは、受け入れのない部分についてのみ詐欺罪が成立するとされた（大判大3・7・17刑録20・1524等）。この事例では、納入分の代金は、学校長において、騙される騙されないに関係なくその支払いが当然予定されていたものといえる関係にあるからといえよう。しかし、不可分一体のものとしての現金が客体なのであるから（正当な代金が区別されている訳ではない）、全体について詐欺が成立すると解すべ

───────────────────────────

＊補助金等に係る予算の執行の適正化に関する法律（昭和30年法律第179号）＊
　第六章　罰則
第29条　偽りその他不正の手段により補助金等の交付を受け、又は間接補助金等の交付若しくは融通を受けた者は、5年以下の懲役若しくは100万円以下の罰金に処し、又はこれを併科する。
2　前項の場合において、情を知つて交付又は融通をした者も、また同項と同様とする。

326　各論第1編第4部　第4章　詐欺及び恐喝の罪

きではなかろうか。これに対し、権利の実行に藉口（しゃこう）した場合や正当部分の交付請求が不法な財物取得のための手段としてなされたと認められるときは、全体として違法性を帯び、取得した全部につき詐欺罪が成立する。例えば、会社の経営者が、従業員から労働者災害補償保険金請求方の依頼を受けたのを奇貨（きか）として、従業員が療養のため現実に労働できなかったのは20日であるのに、これを45日間休業したかのような手続きをして同保険金名下に金員を騙取した事案では、取得した全額について詐欺が成立する（東京高判昭54・6・13判時945・136）。

☞【実例】7　（窃取した通帳による払戻し）

　郵便貯金通帳と印鑑を窃取した犯人が、その通帳と印鑑を用いて、本人であるかのように装って郵便局から預金の払戻しを受けて領得した。

〔解説〕

　窃盗は状態犯であるから、既遂に達したのちも被害者に返還しない限り違法状態が存続しているものの、それは犯罪事実とは認められず、行為者（犯人）がその領得物を使用、処分しても、それが窃盗罪の構成要件によって評価される範囲内のものである限り、いわゆる不可罰的事後処分（**不可罰的事後行為**（総論第3章第5項**4**の解説☞32頁**参照**））にすぎない。しかしながら、本問のように、窃取した預金通帳等を用いて他を欺罔し、預金払戻し名下に金員を騙取するのは、単なる事後の処分行為でなく、あらたな法益の侵害を伴うもの、つまり郵便局という第三者を被害者とする新たな財物（金銭）の騙取という新たな法益の侵害があったものといわねばならず、このような場合は窃取とは別に詐欺罪が成立する（最判昭25・2・24刑集4・2・255。ATMからの払戻し

＊民法＊
（債権の準占有者に対する弁済）
第478条　債権の準占有者に対してした弁済は、その弁済をした者が善意であり、かつ、過失がなかったときに限り、その効力を有する。
＊偽造カード等及び盗難カード等を用いて行われる不正な機械式預貯金払戻し等からの預貯金者の保護等に関する法律＊
（カード等を用いて行われる機械式預貯金払戻し等に関する民法の特例）
第3条　民法第478条の規定は、カード等その他これに類似するものを用いて行われる機械式預貯金払戻し及び機械式金銭借入れ（以下「機械式預貯金払戻し等」という。）については、適用しない。ただし、真正カード等を用いて行われる機械式預貯金払戻し等については、この限りでない。

は窃盗が別途成立することにつき東京高判昭55・3・3判時975・132)。

　なお、この場合、郵便局の窓口に現れた犯人が通帳と印鑑を所持し、呈示しているため、郵便局側の支払いが、民法上の「債権の準占有者に対する善意の弁済」(478条)として有効で、局側に損害がなかったとしても(なお、ＡＴＭ機による払戻等の場合は預金者保護法3条)、詐欺罪は成立する。預金払戻請求書偽造、行使と詐欺は牽連犯(54条1項(☞136頁**参照**))であり、これらと窃盗は併合罪の関係に立つ。

第2項　電子計算機使用詐欺罪

*刑法等の一部を改正する法律(令和4年法律第67号)の施行後は、下線部分の(拘禁刑)(有期拘禁刑)等となる。

:::
(電子計算機使用詐欺)
第246条の2　前条に規定するもののほか、人の事務処理に使用する電子計算機に虚偽の情報若しくは不正な指令を与えて財産権の得喪若しくは変更に係る不実の電磁的記録を作り、又は財産権の得喪若しくは変更に係る虚偽の電磁的記録を人の事務処理の用に供して、財産上不法の利益を得、又は他人にこれを得させた者は、10年以下の懲役に処する。
　　　　　　　　　　　　　　　　(拘禁刑)
:::

①　趣　旨

　本条は、債権、債務の決済、資金の移動等財産権の得喪、変更の事務処理が、電子計算機により、電磁的記録を用いて、人を介さず自動的に行われるのを利用して財産上不法の利益を得る行為を新たに処罰しようとするものである。

　本罪は、詐欺罪の類型として位置付けられ、構成されているが、これは、本罪が、電子計算機がいわば人に代わって事務処理を行っている場面において、これに虚偽の情報若しくは不正の指令を与えて不実の電磁的記録を作出し、又は虚偽の電磁的記録を人の事務処理の用に供することにより、財産上不法の利益を得る行為をとらえようとするものであり、人を欺罔して財産上不法の利益を得る詐欺罪に近いものと考えられるからである。もっとも、本条は、詐欺罪の適用のない場面において補充的に適用されるものであり、外見上本条に当たるもののように見える行為で

328　各論第1編第4部　第4章　詐欺及び恐喝の罪

あっても、事務処理の過程で人が介在するため、これを被欺罔者とする詐欺罪の成立が認められる場合には、従来どおり詐欺利得罪により処罰されることになる。本条の冒頭に「**前条に規定するもののほか**」としているのはこの趣旨である。

2　**前条に規定するもののほか**

　詐欺罪（246条）に該当する行為については、本条が適用されないことを明らかにしたものである。

3　**人の事務処理に使用する電子計算機**

　オンライン化された銀行の元帳ファイルのような備付型の財産権の得喪、変更に係る電磁的記録が、これに対する情報、指令の入力によって作出されることとなる電子計算機のことである。「**人**」とは、犯人以外の者であり、自然人、法人に限らない。「**事務処理**」とは、当該電子計算機がこのようなものに限られるので、債権、債務の管理、決済、資金移動等の財産権の得喪・変更に関する事務処理に限定されることになるように思われる。

4　**虚偽の情報若しくは不正な指令を与え**

　「**虚偽の情報**」とは、当該システムにおいて予定されている事務処理の目的に照らし、その内容が真実に反することとなる情報のことであり、「**不正な指令**」とは、同様の事務処理の目的に照らし、与えられるべきでない指令をいう。「**与え**」とは、これらの情報又は指令を人の事務処理に使用する電子計算機に入力することである。貸出権限のある支店長が、貸付が存在しないのに、貸付があったものとして、入力した場合も虚偽の情報を与えたことになる（東京高判平5・6・29速報2982）。情を知らない担当者を利用する間接正犯による場合も含まれる。

　例えば、銀行員や支店長が、端末機を用いて虚偽の入金データを入力し、あるいは、元帳ファイル上の預金残高を改ざんする行為（大阪地判昭63・10・7判時1295・151（第2編第2部第2章第15項**4**の解説☞490頁参照）、東京高判平5・6・29判時1491・141等）、他人のキャッシュカードをＡＴＭ機で不正に使用してその預金口座から自己の口座に振込を行う行為（電話回線を通じて、銀行のオンラインシステムのコンピューターにアクセスし、虚偽の振込送金情報を与えたものとして名古屋地判平9・1・10判時1627・158）、パソコンから国際通話料金を課金

されないように不正信号を送信して、虚偽の通話情報を電話交換システムから送出させる行為（東京地判平7・2・13判時1529・158）、電子マネーの利用権を取得するためクレジットカードの名義人氏名等を冒用し、カード番号等を入力送信する行為（最決平18・2・14集60・2・165）、被害者に振込手続ではない還付金受領、番号確認等の目的と誤信させて、ＡＴＭ機を操作させて振込手続をさせる行為などが、「**虚偽の情報を与え**」る行為に当たり（東京高判令3・4・20高裁刑事裁判速報令和3年17）、自己の預金残高を不正に増額する処理を行わせるようなプログラムを不正に作出して電子計算機に用いる行為が「**不正な指令を与え**」に当たる。

⑤ **財産権の得喪若しくは変更に係る不実の電磁的記録**

「**財産権の得喪若しくは変更に係る電磁的記録**」とは、財産権の得喪、変更の事実又はその得喪、変更を生じさせるべき事実を記録した電磁的記録であって、一定の取引場面において、その作出により事実上当該財産権の得喪、変更が生じることになるようなものをいう。例えば、オンライン化された銀行の元帳ファイルになされた預金残高の記録がこれに当たるが、不動産登記ファイルのように、財産権の得喪、変更の事実を公証するために記録しているにすぎないものは「財産権の得喪若しくは変更に係る」ものとはいえない。問題の電磁的記録がこれに当たるかどうかは、当該記録の改変と事実上の財産権の得喪、変更の効果の間の直接的、必然的な連関の有無により判断すべきものである。

なお、キャッシュカード、クレジットカードの磁気ストライプ部分の記録のように、一定の資格の証明のために用いられるにすぎないものは、「財産権の得喪若しくは変更に係る電磁的記録」には当たらない。

「**不実の電磁的記録を作り**」とは、他人のシステム内において、当該電子計算機に接続された磁気ファイル等に真実に反する内容の電磁的記録を作出することである。他人のキャッシュカードを使用する正当な権限を有しない者がこれを用いて、自己の口座に振込入金の記帳をさせることも正当な権限によらない点において不実である。

⑥ **財産権の得喪若しくは変更に係る虚偽の電磁的記録（後段）**

「**財産権の得喪若しくは変更に係る電磁的記録**」の意義については、前記⑤を参照されたい。本条の構成要件的行為としては、前記のように他人のシステム内にお

330 各論第1編第4部 第4章 詐欺及び恐喝の罪

いて、真実に反する内容の電磁的記録を作出する態様のものと、犯人の手中にある真実に反する内容の電磁的記録を他人の事務処理の用に供する態様のものとがあり、本条の後段部分は後者の類型を規定している。例えば、備付型の元帳ファイル等について、内容を改ざんしたものを正規のものと差し換える場合の当該改ざんされた電磁的記録、残度数を改変したテレホンカード等のプリペイドカードの中の残度数等の記録、自動改札に用いられる切符や定期券の改ざんされた磁気面の記録等がこれに当たる（改ざんされたものでなくとも、自動改札機や自動精算機を利用したいわゆるキセル乗車につき東京高判平24・10・30高検速報3479）。

7 人の事務処理の用に供し

犯人以外の者の事務処理のために使用される電子計算機において用い得る状態に置くことである。例えば、備付型の元帳ファイルについて、内容を改ざんしたものを正規のものと差し換えること、残度数を改変したテレホンカードを公衆電話の差し込み口に挿入することなどがこれに当たる。

8 財産上不法の利益を得

「財産上不法の利益を得」とは、財物以外の財産上の利益を不法に得ることをいう。

被害者による直接の処分行為は不要とされ、例えば、一定の預金債権があるものとしてその引出し、振替を行うことができる地位の獲得（元帳ファイルへの入金記帳等）など、事実上財産を自由に処分し得る利益を得ること（法律上、権利、義務の得喪、変更の効果が生じることは不要である）、改ざんしたプリペイドカードの利用により一定の財産的価値ある役務の提供を受けること、課金ファイルの記録の改ざんなどにより債権者の追求を事実上著しく困難なものとし、一定期間債務の履行を事実上免れることなどがこれに当たる。

9 その他

1 着手時期

本罪の着手時期は、虚偽の情報若しくは不正な指令を与える行為（前段）又は虚偽の電磁的記録を他人の事務処理の用に供する行為（後段）に着手した時点である。プリペイドカードを差し込み口に挿入すれば、仮りに偽変造カード防止システムが隅々に設けられていて、実際の利用に至らなくとも未遂になる（不能犯

（☞38頁）と未遂（☞103頁）について総論の解説参照）。

2　故　意

システムの詳細について認識を必要としないのはいうまでもなく、虚偽の情報
若しくは不正な指令を他人の電子計算機に入力すること、又は、虚偽の電磁的記
録を他人の電子計算機による事務処理の用に供すること及び結果としての利得に
ついての認識、認容を要するであろう。未必の故意で足りる。本罪の故意で前条
の詐欺罪等の結果を生じても故意は阻却されない。

3　親族相盗例

親族相盗例の規定（244条（条文☞283頁参照））は、本罪にも準用される（251
条（条文☞315頁参照））。犯人といかなる者との間に親族関係があれば親族相盗例
の規定が適用されるかという問題は、誰を被害者と考えるべきかということであ
る。例えば親族のキャッシュカードを不正に使用して、その口座から自己の口座
に振込を行った場合には、ＡＴＭ機から現金を引出した場合、あるいは、窃取し
た通帳と印鑑を用いて現金を引き出す場合と同様に、仕向銀行あるいは被仕向銀行
も被害者と考えるべきものと思われ、親族相盗例の規定は準用されないと考える。

4　他罪との関係

人に対する欺罔行為と認められ、詐欺罪が成立するときは、本罪は成立しな
い。また、本罪の客体は不法利益に限られ、財物を取得するもの（例えば、ＡＴ
Ｍ機からの現金の払戻し）であるときは窃盗罪となる。電磁的記録の不正作出・
同供用罪（161条の2（☞487頁参照））と本罪とは、文書偽造、同行使罪と詐欺
罪同様牽連犯になるものと解する。

第3項　準詐欺罪

＊刑法等の一部を改正する法律（令和4年法律第67号）の施行後は、下線部分の（拘禁刑）（有期拘禁刑）等となる。

（準詐欺）

第248条　未成年者の知慮浅薄又は人の心神耗弱に乗じて、その財物を交付さ
せ、又は財産上不法の利益を得、若しくは他人にこれを得させた者は、10年
以下の<u>懲役</u>に処する。
（拘禁刑）

332　各論第１編第４部　第４章　詐欺及び恐喝の罪

① 未成年者

満18歳未満の者をいう（民法４条。令和４年３月31日以前は20歳未満（条文
☞227頁参照））。婚姻した場合も、民事法（削除前の民法753条（条文☞227頁参
照））と異なり、本条においては未成年者である。

② 知慮浅薄

知識に乏しく思慮不足なため適正な財産的処分行為ができない状態をいう。心神
耗弱の主体に制限はないが、知慮浅薄は未成年者に限られる。

③ 心神耗弱
しんしんこうじゃく

精神が健全でないため物事を判断するのに必要な普通人の知能を備えない状態を
いう（大判明45・7・16刑録18・1087）。意思能力・判断能力を欠く場合も含む
と解する（本罪に当たらなければ、窃盗になるが、利益窃盗のないことに注意）。

④ 乗じて

つけ込むことをいう。欺罔に至らない誘惑的行為を用いる場合である。

⑤ 他罪との関係等

246条の詐欺罪で賄えない部類の犯罪を処罰する補充的規定であるので詐欺の方
法によるときは詐欺罪が成立する（大判大4・6・15刑録21・818）。未遂も処罰
され（250条（条文☞315頁参照））、親族相盗例（244条（条文☞283頁参照））が
準用される（251条（条文☞315頁参照））。

第４項　恐喝罪

＊刑法等の一部を改正する法律（令和４年法律第67号）の施行後は、下線部分の（拘禁刑）（有期拘禁刑）等となる。

（恐喝）

第249条　人を恐喝して財物を交付させた者は、10年以下の懲役に処する。
　　　　　　　　　　　　　　　　　　　　　　　　　　　　　　（拘禁刑）
2　前項の方法により財産上不法の利益を得、又は他人にこれを得させた者も、
　同項と同様とする。

① 恐　喝

財物を交付させ又は財産上の利益を供与させる手段として脅迫が用いられる場合

である。相手方の反抗を抑圧する程度には至らないが相手方に恐怖心を生じさせるに足る程度のものから、相手方を困惑させて畏怖させる程度のものまでを含む。

1　ここに「**脅迫**」とは、害悪を告知して人を畏怖させることをいうが、相手方の反抗を抑圧するに足る程度に至れば強盗（第3章第1項[1]の解説☞293頁**参照**）となる。暴行も動作による害悪告知である（最決昭33・3・6刑集12・3・452）。したがって、反抗を抑圧するに足る程度に至らない脅迫・暴行によって財物交付等させるのが本罪である。

2　脅迫罪（222条（☞220頁**参照**））のように、被害者又はその親族の生命・身体・自由・名誉又は財産に対する害悪に限らない。ひそかな事情を察知して人の弱味につけ込むなどは、恐喝の典型例の一つであるが、およそ人を困惑させるすべての手段を含む。例えば、地方新聞に医者の人気投票の成績を連日発表して、医者から中止方を求められたのに対し、金を出さないと中止しない態度を示すなども恐喝に当たる（大判昭8・10・16刑集12・1807）。

3　害悪の告知は、「店をつぶす」「情事を暴露する」と申し向ける場合のように明示的であることは必要でない。要求に応じなければ危害を加えかねない気勢を態度で示すものも含まれる（最決昭33・3・6前掲）。

4　本当に害を加える意思がなくてもよい（大判大8・7・9刑録25・864）。「俺の顔が立てられないようじゃ若い衆をみんな連れてきて商売ができないようになるだろうよ」と申し向けておれば、若い衆もおらず営業を妨害する意思もなくても恐喝としては十分である（大判大8・9・13刑録25・982等）。実現が真実可能かどうかも関係ない（大判大12・11・24刑集2・847）。一般に、人がその内容に影響を与えられない天変地異や吉凶禍福の類はこれに当たらないといえるが、行為者の力によって影響を与え得ると誤信させれば本罪が成立し得る（広島高判昭29・8・9高刑集7・7・1149）。

5　第三者の行為により実現される害悪を通告するのも脅迫になるが、この場合は、第三者の行為を左右できる立場であることをも相手に知らせる（暗示でもよい）か、又はそのような立場にあることを相手方が認識したり誤信したりしているのを利用することが必要である（大判昭5・7・10刑集9・497）。なお、このと

334 各論第1編第4部 第4章 詐欺及び恐喝の罪

きでも、恐喝者が本当に第三者の行為を左右できる立場にあることは必要でない。

　6　脅迫内容の害悪は、それ自体は適法なものでも差し支えない。犯罪のあることを知った者が告発（刑訴法239条）をすると言って畏怖させ、口止料として金品を交付させるのも、恐喝になる（最判昭29・4・6刑集8・4・407等）。

2　**財物の交付**

　恐喝によって相手が畏怖・困惑した結果としてなされることを要する。したがって、相手方が恐喝者の境遇に同情したためなど別の動機から金品を交付したときは、恐喝は未遂である（財物の意味は財産犯総説第4項財物の解説☞279頁**参照**）。

　1　相手方の処分意思に基づく処分として行われることを要する（処分行為、詐欺の場合と同じ）。強盗のように、被害者の意思に関係なく奪ってゆくのと異なり、曲りなりにも（怖いから、困ってしまったからとはいえ）被害者の意思に基づいて、財産の提供が行われねばならない。ただし、被害者が黙認あるいは返還請求を断念したというのも、処分行為に含まれる（東京高判昭31・4・3高刑集9・3・243）。

　2　恐喝された者と財産上の被害者とが違う場合は、例えば、次のような関係にあるときに恐喝罪が成立する。

　　①　恐喝された者に、目的となった財物・利益を処分できる事実上の権限又は地位があるとき

　　②　会社の役員と係員のように恐喝された者と財産的被害者との間に法益主体が単一と認められる関係があるとき

　　③　夫と妻のように恐喝された者に対する恐喝が第三者を介して財産的被害者を恐喝したのと同視できる事情があるとき

3　**財産上不法の利益**

　不法に財産上の利益を得ることをいう（詐欺の場合と同じ。**二項恐喝**という。第1項4☞319頁**参照**）。「**財産上の利益**」の意味につき、財産犯総説第5項☞281頁**参照**。詐欺の場合と同様に、処分行為が必要であるが、黙示的のもの（黙認したと

＊刑事訴訟法＊

第239条　何人でも、犯罪があると思料するときは、告発をすることができる。

②　官吏又は公吏は、その職務を行うことにより犯罪があると思料するときは、告発をしなければならない。

認められるもの）を含む。

4 処 罰

　未遂も処罰され（250条（条文☞315頁参照））、親族相盗例（244条（条文☞283頁参照））の準用がある（251条（条文☞315頁参照））。

　なお、組織的な態様によるもの又は団体の不正権益の獲得・維持・拡大を目的とするものについては、1年以上の有期懲役に処せられる（組織的犯罪処罰法3条（条文は☞167頁参照））。

5 他罪との関係

　財産上の不法の利益を得る目的で、団体や多衆の威力を示すとか数人が現場に押しかけるなどして、面会を強請したり、強談や威迫に及んだという程度にとどまるとき、或いは常習として面会の強請や強談・威迫の行為をしたときは、「暴力行為等処罰ニ関スル法律」に特別な処罰規定がある（同法2条）。これは、いずれも、刑法の脅迫罪（222条）に至らないものを処罰するために設けられた補充的な処罰規定である。それゆえ処罰も重くない。「**面会の強請**」とは相手方に面会の意思がないことが判っていながら無理に直接に面会を求めること（105条の2（証人威迫罪☞615頁参照）につき福岡高判昭38・7・15下刑集5・7＝8・653）、「**強談**」とは相手方に言葉で自己の要求に応じるように迫る行為、「**威迫**」とは相手方に言葉や挙動で気勢を示し不安や困惑の念を起こさせることである（105条の2の威迫には、不安・困惑の念を抱かせる文書を送付して了知させることが含まれることにつき最決平19・11・13刑集61・8・743（☞616頁参照））。同法に定める方法での強談や威迫が、人を畏怖させるに足る程度（脅迫の程度）に達した場合は、不法に財産上の利益を得る目的で行われているとき、恐喝未遂となる。相手方の畏怖により財物交付や財産上の利益を得たときは、恐喝罪が成立する。特定商取引に関する法律（70条、6条3項）や条例等にも同様に恐喝に至らない不法な行為を処罰する規定が設けられている。また、逮捕監禁を手段としても、これと恐喝は併合罪である

＊大正15年法律第60号（暴力行為等処罰ニ関スル法律）＊
第2条　財産上不正ノ利益ヲ得又ハ得シムル目的ヲ以テ第1条ノ方法ニ依リ面会ヲ強請シ又ハ強談威迫ノ行為ヲ為シタル者ハ1年以下ノ懲役又ハ10万円以下ノ罰金ニ処ス
②　常習トシテ故ナク面会ヲ強請シ又ハ強談威迫ノ行為ヲ為シタル者ノ罰亦前項ニ同シ

336　各論第1編第4部　第4章　詐欺及び恐喝の罪

（最判平17・4・14集59・3・283（第2部第1章第1項④の解説☞218頁参照））。

☞【実例】1　（恐喝に当たる事例）

　　　　甲と乙は他人を脅かして金を取ろうと共謀し、昼間、人通りのある路上で、通行人Aにいんねんをつけ、甲がAの顔面を平手で1回殴りつけ、畏怖したAのポケットを乙がさぐって、現金入りの財布を抜き取って逃げた。

〔解説〕

　　　　昼間、路上で1回平手打ちをする程度の暴行は、通常成人の反抗を抑圧するに足る程度のものとはいえない。しかし、1回殴ったことは、犯人がもっと殴ってくるかもしれないとの畏怖の念を被害者に生じさせることになる。本例の場合も、Aのポケットをさぐって財布を取り出す乙の行為をAが黙認していたのは、

＊特定商取引に関する法律＊

（禁止行為）

第6条　販売業者又は役務提供事業者は、訪問販売に係る売買契約若しくは役務提供契約の締結について勧誘をするに際し、又は訪問販売に係る売買契約若しくは役務提供契約の申込みの撤回若しくは解除を妨げるため、次の事項につき、不実のことを告げる行為をしてはならない。

　一　商品の種類及びその性能若しくは品質又は権利若しくは役務の種類及びこれらの内容その他これらに類するものとして主務省令で定める事項

　二　商品若しくは権利の販売価格又は役務の対価

　三　商品若しくは権利の代金又は役務の対価の支払の時期及び方法

　四　商品の引渡時期若しくは権利の移転時期又は役務の提供時期

　五　当該売買契約若しくは当該役務提供契約の申込みの撤回又は当該売買契約若しくは当該役務提供契約の解除に関する事項（第9条第1項から第7項までの規定に関する事項（第26条第2項、第4項又は第5項の規定の適用がある場合にあつては、当該各項の規定に関する事項を含む。）を含む。）

　六　顧客が当該売買契約又は当該役務提供契約の締結を必要とする事情に関する事項

　七　前各号に掲げるもののほか、当該売買契約又は当該役務提供契約に関する事項であつて、顧客又は購入者若しくは役務の提供を受ける者の判断に影響を及ぼすこととなる重要なもの

2　販売業者又は役務提供事業者は、訪問販売に係る売買契約又は役務提供契約の締結について勧誘をするに際し、前項第1号から第5号までに掲げる事項につき、故意に事実を告げない行為をしてはならない。

3　販売業者又は役務提供事業者は、訪問販売に係る売買契約若しくは役務提供契約を締結させ、又は訪問販売に係る売買契約若しくは役務提供契約の申込みの撤回若しくは解除を妨げるため、人を威迫して困惑させてはならない。

4　販売業者又は役務提供事業者は、訪問販売に係る売買契約又は役務提供契約の締結について勧誘をするためのものであることを告げずに営業所等以外の場所において呼び止めて同行させることその他政令で定める方法により誘引した者に対し、公衆の出入りする場所以外の場所において、当該売買契約又は当該役務提供契約の締結について勧誘をしてはならない。

第70条　次の各号のいずれかに該当する者は、3年以下の懲役又は300万円以下の罰金に処し、又はこれを併科する。

　一　第6条、第21条、第34条、第44条、第52条又は第58条の10の規定に違反した者

　　（第2号省略）

無法にも殴ったり金品を求めてポケットをさぐるという甲乙の態度に、もし要求に応じなければ更に危害を加える気勢を被害者が感じたからにほかならない。次に、乙がAの財布をポケットから抜き取って奪っているが、反抗が困難という程ではない脅迫により畏怖した相手の黙認に乗じて取るのは、相手から受け取るのと同じ評価を受け、処分行為はあったものとされ、恐喝が成立する（最判昭24・1・11刑集3・1・1）。甲が行った暴行は恐喝に吸収され別罪を構成しないが傷害も負わせたとなると、恐喝罪と傷害罪とが成立する（54条の観念的競合）。

☞【実例】2　（暴力団員らの恐喝）

　　犯人らがいわゆるチンピラと呼ばれていて常に粗暴な行動に出る者であることを十分に知っている飲食店主に対し、諸種の口実のもとに酒食のもてなしと金員の要求をしたが、特別に脅かし文句は何も言わなかった。

〔解説〕

　　その場に現れた言動自体では相手方を畏怖させるに足るとはいえなくても、その職業や地位・身分を背景とし、相手にそれが判っているのを利用するときは、その場での言動とあいまって、もし要求に応じないと店の営業などを害されるという畏怖の念を生じさせるに足るものとなることが多い。このような場合は、暴行を加えたり加害を明示したりしなくても恐喝罪が成立する（大判昭8・9・2新聞3617・16等。暴力団構成員であることを示唆する名刺を示すことにつき東京高判平24・10・30東京高裁判決速報刑事63・213）。興信所であるとか新聞記者であると称して、ゆすりたかりをする場合にも、この種の恐喝の成立することが多い。

☞【実例】3　（虚偽事実の告知による恐喝）

　　にせ警官が、犯罪を犯している者の弱味につけ込んで、警察に連行するなどと嘘をつき、暗に金品を提供すれば寛大な扱いをするふりをして、相手を畏怖させて金品の提供を受け、領得して姿を消した。

〔解説〕

　　被害者は本当に警察官だと誤信したのであるが、警察官だと告げられたことが被害者の畏怖した原因であり、「畏怖によって金品を交付する決意」をしてい

るので、この場合、詐欺罪ではなく恐喝罪が成立する（最判昭24・2・8刑集
3・2・83。両方の手段による交付であれば詐欺罪と恐喝罪の観念的競合とする
のが判例。大判昭5・5・17刑集9・303）。なお、第三者による害悪告知の場合
に、その内容が虚偽であり、かつ、当該第三者に影響を及ぼし得る旨の告知が
ない場合には、詐欺罪の成立を考慮すべきである。

☞【実例】4　（黙示の処分行為）

　　飲食店で飲食している時点では犯人に代金支払いの意思があったと認めざる
をえないが、帰りぎわに、犯人が飲食代金の請求を受けたとき、その代金に見
合う金の持ち合わせがなかったところから、「そんな請求をして俺の顔をよご
す気か。お前は口が過ぎる。なめたことを言うな。こんな店つぶすぐらい簡単
だ」といって脅かし、畏怖した店の者をして、代金請求を一時断念させた。

〔解説〕

　　犯人は、裁判で恐喝の成立を争った。すなわち本件では、被害者側に弁済時
期延期の意思表示その他の具体的処分行為がないし、単に請求を一時断念させ
ただけでは財産上の利益を得たことに当たらないと。これに対し、最高裁判所
は、被告人が右のような脅迫文言を申し向けて被害者を畏怖させ、よって被害
者側の請求を断念せしめた以上、そこに被害者側の黙示的な少なくとも支払い
猶予の処分行為が存在するものと認めて恐喝罪の成立を肯定するのは相当であ
ると判断して被告人の主張を認めなかった（最決昭43・12・11刑集22・13・
1469）。恐喝の場合は、その性質上、詐欺の場合と比べ、この黙示の処分行為
を認定して犯罪の成立を認めなければならないことが多いであろう。

☞【実例】5　（債権取立と恐喝、権利の行使）

　　甲はAから一定金額の金員の支払いを受けられる債権を有していたが、期限
が来ても、Aは口実を並べていっこうに支払いに応じない。そこで甲は乙を連
れてA方に赴き、Aに対し、もし支払いをしなければAの身体に危害を加える
かも知れないような態度を示し、Aをして、身体に危害が加えられるのではな
いかと畏怖心を生じさせ、よってAから金員の支払いを受けた。

〔解説〕

第4項 恐喝罪 339

　正当に支払いを受ける権利がある場合でも、その権利を実行する意思ではなく、単にその権利の実行を口実として不法に利得を得る場合に恐喝罪が成立するのは当然であるが、権利の実行に藉口した場合でなく、正当な権利を行使する過程で暴行・脅迫などを加えた場合には、意見の分かれるところである。しかし、最近の最高裁判所は、権利行使の手段として、社会通念上一般に認容すべきものと認められる程度を逸脱した手段を用いた場合には、債権額のいかんにかかわらず交付させたものの全額について恐喝罪が成立するとの考え方をとっている（最判昭30・10・14刑集9・11・2173）。手段が違法性を帯びると、権利の行使という性格が失われ、権利の濫用となるからとの考え方を示す裁判例もある（東京高判昭32・3・20東高時報8・64等）。

340　各論第1編第4部　第5章　横領及び背任の罪

第5章　横領及び背任の罪

第1項　総　説

　横領罪（252条）・業務上横領罪（253条）・背任罪（247条）は、ともに他人の信頼関係を破る財産犯（背信的犯罪）という点で共通の性質をもつ。ところで、刑法典では、背任罪を詐欺罪・恐喝罪と一緒に規定しているが、上記の理由から講学上は背任罪を横領の罪と一緒にまとめて解説するのが一般である。もっとも、横領の罪でも、横領（252条）、業務上横領（253条）のふたつ（これらを委託物横領罪と呼ぶ）には他人との委託信任関係を破る背任的犯罪という性質があるのに反して、遺失物横領（254条）には、そのような性質がない。したがって、遺失物横領は、横領の罪の中にあっても毛色の異なった犯罪ということができる。

第2項　横　領　罪

＊刑法等の一部を改正する法律（令和4年法律第67号）の施行後は、下線部分の（拘禁刑）（有期拘禁刑）等となる。

> （横領）
> 第252条　自己の占有する他人の物を横領した者は、5年以下の懲役に処する。
（拘禁刑）
> 2　自己の物であっても、公務所から保管を命ぜられた場合において、これを横領した者も、前項と同様とする。
> （準用）
> 第255条　第244条の規定は、この章の罪について準用する。

① 自己の占有する他人の物

他人から委託に基づいて自分が占有する他人の財物という意味である。公務所から保管を命ぜられたときは、自分の所有物でも、他人の物として扱われる。

1 「委託」は、他人から頼まれて物を預かっていることである。民法上の「**寄託契約（657条）**」などの法律行為に基づいて預かる場合のほか、「**信義誠実の原則（信義則）**」によって物の占有について信任関係が成立すると認められる場合を含む。例えば、金貸し（貸主）から依頼されて借主のところへ弁済の督促に赴いたところ、借主がたまたま借金の即時返済を申し出たため現金を受け取ったときは、貸主から金銭の受領についてまで依頼を受けていなくても、債権者のため預かり保管する金員といえる。

2 窃盗罪における占有は、「侵害の対象」として考えられるため、物に対する排他的支配の保護という見地から見てゆかなければならないのに対し、横領罪における占有は、「**濫用されるおそれのある支配**」ということに重点を置いて考えねばならない。このため、事実上自己の支配内に属する物ばかりでなく、法律上自己が容易に処分しうる状態にある物を含む。例えば、不動産を他人に売却したがまだ登記簿上は所有者として名義の残っている者は、その不動産の「占有者」であるし（最判昭30・12・26刑集9・14・3053等。なお民法177条参照）、他人の金銭を保管するため自己の名義で銀行に預金している者は、その金銭の占有者に当たる（大判大元・10・8刑録18・1232等）。

3 委託関係が不法である場合にも横領罪は成立する。例えば、公務員に贈賄するための資金として金銭を預かっている場合（大判大2・12・9刑録19・1393等）や密輸品の買入資金としての金銭を交付されている場合（大判昭11・11・

＊民法＊
（不動産に関する物権の変動の対抗要件）
第177条　不動産に関する物権の得喪及び変更は、不動産登記法（平成16年法律第123号）その他の登記に関する法律の定めるところに従いその登記をしなければ、第三者に対抗することができない。
（寄託）
第657条　寄託は、当事者の一方が相手方のために保管をすることを約してある物を受け取ることによって、その効力を生ずる。
（不法原因給付）
第708条　不法な原因のために給付をした者は、その給付したものの返還を請求することができない。ただし、不法な原因が受益者についてのみ存したときは、この限りでない。

12刑集15・1431）に、預かった金員を自己の用途に勝手に費消してしまったような場合である。これらの場合には、民法708条に「不法な原因のために給付をした者は、その給付したものの返還を請求することができない」との規定があり、不法な原因で他人から物を預かった者はその物をその人に返還する義務がないこととなるため、たとえ勝手に費消しても、返還する義務のない物なのであるから横領罪は成立しないのではないかとの疑問が生じるわけであるが、横領罪の目的物は単に犯人の占有する他人の物であることを要件としているのであって、必ずしも物の給付者において、民法上その物の返還を請求できるものであることを要件としていないため（贈賄のための委託金につき最判昭23・6・5刑集2・7・641等）、横領罪が成立するのである。

4　金銭その他の代替物については、「**他人の物**」といえるかどうかの点で特殊な問題がある。もとより金銭であっても、特に封をした容れ物に入っているような場合、すなわち特定物として委託されているときは、一般の物と同じである。特殊な問題が発生するのは、使途を定めて金額的に委託している場合、すなわち「10万円を家主に届けてくれ」と依頼されて10万円を預かった場合であって、授受された当該貨幣・紙幣で先方へ支払われなくても、金額的にその額の金銭が支払われればよいという場合であり、すなわち不特定物として預けられたときである。流通過程に置かれている金銭は、原則として物としての個性を有せず単なる価値そのものであり価値は金銭の所在に随伴するから、金銭を現実に占有している者が金銭の所有者であるというのが、民法上の金銭に対する考え方である。しかし、刑法上は別個の考え方をとり、一定の使途を定めて寄託されたときには、その金銭の所有権は受託者には移らず、受託者が自己又は第三者の用途に勝手に費消すると横領となる（最判昭34・2・13刑集13・2・101（第5項**5**背任と横領との区別の解説☞356頁**参照**）等）。この場合、委託された金銭が、自己の金銭と混同しても（民法では「**混和**」という。民法245条。例えば上記の例で、預かった10万円の金銭を自分の財布の中の5万円と一緒にしたため、どれが預かった紙幣なのか判明できなくなっても）、受託者は一定の金額（10万円）を「**他人の物**」として保管しているのであり、定められた使途に充てるようその金

額が維持されていることを要するのである（この場合、預けた金銭に対する預け主の所有権を説明するのに「一定金額に対する所有権」という考え方を用いる学者もある）。なお、この場合、この使途を定めて預けられた金銭を処分すれば、後日補填する意思があっても、後日補填しうる資力があっても横領が成立する。

一方、金銭を授受したとき、その金銭の一時使用を許す趣旨であったならば、所有権は受託者に移るから、横領の問題は起こらず（最判昭29・11・5刑集8・11・1675）、支払いができなくても債務不履行（民法415条）という民事責任の問題となるにすぎない。

次に、債権を取立ててくるよう依頼された者が、金銭を債務者から取立てた場合、刑法上は、その金銭の所有権は直ちに依頼者に移るものとされており、これを勝手に自己名義に預金するなどしてしまえば横領となる（大判昭8・9・11刑集12・1599）。

2 **横領行為**

「横領」とは、自己の占有する他人の物を不法に領得することをいう。

1 「**不法領得の意思**」をもって行われることを要する。横領罪の成立に必要な「**不法領得の意思**」とは、他人の物の占有者が、その委託の任務に背いて、その物につき権限がないのに所有者でなければできないような処分をする意思をいう（最判昭24・3・8刑集3・3・276）。第三者のために不法に領得する意思を含む（最大判昭24・6・29刑集3・7・1135、最判昭30・12・9刑集9・14・

＊民法＊
（動産の付合）
第243条　所有者を異にする数個の動産が、付合により、損傷しなければ分離することができなくなったときは、その合成物の所有権は、主たる動産の所有者に帰属する。分離するのに過分の費用を要するときも、同様とする。
第244条　付合した動産について主従の区別をすることができないときは、各動産の所有者は、その付合の時における価格の割合に応じてその合成物を共有する。
（混和）
第245条　前2条の規定は、所有者を異にする物が混和して識別することができなくなった場合について準用する。
（債務不履行による損害賠償）
第415条　債務者がその債務の本旨に従った履行をしないときは、債権者は、これによって生じた損害の賠償を請求することができる。債務者の責めに帰すべき事由によって履行をすることができなくなったときも、同様とする。

2627）。機密資料をコピーするために一時持ち出す場合、使用後返還の意思があっても自己の所有物と同様にその経済的用法に従って利用する意思ありとして不法領得の意思が認められる（東京地判昭60・2・13判時1146・23、東京地判平10・7・7判時1683・160）。

2　横領行為は、「**領得の意思**」を「**実現する行為**」が客観的に認められたときに成立する（大判明43・12・2刑録16・2129等）。

例えば、「**売却横領**」や「**入質横領**」では売却・質入の意思表示をしたところで横領行為は完成するが、「**拐帯横領**」では、「持ち逃げ」の意思が外部から認められる行為、つまり集金した金を持って高飛びのために自動車を走らせ、見当違いの町はずれに向っているなどの行為がなければならない。また「**着服横領**」では、委託者の返還請求を拒絶したとか物を隠匿してしまうというような行為がなければならない。金品の横領の場合、その金品を勝手に費消すれば、最も明白に「領得の意思」が現れるが、横領は、必ずしも費消することまでは必要でなく、自己の物であるとあくまで主張するとか、物を抑留して返さない（例えば短時間だけ使用する許諾を得て借りた自動車を8日間も乗り廻していた事例・大阪高判昭46・11・26高刑集24・4・741）という形で現れることもある。登記名義が残っていることを利用して不実の抵当権設定仮登記を了するのも横領行為となり、本罪と電磁的公正証書原本不実記録・同供用罪が成立し、同供用罪と横領罪とは観念的競合となる（最決平21・3・26刑集63・3・291）。なお、横領罪成立後、さらに同一物の処分が横領罪を構成することがある（ほしいままに抵当権設定した後の所有権移転登記につき最判平15・4・23集57・4・467（総論第3章第5項**4**の解説☞32頁参照））。

③　**公務所より保管を命ぜられた物**

自己の所有物でも、執行官（執行吏）から差押を受けて保管を命ぜられたものとか、刑訴法の規定（同法121条1項・222条、押収物の保管）により所有者に保管させたものについては、横領が成立しうる。公務所には公務員を含む。保管を命ぜられたとき、封をしたりして中味を取り出すことができない状態の物につき、勝手に中味を取り出せば窃盗となるが（大判大5・11・10刑録22・1733）、処分も可

能なような姿で預けられたときこれを処分すれば横領となる。封印の状況にもよるが、籾10俵の封印を施した縄を解いて搬出する行為を横領罪と封印破棄罪の観念的競合としたものもある（大判大4・3・4刑録21・227等）。

④ 処 罰

横領罪には未遂処罰の規定がない。そもそも横領行為は実行に着手すれば同時に完成（既遂）となってしまうためである。親族相盗例の準用はあるが（255条）、物の委託者が物の所有者でないときは、親族関係は犯人と委託者との間にだけあっても適用がなく（大判昭6・11・19刑集10・604等）、犯人と所有者との間に親族関係があることを要する（成年後見人、未成年後見人の業務上横領につき最決平20・2・18刑集62・2・37、最決平24・10・09刑集66・10・981）。

☞【実例】 （不動産の二重売買）

甲が、その所有不動産をAに売却したが、まだ登記簿上は甲の所有名義となっており、いまだAが所有権移転登記申請をしていないのを利用して、甲は、上記の不動産をBに有利に売却し、Bに登記をつけさせてしまった。

〔解説〕

甲が行った不動産の二重売買は、自己が法律上占有する他人の不動産を勝手に処分したものとして横領罪が成立する（最判昭33・10・8刑集12・14・3237等。適法に取得した者は当該不動産が先に第三者に譲渡されたものであることを知っていただけでは横領の共犯とはならないことにつき最判昭31・6・26刑集10・6・874）。

＊刑事訴訟法＊
第121条　運搬又は保管に不便な押収物については、看守者を置き、又は所有者その他の者に、その承諾を得て、これを保管させることができる。
②　危険を生ずる虞がある押収物は、これを廃棄することができる。
③　前2項の処分は、裁判所が特別の指示をした場合を除いては、差押状の執行をした者も、これをすることができる。
第222条　第99条第1項、第100条、第102条から第105条まで、第110条から第112条まで、第114条、第115条及び第118条から第124条までの規定は、検察官、検察事務官又は司法警察職員が第218条、第220条及び前条の規定によってする押収又は捜索について、第110条、第111条の2、第112条、第114条、第118条、第129条、第131条及び第137条から第140条までの規定は、検察官、検察事務官又は司法警察職員が第218条又は第220条の規定によってする検証についてこれを準用する。ただし、司法巡査は、第122条から第124条までに規定する処分をすることができない。
　　　（第②項〜第⑦項省略）

346　各論第1編第4部　第5章　横領及び背任の罪

甲がBに売却する時点では、すでにAに所有権を移転してしまったが登記名義は甲になっていたので、この場合、甲は、Aの所有となった土地に対し「**法律上の占有**」をしていたことになる。このように、不動産に対しての占有には、事実上支配する場合と法律上占有する場合とふたとおりの態様がある。

不動産に対する「**法律上の占有**」には、

① 他人に不動産を売却したが登記簿上はまだ所有名義人であるため民法上は有効にその不動産を処分できる状態で占有する場合

② 所有権移転登記に必要な権利証（登記済証）と委任状を預かっているため、いつでもこれらを利用してその不動産を有効に処分できる状態で占有する場合

のふたとおりの態様がある。これらの場合、登記名義を有するに至った原因や権利証などを入手した原因が、正当なものでなければならず、例えば、不動産に対して全く権利・権限のない第三者が、勝手に保存登記や相続登記などして所有名義人となっていても、この登記は無原因のもので法律上なんの効力もなく、名義人はこの不動産を有効に処分することはできないから、占有者に当たらない（大判明43・4・15刑録16・615等。譲渡人・譲受人間で売買契約が締結されたが、譲受人の委託により第三者名義で農地法上の許可を受け、当該第三者名義の所有権移転登記がなされた農地につき、農地法に違反しているが、当該第三者による横領が成立しうるとした最判令4・4・18刑集76・4・191）。

第3項　業務上横領罪

＊刑法等の一部を改正する法律（令和4年法律第67号）の施行後は、下線部分の（拘禁刑）（有期拘禁刑）等となる。

（業務上横領）

第253条　業務上自己の占有する他人の物を横領した者は、10年以下の<u>懲役</u>に
（拘禁刑）
処する。

1 業務上の占有

252条の横領（単純横領）との違いは、占有が「**業務上の占有**」である点にあ

る。「**業務**」とは、人が社会生活上の地位に基づいて継続的に従事する事務をいう。他人の金銭その他の物を占有管理することが、職務や営業である場合が業務上の占有に当たる典型的なものであるが（経理係・集金係・用度係・倉庫係・物品の一時預かり担当者などは他人の物の占有が本来の職務遂行行為）、このような場合に限らず、職務や営業に付随して他人の物を占有保管することが慣例となっている場合や関係者の協議で行われている場合も含む。またその占有する事務は、自らの権限において独立に行う事務であると他人を補助して行う事務であるとを問わない（最判昭23・6・5刑集2・7・647）。法令上一定の資格や許可がないと出来ないことになっているのに資格や許可なしに行っていても、あるいは手続上不適法な場合でも継続して行っている事務は業務に当たる（大判大9・4・13刑録26・307、東京高判昭32・9・17高刑集10・7・616等）。ただし、強行法規である労基法の直接払の規定に違反し、各労働者の賃金を一括して会社から支払を受け、これを各労働者に支払っていても業務ではないとする裁判例がある（名古屋高判昭31・5・25裁判特報3・578）。

2　**横領行為**

　　第252条の2横領行為の解説☞343頁**参照**。

　　物品の販売係（セールスマン）が会社の販売商品を販売中にその商品を安売りして売却代金を領得した場合、商品の安売り行為が、とうてい会社の販売行為とは認められないもの、すなわち販売係の個人の計算で処分しているものと認められるときは、会社の商品そのものの売却横領となり、いちおう会社の販売行為と認めざるをえないときは代金の着服横領などになる。

　　新聞や牛乳の販売店の配達係が代金集金も委されている場合に配達先から集金して廻った金を自己に領得したとき、解雇されるまでに集金した分は店に対する関係の業務上横領となり、解雇されたのちも販売店からの集金を装って集金した分は客への詐欺罪が成立する（解雇後の分は、民法上は、民法112条が働くが、刑法上は

＊民法＊
（代理権消滅後の表見代理）
第112条　代理権の消滅は、善意の第三者に対抗することができない。ただし、第三者が過失によってその事実を知らなかったときは、この限りでない。

348　各論第1編第4部　第5章　横領及び背任の罪

詐欺となる)。

③　処　罰

　横領行為に着手すれば既遂となるので未遂処罰の規定がなく、親族相盗例（244条（条文☞283頁参照））の準用がある（255条。ただし、未成年・成年後見制度の場合、家庭裁判所の関与する特別の関係にあるので、その準用がないことにつき、最決平20・2・18刑集62・2・37、同平24・10・9刑集66・10・981。後見人でない親族の関与も準用がないことにつき東京高判平25・10・18高検速報3511)。非占有者の加功については、65条1項（条文☞125頁参照）により、本罪の共犯となるが、同条2項により単純横領罪の刑で処断される（大判大3・5・5刑録20・764等。公訴時効も単純横領罪の5年（刑訴法250条2項5号（条文☞261頁参照）であることにつき最判令4・6・9刑集76・5・613)。

第4項　遺失物横領罪

＊刑法等の一部を改正する法律（令和4年法律第67号）の施行後は、下線部分の（拘禁刑）（有期拘禁刑）等となる。

> （遺失物等横領）
> 第254条　遺失物、漂流物その他占有を離れた他人の物を横領した者は、1年以下の懲役又は10万円以下の罰金若しくは科料に処する。
> 　　　　（拘禁刑）

①　占有を離れた他人の物

　「**占有離脱物**」という。占有者の意思に基づかないで占有を離れたが、いまだ誰の占有にも属しない他人の所有物をいう。遺失物とか漂流物は、占有離脱物の例示である。第252条の横領（単純横領）とのちがいは、犯人がその物を占有するに至った原因が本人からの委託によるものでない点にある。

　電車・列車内に乗客が置き忘れて行った携帯品（大判大10・6・18刑録27・545)、バスが発車して行ってしまって時間が経つのにバス乗場に置き忘れたままとなっているカメラなど、逃走して行方が判らなくなってしまった家畜、泥棒が盗んできて乗り捨てて行った自転車、泥棒が逃走中被害場所から離れたところで落して行った盗品などがこれに当たる。これらは、窃盗（235条）と隣接する。すなわ

ち、物がまだその所有者・占有者の支配内にあると認められるときは、遺失物横領でなく窃盗である（窃盗の【実例】1 ☞287頁参照）。また、旅館内に旅客が置き忘れた物は、旅館主の排他的支配下にあるから、旅館主という管理者の占有下にあり、これを領得すれば窃盗になる（大判大8・4・4刑録25・382（第2章第1項②の解説☞284頁参照））。公衆電話機の返却口内に置き忘れられた硬貨も同様に電話局の占有下にあり窃盗になるとされている（東京高判昭33・3・10裁特5・3・89）。

「占有離脱物」に対する犯人の占有の開始は、犯人が自ら積極的に行う場合のみならず、誤って配達されていた郵便物（大判大6・10・15刑録23・1113）、誤って多く渡されていたことに後から気付いた釣銭（大判明34・5・23刑録7・47）、どこかから迷い込んで来た家畜や小鳥などのように、犯人が誤って占有するに至った物や偶然に自己の支配下に入った物もある。なお、廃品回収業者が買い入れた紙屑の中に所有者が放棄したとは考えられない額の現金が混入していた場合も、占有離脱物である（大判明29・4・1刑録2・33）。

養鯉業者の網のいけすの破れ目から湖沼内に脱走していた錦鯉（色鯉）を第三者が採捕して他へ売却していた事案につき、普通の鯉でなく色鯉であって養鯉業者の網から逃走したものとすぐ分かるから、無主物（民法239条）となるのでなく、占有を離れた他人の物であり他人の所有物であることの認識もあったとして本罪が認められたものがある（最決昭56・2・20刑集35・1・15）。

② **横領行為**

252条の横領（単純横領）の横領と同じである。本罪の故意としては、他人の所有物であることが分っていれば足り、誰の所有であるかまでを知る必要はない。本罪の成立にも不法領得の意思は必要である（大判大6・9・17刑録23・1016。窃盗における不法領得の意思（第2章窃盗罪③☞285頁参照）と別異に解する必要がないとする福岡高判令3・3・29高裁刑事裁判速報令和3年524。なお横領罪の解説②☞343頁参照）。

遺失物・埋蔵物については遺失物法に、漂流物・水没品については水難救護法に、拾得物の処置等に関して規定が設けられている。拾得者が所定の手続（所有者

350　各論第1編第4部　第5章　横領及び背任の罪

等への返還や警察署長への提出など）を採らなくても、それだけでは横領といえな
いが、所定の手続を行わないことによって、領得の意思を実現する行為があったと
認定されやすくなるわけである。

＊民法＊
（無主物の帰属）
第239条　所有者のない動産は、所有の意思をもって占有することによって、その所有権を取得する。
2　所有者のない不動産は、国庫に帰属する。
（遺失物の拾得）
第240条　遺失物は、遺失物法（平成18年法律第73号）の定めるところに従い公告をした後3箇月以内にそ
　　の所有者が判明しないときは、これを拾得した者がその所有権を取得する。
（埋蔵物の発見）
第241条　埋蔵物は、遺失物法の定めるところに従い公告をした後6箇月以内にその所有者が判明しないと
　　きは、これを発見した者がその所有権を取得する。ただし、他人の所有する物の中から発見された埋蔵物
　　については、これを発見した者及びその他人が等しい割合でその所有権を取得する。
＊遺失物法＊
（準遺失物に関する民法の規定の準用）
第3条　準遺失物については、民法（明治29年法律第89号）第240条の規定を準用する。この場合におい
　　て、同条中「これを拾得した」とあるのは、「同法第2条第2項に規定する拾得をした」と読み替えるもの
　　とする。
　　　第二章　拾得者の義務及び警察署長等の措置
　　　第一節　拾得者の義務
第4条　拾得者は、速やかに、拾得をした物件を遺失者に返還し、又は警察署長に提出しなければならな
　　い。ただし、法令の規定によりその所持が禁止されている物に該当する物件及び犯罪の犯人が占有していた
　　と認められる物件は、速やかに、これを警察署長に提出しなければならない。
2　施設において物件（埋蔵物を除く。第三節において同じ。）の拾得をした拾得者（当該施設の施設占有者
　　を除く。）は、前項の規定にかかわらず、速やかに、当該物件を当該施設の施設占有者に交付しなければな
　　らない。
3　前2項の規定は、動物の愛護及び管理に関する法律（昭和48年法律第105号）第35条第3項に規定する
　　犬又は猫に該当する物件について同項の規定による引取りの求めを行った拾得者については、適用しない。
＊水難救護法＊
　　　第二章　漂流物及沈没品
第24条　漂流物又ハ沈没品ヲ拾得シタル者ハ遅滞ナク之ヲ市町村長ニ引渡スヘシ但シ其ノ物件ノ所有者分明
　　ナル場合ニ於テハ拾得ノ日ヨリ7日以内ニ限リ直ニ其ノ所有者ニ引渡スコトヲ得
②　前項但書ノ場合ニ於テハ拾得者ハ所有者ヨリ河川ニ漂流スル材木ニ在リテハ其ノ価格ノ15分ノ1、其ノ
　　他ノ漂流物ニ在リテハ其ノ物件ノ価格ノ10分ノ1、沈没品ニ在リテハ其ノ物件ノ価格ノ3分ノ1ニ相当スル
　　金額以内ノ報酬ヲ受クルコトヲ得
第25条　市町村長ハ引渡ヲ受ケタル物件ヲ保管スヘシ
②　市町村長ハ前項ノ物件ヲ所有者ニ引渡スヘキコトヲ公告スヘシ但シ其ノ所有者知レタルトキハ公告スヘ
　　キ事項ヲ直ニ其ノ所有者ニ告知スヘシ此ノ場合ニ於テハ公告ヲ須キサルコトヲ得

第5項　背任罪

＊刑法等の一部を改正する法律（令和4年法律第67号）の施行後は、下線部分の（拘禁刑）（有期拘禁刑）等となる。

> （背任）
>
> **第247条**　他人のためにその事務を処理する者が、自己若しくは第三者の利益を図り又は本人に損害を加える目的で、その任務に背く行為をし、本人に財産上の損害を加えたときは、5年以下の<u>懲役</u>又は50万円以下の罰金に処する。
> 　　　　　　　　　　　　　　　　　　　　　　（拘禁刑）
>
> （準用）
>
> **第251条**　第242条、第244条及び第245条の規定は、この章の罪について準用する。

1　他人のためにその事務を処理する者

　背任罪の主体は、信任関係に基づいて「**他人のためにその事務を処理する者**」であり、背任罪は身分犯である。他人のためにその事務を処理する立場にある者は、それぞれその立場に応じて、その他人（本人）のため信義に従い、誠実に事務処理を行うことを要するわけであるが、その他人（本人）との信任関係に違背して自己らの利得をはかり、本人に財産上の損害を与えるところに背任罪が成立する。

　1　**他人のためにその事務を処理するに至った動機・原因**は、法令・契約・慣習・事務管理（民法697条）などいかなる根拠によるものでもよい。契約の場合は、民法にいう委任（643条）雇傭（623条）請負（632条）などによる場合が多い（質権設定につき最決平15・3・18刑集57・3・356）。株式会社の取締役（会社法348条以下）にあっては、本人は会社である。本人との直接交渉によって事務を処理することとなった場合に限られず、貨物引換証、船荷証券等の発行されている貨物を扱う運送業者が証券の交付を受けずに第三者に貨物を引き渡すと証券の所持人に対する任務違背となるように業務の性質上信任関係が生じた場合も含む（大判大6・3・3刑録23・148等）。要するに信義誠実の原則からみた場合に、事務処理について他人（本人）との間に信任関係が認められればよい。

　2　独立した固有の権限をもって事務処理をするものに限らず、権限のある者の

352 各論第1編第4部　第5章　横領及び背任の罪

手足（補助機関）として指揮監督を受けて処理する事務も含まれる（大判大4・
2・20刑録21・131等）。

3　**処理すべき事務**は、例えば弁護士が身分上の争いに関する事件を処理する場
合のように、財産的な事務に限らないが、背任罪は財産上の損害を必要としてい
るところから、事務の内容はおのずから財産に影響を及ぼす事務に限られること
になる。

4　処理すべき事務は、「**他人の事務**」でなければならない。いくら他人の信頼を
裏切る行為であっても、単なる債務不履行は背任罪を構成しない。借金の返済、
売買契約に基づく物の引渡しというような「債務の履行」は「自己の事務」で

＊民法＊

（雇用）

第623条　雇用は、当事者の一方が相手方に対して労働に従事することを約し、相手方がこれに対してその
報酬を与えることを約することによって、その効力を生ずる。

（請負）

第632条　請負は、当事者の一方がある仕事を完成することを約し、相手方がその仕事の結果に対してその
報酬を支払うことを約することによって、その効力を生ずる。

（委任）

第643条　委任は、当事者の一方が法律行為をすることを相手方に委託し、相手方がこれを承諾することに
よって、その効力を生ずる。

（事務管理）

第697条　義務なく他人のために事務の管理を始めた者（以下この章において「管理者」という。）は、そ
の事務の性質に従い、最も本人の利益に適合する方法によって、その事務の管理（以下「事務管理」とい
う。）をしなければならない。

2　管理者は、本人の意思を知っているとき、又はこれを推知することができるときは、その意思に従って事
務管理をしなければならない。

＊会社法＊

（業務の執行）

第348条　取締役は、定款に別段の定めがある場合を除き、株式会社（取締役会設置会社を除く。以下この
条において同じ。）の業務を執行する。

2　取締役が2人以上ある場合には、株式会社の業務は、定款に別段の定めがある場合を除き、取締役の過半
数をもって決定する。

3　前項の場合には、取締役は、次に掲げる事項についての決定を各取締役に委任することができない。

一　支配人の選任及び解任

二　支店の設置、移転及び廃止

三　第298条第1項各号（第325条において準用する場合を含む。）に掲げる事項

四　取締役の職務の執行が法令及び定款に適合することを確保するための体制その他株式会社の業務並び
に当該株式会社及びその子会社から成る企業集団の業務の適正を確保するために必要なものとして法務
省令で定める体制の整備

五　第426条第1項の規定による定款の定めに基づく第423条第1項の責任の免除

4　大会社においては、取締役は、前項第4号に掲げる事項を決定しなければならない。

あって他人の事務ではないのである。

② その任務に背く行為（背任行為）

銀行の貸付係が内規等にそむいて無担保や担保不足の不良貸付をしたとき（最決昭60・4・3刑集39・3・131等）、質屋の従業員が主人に無断でその質物の普通の質取価値よりも不当に多い金を貸したとき（大判大3・6・13刑録20・1174（⑤の解説☞356頁参照））、質権設定者が質権の目的物である株券について除権判決を得て失効させる行為（最決平15・3・18集57・3・356）、他人のために物品を保管している者が第三者の不法搬出行為を目をつぶって黙認していたとき、許可前の農地（農地法の許可がなければ売買により所有権が移転しない。）の二重売買（最決昭38・7・9刑集17・6・608）や、不動産に抵当権を設定しながら、根抵当権未登記の間に他の者のために抵当権を設定して登記を終えたとき（最判昭31・12・7刑集10・12・1592等）などが、その例である。

任務に背いた行為かどうかは、事務の性質や内容によって判断されるが、結局、「信義誠実の原則」に反するかどうかを実質的に判断して決める（経営判断の原則も融資業務における銀行の取締役は限定的とし、一般の企業の場合の注意義務よりも高い水準にあるものとしたと解される最決平21・11・9刑集63・9・1117）。

③ 財産上の損害

財産上の価値の減少であり、既存の財産を減少させる場合（不良貸付をしたため回収不能となったなど）と既存財産の増加を妨げる場合（不良貸付であったため入るべき利息が入らなかったなど）とがある。後者は、いわゆる「得べかりし利益」の喪失の場合で、その得べかりし利益分が損害に当たる。

不良貸付の場合は、金銭消費貸借契約（民法587条、587条の2）に基づく権利、つまり貸金の返還を受ける権利は法律上残っている。しかしながら、その権利の実行は、不可能又は困難となるのであるから、財産上の損害が発生したことになる。すなわち、法律上の形式的な権利の有無で判断するのでなく経済的評価、見地によって決める（最決昭58・5・24刑集37・4・437）。

なお、不良貸付の場合、危険な貸付が行われたこと自体が損害なので、その段階

354　各論第1編第4部　第5章　横領及び背任の罪

で発覚しても既遂となる。その意味で、実害発生の危険を生じさせれば足りる。法律行為が無効であっても損害は肯定され得（最判昭37・2・13刑集16・2・68）、損害額は確定されなくともよい（大判大11・5・11刑集1・270）。

④　図利加害の目的

背任罪が成立するためには、

① 　任務違背行為

② 　財産上の損害の発生

という要件だけでは足りず、「自己や第三者の利益を図る目的」か「本人に損害を加える目的」が必要である。この目的を背任罪における「図利加害の目的」と呼んでいる。

背任罪は「目的犯」である。例えば、第三者が大幅な担保不足であるのに多額の融資を受けられるという利益を与えられることになるのを認識しつつ、融資を行うときは、第三者の利益を図る目的があることになる（最決平10・11・25判時1662・10・157）。

1　ここに「利益」「損害」とは、財産上のものに限られない。背任罪は財産犯罪であるが、それは本人に財産上の損害を加えるという結果を伴うからである。目的までも財産上のものに限定する理由とはならない。法文上、強盗（236条）や詐欺（246条）、恐喝（249条）には「財産上不法の利益」とあるのに、247条

＊民法＊
（消費貸借）
第587条　消費貸借は、当事者の一方が種類、品質及び数量の同じ物をもって返還をすることを約して相手方から金銭その他の物を受け取ることによって、その効力を生ずる。
（書面でする消費貸借等）
第587条の2　前条の規定にかかわらず、書面でする消費貸借は、当事者の一方が金銭その他の物を引き渡すことを約し、相手方がその受け取った物と種類、品質及び数量の同じ物をもって返還をすることを約することによって、その効力を生ずる。
2　書面でする消費貸借の借主は、貸主から金銭その他の物を受け取るまで、契約の解除をすることができる。この場合において、貸主は、その契約の解除によって損害を受けたときは、借主に対し、その賠償を請求することができる。
3　書面でする消費貸借は、借主が貸主から金銭その他の物を受け取る前に当事者の一方が破産手続開始の決定を受けたときは、その効力を失う。
4　消費貸借がその内容を記録した電磁的記録によってされたときは、その消費貸借は、書面によってされたものとみなして、前3項の規定を適用する。

には目的について「財産上」という文句を用いていないことも根拠となる。

　例えば、銀行の取締役が「自分の信用面目を保持する目的」、「自己保身の目的」で行ったとき（最決昭35・8・12刑集14・10・1360、最決平15・2・18刑集57・2・161、最決平20・5・19刑集62・6・1623等（**6**の解説☞357頁**参照**））や、商社の部長が他の部長らとの社内での出世競争に勝って取締役に選ばれようとの意図から自分の部の業績を飛躍させようとして任務に背き危ない取引を行ってしまったとき（東京高判昭30・10・11高刑集8・8・934等）も、「**自己の利益**」を図ったに当たる。

2　自己や第三者の利益を図る目的と本人の利益を図る目的とが併存する場合は、その目的の主従を見定め、主たる目的が前者のとき背任罪が成立する（最決平10・11・25前掲（☞前頁**参照**））。

　自己又は第三者の利益を図る目的がなく、専ら本人の利益のためになされた場合には、たとえ本人に損害を与えることがあるかも知れないという未必的認識があったときでも、背任罪は、要件を欠き、成立しない（前掲最決昭35・8・12刑集14・10・1360等）。

5　背任と横領との区別

　他人の事務を処理する者が、その事務の性質上「**信義誠実の原則**」から要求される信任関係にそむいて、他人に財産上の損害を与えるところに背任罪の本質があるとすると、横領罪との区別がつきにくくなる。信頼関係を破る財産犯（背信的犯罪）という点で共通の性質をもつからである。ところで、横領は、他人から委託されて占有する他人の財物を勝手に処分する犯罪であるから、背任との区別の問題が生じるのは、他人のためその事務を処理する者が自己の占有・保管する他人の「財物」を不法に処分した場合である（横領と窃盗は財物についてのみ成立）。

　ところで、一説には、自己の占有する他人所有の財物（個々の財物）を侵害するのが横領であり、財物以外のもの、すなわち財産上の利益や財産状態（全体財産）を侵害・悪化させるのが背任とする考え方も有力であるが、判例は、財物に対する処分行為が「自己の計算ないし名義で」行われた場合は「**横領**」、「本人の計算ないし名義で」行われた場合は「**背任**」とする。前者は委託物に対する自己の権限を全

356　各論第1編第4部　第5章　横領及び背任の罪

く逸脱して行われた場合であり、後者は本人のための事務処理として行為者の抽象的権限の範囲内で行われた場合といえよう（最判昭33・10・10刑集12・14・3246等）。処分権限がなければ横領である（仕手集団への対抗のための工作資金の支出につき、東京高判平8・2・26判時1575・131）。一方、「**横領罪**」の成立には「**不法領得の意思**」を必要とし、横領行為は領得の意思が実現したとみられるところに成立するのに対し、「**背任罪**」は不法領得の意思を要件とする犯罪ではない。判例も、本人の名義で行われた場合に必ず背任罪を認めるわけではなく横領罪（業務上横領罪）を認めることもある。これは、不法領得の意思の実現行為がそこに認められたためである。「**不法領得の意思**」とは、他人の物の占有者が、その委託の任務に背いて、その物につき権限がないのに、所有者でなければならないような処分をする意思をいう（**2**横領行為の解説☞343頁**参照**）から、「**自己の計算において**」した行為というのも、権利者を排除して「所有者でなければできないようなことをした」、或いは犯人自身が「自己の所有物として利用または処分した」と評価できる場合をいうと解される。

　例えば、質屋の従業員が、客の持参した質物の普通の質取価格よりも不当に多額の金額を貸付けた事例でみると、主人を困らせてやろうとか入質に来た客に同情したなどの動機・目的から、主人に損をさせることは判っているが多く貸してしまったという場合と、質物を取って金銭賃借という形をとってはいるが、実質は差額分とか貸付金名下の金員の不法領得の実現行為とみられる場合とでは事情が全く違う。前者は主人（本人）の計算で行われた（本人の事務担当者としての事務として行われた）といえるが、後者は、自己（犯人）自身の計算において行われたといわなければならない（大判大3・6・13刑録20・1174（**2**その任務に背く行為の解説☞353頁**参照**））。また、森林組合の組合長が職務上保管している組合所有金を、組合本来の目的に反し、役員会の決議を全然無視して支出しているが如き場合も、何ら正当な権限なくして行われたもので行為者自身の自己の計算で行ったものと評価でき、この場合、業務上横領罪が成立するのであり、組合の名で貸付が行われたからといって背任となるのではないとされている（最判昭34・2・13刑集13・2・101（第2項**1**の4の解説☞342頁**参照**））。

第5項　背任罪　357

⑥　処　罰

　未遂を処罰する（250条）。横領と異なり、背任行為では、実行に着手したがいまだ財産上の損害（危険）が発生するに至らなかった場合に背任の未遂が成立する。親族相盗例の準用がある（251条）。借入を受けるなど背任行為の相手方も共同正犯となり得る（最決平15・2・18前掲（④の1の解説☞355頁参照））、最決平17・10・7刑集59・8・1108、最決平20・5・19前掲（④の1の解説☞355頁参照）等。否定したものとして最判平16・9・10刑集58・6・524）。

⑦　特別法

　会社法に会社の取締役らについての特別背任罪の規定（960条及び961条）があり、特別背任罪が成立すれば刑法の背任罪は成立しない（特別法一般法の関係）。保険業法322条等にも特別背任罪がある。このほか、例えば会社法の「会社財産を危うくする罪」（963条）のように背信行為を独立して処罰する規定をもつ法律がかなりの数にのぼる。

＊会社法＊
（取締役等の特別背任罪）
第960条　次に掲げる者が、自己若しくは第三者の利益を図り又は株式会社に損害を加える目的で、その任務に背く行為をし、当該株式会社に財産上の損害を加えたときは、10年以下の懲役若しくは1000万円以下の罰金に処し、又はこれを併科する。
　一　発起人
　二　設立時取締役又は設立時監査役
　三　取締役、会計参与、監査役又は執行役
　四　民事保全法第56条に規定する仮処分命令により選任された取締役、監査役又は執行役の職務を代行する者
　五　第346条第2項、第351条第2項又は第401条第3項（第403条第3項及び第420条第3項において準用する場合を含む。）の規定により選任された一時取締役（監査等委員会設置会社にあっては、監査等委員である取締役又はそれ以外の取締役）、会計参与、監査役、代表取締役、委員（指名委員会、監査委員会又は報酬委員会の委員をいう。）、執行役又は代表執行役の職務を行うべき者
　六　支配人
　七　事業に関するある種類又は特定の事項の委任を受けた使用人
　八　検査役
2　次に掲げる者が、自己若しくは第三者の利益を図り又は清算株式会社に損害を加える目的で、その任務に背く行為をし、当該清算株式会社に財産上の損害を加えたときも、前項と同様とする。
　一　清算株式会社の清算人
　二　民事保全法第56条に規定する仮処分命令により選任された清算株式会社の清算人の職務を代行する者
　三　第479条第4項において準用する第346条第2項又は第483条第6項において準用する第351条第2項

358　各論第1編第4部　第5章　横領及び背任の罪

の規定により選任された一時清算人又は代表清算人の職務を行うべき者
　四　清算人代理
　五　監督委員
　六　調査委員
（代表社債権者等の特別背任罪）
第961条　代表社債権者又は決議執行者（第737条第2項に規定する決議執行者をいう。以下同じ。）が、自己若しくは第三者の利益を図り又は社債権者に損害を加える目的で、その任務に背く行為をし、社債権者に財産上の損害を加えたときは、5年以下の懲役若しくは500万円以下の罰金に処し、又はこれを併科する。
（会社財産を危うくする罪）
第963条　第960条第1項第1号又は第2号に掲げる者が、第34条第1項若しくは第63条第1項の規定による払込み若しくは給付について、又は第28条各号に掲げる事項について、裁判所又は創立総会若しくは種類創立総会に対し、虚偽の申述を行い、又は事実を隠ぺいしたときは、5年以下の懲役若しくは500万円以下の罰金に処し、又はこれを併科する。
2　第960条第1項第3号から第5号までに掲げる者が、第199条第1項第3号又は第236条第1項第3号に掲げる事項について、裁判所又は株主総会若しくは種類株主総会に対し、虚偽の申述を行い、又は事実を隠ぺいしたときも、前項と同様とする。
3　検査役が、第28条各号、第199条第1項第3号又は第236条第1項第3号に掲げる事項について、裁判所に対し、虚偽の申述を行い、又は事実を隠ぺいしたときも、第1項と同様とする。
4　第94条第1項の規定により選任された者が、第34条第1項若しくは第63条第1項の規定による払込み若しくは給付について、又は第28条各号に掲げる事項について、創立総会に対し、虚偽の申述を行い、又は事実を隠ぺいしたときも、第1項と同様とする。
5　第960条第1項第3号から第7号までに掲げる者が、次のいずれかに該当する場合にも、第1項と同様とする。
　一　何人の名義をもってするかを問わず、株式会社の計算において不正にその株式を取得したとき。
　二　法令又は定款の規定に違反して、剰余金の配当をしたとき。
　三　株式会社の目的の範囲外において、投機取引のために株式会社の財産を処分したとき。
＊保険業法＊
（取締役等の特別背任罪）
第322条　次に掲げる者が、自己若しくは第三者の利益を図り又は保険会社等に損害を加える目的で、その任務に背く行為をし、当該保険会社等に財産上の損害を加えたときは、10年以下の懲役若しくは1000万円以下の罰金に処し、又はこれを併科する。
　一　保険会社等の保険管理人又は保険計理人
　二　相互会社の発起人
　三　相互会社の設立時取締役又は設立時監査役
　四　相互会社の取締役、執行役、会計参与又は監査役
　五　民事保全法第56条に規定する仮処分命令により選任された相互会社の取締役、執行役又は監査役の職務を代行する者
　六　第53条の12第2項、第53条の15において準用する会社法第351条第2項、第53条の25第2項において準用する同法第401条第3項（第53条の27第3項において準用する場合を含む。）又は第53条の32において準用する同法第420条第3項において準用する同法第401条第3項の規定により選任された一時取締役（監査等委員会設置会社にあっては、監査等委員である取締役又はそれ以外の取締役）、会計参与、監査役、代表取締役、委員（指名委員会、監査委員会又は報酬委員会の委員をいう。）、執行役又は代表執行役の職務を行うべき者
　七　相互会社の支配人

八　事業に関するある種類又は特定の事項の委任を受けた相互会社の使用人

九　検査役（相互会社に係るものに限る。）

2　次に掲げる者が、自己若しくは第三者の利益を図り又は清算相互会社に損害を加える目的で、その任務に背く行為をし、当該清算相互会社に財産上の損害を加えたときも、前項と同様とする。

一　清算相互会社の清算人

二　民事保全法第56条に規定する仮処分命令により選任された清算相互会社の清算人の職務を代行する者

三　第180条の5第4項において準用する第53条の12第2項の規定又は第180条の9第5項において準用する会社法第351条第2項の規定により選任された清算相互会社の一時清算人又は代表清算人の職務を行うべき者

四　清算相互会社の清算人代理

五　清算相互会社の監督委員

六　清算相互会社の調査委員

3　前2項の未遂は、罰する。

360　各論第1編第4部　第6章　盗品等に関する罪

第6章　盗品等に関する罪

第1項　贓　物（贓物）

　財産罪（窃盗・強盗・詐欺・恐喝・横領）の犯罪行為者（本犯）によって取得された財物であって、被害者が法律上追求することのできるものをいう。平成7年の法改正により、「贓物（贓物）」は、「盗品その他財産に対する罪に当たる行為によって領得された物」と規定されることとなった（256条1項）。

① 財産犯（領得罪）によって取得された物である

　賭博によって得た金、収賄した賄賂、漁業法や狩猟法に違反して捕獲した物などは、贓物ではない。

　贓物罪の本犯は、先に挙げた財産犯の構成要件に該当する違法な行為をした者であれば足りる。したがって、刑事未成年者（14歳未満の者、41条（条文☞77頁参照））が窃取した者も贓物であり（大判明44・12・18刑録17・2208等）、親族相盗例（244条（条文☞283頁参照））によって刑を免除される者も本犯となりうる（最判昭25・12・12刑集4・12・2543等）。

② 被害者が法律上追求することができなくなれば、贓物性を失う

　贓物に多少の変更が加えられても、贓物であることに変りがない。盗んできた自転車の部品を取り外して他の自転車に取り付けたときは取り付けた自転車の持

＊民法＊

（加工）

第246条　他人の動産に工作を加えた者（以下この条において「加工者」という。）があるときは、その加工物の所有権は、材料の所有者に帰属する。ただし、工作によって生じた価格が材料の価格を著しく超えるときは、加工者がその加工物の所有権を取得する。

2　前項に規定する場合において、加工者が材料の一部を供したときは、その価格に工作によって生じた価格を加えたものが他人の材料の価格を超えるときに限り、加工者がその加工物の所有権を取得する。

主が、民法246条の加工による所有権の取得をすると考えるべきではなく、いまだ上記部品は被害者の所有で贓物という性質を失わないし（最判昭24・10・20刑集3・10・1660）、アマルガムに火力を加えて金銀塊にした場合もそれに特別な工作を加えていなければ贓物性を失わない（大判大4・6・2刑録21・721）。

しかし、横領品を買い受けた人が善意無過失であってその物の所有権を取得してしまうと（民法192条、193条参照。192条による所有権取得は原始取得）、被害者はもはや所有権を失うから、次の買受人が贓物だと知っていても（悪意）、贓物故買（盗品等有償譲受け）は成立しない（大判大6・5・23刑録23・517）。盗品の買受人からの依頼で、売却の周旋をした者は、民法193条により2年間は被害者は所有権を失わないため（大判大10・7・8民録27・1373）贓物性が失われないところから、盗品だと知って周旋すると贓物牙保（盗品等処分あっせん）が成立する（最決昭34・2・9刑集13・1・76）。

贓物である物品を売却して得た金銭は贓物でないが、横領した小切手を現金化して入手した金銭は贓物であり（大判大11・2・28刑集1・82）、横領現金を両替して入手した金銭も贓物性を失わない（大判大2・3・25刑録19・374）。

③　盗品等に関する罪（贓物罪）を処罰する趣旨

贓物に関する犯罪行為は、窃盗等の被害者の返還請求権の行使を困難ならしめるばかりでなく、一般に窃盗や強盗の如き犯罪を助勢し誘発させる危険があるから、これらの行為に対しても重い処罰を加えるのである（大判大11・7・12刑集1・393、最決昭26・1・30刑集5・1・117、最決平14・7・1刑集56・6・265）。

＊民法＊

（即時取得）

第192条　取引行為によって、平穏に、かつ、公然と動産の占有を始めた者は、善意であり、かつ、過失がないときは、即時にその動産について行使する権利を取得する。

（盗品又は遺失物の回復）

第193条　前条の場合において、占有物が盗品又は遺失物であるときは、被害者又は遺失者は、盗難又は遺失の時から2年間、占有者に対してその物の回復を請求することができる。

362　各論第１編第４部　第６章　盗品等に関する罪

第２項　盗品等無償譲受け罪・盗品等運搬罪・盗品等保管罪 ・盗品等有償譲受け罪・盗品等処分あっせん罪

＊刑法等の一部を改正する法律（令和４年法律第67号）の施行後は、下線部分の（拘禁刑）（有期拘禁刑）等となる。

> （盗品譲受け等）
>
> **第256条**　盗品その他財産に対する罪に当たる行為によって領得された物を無償で譲り受けた者は、３年以下の<u>懲役</u>に処する。
>
（拘禁刑）
> **2**　前項に規定する物を運搬し、保管し、若しくは有償で譲り受け、又はその有償の処分のあっせんをした者は、10年以下の<u>懲役</u>及び50万円以下の罰金に処する。
>
（拘禁刑）

① 無償譲受け

　　改正前の「<ruby>収受<rt>しゅうじゅ</rt></ruby>」であり、贓物を無償で取得することである（大判大６・４・27刑録23・45）。貰い受けるのが典型例であり、無利息で借りるのも収受に当たる。

　　次の運搬などが懲役（拘禁刑）10年以下というように刑罰が重いのに比べ、収受は３年以下と軽い（したがって公訴時効も、運搬などが７年間なのに収受は３年間と短い。刑訴法250条）。

　　これは、収受が、単に本犯の利益を分配してもらうにすぎないのに対し、**運搬・**

＊刑事訴訟法＊

第250条　時効は、人を死亡させた罪であつて禁錮以上の刑に当たるもの（死刑に当たるものを除く。）については、次に掲げる期間を経過することによつて完成する。
　一　無期の懲役又は禁錮に当たる罪については30年
　二　長期20年の懲役又は禁錮に当たる罪については20年
　三　前２号に掲げる罪以外の罪については10年
②　時効は、人を死亡させた罪であつて禁錮以上の刑に当たるもの以外の罪については、次に掲げる期間を経過することによつて完成する。
　一　死刑に当たる罪については25年
　二　無期の懲役又は禁錮に当たる罪については15年
　三　長期15年以上の懲役又は禁錮に当たる罪については10年
　四　長期15年未満の懲役又は禁錮に当たる罪については７年
　五　長期10年未満の懲役又は禁錮に当たる罪については５年
　六　長期５年未満の懲役若しくは禁錮又は罰金に当たる罪については３年
　七　拘留又は科料に当たる罪については１年

保管・有償譲受け・有償処分のあっせんは本犯が贓物を利用し処分するのを援助する行為であり、営業的職業的に本犯の財産犯を援助し、助長する傾向をもつ行為であるためである。処罰も罰金刑の必要的併科である（総論第9章第1項[3]☞145頁参照）。

[2] **運搬**

本犯である財産犯（領得罪）が完成したのちに、贓物を場所的に移転することである（最決昭27・7・10刑集6・7・876等）。報酬なしで行っても運搬であることに変りがない。本犯宅の付近から同人宅4畳半間押入まで贓物を運んだ行為も「贓品の隠匿に加功し、被害者の該贓品に対する権利の実行を困難ならしめた」として運搬罪の成立が認められており（最判昭33・10・24刑集12・14・3368）、また本犯者と意思を通じている必要はないであろう。

[3] **保管**

改正前の「寄蔵（きぞう）」であり、委託を受けて本犯のために贓物を保管することである（最判昭34・7・3刑集13・7・1099）。委託者が本犯である必要はない。有償は要件でない。借り受ける、質物・担保として受け取る（大判明45・4・8刑録18・443、大判大2・12・19刑録19・1472）なども、寄蔵に当たる。

[4] **有償譲受け**

改正前の「故買（こばい）」であり、有償で贓物を取得することである（大判大12・4・14刑集2・336）。買い取るのが典型例であるが、交換する、弁済として受け取るのも、故買に当たる。本犯から取得した者からの有償取得も本罪が成立する（大判昭8・12・11刑集12・2304等）。数量、価格について具体的交渉が未了でも、買受を承諾して引渡しを受ければ故買罪は成立する（最判昭31・3・20刑集10・3・374等）。

[5] **有償処分のあっせん**

改正前の「牙保（がほ）」であり、贓物の有償処分つまり売買・質入・交換などを媒介、周旋することである（大判大3・1・21刑録20・41）。周旋した事実があれば足り、その周旋にかかる売買等が成立実現したことを要しない（最決昭26・1・30刑集5・1・117）。

一方、贓物の有償処分をあっせんするに当たり、事情を知らない買主から代金を

受け取るのは、あっせんの当然の結果であって、買主に対する関係で詐欺罪を構成しないという大正年間の判例がある（大判大8・11・19刑録25・1133）。あっせんを処罰することで評価し尽くされているといえるためであるが、疑問がある。あっせんが成立するには賍物が既に存在していることが必要で、そうでなければ窃盗等の幇助、教唆となる（最決昭35・12・13刑集14・3・1929）。盗品の被害者もあっせんの相手足り得る（最決平14・7・1集56・6・265）。

6 故意犯（知情）

　賍物罪は故意犯である。賍物であることの認識をもって（「情を知って」）行為した場合でないと犯罪は成立しない。その認識は未必的なもの（賍物であるかも知れない）であってもよい。財産犯罪によって取得してきた物であるという認識があれば足り、いかなる財産犯罪によって得たものかとか、犯行の日時・場所・被害者などまで認識することは必要でない（大判大3・3・14刑録20・297等）。

第3項　親族間の犯罪の特例

> （親族等の間の犯罪に関する特例）
> 第257条　配偶者との間又は直系血族、同居の親族若しくはこれらの者の配偶者との間で前条の罪を犯した者は、その刑を免除する。
> 2　前項の規定は、親族でない共犯については、適用しない。

　窃盗・強盗などの本犯と一定の親族関係にある者が、本犯が領得してきた物（賍物）を、分けて貰うとか、運搬・保管などして手伝う、売買先を周旋するなどということは、社会的に往々にして見られる現象であるが、親族がこのように関与することは、好ましくはないものの人情のうえからはやむをえないものがあり、そのような親族の関与行為にまで法律で厳しく処罰するとなると苛酷となるおそれがある。刑法は、本犯との間に一定の親族関係、すなわち直系血族・配偶者・同居の親族及びこれらの者の配偶者といった近い親族関係がある者が賍物罪を侵したときは必要的に「刑を免除する」という態度で臨んでいる（257条。最決昭38・11・8刑集17・11・

2357)。上記のような親族関係のない共犯者には、このような特別扱いはされない（本条2項）。刑の免除は、無罪ではなく有罪なのであるが、処罰されないから、結果的には社会的に無罪と同じことになる。

　窃盗などで「犯人と被害者」の間に一定の身分関係があるとき、「**親族相盗例**」の適用があり（244条。内縁の配偶者に適用、類推適用のないことにつき最決平18・8・30刑集60・6・479（第2章第1項**6**の解説☞286頁**参照**））、犯人と被害者とが、直系血族や配偶者又は同居の親族といった身分関係にあるとき、犯人は「刑の免除」となり、そういう者同志の間での犯罪にはできる限り「法律は家庭に入らない」という法のあり方が現われていたのであるが、贓物罪に関して、「本犯と贓物犯」の間に一定の親族関係があるとき贓物犯を処罰しないという制度も、この法のあり方のひとつの現われといえよう。

第4項　本犯の共犯と本罪との関係

　贓物に関する罪は、他人が財産罪によって不法に領得したところの財物についてのみ成立する。財産罪を犯した共同正犯者間においては成立しない。しかし、財産罪（本犯）の犯行に関与した者でも、教唆・幇助をしたにすぎない者は、自ら本犯を実行したものではないところから、贓物罪が成立する。例えば、窃盗を教唆したうえ本犯の贓物を有償譲受けした者には、窃盗教唆罪のほか盗品等有償譲受け罪も成立する。また強盗犯を幇助したうえで本犯の贓物を有償譲受け・運搬した者には、強盗幇助罪と盗品等有償譲受け罪の成立が認められる（大判大4・4・29刑録21・438、最判昭24・10・1刑集3・10・1629等。各両罪は併合罪）。

☞**【実例】**　（窃盗本犯と共同で贓物を運搬した場合）

　　　　　窃盗本犯甲乙は倉庫から盗み出した品物をトラックに積んだうえで、第三者丙に事情を打ち明けて協力を求め、横須賀から、売りさばくのに都合のよい東京へ、3人で贓物を運ぶことにした。頼まれた丙は、トラックには同乗せず、本犯の甲と一緒にタクシーに乗ってトラックと同行して東京に到った。

〔解説〕

　　　　　丙は、自ら贓物を運ぶ行為をしたわけではなく、窃盗本犯が行った運搬行

為を手伝ったにすぎない。そして窃盗本犯の贓物運搬行為は「不可罰的事後行為」だから、丙は、不可罰な行為の「共犯」にすぎず、処罰できない、ということになるのではないかとの疑問も出る。

しかし、丙は、窃盗本犯の甲らから頼まれ、甲らが窃取してきた財物を、窃取してきた物と知って運搬に加わったから、丙につき盗品等運搬罪は成立する。窃盗本犯の甲乙らには窃盗罪のほかに盗品等運搬罪は成立しないが、それがために、丙の盗品等運搬の罪の成立が否定されるというものではない（最決昭35・12・22刑集14・14・2198）。

第7章　毀棄及び隠匿の罪

第1項　公用文書毀棄罪・公電磁的記録毀棄罪

＊刑法等の一部を改正する法律（令和4年法律第67号）の施行後は、下線部分の（拘禁刑）（有期拘禁刑）等となる。

> （公用文書等毀棄）
>
> **第258条**　公務所の用に供する文書又は電磁的記録を毀棄した者は、3月以上7年以下の<u>懲役</u>に処する。
> 　　　　　　　（拘禁刑）

1　公務所の用に供する文書

公務所において現に使用している文書又は公務所が使用に供する目的で保管している文書をいう。「**公用文書**」ともいう。公文書もあれば私文書もある（県立高校の入試答案につき神戸地判平3・9・19判タ797・269）。文書の所有者や作成者が誰であるかを問わない。意思表示の記載であって、ある程度の永続性があれば、数時間後には消去される掲示板に白墨で記載されたものも本条の文書に当たる（最判昭38・12・24刑集17・12・2485）。公務所につき7条2項（条文☞464頁**参照**）、公務員につき☞573頁**参照**。

155条の公文書（公務所・公務員の作るべき文書☞466頁**参照**）は、公務所・公務員がその名義でその権限内において作成すべき文書であるから、本罪の公用文書とは、概念内容が全く違う。

2　公務所の用に供する電磁的記録

電磁的記録が文書に代わって社会的に重要な事項についての証明、情報の記録、保存の機能を果たすに至っているが、電磁的記録そのものには可視性、可読性がないので、文書に含まれるとするには疑義があることから昭和62年の法改正にによ

り追加されたものである。

「**公務所の用に供する電磁的記録**」とは、公務所で使用するため保管中の電磁的記録又はこれと同視できる態様で公務所が支配、管理しているものをいう。例えば、自動車登録ファイル、特許原簿、住民票、運転者管理マスターファイルの記録、データベースの記録等がこれに当たる。証拠とするために捜査機関等に押収されているものも含まれる。通信回線を介してアクセスする場合でも、ＮＴＴ等他の場所に設置された電子計算機に接続された媒体中のファイルを支配、管理している場合は含まれる。

③ **毀棄**

この場合、文書又は電磁的記録の本来の効用を害するいっさいの行為をいう。引き裂くなど物質的に破壊するものに限られず、文書の内容の一部や署名押印部分を改ざん・抹消するとか隠匿して使用を妨げる（大判昭9・12・22刑集13・1789、最決昭44・5・1刑集23・6・907（第2項【実例】の解説☞371頁**参照**））、クシャクシャに丸めて床に投げ捨てるというようなものも含まれる。電磁的記録についても、物理的な破壊のほか記録の全部又は一部の消去、改変、記録媒体の隠匿等が毀棄に当たる。

☞【実例】1（弁解録取書を丸めて捨てた）

公務執行妨害の現行犯人として逮捕された者に対し警察署で警察官が弁解録取書を作成していたところ、弁解の大半は書き終えたが、まだ最後のところまでは録取しておらず、したがってまだ読み聞けも署名捺印を求める段階にも至っていないときに、被疑者がいきなり同録取書をひったくり両手で丸め、しわくちゃにして床に投げつけ足で踏み付け、更に拾い上げて引き千切った。

〔解説〕

この事件では、文書がまだ完成・完結していないから公用文書というに至らないのではないかと争われたが、当該公務員が公務所の作用として職務権限に基づいて作成中の文書は、未完成であってもそれが文書としての意味・内容を備えるに至った以上、公務所において現に使用している文書に当たるとされた（最判昭52・7・14刑集31・4・713）。

また、この事件では最後に文書を引き千切っているが、そこまでいかなくても、すでに両手で丸めてしわくちゃにした段階で毀棄に当たる。足で踏み付ければ、なおさら確実に毀棄といえる。

☞【実例】2　（署名押印のない交通切符の引き裂き）

交通反則行為の現認警察官が、現認現場で交通反則切符を作成中、交通切符一組の各所定欄に複写式により必要事項を記載したうえ、その1枚目の交通反則告知書は全内容を記載し終え、その2枚目の交通切符原票の報告書の部分は所要事項をほとんど記載し終えたが作成者の巡査が署名押印しておらず、下欄の反則者の供述部分のところも、まだ供述者（反則者）の署名押印がなされていない状態のとき、この切符綴一組全部を、反則者が引き裂いてしまった。

〔解説〕

この場合も、【実例】1と同じ考え方で、「公務所において現に使用している文書」に当たる。本件では、警察署庁舎内において作成中であったか道路上であったかは、問題ではない。当該公務員が公務所の作用として職務権限に基づいて作成していたものであるからである。違法な取調べにより作成中の供述録取書も本罪の客体となり得る（最判昭57・6・24刑集36・5・646）。

なお、本件のように交通切符3枚一組を全部引き裂いたのでなく、その2枚目の1枚だけを引き裂いたのであったとしても、公文書毀棄は成立すると解される。

第2項　私用文書毀棄罪・私電磁的記録毀棄罪

＊刑法等の一部を改正する法律（令和4年法律第67号）の施行後は、下線部分の（拘禁刑）（有期拘禁刑）等となる。

（私用文書等毀棄）

第259条　権利又は義務に関する他人の文書又は電磁的記録を毀棄した者は、5年以下の<u>懲役</u>に処する。
（拘禁刑）

（親告罪）

第264条　第259条、第261条及び前条の罪は、告訴がなければ公訴を提起することができない。

370　各論第1編第4部　第7章　毀棄及び隠匿の罪

① 権利又は義務に関する文書

単に事実を証明するにすぎない「事実証明に関する文書（☞483頁参照）」と対比されるもので、権利や義務の存否・得喪・変更消滅に関する事項を記載してある（したがってその文書によって権利義務の状態が証明される）文書のことである（大判昭11・7・23刑集15・1078）。

② 他人の文書

他人所有の文書という意味であるが（大判明34・10・11刑録7・79）、自分所有のものでも、差押を受けていたり担保に差し入れてあるなど特殊な場合は、他人所有のものと同じ扱いを受ける（262条（条文☞374頁参照））。

③ 権利又は義務に関する電磁的記録

権利、義務の発生、変更等の要件となり、又はその原因となる事実について証明力を有する電磁的記録である。銀行のオンラインシステムにおける預金元帳ファイルの記録、電話等の利用料金積算ファイル等の記録、テレホンカード等のプリペイドカードの残度数の記録等がこれに当たる。本条に該当しないものは261条の器物として保護されることになる。

④ 他人の電磁的記録

記録としての効用が他人の支配、管理下にある電磁的記録のことである。

⑤ 毀　棄

前条（258条の解説③☞368頁参照）と全く同じ。改ざんの場合は文書偽造にも当たる（第2編第2部第2章第3項偽造・第4項変造の解説☞457頁・☞461頁参照）。

⑥ 処　罰

前条と異なり、本罪は親告罪である（264条）。

☞**【実例】**　（他人の有価証券の隠匿）

甲は、Aから、甲が振出してBに渡してあった小切手2通を示され、支払いを請求されるや、「これが何だ」と言いながら、卓上に置かれた小切手を取りあげて両手でもみ、着衣のポケットに突っ込んでそのまま返還せず、Aをして、上記小切手を使用することができないようにした。

〔解説〕

　　この事件では、小切手のような有価証券が259条の「権利又は義務に関する他人の文書」に含まれるか、小切手が返還不能になったのは「毀棄」に当たるか、が問題となったが、最高裁判所は、いずれの点も積極に解して私用文書毀棄罪の成立を認め、殊に、文書を毀棄したというためには、必ずしもこれを有形的に毀損することを要しないのであって、隠匿その他の方法によって、その文書を利用することができない状態におけば足り、利用を妨げた期間が一時的であろうと、後日返還する意思が犯人にあろうと問わないとしている（最決昭44・5・1刑集23・6・907前掲第1項**3**の解説☞368頁**参照**）。

第3項　建造物等損壊罪・建造物等損壊致死罪・建造物等損壊致傷罪

＊刑法等の一部を改正する法律（令和4年法律第67号）の施行後は、下線部分の（拘禁刑）（有期拘禁刑）等となる。

> （建造物等損壊及び同致死傷）
> **第260条**　他人の建造物又は艦船を損壊した者は、5年以下の<u>懲役</u>に処する。よ
> 　　　　　　　　　　　　　　　　　　　　　　　　　（拘禁刑）
> って人を死傷させた者は、傷害の罪と比較して、重い刑により処断する。

1　建造物

　土地に定着し、屋根があり、壁や柱で支持されていて、その内部に人の出入りできる構造をもつ家屋その他これに類似する工作物をいう（大判大3・6・20刑録20・1300）。建造物侵入罪（130条）では、条文の用語の用い方からして、住居や邸宅を除外する概念であったが（130条の解説**4**建造物☞241頁**参照**）、本罪（260条）では住居や邸宅を除外する理由がない。

　旧来の日本式家屋の天井板や敷居・鴨居及び屋根瓦は、その家屋の構成部分で毀損しなければ取り外しができないから、家屋そのものとして扱われ（大判昭7・9・21刑集11・1342等）、雨戸・板戸・ガラス戸・畳などは、損壊せずに取り外しが容易なので、建造物に当たらないとされてきた（最判昭25・12・14刑集4・12・2548等。器物損壊罪の器物に当たる）。最近では機能面等も重視され、例え

ば、コンクリート外壁に設置されたアルミ製玄関ドアについて、適切な工具を使用すれば損壊せずに取り外せるものの、当該建造物との接合の程度、機能上の重要性から本罪の客体に当たるとされている（最決平19・3・20刑集61・2・66、大阪高判平5・7・7高集46・2・220）。

② 艦　船

130条にいう艦船と同じ（第130条の解説⑤☞241頁参照）。モーターボート（長さ6メートル、巾2.4メートル、175馬力エンジン搭載、4.72トン）の前面ガラスを叩き割り、高速艇としての効用や居住性が著しく損われ事実上運航困難にさせた事案につき、フロントガラスがステンレスの二重枠でリベットによって船体に取り付けられその取りはずしに専門的技術を要することなどを理由に、器物毀棄でなく艦船の損壊に当たるとされ本罪の成立が認められている（広島高判昭53・11・2判時929・138）。

③ 損　壊

破壊するのが典型例である。建造物や艦船の一部でも破壊されれば本罪は成立する。損壊は、物理的な破壊に限らず、その物の本来の効用を失わせるか著しくその効用を害する一切の行為をいうから、建物の内外壁・窓ガラス・扉などに大量の抗議ビラなどを貼りめぐらせるとかカラースプレーで落書きをして建物の美観を著しく損わせ、採光なども著しく損わせて建物の機能を低下させたときは、損壊に当たるとするのが判例である（最決昭41・6・10刑集20・5・374、同昭43・1・18刑集22・1・32等。公衆便所の外壁にペンキで大書した事例につき最決平18・1・17集60・1・29）。本罪の損壊に至らない程度の「はり札」、「汚損」行為は軽犯罪法違反となる（同法1条33号。はり札（ビラ貼り）処罰の合憲性につき最大判昭45・6・17刑集24・6・280）。

④ 致死傷

損壊の結果として人の死傷を生じたときで、法定刑は傷害罪と比較して上限下限とも重きに従って処罰される（第216条の解説①処罰☞209頁参照）。

⑤ 処　罰

本罪は親告罪ではない。

第3項　建造物等損壊罪・建造物等損壊致死罪・建造物等損壊致傷罪　373

⑥　特別法

　組織的態様によるもの又は団体の不正権益の獲得・維持・拡大を目的とするものは、刑が加重され、7年以下の懲役（拘禁刑）に処せられる（組織的犯罪処罰法3条（条文は☞167頁参照））。

　また本罪は故意犯であるが、車両等の運転者が過失で他人の建造物を損壊したときの処罰規定が道路交通法（116条）にある。

☞【実例】　（ビルの美観を害したビラ貼り）

　電電公社の東北電気通信局及びその下部機関が業務を行う8階建鉄筋コンクリート造りのビルは実用建築物であるが、市街地に建てられた新築後間もない近代的ビルで、建築設計上外観のデザインにも十分配慮が払われていた。ところが、労働組合が闘争手段としてその1階の東西南北の側面の玄関入口ドア、窓ガラスなどに合計5,501枚の抗議ビラを貼った。すなわち、建物の顔ともいうべき玄関や通用口にはビッシリと集中的に貼りめぐらし、その他の部分にもやや乱雑に貼ったもので、常軌を逸したともいえる程に大量に貼りつけた。このためビルの美観と威容を著しく傷つけた。

〔解説〕

　上記のような実用建築物では、たんに美観や威容がそこなわれたというだけでも損壊に当たるのか、それとも、やはり建造物本来の機能、使用価値が害されることを要するかが争われた。

　一方の考え方は、文化財としての価値の高い神社仏閣のような建築物であれば、美観や威容が損われれば、それだけでその建物の本来的機能とか目的に沿う使用価値が侵害されたといえるので直ちに建造物損壊成立といえるが、一

＊軽犯罪法＊

第1条　左の各号の一に該当する者は、これを拘留又は科料に処する。

　　（第1号～第32号省略）

　三十三　みだりに他人の家屋その他の工作物にはり札をし、若しくは他人の看板、禁札その他の標示物を取り除き、又はこれらの工作物若しくは標示物を汚した者

　　（第34号省略）

＊道路交通法＊

第116条　車両等の運転者が業務上必要な注意を怠り、又は重大な過失により他人の建造物を損壊したときは、6月以下の禁錮又は10万円以下の罰金に処する。

般の実用建築物では、美観・威容が損われただけでは、いまだ損壊に当たらないというものであった。裁判所は、通常の実用建築物であっても、その美観・威容が著しく侵害された場合には、たとえ美観・威容以外の本来的機能（その建物の目的に沿う使用価値）が必ずしも阻害されていなくても、建造物損壊が成立しうるとして、本件の場合に、有罪とした（仙台高判昭55・1・24判タ420・148）。

第4項　器物損壊罪（「毀棄罪」）

＊刑法等の一部を改正する法律（令和4年法律第67号）の施行後は、下線部分の（拘禁刑）（有期拘禁刑）等となる。

（器物損壊等）

第261条　前3条に規定するもののほか、他人の物を損壊し、又は傷害した者は、3年以下の懲役又は30万円以下の罰金若しくは科料に処する。
（拘禁刑）
（自己の物の損壊等）

第262条　自己の物であっても、差押えを受け、物権を負担し、又は賃貸したものを損壊し、又は傷害したときは、前3条の例による。

1 前3条に規定するもののほか

公用文書・権利義務に関する私文書・建造物・艦船以外の他人の物が客体となるという趣旨である。財産権の対象となるものであればよい。259条（☞369頁参照）では除外された「事実証明に関する文書（159条の解説3☞483頁参照）」も本罪の客体である。動産・不動産を問わず、動産には動物も含まれる。総称して「器物」という。自己所有の物でも、差押を受けていたり、担保に差し入れていたり、賃貸ししてある場合は、他人の物として扱われる（262条）。

2 損　壊

物理的に破壊するのが典型例であるが、物の本来の効用を滅却又は減損させるのが刑法上の損壊であり、美観を損ね、原状回復に困難をきたす行為も損壊である（塀のかなりの部分に赤色スプレーで落書きする行為につき、福岡高判昭56・3・26判時1029・132）。

家屋建築のため地均しした敷地を起こして畑にした、客用の食器に放尿した、掛軸に不吉と墨書したなどの例（大判大10・3・7刑録27・158等）が、古くから損壊の例に挙げられている。高校の校庭に立札を掲げ、杭を打ち込んで板付けをして、保健体育の授業等に支障を生じさせたもの（最決昭35・12・27刑集14・13・2229）、政党の演説用ポスターに「人殺し」と書いたシールを貼り付けた行為（最判昭55・2・29刑集34・2・56）なども器物損壊に当たるとされている。

③ **傷　害**

動物に対する毀損行為をいう。殺傷するほか飼養中の魚を飼養場所の外に流出させてしまい容易に捕えられない状態にするなども含まれる（大判明44・2・27刑録17・197等）。本罪は、物を再び本来の用に供することが不可能ないし困難になる行為を処罰するものであるからである。

④ **処　罰**

親告罪である（264条）。告訴権を有する者は、その物の所有者に限られない。賃借中の物が損壊されたときの賃借権者や、その他正当な権限に基づいてその物を管理する者にも告訴権がある（共有者の妻につき最判昭45・12・22刑集24・13・1862）。

⑤ **特別法**

器物損壊の集団犯行や常習犯行には、暴力行為等処罰ニ関スル法律に特別な規定が設けられていて刑が加重される（1条、1条ノ3）。

＊大正15年法律第60号（暴力行為等処罰ニ関スル法律）＊

第1条　団体若ハ多衆ノ威力ヲ示シ、団体若ハ多衆ヲ仮装シテ威力ヲ示シ又ハ兇器ヲ示シ若ハ数人共同シテ刑法（明治40年法律第45号）第208条、第222条又ハ第261条ノ罪ヲ犯シタル者ハ3年以下ノ懲役又ハ30万円以下ノ罰金ニ処ス

第1条ノ3　常習トシテ刑法第204条、第208条、第222条又ハ第261条ノ罪ヲ犯シタル者人ヲ傷害シタルモノナルトキハ1年以上15年以下ノ懲役ニ処シ其ノ他ノ場合ニ在リテハ3月以上5年以下ノ懲役ニ処ス

②　前項（刑法第204条ニ係ル部分ヲ除ク）ノ罪ハ同法第4条の2ノ例ニ従フ

376　各論第1編第4部　第7章　毀棄及び隠匿の罪

第5項　境界毀損罪

＊刑法等の一部を改正する法律（令和4年法律第67号）の施行後は、下線部分の（拘禁刑）（有期拘禁刑）等となる。

（境界損壊）

第262条の2　境界標を損壊し、移動し、若しくは除去し、又はその他の方法により、土地の境界を認識することができないようにした者は、5年以下の懲役又は50万円以下の罰金に処する。
<small>（拘禁刑）</small>

1 境界標

境界を示すため土地に設置された標識や工作物をいう。別の目的で設置された物でも境界標としての機能を有するに至ったものは含まれる（東京高判昭41・7・19高刑集19・4・463）。

2 境　界

厳密に法律上確定されたものも、現実に存在する事実上のものも、ともに本罪の境界に当たる。

3 処　罰

損壊、除去等により境界を認識できなくなることが必要である（最判昭43・6・28刑集22・6・569）。親告罪ではない。

第6項　信書隠匿罪

＊刑法等の一部を改正する法律（令和4年法律第67号）の施行後は、下線部分の（拘禁刑）（有期拘禁刑）等となる。

（信書隠匿）

第263条　他人の信書を隠匿した者は、6月以下の懲役若しくは禁錮又は10万円以下の罰金若しくは科料に処する。
<small>（拘禁刑）</small>

1 他人の信書

他人の所有に属する信書で、信書は特定の人から別の特定の人へ意思を伝達する文書であるから、意思伝達の用を終えたものは一般の文書である。信書開封罪

（133条（第2部第5章第1項の解説☞245頁**参照**））と異なり、封書でも葉書でも信書に当たる。郵便法の適用される郵便物である必要もない。

2 　隠　匿

信書の利用を不可能にしてその効用を害する程度の隠匿は、器物損壊罪（261条）で処罰されるから、そこまでいかないもの、意思伝達過程で被害者の目的物発見に妨害を与える程度のより低い隠匿行為が本罪を構成すると解さざるをえない。

3 　処　罰

親告罪である（264条（条文☞369頁**参照**））。信書開封罪（133条（条文☞245頁**参照**））とは保護法益を異にしており、本罪とは併合罪となる。

4 　特別法

日本郵便株式会社が取扱中の郵便物を正当な理由なく隠匿したときは、処罰の重い郵便法違反の罪が成立する（毀損したときも同じ。郵便法77条、86条）。一般信書便取扱事業者等の取扱中の信書便物にも同様の特則がある（信書便法44条）。

＊郵便法＊
第77条（郵便物を開く等の罪）　会社の取扱中に係る郵便物を正当の事由なく開き、き損し、隠匿し、放棄し、又は受取人でない者に交付した者は、これを3年以下の懲役又は50万円以下の罰金に処する。ただし、刑法 の罪に触れるときは、その行為者は、同法の罪と比較して、重きに従つて処断する。
第86条（未遂罪及び予備罪）　第76条から第78条まで、第80条及び前2条の未遂罪は、これを罰する。
②　前条の罪を犯す目的でその予備をした者は、これを2年以下の懲役又は10万円以下の罰金に処し、その用に供した物は、これを没収する。
＊民間事業者による信書の送達に関する法律＊
第44条　一般信書便事業者又は特定信書便事業者の取扱中に係る信書便物を正当の事由なく開き、毀損し、隠匿し、放棄し、又は受取人でない者に交付した者は、3年以下の懲役又は50万円以下の罰金に処する。ただし、刑法（明治40年法律第45号）の罪に触れるときは、その行為者は、同法の罪と比較して、重きに従って処断する。
2　前項の罪の未遂は、罰する

第2編　社会的法益に対する罪

第1部　公共の平穏を害する罪

第1章　騒乱の罪

第2章　放火及び失火の罪

第3章　出水及び水利に関する罪

第4章　往来を妨害する罪

第5章　あへん煙に関する罪

第6章　飲料水に関する罪

第1章　騒乱の罪

第1項　騒乱首謀罪・騒乱指揮罪・騒乱助勢罪・騒乱付和随行罪

＊刑法等の一部を改正する法律（令和4年法律第67号）の施行後は、下線部分の（拘禁刑）（有期拘禁刑）等となる。

（騒乱）

第106条　多衆で集合して暴行又は脅迫をした者は、騒乱の罪とし、次の区別に従って処断する。

一　首謀者は、1年以上10年以下の懲役又は禁錮に処する。
　　　　　　　　　　　　　　　　　　　　（拘禁刑）

二　他人を指揮し、又は他人に率先して勢いを助けた者は、6月以上7年以下の懲役又は禁錮に処する。
　　　　　　　　（拘禁刑）

三　付和随行した者は、10万円以下の罰金に処する。

① 多　衆

「多衆」とは、一つの地方の公共の平穏を害するに足りる程度の暴行・脅迫をするのに適当な多人数をいう（最判昭35・12・8刑集14・13・1818）。一地方に該当するかどうかは当該地域の広狭、居住者の多寡等だけでなく、その地域の社会生活上の重要性、同所を利用する一般市民の動き、勤務する者の活動状況といった動的機能的要素、さらに当該騒動が周辺地域の人心の不安、動揺を与えるに足りる程度のものであったかも含め総合的に判断すべきことである（最決昭59・12・21刑集38・12・3071）。

② 集　合

改正前の「聚合（しゅうごう）」と同義であり、互いに連絡をとり合い組織的計画的に集まった

場合も、互いに意思連絡のない不特定多数人が集まっている場合も、計画的に集まった者の集団へ、意思の連絡のない不特定多数人が三三五五に加わった場合も、いずれも「集合」である。最初から暴行・脅迫を行う目的で集まったことを要しない。平穏に集まっていた群衆が何かをきっかけに暴徒集団と化した場合でも本罪が成立する（大判大4・11・6刑録21・1897、最判昭35・12・8前掲等）。

③ **共同意思**

　本罪の成立には「**共同意思**」が必要である（最判昭35・12・8前掲）。「**共同意思**」とは、多衆が集合した結果惹き起こされることのあり得る多衆の合同力による暴行・脅迫の事態の発生を予見しながら、あえて**騒乱行為**（改正前の**騒擾行為**）に加担する意思をいう。そして騒乱行為に加担する意思は確定的であることを要するが、多衆の合同力による暴力・脅迫の発生については必ずしも確定的認識を要せずその予見をもって足りる（最決昭53・9・4刑集32・6・1077（☞次頁の⑦参照））。

　本罪は、多衆が集合して各自が上記共同意思のもとに暴行・脅迫を加える、逆にいえば暴行・脅迫が同共同意思にでたものであるとき成立する（主観的構成要件要素）。

　しかし本罪の成立に共同意思の存在が必要であるといっても、それが集合の当初からある必要はなく、また多衆全員間の意思の連絡ないし相互認識の交換が要求されるわけでなく、ましてや謀議や計画、一定の目的があることまでも要求されるわけではなく、一部の共同意思を欠く者がいてもよい。

④ **暴行・脅迫**

　本罪の暴行は、人に対すると物に対するとを問わず、有形力の行使のすべての場合を含む（最判昭35・12・8前掲）。例えば、駐車している道端の自動車をひっくり返す、建造物を損壊する（大判大3・2・24刑録20・195。観念的競合）なども暴行に当たる。

　脅迫も人を畏怖させるに足りる害悪の告知のすべてを含む。

　暴行・脅迫は、多衆と共同してその威力をたのんで行われたもの（共同意思に出たもの）であることを要する。

　全員が暴行・脅迫を行う必要がなく、一部の者が行えば足り、かつ、各自が、行

第1項　騒乱首謀罪・騒乱指揮罪・騒乱助勢罪・騒乱付和随行罪　383

われた暴行・脅迫のすべてを具体的に認識していなくても成立する。

　重要なことは、多衆の者が行った暴行・脅迫が、少なくとも一つの地方の公共の平穏を害するに足りる程度に達していることである。もっとも実際にその地方の公共の平穏を害したことは要件でない（最判昭29・11・16裁刑集100・411）。

　暴行と脅迫のみを掲げてあるが、暴行が公務執行妨害に当たる（大判大11・12・11刑集1・741）、さらには、殺人（大判大8・5・21刑録25・666）や建造物侵入・傷害（最判昭28・5・21刑集7・5・1053）にあるいは強盗や恐喝に発展した場合も含まれ（大判大8・5・21刑録25・669）、また殺傷行為が特定の一個人に対するものであっても本罪は成立する（単に暴行・脅迫にとどまらず他の罪も成立するときは、観念的競合の関係となる）。

⑤　首謀者

　「首謀者」とは、騒乱行為を首唱画策し、多衆をしてその合同力により暴行・脅迫をさせた主導者をいう。改正前は「首魁」と表現されていた。暴行・脅迫を多衆とともに行わなくても、現場にあって総指揮をとらなくてもよい（最判昭28・5・21刑集7・5・1053）。また、首謀者のない騒乱もありうる。

⑥　指　揮

　指揮者である。多衆の全部又は一部に対し指揮をとった者である。事前の指図も指揮に当たる（大判昭5・4・24刑集9・265）。騒乱指揮罪が成立する。

⑦　率先して勢いを助け

　「率先して勢いを助け」とは、多衆の先頭に立って暴行・脅迫をしたり、アジ演説や声援で気勢を高めるなどがこれに当たる。「率先して勢いを助けた者」とは、このように多衆にぬきんでて騒乱の勢いを増大・助長する行為をした者をいう。騒乱の現場で行われると事前に行われるとを問わず、その時既に暴行・脅迫を行う共同意思が形成されている必要もない（最決昭53・9・4前掲☞前頁の③参照）。騒乱助勢罪が成立する。

⑧　付和随行

　改正前の「附和随行」で、多衆が集合して暴行・脅迫をする際に、それと知って群衆心理にかられ集団に加わることである。みずから暴行・脅迫を加えることを要

384　各論第2編1部　第1章　騒乱の罪

しない（大判大4・10・30刑録21・1763）。騒乱付和随行罪が成立する。

⑨　特別法

　政治目的のため本条の罪の予備、せん動などをした場合は、破壊活動防止法違反（40条）となる（条文は☞421頁参照）。

第2項　多衆不解散首謀罪・多衆不解散罪

＊刑法等の一部を改正する法律（令和4年法律第67号）の施行後は、下線部分の（拘禁刑）（有期拘禁刑）等となる。

（多衆不解散）

第107条　暴行又は脅迫をするため多衆が集合した場合において、権限のある公務員から解散の命令を3回以上受けたにもかかわらず、なお解散しなかったときは、首謀者は3年以下の懲役又は禁錮に処し、その他の者は10万円以下〔拘禁刑〕の罰金に処する。

①　不解散

　本罪は騒乱に至る前の段階の行為を独立の犯罪として規定しているが、この段階から発展して騒乱に至れば本条は吸収され適用をみない（大判大4・11・2刑録21・1831）。

　当初合法の集合が途中から暴行・脅迫の目的を持つに至ったときでもよい。

　解散命令を受けながら、多衆の集合といえる状態を解く、または多衆から任意に離脱しなければ本罪が成立することになる。

②　当該公務員

　解散を命ずる権限のある公務員のことで、警察官がこれに当たる（警察法2条1項、警察官職務執行法5条）。公安条例も根拠となり得る（東京高判昭47・11・21高刑集25・5・479）。

③　3回以上

　3回でよい。もっとも1回目と2回目、2回目と3回目のそれぞれの中間に多少の時間的ゆとりが必要であろう。

第2項　多衆不解散首謀罪・多衆不解散罪　385

3回目の解散命令に対しても解散しようとしないとき、本罪成立となる。

4　首謀者

改正前の「首魁(しゅかい)」と同義であり、この場合は、まだ騒乱に至っていないので、命令に応じない集団の全体的指導者（主導者）という程の意味である。

＊警察法＊

（警察の責務）

第2条　警察は、個人の生命、身体及び財産の保護に任じ、犯罪の予防、鎮圧及び捜査、被疑者の逮捕、交通の取締その他公共の安全と秩序の維持に当ることをもつてその責務とする。

2　警察の活動は、厳格に前項の責務の範囲に限られるべきものであつて、その責務の遂行に当つては、不偏不党且つ公平中正を旨とし、いやしくも日本国憲法の保障する個人の権利及び自由の干渉にわたる等その権限を濫用することがあつてはならない。

＊警察官職務執行法＊

（犯罪の予防及び制止）

第5条　警察官は、犯罪がまさに行われようとするのを認めたときは、その予防のため関係者に必要な警告を発し、又、もしその行為により人の生命若しくは身体に危険が及び、又は財産に重大な損害を受ける虞があつて、急を要する場合においては、その行為を制止することができる。

386　各論第2編1部　第2章　放火及び失火の罪

第2章　放火及び失火の罪

第1項　現住建造物等放火罪

＊刑法等の一部を改正する法律（令和4年法律第67号）の施行後は、下線部分の（拘禁刑）（有期拘禁刑）等となる。

（現住建造物等放火）

第108条　放火して、現に人が住居に使用し又は現に人がいる建造物、汽車、電車、艦船又は鉱坑を焼損した者は、死刑又は無期若しくは5年以上の懲役に処する。
（拘禁刑）

（未遂罪）

第112条　第108条及び第109条第1項の罪の未遂は、罰する。

（予備）

第113条　第108条又は第109条第1項の罪を犯す目的で、その予備をした者は、2年以下の懲役に処する。ただし、情状により、その刑を免除することができる。
（拘禁刑）

① 放　火

　「**放火**」とは、一定の目的物に燃焼の原因を与える行為をいう。積極的に点火することのほか、ほかの原因で発火した場合にこれを消し止める義務のある者が火力を利用する意思で燃えるにまかせておくような不作為もある（大判昭13・3・11刑集17・237等）。

　放火の方法は、目的物に対して直接火を点ずる場合と、媒介物を用いる場合がある。媒介物を用いたときは、その媒介物に点火すれば、放火の着手があったとしてよい（大判大3・10・2刑録20・1789）。

2 焼　損

　火力による物の毀損をいう。改正前の「焼燬（しょうき）」の表現を改めたもので、同一概念である。放火・失火の罪を通じて、構成要件要素で最も重要なものが、この「焼損」の概念である。

　目的物がどの程度まで燃えれば「焼損」といいうるかについては、説が分かれている。判例は、火が放火の媒介物をはなれてその目的物に燃え移り独立して燃焼を継続する状態に達したときと解し、このときに放火は既遂になるとしている（**独立燃焼説**）。例えば、新聞紙を丸めて火をつけ押入に入れ天井板に燃え移らせ天井板自体が燃えはじめれば、たとえその天井板の一部が焼けただけで消しとめられても、建造物放火の既遂で、家屋の効用がなくなるまで燃えることは必要でない（最判昭23・11・2刑集2・12・1443等）。独立燃焼が始まれば、すでに「**公共の危険**」が発生している、というのがその根拠であり、判例が一貫して採用する考え方である。これに対し、火力によって目的物の重要な部分が喪失し、その本来の効用を失ったときに焼損になるとする見解（**効用喪失説**）や目的物の重要な部分が燃焼を開始したときに焼損があったとする見解（**燃え上がり説**）などがある。独立燃焼説では、不燃性の建材等で有毒ガスを出して溶解するなどしても全く燃焼しない場合には人命等に対する危険があり、効用を喪失させるにもかかわらず、既遂とはならないことになる。

3 建造物等

　本罪の客体は、建造物・汽車・電車・艦船・鉱坑で、現に人の住居に使用するものか又は現に人がいるものである。バス、航空機は本条の客体ではない。

　「**建造物**」とは、家屋その他これに類する工作物で土地に定着し人の起居又は出入れに適するものである（大判大13・5・31刑集3・459）。従来の様式の建物では、屋根があり、これが周壁や柱で支持されていることを要する。建造物を構成するものとはいえないところの取り外し自由な畳・戸・窓・ふすまなどは、建造物でないから、これらを燃やしても、建造物放火の未遂か110条の建造物以外の放火（既遂）となるに過ぎない（最判昭25・12・14刑集4・12・2548）。また、普通の構造の門は、人の出入りしうる内部をもたないから建造物でない。同じ「**建造**

物」という用語を用いても、本罪と建造物損壊罪とでは同じ意味であるが、建造物侵入罪では意味が少し変わる（第1編第2部第4章④☞241頁参照）。それぞれの罪の構成要件や保護法益の違いが現れるわけである。

「艦船」については、住居侵入罪（130条）及び建造物損壊罪（260条）における艦船の解説参照（第1編第2部第4章⑤☞241頁、第1編第4部第7章第3項②☞372頁）。「鉱抗」とは鉱物を採取するための地下設備であり、鉱業権によらないものも含まれる。

④ **現に人が住居に使用する**

犯人以外の者が、食事をしたり、寝たり、くつろいだりする場所として日常使用することをいう。犯人の妻子も犯人以外の者である（最判昭32・6・21刑集11・6・1700等）。犯人だけが独り生活をしているときはこれに当たらない（109条の客体となる）。

建物の一部が住居に使用されていれば、全体が本条の客体となる。建造物の一体性は物理的、機能的な側面の総合判断による。一部の部屋に人が寝泊まりしている劇場、校舎内に宿直員が寝泊まりする宿直室のある学校、いずれも本条の客体である。回廊等で接続された本殿、社務所、守衛詰所等は、全体として一個の現住建造物となる（最決平元・7・14刑集43・6・641（【実例】3の解説☞390頁参照））。人が住居に使用しているものである限り、放火の際に人が居なくても本条の罪が成立する（競売手続の進行を遅らせるため休日以外交代で従業員に宿泊させていたが放火時は旅行に連れ出していた事案につき最決平9・10・21刑集51・9・755）。

機能面を重視したものとして、宿直室が独立した建物となっていても、執務時間後も宿直員が庁舎内を巡視することになっている庁舎は、本条の客体であるとする判例もある（大判大3・6・9刑録20・1147）。

⑤ **現に人がいる**

放火の際に犯人以外の者がいること。勤務というような形で現在する場合のほか、たまたまその時だけ入って来ていたというのでもよいが、犯人において現に人がいることの認識が必要である。

⑥ **処　罰**

第1項　現住建造物等放火罪　389

　未遂のみならず予備も処罰される（112条・113条）。本罪の罪を犯し、犯人が意図していなかった別の現住建造物に延焼した場合も本条が成立し、一罪となる。次条以下の目的物も焼損したときは、最も重い本条の罪が成立し、次条以下の罪はこれに吸収される（大判明42・11・19刑録15・1645）。

　なお、放火によって犯人が意図していなかった他人の死亡を惹起したことは量刑上考慮され得る（最決平29・12・19刑集71・10・606）。

⑦　特別法

　政治目的のための放火の予備・陰謀・教唆・せん動は、独立の罪として処罰される（破壊活動防止法39条）。

☞【実例】１　（居住者殺害後の放火）

　　　甲は、ＡＢが住んでいる家に侵入して2人とも殺害し、犯跡をかくすため、ＡＢ2人の死体のある家に放火して逃走した。

〔解説〕

　　　住居侵入、殺人と「非現住建造物等放火」（109条）、死体損壊の各罪が成立する。住居者が死亡してしまうと、すでにその時点から、その建物は、現に人の住居に使用するものとはいえなくなるというのが、その理由である（大判大6・4・13刑録23・312）。

☞【実例】２　（住宅に近接する物置への放火）

　　　甲、乙の住宅を燃やしてしまうつもりで、乙の住宅に近接して建っている物置小屋に火をつけ、火の手があがるのを見て逃げた。火は、間もなく乙の家族が見つけて物置小屋の一部が焼失しただけで消し止められた。

〔解説〕

　　　物置小屋から住宅にまで燃え移らせ、住宅の一部が独立して燃焼しうる状態に達すれば、108条の放火の既遂であるが、設問の場合は、物置小屋の一部焼

＊破壊活動防止法＊
（政治目的のための放火の罪の予備等）
第39条　政治上の主義若しくは施策を推進し、支持し、又はこれに反対する目的をもつて、刑法第108条、第109条第1項、第117条第1項前段、第126条第1項若しくは第2項、第199条若しくは第236条第1項の罪の予備、陰謀若しくは教唆をなし、又はこれらの罪を実行させる目的をもつてするその罪のせん動をなした者は、5年以下の懲役又は禁こに処する

390　各論第2編1部　第2章　放火及び失火の罪

失に止まった。ここで、物置小屋と住宅とが近接しているために小屋が燃えれば住宅に燃え移る状態にあるならば、小屋の一部を焼いたにすぎない場合でも、「108条の放火」の実行の着手があったわけで、その未遂（108条、112条）が成立し、109条の放火に該当しない。本件は、非現住建物を「媒介物」とする現住家屋への放火という態様としてとらえうる事案である（大判昭7・4・30刑集11・460等）。

☞【実例】3　（駅ビルの一部であるコンクリート造り交番への放火）

　　警察官が待機していたA派出所に火炎びんが投げ込まれたが、コンクリートの床の上で燃え上っただけで消しとめられた。この派出所は、駅ビルの一部分を占めているコンクリート造りの2階建不燃性建造物である。その内部で木製部分といえば、1階の見張所と事務室の境にある敷居と鴨居、東側の窓枠、2階では送風口の枠、排水管おおい、板張り床と押入れがあり、これらは建物の一部を構成していて容易に取りはずしはできない。このほか派出所内には、1階に書類・地図・机・椅子・木箱、2階に畳・布団・扉などの可燃物があった。

〔解説〕

　　上記の派出所は、コンクリート造りであり、派出所の木製部分は取り外しや交換が可能な付属物であるから、そもそもその性質上この派出所の建物は、放火の対象（放火罪の客体）とならないのではないか、ということが問題となる。

　　しかし、上記の派出所内に火炎びんが投げ込まれた場合には、その火炎は、直ちに又は可燃物に引火することによって、この建物の一部をなす1、2階の木製部分に燃え移ってこれを独立して燃焼させうるものであることは十分に認められるところであるので、現住建造物放火未遂罪は優に成立する（本件では公務執行妨害罪なども成立）。同様に集合住宅であるマンション内部に設置されたエレベーターのかご内で火を放ち、その側壁として使用されている化粧鋼板の表面約0.3平方メートルを燃焼させた場合も、一体として住居として機能し、現住建造物であるマンションを構成するので、現住建造物等放火罪が成立する（最決平元・7・7判時1326・157。なお物理的、機能的に一体性を認めた最決平元・7・14刑集43・6・641（前掲④の解説☞388頁参照））。

第２項　非現住建造物等放火罪・自己所有非現住建造物等放火罪

＊刑法等の一部を改正する法律（令和４年法律第67号）の施行後は、下線部分の（拘禁刑）（有期拘禁刑）等となる。

（非現住建造物等放火）

第109条　放火して、現に人が住居に使用せず、かつ、現に人がいない建造物、艦船又は鉱坑を焼損した者は、２年以上の<u>有期懲役</u>に処する。
（有期拘禁刑）

2　前項の物が自己の所有に係るときは、６月以上７年以下の<u>懲役</u>に処する。た
（拘禁刑）
だし、公共の危険を生じなかったときは、罰しない。

（差押え等に係る自己の物に関する特例）

第115条　第109条第１項及び第110条第１項に規定する物が自己の所有に係るものであっても、差押えを受け、物権を負担し、賃貸し、又は保険に付したものである場合において、これを焼損したときは、他人の物を焼損した者の例による。

① 非現住建造物等放火

火を放って建造物や艦船又は鉱坑を焼損したが、それらが現に人の住居に使われていなかったり、放火の際、人がいなかったりした場合である。

② 人の住居に使用せず

犯人だけが住居に使用していたり犯人だけが現在している建造物等への放火は、本条の罪が成立する。居住している者を殺してしまったあとは、本条の罪に当たる（併合罪となる。前条の【実例】1 ☞389頁**参照**）。

物置小屋・納屋・倉庫・機械工場・空家、勤務者のいなくなった事務所や店舗などへの放火は、本罪が成立する。もっとも、納屋に火をつけた意図が隣接の母屋を燃やそうというつもりであったときは、納屋の一部を焼いたにとどまっても、本条の罪でなく前条の未遂である（前条の【実例】2 ☞389頁**参照**）。なお、豚小屋、堆肥小屋などは性質上人の起居出入が予定されていないので本条の建造物に当たらないとする裁判例があるが疑問である（東京高判昭28・6・18東高時報4・1・5）。

392　各論第2編1部　第2章　放火及び失火の罪

③　自己の所有物

　人の住居にも使用していないし人の現住してもいない建造物が、犯人自身の所有物であったときは、放火の結果、「**公共の危険**」が生じた場合に限り、本条の罪が成立する。

　108条や109条1項では、放火の対象物の性質からして、対象物への放火が行われれば、それ自体で「公共の危険あり」と評価されるわけであるが、109条2項の場合（自己の物で非現住）や110条の場合（建造物等以外の物）は、単に目的物に放火したというだけでは必ずしも「公共の危険」ありとはいえないところから、現実に公共の危険が発生したことを特に要件とするのである（このように現実に公共の危険の発生することを要する犯罪を「**具体的危険犯**」といい、行為自体が公共危険性をもつとされているものを「**抽象的危険犯**」という）。

　自己の所有物であっても、それが差押を受けたり、担保に入っていたり、賃貸されていたり、あるいは保険（協同組合との車両共済契約が含まれることにつき東京高判平22・2・17東高時報刑事61・39）に付してあるときは、他人の物に放火したと同じ扱いを受ける（115条）。したがって、自己所有物でも本条1項の罪が成立し、公共の危険の発生を要しないことになる（大判昭11・2・18刑集15・132）。犯人が所有者の承諾の下に放火したときも、自己所有物に準じ本条2項の罪が成立すると解される。

④　公共の危険を生じなかったとき

　「**公共の危険**」とは、不特定又は多数人の生命・身体・財産に危険を感じさせる状態をいう（大判明44・4・24刑録17・655）。本条や前条の客体とされる建造物等への延焼の危険に限られるものでないことはいうまでもない（駐車中の自動車や集積されたゴミへの延焼危険性につき最決平15・4・14集57・4・445）。この「公共の危険」が生じたかどうかは、その事件の具体的な情況下における一般人の健全な判断を基準として決定される（考え方としては他に、物理的延焼可能性を重視するもの、同可能性と公衆の不安感等を基準とするものがある）。延焼の物理的危険性がない場合でも、通常人をして延焼の危険を感ぜしめるに足る状態を作出した場合は、「公共の危険」の発生が認められる（否定例として、山腹の山小屋に

つき広島高岡山支判昭30・11・15裁特2・22・1173）。なお、前述のとおり、本条1項の罪は、公共の危険発生についての認識は不要である（大判昭10・6・6集14・631。110条1項の罪につき最判昭60・3・28刑集39・2・75（第3項②の解説☞次頁参照））。

⑤ 罰しない

放火罪は成立しないということである。放火罪は成立するが公共の危険が生じたことによって始めて処罰される（処罰条件）というのではない。このため、公共の危険を生じさせたことは、本条2項の罪の構成要件要素である。

⑥ 処 罰

他人所有の物に対する場合は、未遂も予備も処罰される（112条、113条（条文は☞386頁参照））。政治目的でする予備は、破壊活動防止法に特別の処罰規定がある（39条（条文は☞389頁参照））。

☞【実例】 （不作為の放火）

甲は、宿直室もない独立家屋の会社事務所で、独り残業をしていたが、寒い晩で、大量の炭火のおこっている火鉢を、書類など可燃物の積んである事務室の木机の下に置いて、暫く仮眠した。気がつくと、火鉢の炭火が木机に燃え移っている。甲は、周辺の毛布や消火器を用いて消火に努めれば、まだ容易に消しとめられる状態であったのに、自分の失策が発覚して叱責されるのをおそれて、そのまま見捨ててにげてしまったため、会社事務所が全焼した。

〔解説〕

人の住居でもなく、また甲以外には誰もいない事務所であったので109条1項の建造物である。甲は、自分の行為のゆえに火を失してしまったうえに独力で容易に消し止められる情況であったから火を消すという行為に出るべき義務（条理上認められる義務）があったのにこれを放てきしたのであるから、不作為による放火が成立する。本件では109条1項の放火罪となる（最判昭33・9・9刑集12・13・3882等）。

394　各論第2編1部　第2章　放火及び失火の罪

第3項　建造物等以外放火罪・自己所有建造物等以外放火罪

＊刑法等の一部を改正する法律（令和4年法律第67号）の施行後は、下線部分の（拘禁刑）（有期拘禁刑）等となる。

（建造物等以外放火）

第110条　放火して、前2条に規定する物以外の物を焼損し、よって公共の危険を生じさせた者は、1年以上10年以下の懲役に処する。
（拘禁刑）

2　前項の物が自己の所有に係るときは、1年以下の懲役又は10万円以下の罰金に処する。
（拘禁刑）

1　以外の物

　建造物・艦船・鉱坑及び現に人がいる汽車・電車以外の物はすべて含まれる。自動車・航空機、或いは門柱などは、本条の客体に当たる。書類などを焼くのは、器物損壊（261条（☞374頁参照）、259条（☞369頁参照））に当たるが、それに止まらずごみ箱などに放火したものも本罪が成立し得る。

2　よって公共の危険を生じさせた

　放火した結果、実際に公共の危険が発生したこと（建造物等への延焼の危険に限定されないことにつき最決平15・4・14刑集57・4・445前掲4の解説☞392頁参照）が本罪の成立要件である（具体的危険犯）。公共の危険を発生させることまで認識する必要はない（最判昭60・3・28刑集39・2・75）。公共の危険を生じさせなかったため本罪不成立のときは、未遂処罰規定がないので、器物損壊罪（261条☞374頁参照）の成立を考えるべきである。

3　自己の物

　自己の所有物であると刑が軽くなる。財産権への侵害という点からみて所有者のいない廃棄された物への放火は自己所有物に対する刑を科すべきとの考え方も有力である（東京高判昭61・11・6東時37・11＝12・76）。なお、115条及び109条の第2項3の解説☞392頁参照。

4　特別法

　森林放火の場合には森林法違反（202条）として処罰される（本条より刑が重い）。

第3項　建造物等以外放火罪・自己所有建造物等以外放火罪　395

☞【実例】1　（ごみ入り紙袋への放火）

　　　　甲は、気分がむしゃくしゃするところから、火をつけて気晴らしをしようと
　　考え、人家のコンクリート塀の外側に置いてあった「ごみ処理用紙袋」で中に
　　は生ごみや紙くずの固まりが詰められているものに、ライターで点火して火を
　　つけたところ、燃え上がったが、コンクリート塀のため、ごみ袋が燃え上がっ
　　ただけで火は消えた。

〔解説〕

　　　　ごみ袋のような価値のない物に火をつけたのだから、せいぜい軽犯罪法1条
　　9号にいう「相当の注意をしないで、建物の付近で火をたいた者」に当たる位
　　のことではないかと争われた。刑法110条では、単に「前2条に規定する物以
　　外の物」を焼損した場合と規定しているだけで文言上何らの限定も加えていな
　　いこと、本件紙袋は、それ自体の焼損により周囲の物体等に燃え移るなどして
　　公共の危険を発生させるに十分な火力を生ぜしめるだけの量・性質・形状を有
　　しているといえることを理由に、上記のごみ入り紙袋といえども、110条の客
　　体としての「物」に該当することは明らかである（大阪地判昭41・9・19判タ
　　200・180）。本件では塀の後方に人家があるので公共の危険を生ぜしめたと認
　　められる。なお、前述のとおり、無価値のゴミを焼損したときの法定刑は自己
　　所有物のそれによるべきとの説も有力である。

☞【実例】2　（不燃建築材の建物への放火）

　　　　甲は、バス会社の発着場事務所わき空地に事務所の壁に接着して灯油缶数

＊森林法＊
第202条　他人の森林に放火した者は、2年以上の有期懲役に処する。
2　自己の森林に放火した者は、6月以上7年以下の懲役に処する。
3　前項の場合において、他人の森林に延焼したときは、6月以上10年以下の懲役に処する。
4　前2項の場合において、その森林が保安林であるときは、1年以上の有期懲役に処する。
＊軽犯罪法＊
第1条　左の各号の一に該当する者は、これを拘留又は科料に処する。
　　　（第1号〜第8号省略）
　九　相当の注意をしないで、建物、森林その他燃えるような物の附近で火をたき、又はガソリンその他引
　　火し易い物の附近で火気を用いた者
　　　（第10号〜第34号省略）

個が積み重ねてあるのを認め、騒ぎを起こしてうさ晴らしをしようとの考えから、灯油缶に火を放って上記事務所を燃やすつもりで、灯油缶のわきの地面に新聞紙や広告紙を丸め、その上に段ボールを積み、これに灯油缶の灯油をふりかけ、マッチで新聞紙に火を放った。

　火は燃え上がって、新聞紙やダンボールが燃え炎が上記事務所の屋根よりも高く上がったが、灯油缶は破裂せず、事務所も燃えなかった。実は、この事務所は、軽量鉄骨プレハブ造1階建の小さなもので、四囲の外壁及び内壁には、それぞれ石綿セメント板の防火建材（不燃建築材料フレキシブルボード）が使ってあり、屋根は鉄板葺き、天井はセメント板張りで、床もコンクリートブロックの基礎にモルタルを塗ったものであった。側面には2か所窓があり、出入口もあったが、アルミサッシ製のもので、木製部分は全くなく、建物や建物内部が燃える可能性はなかった。灯油缶が破裂して灯油が流出炎上しても、上記の建物や建物内部が燃える可能性はなかった。

〔解説〕

　建造物であっても、その構成部分に可燃性の材料が全く使われていないものは、放火の対象とならないとすると、どうなるかという問題である。従来は、建造物といえば当然に燃えるものであるとの前提で物事が論じられてきたのであるが、現今では事情が変わってしまっていて、燃えない建造物がふえている。108条の放火罪の【実例】3（☞390頁参照）で引用した判例などを見ても、不燃性建造物とはいえその一部分にでも構成部分に木製部分があれば放火罪の対象となるとしているのにとどまるので、可燃性の部分の全くない本件建造物のごときは、建造物放火の対象となるのか疑問があるといわざるをえない。

　本件は、本人の認識では建造物放火であり、また一般の通常人をして建造物焼燬の危険性を感じさせるに足る行為であることは明らかである。客観的には燃えない物なのであるから、新聞紙やダンボールという「建造物以外の物」を焼損し、そのまま放置すれば灯油缶の灯油に引火して炎上させるおそれのある危険な状態を発生させ、公共の危険を生じさせたものとして、110条の「建造物等以外放火罪」の成立を認め得るのは明らかであるが、雑居ビル等にあって

第4項　建造物等延焼罪・建造物等以外延焼罪　397

は火勢が他に及ぶおそれがあることから現住建造物等放火未遂としたものがある（東京地判昭59・6・22判時1131・156）。公共の危険の発生の有無については109条の放火罪**4**の解説☞392頁参照。

第4項　建造物等延焼罪・建造物等以外延焼罪

＊刑法等の一部を改正する法律（令和4年法律第67号）の施行後は、下線部分の（拘禁刑）（有期拘禁刑）等となる。

（延焼）

第111条　第109条第2項又は前条第2項の罪を犯し、よって第108条又は第109条第1項に規定する物に延焼させたときは、3月以上10年以下の懲役に処する。
（拘禁刑）

2　前条第2項の罪を犯し、よって同条第1項に規定する物に延焼させたときは、3年以下の懲役に処する。
（拘禁刑）

1　本条の趣旨

火を放つ直接の対象は「109条2項又は110条2項」の客体、つまり、建造物・艦船・鉱坑に限らずそれ以外の物を含むが、いずれにせよ自己の所有物でなくてはならない。自己の所有する物（現住建造物以外の）に火を放って、108条に記載した物（現住建造物等）又は109条1項に記載した物（他人所有の非現住建造物等）に延焼させたときに本条1項の罪が成立する。例えば、自分の物置小屋を焼き払おうとして火をつけたところ予想外に火が燃えさかり、公共の危険が現実化して隣人の家屋の一部を焼いたというような場合がこれに当たる。

本条2項の罪は、自己所有の建造物等以外の物に火を放って、他人所有の同種の物（建造物等以外の物）に延焼させた場合である。109条1項の罪を犯して、108条の物件に延焼した場合や110条1項の罪を犯して、109条1項の物件に延焼した場合には、前者は109条1項、後者は110条1項の罪によることになる（大判昭13・8・22新聞4317・15）。

2　延　焼

犯人の予期しなかった客体について、焼損の結果を生じることをいう。したがっ

398　各論第2編1部　第2章　放火及び失火の罪

て、本条1項及び2項の罪は、延焼の結果を予見していないときにのみ成立し、ともに**結果的加重犯**である。結果について犯人に未必的にせよ認識認容のあったときは、108条、109条1項ないしは110条1項の各罪が成立する。

第5項　消火妨害罪

＊刑法等の一部を改正する法律（令和4年法律第67号）の施行後は、下線部分の（拘禁刑）（有期拘禁刑）等となる。

> （消火妨害）
> 第114条　火災の際に、消火用の物を隠匿し、若しくは損壊し、又はその他の方法により、消火を妨害した者は、1年以上10年以下の懲役に処する。
> 　　　　　　　　　　　　　　　　　　　　　　　　　　　　　（拘禁刑）

① **火災の際**

　火災は放火の場合でも失火の場合でも原因不明の火災でもよい。

② **消火用の物**

　「消火用の物」とは、改正前の「鎮火用の物」と同義であり、消防自動車・消火器・消防ポンプなど消火用の施設・器具をいう。私有、公有を問わず、自己のものであっても成立する。

③ **隠匿、損壊、その他の方法**

　「隠匿」とは、消火に携わる者が発見するのを困難又は不可能にすることであり、「**損壊**」は、物理的損壊等の方法により、消火機能を減損させること（ホースを切損して漏水させるなど）である。「**その他の方法**」とは、消火に携わる者の行動を妨げたり、水道を遮断するような行為がこれに当たる。

④ **特別法**

　本罪には該当しない消防用望楼等の損壊、火災報知器等の損壊を行った場合は、その行為だけで、消防法により特別に処罰され（38条、39条）、また消防自動車の通行妨害や消防団員その他消火従事者の行為を妨害したときは、本罪に至らない程度のものにつき消防法に特別な処罰規定がある（40条）。

　なお、火事の現場に出入りすることについて、公務員等の指示に従うことを拒んだり、公務員から援助を求められたのに応じなかった場合は、軽犯罪法により処罰

される（1条8号）。

第6項　建造物等失火罪・自己所有非現住建造物等失火罪

> （失火）
> 第116条　失火により、第108条に規定する物又は他人の所有に係る第109条に規定する物を焼損した者は、50万円以下の罰金に処する。
> 2　失火により、第109条に規定する物であって自己の所有に係るもの又は第110条に規定する物を焼損し、よって公共の危険を生じさせた者も、前項と同様とする。

1　失火により

「失火により」とは、改正前の「火を失して」と同義であり、過失によって出火

＊消防法＊

第38条　第18条第1項の規定に違反して、みだりに消防の用に供する望楼又は警鐘台を損壊し、又は撤去した者は、これを7年以下の懲役に処する。

第39条　第18条第1項の規定に違反して、みだりに火災報知機、消火栓又は消防の用に供する貯水施設を損壊し、又は撤去した者は、これを5年以下の懲役に処する。

第40条　次のいずれかに該当する者は、2年以下の懲役又は100万円以下の罰金に処する。
一　第26条第1項の規定による消防車の通過を故意に妨害した者
二　消防団員が消火活動又は水災を除く他の災害の警戒防御及び救護に従事するに当たり、その行為を妨害した者
三　第25条（第36条第8項において準用する場合を含む。）又は第29条第5項（第30条の2及び第36条第8項において準用する場合を含む。）の規定により消火若しくは延焼の防止又は人命の救助に従事する者に対し、その行為を妨害した者
②　前項の罪を犯した者に対しては、情状により懲役及び罰金を併科することができる。ただし、刑法に正条がある場合にはこれを適用しない。
③　第1項の罪を犯し、よつて人を死傷に至らしめた者は、この法律又は刑法により、重きに従つて処断する。

＊軽犯罪法＊

第1条　左の各号の一に該当する者は、これを拘留又は科料に処する。
（第1号〜第7号省略）
八　風水害、地震、火事、交通事故、犯罪の発生その他の変事に際し、正当な理由がなく、現場に出入するについて公務員若しくはこれを援助する者の指示に従うことを拒み、又は公務員から援助を求められたのにかかわらずこれに応じなかつた者
（第9号〜第34号省略）

させることをいう。電気アイロンのつけっ放し、たばこの火の不始末（大阪地判昭32・5・28判タ72・87）、煮えたぎる揚げ物油へのガスコンロの火の引火による燃え上がり、煙突からの飛び火（東京高判昭34・9・30下刑集1・9・1921）など火を失する原因は千差万別である。

　　業務上必要な注意を怠った場合や、重大な過失の場合の失火は第117条の2（☞404頁参照）に規定がある。

② **公共の危険**

　　建造物等以外の物（110条）又は自己所有の非現住建造物等（109条）については公共の危険の発生が犯罪成立の要件である（汽船内の失火につき大判明44・6・16刑録17・1202。否定例として大判大5・9・18刑録22・1359）。公共の危険については109条④の解説☞392頁を参照。

③ **特別法**

　　森林における失火については、森林法に特別の規定がある（203条）。また相当の注意をしないで建物等の付近で火をたいたりガソリンなどの近くで火気を用いたときは、軽犯罪法違反として処罰される（1条9号（条文は☞395頁参照))。

第7項　激発物破裂罪・過失激発物破裂罪

（激発物破裂）

第117条　火薬、ボイラーその他の激発すべき物を破裂させて、第108条に規定する物又は他人の所有に係る第109条に規定する物を損壊した者は、放火の例による。第109条に規定する物であって自己の所有に係るもの又は第110条に規定する物を損壊し、よって公共の危険を生じさせた者も、同様とする。

2　前項の行為が過失によるときは、失火の例による。

＊森林法＊
第203条　火を失して他人の森林を焼燬（き）した者は、50万円以下の罰金に処する。
2　火を失して自己の森林を焼燬し、これによつて公共の危険を生じさせた者も前項と同様とする。

第7項　激発物破裂罪・過失激発物破裂罪　401

① 激発すべき物

「激発物」とは、それ自体急激に破裂して物を破壊する力を有する物をいう。建造物の損壊などの公共の危険をもたらす手段・原因としては、放火・失火による場合のほか、激発物の破裂もあり、本条は両者を同様に扱い同じ処罰をしようとするものである。火薬やボイラー（改正前の「汽缶」）は、本条において激発物の例として示されている。高圧ガスや液化ガスなどの気体を詰めた容器（ボンベ）もこれに当たる。爆発物取締罰則が適用される爆発物（例えば、ダイナマイトや過激派が用いた手製爆弾など）も激発物の一種である（大判大11・3・31刑集1・186）。

室内に故意にガス栓から都市ガスを放出し充満させたうえで点火してガス爆発を起こしてアパートを損壊した場合や、ガス栓を閉め忘れたり、閉める栓を間違えて開放したまま放置し、ガスを室内に充満させ何かの火源でガス爆発を起こして住宅の大半が吹き飛んだという場合に、本罪により放火又は失火の例によるかどうかは問題であるが、積極に解する（【実例】☞次頁参照）。

＊明治十七年太政官布告第三十二号（爆発物取締罰則）＊

第1条　治安ヲ妨ケ又ハ人ノ身体財産ヲ害セントスルノ目的ヲ以テ爆発物ヲ使用シタル者及ヒ人ヲシテ之ヲ使用セシメタル者ハ死刑又ハ無期若クハ7年以上ノ懲役又ハ禁錮ニ処ス

第2条　前条ノ目的ヲ以テ爆発物ヲ使用セントスルノ際発覚シタル者ハ無期若クハ5年以上ノ懲役又ハ禁錮ニ処ス

第3条　第1条ノ目的ヲ以テ爆発物若クハ其使用ニ供ス可キ器具ヲ製造輸入所持シ又ハ注文ヲ為シタル者ハ3年以上10年以下ノ懲役又ハ禁錮ニ処ス

第4条　第1条ノ罪ヲ犯サントシテ脅迫教唆煽動ニ止ル者及ヒ共謀ニ止ル者ハ3年以上10年以下ノ懲役又ハ禁錮ニ処ス

第5条　第1条ニ記載シタル犯罪者ノ為メ情ヲ知テ爆発物若クハ其使用ニ供ス可キ器具ヲ製造輸入販売譲与寄蔵シ及ヒ其約束ヲ為シタル者ハ3年以上10年以下ノ懲役又ハ禁錮ニ処ス

第6条　爆発物ヲ製造輸入所持シ又ハ注文ヲ為シタル者第1条ニ記載シタル犯罪ノ目的ニアラサルコトヲ証明スルコト能ハサル時ハ6月以上5年以下ノ懲役ニ処ス

第7条　爆発物ヲ発見シタル者ハ直ニ警察官吏ニ告知ス可シ違フ者ハ100円以下ノ罰金ニ処ス

第8条　第1条乃至第5条ノ犯罪アルコトヲ認知シタル時ハ直ニ警察官吏若クハ危害ヲ被ムラントスル人ニ告知ス可シ違フ者ハ5年以下ノ懲役又ハ禁錮ニ処ス

第9条　第1条乃至第5条ノ犯罪者ヲ蔵匿シ若クハ隠避セシメ又ハ其罪証ヲ湮滅シタル者ハ10年以下ノ懲役又ハ禁錮ニ処ス

第10条　第1条乃至第6条ノ罪ハ刑法（明治40年法律第45号）第4条ノ2ノ例ニ従フ

第11条　第1条ニ記載シタル犯罪ノ予備陰謀ヲ為シタル者ト雖モ未タ其事ヲ行ハサル前ニ於テ官ニ自首シ因テ危害ヲ為スニ至ラサル時ハ其刑ヲ免除ス第5条ニ記載シタル犯罪者モ亦同シ

第12条　本則ニ記載シタル犯罪刑法ニ照シ仍ホ重キ者ハ重キニ従テ処断ス

402 各論第2編1部 第2章 放火及び失火の罪

2 損　壊

物理的に毀損して、効用を減損させることであり、焼損と異なり、独立燃焼は不要である。

3 放火の例による

放火についての第108条、第109条、第110条のそれぞれの法定刑によって処断されるとの意味である。未遂（112条（条文は☞386頁参照））や予備（113条）も処罰されると解する。自己所有物の特例についての115条も適用されるとするのが通説である。

延焼罪（111条）の適用については消極とするのが多数説であるが、ガスボンベ等の誘爆による現住建造物等の損壊を想定すると積極に解すべきものと思う。

4 失火の例による

失火についての第116条及び第117条の2（業務上失火、重過失失火）のそれぞれの法定刑によって処断されるとの意味である。自己所有の非現住建造物等については、公共の危険の発生が必要である。

☞【実例】　（ガス自殺目的のガス爆発）

甲は、6世帯が入居しているアパートの2階の自室で、ガス自殺をしようとの目的で、ガスコンロのツマミを開放して天然ガスを室内に充満させた。しかし、なかなか自殺できないため、意を決してコンロの自動点火装置を廻した。一瞬にしてガス爆発が起き、現に人の住居に使用する同アパート及びその隣接2棟の建造物を損壊した。

甲は重傷を負ったが生命は助かった。

〔解説〕

ガスについては、これを漏出させて他人の生命・身体・財産に危険を生じさせる行為を次の118条が規定しており、ガス漏出と激発物とを区別してガス漏出関係は118条で処理させる趣旨であるようにもみえる。また118条は故意犯の規定であり、刑法は過失でガスを漏出させた行為を処罰する規定を設けておらず、過失ガス漏出は刑法上は罪とならない。また過失による激発物破裂罪よりもガス漏出罪の方が法定刑が重いため、室内にガスを充満させることについ

て故意はあるがガスを発火爆発させることについては故意がない事案では、爆発させてしまうと117条成立だとすると（過失激発物破裂は失火と同じ）却って刑が軽くなるという不合理が現れる。

　以上のような理由などから、室内に充満させたガスというようなものは、117条の激発物には含まれないとする考え方がありうる。

　しかしながら、裁判例では、本件（設問の事例）につき、117条の成立を認め（東京高判昭54・5・30判時940・125、大阪地判昭58・2・8判タ504・190)、室内に充満したガスも117条にいう激発物に当たり、これを破裂させて建造物を損壊したときは117条1項の罪が成立するとしている。

　また、スナックの営業者が、店の中のプロパンガス配管のガス栓のコックの点検をしないで帰宅した重大な過失により、ガスが店舗内に充満し、これに電気冷蔵庫のサーモスタットの電気火花が引火してガス爆発を起こし、その店舗や隣接3棟の建物を損壊した事案につき、重過失による激発物破裂罪が成立するとする裁判例（横浜地判昭54・3・29判時940・125）などが現れており、室内に充満したガスを激発物とみる積極判例が集積されつつある。

　ガス漏出は必ずしもガス充満（激発物）とは限らないから、故意にガス漏出をして充満させて爆発させ財産被害が出た場合は、118条と117条の両罪が成立し両者は事案により併合罪又は観念的競合の関係にあるとすれば、刑の不均衡などの問題も解消すると思われる。また、過失によってガス爆発を起こし火が出れば失火（116条）に当たるが、火が出ないで爆風だけによる破裂破壊だと被害が大きくても犯罪不成立（死傷者が出ても（重・業務上）過失致死傷だけ）というのでは、後者の破壊力が大きいだけに、いかにも不合理と思われ、現今の実情を直視するならば、117条の激発物に「室内に充満したガス」を含める判例の態度は、類推解釈ではなく合理的な目的論的拡張解釈として許されるものと思われる。

404　各論第2編1部　第2章　放火及び失火の罪

第8項　業務上失火（業務上過失激発物破裂）罪・重過失失火（重過失激発物破裂）罪

＊刑法等の一部を改正する法律（令和4年法律第67号）の施行後は、下線部分の（拘禁刑）（有期拘禁刑）等となる。

（業務上失火等）

第117条の2　第116条又は前条第1項の行為が業務上必要な注意を怠ったことによるとき、又は重大な過失によるときは、3年以下の<u>禁錮</u>又は150万円以下の罰金に処する。
　　　　　　　　　　　　　　　　　　　　　　　　（拘禁刑）

1　加重的構成要件

　失火や激発物破裂が、業務上の注意を怠ったことによる場合や重大な過失に基づく場合は、通常の失火罪や過失激発物破裂罪より重く処罰することとしたのが本条である。

2　業務上必要な注意

　「業務」とは、通常、人が社会生活上、反覆継続して従事すべき仕事を意味するが（業務上過失致死傷罪211条などの業務も同じ。☞199頁**参照**）、本条では、調理師やボイラーマン、公衆浴場経営者など直接に火気を取り扱うことを職務とする者（最判昭34・12・25刑集13・13・3333等）、次にガス器具、サウナ風呂の製造あるいは取付設置を職務とする者やガソリン、アセチレンガス、ウレタンフォームなど引火性の強い物を取り扱う仕事を職務とする人など火気発生の蓋然性の高い物質・器具・設備等を取り扱うことを職務とする者（最決昭42・10・12刑集21・8・1083等）の仕事がこれに当たる。更に、劇場やホテルの支配人などのように公衆のために出火を防止する義務を負う者とか出火の発見・防止を主たる職務とする夜警員も、本条にいう業務に従事する者といえる。判例も、当該火災の原因となった火を直接取り扱うことを業務の内容の全部又は一部としているもののみに限定することなく夜警のごときも含むものとしている（最判昭33・7・25刑集12・12・2746）。本条は、「職務として火気の安全に配慮すべき社会生活上の地位」にある者は、出火防止にそれ相当の高い注意義務を負うところから、その義務

第8項　業務上失火（業務上過失激発物破裂）罪・重過失失火（重過失激発物破裂）罪　405

違反に対し処罰を加重しようとするものである（ウレタンフォーム加工等を営む会社の工場部門責任者につき最決昭60・10・21刑集39・9・362）。火気の取り扱いを反覆継続していても家庭の主婦や喫煙家などは、職務としているわけではないから含まれない。激発物についても、同様に、「火気」を「激発物」に置きかえて考えればよい。

③　重大な過失

「重大な過失」とは、普通人の払うべき注意義務を著しく怠った場合や行為の法益に対する危険性が社会生活上著しく高く違法性が強度な場合をいう（東京高判昭51・6・29判時831・121）。例えば、室内で急いで水を飲みに行こうとして誤って燃えているストーヴに足を引っ掛けてしまい、はずみでストーヴを倒し出火させたという場合と、ささいなことで夫婦喧嘩をして腹立ちまぎれに妻のいる方に向けて燃えているストーヴを足で蹴飛ばしたらストーヴが倒れて出火したという場合とでは、同じく不注意から出火したといっても、全く評価を変えなければならない。後者の場合、まさに上記の裁判例にいう重過失に当たる。ガソリンスタンドで給油中なのにその近くでたばこを喫うためライターを点火した場合（最判昭23・6・8裁判集2・329）や僅かな注意を払えば灯油でないことが分かるのに石油ストーヴにガソリンとオイルの混合油を注入して点火した場合（東京高判平元・2・20判タ697・269）なども重過失であり、態様は千差万別である。港則法は、何人も港内においては油送船の付近で喫煙し又は火気を取り扱ってはならないと定めているが（37条）、当然のことであり、これを怠ったときは重過失となろう。

なお、重過失致死傷罪（211条）の③の解説☞201頁参照。

＊港則法＊

（喫煙等の制限）

第37条　何人も、港内においては、相当の注意をしないで、油送船の付近で喫煙し、又は火気を取り扱つてはならない。

2　港長は、海難の発生その他の事情により特定港内において引火性の液体が浮流している場合において、火災の発生のおそれがあると認めるときは、当該水域にある者に対し、喫煙又は火気の取扱いを制限し、又は禁止することができる。ただし、海洋汚染等及び海上災害の防止に関する法律第42条の5第1項の規定の適用がある場合は、この限りでない。

406　各論第2編1部　第2章　放火及び失火の罪

４　他　罪

　本条を犯し、人を死傷させたときは業務上過失致死罪・重過失致死傷罪も成立し、観念的競合になる（最決平12・12・20集54・9・1095）。

　なお、業務上必要な注意を怠り、製造所・貯蔵所・取扱所から危険物を漏出・流出・放出・飛散させて火災の危険を生じさせた場合につき消防法に特別な処罰規定がある（39条の3）。

☞【実例】　（サウナ風呂製作上耐火性に不備があった失火事件）

　　　　サウナ浴場が火災になり入浴客が死亡する惨事となったが、出火原因は、浴場内に設置されていた組立式サウナ風呂に構造上の欠陥があり発火したものであることが判明した。検討したところ、このサウナ風呂は長期間使用すると、電熱炉の加熱により木製ベンチ部分が徐々に炭化して火災が発生する危険があった。

〔解説〕

　　　　上記のサウナ風呂の製作・販売会社の役員らが起訴された。すなわち、メーカーは、サウナ風呂の開発・製作に当たり、その構造につき耐火性を配慮して火災の発生を防止する業務上の注意義務があるとしてその刑責を問われたのである。サウナ風呂は、火気発生の蓋然性が高い設備の一つということができ、これを取り扱うことを職務とする者に、失火につき業務上の注意義務があるとされたのである。この事件では、浴場の経営者も、共に、業務上失火・業務上過失致死で起訴され、有罪となった（最決昭54・11・19刑集33・7・728）。

＊消防法＊

第39条の2　製造所、貯蔵所又は取扱所から危険物を漏出させ、流出させ、放出させ、又は飛散させて火災の危険を生じさせた者は、3年以下の懲役又は300万円以下の罰金に処する。ただし、公共の危険が生じなかったときは、これを罰しない。

②　前項の罪を犯し、よつて人を死傷させた者は、7年以下の懲役又は500万円以下の罰金に処する。

　　（第39条の2の2　省略）

第39条の3　業務上必要な注意を怠り、製造所、貯蔵所又は取扱所から危険物を漏出させ、流出させ、放出させ、又は飛散させて火災の危険を生じさせた者は、2年以下の懲役若しくは禁錮又は200万円以下の罰金に処する。ただし、公共の危険が生じなかったときは、これを罰しない。

②　前項の罪を犯し、よつて人を死傷させた者は、5年以下の懲役若しくは禁錮又は300万円以下の罰金に処する。

第9項　ガス等漏出罪・ガス等漏出致死罪・ガス等漏出致傷罪

＊刑法等の一部を改正する法律（令和4年法律第67号）の施行後は、下線部分の（拘禁刑）（有期拘禁刑）等となる。

（ガス漏出等及び同致死傷）

第118条　ガス、電気又は蒸気を漏出させ、流出させ、又は遮断し、よって人の生命、身体又は財産に危険を生じさせた者は、3年以下の<u>懲役</u>又は10万円以下の罰金に処する。
（拘禁刑）

2　ガス、電気又は蒸気を漏出させ、流出させ、又は遮断し、よって人を死傷させた者は、傷害の罪と比較して、重い刑により処断する。

1 **危険の対象**

　人の生命・身体・財産という場合の人や物は、必ずしも不特定又は多数のものであることを要しない（公共の危険ではない）。特定人1人、特定物1個でもよい。

2 **故意犯**

　本罪（1項）は故意犯のみを処罰し、過失犯は処罰されない（処罰規定がない）。人の生命等に対する危険を発生させることの認識は不要である（深夜、換気の良くない部屋でガスコンロの栓を全開して都市ガスを漏出させた事案につき東京高判昭51・1・23判時818・107）。その認識、認容があれば殺人予備、未遂との観念的競合となり得る（大阪高判昭57・6・29判時1051・159）。

3 **致死傷**

　2項は結果的加重犯であり、死傷という結果につき未必的にせよ認識、認容のない場合にのみ成立する（ガス自殺を図り、結果として他人に傷害を負わせたものとして札幌地判昭55・10・31判時1009・143、名古屋地判昭56・6・30判時1020・143）。殺人・傷害の故意があるときは、殺人罪（199条）や傷害（204条）・傷害致死罪（205条）が成立する。

　「傷害の罪と比較して、重い刑により処断する」とは、致傷の場合は、傷害罪（204条☞177頁**参照**）の法定刑と、致死の場合は、傷害致死罪（205条☞181頁**参照**）の法定刑と、本条1項の法定刑とを比較して上限、下限とも重い方の刑によ

る、という意味である。

　なお、危険物の漏出等とその結果的加重犯としての致死傷罪は、消防法に特別規定がある（39条の2（条文は☞406頁**参照**))。

第1項　現住建造物等浸害罪　409

第3章　出水及び水利に関する罪

第1項　現住建造物等浸害罪

＊刑法等の一部を改正する法律（令和4年法律第67号）の施行後は、下線部分の（拘禁刑）（有期拘禁刑）等となる。

（現住建造物等浸害）

第119条　出水させて、現に人が住居に使用し又は現に人がいる建造物、汽車、電車又は鉱坑を浸害した者は、死刑又は無期若しくは3年以上の懲役に処する。
　　　　　　　　　　　　　　　　　　　　　　　　　　　　　　　　　　（拘禁刑）

1　**出水させる**

　「**出水させる**」とは、改正前の「溢水せしめ」と同義であり、制圧されていた水の自然力を解放して水を氾濫させることをいう。水門を壊して川の水を溢れさせるような行為がこれに当たる。既に河川の氾濫で浸水が始まっているのを、堤防を破壊してさらに水量を増加させるのも出水に当たる（大判明44・11・16刑録17・1984）。

2　**浸害する**

　水力によって物を破壊したり水浸しにして物の効用を減少させまたは失わせることをいう。必ずしも、効用喪失、損壊までは不要と解する。浸害に至らなければ123条の罪が成立する（☞412頁**参照**）。

410　各論第2編1部　第3章　出水及び水利に関する罪

第2項　建造物等以外浸害罪

＊刑法等の一部を改正する法律（令和4年法律第67号）の施行後は、下線部分の（拘禁刑）（有期拘禁刑）等となる。

（非現住建造物等浸害）

第120条　出水させて、前条に規定する物以外の物を浸害し、よって公共の危険を生じさせた者は、1年以上10年以下の懲役に処する。
　　　　　　　　　　　　　　　　　　　　　　　　　　　　（拘禁刑）
2　浸害した物が自己の所有に係るときは、その物が差押えを受け、物権を負担し、賃貸し、又は保険に付したものである場合に限り、前項の例による。

① 前条に規定する物以外の物

　非現住建造物などが含まれる。田畑・牧場・ゴルフ場なども本条の対象となる。

② 自己の物

　放火の場合と同様に（115条）、自己の所有物でも差押を受けたり、担保に入っていたり、賃貸されていたり、あるいは保険がかけてあるときは、他人の所有物と同じように扱われる。差押を受けるなどの事情のない自己所有物については本条の罪は成立しない（差押に仮差押が含まれることにつき大判昭7・2・18刑集11・42）。所有者が同意しているときも、自己所有物と同様に解すべきであろう。「公共の危険」とは、不特定又は多数人がその生命、身体、財産に対する危害を感じるのが相当の理由があると認められる状態が発生することである（大判明44・6・22刑録17・1242）。もっとも、放火同様、公共の危険発生に対する認識、認容は不要と解する（110条②の解説☞394頁参照）。

③ 前項の例による

　「公共の危険を生じさせる」ことが犯罪の成立要件であること、法定刑も同じであることを意味する。110条、118条等と同じく、判例の立場では、公共の危険を発生させる認識は不要である（110条②の解説☞394頁参照）。

第3項　水防妨害罪　411

第3項　水防妨害罪

＊刑法等の一部を改正する法律（令和4年法律第67号）の施行後は、下線部分の（拘禁刑）（有期拘禁刑）等となる。

（水防妨害）

第121条　水害の際に、水防用の物を隠匿し、若しくは損壊し、又はその他の方法により、水防を妨害した者は、1年以上10年以下の懲役に処する。
（拘禁刑）

1 **水害の際**

　　現実に氾濫が生じて浸害状態にあるときのほか、氾濫の危険が迫っている状態にあるときを含むと解されている。水害には津波、高潮を含む（東京高判昭52・3・24東高時報28・3・28）。

2 **水　防**

　　水害を防止することをいう。水防活動が現実に妨害されたことを要しないのは業務妨害等と同様である。

3 **特別法**

　　水防法に水防用器具等損壊罪など（52条ないし55条）、軽犯罪法に風水害などの

＊水防法＊

（警戒区域）

第21条　水防上緊急の必要がある場所においては、水防団長、水防団員又は消防機関に属する者は、警戒区域を設定し、水防関係者以外の者に対して、その区域への立入りを禁止し、若しくは制限し、又はその区域からの退去を命ずることができる。

2　前項の場所においては、水防団長、水防団員若しくは消防機関に属する者がいないとき、又はこれらの者の要求があつたときは、警察官は、同項に規定する者の職権を行うことができる。

第52条　みだりに水防管理団体の管理する水防の用に供する器具、資材又は設備を損壊し、又は撤去した者は、3年以下の懲役又は50万円以下の罰金に処する。

2　前項の者には、情状により懲役及び罰金を併科することができる。

第53条　刑法（明治40年法律第45号）第121条の規定の適用がある場合を除き、第21条の規定による立入りの禁止若しくは制限又は退去の命令に従わなかつた者は、6月以下の懲役又は30万円以下の罰金に処する。

第55条　次の各号のいずれかに該当する者は、30万円以下の罰金又は拘留に処する。

一　みだりに水防管理団体の管理する水防の用に供する器具、資材又は設備を使用し、又はその正当な使用を妨げた者

二　第20条第2項の規定に違反した者

三　第49条第1項の規定による資料を提出せず、若しくは虚偽の資料を提出し、又は同項の規定による立入りを拒み、妨げ、若しくは忌避した者

412　各論第2編1部　第3章　出水及び水利に関する罪

際の公務員の指示の拒否を処罰する規定（1条8号（条文☞399頁参照））がある。

第4項　過失建造物等浸害罪・過失建造物等以外浸害罪

（過失建造物等浸害）

第122条　過失により出水させて、第119条に規定する物を浸害した者又は第120条に規定する物を浸害し、よって公共の危険を生じさせた者は、20万円以下の罰金に処する。

① **過失による出水**

　過失（不注意）はいかなる態様でもよい。護岸工事に手抜きがあった、ダムを不用意に解放した、水路のつけ方を間違えていた、水門を閉め忘れていた、水門の自動開閉装置の欠陥を見落とした（東京高判昭52・3・24☞前頁参照）など。119条の過失犯（☞409頁参照）には、公共の危険発生は不要である。

② **他罪との関係**

　建造物等の浸害のほか人の死傷が発生すれば、過失が、業務上の過失、重過失、通常の過失のいずれであるかに従い、209条（☞198頁参照）ないし211条（☞199頁参照）の各罪も成立する。

第5項　水利妨害罪

＊刑法等の一部を改正する法律（令和4年法律第67号）の施行後は、下線部分の（拘禁刑）（有期拘禁刑）等となる。

（水利妨害及び出水危険）

第123条　堤防を決壊させ、水門を破壊し、その他水利の妨害となるべき行為又は出水させるべき行為をした者は、2年以下の<u>懲役若しくは禁錮</u>又は20万円
（拘禁刑）
以下の罰金に処する。

① **水　利**

　灌漑（大判昭4・6・3刑集8・302）、水車の動力（大判明45・5・6刑録18・

第5項　水利妨害罪　413

567)、水力発電（最判昭33・12・25刑集12・16・3555)、水道によらない飲料水利用（大判昭12・12・24刑集16・1635)、牧畜など水の利用一切を意味する。

　水利妨害罪が成立するためには、水利権を有する者の水の使用を妨げたことを要する（大判昭7・4・11刑集11・337等）。水利権の侵害を内容とする犯罪であるからである。水利権は、土地の所有権など物権に含まれている場合のほか契約や土地の慣習によっても取得される。地下水も対象となる（ただし、具体的事案では他人に水利権なしとした高松地判昭37・12・4下刑集4・11＝12・1070)。

　水門破壊（大判明35・12・12刑録8・11・101）は妨害行為の例示であり、放水口の栓を抜く（大判明35・4・14刑録8・4・77)、水路排水門を開く（最判昭33・12・25刑集12・16・3555前掲)、他人の用水取入口を稲苗束で封鎖する（東京高判昭34・5・11東時10・10・383）等が様々な態様があり得る。

② 出　水

　本条の罪の後段は出水危険罪である。出水の危険を生じさせる行為を処罰するもので、堤防の決壊や水門の破壊はその例を示したにすぎない（浸水状態下での排水管閉塞等につき大阪地判昭43・4・15下刑集10・4・393)。水利妨害と同様、出水の結果発生は必要ではない。

③ 特別法

　水道施設損壊などは水道法に（51条)、川や溝などの水路の流通妨害で軽微なものは軽犯罪法に（1条25号)、それぞれ処罰規定がある。また、交通上の水路の利用妨害は刑法124条（☞414頁**参照**）に、公衆の飲料用水道の損壊などは刑法147条（☞441頁**参照**）に、それぞれ処罰規定がある。

＊水道法＊
第51条　水道施設を損壊し、その他水道施設の機能に障害を与えて水の供給を妨害した者は、5年以下の懲役又は100万円以下の罰金に処する。
2　みだりに水道施設を操作して水の供給を妨害した者は、2年以下の懲役又は50万円以下の罰金に処する。
3　前2項の規定にあたる行為が、刑法の罪に触れるときは、その行為者は、同法の罪と比較して、重きに従つて処断する。
＊軽犯罪法＊
第1条　左の各号の一に該当する者は、これを拘留又は科料に処する。
　　　　（第1号〜第24号省略）
　二十五　川、みぞその他の水路の流通を妨げるような行為をした者
　　　　（第26号〜第34号省略）

414　各論第2編1部　第4章　往来を妨害する罪

第4章　往来を妨害する罪

　刑法のこの部分は、刑法が明治41年に施行されて以来全く改正されていないため、いわば明治40年代の交通事情をそのまま反映した条文となっている。当時と現今とでは、交通をめぐる諸情勢は一変してしまっており、日進月歩の変貌を遂げてゆく交通環境下における犯罪としての往来妨害とその処罰は、種々の特別法によって賄われているから、本章の罪を検討するに当たっては常にその点を念頭に置く必要がある。また、本章に定める犯罪についても、これを現今の交通事情の実際に出来る限り当てはめて合理的に解釈し、その活用を図らなければならない。

第1項　往来妨害罪・往来妨害致死罪・往来妨害致傷罪

＊刑法等の一部を改正する法律（令和4年法律第67号）の施行後は、下線部分の（拘禁刑）（有期拘禁刑）等となる。

　（往来妨害及び同致死傷）

第124条　陸路、水路又は橋を損壊し、又は閉塞して往来の妨害を生じさせた者は、2年以下の懲役又は20万円以下の罰金に処する。
（拘禁刑）

2　前項の罪を犯し、よって人を死傷させた者は、傷害の罪と比較して、重い刑により処断する。

　（未遂罪）

第128条　第124条第1項、第125条並びに第126条第1項及び第2項の罪の未遂は、罰する。

① 陸　路

　公衆の通行の用に供せられる陸上の通路を「**陸路**」という。ここに「**通路**」と

は、道路法に定める一般国道・都道府県道・市長村道及び高速自動車道のほか、公有、私有（私道）を問わず、事実上一般公衆（不特定又は多数の人）又は車などの運行に供されるものであれば足りる（最決昭32・9・18裁判集120・457等）。トンネルを通じる道路であればトンネルも含まれる。

そのようなものであれば地下歩道も陸路に当たると解される。地下鉄を含め鉄道も陸路ではあるが、次条の規定で扱われる。

空路は、本条の対象ではなく、航空（機）の安全については、航空の危険を生じさせる行為等の処罰に関する法律等に特別の定めがある。

＊道路法＊
（用語の定義）
第2条　この法律において「道路」とは、一般交通の用に供する道で次条各号に掲げるものをいい、トンネル、橋、渡船施設、道路用エレベーター等道路と一体となつてその効用を全うする施設又は工作物及び道路の附属物で当該道路に附属して設けられているものを含むものとする。
　　　　（第2項〜第5項省略）
（道路の種類）
第3条　道路の種類は、左に掲げるものとする。
　一　高速自動車国道
　二　一般国道
　三　都道府県道
　四　市町村道
＊航空の危険を生じさせる行為等の処罰に関する法律＊
（航空の危険を生じさせる罪）
第1条　飛行場の設備若しくは航空保安施設を損壊し、又はその他の方法で航空の危険を生じさせた者は、3年以上の有期懲役に処する。
（航行中の航空機を墜落させる等の罪）
第2条　航行中の航空機（そのすべての乗降口が乗機の後に閉ざされた時からこれらの乗降口のうちいずれかが降機のため開かれる時までの間の航空機をいう。以下同じ。）を墜落させ、転覆させ、若しくは覆没させ、又は破壊した者は、無期又は3年以上の懲役に処する。
2　前条の罪を犯し、よつて航行中の航空機を墜落させ、転覆させ、若しくは覆没させ、又は破壊した者についても、前項と同様とする。
3　前2項の罪を犯し、よつて人を死亡させた者は、死刑又は無期若しくは7年以上の懲役に処する。
（業務中の航空機の破壊等の罪）
第3条　業務中の航空機（民間航空の安全に対する不法な行為の防止に関する条約第2条（b）に規定する業務中の航空機をいう。以下同じ。）の航行の機能を失わせ、又は業務中の航空機（航行中の航空機を除く。）を破壊した者は、1年以上10年以下の懲役に処する。
2　前項の罪を犯し、よつて人を死亡させた者は、無期又は3年以上の懲役に処する。
（業務中の航空機内に爆発物等を持ち込む罪）
第4条　不法に業務中の航空機内に、爆発物を持ち込んだ者は3年以上の有期懲役に処し、銃砲、刀剣類又は火炎びんその他航空の危険を生じさせるおそれのある物件を持ち込んだ者は2年以上の有期懲役に処する。

2 水　路

　　船・舟・筏などの航行の用に供される河川・運河・港口等がこれに当たり、損壊したり障害物で遮断できる状況であれば海上の通路や湖沼の通路も含まれる。

3 橋

　　河川湖沼に架けられた橋のほかに陸橋や桟橋も含む。特定の個人の用にのみ供せられるものは含まれず、また、汽車、電車の運用にのみ供せられるものは次条の鉄道である。

4 損　壊

　　物理的に全部又は一部を破壊するなどして、その効用を害することをいう。

5 閉　塞

　　「**閉塞**」とは、改正前の「壅塞」と同義であり、障害物を用いて遮断することである。遮断は部分的でもよい。また排除の容易でない方法や態様による妨害行為に限らず、一般に往来を困難ならしめ又は危険を生じさせると認められるような方法・程度・態様であれば足りる。道路に杭を打ち込めば、人が通行可能でも自動車の運行を遮断するときは閉塞である。例えば、通路上に丸太棒杭を打ち込み、有刺鉄線を張り渡すこと（最決昭32・9・18前掲）、普通乗用自動車を路上に斜めに止めて、車両内外にガソリンを振りまいた上、炎上させること（幅員約5.9メートルの道路の片側に遮断されていない部分が約2メートル余残されていた事案につき最決昭59・4・12刑集38・6・2107）や、アパート脇の1.6メートルの幅員の私道に中古テレビ・茶だんす等多数のごみや不用品を投棄して通行を困難にすること（東京高判昭54・7・24判時956・135）などがこれに当たる。極めて短時間のものは含まない。交通の妨害となるような方法で物件をみだりに道路や水路に放置したが、上記の遮断（閉鎖）という程度に至らないものは道路交通法（119条1項12号の4・76条3項）違反、次条違反、軽犯罪法（1条7号）違反等が成立する。

6 往来の妨害

　　通行を不可能又は困難にする状態を生じさせれば妨害に当たり、往来を現実に阻止したことを要しない。

　　本罪は、損壊や閉塞だけでは既遂に達せず、上記にいう往来の妨害を生じさせる

ことによって既遂となる。具体的危険犯である（軽犯罪法1条7号においては、例えばみだりに船を水路に放置する行為それ自体が犯罪として処罰されるが、それは抽象的危険犯である）。

また、本罪が成立するには、未必的であれ往来の妨害を生じることを予見していることを要する。

7 致死傷

死傷は、往来妨害の結果として発生したことを要するのが通説的見解であるが、判例は、損壊や閉塞行為自体から生じたものを含むとしている（補助金を得るため風害によって損壊したと装うための違法な橋梁損壊工事を実施するにあたり危険防止のため、県名義の通行禁止の立札が立てられた橋の損壊につき最判昭36・1・10刑集15・1・1）。2項の罪は結果的加重犯である。結果についての未必的にせよ認識、認容があれば殺人罪等が成立し、本条1項との観念的競合となる。

8 傷害の罪との比較

致傷の場合は傷害罪（204条（☞177頁**参照**））の法定刑と、致死の場合は傷害致死罪（205条（☞181頁**参照**））の法定刑と、本条1項の法定刑とをそれぞれ比較して上限、下限とも重い方による。

9 処 罰

＊道路交通法＊
（禁止行為）
第76条 何人も、信号機若しくは道路標識等又はこれらに類似する工作物若しくは物件をみだりに設置してはならない。
2 何人も、信号機又は道路標識等の効用を妨げるような工作物又は物件を設置してはならない。
3 何人も、交通の妨害となるような方法で物件をみだりに道路に置いてはならない。
　　（第4項省略）
第119条 次の各号のいずれかに該当する者は、3月以下の懲役又は5万円以下の罰金に処する。
　　（第1号～第12号の3省略）
　十二の四 第76条（禁止行為）第3項又は第77条（道路の使用の許可）第1項の規定に違反した者
　　（第13号～第15号省略）
　　（第2項省略）
＊軽犯罪法＊
第1条 左の各号の一に該当する者は、これを拘留又は科料に処する。
　　（第1号～第6号省略）
　七 みだりに船又はいかだを水路に放置し、その他水路の交通を妨げるような行為をした者
　　（第8号～第34号省略）

第1項の罪につき未遂を処罰する（128条）。往来妨害をしようとして道路の遮断を始めたところを発見されて逃走したときなどがこれに当たる。

⑩ 特別法

　高速自動車国道及び自動車道（専ら自動車の交通の用に供する道路）のほか一般国道、都道府県道、市町村道を「損壊」して道路における交通に危険を生じさせたときは、本条よりも重く処罰する特別法がある（高速自動車国道法26条、道路運送法100条、道路法101条）。

　自動車道を損壊するなどして自動車の往来の危険を生ぜしめ、よって自動車を転覆させ又は破壊した者、及びこれにより人を傷つけ、死亡させた者は、更に重い処罰を受ける（道路運送法101条、102条）。

　道路の損壊や閉塞以外の方法で交通の危険を生じさせた場合、例えば道路の信号機をみだりに操作したり、道路標識を壊したりなどして往来の危険を生じさせた場合は、道路交通法115条や道路運送法100条に処罰規定がある。

＊高速自動車国道法＊
第26条　高速自動車国道を損壊し、若しくは高速自動車国道の附属物を移転し、若しくは損壊して高速自動車国道の効用を害し、又は高速自動車国道における交通に危険を生じさせた者は、5年以下の懲役又は200万円以下の罰金に処する。
2　前項の未遂罪は、罰する。
＊道路運送法＊
第100条　自動車道若しくはその標識を損壊し、又はその他の方法で自動車道における自動車の往来の危険を生ぜしめた者は、5年以下の懲役に処する。
2　前項の未遂罪は、これを罰する。
3　みだりに第68条第5項の規定による道路標識に類似し、又はその効果を妨げるような工作物を設置した者は、6月以下の懲役又は50万円以下の罰金に処する。
第101条　人の現在する一般乗合旅客自動車運送事業者の事業用自動車を転覆させ、又は破壊した者は、10年以下の懲役に処する。
2　前項の罪を犯しよって人を傷つけた者は、1年以上の有期懲役に処し、死亡させた者は、無期又は3年以上の懲役に処する。
3　第1項の未遂罪は、これを罰する。
第102条　第100条第1項の罪を犯しよって自動車を転覆させ、又は破壊した者も前条の例による。
第103条　過失により第100条第1項又は第101条第1項の罪を犯した者は、30万円以下の罰金に処する。
　その業務に従事する者が犯したときは、1年以下の禁錮又は50万円以下の罰金に処する。
＊道路法＊
第101条　みだりに道路（高速自動車国道を除く。以下この条において同じ。）を損壊し、若しくは道路の附属物を移転し、若しくは損壊して道路の効用を害し、又は道路における交通に危険を生じさせた者は、3年以下の懲役又は100万円以下の罰金に処する。

また、本罪（124条）は過失犯を処罰しないが、道路法上の道路（国道・都道府県道・市長村道・自動車道）、及び高速自動車国道では、過失犯も処罰する特別規定がある（道路運送法103条、高速自動車国道法28条）。

第2項　電汽車往来危険罪・艦船往来危険罪

＊刑法等の一部を改正する法律（令和4年法律第67号）の施行後は、下線部分の（拘禁刑）（有期拘禁刑）等となる。

（往来危険）

第125条　鉄道若しくはその標識を損壊し、又はその他の方法により、汽車又は電車の往来の危険を生じさせた者は、2年以上の有期懲役に処する。
（有期拘禁刑）
2　灯台若しくは浮標を損壊し、又はその他の方法により艦船の往来の危険を生じさせた者も、前項と同様とする。

1　趣　旨

本条の罪は、汽車・電車の転覆・衝突・脱線、艦船の衝突・転覆・沈没などの事故が発生するおそれのある状態を生じさせる行為を処罰するものである。

2　客　体

汽車・電車・艦船に限られるから、乗合バスや航空機には適用されない（乗合バスについては道路運送法101条にその転覆・破壊罪が、航空機についてはその墜落・転覆罪が航空法や「航空の危険を生じさせる行為等の処罰に関する法律」1条ないし4条（条文☞415頁参照）に、それぞれ特別な定めがある）。汽車にはガソリンカーを含む（大判昭15・8・22刑集19・540）。ケーブルカー、モノレールは軌道上を走行するもので、電車に含まれると解すべきであろうが、トロリーバスは、乗合バスと同視すべきであろう。

＊道路交通法＊
第115条　みだりに信号機を操作し、若しくは公安委員会が設置した道路標識若しくは道路標示を移転し、又は信号機若しくは公安委員会が設置した道路標識若しくは道路標示を損壊して道路における交通の危険を生じさせた者は、5年以下の懲役又は20万円以下の罰金に処する。
＊高速自動車国道法＊
第28条　過失により第26条第1項の罪を犯した者は、50万円以下の罰金に処する。高速自動車国道の管理に従事する者が犯したときは、1年以下の禁錮又は100万円以下の罰金に処する。

420　各論第2編1部　第4章　往来を妨害する罪

③ 行 為

　汽車・電車については、鉄道やその標識を損壊するなどして汽車・電車の往来の危険を生じさせた行為が本条1項で処罰される。線路沿いの土地を掘削する（最決平15・6・2刑集57・6・749）、鉄道線路のレールを外す、信号灯を消す、転てつ機を動かすなどのほか、線路に石塊・自動車、自転車など障害物を放置する（大判大12・7・3刑集2・621等）などが、これに当たる。無人電車を暴走させること（三鷹事件、最大判昭30・6・22刑集9・8・1189）、業務命令に反して、正規の運行計画に従わないで電車を運行すること（最判昭36・12・1刑集15・11・1807）もこれに当たると解されている。

　艦船については、灯台や浮標を損壊するなどして艦船の往来の危険を生じさせた行為が処罰される。

④ 既 遂

　事故発生のおそれのある状態を生じさせれば本罪は成立し既遂に達する（最決平15・6・2前掲では、掘削現場にいた鉄道職員が危険な状態と認識しており、現場の状況から相当な理由のある合理的なものであったことで既遂とされた。）。すなわち現実に転覆・破壊など事故が発生したときは、127条や126条が適用され、本条では事故発生は既遂の要件ではない（大判大9・2・2刑録26・17等）。また特定の汽車・電車・艦船が、この危険に遭遇した事実のあることも必要でない（大判大11・6・14刑集1・331）。したがって、線路上に丸太を置いたという行為があれば、列車が進行してくる気配がなかったとしても、未遂でなく既遂である。

　未遂も処罰される（128条（条文☞414頁参照））。列車の往来の危険を生じさせる目的で障害物を線路脇まで運んだところを捕まったなどがこれに当たる。ただし、放火の場合と異なり、往来の危険発生についての認識、認容が未必的にせよ必要である（実害そのもの表象は不要であることにつき前掲最判昭36・12・1参照）。連動式自動開閉機等の設置があり、昼間晴天の日を選んで行われたことから、信号機の不当な操作、放置によっては、往来の危険が生じないとした判例がある（最判昭35・2・18刑集14・2・138）。その場合には、特別法違反や業務妨害罪等の成否を考慮することになる。

5 特別法

鉄道交通の安全に関して、本条の罪に当たらないものや程度の軽いものを処罰するものに鉄道営業法があり（25条、28条、36条、40条）、新幹線鉄道における列車運行の安全を妨げる行為の処罰については、同名の特別法がある（2条以下）。

なお、政治目的のため本条の罪の予備・せん動などをした場合は、破壊活動防止法違反（40条）となる。

＊鉄道営業法＊

第25条 鉄道係員職務上ノ義務ニ違背シ又ハ職務ヲ怠リ旅客若ハ公衆ニ危害ヲ醸スノ虞アル所為アリタルトキハ3月以下ノ懲役又ハ500円以下ノ罰金ニ処ス

第28条 鉄道係員道路踏切ノ開通ヲ怠リ又ハ故ナク車両其ノ他ノ器具ヲ踏切ニ留置シ因テ往来ヲ妨害シタルトキハ30円以下ノ罰金又ハ科料ニ処ス

第36条 車両、停車場其ノ他鉄道地内ノ標識掲示ヲ改竄、毀棄、撤去シ又ハ灯火ヲ滅シ又ハ其ノ用ヲ失ハシメタル者ハ50円以下ノ罰金又ハ科料ニ処ス

第40条 列車ニ向テ瓦石類ヲ投擲シタル者ハ科料ニ処ス

＊新幹線鉄道における列車運行の安全を妨げる行為の処罰に関する特例法＊

（運行保安設備の損壊等の罪）

第2条 新幹線鉄道の用に供する自動列車制御設備、列車集中制御設備その他の国土交通省令で定める列車の運行の安全を確保するための設備を損壊し、その他これらの設備の機能を損なう行為をした者は、5年以下の懲役又は5万円以下の罰金に処する。

2 前項の設備をみだりに操作した者は、1年以下の懲役又は5万円以下の罰金に処する。

3 第1項の設備を損傷し、その他同項の設備の機能をそこなうおそれのある行為をした者は、5万円以下の罰金に処する。

（線路上に物件を置く等の罪）

第3条 次の各号の一に該当する者は、1年以下の懲役又は5万円以下の罰金に処する。

一 列車の運行の妨害となるような方法で、みだりに、物件を新幹線鉄道の線路（軌道及びこれに附属する保線用通路その他の施設であつて、軌道の中心線の両側について幅3メートル以内の場所にあるものをいう。次号において同じ。）上に置き、又はこれに類する行為をした者

二 新幹線鉄道の線路内にみだりに立ち入つた者

（列車に物件を投げる等の罪）

第4条 新幹線鉄道の走行中の列車に向かつて物件を投げ、又は発射した者は、5万円以下の罰金に処する。

＊破壊活動防止法＊

（政治目的のための騒乱の罪の予備等）

第40条 政治上の主義若しくは施策を推進し、支持し、又はこれに反対する目的をもつて、左の各号の罪の予備、陰謀若しくは教唆をなし、又はこれらの罪を実行させる目的をもつてするその罪のせん動をなした者は、3年以下の懲役又は禁こに処する。

一 刑法第106条の罪

二 刑法第125条の罪

三 検察若しくは警察の職務を行い、若しくはこれを補助する者、法令により拘禁された者を看守し、若しくは護送する者又はこの法律の規定により調査に従事する者に対し、凶器又は毒劇物を携え、多衆共同してなす刑法第95条の罪

422　各論第2編1部　第4章　往来を妨害する罪

第3項　電汽車転覆罪・艦船転覆罪・電汽車転覆致死罪等

＊刑法等の一部を改正する法律（令和4年法律第67号）の施行後は、下線部分の（拘禁刑）（有期拘禁刑）等となる。

> （汽車転覆等及び同致死）
>
> **第126条**　現に人がいる汽車又は電車を転覆させ、又は破壊した者は、無期又は3年以上の懲役（拘禁刑）に処する。
>
> 2　現に人がいる艦船を転覆させ、沈没させ、又は破壊した者も、前項と同様とする。
>
> 3　前2項の罪を犯し、よって人を死亡させた者は、死刑又は無期懲役（無期拘禁刑）に処する。

① 現に人がいる

転覆や破壊の行為を開始したときに犯人以外の者が現在することである。転覆や破壊の途中で人がいなくなっても（大判大12・3・15刑集2・210）本罪は成立し、途中から現在するに至ったものでも成立する（公共危険罪）。現に人がいない他人の艦船の単なる損壊は、260条に規定（☞371頁**参照**）がある（財産犯）。

② 転　覆

「**転覆**」とは、改正前の「顛覆（てんぷく）」と同義であり、レールから車輪がはずれただけの単なる脱線では足りないが、横倒しや軌道敷外への転落などを含む。完全な横倒しである必要はなく、それに近い状態であれば転覆と言い得る。また、一編成中に人が現在する車両があれば、現に転覆した車両が1両で、そこには人が現在していなくとも本条の客体となる。

③ 沈　没

改正前の「覆没」と同義であり、必ずしも船体全部が水中に没する必要はない。

④ 破　壊

列車の窓ガラスを一枚割ったとか、車体の塗料を剥離した程度では、器物損壊罪（261条（☞374頁**参照**））に当たり、本罪は成立しない（大判明44・11・10刑録17・1868）。汽車又は電車の実質を害して、その交通機関たる用法の全部又は一

部を不能ならしめる程度の損壊に達したことを要するとされている（最判昭46・4・22刑集25・3・530）。車両の屋根等の一部が爆発物によって損壊され、乗客を乗せて安全な運行を続けることができないような状態となったときも破壊に当たる（最判昭46・4・22前掲。火焔びんによる連結部エアホースの焼損につき大阪高判昭50・7・1判時803・128）。艦船についても同じであり（最大搭載人員が船員を含め計5名の小型船の舷側外板を破損し、その破口が水面約5センチの位置に達し、乗客を乗せての安全運行に耐えられない状態となった事案につき広島高判平2・8・7高裁刑事裁判速報平成2年240）、船体自体に破損がなくとも、海水を機関室内に取り入れるなどし、航行能力失わせるような場合も破壊に当たる（最決昭55・12・9刑集34・7・513）。

5 致 死

結果的加重犯である。死の結果につき認識、認容のあるときは、本罪のほか殺人罪（死に至らなければ殺人未遂）も成立し両罪は観念的競合になる（大判大7・11・25刑録24・1425、東京高判昭45・8・11高刑集23・3・524）。傷害の故意があり、それにとどまったときは、本条1、2項の罪と傷害罪（204条）とが成立する（観念的競合。前掲東京高判昭45・8・11）。

6 処 罰

1項、2項の罪は未遂も処罰される（128条）。

7 特別法

列車に向け投石や発砲をしたときは、本条の破壊に至らなくても、鉄道営業法（40条（条文☞421頁参照））違反や新幹線に関する特別法違反（4条（条文☞421頁参照））となる。また、政治目的の下に本条1、2項の罪の予備やせん動などをしたときは、破壊活動防止法（39条（条文は☞389頁参照））違反が成立する。

424　各論第2編1部　第4章　往来を妨害する罪

第4項　電汽車往来危険転覆罪・艦船往来危険転覆罪等

（往来危険による汽車転覆等）
第127条　第125条の罪を犯し、よって汽車若しくは電車を転覆させ、若しくは破壊し、又は艦船を転覆させ、沈没させ、若しくは破壊した者も、前条の例による。

① 結果的加重犯

本罪は125条（☞419頁参照）の往来危険罪の結果的加重犯である。現に人のいない汽車等については、これを転覆、破壊等することの故意を有している場合も本条で処罰される。この場合は、「前条の例」により、未遂（128条（☞414頁参照））も処罰されると解する。「現に人がいる」汽車等については、本条の結果を予見、認容して行為（125条）に出た場合は、126条が成立する。

② 致　死

転覆・沈没又は破壊により人を死に致した場合も126条3項の例による。すなわち126条3項を適用して死刑又は無期懲役（無期拘禁刑）に処することとなる（三鷹事件、最大判昭30・6・22前掲第2項③の解説☞420頁参照）。

第5項　過失往来妨害罪・業務上過失往来妨害罪

＊刑法等の一部を改正する法律（令和4年法律第67号）の施行後は、下線部分の（拘禁刑）（有期拘禁刑）等となる。

（過失往来危険）
第129条　過失により、汽車、電車若しくは艦船の往来の危険を生じさせ、又は汽車若しくは電車を転覆させ、若しくは破壊し、若しくは艦船を転覆させ、沈没させ、若しくは破壊した者は、30万円以下の罰金に処する。

2　その業務に従事する者が前項の罪を犯したときは、3年以下の禁錮又は50万
　　（拘禁刑）
　　円以下の罰金に処する。

1 往来の危険

汽車・電車については、衝突・転覆・破壊はもとより脱線のような事故の遭遇するおそれのある状態を生じさせることをいう。また艦船については、衝突・転覆・沈没・破壊・接触その他船舶航行の往来の危険を生じさせることをいう。

2 転覆・沈没・破壊

126条の解説 2 3 4 ☞422頁参照。

3 過失により

不注意には、具体的事情のもとでいろいろの態様がありうる。自動車の運転者が、不注意で鉄道の踏切内に立往生してしまった（札幌高判昭46・8・17判時651・109等）などは、その典型例である。海難審判の判断は参考とされ、起訴不起訴の決定は、その判断をまってなされるのが通例であるが、裁判所等の判断を拘束するものではない（最決昭31・6・28刑集10・6・939）。

4 業務に従事する者

「業務」の意味については211条の 1 の説明 ☞200頁参照。本条2項でいうその業務に従事する者とは、直接又は間接に汽車・電車・艦船の交通往来の仕事に従事する者をいう（大判昭2・11・28刑集6・472）。したがって、列車の運転手・機関手（大判大12・3・31刑集2・287等）・乗務車掌（最判昭26・6・7刑集5・7・1236等）・転轍手（大判大8・4・17刑録25・582等）・操車係・連絡手・駅長・助役（大判大14・2・25刑集4・125等）・踏切警守・信号係（最決昭36・9・26刑集15・8・1511等）・保線助手（大判大13・3・2刑集3・181）など、船については船長（大判昭2・11・28前掲）をはじめ船舶自体の航行関与者（東京高判昭40・10・27判タ185・185）などが、これに当たる。

5 致死傷

もし本条の罪を犯して人を死傷させた場合は、過失致死傷（209条（☞198頁参照）・210条（☞199頁参照））又は業務上過失致死傷（211条（☞199頁参照））の各罪が成立して本条の罪と観念的競合となる（東京高判昭37・10・18高刑集15・591等）。

☞【実例】（自動車の酒酔い運転と鉄道線路上への自動車の放置）

426 各論第2編1部 第4章 往来を妨害する罪

　　甲は、飲食店で相当酒を飲み、自動車を運転できる状態ではないのに「大丈
夫だ」と言って自家用自動車を運転して自宅に向かった。最初のうちは右、左
折や信号を間違えないで運転していたものの、そのうちに判断能力が全くなく
なり、鉄道の踏切にさしかかった際、軌道敷内を道路と見誤ったらしく、線路
の上へ右折して乗りあげてゆき10メートル余り線路上を走ってエンストしてし
まった。自動車を降り、どうしてよいかわからず車をそのまま放置して、友人
を呼ぶため、そこからふらふら歩いて元の店に帰って来た。列車は、これには
気付かず進行してきたが、早く線路上の異常に気付いたので、衝突せず、自動
車を取り除く20分余りの間の運行の遅れが出ただけで終わった。

〔解説〕

　　踏切までの間、酒に酔い正常な運転ができない状態で自動車を運転したこと
は、道路交通法65条に違反し同法117条の2の罪（酒酔い運転）が成立する
し、過失による線路への自動車の放置は過失往来妨害罪（過失往来危険罪）が
成立する。この場合、犯人は、自動車の運転に関しては業務上の運転といえて
も、汽車・電車の運行に関係している者でないから、業務上過失往来妨害罪は
成立しない。

　　また、軌道敷内は「道路」でないから線路の上を走ったのは「酒酔い運転」
に当たらない。道路交通法65条、2条1項17号（運転の定義）、同1号（道路の
定義）参照。

　　そして、過失往来妨害の過失の内容に酒酔い運転が含まれるとしても、過失
往来妨害の罪と道路交通法違反（酒酔い運転）の罪とは、併合罪の関係にある
（東京高判昭51・1・12東高時報27・1・3、最大判昭49・5・29刑集28・4・
114参照。運転という行為と妨害という行為とは全く異なり、一点で重なるだ
けである）。

　　もし、酒に酔って正常な運転が出来ないのに自動車を運転し、踏切にさしか
かって暫く立往生してしまい、そこに列車が来て衝突し、列車が脱線し死傷者
も出たときは、

　　①　酒に酔い踏切まで自動車を運転してきた道路交通法違反

② 過失により電車の往来の危険を生じさせた過失往来妨害（129条1項）

③ 自動車運転上の注意を怠った者による致死傷事件として過失運転致死傷（自動車運転死傷行為等処罰法5条。なお、立往生による停止が酒に酔ったことに起因するのであれば、同法2条1項の危険運転致死傷に当たり得る。）

の各罪が成立し、②と③は観念的競合、①と②③は併合罪となる。

＊道路交通法＊

（定義）

第2条　この法律において、次の各号に掲げる用語の意義は、それぞれ当該各号に定めるところによる。

　一　道路　道路法（昭和27年法律第180号）第2条第1項に規定する道路、道路運送法（昭和26年法律第183号）第2条第8項に規定する自動車道及び一般交通の用に供するその他の場所をいう。

　　　（第2号～第16号省略）

　十七　運転　道路において、車両又は路面電車（以下「車両等」という。）をその本来の用い方に従つて用いることをいう。

　　　（第18号～第23号省略）

　　　（第2項～第3項省略）

（酒気帯び運転等の禁止）

第65条　何人も、酒気を帯びて車両等を運転してはならない。

2　何人も、酒気を帯びている者で、前項の規定に違反して車両等を運転することとなるおそれがあるものに対し、車両等を提供してはならない。

3　何人も、第1項の規定に違反して車両等を運転することとなるおそれがある者に対し、酒類を提供し、又は飲酒をすすめてはならない。

4　何人も、車両（トロリーバス及び旅客自動車運送事業の用に供する自動車で当該業務に従事中のものその他の政令で定める自動車を除く。以下この項、第117条の2の2第6号及び第117条の3の2第3号において同じ。）の運転者が酒気を帯びていることを知りながら、当該運転者に対し、当該車両を運転して自己を運送することを要求し、又は依頼して、当該運転者が第1項の規定に違反して運転する車両に同乗してはならない。

（罰則　第1項については第117条の2第1号、第117条の2の2第3号　第2項については第117条の2第2号、第117条の2の2第4号　第3項については第117条の2の2第5号、第117条の3の2第2号第4項については第117条の2の2第6号、第117条の3の2第3号）

第117条の2　次の各号のいずれかに該当する者は、5年以下の懲役又は100万円以下の罰金に処する。

　一　第65条（酒気帯び運転等の禁止）第1項の規定に違反して車両等を運転した者で、その運転をした場合において酒に酔つた状態（アルコールの影響により正常な運転ができないおそれがある状態をいう。以下同じ。）にあつたもの

　二　第65条（酒気帯び運転等の禁止）第2項の規定に違反した者（当該違反により当該車両等の提供を受けた者が酒に酔つた状態で当該車両等を運転した場合に限る。）

　三　第66条（過労運転等の禁止）の規定に違反した者（麻薬、大麻、あへん、覚せい剤又は毒物及び劇物取締法（昭和25年法律第303号）第3条の3の規定に基づく政令で定める物の影響により正常な運転ができないおそれがある状態で車両等を運転した者に限る。）

　四　第75条（自動車の使用者の義務等）第1項第3号の規定に違反して、酒に酔つた状態で自動車を運転することを命じ、又は容認した者

　五　第75条（自動車の使用者の義務等）第1項第4号の規定に違反して、第3号に規定する状態で自動車を運転することを命じ、又は容認した者

＊自動車の運転により人を死傷させる行為等の処罰に関する法律＊

（危険運転致死傷）

第2条　次に掲げる行為を行い、よって、人を負傷させた者は15年以下の懲役に処し、人を死亡させた者は一年以上の有期懲役に処する。

一　アルコール又は薬物の影響により正常な運転が困難な状態で自動車を走行させる行為

二　その進行を制御することが困難な高速度で自動車を走行させる行為

三　その進行を制御する技能を有しないで自動車を走行させる行為

四　人又は車の通行を妨害する目的で、走行中の自動車の直前に進入し、その他通行中の人又は車に著しく接近し、かつ、重大な交通の危険を生じさせる速度で自動車を運転する行為

五　赤色信号又はこれに相当する信号を殊更に無視し、かつ、重大な交通の危険を生じさせる速度で自動車を運転する行為

六　通行禁止道路（道路標識若しくは道路標示により、又はその他法令の規定により自動車の通行が禁止されている道路又はその部分であって、これを通行することが人又は車に交通の危険を生じさせるものとして政令で定めるものをいう。）を進行し、かつ、重大な交通の危険を生じさせる速度で自動車を運転する行為

（過失運転致死傷）

第5条　自動車の運転上必要な注意を怠り、よって人を死傷させた者は、7年以下の懲役若しくは禁錮又は100万円以下の罰金に処する。ただし、その傷害が軽いときは、情状により、その刑を免除することができる。

第5章　あへん煙に関する罪

　わが国では明治初年以来「あへん」に対する厳重な取締りが行われた。18、9世紀の隣国中国における民衆のあへん煙吸食による甚大な健康被害と、これに伴う国家的混乱がわが国において発生するのを防止するためであった。この伝統が明治40年に制定をみた刑法に受け継がれている。しかし、今日では、あへん・あへん煙関係の犯罪は比較的少なく、麻薬や覚せい剤、殊に覚せい剤の不当な施用が重大な社会問題となり、これに対する取締りが厳重に行われている。

　更に、刑法とは別に「**あへん法**」が制定されており、「**けし**」「**あへん**」（あへん煙を含む）及び「**けしがら**」に対する厳しい規制が同法に定められていて、刑法の定める処罰と重複する部分が多いため、刑法の本章が適用される場は少ない。

　刑法の「**あへん煙に関する罪**」は、「あへん煙」の輸入・製造・販売・販売目的所持（136条☞431頁）、「あへん煙吸食器具」の輸入・製造・販売・販売目的所持（137条☞433頁）、税関職員が犯したあへん煙・あへん煙吸食器具の輸入・輸入許可（138条☞434頁）、「あへん煙」の吸食（139条1項☞434頁）、あへん煙吸食のための場所提供（139条2項）、「あへん煙」・「吸食器具」の所持（140条☞435頁）であるが、このうち、「あへん法」と重複せず刑法のみに処罰規定があるのは、あへん煙の製造、吸食器具に関する罪、税関職員の輸入許可、それに場所提供の罪だけである。これらには専ら刑法が適用される。次にあへん煙の輸入につき刑法は税関職員が犯した場合を特別に扱い、これを重く処罰する規定を設けているが、その法定刑は、「あへん法」が「何人も」してはならないとしている「あへん」の輸入禁止規定の法定刑とおなじである。税関職員が非営利目的で犯した場合、刑法の方が特別規定であると解され、刑法138条が適用される。

430 各論第2編1部 第5章 あへん煙に関する罪

　本章の罪で、上記のもの以外は、すべて特別法である「あへん法」にも処罰規定がある（かつ「あへん法」の処罰（法定刑）の方が重い）ので「あへん法」によって処断され（「あへん法」56条）、刑法の条文は事実上適用されない（したがってその部分の刑法の規定は空文である）。なお、あへん法違反の罪については、新麻薬条約の締結に伴ない、国外犯を処罰し、必要的追徴等の規定が設けられている（あへん法54条の4、麻薬特例法13条等）。

＊あへん法＊
（輸入及び輸出の禁止）
第6条　何人も、あへんを輸入し、又は輸出してはならない。但し、国の委託を受けた者は、この限りでない。
2　何人も、厚生労働大臣の許可を受けなければ、けしがらを輸入し、又は輸出してはならない。
　　　　（第3項省略）
第51条　次の各号の一に該当する者は、1年以上10年以下の懲役に処する。
　一　けしをみだりに栽培した者（第55条第2号に該当する者を除く。）
　二　あへんをみだりに採取した者
　三　あへん又はけしがらを、みだりに、本邦若しくは外国に輸入し、又は本邦若しくは外国から輸出した者
2　営利の目的で前項の罪を犯した者は、1年以上の有期懲役に処し、又は情状により1年以上の有期懲役及び500万円以下の罰金に処する。
3　前2項の未遂罪は、罰する。
第52条　あへん又はけしがらを、みだりに、譲り渡し、譲り受け、又は所持した者（第55条第1号に該当する者を除く。）は、7年以下の懲役に処する。
2　営利の目的で前項の罪を犯した者は、1年以上10年以下の懲役に処し、又は情状により1年以上10年以下の懲役及び300万円以下の罰金に処する。
3　前2項の未遂罪は、罰する。
第52条の2　第9条の規定に違反した者は、7年以下の懲役に処する。
2　前項の未遂罪は、罰する。
第53条　第51条第1項又は第2項の罪を犯す目的でその予備をした者は、5年以下の懲役に処する。
第54条　第51条から前条までの罪に係るあへん又はけしがらで、犯人が所有し、又は所持するものは、没収する。ただし、犯人以外の者の所有に係るときは、没収しないことができる。
第54条の4　第51条、第52条、第53条、第54条の2及び前条の罪は、刑法第2条の例に従う。
第56条　第51条、第52条、第52条の2又は前条の規定に当たる行為が刑法第2編第14章の罪に触れるときは、その行為者は、同法の罪と比較して、重きに従つて処断する。
＊国際的な協力の下に規制薬物に係る不正行為を助長する行為等の防止を図るための麻薬及び向精神薬取締法等の特例等に関する法律＊
（追徴）
第13条　第11条第1項の規定により没収すべき財産を没収することができないとき、又は同条第2項の規定によりこれを没収しないときは、その価額を犯人から追徴する。
2　第11条第3項に規定する財産を没収することができないとき、又は当該財産の性質、その使用の状況、当該財産に関する犯人以外の者の権利の有無その他の事情からこれを没収することが相当でないと認められるときは、その価額を犯人から追徴することができる。

第1項 あへん煙輸入罪等

＊刑法等の一部を改正する法律（令和4年法律第67号）の施行後は、下線部分の（拘禁刑）（有期拘禁刑）等となる。

（あへん煙輸入等）

第136条 あへん煙を輸入し、製造し、販売し、又は販売の目的で所持した者は、6月以上7年以下の<u>懲役</u>に処する。
（拘禁刑）

（未遂罪）

第141条 この章の罪の未遂は、罰する。

1 あへん煙

「**あへん煙**」とは、改正前の「阿片煙」と同義であり、「<ruby>生<rt>なま</rt></ruby>あへん」を加工した吸食用の「**調整あへん（あへん煙膏）**」をいう。「あへん法」では、「けし」・「あへん」・「けしがら」を規制の対象としているが、同法の「あへん」とは、「生あへん」及びその加工品である「あへん煙膏」をいう。

刑法でいう「**あへん煙**」は、「生あへん」を含まず「**あへん煙膏**」のみを指す（大判大8・3・11刑録25・314）。「**生あへん**」とは「けし」の液汁が凝固したものであり、ケシ坊主に浅く切傷をつけ流出した乳液が十数分前後で固まるのを待って竹べらなどで掻き取りこれを乾かして作る。「**あへん煙膏**」は、この生あへんに加工（溶解・煮沸・加熱・醗酵等の連続した特別の操作）を施したものをいうが、あへんの中毒は、その主成分であるモルヒネの中毒である。

2 輸 入

外国から我が国に搬入する行為である。陸路であれば、国境線を越えたときに既遂となるが、その他の場合は、薬物関係では、一般には日本国内に陸揚げしたとき既遂とされている。すなわち海路の場合は、国外から航行してきた船舶から我が国の領土内に陸揚げ（荷降し）をしたとき（大判昭8・7・6刑集12・1125。覚せい剤につき、最決平13・11・14刑集55・6・763）、空路の場合は、国外から航行してきた航空機が我が国の領土に着陸し機内から積み降ろしたときがこれに当たる（覚せい剤につき、最判昭58・9・29刑集37・7・1110、大麻につき最決昭58・

12・21刑集37・10・1878)。この点、関税法上の輸入の既遂時期が通関線の突破時点であるのと異なる。

　一方、我が国に密輸入する目的で、我が国向けの船舶・航空機に貨物を積載したとき、輸入の実行の着手があったといいうる。ただし、刑法犯には国外犯処罰の規定がないので（麻薬特例法10条等は刑法2条（総論第1章第4項刑法の適用範囲☞14頁参照）の例に従う。）、輸入行為の性質上実行の着手時に処罰可能とする説と、我が国の領海、領空内に入ったときに未遂規定の適用ありとする説の対立がある。なお、判例は、いわゆる瀬取り形態の事案で、本邦の湾内に覚せい剤を投下したものの密輸入しようとした者が回収できなかった場合には予備としている（最判平20・3・4刑集62・3・123）。

③　製　造

　あへん煙膏を作りだすことであるが、本条の罪の性格から、直ちに吸食し得る状態のものを作出することをいい、これによって既遂時期も決まる。

④　販　売

　不特定又は多数人に対する有償の譲渡をいう。小分けされて多数人に行きわたるおそれもあり、反覆継続の意思は不要と解する（改正前のわいせつ物の販売につき最判昭34・3・5刑集13・3・275）。

⑤　所　持

　事実上の支配をすることをいい、携帯・自宅での保管はもとより他人に預けているのも所持に当たる。また、他人のために預かっている場合も共謀による所持となる。所持は継続犯である。また、瞬時の握持等は所持と評価し得ない場合がある。もっとも、本条の所持は、販売の目的で行われることを要する。

⑥　処　罰

　未遂を処罰する。製造罪以外は、「あへん法」が適用される。なお、あへん煙及びその吸食器具は輸入禁制品であり（関税法69条の11第1項1号）、その輸入は、

＊国際的な協力の下に規制薬物に係る不正行為を助長する行為等の防止を図るための麻薬及び向精神薬取締法等の特例等に関する法律＊

（国外犯）

第10条　第5条から第7条まで及び前条の罪は、刑法（明治40年法律第45号）第2条の例に従う。

未遂、予備を含め、関税法（69条の11、109条。親告罪であることにつき148条1項）で処罰される。

第2項　あへん煙吸食器具輸入罪等

＊刑法等の一部を改正する法律（令和4年法律第67号）の施行後は、下線部分の（拘禁刑）（有期拘禁刑）等となる。

（あへん煙吸食器具輸入等）

第137条　あへん煙を吸食する器具を輸入し、製造し、販売し、又は販売の目的で所持した者は、3月以上5年以下の<u>懲役</u>に処する。
（拘禁刑）

1 **吸食器具**

煙管などあへん煙の吸食の用に供するため作られた器具のことをいう。

2 **処　罰**

未遂も処罰される（141条（条文☞431頁））。関税法による処罰については136

＊関税法＊
（輸入してはならない貨物）
第69条の11　次に掲げる貨物は、輸入してはならない。
　一　麻薬及び向精神薬、大麻、あへん及びけしがら並びに覚醒剤（覚せい剤取締法 にいう覚せい剤原料を含む。）並びにあへん吸煙具。ただし、政府が輸入するもの及び他の法令の規定により輸入することができることとされている者が当該他の法令の定めるところにより輸入するものを除く。
　一の二　医薬品、医療機器等の品質、有効性及び安全性の確保等に関する法律（昭和35年法律第145号）第2条第15項（定義）に規定する指定薬物（同法第76条の4（製造等の禁止）に規定する医療等の用途に供するために輸入するものを除く。）
　　　　（第2号～第10号省略）
2　税関長は、前項第1号から第6号まで、第9号又は第10号に掲げる貨物で輸入されようとするものを没収して廃棄し、又は当該貨物を輸入しようとする者にその積戻しを命ずることができる。
　　　　（第3項省略）
第109条　第69条の11第1項第1号から第6号まで（輸入してはならない貨物）に掲げる貨物を輸入した者は、10年以下の懲役若しくは3000万円以下の罰金に処し、又はこれを併科する。
　　　　（第2項省略）
3　前2項の犯罪の実行に着手してこれを遂げない者についても、これらの項の例による。
4　第1項の罪を犯す目的をもってその予備をした者は、5年以下の懲役若しくは3000万円以下の罰金に処し、又はこれを併科する。
　　　　（第5項省略）
（検察官への引継ぎ）
第148条　犯則事件は、第145条ただし書（税関職員の報告又は告発）の規定による税関職員の告発又は第146条第2項（税関長の通告処分等）若しくは前条の規定による税関長の告発を待って論ずる。
　　　　（第2項～第5項省略）

条6の解説☞432頁参照。

第3項 税関職員あへん煙等輸入罪

＊刑法等の一部を改正する法律（令和4年法律第67号）の施行後は、下線部分の（拘禁刑）（有期拘禁刑）等となる。

（税関職員によるあへん煙輸入等）

第138条　税関職員が、あへん煙又はあへん煙を吸食するための器具を輸入
し、又はこれらの輸入を許したときは、1年以上10年以下の懲役に処する。
（拘禁刑）

① 税関職員

　改正前の「税関官吏」と同義であり、税関において輸入に関する事務に従事する公務員を指す。身分によって刑を加重するものである。

② 輸入を許す

　黙認した場合を含む。過失で見のがした場合は当たらない。一般人では単独で犯すことができず、税関職員が行為者である点で真正身分犯である。

③ 処　罰

　未遂も処罰される（141条（条文☞431頁参照））。税関職員が許可に関し賄賂を収受した場合には、法益を異にするので、汚職罪が別途成立する。なお、輸入者が税関職員を教唆、幇助してその許可を得た場合については、本条違反の行為が輸入の教唆、幇助の実質を有しているので、輸入者は、前2条の罪のみが成立するものと解する。

第4項 あへん煙吸食罪・あへん煙吸食場所提供罪

＊刑法等の一部を改正する法律（令和4年法律第67号）の施行後は、下線部分の（拘禁刑）（有期拘禁刑）等となる。

（あへん煙吸食及び場所提供）

第139条　あへん煙を吸食した者は、3年以下の懲役に処する。
（拘禁刑）

2　あへん煙の吸食のため建物又は室を提供して利益を図った者は、6月以上7
年以下の懲役に処する。
（拘禁刑）

第5項　あへん煙等所持罪　435

1　吸　食

　あへん煙をその用法に従い呼吸器、消化器等によって消費することをいう。この吸食罪は、刑法ではなく「あへん法」（9条・52条1項（条文☞次頁**参照**））が優先して適用される（7年以下の懲役）。

2　場所提供

　改正前の「房屋給与」と同義であり、吸食する場所として建物の全部又はその一部を提供することである。

3　利益を図る

　現実に利益を収めたことを要せず、財産的利益を取得する目的をもってすれば足りる。反覆継続して利を図るまでの目的は必要ではない。

4　処　罰

　未遂も処罰する（141条（条文☞431頁**参照**））。建物等の提供を受けた者が現実に吸食しなくとも既遂である。

第5項　あへん煙等所持罪

＊刑法等の一部を改正する法律（令和4年法律第67号）の施行後は、下線部分の（拘禁刑）（有期拘禁刑）等となる。

（あへん煙等所持）
第140条　あへん煙又はあへん煙を吸食するための器具を所持した者は、1年以下の<u>懲役</u>に処する。
　　　　（拘禁刑）

1　所　持

　刑法が事実上適用されるのは吸食器具の所持罪のみである。吸食の際の吸食器具の一時的な握持は吸食罪に吸収され（大判大6・10・27刑録23・1103）、「あへん法」の吸食罪（9条・52条1項（条文☞次頁**参照**））で処罰される（7年以下の懲役）。吸食器具を所持していた者がその後これを使用してあへん煙を吸食したときは、所持罪と吸食罪が成立し、両者は併合罪になる（大判大9・3・5刑録26・139）。

436　各論第2編1部　第5章　あへん煙に関する罪

＊あへん法＊

（所持の禁止）

第8条　けし耕作者、甲種研究栽培者、麻薬製造業者、麻薬研究者又は麻薬研究施設の設置者でなければ、あへんを所持してはならない。

2　けし耕作者又は甲種研究栽培者は、その採取したあへん以外のあへんを所持してはならない。

3　けし耕作者又は甲種研究栽培者は、その採取したあへんを第30条の規定により厚生労働大臣が定めるその年の納付期限をこえて所持してはならない。

4　麻薬製造業者、麻薬研究者又は麻薬研究施設の設置者は、国から売渡を受けたあへん以外のあへんを所持してはならない。

5　けし栽培者、麻薬製造業者、麻薬研究者又は麻薬研究施設の設置者でなければ、けしがらを所持してはならない。

（吸食の禁止）

第9条　何人も、あへん又はけしがらを吸食してはならない。

第52条　あへん又はけしがらを、みだりに、譲り渡し、譲り受け、又は所持した者（第55条第1号に該当する者を除く。）は、7年以下の懲役に処する。

2　営利の目的で前項の罪を犯した者は、1年以上10年以下の懲役に処し、又は情状により1年以上10年以下の懲役及び300万円以下の罰金に処する。

3　前2項の未遂罪は、罰する。

第52条の2　第9条の規定に違反した者は、7年以下の懲役に処する。

2　前項の未遂罪は、罰する。

第1項　浄水汚染罪　437

第6章　飲料水に関する罪

第1項　浄水汚染罪

＊刑法等の一部を改正する法律（令和4年法律第67号）の施行後は、下線部分の（拘禁刑）（有期拘禁刑）等となる。

（浄水汚染）
第142条　人の飲料に供する浄水を汚染し、よって使用することができないようにした者は、6月以下の懲役又は10万円以下の罰金に処する。
（拘禁刑）

1　人の飲料に供する

不特定又は多数人が飲み水として使うことになっているという意味である（大判昭8・6・5刑集12・736等）。次条にいう「公衆に供給する飲料の浄水」ほどには公共性を要しないが、本罪は公共の健康を保護法益とするところから、特定の人が現に飲むことにしているコップの水などは含まないと解される。しかし家族数名の者が飲み水として使おうとして水がめに入れている場合は、これに当たる（大判昭8・6・5前掲）。

2　浄　水

人の飲料に供しうる程度の水をいう。水道の水を汲み蓄えた水のほか、井戸水や井戸から汲んだ水、山から引いた飲料用の水やその水源池、役場や自衛隊の給水車が飲み水用に配給した水などがこれに当たる。牛乳、ジュース等は含まれない。

3　汚　染

方法のいかんを問わず水の清潔状態を失わせることである。改正前の「汚穢」を平易に表現したものである。毒物などを混入したときは、144条で処罰される。

4　使用不能

井戸水に食用紅を溶かした水を注ぎ込み、一見して異物の混入したことを認識させられる程度に薄赤色に混濁させ、飲料水として一般に使用することを心理的に不能ならしめた場合なども、これに当たる（最判昭36・9・8刑集15・8・1309）。

第2項　水道汚染罪

＊刑法等の一部を改正する法律（令和4年法律第67号）の施行後は、下線部分の（拘禁刑）（有期拘禁刑）等となる。

（水道汚染）

第143条　水道により公衆に供給する飲料の浄水又はその水源を汚染し、よって使用することができないようにした者は、6月以上7年以下の<u>懲役</u>に処する。
（拘禁刑）

① 水　道

導管及びその他の工作物により水を人の飲用に適する水として供給する施設・設備の総体をいう。人工を全く加えていない天然の水路は、そこを流れる浄水が飲料に供されていても水道に当たらない（大判昭7・3・31刑集11・311）。水源の水は含まず、供給後各戸の容器に入れられた浄水も含まれない。後者は前条の対象となる。

② 公衆の飲料用浄水

本罪では水道によって公衆に飲料として供給されるべき浄水が客体であり、公衆に供給するため水道で送水の途中にあるものをいう。

③ 水　源

水道に流入すべき水で流入以前のものをいう。取水施設・貯水施設・導水施設・浄水施設にある水あるいはそこに流れ込む天然の水流も、これに当たる。

第3項　浄水毒物混入罪

＊刑法等の一部を改正する法律（令和4年法律第67号）の施行後は、下線部分の（拘禁刑）（有期拘禁刑）等となる。

（浄水毒物等混入）

第144条　人の飲料に供する浄水に毒物その他人の健康を害すべき物を混入した者は、3年以下の<u>懲役</u>に処する。
（拘禁刑）

① 毒物その他人の健康を害すべき物

単に汚染しただけのときは142条で処罰され、その程度を超え、人の健康を害すべき物を混入すると本罪が成立する。毒物（青酸カリにつき大判昭3・10・15刑集7・665、硫酸ニコチンにつき大判昭8・6・5刑集12・736）のほか細菌・寄生虫などがこれに当たる。混入によって既遂となり、現に人の健康が害されたことは不要である（前掲大判昭3・10・15）。牛乳、ジュース等公衆に販売される飲食物に店頭等で毒物が混入されるなどしたときは、流通食品への毒物の混入等の防止等に関する特別措置法に特別の罰則がある（9条）。

＊流通食品への毒物の混入等の防止等に関する特別措置法＊
（罰則）
第9条　次の各号の一に該当する者は、10年以下の懲役又は30万円以下の罰金に処する。
　一　流通食品に、毒物を混入し、添加し、又は塗布した者
　二　毒物が混入され、添加され、又は塗布された飲食物を流通食品と混在させた者
2　前項の罪を犯し、よつて人を死傷させた者は、無期又は1年以上の懲役に処する。
3　第1項の罪の未遂罪は、罰する。
4　前3項の罪に当たる行為が刑法（明治40年法律第45号）の罪に触れるときは、その行為者は、同法の罪と比較して、重きに従つて処断する。
5　第1項又は第3項の罪を犯した者が自首したときは、その刑を減軽する。

440　各論第2編1部　第6章　飲料水に関する罪

第4項　浄水汚染致死罪・水道汚染致死罪等

（浄水汚染等致死傷）
第145条　前3条の罪を犯し、よって人を死傷させた者は、傷害の罪と比較して、重い刑により処断する。

① **致死傷**

　　人の死亡又は人を傷害することの予見・認容がないときにのみ本罪が成立する。結果的加重犯である。ただし、傷害について故意ある場合が本条に含まれるかどうかについては学説の対立があるが、本罪と傷害罪の観念的競合と考える。

② **処　罰**

　　致傷の場合は傷害罪（204条（☞177頁**参照**））の法定刑と、致死の場合は傷害致死罪（205条（☞181頁**参照**））の法定刑と、本条の法定刑とを、それぞれ比較して上限、下限とも重い方の刑による（216条の解説①☞209頁**参照**）。

第5項　水道毒物混入罪・水道毒物混入致死罪

＊刑法等の一部を改正する法律（令和4年法律第67号）の施行後は、下線部分の（拘禁刑）（有期拘禁刑）等となる。

（水道毒物等混入及び同致死）
第146条　水道により公衆に供給する飲料の浄水又はその水源に毒物その他人の健康を害すべき物を混入した者は、2年以上の<u>有期懲役</u>に処する。よって人
　　　　　　　　　　　　　　　　　　　　　　　　　　　　（有期拘禁刑）
を死亡させた者は、死刑又は無期若しくは5年以上の<u>懲役</u>に処する。
　　　　　　　　　　　　　　　　　　　　　　　　　（拘禁刑）

① **混　入**

　　毒物等を単に人の飲料に供する浄水に混入したときは144条が適用される。

　　毒物等を混入すれば直ちに本罪が成立し、現実に公衆の健康を害したかどうかを問わない（大判昭3・10・15刑集7・665）。なお、「**水道**」の意義については次条の解説**参照**のこと。

第6項 水道損壊罪 441

② 致　死

126条3項と同じで、致死の場合にのみ重い刑が定められている（第4章第3項⑤の解説☞423頁**参照**)）。

死亡の結果について予見があった場合を含むとするのが通説的見解であるが、死亡の結果を認識、認容して犯した場合は、殺人罪（未遂罪）も成立し、観念的競合となるものと解する（126条3項についての大判大7・11・25刑録24・1425（第4章第3項⑤の解説☞423頁）**参照**)。

第6項　水道損壊罪

＊刑法等の一部を改正する法律（令和4年法律第67号）の施行後は、下線部分の（拘禁刑）（有期拘禁刑）等となる。

（水道損壊及び閉塞）

第147条　公衆の飲料に供する浄水の水道を損壊し、又は閉塞した者は、1年以上10年以下の懲役に処する。
<u>（拘禁刑）</u>

----

① 水　道

公衆の飲料用の浄水を送る人工的設備であり（大判昭7・3・31刑集11・311。大判昭12・12・24刑集16・1635は、浄化する前の引水路である取水口は水道に当たらないとする。)、本罪は損壊又は有形の障害物で水道を遮断し、給水を不能又は著しく困難にさせる行為を処罰する（大阪高判昭41・6・18判時472・66等）。改正前の「<ruby>壅塞<rt>ようそく</rt></ruby>」と「**閉塞**」は同義であり、水道施設自体の操作（制水弁の操作など）による送水遮断は含まれない。

② 特別法

水道施設の機能に障害を与えて水の供給を妨害したときは、水道法51条1項に

＊水道法＊
第51条　水道施設を損壊し、その他水道施設の機能に障害を与えて水の供給を妨害した者は、5年以下の懲役又は100万円以下の罰金に処する。
2　みだりに水道施設を操作して水の供給を妨害した者は、2年以下の懲役又は50万円以下の罰金に処する。
3　前2項の規定にあたる行為が、刑法の罪に触れるときは、その行為者は、同法の罪と比較して、重きに従つて処断する。

よって処罰され（5年以下・100万円以下）、みだりに水道施設を操作して水の供給を妨害したときは、同法同条2項によって処罰される（2年以下・50万円以下）。

第2編　社会的法益に対する罪

第2部　公共の信用を害する罪

第1章　通貨偽造の罪

第2章　文書偽造の罪

第3章　有価証券偽造の罪

第4章　印章偽造の罪

第4章の2　不正指令電磁的記録に関する罪

第1章　通貨偽造の罪

第1項　通貨偽造罪・通貨変造罪・偽造通貨行使罪等

＊刑法等の一部を改正する法律（令和4年法律第67号）の施行後は、下線部分の（拘禁刑）（有期拘禁刑）等となる。

（通貨偽造及び行使等）

第148条　行使の目的で、通用する貨幣、紙幣又は銀行券を偽造し、又は変造した者は、無期又は3年以上の懲役に処する。
（拘禁刑）

2　偽造又は変造の貨幣、紙幣又は銀行券を行使し、又は行使の目的で人に交付し、若しくは輸入した者も、前項と同様とする。

（未遂罪）

第151条　前3条の罪の未遂は、罰する。

1 **通用する**

我が国において強制通用力を有するという意味である。強制通用力は法律によって付与されるものであり、事実上の通用力では足りない。

2 **貨　幣**

本条では金銭一般の意味でなく、硬貨だけを指す。500円玉、100円玉、10円玉など（通貨の単位及び貨幣の発行等に関する法律4条、5条等）。

3 **紙　幣**

政府の発行するもので、現在はない。

4 **銀行券**

現在は日本銀行のみが発行権を有しており（日銀法46条）、1万円札、5千円札などがこれに当たる。

446　各論第2編2部　第1章　通貨偽造の罪

⑤　偽　造

　通貨の発行権を有しない者が、一般人をして一見真貨と見誤らせるおそれのある
外観のものを作り出すことをいう（大判昭2・1・28新聞2664・10、最判昭22・
12・17刑集1・94。不用意に一見した場合に真貨と誤認する程度の外観で足りる
として、コピー用紙の片面が白紙で反対側の片面に千円札の表面と裏返しの裏面が
併せ印刷され、真正のものとほぼ同じ大きさに裁断されたものを偽造に当たるとし
た東京高判平18・2・14高裁刑事裁判速報平成18年65)。

　一般人が通常の注意を払えば、直ちに真貨でないと判るようなものは、「**模造**」
（まぎらわしい物の製造）に当たり、「通貨及証券模造取締法」の適用を受ける。模
造もその用い方（行使場所、時、相手等）によっては真正なものと誤信させるおそ
れがあり、詐欺の手段としても用いられ得る危険性を有することを要するとされて

＊通貨の単位及び貨幣の発行等に関する法律＊
（貨幣の製造及び発行）
第4条　貨幣の製造及び発行の権能は、政府に属する。
2　財務大臣は、貨幣の製造に関する事務を、独立行政法人造幣局（以下「造幣局」という。）に行わせる。
3　貨幣の発行は、財務大臣の定めるところにより、日本銀行に製造済の貨幣を交付することにより行う。
4　財務大臣が造幣局に対し支払う貨幣の製造代金は、貨幣の製造原価等を勘案して算定する。
（貨幣の種類）
第5条　貨幣の種類は、500円、100円、50円、10円、5円及び1円の6種類とする。
2　国家的な記念事業として閣議の決定を経て発行する貨幣の種類は、前項に規定する貨幣の種類のほか、1
万円、5千円及び千円の3種類とする。
3　前項に規定する国家的な記念事業として発行する貨幣（以下この項及び第10条第1項において「記念貨
幣」という。）の発行枚数は、記念貨幣ごとに政令で定める。
＊日本銀行法＊
（日本銀行券の発行）
第46条　日本銀行は、銀行券を発行する。
2　前項の規定により日本銀行が発行する銀行券（以下「日本銀行券」という。）は、法貨として無制限に通
用する。
（日本銀行券の種類及び様式）
第47条　日本銀行券の種類は、政令で定める。
2　日本銀行券の様式は、財務大臣が定め、これを公示する。
＊通貨及証券模造取締法＊
第1条　貨幣、政府発行紙幣、銀行紙幣、兌換銀行券、国債証券及地方債証券ニ紛ハシキ外観ヲ有スルモノヲ
製造シ又ハ販売スルコトヲ得ス
第2条　前条ニ違犯シタル者ハ1月以上3年以下ノ重禁錮ニ処シ5円以上50円以下ノ罰金ヲ附加ス
第3条　第1条ニ掲ケタル物件ハ刑法ニ依リ没収スル場合ノ外何人ノ所有ヲ問ハス警察官ニ於テ之ヲ破毀スヘシ
第4条　第1条ニ掲ケタル物件ニハ明治9年布告第57号ヲ適用ス

いる（最判昭45・4・24刑集24・4・153）。

6 行使の目的

真貨として流通におこうとする目的をいう。偽造者自らが流通におこうとする場合だけでなく、第三者を介する場合も含まれる（最判昭34・6・30刑集13・6・985）。

7 変　造

真正な通貨に工作を加えて別個の通貨の外観を有する物とすることをいう。真貨が表示する金額を別の金額の表示のように作り変えたり、真貨を削って量目を減少させるなどがこれに当たる（真貨を切断して継ぎあわせた場合に、偽造としたものとして広島高判昭30・9・28高刑集8・8・1056、変造としたものとして東京高判昭39・7・22高刑集17・6・647）。偽造と同様に、一般人をして一見真貨と見誤らせるようなものでなければならない。

8 行　使

真貨として流通におくことをいう（大判明37・5・13刑録10・1084）。両替したり自動販売機や自動電話機に偽貨を投入するのも、これに当たる（東京高判昭53・3・22刑裁月報10・3・217）。

9 交　付

偽造・変造であることを知っている者に引き渡すことである（大判昭2・6・28刑集6・235）。もっとも、偽造・変造の共犯者間の授受は、交付罪にならない。

10 輸　入

外国から国内に搬入することであるが、薬物と異なり、陸揚げまでは要しないと解する。136条（あへん煙輸入等）の 2 の解説☞431頁参照。

11 処　罰

未遂も処罰される（151条）。偽造と行使あるいは収得（150条）と行使は牽連犯と解される。行使と詐欺罪については、詐欺は行使に吸収されるとするのが判例である（大判昭7・6・6刑集11・737）。

☞【実例】　（千円札の変造）

甲は、まず真正な日本銀行券千円札1枚を水にぬらして、はがれやすくして

448　各論第２編２部　第１章　通貨偽造の罪

から手でもんで表と裏とに剥離したうえで、表側のも裏側のもそれぞれ鋏で真二つに切り、千円札の券片四片を作り、それぞれ印刷のない片面に厚紙を貼り付け、厚紙を貼った側を内側にして二つ折りにして糊付けしたものを四つ作った。これは、一見すると千円札を四つ折にした外観を呈するものとなった。甲は、このほか、もう１枚の千円札を中央から二つに鋏で切断し、各片のそれぞれの裏側を内側にして四つ折にして糊付けし、一見して千円札を八つ折にした外観を呈するもの二つを作った。

甲は、このようにして、千円札２枚を用いて千円札の四つ折の外観を呈するものと八つ折の外観を呈するもの合計六つを作成したが、駅の切符売場などで混雑しているときに、いかにも真正な千円札であるように装って乗車料金として支払うつもりで、作成したのであった。

〔解説〕

一審の裁判所は、真貨とまぎらわしい物を作ったにすぎないもので一般人をして真貨と見誤るような外観・体裁に達していないとして、通貨変造の既遂にも未遂にも当たらないとした。これに対し、最高裁は、通常人がこれを入手した場合に、真正の銀行券を、四つ折又は八つ折にしたものと思い誤る程度の外観と手ざわりを備え、真正の銀行券として流通する危険を具えたものと認められるとして通貨変造の既遂罪を構成するとした（最判昭50・6・13刑集29・6・375）。真正な通貨に工作を加えて名価を偽っているものであるため、偽造ではなく本件は変造に当たるのである。

第２項　外国通貨偽造罪・外国通貨変造罪・偽造外国通貨行使罪等

＊刑法等の一部を改正する法律（令和４年法律第67号）の施行後は、下線部分の（拘禁刑）（有期拘禁刑）等となる。

（外国通貨偽造及び行使等）

第149条　行使の目的で、日本国内に流通している外国の貨幣、紙幣又は銀行券を偽造し、又は変造した者は、２年以上の有期懲役に処する。
（有期拘禁刑）

2　偽造又は変造の外国の貨幣、紙幣又は銀行券を行使し、又は行使の目的で人

第2項 外国通貨偽造罪・外国通貨変造罪・偽造外国通貨行使罪等 449

> に交付し、若しくは輸入した者も、前項と同様とする。

① 日本国内に流通する

改正前の「内国に流通」と同義であり、強制通用力はないものの、わが国内で事実上合法的に使用され、流通していることをいう。一地域、例えば米軍施設内だけに流通している場合も含む。したがって、ドル表示軍票も内国に流通する外国の紙幣に当たる（最判昭30・4・19刑集9・5・893、最判昭34・6・30刑集13・6・985等）。

② 外国の貨幣等

外国政府又はその承認した機関が製造発行した貨幣・紙幣・銀行券をいう。貨幣・紙幣・銀行券の意義については148条の解説②③④☞445頁以下参照。

③ 処　罰

未遂を処罰する（151条（条文☞445頁参照））。外国だけで流通する通貨を偽造・変造したときは、外貨偽造法（外国ニ於テ流通スル貨幣紙幣銀行券証券偽造変造及模造ニ関スル法律）の違反となる。米ドル紙幣の偽造は、この法律により処罰される。刑法149条の通貨を外貨偽造法上の通貨と誤信していた場合は刑法38条2項（総論第5章第3項故意☞79頁参照）により、後者の法定刑で処断されるとする

＊明治38年法律第66号（外国ニ於テ流通スル貨幣紙幣銀行券証券偽造変造及模造ニ関スル法律）＊

第1条　流通セシムルノ目的ヲ以テ外国ニ於テノミ流通スル金銀貨、紙幣、銀行券、帝国官府発行ノ証券ヲ偽造シ又ハ変造シタル者ハ重懲役又ハ軽懲役ニ処ス

② 金銀貨以外ノ硬貨ヲ偽造シ又ハ変造シタル者ハ軽懲役又ハ2年以上5年以下ノ重禁錮ニ処ス

第2条　流通セシムルノ目的ヲ以テ偽造又ハ変造ニ係ル前条ニ記載シタル物ヲ帝国若ハ外国ニ輸入シタル者ハ前条ノ例ニ同シ

第3条　情ヲ知テ偽造又ハ変造ニ係ル第1条ニ記載シタル物ヲ行使シ若ハ流通セシムルノ目的ヲ以テ授受シタル者ハ重懲役又ハ6月以上5年以下ノ重禁錮ニ処ス

② 収得シタル後其ノ偽造又ハ変造ナルコトヲ知テ行使シ若ハ流通セシムルノ目的ヲ以テ授付シタル者ハ其ノ名価3倍以下ノ罰金ニ処ス但シ2円以下ニ降スコトヲ得ス

第4条　第1条ノ偽造又ハ変造ニ用ニ供シ若ハ供セシムルノ目的ヲ以テ器械若ハ原料ヲ製造シ、授受シ若ハ準備シ又ハ帝国若ハ外国ニ輸入シタル者ハ6月以上5年以下ノ重禁錮ニ処ス

第5条　販売スルノ目的ヲ以テ第1条ニ記載シタル物ニ紛ハシキ外観ヲ有スル物ヲ製造シ又ハ帝国若ハ外国ニ輸入シタル者ハ2年以下ノ重禁錮又ハ200円以下ノ罰金ニ処ス

② 前項ニ記載シタル物ヲ販売シタル者ハ前項ノ例ニ同シ

第6条　前数条ニ規定シタル軽罪ヲ犯サムトシテ未タ遂ケサル者ハ未遂犯罪ノ例ニ照シテ処断ス

450　各論第2編2部　第1章　通貨偽造の罪

裁判例がある（東京高判昭37・3・29高刑集15・3・171）。

第3項　偽（変）造通貨収得罪

＊刑法等の一部を改正する法律（令和4年法律第67号）の施行後は、下線部分の（拘禁刑）（有期拘禁刑）等となる。

（偽造通貨等収得）

第150条　行使の目的で、偽造又は変造の貨幣、紙幣又は銀行券を収得した者は、3年以下の懲役に処する。
（拘禁刑）

① **収　得**

原因のいかんを問わず、自己の所持に移すことをいう。貰い受け、買い受け、交換のほか、窃取や騙取も含まれる。行使の共同正犯者間の移転は収得には当たらない（東京高判昭31・6・26高刑集9・7・659）。行使の目的をもって、かつ、当該貨幣等が偽造又は変造であることを認識しながら収得した場合に本条の罪が成立する。

② **処　罰**

未遂を罰する（151条（条文☞445頁参照））。148条2項、149条2項の行使罪とは牽連犯と解される。

第4項　偽（変）造通貨収得後知情行使罪等

（収得後知情行使等）

第152条　貨幣、紙幣又は銀行券を収得した後に、それが偽造又は変造のものであることを知って、これを行使し、又は行使の目的で人に交付した者は、その額面価格の3倍以下の罰金又は科料に処する。ただし、2千円以下にすることはできない。

① **収得後の知情**

偽造・変造の通貨とは知らずに収得した者が、あとで偽貨であることを知ったの

第5項　通貨偽（変）造準備罪　451

に、それを行使したり、行使目的で人に交付することによって本罪が成立する。収得は適法なものに限られるとする説が有力である。収得時に偽、変造の通貨と知っていた場合には、148条又は149条の罪が成立する。

② 額面価格

偽造され又は変造された通貨等に外観上表示されている金額をいう。

③ 処　罰

額面価格の3倍が1万円以上であれば罰金（15条）、それ未満であれば科料（17条）とする趣旨と解されている（総論第9章第1項③財産刑☞145頁参照）。法律上の減軽又は酌量減軽によるときは、2千円以下とすることが可能である。外国通貨の場合は、行為時の為替相場によることになる。

第5項　通貨偽（変）造準備罪

＊刑法等の一部を改正する法律（令和4年法律第67号）の施行後は、下線部分の（拘禁刑）（有期拘禁刑）等となる。

（通貨偽造等準備）

第153条　貨幣、紙幣又は銀行券の偽造又は変造の用に供する目的で、器械又は原料を準備した者は、3月以上5年以下の懲役に処する。
（拘禁刑）

① 器　械

印刷機、鋳造機などのことである。偽変造の用に供することに客観的な関連性、可能性がなければならないが、偽変造に直接必要なものに限られるわけではない（大判昭7・11・24刑集11・1720等）。

② 原　料

用紙、印刷用インク、地金、転写用紙（大判大2・1・23刑録19・28等）などが、これに当たる。

③ 準　備

買い入れたり製作したりすることであるが、目的を遂行できる程度に達している必要はない（大判大2・1・23前掲）。準備することによって直ちに本罪が成立する。ただし、行使の目的が必要である（大判昭4・10・15刑集8・485）。

452　各論第2編2部　第1章　通貨偽造の罪

　準備にとどまらず、偽造のため鋳造や印刷に着手したが、技術や技巧が不足していて、偽造が出来なかったり模造の程度で終わったときは、通貨偽造未遂罪が成立し、本罪はこれに吸収される（大判大5・12・21刑録22・1925)。

第2章　文書偽造の罪

第1項　保護法益

　文書偽造の罪は、刑法第17章に規定されている。その保護法益は、文書の真正に対する公の信用（公共的信用）である。文書は、日常社会生活における取引の確実性を担保する手段として重要な役割を果たしているので、これに対する一般公衆の信頼を保護しようとするものである。

　本罪は、公共の法益を侵害するものであるから、文書の名義人や文書行使の相手方に、財産的な被害を与えたかどうかは、この犯罪の成否に関係がない。

第2項　文書の意義

　偽造罪の客体となる「**文書**」とは、物体の上に文字又はこれに代わるべき符号を用いて人の意思（意識内容）をある程度永続的に表示したものであって、その表示内容が法律上又は社会生活上重要な事項について、証拠となり得るものをいう（大判明43・9・30刑録16・1572）。

　物体は、紙に限らない。板・皮・陶器などを含む。

　文書には、「**狭義の文書**」と、「**図画**」とがある。

　「**狭義の文書**」は、文字その他の発音符号（点字・速記・電信符号など）を記載したものをいうが、その内容に図面や絵を含んでいても、もとより文書である。

　「**図画**」は、画（絵）などの象形的方法を用いて記載したものである。法務局の土地台帳に付属する地図（最決昭45・6・30判時596・96）、日本音楽著作権協会の英文略称（ＪＡＳＲＡＣ）を図案化したシール（東京高判昭50・3・11高刑集28・2・121）などは、その例である。

454 各論第2編2部 第2章 文書偽造の罪

1 意識内容の表示

文書は具体的な意識内容を表示したものである。

文書の形式をとる通常の形態のほかに、省略された形式のもの、すなわち「**省略文書（簡約文書）**」がある。例えば、郵便局の日付印（大判昭3・10・9刑集7・683（第8項**2**の解説☞467頁**参照**））、物品税証紙（最決昭29・8・20刑集8・8・1363）、印鑑証明書、支払伝票、郵便送達報告書受領者署名・押印欄（最決平16・11・30刑集58・8・1005）などがこれに当たる。

これに対し、一定の具体的思想内容の表示とは認められないもの、例えば順番を示す整理番号札、下足札、クロークの預り札などのふだは文書でない。また、人物や者の同一性を表すにすぎないもの、例えば名刺や門札なども文書でない（名刺などについては165条（☞509頁）や167条（☞513頁）の署名偽造の問題となる）。

2 永続性

文書の重要性は、特定の表示を保存して証明することにある。したがって、ある程度の永続性が求められ（大判明43・9・30刑録16・1572）、表示するに従って消失していくようなものは文書といえない。

3 表示内容

私文書の場合、文書の内容は、権利義務又は事実関係の証明に役立ちうるものであることを要する。「**事実関係の証明**」とは、法律上問題となりうる事実あるいは社会生活上問題となりうる事実の証明のことである。転居届はもちろん履歴書（最決平11・12・20刑集53・9・1495（第12項**3**☞483頁**参照**））なども事実証明に関する文書である。白紙委任状は、受任者や委任事項が記載されていなくても、それ自体固有の重要な機能を有し、権利義務又は事実関係の証明に役立つもので、偽造の対象になる文書である。

4 作成名義

文書も図画も、いずれも一定の意思（意識内容）の表示であるから、これらには、つねにその意思の主体、すなわち作成名義人（あるいは作成名義）が存在しなければならない。

甲が乙から10万円を受け取った旨記載されている文書にあっては、文書の内容

が、甲の意識内容の表示として記載されていれば（例えば領収書）、甲が作成名義人であり、甲乙間の金員授受に立ち会った丙がその意識内容の表示として記載したものであれば（例えば証明書）、丙が作成名義人である。「作成名義」は、文書・図画自体に名前とか名称とかによって表示されている場合のほか、文書・図画の内容・形式又はこれに付随する物などによって誰の意思表示であるかが判断できる場合も含む。同姓同名であっても、弁護士といった肩書等により別人格を示せば、他人の作成名義である（最決平5・10・5刑集47・8・7）。名義人と作成者との間の人格の同一性を偽る行為が文書偽造である（最決平11・12・20（前掲**3**の解説☞前頁参照）、同平15・10・6刑集57・9・987（第3項**2**☞459頁参照））。

「作成名義人」は、文書の執筆者と必ずしも一致しない。タイピストにタイプさせても、代書人に代書させても、補助者に記名印を押させても、文書の内容の主体が作成名義人である。

「文書の作成名義」は、自然人又は法人のように法律上人格を有するものでなければならないわけではない。人格を有しない団体・法人の一部局でも、取引関係において独立した社会的地位を有するものであれば足りる。

「名義人」は、実在することを要するか。既に死亡してしまった人の名前を使った場合（最判昭26・5・11刑集5・6・1102）、その人が生前作成した文書だと一般に思わせるようなものはもとより、一般人をして名義人が実在していると誤信させるようなものなら、文書偽造は成立する（最判昭28・11・13刑集7・11・2096等）。官公署や法人の役職者の名義を冒用した場合に、その官公署や法人が実在し、その職務権限内において作成されたと思わせるようなものである以上、使用した役職者の氏名に該当する人が実在していないときでも、他人の作成名義を偽ったことになる（最判昭36・3・30刑集15・3・667等（第8項【実例】1解説☞469頁参照）。

5 写真コピーの文書性

比較的新しい問題である。そもそも、文書の写（うつし）というものは、手書きであれ、複写コピーであれ、誰でもが手軽に自由に作れるから、単に写をとっただけのもの（原本と相違ない旨の認証あるものや、写である旨と写の作成者の氏名を記載したものを除く）は、文書偽造罪の対象となる「文書」に当たらないとするの

456　各論第2編2部　第2章　文書偽造の罪

が従来の考え方であった。それ自体からは作成名義が誰か判らないものは、作成名義を偽ることを処罰する文書偽造罪では問題とならないからであり、原本と相違ない旨の認証などのある作成名義の明らかな写についてのみ、謄本や写として、それ自体の文書性が認められたにすぎなかった。

　ところが、今日では、複写技術が格段に飛躍し、証明手段としての写真コピー（精巧な複写機を用いて機械的方法により原本を複写した複写版のこと）が、原本に代わるものとして、ひろく使用されるに至っている。これは、紙質等の点を除けば、内容のみならず筆跡や形状に至るまで原本と全く同じく機械的正確さをもって再現され、見る者をして同一内容の原本の存在を信用させるだけでなく、印章や署名を含む原本の内容についてまで原本そのものに接した場合と同様に認識させる特質をもち、写であるが複写した者の意識が介在する余地がなく、複写した者の意識内容でなく、原本作成者の意識内容が直接伝達保有されている文書とみうるからである。このような写真コピーは、そこに複写されている原本がコピーどおりの内容・形状において存在していることの極めて強力な証明力をもちうるものであるため、写真コピーが実生活上原本に代わるべき証明文書として通用し、原本と同程度の社会的機能と信用性を有するとされている場合が多くなっている。

　そこで、近時の判例では、文書偽造罪は、文書に対する公共的信用を保護法益とし、文書が証明手段としてもつ社会的機能を保護し社会生活の安定を図ろうとするものであるから、文書偽造罪の客体となる文書は、これを原本そのものに限る根拠はなく、原本の写であっても、それが原本と同一の意識内容を保有し、証明文書として原本と同様の社会的機能と信用性を有するものと認められる限り、偽造・変造の客体たる文書に含まれるとしている。最判昭51・4・30刑集30・3・453は、法務局の供託官の発行名義の供託金受領証を利用し、供託官の記名押印部分をカミソリで切り離したうえ、虚偽の供託事実を記入した供託書用紙の下方にこれを接続させて貼付し、これを電子複写機で複写してコピー5通を作り官庁の係官に対する提出書類として使った事案につき、このコピーそのものを偽造文書と認め、最決昭54・5・30刑集33・4・324は、県の土木工営所長の発行した土石採取許可証の許可日付や採取場所などを巧妙に書き変えたうえ、これの電子コピー複写をとってこ

のコピーを他の土石採取業者に本物のコピーのように申し向けて売り渡した事案につき、コピー自体を偽造文書と認めた（営林署長の記名押印のある売買契約書につき（最決昭61・6・27刑集40・4・340））。

これに対しては反対説があり、写による証明の対象は原本の存在にあり、コピー作成技術の進歩によりその証明力がいかに高められても、質的転換を遂げて原本と同視すべきものに転化するとは考えられないとか、写は一般に誰でも自由に作成する権限を有するものであるから、写自体に写の作成名義が新たに表示されたものに限って写自体にも原本の存在を証明する証明文書としての文書性が認められるにすぎないとかの反論がある。

さて、今日の社会では、運転免許証や貯金通帳などのように原本でなければ証明文書として通用しないものもあるが、コピーが原本に代わるものとして通用する場が多くなってきているため、従来の伝統的な「写は写にすぎない」との考え方の下に、偽変造文書の行使目的のコピーを何ら罪とならないとしていたのでは、証明手段として重要な社会的機能を営む文書に対する公の信用が一層混乱するに至ることは必至である。最高裁が強い態度を打ち出したのも、社会生活における文書をめぐる時代の推移が背景にあると思われる。下級審では、ファクシミリ送信により受信され、印字された文書の写し（広島高岡山支判平8・5・22高刑集49・2・246）についても偽造罪の成立を認め、さらに国民健康保険被保険者証の白黒コピーを切り貼りし、その画像データを端末機の画面で閲覧させるのは、同保険証の写しについて文書偽造・行使罪の成立を認める（東京高判平20・7・18判タ1306・311（第3項**6**の解説☞461頁、第5項**1**の解説☞462頁**参照**））としている。

第3項 偽 造

1 意 義

　文書偽造には、「**有形偽造**」と「**無形偽造**」とがあり、更に「**狭義**」と「**広義**」とがある。すなわち、

　　　① 他人の名義を勝手に使って文書を作成する、すなわち作成権限がないのに他人名義の文書を作ること（**有形偽造**という）をいう場合（**狭義の文書偽**

造）

 ② 作成名義には偽りはないがその内容が虚偽である、すなわち文書の作成権限を有する者が虚偽の内容を記載する場合（**無形偽造**という）

を含む広い意味で用いる場合（**広義の文書偽造**）とがある。なお、文書偽造という用語を用いる場合には、更に文書の「**変造**」（後に述べる）を含めていることが多い。

 刑法は、「**偽造**」と「**虚偽文書の作成**」とを区別して規定している。前者は有形偽造であって、文書のいかんを問わず犯罪となるが、後者は無形偽造であって、犯罪になるのは限られた場合だけである（虚偽公文書作成156条（☞470頁）・虚偽診断書作成160条（☞485頁）・公正証書原本不実記載157条（☞472頁））。

2 **当該文書の作成権限のないこと**

 「有形偽造」が成立するためには、行̇為̇者̇に̇、そ̇の̇文̇書̇の̇作̇成̇権̇限̇の̇な̇い̇こ̇と̇が要件である。

 法人の代表権ある者や法定代理人（父母の如き親権者など）の場合は、本人に対して、文書の作成についても一般的権限を持っているから作成権限がある。それ以外に、個々に本人名義の文書の作成権限を有する場合も多い。代表者や本人に対して補助者的立場にあって文書作成の事務だけを担当している者は、作成権限があるわけではないから、代表者や本人の指示・承諾がないのに法人名義や本人名義の文書を作成すれば、偽造となる。

 本人から、本人名義を使用することの承諾を得ていた場合は、原則として偽造とならない。作成権限のない者が、勝手に他人の名義を冒用したといえないからである。しかしながら、私文書であっても、一定の文書、例えば交通反則切符など交通切符原票中の違反者供述書（最決昭56・4・8刑集35・3・57（総論第4章第5項2☞65頁参照）等）、再入国許可申請書（最判昭59・2・17刑集38・3・336（159条の【実例】の解説☞485頁参照））、旅券申請書（東京地判平10・8・19判時1653・154）、入学試験の答案（最決平6・11・29刑集48・7・453（第12項3の解説☞483頁参照））などのように、性質上、名義人の承諾があってもその名義を用いて文書を作成する権限は生じえないとされるものがある。このような文書にあって

は、甲が名義を使うことを乙に承諾していても、乙が甲名義で文書を作成すれば偽造となる（この場合、名義使用を承諾した本人も偽造罪の共謀共同正犯になることにつき、前掲東京地判平10・8・19。なお、私文書偽造159条の【実例】の解説☞484頁参照）。すなわち上記交通切符の違反者供述書のような文書については、そこの署名は、当該交通違反を犯した者のものとして取扱われ、その名義人について違反の責任を問う手続が進められることになるから、同供述書の署名は名義人本人によってなされることが厳に保障される必要があり、名義人本人によって作成されることだけが予定され、他人の名義使用は許されない性質のものといえる。また、文書の内容が名義人において自由に処分できる事項に関するものではない場合もある。他人の自動車運転免許証を拾得した甲が、自動車を運転中に交通違反で検挙された際、交通反則切符原票中の供述書の末尾に、上記他人乙の名前で署名したうえ指印をした事件にあっても、名義人と作成者の人格の同一性に齟齬を生じてさせており、私文書偽造罪の成立が認められる。約5年間にわたって使用していた偽名を用いた場合も、自己と異なる人物を被疑者としようとする意図を示したと解されるときは私文書偽造が成立する（東京高判昭54・7・9判時947・125）。これらの場合、甲には、乙名義の供述書を作成する権限が（この種の文書の性質上）ないのである。この種の文書にあっては、甲が単に甲の別名を用いて甲自身の文書を作成したということはできず、偽造に当たるのである。

なお、当該文書について作成権限がない団体甲がその名義で文書を作成すると、作成権限ある団体甲名義の文書を偽造したことになる（正規の国際運転免許証に似た文書につき最決平15・10・6刑集57・9・987（第2項4の解説☞455頁参照））。

3 代理資格の冒用

代理権や代表権（法人の場合）のない者が、他人（本人や法人）の代理人として文書を作成した場合には、他人の作成名義をいつわったもの（有形偽造）として偽造罪が成立する（大判明42・6・10刑録15・738）。この場合、代理人としてではあっても作成者本人が署名しているのであるから自己名義の文書であり作成権限をいつわったことにはならないのではないかとの疑問が生じるが、そうではない。

もっとも、上記のように偽造罪が成立するとする理由づけについては、説が分か

460　各論第2編2部　第2章　文書偽造の罪

れている。すなわち、代理人として作成したものは本人の文書であり、本人の名義を冒用して文書を作成するのと同様であるからとする考え方と、代理人の作成した文書の作成名義はやはり代理人にあるのであるが、その場合乙なる者は実在しても「甲代理人乙」というものは実在しないので、実在しない者の名義を勝手に使って実在する人と信じさせる文書を作成したことになるからであるとする考え方である。実際取引上、誰の代理人であるか、つまり本人は誰かという点が人格認識の重点であり、代理人個人が誰であるかは文書に対する信頼の基礎としては独立した意味をもたない。代理人等ではなく、文書によって表示された意識内容にもとづく効果の帰属する本人が名義人とするのが判例である（最決昭45・9・4刑集24・10・1319）。

④　**代理権限を超えた場合**

甲が乙に対し、甲の代理人となって丙から100万円を借用するよう依頼した場合、代理人乙が勝手に500万円借用し、借用証書に甲代理人乙として記載したときは、文書偽造となる。代理権限を超えて文書を作成した場合は、権限なくして他人名義の文書を作成したのと同様に考えられるからである。これに反し、代理又は代表の権限を有する者が、その権限の範囲内で文書を作成した場合には、たとえ権限を与えられていた趣旨に反するような（背任的な）目的から作成しても（権限の濫用）、文書の作成名義をいつわったことにならず、偽造罪は成立しない。例えば、会社の代表取締役が、その権限の範囲内で会社名義の契約書を作成した場合に、もしその者が会社に損害を与えて自己の利を図るとか、契約の相手方を不当に利する意図があったとしても、背任罪が成立するのは別として、文書偽造罪は成立しない（共同代表の定めのある代表取締役が他の代表取締役の印章等を冒用したときは偽造となることにつき最決昭42・11・28刑集21・9・1277）。

⑤　**偽造の方法**

全く新しく材料をそろえて新たに文書を作り出すもののほか、既存の完成した真正文書の本質的部分に改ざんを加えて新たな証明力を有する文書を作成する場合（自動車運転免許証や外国人登録証明書の写真を貼り替えて写真の人の免許証や証明書にするもの）、既に無効となっている文書に加工して新しい文書を作り出すこ

と（失効した自動車運転免許証や各種の許可証の有効期限の日付を書き変えて新しい有効期限までの有効な証明書を作り出すもの）、既存の未完成文書に加工して完成する場合（白紙委任状に勝手に所要事項を書き入れるもの）や、前記代理権限を超えた文書の作成などもあり、偽造の方法には制限がない。

6 **偽造の成立**

文書偽造が成立して処罰されるのは「**行使の目的**」がある場合に限る。この限りにおいて偽造罪は目的犯である。また、偽造といえるためには、一般人をして、真正な文書（ほんもの）と信じさせるに足る程度の形式・外観を備えていることを要する。偽造の仕方が余りにも幼稚・拙劣で、一見して偽物（にせもの）と判るようなものには、文書偽造罪は成立しない（ただし、ディスプレイに表示させる方法による場合につき、東京高判平20・7・18判タ1306・311（第5項1☞次頁**参照**）、大阪地判平8・7・8判タ960・293）。

7 **偽造の処罰**

文書の作成名義を偽ることは、直ちに文書に対する公の信用を害する危険性が大きい。公文書でも私文書でも、有形偽造は、いずれも処罰される。

第4項　変　造

1 **意　義**

真正な文書の本質的な部分以外の内容に変更を加えることをいう。

2 **態　様**

二つある。

① 真正に成立している他人名義の文書（図画を含む）の非本質的部分に、権限のない者が、変更を加える場合（**有形偽造的な変造**）

これは公文書でも私文書でも処罰される。

② 作成権限を有する者が、真正に成立している自己名義の文書（図画を含む）の非本質的部分に変更を加えてその内容を虚偽のものとする場合（**無形偽造的な変造**）

これは、公文書についてのみ処罰され、私文書では処罰されない。

462　各論第2編2部　第2章　文書偽造の罪

③　偽造との区別

　公文書でも私文書でも、「**偽造**」・「**変造**」として処罰される場合は、「**偽造**」と「**変造**」とは同一の法定刑である（155条2項、159条2項）。したがって、「**偽造**」か「**変造**」かを俊別する実益に乏しいかに見えるが、実務では、「**変造**」より「**偽造**」は一段と悪質・重罪とみられることがある。これは、「**変造**」が文書の非本質的部分である内容を変更するにすぎない、すなわち文書の同一性を保ちつつ、部分的変更をするにすぎないのに対し、「**偽造**」は本質的部分に変更を加え、従来のものと同一性を欠いたもの、新しい文書を作成すること、別異の証明力を有する文書を作り出すもので、影響力に格段の差があるとみられるためであるが、文書に対する公の信用をそこなう点においては、両者はひとしいのである。

　ところで、偽造・変造の区別につき、一例を郵便貯金通帳にとると、1万円を預け入れたのに、通帳の金額表示を改ざんして81万円としたのは、この種の文書の本質的部分に変更を加えたもので偽造であり、単に預入日・払戻日を改ざんするなどは変造である。ただし、有価証券についてであるが小切手の金額欄の改ざんを変造に当たるとした判例がある（最判昭36・9・26刑集15・8・1525）。単なる量的変更であって新たな有価証券の作出ではないと考えたからであろう。

第5項　行　使

①　意　義

　偽造・変造の文書・図画を真正なものとして、あるいは虚偽文書を内容の真実なものとして、他人の認識できる状態におくことをいう。他人が現実にその文書を見ることは必ずしも必要でない。行使の態様には、文書の呈示（提示）・交付・送付・備付などがある（イメージスキャナー等を通してのディスプレイにつき東京高判平20・7・18判タ1306・311（第2項**5**の解説☞457頁**参照**）、大阪地判平8・7・8判タ960・293。司法書士への代理嘱託の際の交付につき最決平15・12・18刑集57・11・1167）。原本そのものでなく、コピーを作成して使用するため原本に改ざんを加えることも行使の目的に当たる（東京高判昭52・2・18判時869・109。縮小コピーにつき福島地判昭61・1・31刑裁月報18・1・57）。

第6項　電磁的記録　463

② 偽造との関係

　文書偽造は、偽造行為のときに、行使の目的をもってなされなければ犯罪とならないことは、先に触れた。文書を偽造してそれを行使したときは牽連犯（手段結果の関係）となる（54条（総論第8章第4項科刑上一罪②の解説☞138頁参照））。

第6項　電磁的記録

　文書偽造罪における「文書」は、前記（第2項☞453頁参照）のとおり、「文字又は文字に代わるべき符号を用い、ある程度永続すべき状態において、物体上に記載された意思又は観念の表示」であるとされているが（大判明43・9・30刑録16・輯1573）、電磁的記録について考えると、これが特定のプログラムを用いることにより文字又はこれに代わるべき符号に変換し得るものではあるものの、それ自体としては、人の五感の作用によっては記録の存在及び内容を認識できず、いわゆる直接的な可視性及び可読性を有しない。道路運送車両法に規定する電子情報処理組織による自動車登録ファイルが刑法157条1項にいうところの「公正証書の原本」に当たるとした最決昭58・11・24（刑集37・9・1538）についても、種々の理解があるところであり（157条1項（第10項①☞473頁）・158条1項（☞479頁））、同決定が電磁的記録一般についてその文書性を認めたものとは直ちにはいい難い（第10項【実例】2☞478頁参照）。

　また、「文書」については、当該文書に表示される意思又は観念の帰属主体である作成名義人の作成名義を偽ることを偽造としてとらえ、これを更に、印章・署名の有無により区別するとともに、公文書等一定の文書については、作成名義人による内容虚偽の文書の作成を処罰することとしている。これに対し、「電磁的記録」にあっては、入力されたデータが一定のプログラムにより既存のデータとともに処理、加工されて新たに記録が作り出されることが少なくなく、その作出過程に複数の者の意思や

＊道路運送車両法＊

（自動車登録ファイル等）

第6条　自動車の自動車登録ファイルへの登録は、政令で定めるところにより、電子情報処理組織によつて行なう。

2　自動車登録ファイル及び前項の電子情報処理組織は、国土交通大臣が管理する。

464　各論第２編２部　第２章　文書偽造の罪

行為が関与することがあるなど、その作出過程に文書とは異なった特質があり、文書のようにそれ自体が独立して社会的機能を発揮するものではなく、それを使用することが本来予定されている一定のシステム及びプログラムの下で用いられることにより予定された本来の証明機能を果たすものであり、利用過程にも電磁的記録の特質が認められ、文書と同様の作成名義を観念することが困難であるほか、電子計算機という機械に対する使用が行使といえるかなどの種々の問題があり、偽造、変造、虚偽作成等の文書偽造罪における概念によっては電磁的記録に係る処罰すべき不正行為の実体を的確にはとらえ得ない。

　このように、電磁的記録が文書にかわって重要な証明機能を営むようになってきているにもかかわらず、これを文書と認めることが困難であることから、刑法は電磁的記録についても文書偽変造罪・同行使罪と同様の処罰規定を設けている。電磁的記録については、7条の2に定義規定が設けられ、「**電磁的記録**」とは

　　　① 　「電子的方式、磁気的方式その他人の知覚によっては認識することができ
　　　　ない方式で作られる記録」

であって、

　　　② 　「電子計算機による情報処理の用に供されるもの」

をいうとされている。

　①の要件により、可視性、可読性を有する文書と電磁的記録とは異なるものであること、及び②の要件により、アナログのミュージックテープやビデオテープのように、電子計算機による情報処理の用に供されているとはいえないものは除かれることが規定されている。

　そして、「偽変造」に代わるものとして「**不正作出**」が、「行使」に代わるものとして「**供用**」という概念が用いられている。その詳細は161条の2等の説明☞487頁参

＊刑法＊
（定義）
第7条　この法律において「公務員」とは、国又は地方公共団体の職員その他法令により公務に従事する議員、委員その他の職員をいう。
2　この法律において「公務所」とは、官公庁その他公務員が職務を行う所をいう。
第7条の2　この法律において「電磁的記録」とは、電子的方式、磁気的方式その他人の知覚によっては認識することができない方式で作られる記録であって、電子計算機による情報処理の用に供されるものをいう。

照のこと。

第7項　詔書偽（変）造罪

＊刑法等の一部を改正する法律（令和4年法律第67号）の施行後は、下線部分の（拘禁刑）（有期拘禁刑）等となる。

（詔書偽造等）

第154条　行使の目的で、御璽、国璽若しくは御名を使用して詔書その他の文書を偽造し、又は偽造した御璽、国璽若しくは御名を使用して詔書その他の文書を偽造した者は、無期又は3年以上の懲役に処する。
　　　　　　　　　　　　　　　　　　　　　　　　　　　　　　　（拘禁刑）
2　御璽若しくは国璽を押し又は御名を署した詔書その他の文書を変造した者も、前項と同様とする。

① 御璽（ぎょじ）

天皇の印章をいう。

② 国璽（こくじ）

日本国の印章をいう。

③ 御名（ぎょめい）

天皇の署名をいう。

④ 詔書

たとえば国会招集の詔書のように天皇が一定の国事に関する意思表示のために用いる文書で詔書の形式をとるものをいう。

⑤ その他の文書

条約批准書・認証官任免辞令など。詔書その他の文書は、もとより公文書であり、天皇作成名義の公文書が本条の客体である。私文書は含まない。

第8項　有印公文書偽（変）造罪・無印公文書偽（変）造罪

＊刑法等の一部を改正する法律（令和4年法律第67号）の施行後は、下線部分の（拘禁刑）（有期拘禁刑）等となる。

（公文書偽造等）

第155条　行使の目的で、公務所若しくは公務員の印章若しくは署名を使用し

466　各論第2編2部　第2章　文書偽造の罪

> て公務所若しくは公務員の作成すべき文書若しくは図画を偽造し、又は偽造し
> た公務所若しくは公務員の印章若しくは署名を使用して公務所若しくは公務員
> の作成すべき文書若しくは図画を偽造した者は、1年以上10年以下の懲役に処
> する。_(拘禁刑)
>
> 2　公務所又は公務員が押印し又は署名した文書又は図画を変造した者も、前項
> と同様とする。
>
> 3　前2項に規定するもののほか、公務所若しくは公務員の作成すべき文書若し
> くは図画を偽造し、又は公務所若しくは公務員が作成した文書若しくは図画を
> 変造した者は、3年以下の懲役又は20万円以下の罰金に処する。_(拘禁刑)

1　本条の構成

　1項は、前半が、真正な公務所・公務員の印章や署名を不正に用いて公文書を偽
造したとき、後半は、印章または署名そのものが偽造されていて（後出、165条☞
509頁**参照**）その偽造の印章・署名を用いて公文書を作成したときの規定である。
いずれも「**行使の目的**」を要する。

　2項は、真正な印章・署名のある公文書を変造したときの規定である。

　3項は、公務所・公務員の印章や署名のない公文書の偽造・変造についての規定
である。

2　公文書

　「**公務所若しくは公務員の作成すべき文書・図画**」とは、公務所や公務員が、そ
の職務上作成する文書のことである。公務所又は公務員が、その名義で、権限の範
囲内で作成する文書でなければならない。その作成権限の根拠は法令であると内
規、慣例等であるとを問わない（大判昭12・7・5刑集16・1176）。これらの文書
を「**公文書**」という。この公文書（真正な公文書）と誤信させるような外観のもの
を勝手に作るとき、公文書偽造となる。

　民営化前の郵便貯金通帳は、全体として1個の公文書であるが、受入・払戻の各
欄も、それぞれ独立した公文書であるとされている（大判昭7・2・25刑集11・
207）。登記簿も、甲区、乙区の各欄ごとに登記官吏の認印が押捺されているもの

は、各欄が独立した公文書である。

　民営化前の郵便物の日付印は、郵便局の印章・署名の表示であるにとどまらず、一定の日時に郵便物を引き受けたことを証明する公文書とされている（省略文書（第2項**1**の解説☞454頁**参照**）の例、大判昭3・10・9刑集7・683）。

　物品税の証紙は、3項の公文書であり（最決昭29・8・20刑集8・8・1363）、民営化前の日本専売公社のたばこの外箱は、1項の「**公務所の作成すべき図画**」に当たる（最判昭33・4・10刑集12・5・743）。「**公務所**」・「**公務員**」については、☞573頁及び7条2項（条文は☞464頁）**参照**。

③　**印章と署名**

　「**印章**」とは、「**印顆**」（いんか。物体としての印かん。はん。）又は、これを押捺して表われた「**印影**」をいう。

　「**公務員の印章**」は、必ずしも公務員であることを表示するものであることは必要でない。すなわち、「甲野太郎」という名前の公務員が、その職務上作成する文書に職務上押捺している「甲野」なる印影は、公印（職印）、私印を問わず、また認印でも公務員の印章である（大判昭9・2・24刑集13・160）。

　「**署名**」は、自署したものでなくてよい。氏名を代筆したものも、記名印を用いたり印刷したもの（記名）も、いずれも署名に当たる（大判大4・10・20新聞1052・27）。

④　**偽造・変造**

　ここでは、「**偽造**」は、作成権限のない者が、勝手に作成権限者の名義を使った文書を作ること（有形偽造）、「**変造**」は、真正文書の内容（非本質的部分）に、権限がないのに変更を加えること（有形偽造的な変造）をいう（例えば、勾留状の勾留延長期間の日付の改ざんが、勾留延長裁判書の変造であることにつき東京高判平22・9・30東高判決時報刑事61・221）。「**偽造**」・「**変造**」の詳細については、本章の罪の冒頭の解説☞457頁（第3項）・☞461頁（第4項）**参照**。真正な公文書の本質的部分を改ざんしたうえで、これを電子コピーなどの複写にかけて、そのコピーを、原本代わりに用いた場合、コピーが原本と同様の証明力をもって通用するとされているときは、そのコピー自体が偽造文書と扱われることは、さきに「写真コ

ピーの文書性」の項で説明した（第2項⑤☞455頁参照）。この場合、公文書原本の改ざん工作が、単にコピーを作るためだけに行われたものであっても、偽造の不可罰的な準備行為ではなく、行使の目的をもってした公文書の偽造と解される（信用保証協会からの信用保証決定を得るための提出書類の添付資料に使用するため、真正な法人税納税証明書の内容を改ざんしたものの複写コピーを作成した事案につき、東京高判昭52・2・28判時869・109。国民健康保険被保険者証の生年月日等を改ざんしたコピーにつき東京高判平20・7・18判タ1306・311）。

⑤ 公印偽造罪・公印不正使用罪との関係

165条（☞509頁参照）には、公務所や公務員の印章・署名を偽造したり（選挙管理委員会が選挙ポスターに押捺する検印につき最判昭30・1・11刑集9・1・25）、真正な公印や署名を不正使用したり、又、偽造した公印や署名を使用したりすることを処罰することが規定されている。印章や署名のある公文書偽造（155条1項）の罪は、当然このような印章・署名に関する不正行為を含んでいるので、155条1項の罪が成立する場合は、165条の罪は成立しない（吸収関係）。しかし、偽造公文書が完成せず、印章・署名の偽造や不正使用の段階で終わった場合には165条が適用される（155条はその未遂を処罰する規定がない）。

☞【実例】1　（実在しない公務所名義の文書）

　　　　甲は、土地明渡し等の問題で訴訟をしている商店街組合員のAら10名に対し、「東京司法局人権擁護委員会」に係争土地の地代を供託して調停を申し出れば、事件を円満に解決できると嘘を言って、供託する地代名下に金を取った。そして、金を受け取る都度甲が自ら作成した受取証を渡したが、それには保証金を受領した旨の記載があり、作成名義人としては東京都千代田区筆町7番地司法局別館人権擁護委員会会計課とあり、その下には「人権擁護委員会の印」と表示された印影があるものであった。

〔解説〕

　　　　事件のころ人権擁護委員会という官庁は存在しない。しかし、この事例につき、最高裁は、実在しない官庁の名義であっても、その形式外観が一般人にそのような公務所が実在し、その公務所の公務員が職務権限内で作成した公文書

第8項　有印公文書偽（変）造罪・無印公文書偽（変）造罪　469

であると誤信させるようなものであれば、公文書偽造罪や行使罪は成立すると
した（最判昭36・3・30刑集15・3・667（第2項**4**の解説☞455頁**参照**）等）。

　官公署の機構をよく知っている者であれば、上記のような公務所名がでたら
めであることはすぐ判るが、誤信される危険があるかどうかは、通常一般人の
知識を標準とすべきである。本件の場合、形式・外観が公文書らしく作られて
おり一般人が信用する危険が十分にあった。なお当時法務省に法務省人権擁護
局があり、東京法務局には人権擁護部があったから、商店街組合の人達がこれ
らと混同することは当然である。本件では、もとより詐欺も成立し、牽連犯と
なる。

☞**【実例】2　（不動産登記簿の偽造とその謄本の申請）**

　甲は、A法務局において土地登記簿を閲覧中、ひそかにこれを局外に盗み出
し、Bの所有土地の登記部分につき、Bから甲に売買により所有権が移転され
て甲の所有となったかの如き記載を登記簿自体におこない、新たな記入をした
その甲区欄（所有権の部）にその法務局の登記官吏の印に似せた判を押し、そ
のうえでまた、ひそかに法務局の閲覧室に上記の登記簿を持って立ち戻り何喰
わぬ顔で、閲覧終了ということで登記簿を係官に返還し、その翌日、上記の土
地の登記簿謄本の交付方を申請して上記のように偽造された内容の記載のある
複写コピーの謄本（謄本認証のあるもの）の交付を受け、これを用いて、数日
後に金融業者Cから、土地を担保とする借金を申し入れ貸金名下に金を騙し
取った。

〔解説〕

　まず、土地登記簿自体に虚偽の記事を記入しているが、全く作成権限のない
者の所為である。甲区欄は各欄ごとに公文書と認められ、かつ登記官吏の判に
似せて印も押捺しているので、公務員の偽造の印章を用いた公文書偽造罪が成
立する。そして、この偽造登記簿を係官をして登記所（法務局）に備え付けさ
せたところで、偽造登記簿の備付行使の犯罪（間接正犯）が成立する。次に、
翌日、その謄本申請を行い係官から謄本の交付を受けている点（現行不動産登
記法119条では登記事項証明書）は、どうか。文書が、認証謄本であるから、

470　各論第2編2部　第2章　文書偽造の罪

認証した登記官吏が作成名義人である。この場合、本質的な部分に権限のない者が変更を加えた内容を含む登記官吏の認証謄本という文書を、甲が情を知らない登記官吏を使って、作成させた、すなわち公文書（登記簿謄本）偽造の間接正犯が成立すると考える余地もあるが、157条との関係で消極説もある（第10項**5**の解説☞476頁**参照**）。判例は、作成権限者を補助する公務員が作成権限者を間接正犯として利用する場合には偽造とし（最判昭32・10・4刑集11・10・2464（第9項**【実例】**の解説☞472頁**参照**））、利用者が私人の場合は偽造にならないとしている（最判昭27・12・25刑集6・12・1387）。積極に解すれば、金融業者に、上記の謄本を提示しているのは、偽造公文書の行使である。金員の騙取（詐欺）とは牽連犯になる。

第9項　虚偽有印公文書作成罪・虚偽無印公文書作成罪

（虚偽公文書作成等）
第156条　公務員が、その職務に関し、行使の目的で、虚偽の文書若しくは図画を作成し、又は文書若しくは図画を変造したときは、印章又は署名の有無により区別して、前2条の例による。

1 犯罪の主体
本条の罪の主体は公務員で、身分犯である。本罪は、職務上当該文書を作成する権限のある公務員が、その文書に虚偽の記載をする犯罪である。

2 行　為
記載することがらが真実と一致しないことを認識しながら、あえて虚偽内容の文書を新たに作成したり、既存の文書の内容を部分的に虚偽に変更することである。

＊不動産登記法＊
（登記事項証明書の交付等）
第119条　何人も、登記官に対し、手数料を納付して、登記記録に記録されている事項の全部又は一部を証明した書面（以下「登記事項証明書」という。）の交付を請求することができる。
　　　（第2項〜第5項省略）

第9項　虚偽有印公文書作成罪・虚偽無印公文書作成罪　471

　本条の罪は、当該公文書につき作成権限のある公務員が犯すものであり（最決昭33・4・11刑集12・5・886）、「**変造**」というのも、権限なくして変更する有形偽造的変造ではなく、いわゆる無形偽造的変造である（本章の冒頭第4項**2**の解説☞461頁**参照**）。

3　処　罰

　「前2条の例による」のは処罰（法定刑）についてであるが、主として155条の例によるわけで、印章・署名のある公文書についてはその1項、2項により1年以上10年以下の懲役（拘禁刑）に、印章・署名のないものについては、その3項により3年以下の懲役（拘禁刑）などの処罰をうけることとなる。

　なお、作成権限のある者が内容虚偽の文書を作成したことが処罰されるのは、本条（公文書）と160条（医師の診断書（第13項☞485頁**参照**）など）だけである。

☞**【実例】**　（情を知らない上司の利用）

　　　　　甲は、県の地方事務所の建築係で、一般建築に関する建築申請書類の審査、建築物の現場審査並びにこれらに関する文書の起案等の職務を担当していたが、その地位を利用し、行使の目的をもって、まだ着工していないAの住宅の現場審査申請書に、屋根葺が完了したなどの虚偽の報告を記載し、これを上記住宅の現場審査合格書の作成権限者である上記地方事務所長Bに提出し、情を知らない同所長をして記名、捺印をなさしめ、もって内容虚偽の現場審査合格書を作らせた。

〔解説〕

　　　　　公務員でない者（一般私人）が情を知らない作成権限者の公務員を利用して内容虚偽の公文書を作成させた場合に（虚偽公文書作成の間接正犯である）、処罰されることとなるのは157条（☞次頁**参照**）に該当する場合に限るとの解釈が従来から定着している。

　　　　　例えば、災害被害者でない者が市役所に対し、災害被害者であることの証明願を提出し、係官の勘違いを利用して災害被害者であることの市長名義の証明書の交付を受けたとする。これは情を知らない公務員を利用した虚偽公文書作成の間接正犯が成立するかにみえる。しかし、この行為は、157条に定めるど

472　各論第2編2部　第2章　文書偽造の罪

の罪にも当たらないから、犯罪にならないとされているのである。もし、この考え方を本件にも推し及ぼすことができるとすると、本件は、罪とならないことになる。

　ところで、本件（設例）では、甲は、私人でなく公務員である。すなわち、まず甲は、身分犯である本罪の主体たりうる。そして、甲は、公務員としての職務に関し内容虚偽の文書を起案し、情を知らない作成権限者である公務員を利用して、虚偽の公文書を完成したものとみることができる。このような場合には、さき程の私人の場合と異なり、虚偽公文書作成の間接正犯として、犯罪が成立するとするのが相当である（最判昭32・10・4刑集11・10・2464（155条の【実例】2の解説☞470頁参照））。

　156条は、公文書の作成権限者である公務員を犯罪主体とする身分犯であるが、作成権限者である公務員の職務を補佐して公文書の起案を担当する職員（公務員）が、その地位を利用し行使の目的をもって、本件の如き所為に出た場合には、本条の間接正犯が成立することを示した判例である。

第10項　公正証書原本不実記載罪・免状等不実記載罪・電磁的公正証書原本不実記録罪

＊刑法等の一部を改正する法律（令和4年法律第67号）の施行後は、下線部分の（拘禁刑）（有期拘禁刑）等となる。

> （公正証書原本不実記載等）
>
> 第157条　公務員に対し虚偽の申立てをして、登記簿、戸籍簿その他の権利若しくは義務に関する公正証書の原本に不実の記載をさせ、又は権利若しくは義務に関する公正証書の原本として用いられる電磁的記録に不実の記録をさせた者は、5年以下の懲役又は50万円以下の罰金に処する。
> 　　　　　　　　　　　　　（拘禁刑）
>
> 2　公務員に対し虚偽の申立てをして、免状、鑑札又は旅券に不実の記載をさせた者は、1年以下の懲役又は20万円以下の罰金に処する。
> 　　　　　　　　　　　（拘禁刑）
>
> 3　前2項の罪の未遂は、罰する。

1　権利若しくは義務に関する公正証書の原本

「権利若しくは義務に関する公正証書の原本」とは、公務員の作成する文書で、権利義務の取得・喪失・変更についての事実を公的に証明する効力を有するものをいう（最判昭36・6・20刑集15・6・984）。**「権利義務」**は財産上のものに限らず、身分上のものも含まれる。

判例上、上記の公正証書の原本と認められているものを例示すると、不動産登記簿・商業登記簿（最決平17・12・13集59・9・1938）・戸籍簿・住民基本台帳法による住民票（最決昭48・3・15刑集27・2・115）、公証人の作成する公正証書（最決昭37・3・1刑集16・3・247）、外国人登録原票（名古屋高判平10・12・14高刑集51・3・510）などがある。自動車登録ファイル（最決昭58・11・24刑集37・9・1538（第6項の解説☞463頁**参照**））、船籍簿（最決平16・7・13刑集58・5・476）もこれに当たるとするのが判例である。このうち住民票は、権利義務の得喪変更の証明を直接の目的とする公文書ではないが、本罪の「権利若しくは義務に関する公正証書」は、そのような公文書に限られる必要はなく、公法上のものも含め権利義務の得喪変更と密接不可分ないしは重要な関係をもっている事実を公的に証明する効力をもつ住民票のような公文書も、それが社会で果たしている機能の重要性を考えると、本罪の公正証書に当たると解するのが相当なのである（最決昭48・3・15刑集27・2・115）。使用権者である登録者の氏名等をも証明する印鑑登録等も同様に解し得る（ただし、印鑑簿につき反対、神戸地姫路支判昭33・9・27一審刑集1・2・1554）。なお、本罪の公正証書に該当しないものとしては、判決・支払命令・電話加入申込原簿が挙げられる。

② **公正証書の原本として用いられる電磁的記録**

「公正証書の原本として用いられる電磁的記録」とは、公務所又は公務員により作られるべき電磁的記録であって、公正証書の原本に相当するものとして、それに基づき利害関係人のために権利、義務に関する一定の事実を公的に証明する効力を有するものをいう。

具体的には、自動車登録ファイル（車両6条（条文☞463頁**参照**））、特許登録マスターファイル（特許27条2項）、住民基本台帳ファイル（住民台帳6条3項）等がある。

474 各論第2編2部 第2章 文書偽造の罪

　不動産等の登記については、「電子情報処理組織による登記事務処理の円滑化のための措置等に関する法律」（昭和60年法律33号）が制定され、登記簿の電磁的記録化に向けての試行がなされてきたところであるが、同法の下では、本来の登記簿が公正証書の原本であるため、その「登記ファイル」の記録は、「公正証書の原本として用いられる電磁的記録」ではなかった（中森・刑法雑誌28巻4号42頁は「現実に公証の基礎として利用されていれば足りる」とする）。しかし、「不動産登記法及び商業登記法の一部を改正する法律」（昭和63年法律81号、昭和63年7月1日施行）により、法務大臣の指定する登記所（「指定登記所」と言う。）においては、登記事務の全部又は一部を電子情報処理組織によって取り扱うことができるものとし、その場合には登記簿は、磁気ディスク（これに準ずる方法により一定の事項を確実に記録することができる物を含む）をもって調製するものとされた（改正前の不登151条の2、改正前の商登113条の2）。これによって一定の登記所における磁気ディスクをもって調製された登記簿の記録は、公正証書の原本に相当する電磁的記録に当たることとなった（現在では、登記簿が磁気ディスクで調整されることにつき不登2条9号、商登1条の2第1号）。なお、この種の電磁的記録の単なるバックアップコピーは、それに基づいて利害関係人のために権利、義務に関する一定の事実を公的に証明するために作成されるものではなく、そのような公的証明機

＊特許法＊
（特許原簿への登録）
第27条　次に掲げる事項は、特許庁に備える特許原簿に登録する。
　一　特許権の設定、存続期間の延長、移転、信託による変更、消滅、回復又は処分の制限
　二　専用実施権の設定、保存、移転、変更、消滅又は処分の制限
　三　特許権又は専用実施権を目的とする質権の設定、移転、変更、消滅又は処分の制限
　四　仮専用実施権の設定、保存、移転、変更、消滅又は処分の制限
2　特許原簿は、その全部又は一部を磁気テープ（これに準ずる方法により一定の事項を確実に記録して置くことができる物を含む。以下同じ。）をもって調製することができる。
3　この法律に規定するもののほか、登録に関して必要な事項は、政令で定める。
＊住民基本台帳法＊
（住民基本台帳の作成）
第6条　市町村長は、個人を単位とする住民票を世帯ごとに編成して、住民基本台帳を作成しなければならない。
2　市町村長は、適当であると認めるときは、前項の住民票の全部又は一部につき世帯を単位とすることができる。
3　市町村長は、政令で定めるところにより、第1項の住民票を磁気ディスク（これに準ずる方法により一定の事項を確実に記録しておくことができる物を含む。以下同じ。）をもって調製することができる。

第10項　公正証書原本不実記載罪・免状等不実記載罪・電磁的公正証書原本不実記録罪　475

能を発揮することが予定されている記録物が紛失、破損等の結果、有効に機能し得ない時に初めてこれに代わって用いられることになるものであることからみて、同コピーの記録は公電磁的記録ではあるが直ちに「公正証書の原本として用いられる電磁的記録」であると解するのは問題もあり得よう。

③　**虚偽の申立**

　　申立内容が虚偽の場合だけでなく、他人名義や代理資格をいつわるなど申立人に関する事項が虚偽である場合も含まれる（大判明41・12・21刑録14・1136等）。裁判所が裁判内容を嘱託によって登記する場合は、被告人の申立による登記ではないのでこれに当たらないが（大判大6・8・27刑録23・984）、官公署が私人と同じ資格でありながら嘱託制度を利用する場合は、嘱託が本条の申立に当たる（最決平元・2・17刑集43・2・81）。

④　**不　実**

　　客観的真実に反することである（暴力団関係者であることを隠蔽するため別会社

＊電子情報処理組織による登記事務処理の円滑化のための措置等に関する法律（昭和60年5月1日法律第33号）＊

（趣旨）

第1条　この法律は、最近における不動産登記、商業登記その他の登記の事務の処理の状況にかんがみ、電子情報処理組織の導入によるその処理の円滑化を図るための措置等につき必要な事項を定めるものとする。

（登記ファイルへの記録）

第2条　法務大臣が指定する登記所においては、登記簿に記載されている事項を、法務省令で定めるところにより、登記ファイルに記録することができる。

2　前項の規定による記録は、電子情報処理組織によつて行う。

3　第1項の指定は、告示してしなければならない。

＊不動産登記法＊

（定義）

第2条　この法律において、次の各号に掲げる用語の意義は、それぞれ当該各号に定めるところによる。

　　（第1号省略～第8号省略）

　九　登記簿　登記記録が記録される帳簿であって、磁気ディスク（これに準ずる方法により一定の事項を確実に記録することができる物を含む。以下同じ。）をもって調製するものをいう。

　　（第10号省略～第24号省略）

＊商業登記法＊

（定義）

第1条の2　この法律において、次の各号に掲げる用語の意義は、それぞれ当該各号に定めるところによる。

　一　登記簿　商法、会社法その他の法律の規定により登記すべき事項が記録される帳簿であつて、磁気ディスク（これに準ずる方法により一定の事項を確実に記録することができる物を含む。）をもって調製するものをいう。

　　（第2号省略～第4号省略）

名で土地取引をしたとしても民事上の物権変動を忠実に反映するものであれば不実でないことにつき最判平28・12・5刑集70・7・749）。公務員に故意がないので虚偽ではなく「**不実**」と表現されている。

5 **行　為**

　虚偽の申立をして原本に不実の記載又は記録をさせることである。その結果として、証明文書の下付を受けることは犯罪成立の要件でない。

　他人の所有土地を買い受けて自分が所有者となったかの如く偽造文書などを使って法務局の出張所に登記申請をし、登記官吏をして所有権移転登記をさせるなどは、本罪の適例である（登記所有名義が残っていることを奇貨として抵当権設定仮登記等を行うと本罪と横領罪が成立することにつき最決平21・3・26刑集63・3・291）。

　一般に本条の罪が成立するのは、記載する権限を有する公務員（東京高判平28・2・19東高判決時報刑事67・4）が、申立の虚偽を知らない場合である。公務員が、申立人と共謀し、又は申立人に教唆されて故意に不実の記載をしたときは、公務員は本条の罪ではなく、虚偽公文書作成罪（156条）の罪に当たり、申立人は、その共同正犯又は教唆犯となる（身分なき者の加功。65条1項（総論第7章第5項の解説☞125頁参照））。

6 **免状・鑑札・旅券**

　「**免状**」とは、特定の人に一定の行為をする権利を与える公の証明書のことで、自動車運転免許証（不実の新住所を備考欄に記載させた例として名古屋高判平31・2・14高裁刑事裁判速報令和元年499）、医師・薬剤師の免状、狩猟免状などがこれに当たる。外国人登録証明書（東京高判昭33・7・15東高時報9・7・201。ただし、外国人登録票が公正証書原本に当たることにつき名古屋高判平10・12・14高刑集51・3・510）・自動車検査証などは免状ではない。

　「**鑑札**」とは、犬・船の鑑札、質屋・古物商の許可証のように、公務所の許可や登録があったことを証明する物件で公務所が作成交付し、交付を受けた者がその備付・携帯を必要とするものである。

　「**旅券**」とは、旅券法により発給させる旅券をいう。なお、自動車運転免許証は

第10項　公正証書原本不実記載罪・免状等不実記載罪・電磁的公正証書原本不実記録罪　477

道交法（117条の4）に、旅券は旅券法（23条）にも罰則がある。

７　未　遂

虚偽の申立をしたが、何らかの事由で公正証書の原本に記載されなかったような場合であり、未遂として処罰の対象となる。

☞【実例】　１（他人の名前を使った運転免許の取得）

甲は、乙に頼まれ、乙の身代わりとなって乙の名で受験して自動車運転免許証の交付を受け、これに貼付されている自分の写真を剥ぎ取って乙の写真と貼りかえ、いかにも乙が運転免許を受けたかのような免許証を作り上げた。

〔解説〕

＊旅券法＊

（罰則）

第23条　次の各号のいずれかに該当する者は、5年以下の懲役若しくは300万円以下の罰金に処し、又はこれを併科する。

　一　この法律に基づく申請又は請求に関する書類に虚偽の記載をすることその他不正の行為によつて当該申請又は請求に係る旅券又は渡航書の交付を受けた者

　二　他人名義の旅券又は渡航書を行使した者

　三　行使の目的をもつて、自己名義の旅券又は渡航書を他人に譲り渡し、又は貸与した者

　四　行使の目的をもつて、他人名義の旅券又は渡航書を譲り渡し、若しくは貸与し、譲り受け、若しくは借り受け、又は所持した者

　五　行使の目的をもつて、旅券又は渡航書として偽造された文書を譲り渡し、若しくは貸与し、譲り受け、若しくは借り受け、又は所持した者

　六　第19条第1項の規定により旅券の返納を命ぜられた場合において、同項に規定する期限内にこれを返納しなかつた者

　七　効力を失つた旅券又は渡航書を行使した者

2　営利の目的をもつて、前項第1号、第4号又は第5号の罪を犯した者は、7年以下の懲役若しくは500万円以下の罰金に処し、又はこれを併科する。

3　第1項（第4号及び第5号の所持に係る部分並びに第6号を除く。）及び前項（第1項第4号及び第5号の所持に係る部分を除く。）の未遂罪は、罰する。

4　次の各号のいずれかに該当する者は、30万円以下の罰金に処する。

　一　一般旅券に記載された渡航先以外の地域に渡航した者

　二　渡航書に帰国の経由地が指定されている場合において、経由地以外の地域に渡航した者

＊道路交通法＊

第117条の4　次の各号のいずれかに該当する者は、1年以下の懲役又は30万円以下の罰金に処する。

　　　（第1号省略）

　二　第89条（免許の申請等）第1項、第101条（免許証の更新及び定期検査）第1項若しくは第101条の2（免許証の更新の特例）第1項の質問票に虚偽の記載をして提出し、又は第101条の5（免許を受けた者に対する報告徴収）若しくは第107条の3の2（国際運転免許証等を所持する者に対する報告徴収）の規定による公安委員会の求めがあつた場合において虚偽の報告をした者

478 各論第2編2部 第2章 文書偽造の罪

前半の行為は、免状不実記載罪に当たり、後半の行為は、公文書偽造罪（最決昭35・1・12刑集14・1・9）が成立する。両罪は、併合罪の関係にある。なお、住所について虚偽の申立をして、その旨を記載させた場合が、免状不実記載となるのは言うまでもない（東京地判昭61・7・8判時1209・145等）。

☞【実例】 2（コンピューター・システムを利用した「自動車登録ファイル」登録名義の承諾の効果）

甲は、自動車の所有者となったが、その登録に当たり、事情があったので乙に依頼し、乙の名前で登録をすることの承諾を得たので、乙を所有者とする登録の申請をして、登録された。この自動車登録制度は、道路運送車両法の昭和44年の改正により、従来の「自動車登録原簿」への登録から、電子情報処理組織（コンピューター・システム）を利用した「自動車登録ファイル」への登録に変更され、登録事項は、磁気テープ・磁気ディスク等の電磁的記録物に記録されることになり、この記録物は、コンピューター特有の符号により表現されていて、それ自体は可視的可読的でなくなっている。

〔解説〕

自動車登録ファイルについては、その電磁的記録物は、人の意識内容の記載であり、一定の機械装置を使用することにより必ず可視的・可読的な文書として再生されて客観的通用性を具備するに至るものであること、自動車登録の目的や重要性は、従前の登録原簿のときと全く変更がないこと、もともと公正証書の原本なるものは、公的機関がその内容を確定し公証する方法としてこれを公務所に備え付け、関係者には容易に認識できるようにすることを目的としているものであって、転々流転する通常の文書とは性質が異なることなどを考え合わせると、公正証書としての文書性を肯定できるが（最決昭58・11・24前掲☞463頁**参照**）、現在では、公正証書の原本たるべき電磁的記録に当たることになる（第6項電磁的記録の解説☞463頁**参照**）。

次に、登録上所有名義人となる者の承諾を得たことが、犯罪の成否に及ぼす影響の点であるが、乙が承諾を与えたのは、所有者として登録されること（登録上自動車の所有名義人となること）にすぎない。所有権者でない乙をあたか

第11項　偽造有印公文書行使罪・不実記載公正証書原本行使罪等　479

も所有者であるかのような登録することが「不実の記載」に当たることは、論をまたない。

第11項　偽造有印公文書行使罪・不実記載公正証書原本行使罪等

（偽造公文書行使等）
第158条　第154条から前条までの文書若しくは図画を行使し、又は前条第1項の電磁的記録を公正証書の原本としての用に供した者は、その文書若しくは図画を偽造し、若しくは変造し、虚偽の文書若しくは図画を作成し、又は不実の記載若しくは記録をさせた者と同一の刑に処する。
2　前項の罪の未遂は、罰する。

[1]　行　使

　第6項ないし第10項で説明してきた偽造・変造・虚偽記載の文書（図画を含む）を「行使」することである。「行使」の意味などは、第5項☞462頁参照。

　「行使」は、必ずしも文書本来の用法による使用でなくてよい。偽造した郵便貯金通帳を真正なものとして借金の担保に供したり、他人に贈与したりするのも行使に当たる（会社の帳簿は備付で足りることにつき大判明42・11・25刑録15・1・1661）。

　行使罪は、一般に、公務員の身分を有しない者によっても犯すことができる。

[2]　供　用

　「公正証書の原本としての用に供し」とは、公正証書の原本と同様の機能を有するものとして使用されるべき状態に置くことをいう（簿冊の類は一定場所の備え付けであることにつき大判大14・12・23刑集4・787等）。「行使」とされなかったのは、不正に作出された電磁的記録について、これがもっぱら電子計算機に使用されて人の事務処理に用いられるものであることから、その趣旨を適切に表わすため「人の事務処理の用に供し」とされたこと（161条の2☞487頁参照）に対応する

480　各論第2編2部　第2章　文書偽造の罪

ものであり、「公正証書の原本としての用」、すなわち、その本来の目的に従って、公正証書の原本と同様の機能を有するものとして用いられるべき状態の作出を文書である公正証書の原本についてと同様に処罰しようとしている。

③ 未 遂

　行使・供用は、呈示・提出・到着・備付など利害関係人をして文書又は電磁的記録の閲覧認識等を可能ならしめる事実が備わると同時に既遂に達するから、未遂を論ずる余地は少ない。

☞【実例】 1 　（偽造の自動車運転免許証の車内携帯）

　　　甲は、公安委員会発行のAの自動車運転免許証を拾ったので、その免許証のAの写真を剥いで甲自身の写真と貼りかえ、この免許証を持って警察官から呈示を求められたら直ちに示せるように運転席のところに置いて自動車を毎日運転していた。

〔解説〕

　　　他人の免許証の貼りかえは、文書の本質的部分の内容変更であり、変造でなくて偽造に当たる。問題は、本件のような態様での携帯が、偽造公文書の行使に該当するかどうかである。従来は、本件のような場合でも、偽造公文書の「備付」行使が成立するとの考え方も有力であったが、最高裁は、これを否定し、この程度では行使罪を構成しないとした（最大判昭44・6・18刑集23・7・950）。単に携帯していただけでは行使の未遂にも当たらないとする裁判例もある（なお、163条の3及び特別法として入管法73条の4、74条の6の2参照）。

☞【実例】 2 　（有効期限の切れている偽造免許証の呈示）

　　　甲は、有効期限が昭和50年5月7日となっているAの自動車運転免許証を窃取した。窃取時点では、有効期限まで半年以上のゆとりがあったので、同の免許証の写真を自分の写真に貼りかえて、この偽造の免許証を携帯して毎日自動車を無免許運転していた。ところで、甲は、昭和50年8月18日に、路上で交通違反を犯して警察官に検挙され免許証の呈示を求められたとき、上記の免許証を真正な文書であるかのように提示した。警官は、直ちに有効期限が3か月余経

第11項　偽造有印公文書行使罪・不実記載公正証書原本行使罪等　481

過していることに気付いたが、上記免許証が真正に作成されたもので被告人が
運転免許を受けたものであると誤信したまま、期間経過による無免許運転の取
調べに入った。

〔解説〕

　本件での問題点は、偽造された運転免許証に表示されている有効期間の経過
後に、その免許証を提示した行為が、偽造公文書の「行使」に当たるか、とい
う点である。

　偽造文書行使罪は、通常、偽造文書を真正かつ有効な文書として提示する行
為について認められるので、本件のように文面上無効と判る文書を提示する行
為は、犯罪不成立ではないかとの疑問がある。しかし最高裁は、本件の事実関
係では、免許証が表示する有効期間のところは3か月余経過していることを示し
ているが、警察官をして、免許証自体は真正に作成されたものであって、被告
人が運転免許を受けたものであると誤信させるに足りる外観を具備していたこ
とが明らかであるから、このような事実関係のものとでは、行使が成立すると

＊出入国管理及び難民認定法＊

第73条の3　行使の目的で、在留カードを偽造し、又は変造した者は、1年以上10年以下の懲役に処する。

2　偽造又は変造の在留カードを行使した者も、前項と同様とする。

3　行使の目的で、偽造又は変造の在留カードを提供し、又は収受した者も、第1項と同様とする。

4　前3項の罪の未遂は、罰する。

第73条の4　行使の目的で、偽造又は変造の在留カードを所持した者は、5年以下の懲役又は50万円以下の罰金に処する。

第74条の6の2　次の各号のいずれかに該当する者は、3年以下の懲役若しくは300万円以下の罰金に処し、又はこれを併科する。

　一　他人の不法入国等の実行を容易にする目的で、偽りその他不正の手段により、日本国の権限のある機関から難民旅行証明書、渡航証明書、乗員手帳又は再入国許可書の交付を受けた者

　二　他人の不法入国等の実行を容易にする目的で、次に掲げる文書を所持し、提供し、又は収受した者

　　イ　旅券（旅券法第2条第1号及び第2号に規定する旅券並びに同法第19条の3第1項に規定する渡航書を除く。以下この項において同じ。）、乗員手帳又は再入国許可書として偽造された文書

　　ロ　当該不法入国等を実行する者について効力を有しない旅券、乗員手帳又は再入国許可書

　三　第70条第1項第1号又は第2号の罪を犯す目的で、偽りその他不正の手段により、日本国の権限のある機関から難民旅行証明書、渡航証明書、乗員手帳又は再入国許可書の交付を受けた者

　四　第70条第1項第1号又は第2号の罪を犯す目的で、次に掲げる文書を所持し、又は収受した者

　　イ　旅券、乗員手帳又は再入国許可書として偽造された文書

　　ロ　自己について効力を有しない旅券、乗員手帳又は再入国許可書

2　営利の目的で前項第1号又は第2号の罪を犯した者は、5年以下の懲役及び500万円以下の罰金に処する。

している（最決昭52・4・25刑集31・3・169）。

第12項　有印私文書偽造（変造）罪・無印私文書偽造（変造）罪

＊刑法等の一部を改正する法律（令和4年法律第67号）の施行後は、下線部分の（拘禁刑）（有期拘禁刑）等となる。

> （私文書偽造等）
>
> **第159条**　行使の目的で、他人の印章若しくは署名を使用して権利、義務若しくは事実証明に関する文書若しくは図画を偽造し、又は偽造した他人の印章若しくは署名を使用して権利、義務若しくは事実証明に関する文書若しくは図画を偽造した者は、3月以上5年以下の<u>懲役</u>に処する。
> （拘禁刑）
>
> **2**　他人が押印し又は署名した権利、義務又は事実証明に関する文書又は図画を変造した者も、前項と同様とする。
>
> **3**　前2項に規定するもののほか、権利、義務又は事実証明に関する文書又は図画を偽造し、又は変造した者は、1年以下の<u>懲役</u>又は10万円以下の罰金に処する。
> （拘禁刑）

① 本条の構成

1項は、前半が、真正な他人の印章・署名を不正に利用して他人の私文書を偽造したとき、後半は、印章・署名そのものが偽造されていて、その偽造の印章・署名を用いて他人名義の私文書を偽造したときである。いずれも、「**行使の目的**」をもってすることを要する。

2項は、他人の印章又は署名のある私文書を変造したときである。

3項は、他人の印章や署名のない私文書を偽変造したときである。

② 権利、義務に関する文書

売買契約書・金銭消費貸借契約書など、権利又は義務の発生・存続・変更・消滅の要件となり、あるいは、その原因となる事実について証明力を有する文書である（クレジットカード売上票の署名者欄につき有印私文書偽造罪の成立を認めた高松高判平25・9・3高検速報457）。他人に一定の権限を与えたことを証する委任状

第12項　有印私文書偽造（変造）罪・無印私文書偽造（変造）罪　483

も、これに当たる。

③　事実証明に関する文書

法律上問題となりうる事実あるいは社会生活上問題となりうる事実の証明に役立つような文書をいう。郵便局の転居届（大判明44・10・13刑録17・1713）、私立大学の成績原簿（東京地判昭56・11・6判時1043・151）、身分証明書、履歴書（最決平11・12・20刑集53・9・1495（第2項③の解説☞454頁・④の解説☞455頁参照）、東京高判平9・10・20判時1628・142）、大学入試答案（最決平6・11・29刑集48・7・453（第3項②の解説☞458頁・【実例】の解説☞485頁参照））などがこれに当たる。「省略文書」につき第2項①の解説（☞454頁）、167条の解説第4章第5項①（☞513頁）参照。

④　偽造・変造

本条の「**偽造**」は、作成権限のない者が作成名義を偽って他人の私文書を作成すること、すなわち「**有形偽造**」であり、また「**変造**」も、真正な私文書に権限なくして部分的な変更を加えること、すなわち「**有形偽造的変造**」である。「偽造」・「変造」の詳細は、本章の冒頭の解説第3項☞457頁・第4項☞461頁参照。

本条の2項、3項には、行使の目的を要することが文言上明示されていないが、155条の場合と同様、本条の偽造・変造も、すべて行使の目的をもってしたときにのみ犯罪が成立する。

本条には未遂を処罰する規定がない。

他人の名義を用いて私文書を作成する際、あらかじめ名義使用の承諾を得ていれば、偽造にならないが、例外がある。本章の冒頭「第3項　偽造」②の解説（☞458頁）及び【実例】（後出）参照。

⑤　有印私文書偽造

他人の真正な印章・署名を不正に使用して文書を偽造する場合と、偽造の他人の印章・署名を使用して文書を偽造する場合と、二つの態様がある。前者は、他人の真正な判を不正に押捺したり、他人の真正な印章や署名のある文書を利用して文書を偽造する場合（内容を別のものと誤解させて署名等させると偽造であることにつき大判明44・9・14刑録17・1531、大判大5・5・9刑録22・705）、後者は、犯

484　各論第2編2部　第2章　文書偽造の罪

人が自ら他人の名前を書き適当な三文判を押して他人名義の文書を作成するような場合である。

6 無印私文書

銀行の出金票・支払伝票（大判大3・4・6刑録20・478）などがこれに当たる。

☞【実例】　（交通切符の違反者供述書欄の私文書偽造）

甲は交通違反を重ねて運転免許の取消処分を受け免許証も取り上げられたので、大型ダンプカー運転の商売が出来なくなったため、仲間で運転免許をもつ乙に事情を打ち明けたところ、乙は「運転をしていて警察官に聞かれたら俺の名前を言ってもかまわない。ただし信号無視などのように減点になる違反をしたときは俺の免許に影響してくるから名前を使われては困るが、免許証不携帯ということだけなら減点にならないから俺の名前を使って取調べを受けてもよい。」と言って承諾し、甲に乙の免許証を見せたり、住所・氏名・生年月日などを書いたメモを渡した。そこで甲は、乙の住所などを丸暗記して何時でも答えられるようにし、無免許運転を続け、ある日、警察官から免許証の呈示を求められるや、自宅に忘れてきたと嘘をつき、乙の名前で違反者供述書に署名するなどして取調べに応じ、免許証不携帯により反則金2000円ということでその場を切り抜けたが、その際の甲の答弁に不信を抱いた警察官があとで捜査を遂げ、甲の無免許運転や乙の氏名を使っていたことが発覚した。

〔解説〕

上記の事実関係では、乙は甲に対し、単に警察官に対し口頭で住所・氏名等の申告をすることを承諾したにとどまらず、交通事件処理の際に用いられる交通切符中の違反者供述書末尾に署名することをも含めて許諾したものと認めるのが相当である。一般に文書の作成名義人の承諾があれば、作成権限のないものがほしいままに作成名義を偽ることを処罰する文書偽造罪の構成要件該当性は失われると解されるから、本件では、甲は、無罪となるはずである。しかし、最近の判例・実務は、交通反則切符などいわゆる交通切符の2枚目表の交通事件原票下欄の道路交通法違反現認報告書の欄の下方にある供述書（甲）が「私が上記違反をしたことは相違ありません。事情は次のとおりであります。」

と記載され、その最下部に署名することとなっている文書の性質にかんがみて、この供述書（私文書である）は、名義人本人によって作成されることだけが予定されており、他人の名義使用は許されない性格のものであり、名義人（乙）の承諾があってもその名義（乙）を用いて供述書を作成する権限は甲に生じ得ないものといわねばならないとして、甲に私文書偽造罪が成立するとしている（最決昭56・4・8刑集35・3・57等（総論第4章第5項☞65頁参照））。

　作成名義人として表示された者と作成者が同一であること、文書の性質上、その人格の同一性について齟齬を生ぜしめるようなものであってはならないことが要求されるためであり、8か月間にわたり限られた範囲内で被告人を指称するものとして通用していた偽名、変名でも交通切符の供述書に署名した場合には私文書偽造となる（最決昭56・12・22刑集35・9・953）。再入国許可申請書については、約25年間にわたり使用し、相当広範囲に定着していた氏名でも、私文書偽造に当たるとされている（最決昭59・2・17刑集38・336（第3項②の解説☞458頁参照））。また、運転免許試験の答案については、採点をまたずに合格の事実を証明する文書とする裁判例もあるが（釧路地裁網走支判昭41・10・28判時468・73）、入学試験の答案も合否判定の前提となるもので、受験者がどのような解答をしたなどの事実を証明するもので私文書偽造の客体となり得るもので、その性質上、他人が代わり得ないものであるので、替え玉による受験の場合には、私文書偽造・同行使罪が成立する（最決平6・11・29刑集48・7・453（③解説☞483頁参照））。

第13項　虚偽診断書等作成罪

＊刑法等の一部を改正する法律（令和4年法律第67号）の施行後は、下線部分の（拘禁刑）（有期拘禁刑）等となる。

（虚偽診断書等作成）

第160条　医師が公務所に提出すべき診断書、検案書又は死亡証書に虚偽の記載をしたときは、3年以下の禁錮又は30万円以下の罰金に処する。
（拘禁刑）

486　各論第2編2部　第2章　文書偽造の罪

1　行　為

　医師が公務所（官公庁）に提出する診断書等に虚偽の記載をすることである。入院させて加療した事実がないのに1週間入院加療したなどと記載しているのはもとより、治療の必要がないと判断したのに1週間の加療を要するとの診断書を書くなどもこれに当たる。

2　診断書・検案書・死亡証書

　医師が患者の診察の結果についての判断を記して健康状態・病状を証明するために作成する文書が「**診断書**」、医師が死体についての死亡の事実を医学的に確認した結果を記載した文書が「**検案書**」で、死亡後初めてその死体に接した医師の作成したものを指す。「**死亡証書**」は、死亡診断書（医師法20条）ともいい、生前から診療にたずさわっていた医師がその患者の死亡した場合にその死亡の事実を確認して作る一種の診断書である。なお、国公立病院の医師の場合は、虚偽公文書作成罪（第9項☞470頁**参照**）が成立する（最判昭23・10・23刑集2・11・1386）。

　これらのうち、刑法上虚偽記載が犯罪とされるのは、公務所（官公庁）に提出するものについてだけである。学校等も国公立のものは公務所に含まれる。

第14項　偽造有印私文書行使罪・虚偽診断書等行使罪等

```
（偽造私文書等行使）
第161条　前2条の文書又は図画を行使した者は、その文書若しくは図画を偽造
　し、若しくは変造し、又は虚偽の記載をした者と同一の刑に処する。
2　前項の罪の未遂は、罰する。
```

──────────────────────

＊医師法＊
第20条　医師は、自ら診察しないで治療をし、若しくは診断書若しくは処方せんを交付し、自ら出産に立ち会わないで出生証明書若しくは死産証書を交付し、又は自ら検案をしないで検案書を交付してはならない。但し、診療中の患者が受診後24時間以内に死亡した場合に交付する死亡診断書については、この限りでない。

① 行　使

「行使」の意味は、本章の冒頭の説明（第5項）☞462頁参照。

情を知らない司法書士をして、他人名義を冒用して作成させた「登記申請に関する件を委任する」旨の偽造委任状を、登記係員に提出させるなども、偽造私文書行使の一例である（司法書士に交付することで行使に当たることにつき最決平15・12・12刑集57・11・1167）。

偽造の所為と行使の所為とはいずれも独立した犯罪である。行使の目的をもって自らの偽造した文書を行使したときは、偽造の一罪又は行使の一罪のみの成立を認めれば足りるようにも考えられるが、偽造罪も行使罪も双方ともに立件処理するのが一般であり、両者は牽連犯の関係にある（手段結果の関係、54条1項（総論第8章第4項②の解説☞138頁参照）。大判昭7・7・20刑集11・1113等）。

② 処　罰

行使した文書の偽造罪・変造罪又は虚偽文書作成罪と同じ法定刑である。

③ 未　遂

偽造公文書の行使未遂の解説（第11項③）☞480頁参照。

第15項　私（公）電磁的記録不正作出罪・不正作出私（公）電磁的記録供用罪等

＊刑法等の一部を改正する法律（令和4年法律第67号）の施行後は、下線部分の（拘禁刑）（有期拘禁刑）等となる。

（電磁的記録不正作出及び供用）

第161条の2　人の事務処理を誤らせる目的で、その事務処理の用に供する権利、義務又は事実証明に関する電磁的記録を不正に作った者は、5年以下の懲役又は50万円以下の罰金に処する。
（拘禁刑）

2　前項の罪が公務所又は公務員により作られるべき電磁的記録に係るときは、10年以下の懲役又は100万円以下の罰金に処する。
（拘禁刑）

3　不正に作られた権利、義務又は事実証明に関する電磁的記録を、第1項の目的で、人の事務処理の用に供した者は、その電磁的記録を不正に作った者と同一の刑に処する。

488　各論第2編2部　第2章　文書偽造の罪

> 4　前項の罪の未遂は、罰する。

1　人の事務処理を誤らせる目的

　「人の事務処理を誤らせる目的」とは、不正に作出された電磁的記録を用いることにより、他人の事務処理を誤らせる目的のことである。「**事務処理**」とは、財産上、身分上その他の人の生活関係に影響を及ぼし得ると認められる事柄の処理のことであり、業務として行われるものであるかどうか、法律的な事務であるかどうか、あるいは、財産上の事務であるかどうかは問わない。もっとも、電磁的記録は一定のシステムで用いられて初めて本来の証明機能を果たすものであり、本罪はこのような証明機能を保護しようとするものであるから、電子計算機によって行われる事務処理であることが必要であり、不正に作出される電磁的記録がこのような他人の事務処理の用に供されるものであることが必要となる。また、情報入手のために他人の電磁的記録のコピーをほしいままに作る行為は、それだけでは、他人の事務処理を誤らせる目的があるとはいえないことになる。

　具体的には、銀行のＡＴＭ機で使用するため、キャッシュカードの磁気ストライプ部分に他人の口座番号や暗称番号を印磁した場合には、ＣＤ取引における銀行の資格確認の事務処理を誤らせる目的が認められることになり、取引先の買掛金債務を減らすため勤務先会社の売掛金ファイル上の記録を改変した場合には、その売掛金管理の事務処理を誤らせる目的が、勝馬投票券の裏面の磁気記録部分を的中番号等に改ざんする場合には払戻の事務処理を誤らせる目的がそれぞれ認められることになる。

2　その事務処理の用に供する

　不正に作出される電磁的記録が、誤らせる目的の他人の事務処理のために、これに使用される電子計算機において用い得るものであることが必要である。電磁的記録が一定のシステムで用いられて初めて本来の証明機能を果たすものであることから、このようなことが要件とされている。

3　権利、義務又は事実証明に関する電磁的記録

　「権利、義務又は事実証明に関する」とは、私文書偽造罪（159条☞482頁参

照）におけるそれとほぼ同義である。すなわち、権利、義務の発生、存続、変更、消滅の要件となり、又はその原因をなす事実について証明力を有し（大判明44・10・13刑録17・1713）、事実上権利、義務について変動を与える可能性のある電磁的記録物、例えばオンライン化された銀行の預金元帳ファイルの記録や、文書であれば契約書等に相当するVANシステムにおける受注ファイルの記録、定期券、勝馬投票券（甲府地判平元・3・31判時1311・160）等の裏面磁気面の記録等が「**権利、義務に関する電磁的記録物**」に当たり、実社会生活に交渉を有する事項を証明するに足る（大判大9・12・24刑録26・938等）電磁的記録物、例えばキャッシュカードの磁気ストライプ部分（東京地判平元・2・22判時1308・161、東京地判平元・2・17判タ700・279等）の記録、文書であれば証明書、名簿等に相当する電磁的記録などが「**事実証明に関する電磁的記録**」に当たる（163条の2（第3章第4項☞497頁**参照**））。なお、銀行の預金元帳ファイルの記録は、権利、義務に関するものとされ、商品台帳ファイル、売掛金ファイルの記録など通常の帳簿に相当する電磁的記録は事実証明に関するものであると解されているが、これは、権利、義務の変動を目的とする意思表示を内容とするかどうかといった観点のみならず、権利、義務に事実上変動を与えることとなるようなものであるかどうかをも区別の基準としていることによるものと思われる。文書についても、振替貯金払出証書の受領証は権利、義務に関するものであり（仙台高判昭27・10・29高判特22・192）、広告依頼書は事実証明に関するものとされている（大判明45・3・7刑録18・261）。

4 不正に作り

電磁的記録を「**不正に作る**」とは、権限がないのに又は権限を濫用して電磁的記録を記録媒体上に存在するに至らしめること（記録を一から作り出す場合のほか、既存の記録を部分的に改変、抹消することによって新たな記録を存在するに至らせる場合を含む）をいう。その権限の有無、内容は、当該システムの設置運営主体によって決定されるものであるので、電磁的記録の作出に関与する行為者が、当該記録の作出されるべきシステムの設置運営主体との関係で、記録の作出に関与する権限がなく、あるいはその権限を濫用して、電磁的記録を作出することであり、記録

の作出過程の関与の在り方に違法があるということである。

　即ち、不正の電磁的記録を作出することではなく、不正に電磁的記録を作出することであり、その不正の有無は、システムの設置運営主体との関係で決すべきものであるので、例えば、個人店主が、脱税等の目的で自己の磁気ファイルに虚偽の取引状況等を記録するような行為は、本来記録の内容等を自由に決定できるシステムの設置運営主体自身の行為であるので、「不正」には当たらない。これに対し、会社との関係でその役員、従業員、国等との関係で公務員といったように設置運営主体との関係で真実のデータを入力すべき義務を負う者が、虚偽のデータを入力する行為は「不正」ということになる（代表取締役につき東京高判令2・6・11高裁刑事裁判速報令和2年180）。その意味では、公務員の虚偽公文書作成罪（156条（第9項☞470頁参照））に相当するものが、ほぼその対象となるとともに、それ以外の者による文書のいわゆる無形偽造に相当する行為も一定限度でとり込まれることになる。例えば、銀行の支店長や行員が真実のデータを入力すべきものとされているのに、その権限を濫用して虚偽の入金データを入力し、預金元帳ファイルにその旨の記録を作出するような行為は、電磁的記録を不正に作出したことになる（大阪地判昭63・10・7判時1295・151（第1編第4部第4章第2項電子計算機使用詐欺罪の④の解説☞328頁参照））。私法人の代表者や公法人の首長、代表者が任務に背いて虚偽内容の電磁的記録を作出した場合も不正に作出したことになると解する（例えば、村長がもっぱら第三者の利益を図るなど不法な意思で、自己名義の内容虚偽の軽便軌条払下願を作成すること・最決昭33・4・11刑集12・5・886、村長が虚偽の村会議事録を作成すること・大判明43・5・31刑録16・995、農地委員会会長が虚偽の委員会議事録を作成すること・最決昭33・9・5刑集12・13・2858などと同様である）。

⑤　公務所又は公務員により作られるべき電磁的記録

　「公務所又は公務員により作られるべき電磁的記録」とは、公務所又は公務員の職務の遂行として作出されることとされている電磁的記録のことである。「公務所」及び「公務員」とは、刑法7条等（条文☞464頁）に規定されたところと同義である。文書の場合と異なり、その対象は、権利、義務又は事実証明に関するもの

に限定される。具体的には、自動車登録ファイル、運転者管理マスターファイルの記録など、公務所又は公務員が入力することによって作出すべきものとされている電磁的記録のほか、航空運送貨物の税関手続の特例等に関する法律に基づく申告の記録など、公務所又は公務員の職務の遂行のために用いられる電子計算機において、外部からの入力を受けて作出されるべき電磁的記録などがある。

⑥ 人の事務処理の用に供し

「人の事務処理の用に供し」とは、不正に作出された電磁的記録（供用目的で作出されたことは不要）を、他人の事務処理のため、これに使用される電子計算機において用い得る状態に置くことをいう。具体的には、携帯型の電磁的記録、例えばキャッシュカードについては、これを銀行のＡＴＭ機等に差し込むこと、備付型の電磁的記録、例えば元帳ファイル等については、作出行為が完了してこれを当該事務処理に用い得る状態に置くことである。用い得る状態で足りるから、現実に電子計算機がその記録内容を読み取り、事務を処理する必要はない（文書についての、大判明40・1・24刑録13・49、大判大3・6・20刑録20・1289、大判大11・5・1刑集1・252等）。

⑦ 未遂

供用罪については未遂が処罰される。供用の実行の着手は、供用行為を開始したときであり、携帯型の電磁的記録であるキャッシュカードについていえば、これを銀行のＡＴＭ機に差し込もうとしたときである。更に、キャッシュカードを差し込んでその記録内容の読み取りが可能となれば既遂となる。備付型の電磁的記録については、作出が完了すると同時に供用の実行の着手があって、直ちに既遂になるという場合もあるが、記録作出後、これに対するアクセス禁止の措置を解除することによって初めて電子計算機による人の事務処理に用いられるようになっているときは、禁止措置を解除することによって既遂となる。

⑧ その他

電気通信回線を利用して無断で他人のコンピュータ・システムに侵入するなど、不正アクセスについては、記録の不正作出等に至らなくとも、他人の識別符号を無断で入力する行為及びアクセス制御機能による特定利用の制限を免れることがで

492　各論第2編2部　第2章　文書偽造の罪

きる情報又は指令を入力する行為が不正アクセス行為として1年以下の懲役（拘禁刑）又は50万円以下の罰金に処せられ（不正アクセス行為の禁止等に関する法律3条、11条）、この罪を手段とする本条の不正作出罪は併合罪である（最決平19・8・8刑集61・5・576）。

＊不正アクセス行為の禁止等に関する法律＊
（不正アクセス行為の禁止）
第3条　何人も、不正アクセス行為をしてはならない。
（罰則）
第11条　第3条の規定に違反した者は、3年以下の懲役又は100万円以下の罰金に処する。

第3章　有価証券偽造の罪

第1項　総　説

　有価証券に対する公共の信用・取引の安全を保護法益とする。

　有価証券も、権利義務に関する文書の一種であるが、財産権が証券に化体したものとして、経済取引上極めて重要な役割を果たしている。小切手などは通貨に近い流通性をもつ。刑法は、このため、私文書より重い刑を規定している。

　「**有価証券**」とは、財産上の権利を表示する証券であって、その権利を行使・処分する場合に必ずその証券自体をもってしなければならないもの（証券の占有を必要とするもの）をいう（最判昭32・7・25刑集11・7・2037等）。

　162条には、公債証書（国債・地方債）、官庁の証券（民営化前の郵便為替証書など）、会社の株券を、例示的に挙げているが、今日の取引社会での有価証券の典型例は、むしろ、小切手や手形（約束手形・為替手形）である。商品券・社債券・貨物引換証・倉荷証券・船荷証券なども流通性のある代表的な有価証券といえよう。これらの流通性のある証券のほか、刑法の有価証券は、鉄道乗車券・急行券、電車・バスの乗車券（大判大3・11・19刑録20・2200）、定期乗車券（最判昭32・7・25刑集11・7・2037）、宝くじ（最決昭33・1・16刑集12・1・25）、勝馬投票券（馬券）（東京高判昭34・11・28高刑集12・10・974）、競輪車券なども含まれる。これに反して、領収書・契約書・保険証券・定期預金証書（最決昭31・12・27刑集10・12・1798）などの証拠証券といわれるものや、下足札、一時預りの引換証などの免責証券といわれるものは、有価証券でない。

　郵便切手や印紙も、有価証券ではなく、これらの偽造には、郵便法（84条・85条）や印紙犯罪処罰法・印紙等模造取締法に特別規定がある。

494　各論第2編2部　第3章　有価証券偽造の罪

＊郵便法＊

第84条（料金を免れる罪）　不法に郵便に関する料金を免れ、又は他人にこれを免れさせた者は、これを30万円以下の罰金に処する。

② 　郵便の業務に従事する者が前項の行為をしたときは、これを1年以下の懲役又は50万円以下の罰金に処する。

第85条（切手類を偽造する等の罪）　行使の目的をもって会社又は外国の郵便切手その他郵便に関する料金を表す証票又は郵便料金計器（郵便に関する料金の支払のために使用する計器であつて、郵便物又は郵便物にはり付けることができる物に郵便に関する料金を表す印影を生じさせるものをいう。以下この項において同じ。）の印影その他郵便に関する料金を表す印影を偽造し、若しくは変造し、又はその使用の跡を除去した者は、これを10年以下の懲役に処する。偽造し、変造し、若しくは使用の跡を除去した郵便切手その他郵便に関する料金を表す証票若しくは郵便料金計器の印影その他郵便に関する料金を表す印影を行使し、又は行使の目的をもって輸入し、他人に交付し、若しくはその交付を受けた者も、同様とする。

② 　前項の罪は、日本国外において同項の罪を犯した者にも適用する。

＊印紙犯罪処罰法　抄＊

第1条　行使ノ目的ヲ以テ帝国政府ノ発行スル印紙又ハ印紙金額ヲ表彰スヘキ印章ヲ偽造又ハ変造シタル者ハ5年以下ノ懲役ニ処ス行使ノ目的ヲ以テ印紙ノ消印ヲ除去シタル者亦同シ

第2条　偽造、変造ノ印紙、印紙金額ヲ表彰スヘキ印章若ハ消印ヲ除去シタル印紙ヲ使用シ又ハ行使ノ目的ヲ以テ之ヲ人ニ交付シ、輸入シ若ハ移入シタル者ハ5年以下ノ懲役ニ処ス印紙金額ヲ表彰スヘキ印章ヲ不正ニ使用シタル者亦同シ

② 　前項ノ未遂罪ハ之ヲ罰ス

第3条　帝国政府ノ発行スル印紙其ノ他印紙金額ヲ表彰スヘキ証票ヲ再ヒ使用シタル者ハ50円以下ノ罰金又ハ科料ニ処ス

第4条　本法ハ何人ヲ問ハス帝国外ニ於テ第1条又ハ第2条ノ罪ヲ犯シタル者ニ之ヲ適用ス

第5条　偽造、変造ノ印紙、印紙金額ヲ表彰スヘキ印章又ハ消印ヲ除去シタル印紙ハ裁判ニ依リ没収スル場合ノ外何人ノ所有ヲ問ハス行政ノ処分ヲ以テ之ヲ官没ス

② 　官没ニ関スル手続ハ命令ヲ以テ之ヲ定ム

＊印紙等模造取締法＊

第1条　政府の発行する印紙に紛らわしい外観を有する物又は印紙税法第9条第1項 の規定による税印の印影に紛らわしい外観を有するもの若しくはこれに紛らわしい外観を有する印影を生ずべき器具は、これを製造し、輸入し、販売し、頒布し、又は使用してはならない。

② 　前項の規定は、同項に規定するもので使用目的を定めて財務大臣の許可を受けたものを、その目的のために製造し、輸入し、販売し、頒布し、又は使用する場合には、これを適用しない。

第2条　前条第1項の規定に違反した者は、これを1年以下の懲役又は5万円以下の罰金に処する。

第2項　有価証券偽造罪・有価証券変造罪・有価証券虚偽記入罪

＊刑法等の一部を改正する法律（令和4年法律第67号）の施行後は、下線部分の（拘禁刑）（有期拘禁刑）等となる。

（有価証券偽造等）

第162条　行使の目的で、公債証書、官庁の証券、会社の株券その他の有価証券を偽造し、又は変造した者は、3月以上10年以下の懲役に処する。

2　行使の目的で、有価証券に虚偽の記入をした者も、前項と同様とする。
（拘禁刑）

1 偽 造

「**偽造**」とは、作成権限のない者が他人名義を用いて有価証券を作成することであり、「**有形偽造**」（第2章第3項1の解説☞457頁参照）を意味する。

偽造の態様としては、約束手形に例をとると、振出人欄に勝手に他人の名前を書き、偽造印を押して約束手形を作る場合と、既に他人が署名押印している手形用紙を用いて勝手に金額等を記入して手形を作る場合とがある。一般人が一見したところ真正に成立した有価証券と誤信するような外観を有するものであれば、法律上の要件を具備しなくともよい（発行名義人の記載・消印を欠く外国貿易支払票につき最判昭28・5・29刑集7・5・1171）。この場合、印章や署名の偽造行為は、有価証券偽造罪が成立するときには吸収されて別罪を構成しない。

2 変 造

「**変造**」とは、真正に成立している他人名義の有価証券に、作成権限がないのに、内容の変更を加えることである。内容の本質的な部分に変更を加えて別の物を作ってしまえば偽造になることは、文書偽造の場合と同じである。例えば真正な約束手形の金額を13万円から15万円に変更したという程度であれば変造であり、これを113万円に変更してしまえば、手形は同一性を失い別の物が作成されたと評価でき、偽造といえるように思われるが、判例は券面金額の変更は変造としている（500円を5万円に改ざんした最判昭36・9・26刑集15・8・1525、18万円を48万円に改ざんした最判昭45・10・22判時612・95）。振出日や支払期日の変更は

変造にとどまる。通用期間がきれた無効の定期乗車券に変更を加え有効なもののようにするのは、偽造であって変造ではない（大判大12・2・15集2・278）。偽造も変造も、次の虚偽記入も、「**行使の目的**」が必要である。

③ **虚偽の記入**

「**虚偽の記入**」とは、既成の有価証券に対すると否とを問わず、基本的振出行為を除く有価証券に真実に反する記載をするすべての行為を指す（最決昭32・1・17刑集11・1・23）。まず、自己名義の有価証券を作成するに当たって不実の記載をする場合がこれに当たる（無形偽造である。例、運送会社の代表者が現物の引渡しがないのに貨物引換証を発行したなど）。このほか、既成の有価証券に他人名義を冒用して内容虚偽の記入をする場合（手形や小切手の裏書・引受・保証などの付属的証券行為を他人名義を冒用して行ったなど）（最決昭32・1・17前掲等）や設立無効の会社名義の株券に株主名義等を記入する場合（大判大14・9・25刑集4・547）等も含まれる。

これについては、作成権限のない者が他人名義を冒用する証券行為は付属的証券行為であっても偽造であるとする見解も有力である（いずれにしても法定刑は同じ）。

☞【実例】　（虚無人名義の約束手形）

　　　　甲は、約束手形用紙に振出人として「静岡県田方郡下田町11下田連合会会長渡辺俊平」、額面200万円、支払場所として株式会社大阪銀行本店などと記載した約束手形を作った。

　　　　下田連合会とかその会長の渡辺俊平とかは実在せず、住所の下田町も田方郡にはない。

〔解説〕

　　　　元来、手形のような流通性をもつ有価証券の偽造は、その証券が一般取引の信頼を害する危険性に鑑み、いやしくも行使の目的を以て外形上一般人をして真正に成立した有価証券と誤信させる程度に作成されていれば、たとえその名義人が実在しない架空の者であり、その記載事項の一部が真実に合致しないものであっても、偽造罪の成立を妨げない（最大判昭30・5・25刑集9・6・1080）。

第4項　支払用カード電磁的記録不正作出罪等　497

第3項　偽造有価証券行使罪・変造有価証券行使罪・虚偽記入有価証券行使罪

＊刑法等の一部を改正する法律（令和4年法律第67号）の施行後は、下線部分の（拘禁刑）（有期拘禁刑）等となる。

（偽造有価証券行使等）

第163条　偽造若しくは変造の有価証券又は虚偽の記入がある有価証券を行使し、又は行使の目的で人に交付し、若しくは輸入した者は、3月以上10年以下の<u>懲役</u>に処する。
（拘禁刑）
2　前項の罪の未遂は、罰する。

1 　趣　旨

　　本条は、偽造・変造及び虚偽記入の有価証券の行使と、行使の目的をもってするそれらの有価証券の交付・輸入を処罰する。

2 　行使・交付・輸入

　　「行使」につき☞462頁参照（第2章第5項）。「交付」につき148条（第1章第1項9☞447頁）参照、「輸入」につき136条（第1部第5章第1項あへん煙輸入罪等2☞431頁）、148条（第1章第1項10☞447頁）参照。

3 　処　罰

　　未遂も処罰される。

第4項　支払用カード電磁的記録不正作出罪等

＊刑法等の一部を改正する法律（令和4年法律第67号）の施行後は、下線部分の（拘禁刑）（有期拘禁刑）等となる。

（支払用カード電磁的記録不正作出等）

第163条の2　人の財産上の事務処理を誤らせる目的で、その事務処理の用に供する電磁的記録であって、クレジットカードその他の代金又は料金の支払用のカードを構成するものを不正に作った者は、10年以下の<u>懲役</u>又は100万円以下の罰金に処する。預貯金の引出用のカードを構成する電磁的記録を不正に作った者も、同様とする。
（拘禁刑）

498　各論第2編2部　第3章　有価証券偽造の罪

　　2　不正に作られた前項の電磁的記録を、同項の目的で、人の財産上の事務処理
　　　の用に供した者も、前項と同様とする。
　　3　不正に作られた第1項の電磁的記録をその構成部分とするカードを、同項の
　　　目的で、譲り渡し、貸し渡し、又は輸入した者も、同項と同様とする。

① **本条の趣旨**

　　クレジットカード等の電磁的記録を不可欠の構成要素とする支払用カードは、情報処理システムの整備とともに急速に普及し、消費生活における現金代用の支払手段として、通貨、有価証券に準ずる社会的機能を有している。しかも、この種カードは、その電磁的記録によって正確、迅速な支払決済等の事務処理が可能となっているが、これを行う機械に対しては、真正な電磁的記録とそうでないものとが全く同様の機能を有し、しかも、繰り返し使用できるという特質がある。本章の罪は、このような支払用カードを構成する電磁的記録に着目し、その真正、ひいては同カードを用いた支払システムに対する社会的信頼を保護するため、その準備から使用に至る過程で敢行される種々の不正行為について、国際的な調和にも配慮した形で犯罪化するため、平成13年の改正により設けられたものである（平成13年法律第97号）。

　　なお、預貯金のいわゆるキャッシュカードについては、多くのキャッシュカードがデビットカードとして支払決済機能を有していること等にかんがみ、特に支払用カードと同様に取り扱うこととされている。

② **人の財産上の事務処理を誤らせる目的**

　　「人の事務処理を誤らせる目的」とは161条の2のそれと同義であり（第2章第15項①☞488頁参照）、かかる事務処理のうち非財産的なもののみを誤らせる目的である場合を除く趣旨である。すなわち、例えばクレジットカードでキャッシングを受けるなど、支払決済以外の財産的な事務処理も「**財産上の事務処理**」に当たることになるが、財産的な事務処理とは無関係の身分確認等のための非財産的な事務処理にのみ用いる目的である場合は、この目的を欠くことになる。財産的な事務処理を誤らせる目的があれば、それ以外の目的を有していても本罪の成否に関係はな

い。なお、行為者自身が当該電磁的記録を他人の事務処理に供することを予定している必要はない。

3　その事務処理の用に供する電磁的記録

「電磁的記録」は、一定のシステムで用いられることによってその本来の証明機能を発揮するものであることから、本罪においても、161条の2（第2章第15項2☞488頁参照）同様、「その事務処理の用に供する」すなわち、財産上の事務処理のため、これに使用される電子計算機において用い得るものであることが要件とされている。本罪においては、161条の2とは異なり、電磁的記録が私電磁的記録であるか公電磁的記録であるどうかによって、構成要件や法定刑は区別されていない。

4　クレジットカードその他の代金又は料金の支払用のカード

「代金又は料金の支払用のカード」とは、商品の購入、役務の提供等の取引の対価を現金で支払うことに代えて、所定の支払システムにより支払うために用いるカードである。クレジットカードは例示であり、プリペイドカード、カード型の電子マネー等もこれに当たる。いわゆるポイントカード、マイレイジカードの類は、これらのカードが代金又は料金の支払用カードあるいは後記の預貯金の引出用カードの機能を併せ持っていれば、その限りで本罪の客体となりうるが、このような顧客サービス用カードについては、それ自体としては、顧客の取引に伴って発生する割引等の特典を蓄積するカードであり、蓄積されたポイントの範囲内で顧客が割引等を受けられるものであって、対価の支払いに用いられるものではないので本罪の客体には含まれない。

5　構成するもの（電磁的記録）

「カードの構成要素となっている電磁的記録」、すなわち、カード版と一体となった状態の電磁的記録のことである。161条の2の客体が電磁的記録そのものであるに対し、本罪では、当該電磁的記録がカード版と一体となり、正規カードのように機械処理が可能な状態になっていることを要するものとしている。もっとも、その外観は問うところではないので、例えば、カード表面には何らの印刷も施されていなくとも、あるいは、明らかに正規のものとは異なった外観のものであっても、機

500 各論第2編2部 第3章 有価証券偽造の罪

械的処理が可能な状態になっておれば足りる。

⑥ 不正に作る

　161条の2第1項のそれと同義であり（第2章第15項④☞489頁参照）、権限なく又は権限を濫用してカードを構成する電磁的記録をその記録媒体上に存在するに至らしめることをいう。記録を始めから作り出す場合のほか、既存の記録を部分的に改変、抹消することによって新たな電磁的記録を存在するに至らしめる場合も含む。不正に作るのは電磁的記録部分であり、それ以外の部分についての改変等は本罪の対象ではなく、カードの外観と電磁的記録部分の記録内容が一致している必要もない。

⑦ 預貯金の引出用カード

　郵便局、銀行等の金融機関が発行する預金又は貯金に係るキャッシュカードのことである。キャッシュカードとは、預貯金の引出用カードのほか広く自動機器による現金の出し入れに用いるカードのことであるが、預貯金の引出用カードについては、その大部分が即時振替決済機能をもつカードであるデビットカードとして支払決済機能を有していることなどにかんがみ、特に支払用カードと同様に取り扱うこととされたものであり、キャッシュカードの本来的機能である金銭の自動的な出し入れの機能そのものを保護しようとするものではない。したがって、クレジットカード機能のないいわゆるローンカード、生命保険カード等、預貯金以外の金銭取引に係るキャッシュカードの類はこれに含まれないことになる。

⑧ 用に供する

　161条の2第3項のそれと同義であり（第2章第15項⑥☞491頁参照）、不正に作出されたカードを構成する電磁的記録を他人の財産上の事務処理のため、これに使用される電子計算機において用いうる状態に置くことである。例えば、クレジットカードをＣＡＴ（credit authorization terminal 信用照会端末）に通させること、テレホンカードを電話機に差し込むこと、キャッシュカードをＡＴＭに差し込むことなどがこれに当たる。

⑨ 電磁的記録をその構成部分とするカード

　不正に作出された電磁的記録について、これをその記録媒体と一体となっている

カードの側面から表現したものである。カードの外観の如何を問わない。

⑩ **譲渡し、貸渡し**

「**譲り渡す**」とは、不正に作出された電磁的記録をその構成部分とする支払用又は引出用のカードを人に引き渡す行為であって、相手方に対する処分権の付与を伴うものをいい、「**貸し渡す**」とは、同様の引渡行為であって、その処分権の付与を伴わないものをいう。通貨、有価証券等の偽造罪において行使と交付を区別しているのとは異なり、本罪にあっては、引渡を受ける相手方において、不正作出されたものであることについて認識を有しているかどうかを問わない。

⑪ **輸　入**

通貨偽造（148条（第1章第1項⑩☞447頁**参照**））及び有価証券偽造（163条（第3項②☞497頁**参照**））におけるそれと同義であり、国外から国内に搬入することである。

⑫ **その他**

2項、3項の罪は、不正作出時に供用目的があったことは要件ではない。本条の罪については、不正に作出された電磁的記録毎に一罪が成立するのが原則である点は、他の電磁的記録不正作出罪等と同様である。支払用電磁的記録不正作出罪（本条1項）と同供用罪（同2項）、同譲渡し等の罪（同3項）とは、牽連犯の関係にあるものと解される。輸入罪と供用罪等も同様に考えてよいであろう。供用罪と詐欺罪（246条）、電子計算機使用詐欺罪（246条の2）、窃盗罪（235条）も同様に牽連犯の関係に立つものと解されるが、事案によっては、観念的競合となることもあろう。

支払用カードの外観である可視的部分については、別途、私（公）文書偽変造の罪の客体となり得、これを権限なく改変するなどすれば、本罪とは別に、その文書としての偽変造罪が成立するものであることは、私（公）電磁的記録不正作出罪（161条の2）と私（公）文書偽変造罪の関係におけると同じである（第2章第6項電磁的記録の解説☞463頁**参照**）。この点、テレホンカードについて、判例は、「テレホンカードの……磁気情報部分並びにその券面上の記載及び外観を一体としてみれば、電話の役務の提供を受ける権利がその証券上に表示されていると認

502　各論第2編2部　第3章　有価証券偽造の罪

められ、かつ、これをカード式公衆電話に挿入することにより使用するものである
から、テレホンカードは、有価証券に当たる」とし（最決平3・4・5刑集45・4・
171）、電磁的記録部分とそれ以外の外観部分を併せ一体として観察して有価証券
性の有無を判断している。しかし、テレホンカードは、プリペイドカードの一種
である支払用カードであり、その電磁的記録部分のみを改ざんした場合には、本
罪（1項、支払用カード電磁的記録不正作出罪）が成立し、外観に手を加えていな
いため、有価証券偽造罪（162条）は成立しないことになる。その意味で、この種
カードについての判例のいわゆる「**一体説**」による判断の枠組みは、変更されるこ
とになる。

第5項　不正電磁的記録カード所持罪

＊刑法等の一部を改正する法律（令和4年法律第67号）の施行後は、下線部分の（拘禁刑）（有期拘禁刑）等となる。

（不正電磁的記録カード所持）

第163条の3　前条第1項の目的で、同条第3項のカードを所持した者は、5年
以下の<u>懲役</u>又は50万円以下の罰金に処する。
　　　　（拘禁刑）

1　**本条の趣旨**

　　不正作出に係る電磁的記録をその構成部分とする支払用カードは、反復的な使用
が可能であることや不正に作られた電磁的記録と真正なものとは、電磁的な情報と
しては同一であるため、電子計算機による事務処理において全く区別がつかず、電
子計算機による事務処理の用に供された段階でこれを発見し、犯人を検挙すること
も困難を伴うなどの特徴がある。そのため、この種カードの使用による法益侵害を
未然に防止するとともに、犯罪取締の実効性を確保するため、本罪の所持罪が設け
られたものである。

2　**客　体**

　　不正に作出された電磁的記録を構成部分とする支払用又は預貯金引出用カードで
ある。所持行為の特質から、電磁的記録についてこれをカードの側面から表現した
ものである。カードの外観の如何は問うところではなく、供用におけると同様に、

作出時に供用目的があったことは不要である。不正作出後、権限者によって使用停止措置が講じられても本罪の客体足り得る。

③ 所 持

保管についての事実上の実力的支配関係を有していることである。所有権の有無は問うところではない。現実の握持も必ずしも必要ではなく、共謀による所持も可能である。入手経緯の如何は問わない。自ら不正作出したものであると、譲渡し、貸渡しを受けて所持するに至ったものであると、さらには盗取、拾得等によるとに関係なく、本罪は成立し得る。ただし、「**前条第１項の目的**」が必要であるので、「**人の財産上の事務処理を誤らせる目的**」、換言すれば、他人の財産上の事務処理の用に供する目的がなければならない。所持の犯人自身において当該カードを使用するというまでの目的は不要であり、所持の犯人から譲渡し、貸渡しを受けた者、さらにこれらの者から譲り受けるなどした者が供用することの認識があれば足りる。なお、カードを入手した者が、当初、その電磁的記録部分が不正に作出されたものであることの認識がなかった場合であっても、その情を知り、かつ、同目的を有するに至れば、その後の所持については本罪が成立することになる。

第６項　支払用カード電磁的記録不正作出準備罪

＊刑法等の一部を改正する法律（令和４年法律第67号）の施行後は、下線部分の（拘禁刑）（有期拘禁刑）等となる。

> （支払用カード電磁的記録不正作出準備）
> **第163条の４**　第163条の２第１項の犯罪行為の用に供する目的で、同項の電磁的記録の情報を取得した者は、３年以下の<u>懲役</u>又は50万円以下の罰金に処する。情を知って、その情報を提供した者も、同様とする。
> _{（拘禁刑）}
> **2**　不正に取得された第163条の２第１項の電磁的記録の情報を、前項の目的で保管した者も、同項と同様とする。
> **3**　第１項の目的で、器械又は原料を準備した者も、同項と同様とする。

① 本条の趣旨

近時、他人のクレジットカードの磁気ストライプ部分の電磁的記録をコピーして

カード情報を盗み取り（いわゆる**スキミング**）その情報を基に偽造カードを作成する事例が少なくなく、しかも、その間に多くの関係者が介在することがある。本条は、支払用カード電磁的記録不正作出の準備罪として、情報面での準備行為である、電磁的記録の情報の取得、提供、保管（1項、2項）を処罰するとともに、通貨偽造準備罪と同様に器械、原料の準備行為（3項）を処罰することとしたものである。

② 目 的

支払用又は預貯金引出用カードを構成する電磁的記録を、供用するために、不正に作出する目的、すなわち、係る不正作出行為に用いられることを認識していることを要する。犯人自身が不正作出行為を行うものである必要はない。

③ 電磁的記録の情報

会員番号、氏名、有効期限等の断片的な、個々の情報の構成要素をいうのではなく、支払用（預貯金引出用）カードによって行われる支払決済システムによる情報処理の対象となるひとまとまりの情報のことである（カードの会員番号だけでは当たらないとした裁判例として東京高判平16・6・17東高時55・1＝12・48）。例えば、支払用カードの磁気ストライプ部分に記録されているものがこれに当たる。ただし、それを印磁すれば支払用カードとして使えるひとまとまりの情報である限り、その取得の方法が、カード面から直接コピーして得たものか、カード会社のコンピュータに不正にアクセスするなどして得たものかどうかなどは犯罪の成否に関係はない。

④ 取 得

「取得」とは、支払用（預貯金引出用）カードを構成する電磁的記録の情報を自己の支配下に移す一切の行為を意味する。方法、有償、無償の如何を問わない。例えば、カードの磁気ストライプ部分の電磁的記録をコピーしてカード情報を盗み取る行為、一定の媒体に記録された同様の情報を記録媒体ごと受け取る行為等がこれに当たる。他人から提供を受けるのも取得である。ただし、スキミングの目的で他人の支払用カードを盗むような行為は、本罪ではなく財産犯として処罰すれば足りるであろう。

5 　情を知って

163条の2第1項（☞497頁**参照**）に規定する不正作出罪の用に供されることの認識を有していることである。

6 　提　供

「提供」とは、カードを構成する電磁的記録の情報を事実上相手方が利用できる状態に置くことである。例えば、カード情報が入っているフロッピーディスク等の記録媒体を相手方に交付するなどの行為がこれに当たる。ただし、方法、有償、無償の如何を問わないので、当該情報が電磁的記録の状態にあることは必要でなく、紙面に符号等で記載したものでもよく、また、提供の方法も、記録媒体の交付によるものに限らず、電話回線等によるものであってもよい。

7 　保　管

「保管」とは、有体物の所持に相当する行為であり、電磁的記録の情報を自己の管理、実力的支配内に置くことである。例えば、パソコンのハードディスクに保存する行為や情報の入っているスキマー（ハンディスキマーに電磁的情報を保管した例として東京高判平16・6・17東高判決時報刑事55・48）やフロッピーディスク等の記録媒体を所持する行為等がこれに当たるが、保管についても、その方法、有償、無償の如何を問わない。

保管の客体となるのは、「**不正に取得された**」情報である。これは、例えば、カード会社の担当職員が職務上保管する場合のように、当該カードの支払決済システムの中で正当に保管されている情報については、これを保管罪の客体から除く趣旨である。不正作出目的で取得されたものである必要はない。したがって、例えば、正当に保管している者がその情報を何らかの目的で不正に自己の管理下に置き、取得すれば、保管罪の対象となる不正に取得された情報であるし、第三者に直接不正に提供した場合であっても、第三者に提供された情報は、当該第三者に不正に取得されたものに当たることになる。なお、保管の際の認識として、その取得された具体的経緯等を認識している必要はなく、未必的な認識である場合も含め、不正な取得であることを認識しておれば足りる。

8 　器械又は原料

506 各論第2編2部 第3章 有価証券偽造の罪

「器械」とは、支払用（預貯金引出用）カードを構成する電磁的記録の不正作出の用にするものとして客観的な可能性のある一切の器械であり、不正作出に直接必要なものに限られず、また、不正作出のためだけに用いられるものである必要はなく、同時に他の目的に利用できるものでもよいことなどは、通貨偽造準備罪におけると同様である。例えば、不正作出のためのパソコン、カードライター等がこれに当たることになる。「原料」とは、印磁前のいわゆる生カードそのもののほか、カード版作成のための接着材料等もこれに含まれよう。

9 準 備

不正作出の用に供すべき器械、原料を買い入れ、製作するなど、これを利用してその目的を遂行しうべき状態に置く行為であって、不正作出の実行の着手に至らないものである。不正作出の目的で準備すれば直ちに本罪は成立し、その準備自体が目的を遂行する程度に達していることを要しない（通貨偽造準備罪につき、大判昭7・11・24集11・1720（第1章第5項1の解説☞451頁参照））。また、その計画が目的を現実に実現することが可能であるかどうかを問わない点も通貨偽造準備罪におけると同様である。

第7項 未 遂 罪

（未遂罪）
第163条の5 第163条の2及び前条第1項の罪の未遂は、罰する。

「不正作出の未遂」とは、163条の4の準備罪の段階を超え、カードを構成する電磁的記録を作り始めた時に着手が認められるので、例えば、印磁するため器械に生カードをセットしたものの器械の不具合で必要な情報を印磁できなかったような場合が典型であろう。また、供用の未遂については、161条の2第3項の供用の未遂（第2章第15項7の解説☞491頁参照）と同様に解してよい。

情報取得の未遂としては、例えば、スキミングの装置を端末に設置したものの、情報を得ることができなかった場合等が考えられる。なお、スキミングのための機械、

装置の購入そのものは、情報取得の準備行為であり、163条の4第3項の器械・原料の準備（第6項⑨☞前頁参照）には当たらないと解され、また、情報取得の実行の着手にも至っていないものである。

第4章　印章偽造の罪

第1項　総　説

　本章の罪は、印章及び署名の真正に対する公共の信用を保護法益とする。印章や署名の偽造行為が文書偽造・有価証券偽造の犯行の内容となっているときは、吸収されて別罪を構成しない（しかし、文書偽造や有価証券偽造が完成しなかった場合には独立して処罰されることになる）。

　「印章」とは、印影と印顆の両者を含む。「印顆（いんか）」とは、「印影」を顕出するために文字などを刻した物体（木製・象牙製・プラスチック製などの判）をいう。

　「署名」とは、自署に限らず、印刷してある名前、記名判を押したもの、代筆によるものを含むとするのが判例である（大判明45・5・30刑録18・794等）。

　印章偽造罪は、文書偽造の未遂的な行為について適用されることもあるが、印章・署名が独立して意味をもつような場合（例えば、立候補者の選挙運動用ポスターの選挙管理委員会の検印の偽造や名刺の偽造）もある。

　なお、印章の偽造でなく署名のみを偽造した事案でも、罪名は、「公印偽造」・「私印偽造」となることに注意する必要がある。

第2項　御璽等偽造罪・御璽等不正使用罪・偽造御璽等使用罪

＊刑法等の一部を改正する法律（令和4年法律第67号）の施行後は、下線部分の（拘禁刑）（有期拘禁刑）等となる。

> （御璽偽造及び不正使用等）
>
> **第164条**　行使の目的で、御璽、国璽又は御名を偽造した者は、2年以上の<u>有期懲役</u>に処する。
> 　　　　　　（有期拘禁刑）
> 2　御璽、国璽若しくは御名を不正に使用し、又は偽造した御璽、国璽若しくは

御名を使用した者も、前項と同様とする。

（未遂罪）

第168条　第164条第2項、第165条第2項、第166条第2項及び前条第2項の
罪の未遂は、罰する。

1　**行 為**

　　行使の目的をもって、天皇の印章、日本国の印章、天皇の御名を偽造する行為、
真正な天皇の印章などを不正に使用する行為、偽造した天皇の印章などを使用する
行為を、本条は処罰の対象とする。

2　**処 罰**

　　真正な物の不正使用と偽造物の使用は未遂も処罰される（168条）。

第3項　公印偽造罪・公印不正使用罪・偽造公印使用罪

＊刑法等の一部を改正する法律（令和4年法律第67号）の施行後は、下線部分の（拘禁刑）（有期拘禁刑）等となる。

（公印偽造及び不正使用等）

第165条　行使の目的で、公務所又は公務員の印章又は署名を偽造した者は、3
月以上5年以下の<u>懲役</u>に処する。
　　　　　　（拘禁刑）
2　公務所若しくは公務員の印章若しくは署名を不正に使用し、又は偽造した公
務所若しくは公務員の印章若しくは署名を使用した者も、前項と同様とする。

1　**行 為**

　　公務所・公務員の印章や署名を偽造する行為、真正な公務所などの印章などを不
正に使用する行為、偽造した公務所などの印章などを使用する行為が、本条で処罰
の対象とされる。いずれも**「行使の目的」**をもってしたものに限る。

2　**印章・署名**

　　155条の解説（第2章第8項3☞467頁）及び本章総説☞前頁**参照**。

　　「公務員の印章」は、公務員がその職務上使用する印章のことで、職印に限らな
い（大判昭9・2・24刑集13・160等）。

510　各論第2編2部　第4章　印章偽造の罪

　「**公務所の署名**」とは、公務所の名称の記載をいう。例えば「麹町警察署」、「京都市役所」、「若松区裁判所供託部」（大判昭9・12・24刑集13・1817）などがこれに当たり、通常人に実在する公務所（公務員も同様）と誤信させる程度の外観等があれば足りる（最決昭32・2・7刑集11・2・530）。

　「**公務員の署名**」とは、公務員の職及び名称の記載をいう。

　選挙管理委員会が候補者の選挙運動用ポスターに押す検印は、「**公務所の印章**」である（最判昭30・1・11刑集9・1・25（第4項①の解説☞512頁**参照**））。これに対し、民営化前の公務所であった郵便局の日付印は公文書と解されている（大判明43・5・13刑録16・860（第4項①の解説☞512頁**参照**））。なお、署名は自署に限らないので公務所も署名もあり得る（大判昭9・12・24刑集13・1817）。

③　偽　造

　権限がないのに印顆を作成したり、権限のない者が、印字等による印影の印刷を含め、印影や署名（記名を含む。）を紙などの上に現すことである。

　公務員の名刺を勝手に作るなどは署名の偽造に当たる。公務員が用いたかのような体裁・外観になれば、三文判や有合印を押すのも本条の印章の偽造である。形状にに多少の違いや誤字があってもよい（最決昭31・7・5刑集10・7・1025）。

④　不正使用

　真正な印章・署名を、権限がないのに、用法に従って使うことである。

　真正な印顆を勝手に押捺するのは、印章（印影）の偽造であって、使用とはいえない。

⑤　偽造印章・署名の使用

　偽造した印影・署名のある物体を使用すること。「**使用**」とは、現実の他人の閲覧は不要であるが、印章・署名を他人が閲覧しうる状態におくことをいう（大判昭16・10・9刑集20・547）。

⑥　処　罰

　真正な物の不正使用と偽物の使用につき未遂を処罰する（168条）。

☞【実例】　（警察官の肩書付き名刺の作成・使用）

　　　　　甲は、私設の調査研究所を主宰していた者。警察官を装うと仕事がしやすい

ところから、Ａ印刷屋に、警視庁の者だと嘘をついて、「警視庁刑事部地方課警部」という肩書の付いた「近松吉雄」名義の名刺100枚を作成させ、これを使い、東京都内7か所で自分の調査を行う際に警察官だと嘘をつき、相手方に渡して信用させていた。

〔解説〕

　本件の名刺に記載されているのは、印刷された記名であるが、これも、公印偽造の客体である公務員の署名に当たる。公印偽造罪の客体である署名は、それが偽造されるとそれに対する公共の信用を害するおそれのあることを要する。社会公共の信用を害するとは、必ずしも権利義務に関する署名に限らず、人の社会生活に交渉を有する事項に関するものであれば足りるから、名刺のように、ひろく公的・私的生活関係のなかで所持人を特定し、かつその地位・身分を明らかにする文書として利用され、受領する側にとっては、名刺の肩書・氏名をもって所持人の肩書・氏名であると信用することが、なかば慣行と化し、大きな機能を果たしているものは、これに対する社会公共の信用を保護する必要が優に認められる。

　また、これを交付して使用したのは、偽造した公務員の署名の使用に当たる。

　本件では、公印偽造罪と偽造公印使用罪が牽連犯（54条、手段・結果の関係（総論第8章第4項**2**の解説☞138頁参照））として成立する。

第4項　公記号偽造罪・公記号不正使用罪・偽造公記号使用罪

＊刑法等の一部を改正する法律（令和4年法律第67号）の施行後は、下線部分の（拘禁刑）（有期拘禁刑）等となる。

（公記号偽造及び不正使用等）

第166条　行使の目的で、公務所の記号を偽造した者は、3年以下の<u>懲役</u>に処する。
（拘禁刑）

2　公務所の記号を不正に使用し、又は偽造した公務所の記号を使用した者も、前項と同様とする。

512　各論第2編2部　第4章　印章偽造の罪

① 公務所の記号

「**公務所の記号**」とは、商品のラベルに押捺された物品税表示証の検印（最決昭32・6・8刑集11・6・1616）などのように、公務所が産物・商品・書籍・什器などに検査済・納税済等の趣旨を表示し又は公務所の備品であることを示すために押印するものをいう（警察手帳に酷似した手帳表紙に日章と「警察庁」の文字を金色で表示した事例を記号偽造とした東京地判平14・2・8判時1821・160）。なお、学説の多数説は、主体の同一性を表示するのが印章であり、その他の事項を証明するに過ぎないものは記号としているが（主体表示説）、判例は押捺する客体で区別しているようにも思われる（押捺客体説）。

これに対し、物品税表示証紙は物品税納付事実を証明する政府作成の公文書であるとされ（最決昭35・3・10刑集14・3・333）、民営化前の郵便局の日付印は、郵便局がその日に郵便物を引受けたことを証明する郵便局の署名のある文書で、有印の「公文書」（155条（第2章第8項☞465頁**参照**））とされている（大判明43・5・13前掲第3項**②**の解説☞510頁**参照**）。選挙管理委員会が選挙ポスターに押す検印は「公務所の印章」（165条（第3項☞509頁**参照**））であるが（最判昭30・1・11刑集9・1・25。文書に使用して証明の用に供するものを印章とし、使用される目的物で区別）、自動車等のナンバープレートそのものは、番号指定を受け所定の様式であれば作成者は何人でもよいので、本条の偽造の対象となる公務所の記号といえない（大阪高判昭34・8・5下刑集1・8・1739）。

② 行　為

偽造（有形偽造）し、真正なものを不正に使用し、または偽物を使用すること。

③ 処　罰

本条2項の罪の未遂は処罰する（168条（条文☞509頁））。

第5項　私印偽造罪・私印不正使用罪・偽造私印使用罪　513

第5項　私印偽造罪・私印不正使用罪・偽造私印使用罪

＊刑法等の一部を改正する法律（令和4年法律第67号）の施行後は、下線部分の（拘禁刑）（有期拘禁刑）等となる。

（私印偽造及び不正使用等）

第167条　行使の目的で、他人の印章又は署名を偽造した者は、3年以下の<u>懲役</u>
　　（拘禁刑）
　　に処する。

2　他人の印章若しくは署名を不正に使用し、又は偽造した印章若しくは署名を
　　使用した者も、前項と同様とする。

① 他人の印章・署名

　　ここでは165条との関係から「**他人**」には公務所・公務員を含まない。架空人も一般人に実在する者と誤信させるおそれがあれば含まれる（東京高判平13・7・16高検速報3150）。取引上独立の社会的地位を与えられていれば、法人格がなくても「**他人**」に当たる。「**印章**」は、印顆と印影をいい、「**署名**」は記名なども含むことは公文書偽変造罪におけると同様である。書画の落款・画号（書画の真偽を問わないことにつき大判昭12・12・14刑集16・1603）、封筒裏面の署名（大判昭8・12・6刑集12・2226）等も本罪の対象である。なお、下級審では、日本音楽著作権協会のJASRACを図案化したシールの偽造を、同協会の署名であるとともに、使用を承認した旨を証明する図画であるとして、159条1項に当たるとしたものがある（東京高判昭50・3・11高刑集28・2・121）。なお、本条の場合には私記号も印章・署名に含まれると解されている（樹木売却の際の極印につき大判大3・11・4刑録20・2008）。もっとも郵便送達報告書の受領者の署名・押印欄のような省略文書（第2章第2項①の解説☞454頁参照）のときは、その署名・押印は文書偽造となる（最決平16・11・30刑集58・8・1005）。

② 偽　造

　　権限なしに他人の判を注文して作らせる、権限なしに他人の印（印影）に似せた外観のものを作出するなどが、印章の偽造であり、勝手に他人の名前・名称に似せた外観のものを作出するのが署名偽造である。代理権がないのに、代理人として署

名するのも、本人との関係で偽造である（大判明44・6・23刑録17・1277）。

③ 不正使用

権限がないのに真正を偽って用いることであるが、使用といいうるには少くとも他人が閲覧できる状態に置くことを要する（大判大7・2・26刑録24・121）。

④ 使　用

他人名義の名刺を勝手に作成し（署名偽造）、その他人になりすまして、名刺を第三者に渡して取引をした場合などは、偽造署名の使用に当たる。

⑤ 処　罰

不正使用と偽造物の使用は未遂処罰の規定がある（168条（条文☞509頁））。

第1項　不正指令電磁的記録作成罪等　515

第4章の2　不正指令電磁的記録に関する罪

第1項　不正指令電磁的記録作成罪等

＊刑法等の一部を改正する法律（令和4年法律第67号）の施行後は、下線部分の（拘禁刑）（有期拘禁刑）等となる。

（不正指令電磁的記録作成等）

第168条の2　正当な理由がないのに、人の電子計算機における実行の用に供する目的で、次に掲げる電磁的記録その他の記録を作成し、又は提供した者は、3年以下の懲役又は50万円以下の罰金に処する。
（拘禁刑）
　一　人が電子計算機を使用するに際してその意図に沿うべき動作をさせず、又はその意図に反する動作をさせるべき不正な指令を与える電磁的記録
　二　前号に掲げるもののほか、同号の不正な指令を記述した電磁的記録その他の記録
2　正当な理由がないのに、前項第1号に掲げる電磁的記録を人の電子計算機における実行の用に供した者も、同項と同様とする。
3　前項の罪の未遂は、罰する。

① 立法趣旨

　本条は、いわゆるコンピュータ・ウイルスの作成・供用等を処罰するもので、電子計算機のプログラムに対する社会一般の者の信頼、すなわち社会的法益を保護法益としている。電子計算機損壊等業務妨害罪（234条の2☞269頁参照）や毀棄罪（258条☞367頁参照）等の予備罪として位置付けられているわけでないことはいうまでもない。平成23年改正で次条とともに新設された。

516 各論第2編2部 第4章の2 不正指令電磁的記録に関する罪

② 正当な理由がないのに

「違法に」という意味であり、例えば、ウイルス対策ソフトの開発、試験等を行う場合のコンピュータ・ウイルスの作成等には後記の「人の電子計算機における実行の用に供する目的」が欠けることになるが、このような場合には、本罪が成立しないことを明らかにするため、あえて規定されたものである。

③ 人の電子計算機における実行の用に供する

「人」とは犯人以外の者のことであるが、「実行の用に供する」とは、電子計算機（自動的に計算・データ処理を行う電子装置のことであり、パソコンは勿論のこと、このような機能があれば携帯電話等も含まれる）の使用者において、それが後記の不正指令電磁的記録等であることを知らずに動作（「実行」）させてしまうこととなる状態に置くことである。本罪の成立にはこの供用目的が必要とされているが、これは、文書偽造罪、電磁的記録不正作出罪等と同様である。

④ その意図に沿うべき動作をさせず、又はその意図に反する動作をさせるべき不正な指令

「その意図に沿うべき」、「その意図に反する」かどうかは、電子計算機の個別具体的な使用者の実際の認識を基準とするのではなく、当該プログラムの機能の内容、これに関する説明内容、想定される利用方法などを考慮して、一般の使用者が認識すべきと考えられるところを基準とすることになろう（最判令4・1・20刑集76・1・1）が、例えば、トロイの木馬（無害のプログラムであるかのように見せかけて破壊・情報漏洩等を行う不正のプログラム）、ワーム（単体で自己増殖するプログラム）、スパイウェアー（使用者の知らないうちにインストールされ、様々な情報を収集するプログラム）等のコンピュータ・ウイルスがその典型である。

⑤ 不正な指令を記述した電磁的記録、その他の記録

1号に規定された電磁的記録（④参照）以外のものであるので、④の不正な指令（プログラム）として実質的に完成しているものの、そのままでは他人の電子計算機で動作させ得る状態にないものである。例えば、機械語に変換すれば電子計算機で実行できる状態にあるプログラムのコード（ソースコード）を記録した電磁的記録やこれを紙媒体に印刷したものなどが当たることになる。

第2項　不正指令電磁的記録取得罪等　517

6　作成・提供

　「作成」とは、不正指令電磁的記録等を新たに記録媒体上に存在するに至らせることであり、「提供」とは不正指令電磁的記録等であることの情を知っている者に対し、当該不正指令電磁的記録等をその支配下に移して事実上利用し得る状態に置くことである。

7　供用・未遂

　客体は、1項1号の電磁的記録に限られ、2号の電磁的記録等は含まれない。「人の電子計算機における実行の用に供する目的」で作成されたものであることは不要であることは、他の偽造罪・不正作出罪等と同様である。また、実行の用に供すれば既遂となり、不正指令電磁的記録を現実に実行させる必要はない。例えば、不正指令電磁的記録の実行ファイルを電子メールに添付して送付し、事情を知らない使用者のコンピュータ上でいつでも実行できる状態に置けば、供用罪が成立する。供用罪は未遂も処罰される。なお、供用罪と電子計算機損壊等業務妨害罪（234条の2）は保護法益を異にするため行為が一個であれば観念的競合の関係に立つ（東京高判平24・3・26東高時報63・1＝12・42（234条の2（第1編第3部第2章第3項7の解説☞272頁参照）））。

第2項　不正指令電磁的記録取得罪等

＊刑法等の一部を改正する法律（令和4年法律第67号）の施行後は、下線部分の（拘禁刑）（有期拘禁刑）等となる。

（不正指令電磁的記録取得等）
第168条の3　正当な理由がないのに、前条第1項の目的で、同項各号に掲げる電磁的記録その他の記録を取得し、又は保管した者は、2年以下の懲役又は30（拘禁刑）万円以下の罰金に処する。

1　正当な理由がないのに

　前条解説の2☞前頁参照。

2　前条第1項の目的

　「人の電子計算機における実行の用に供する目的」のことであり、前条解説3☞

516頁参照。

③ **取得・保管**

「**取得**」とは、不正指令電磁的記録等（前条1項1号、2号）であることの情を知って、これを自己の支配下に移す一切の行為であり、「**保管**」とは不正指令電磁的記録等を自己の管理・実力的支配内において置くことである（163条の4の解説第3章第6項⑦☞505頁参照。サーバーコンピュータに閲覧者の同意なく、仮想通貨のマイニングをおこなわせるプログラムを保管した事例につき東京高判令2・2・7高裁刑事裁判速報令和2年104。同プログラムの反意図性を肯定しつつ、不正性を否定した最判令4・1・20前掲第1項④☞516頁参照）。供用罪（前条2項）同様、当該電磁的記録等が「人の電子計算機における実行の用に供する目的」で作成されたものである必要はない。

第2編　社会的法益に対する罪

第3部　風俗を害する罪

第1章　わいせつ、不同意性交等及び重婚の罪

第2章　賭博及び富くじに関する罪

第3章　礼拝所及び墳墓に関する罪

第1章　わいせつ、不同意性交等及び重婚の罪

第1項　総　説

　本章の罪は、人の性生活に関する善良な風俗を害する行為を内容としている。各規定をみると、性に関する道徳的秩序に対する罪（公然わいせつ・わいせつ文書頒布等・淫行勧誘）、人の性的自由ないし貞操に対する罪（不同意わいせつ・不同意性交等）、婚姻秩序に対する罪（重婚）に分けることができる（なお、姦通罪を定めていた183条は、法の下の平等に反するとして昭和22年改正で削除）。

　これらのうち、不同意わいせつと不同意性交等の罪は、風俗を害する罪として社会的法益に対する罪の中に入れるよりは、人の性的自由を害する罪として個人的法益に対する罪に入れる方が、罪質による区分の上からは正しいのであるが、便宜上、刑法典の分類に従って本章で説明する。

第2項　公然わいせつ罪

＊刑法等の一部を改正する法律（令和4年法律第67号）の施行後は、下線部分の（拘禁刑）（有期拘禁刑）等となる。

> （公然わいせつ）
> 第174条　公然とわいせつな行為をした者は、6月以下の懲役若しくは30万円
> 　（拘禁刑）
> 　以下の罰金又は拘留若しくは科料に処する。

① 公　然

　本罪は、公然と行われたときに限って成立する。「**公然**」とは、不特定又は多数の人が認識できる状態をいう（最決昭32・5・22刑集11・5・1526）。現実には一人しか認識しなくても不特定又は多数の者に認識される可能性があればよい（海水

浴場に接する海岸線での行為につき東京高判昭32・10・1東時8・10・352)。

特定の少人数だけで閉鎖された場所を選んでその人達だけが認識する状態であるときは、公然とはいえない。もっとも、不特定の多数人から客引きなどを介して観客となった者が特定少人数であっても、公然に当たる（最決昭31・3・6裁判集112・601）。

② わいせつな行為

改正前の「猥褻の行為」と同義であり、その行為者又はその他の者の性欲を刺戟・興奮させる動作であって、普通人の正常な性的羞恥心を害し善良な性的道義観念に反するものをいう（最決昭34・10・29刑集13・11・3062、東京高判昭27・12・18高刑集5・12・2314）。変態男が道路を通行する女性に見えるようにして陰茎を露出させる行為、ストリップ劇場で陰部をあらわに出して行うショウ（前掲東京高判昭27・12・18）、観客の面前で行う男女性交・愛戯の実演（最決昭32・5・22刑集11・5・1526）などのほか、人目につきやすい場所で男女が、いわゆるカーセックスを行っているなどもこれに当たる。強制わいせつ罪（不同意わいせつ罪）に当たる行為を公然行った場合は、同罪と本条の罪との観念的競合であるとする判例がある（大判明43・11・17刑録16・2010）。

公衆に嫌悪の情を催させるような方法で、しり、ももなどを露出したにすぎないものは、軽犯罪法で処罰される（1条20号）。「公然わいせつ」と「わいせつ物陳列」（175条）との違いは、前者では人の動作を直接他人に示すのに対し、後者ではそれ以外の手段・方法による（写真・映画・絵画・彫刻など）ところにある（前掲東京高判昭27・12・18）。

＊軽犯罪法＊
第1条　左の各号の一に該当する者は、これを拘留又は科料に処する。
　　　　（第1号〜第19号省略）
　二十　公衆の目に触れるような場所で公衆にけん悪の情を催させるような仕方でしり、ももその他身体の一部をみだりに露出した者
　　　　（第21号〜第34号省略）

第3項　わいせつ文書等頒布罪・同販売罪・同陳列罪・同所持罪

＊刑法等の一部を改正する法律（令和4年法律第67号）の施行後は、下線部分の（拘禁刑）（有期拘禁刑）等となる。

（わいせつ物頒布等）

第175条　わいせつな文書、図画、電磁的記録に係る記録媒体、その他の物を頒布し、又は公然と陳列した者は、2年以下の懲役若しくは250万円以下の罰金若しくは科料に処し、又は懲役及び罰金を併科する。電気通信の送信によりわいせつな電磁的記録その他の記録を頒布した者も、同様とする。
（拘禁刑）

2　有償で頒布する目的で、前項の物を所持し、又は同項の電磁的記録を保管した者も、同項と同様とする。

1　わいせつ物

　わいせつの概念、わいせつ性の有無は、刑法における著名な問題点の一つである。

　「**わいせつ**」とは、いたずらに性欲を興奮または刺激せしめ、かつ普通人の正常な性的羞恥心を害し、善良な性的道義観念に反するものをいう。このわいせつ概念の定義は、最高裁判所が一貫して採用しているもので（有名なチャタレー事件について最大判昭32・3・13刑集11・3・997（総論第5章第6項【実例】2の解説☞89頁参照）、その後のものでは、日活ポルノビデオ事件につき最決昭54・11・19刑集33・7・754（【実例】5の解説☞532頁参照））、今後ともこの考え方は変わらないと考えられる。

　「**わいせつ**」であるかどうかの判断は、一般社会に認められている良識、すなわち「**社会通念**」に従って決まる。しかし、ここに「**社会通念**」とは、個々人の認識の集合又は平均値ではなく、これを超えた集団意識であることに留意する必要がある（最大判昭32・3・13前掲）。また、この社会通念が時と所とを異にすることによって変遷することは否定できないとしても（最判昭55・11・28刑集34・6・433）、「**性行為非公然の原則**」は不動のものであり、それを否定するほどまで社会

通念は変遷していないという考え方も判例上確立されているように思われる。

性行為の非公然性は、人間性に由来するところの羞恥感情の当然の発露である。羞恥感情は、人間の品位（精神的面）が人間の性欲（自然的動物的面）に反発するところに生じるもので、動物には認められず、幼児や個々の病的な人間、特定の社会において欠けていたり稀薄であったりすることはあっても人類一般としてみれば、性器を露出したり、公然と性行為を実行したりするようなことは恥ずかしいこととして行ってはならないこととされているのである。

わいせつ文書などのわいせつ物の陳列・販売等が処罰されるのは、わいせつ物を見る者をして、性器や性交・性戯等の性行為の状況が、あたかも目前に存在し、面前で行われているのを見るのと同じかそれ以上の効果を与えるからである。本条は、性生活に関する秩序及び健全な風俗の維持を保護法益とするもので（最決昭49・4・18裁判集494・18）、これは公共の福祉の内容をなし、本条が憲法21条等に違反するものでないことは明らかである（最判昭58・10・27刑集37・8・1294等）。

「**わいせつ物**」には、わいせつ文書・わいせつ図画、電磁的記録に係る記録媒体、その他の物がある。「**わいせつ文書**」は、いわゆる春本のように男女の性器や性交場面を露骨具体的に描写記述したものに限らず（漫画本につき最決平19・6・14未登載）、文芸作品で芸術価値のある小説などでも、内容がわいせつであれば、わいせつ文書である（最大判昭44・10・15刑集23・10・1239）。芸術価値が高いとか芸術性があることなどによる性的刺激の緩和の程度・有無も検討しつつ、例えば、電磁的記録が視覚情報であるときは、同記録を視覚化したもののみを見て、本条該当性の有無を検討し、判断することになる（当該事案の頒布の目的との関係で違法性阻却事由がないとした最判令2・7・16刑集74・4・343）。

「**わいせつ図画**」には、わいせつ内容の絵画・写真・映画などがある。未現像のフィルムも図画に当たる（名古屋高判昭41・3・10高刑集19・2・104）。いわゆ

＊日本国憲法＊
第21条　集会、結社及び言論、出版その他一切の表現の自由は、これを保障する。
②　検閲は、これをしてはならない。通信の秘密は、これを侵してはならない。

る浣腸シーンを取り扱った写真集について「わいせつ性」を認めた裁判例もある（東京高判昭54・12・3高検速報2393）。

「**電磁的記録に係る記録媒体**」には、例えばわいせつな画像データを記憶・蔵置させたハードディスク、ＣＤ、ビデオテープ、わいせつな会話や音声を録音したテープ（名古屋地判昭46・4・1刑月3・4・521）などがある。

「**その他の物**」には、例えば、折りたたむと性器の絵が現れる手ぬぐい（大判昭14・6・24刑集18・348）、液体を入れると性交の姿態の映像が底に見える盃（最判昭39・5・29裁判集151・263）など各種のものがある。

2 **頒 布**

不特定又は多数の人に配布し又は電磁的記録を存在するに至らせることであり、所有権移転の有無を問わないので貸与を含む。特定の少数の人に配布した場合でも、当然に不特定多数の人に配布される状態でありそれを予見して交付したときは、頒布に当たる。郵送の場合は相手方に到着したことを要する（大判昭11・1・31刑集15・68）。

3 **電気通信の送信による頒布**

例えば電子メールでわいせつ画像を不特定又は多数の者に送信して取得させる、インターネットを通じわいせつ画像をパソコンにダウンロードさせるなどがこれに当たる（最決平26・11・25刑集68・9・1053、東京高判平25・2・22判時2194・144）。ファクシミリで送信したときは「その他の記録」の頒布である。

4 **公然陳列**

不特定又は多数の人が観覧できる状態におくこと。映画の映写（大判大15・6・19刑集5・267）、インターネットによりホストコンピュータのハードディスクに記憶・蔵置させた画像データを閲覧可能にすること（最決平13・7・16刑集55・5・317（【実例】4の解説☞531頁参照））も陳列に当たる（公然性がないとされたものとして大阪高判平29・6・30判タ1447・114。動画投稿サイトおよび配信サイトを運営しているものを投稿者とともに共同正犯とした最決令3・2・1刑集75・2・123）。

5 **有償頒布目的所持・保管**

526　各論第2編3部　第1章　わいせつ、不同意性交等及び重婚の罪

　　自己使用の個人的目的での所持は罪とならない。所持が、わいせつ物を有償で頒
　布する目的で行われているとき犯罪となる。ダビングして販売する目的を有する場
　合のマスターテープの所持（東京地判平4・5・12判タ800・272）や販売用ＣＤ
　作成に備えて原本のバックアップを所持するときは、ＣＤ作成時にぼかしを入れる
　などの加工予定でも（最決平18・5・16集60・5・413）有償頒布目的所持が認め
　られる。有償で貸与する目的も平成23年改正によりその所持は処罰されることと
　なった。「**所持**」とは、携帯に限らず、人が事実上支配することをいい、他の場所
　に隠して保管していても所持である。「**保管**」とは電磁的記録を自己の管理・実力

＊児童買春、児童ポルノに係る行為等の規制及び処罰並びに児童の保護等に関する法律＊
（児童ポルノ所持、提供等）
第7条　自己の性的好奇心を満たす目的で、児童ポルノを所持した者（自己の意思に基づいて所持するに至
　った者であり、かつ、当該者であることが明らかに認められる者に限る。）は、1年以下の懲役又は100万
　円以下の罰金に処する。自己の性的好奇心を満たす目的で、第2条第3項各号のいずれかに掲げる児童の姿
　態を視覚により認識することができる方法により描写した情報を記録した電磁的記録を保管した者（自己
　の意思に基づいて保管するに至った者であり、かつ、当該者であることが明らかに認められる者に限る。）
　も、同様とする。
2　児童ポルノを提供した者は、3年以下の懲役又は300万円以下の罰金に処する。電気通信回線を通じて第
　2条第3項各号のいずれかに掲げる児童の姿態を視覚により認識することができる方法により描写した情報
　を記録した電磁的記録その他の記録を提供した者も、同様とする。
3　前項に掲げる行為の目的で、児童ポルノを製造し、所持し、運搬し、本邦に輸入し、又は本邦から輸出し
　た者も、同項と同様とする。同項に掲げる行為の目的で、同項の電磁的記録を保管した者も、同様とする。
4　前項に規定するもののほか、児童に第2条第3項各号のいずれかに掲げる姿態をとらせ、これを写真、電
　磁的記録に係る記録媒体その他の物に描写することにより、当該児童に係る児童ポルノを製造した者も、
　第2項と同様とする。
5　前2項に規定するもののほか、ひそかに第2条第3項各号のいずれかに掲げる児童の姿態を写真、電磁的
　記録に係る記録媒体その他の物に描写することにより、当該児童に係る児童ポルノを製造した者も、第2項
　と同様とする。
6　児童ポルノを不特定若しくは多数の者に提供し、又は公然と陳列した者は、5年以下の懲役若しくは500
　万円以下の罰金に処し、又はこれを併科する。電気通信回線を通じて第2条第3項各号のいずれかに掲げる
　児童の姿態を視覚により認識することができる方法により描写した情報を記録した電磁的記録その他の記
　録を不特定又は多数の者に提供した者も、同様とする。
7　前項に掲げる行為の目的で、児童ポルノを製造し、所持し、運搬し、本邦に輸入し、又は本邦から輸出し
　た者も、同項と同様とする。同項に掲げる行為の目的で、同項の電磁的記録を保管した者も、同様とする。
8　第6項に掲げる行為の目的で、児童ポルノを外国に輸入し、又は外国から輸出した日本国民も、同項と同
　様とする。
（両罰規定）
第11条　法人の代表者又は法人若しくは人の代理人、使用人その他の従業者が、その法人又は人の業務に関
　し、第5条、第6条又は第7条第2項から第8項までの罪を犯したときは、行為者を罰するほか、その法人
　又は人に対して各本条の罰金刑を科する。

支配内に置いておくことである。「**有償頒布の目的**」とは、日本国内で頒布する目的をいうのであって、日本国外でのみ頒布する目的であるときを含まないとされている（最判昭52・12・22刑集31・7・1176）。

6　**特別法**

　被写体が児童の場合には、児童ポルノとして、その提供、公然陳列、これらの目的での製造、所持、保管、運搬、輸出、輸入が児童ポルノ提供等罪として処罰される（3年以下の懲役又は300万円以下の罰金。児童買春等処罰法7条1項ないし5項。国民の国外犯が処罰されることにつき同条8項、両罰規定につき11条）。これは、個人としての児童（ただし、特定までは不要である。）を保護するなどのための罰則であり、児童ポルノの提供・同目的所持と刑法のわいせつ物頒布・有償頒布目的所持とは観念的競合の関係にある（最決平21・7・7刑集63・6・507（総論第8章第2項4の解説☞133頁**参照**））。いわゆるリベンジポルノについても、私事性的画像記録（物）の提供・公然陳列が公表罪として処罰される（私事性的画像記録提供等被害防止法3条。同罪は親告罪で国民の国外犯を処罰）。さらに、性的姿態撮影等処罰法（令和5年法律第67号、令和5年7月13日施行）により、ひそかに性的姿態等（性的な部位、身に着けている下着、わいせつな行為、性交等がなされている間における人の姿）の撮影、刑法176条1項各号（不同意わいせつ罪）に規定する行為などにより同意しない意思形成等が困難な状態にあることなどに乗じて性的姿態等の撮影、誤信に乗じた撮影およびこれらの未遂（性的姿態撮影等処罰法2条）、性的影像記録の提供、公然陳列（同法3条）、性的影像記録の保管（同法4条）、性的姿態等撮影送信（同法5条）とともに同送信影像の記録及び同記録未遂（同法6条）が処罰される（国民の国外犯につき同法7条）。また、同法8条は、没収の特則を設けている。すなわち、撮影行為により生じたもの（映像記録等）の原本は、刑法19条（条文☞143頁）に規定する「犯罪行為によって生じたもの」（犯罪生成物件、産出物件）として没収可能であるが、複写物についても没収可能としている（総論第9章4没収の解説☞145頁**参照**）。

☞**【実例】1　（性器の部分を塗りつぶしたポルノ写真）**

　　　　甲は、ポルノ写真誌を販売した。しかし写真中の男女の性器それ自体が写っ

528　各論第2編3部　第1章　わいせつ、不同意性交等及び重婚の罪

ている部分とその周辺部分は、これを黒色で塗りつぶして修正し、修正したものを印刷して販売したのである。ところが、これらの写真の中には、男女の姿態、写真の撮影角度及び色感のほか修正の仕方の不十分さなどから、相手異性の性器を口にくわえる、なめるなどの性戯をしている状況や性交場面であることを明らかに認識できるものが多かった。甲は、税関での審査なら、この程度の修正で十分パスするのに、といって、わいせつ図画販売罪の成立を争った。

私事性的画像記録の提供等による被害の防止に関する法律
（私事性的画像記録提供等）
第3条　第三者が撮影対象者を特定することができる方法で、電気通信回線を通じて私事性的画像記録を不特定又は多数の者に提供した者は、3年以下の懲役又は50万円以下の罰金に処する。
2　前項の方法で、私事性的画像記録物を不特定若しくは多数の者に提供し、又は公然と陳列した者も、同項と同様とする。
3　前2項の行為をさせる目的で、電気通信回線を通じて私事性的画像記録を提供し、又は私事性的画像記録物を提供した者は、1年以下の懲役又は30万円以下の罰金に処する。
4　前3項の罪は、告訴がなければ公訴を提起することができない。
5　第1項から第3項までの罪は、刑法（明治40年法律第45号）第3条の例に従う。
性的な姿態を撮影する行為等の処罰及び押収物に記録された性的な姿態の影像に係る電磁的記録の消去等に関する法律
（性的姿態等撮影）
第2条　次の各号のいずれかに掲げる行為をした者は、3年以下の拘禁刑又は300万円以下の罰金に処する。
　一　正当な理由がないのに、ひそかに、次に掲げる姿態等（以下「性的姿態等」という。）のうち、人が通常衣服を着けている場所において不特定又は多数の者の目に触れることを認識しながら自ら露出し又はとっているものを除いたもの（以下「対象性的姿態等」という。）を撮影する行為
　　イ　人の性的な部位（性器若しくは肛こう門若しくはこれらの周辺部、臀でん部又は胸部をいう。以下このイにおいて同じ。）又は人が身に着けている下着（通常衣服で覆われており、かつ、性的な部位を覆うのに用いられるものに限る。）のうち現に性的な部位を直接若しくは間接に覆っている部分
　　ロ　イに掲げるもののほか、わいせつな行為又は性交等（刑法（明治40年法律第45号）第177条第1項に規定する性交等をいう。）がされている間における人の姿態
　二　刑法第176条第1項各号に掲げる行為又は事由その他これらに類する行為又は事由により、同意しない意思を形成し、表明し若しくは全うすることが困難な状態にさせ又はその状態にあることに乗じて、人の対象性的姿態等を撮影する行為
　三　行為の性質が性的なものではないとの誤信をさせ、若しくは特定の者以外の者が閲覧しないとの誤信をさせ、又はそれらの誤信をしていることに乗じて、人の対象性的姿態等を撮影する行為
　四　正当な理由がないのに、13歳未満の者を対象として、その性的姿態等を撮影し、又は13歳以上16歳未満の者を対象として、当該者が生まれた日より5年以上前の日に生まれた者が、その性的姿態等を撮影する行為
2　前項の罪の未遂は、罰する。
3　前2項の規定は、刑法第176条及び第179条第1項の規定の適用を妨げない。
（性的影像記録提供等）
第3条　性的影像記録（前条第1項各号に掲げる行為若しくは第6条第1項の行為により生成された電磁的記録（電子的方式、磁気的方式その他人の知覚によっては認識することができない方式で作られる記録であ

って、電子計算機による情報処理の用に供されるものをいう。以下同じ。）その他の記録又は当該記録の全部若しくは一部（対象性的姿態等（前条第1項第4号に掲げる行為により生成された電磁的記録その他の記録又は第5条第1項第4号に掲げる行為により同項第1号に規定する影像送信をされた影像を記録する行為により生成された電磁的記録その他の記録にあっては、性的姿態等）の影像が記録された部分に限る。）を複写したものをいう。以下同じ。）を提供した者は、3年以下の拘禁刑又は300万円以下の罰金に処する。

2　性的影像記録を不特定若しくは多数の者に提供し、又は公然と陳列した者は、5年以下の拘禁刑若しくは500万円以下の罰金に処し、又はこれを併科する。

（性的影像記録保管）

第4条　前条の行為をする目的で、性的影像記録を保管した者は、2年以下の拘禁刑又は200万円以下の罰金に処する。

（性的姿態等影像送信）

第5条　不特定又は多数の者に対し、次の各号のいずれかに掲げる行為をした者は、5年以下の拘禁刑若しくは500万円以下の罰金に処し、又はこれを併科する。

一　正当な理由がないのに、送信されることの情を知らない者の対象性的姿態等の影像（性的影像記録に係るものを除く。次号及び第3号において同じ。）の影像送信（電気通信回線を通じて、影像を送ることをいう。以下同じ。）をする行為

二　刑法第176条第1項各号に掲げる行為又は事由その他これらに類する行為又は事由により、同意しない意思を形成し、表明し若しくは全うすることが困難な状態にさせ又はその状態にあることに乗じて、人の対象性的姿態等の影像の影像送信をする行為

三　行為の性質が性的なものではないとの誤信をさせ、若しくは不特定若しくは多数の者に送信されないとの誤信をさせ、又はそれらの誤信をしていることに乗じて、人の対象性的姿態等の影像の影像送信をする行為

四　正当な理由がないのに、13歳未満の者の性的姿態等の影像（性的影像記録に係るものを除く。以下この号において同じ。）の影像送信をし、又は13歳以上16歳未満の者が生まれた日より5年以上前の日に生まれた者が、当該13歳以上16歳未満の者の性的姿態等の影像の影像送信をする行為

2　情を知って、不特定又は多数の者に対し、前項各号のいずれかに掲げる行為により影像送信をされた影像の影像送信をした者も、同項と同様とする。

3　前2項の規定は、刑法第176条及び第179条第1項の規定の適用を妨げない。

（性的姿態等影像記録）

第6条　情を知って、前条第1項各号のいずれかに掲げる行為により影像送信をされた影像を記録した者は、3年以下の拘禁刑又は300万円以下の罰金に処する。

2　前項の罪の未遂は、罰する。

（国外犯）

第7条　第2条から前条までの罪は、刑法第3条の例に従う。

第8条　次に掲げる物は、没収することができる。

一　第2条第1項又は第6条第1項の罪の犯罪行為により生じた物を複写した物

二　私事性的画像記録の提供等による被害の防止に関する法律（平成26年法律第126号）第3条第1項から第3項までの罪の犯罪行為を組成し、若しくは当該犯罪行為の用に供した私事性的画像記録（同法第2条第1項に規定する私事性的画像記録をいう。次条第1項第2号及び第10条第1項第1号ロにおいて同じ。）が記録されている物若しくはこれを複写した物又は当該犯罪行為を組成し、若しくは当該犯罪行為の用に供した私事性的画像記録物（同法第2条第2項に規定する私事性的画像記録物をいう。第10条第1項第1号ロにおいて同じ。）を複写した物

2　前項の規定による没収は、犯人以外の者に属しない物に限り、これをすることができる。ただし、犯人以外の者に属する物であっても、犯罪の後にその者が情を知って保有するに至ったものであるときは、これを没収することができる。

〔解説〕

　　この写真誌では、たしかに男女の性器の部分や性器周辺部分は黒く塗りつぶして修正したものを印刷に付するという配慮をしていたが、しかし、これを見る者をして面前で公然と性行為が展開されている状況を彷彿させ、人の官能に対する性的刺激の程度が強く、裁判所は、上記の性行為の写真は、徒（いたず）らに性欲を興奮又は刺激させ、普通人の正常な性的羞恥心を害し、善良な性的道義観念に反するものに当たるとした（最判昭58・3・8刑集37・2・15）。

　　また、同判例の原審（東高判昭54・6・27）では、税関当局が旧関税定率法21条1項3号に基づいて行う風俗を害すべき図書等の輸入禁制品の審査の基準・方法のいかんは、その審査の性格などからして、刑法175条の「わいせつ性」の判断を左右するものではないとの判断が示されており、これを前提にしていると思われる。

　　性器部分につきことさら消除を施した写真は、一概には言えないとしても、これを性器部分を写さず姿勢体位のみで性交性戯を推測させる写真に比較すると、かえって性器等消除部分への関心を誘い、煽情性の程度を強める場合の多いことを指摘する裁判例がある（「愛のコリーダ」事件、東京地判昭54・10・19刑裁月報11・10・1247。無罪）。なお、ポルノ写真の性器部分をマジックインキで塗りつぶしてあっても、シンナー等を用いることによって容易に同マジックインキを消去することができ、かつ、これによりかなり鮮明に復元できることを理由に「わいせつ図画」に当たるとした裁判例もある（東京高判昭54・4・16判タ397・164）。

☞【実例】2　（英語のポルノ小説）

　　甲は、英文のポルノ小説集を掲載した雑誌を販売した。内容は、性行為を露骨に描写したものであったが、英語でかかれているため、読者層はごく一部の者に限られており、普通一般の人には読解困難で目読してもわいせつ感を与えるものでなかった。

〔解説〕

　　本書は、わいせつ文書である。英文の書籍のわいせつ性は、社会の一般の普

第3項　わいせつ文書等頒布罪・同販売罪・同陳列罪・同所持罪　531

通人を標準とするのでなく、その読者たり得る英語の読める日本人及び在日外国人の普通人・平均人を標準として判断すべきである（最判昭45・4・7刑集24・4・105）。

☞【実例】3　（ポルノ映画フィルムの貸主の責任）

甲は、乙が多数の者を集めて映写会を開くことを知っていて自分の個人所有のポルノ映画フィルム2巻を乙に貸してやった。乙は予定どおり映画会を行った。

〔解説〕

乙については、わいせつ物陳列罪が成立する。甲の行為は乙の行為が行われるのを容易にしたもので、甲には、わいせつ物陳列罪の幇助の罪が成立する。

☞【実例】4　（サイバーポルノ）

甲は、インターネットのプロバイダであるA社のサーバー・コンピュータ内にホームページを開設し、わいせつな画像をアップロードした。

〔解説〕

裁判所は「A社の所有・管理するサーバー・コンピュータのディスクアレイ内にわいせつ画像のデータ合計64画像分を記憶・蔵置させて、一般の電話回線を使用し、インターネット対応パソコンを有する不特定多数の利用者に同わいせつ画像が再生閲覧可能な状況を設定し、わいせつ図画を公然と陳列」したものと認定した（東京地判平8・4・22判時1597・151）。同様にホストコンピュータのわいせつ画像データを記憶・蔵置したハードディスク自体がわいせつ物公然陳列罪の「わいせつ物」に当たるとされているが（最決平13・7・16刑集55・5・317前掲4の解説☞525頁参照、京都地判平9・9・24判時1638・160）、本件と同様の事案で画像処理ソフトでマスク処理してあるものの、アクセスした者が同じソフトを利用してマスクを取り外した状態のわいせつ画像を復元閲覧できる場合につき、「わいせつ図画を含むわいせつ物を有体物に限定する根拠はないばかりでなく、情報としてのデータもわいせつ物の概念に含ませることは、刑法の解釈としても許される」としたものがある（岡山地判平9・12・15判時1641・158）。

☞【実例】5　（同じ程度のわいせつ物が市販されていることと犯罪の成否）

532　各論第2編3部　第1章　わいせつ、不同意性交等及び重婚の罪

　　　甲は、ポルノ映画フィルムを販売したとして検挙された。このポルノ映画
　は、性愛場面を描写するのにも、男女の性器そのものは写さず、また性交・性
　戯の場面の描写も、実際の性交や性戯動作を写すのでなく、俳優の演技で、あ
　たかもそのような場面にみえるようにしているだけであり、体位をずらす工夫
　などもしてあり、俳優の演技であることが明らかに判るものであった。甲は、
　性器や性交・性戯が露骨具体的に描写されていないから、本件映画フィルム
　は、わいせつ性がなく、また、本件と同じ程度のものは、一般に世間に沢山出
　廻っていて処罰されていないし、本件フィルムも、暫くの間検挙されずに上映
　されてきているのであるから、わいせつ性がないし、たとえわいせつ性があっ
　たとしても、わいせつ物でないと信じたことに正当な理由があったから犯意が
　ないと主張して争った。

〔解説〕

　　　問題点は二つある。

　　　第1は、この映画フィルムのわいせつ性の有無の点、**第2**は、同じ程度のもの
　が検挙・処罰されていないことや、同じ物につき一定期間取締りを受けずに市
　販・上映されていることが、犯罪の成否に及ぼす影響である。

　　　第1の点については、実物や実際の行為を写したいわゆるブルーフィルムでな
　くても、性交場面を容易に連想される全景が多く、「ぼかし」もなく、男女特に
　女があえぎ、もだえ、ついに絶頂に達するまでの音声が克明、執ように録音さ
　れていて、描写が極めて大胆・露骨・執ようであり、男女や女性同志の姿態・
　動き・色彩・音声などが、知的な連想作用をまたず、視覚・聴覚を通じて直接
　的に訴える効果・迫力が甚だ強いものは、わいせつ性がないとされている一般
　の男女の愛情場面を描いた映画や小説の性愛描写と同一に論ずることはでき
　ず、わいせつ性ありといえる（最決昭54・11・19刑集33・7・754前掲[1]の解
　説☞523頁**参照**）。なお、性行為を直接に描写表現するよりも、演技したりする
　方が、むしろわいせつ性を増すものである。

　　　第2の点については、同じ程度のものが検挙を免れていたり、同じ物が一定
　期間検挙されなかったということがあっても、わいせつ性を否定したり、犯意

を否定すべき理由とはならない。すなわち、そのような事情があっても、それは、その作品にわいせつ性がなかったからではなく、その度合が薄いとみて取締当局が検挙・起訴を控えたことも考えられるし、また全国的に多数のポルノ映画・小説・写真誌などが大衆の前に次から次へと大量に提供され姿を消してゆくなかで、どれを検挙するか、どの程度以上のものを特に起訴するかは、他への影響もあって、細密周到な考慮を払わねばならないのであるから、不検挙・不起訴が、そのまま取締当局において、わいせつ性がゼロであると判定したことに結びつくものとはいえない。

　また、一般の大衆が特段の抵抗も感じないで、観覧・閲読しているという状況があったとしても、一般大衆は、映画や雑誌等を「つくる人」「与える人」でなく、それらの製作・販売業者から「与えられる人」「提供される人」である事情を念頭に置くとき、上記のような状況は、わいせつ性を否定する理由とならない。したがって、同程度の性的刺激を伴う物が販売され、しかもそれが処罰を免れているという例があったとしても、このことをもって、直ちに、問題のフィルムや写真をわいせつでないと信じたことの相当性を認めることもできないのである（東京高判昭54・6・27判タ397・164など参照）。

第4項　不同意わいせつ罪

＊刑法等の一部を改正する法律（令和4年法律第67号）の施行後は、下線部分の（拘禁刑）（有期拘禁刑）等となる。

（不同意わいせつ）

第176条　次に掲げる行為又は事由その他これらに類する行為又は事由により、同意しない意思を形成し、表明し若しくは全うすることが困難な状態にさせ又はその状態にあることに乗じて、わいせつな行為をした者は、婚姻関係の有無にかかわらず、6月以上10年以下の懲役に処する。
（拘禁刑）

一　暴行若しくは脅迫を用いること又はそれらを受けたこと。

二　心身の障害を生じさせること又はそれがあること。

三　アルコール若しくは薬物を摂取させること又はそれらの影響があること。

四　睡眠その他の意識が明瞭でない状態にさせること又はその状態にあること。

五　同意しない意思を形成し、表明し又は全うするいとまがないこと。

六　予想と異なる事態に直面させて恐怖させ、若しくは驚愕させること又は
　その事態に直面して恐怖し、若しくは驚愕していること。

七　虐待に起因する心理的反応を生じさせること又はそれがあること。

八　経済的又は社会的関係上の地位に基づく影響力によって受ける不利益を
　憂慮させること又はそれを憂慮していること。

2　行為がわいせつなものではないとの誤信をさせ、若しくは行為をする者につ
いて人違いをさせ、又はそれらの誤信若しくは人違いをしていることに乗じ
て、わいせつな行為をした者も、前項と同様とする。

3　16歳未満の者に対し、わいせつな行為をした者（当該16歳未満の者が13歳
以上である場合については、その者が生まれた日より5年以上前の日に生まれ
た者に限る。）も、第1項と同様とする。

（未遂罪）

第180条　第176条、第177条及び前条の罪の未遂は、罰する。

[1]　**本条の趣旨**

　令和5年改正（令和5年法律第66号。令和5年7月1日施行）前の本条は、13
歳以上の者に対して暴行又は脅迫を加えて「わいせつな行為」をすることと、13
歳に満たない者に対して「わいせつな行為」をすることを（「強制わいせつ」とし
て）処罰の対象としていた。また、同改正前178条1項（改正により削除）では、
人の心神喪失・抗拒不能に乗じ、又は暴行以外の方法で人の心身を喪失させ、若
しくは抗拒不能にさせて「わいせつな行為」をすることを（「準強制わいせつ」とし
て）処罰の対象としていた。

　令和5年改正においては、性的自由・性的自己決定権の侵害について、

①　同意しない意思の形成・表明等が困難な状態での「わいせつな行為」を中
　核的な要件としてとらえ、構成要件該当性の判断にばらつきが生じないように
　するため、同状態の原因となり得る行為・事由を具体的に例示・列挙すること
　（1項）

② 配偶者間においても本罪が成立することを明確化すること（1項）、錯誤が生じている場合の処罰対象を限定列挙すること（2項）

③ その者に対し暴行・脅迫等によることのない「わいせつな行為」をすること自体が処罰される年齢を13歳未満から16歳未満に引き上げたうえ、その者が13歳以上であるときは、その者が生まれた日より5年以上前の日に生まれた者が行為者である場合を処罰対象とすること（3項）

とされた。また、①、②の改正は、改正前に処罰されなかった行為を新たに処罰するものではなく、改正前にも本来処罰されるべきであったものをより的確に処罰するための改正とされている。

2 同意しない意思を形成し、表明し、又は全うすることが困難な状態

令和5年改正は上記のように「わいせつな行為」又は次条の「性交等」（以下、両者をあわせ本章において「**性的行為**」という。）に関する自由な意思決定が困難な状態でなされた性的行為を処罰するものであり、「**同意しない意思を形成**」することが困難とは、性的行為をするかどうかの判断、選択をする契機、能力が不足し、性的行為をしない、したくないという発想をすること自体が困難な状態のことをいい、「**同意しない意思を表明**」することが困難とは、意思形成自体はできたものの、これを外部に表明することが困難な状態を、また「**同意しない意思を全うする**」ことが困難とは、意思形成、意思表明ができたもののその意思のとおりになることが困難な状態をいうとされる（浅沼雄介・学論集77・1・9以下）。また、「**意思形成困難**」な例としては、睡眠等のため意識がない状態、障害のため判断能力が不足している状態（本条2号の障害には一時的なもの、例えば急性解離反応なども含まれるので、性犯罪の被害の際に生じる障害により同意しない意思表明が困難な状態も含まれる。）、継続的な虐待のために、同意しないという考え自体が思い浮かばない状態等（例えば、虐待に対する順応、無力感、恐怖心）が、「**意思表明困難**」な例としては、意思を伝えたときの不利益を憂慮して表明できない状態等が、「**全うすることが困難**」な例としては、押さえつけられて身動きが取れない状態、意思表明したものの恐怖心などからそれ以上のことができない状態等がそれぞれ含まれるとされている（同・学論集77・1・67）。本条1項各号の行為・事由が

あり、それによって「**同意しない意思を形成し、表明し若しくは全うすることが困難な状態**」となったことが必要である。例えば、本条1項6号は、被害者が予想外の事態に直面するなどして平静を失った状態（いわゆる「フリーズ」の状態）を主としてとらえようとするもので、同8号の「**経済的関係**」は債権者・債務者、雇用主・従業員等財産にかかわる人的関係のことであり、「**社会的関係**」は家族関係、上司・部下、先輩・後輩等社会的関係における人的関係のことをいうとされている（同・学論集77・1・10以下）。

　なお、法改正前の強制わいせつ罪における暴行・脅迫は、強盗罪のように「反抗を抑圧する程度のもの」であることは要しないが、「反抗を著しく困難にする程度のもの」であることを要するとの考えも少なくない。しかし、暴行について、判例が、「力の大小、強弱を必ずしも問わない」（大判大13・10・22集3・749）とし、（本条1項5号のように）不意に股間に手を差し入れる場合（大判昭8・9・11新聞3615・11）にも暴行による強制わいせつ罪が成立するとされているように、本来、被害者の意思に反して「わいせつな行為」を行うに足る程度のものであれば足りると解される。

③　誤信、人違い

　当該行為の性的意味や相手方を誤信している場合には性的行為に関する自由な意思決定の前提となる認識を欠くことから、被害者に誤信、人違いを生じさせ、又は被害者が誤信・人違いしていることに乗じて「わいせつな行為」をすることを不同意わいせつ罪として処罰することを明らかにしている。この類型に属する行為についての従前の判例などについては、後記178条（令和5年改正により削除）の解説参照のこと。

④　わいせつな行為

　わいせつな行為をするとは、陰部・乳房を弄ぶほか、下着を脱がせて陰部を観察したり、着衣の上から陰部と陰部を強く密着させるように抱きしめるなども含む（スカートを捲り上げてハーフパンツ越しに臀部を撫でる行為につき仙台高判平25・9・19高検速報平成25年2）。客観的に、社会通念上、被害者の性的自由を侵害する行為がなされ、行為者にその旨の認識があれば足り、犯人の性欲を刺激興奮

させる等の性的意図は必ずしも要しない（東京高判平26・2・13高検速報3519。最大判平29・11・29刑集71・9・467は、当該行為のもつ性的性質の有無・程度を判断する一事情として行為者の目的等の主観的事情を考慮すべき場合があり得るが、故意以外の性的意図は成立要件ではないとして、最判昭45・1・29刑集24・1・1を変更）。また、男の犯人が婦女の意に反して婦女の指や口で犯人の陰部を刺戟する動作をさせるのも「わいせつな行為をした」に当たる。犯人が男女に対して行う不同意性交等は次条で処罰される。

⑤　16歳未満

　令和5年改正前は、13歳未満の者は一般に未だ「わいせつな行為」というものを正しく理解する能力を有しないため、真正な同意を与える能力を有しないという理由により、13歳未満の者に対する「わいせつな行為」は暴行・脅迫等によるものでなくとも、強制わいせつ罪として処罰することとしていた。個人の具体的な認識・判断能力ではなく、13歳未満の者を一律に保護対象としており、責任能力について14歳未満の者を刑事未成年として処罰しないこととする（41条）のと同様、政策的な配慮としての保護ともいえるものである（ただし、我が国の場合は故意犯として被害者の年齢についての認識が必要であり、認識がないとされたものとして、大阪地判昭55・12・15判時995・131）。

　令和5年改正では、これまでの心理学的・精神医学的知見を踏まえ、行為の性的な意味についての認識能力とともに行為の自己に対する影響を理解して、相手方に対処する等の能力が備わるのは早くとも16歳と考えられるとして、13歳未満の者は、有効に自由な意思決定をする前提となる能力を一律に欠くものとして改正前同様の保護の対象としている。そして、13歳以上16歳未満の者についても、後者の能力が十分に備わっているとは言えないとして、性的行為をすること自体を処罰する対象を「16歳未満」に引上げつつ、行為者が13歳以上16歳未満の者の生年月日の前日から起算して5年以上前に生まれた者に限って処罰することとしている（なお、婚姻可能年齢は18歳であることにつき民法731条（条文☞227頁**参照**））。この場合、当該13歳以上16歳未満の者の具体的判断能力や行為者の影響力等の個別事情によって犯罪の成否が左右されるものではない。ただし、行為者には、被害者が

16歳未満であること、被害者が13歳以上である場合は自らが5歳以上前の日に生まれたことに認識（少なくとも未必的故意）が必要ということになる。

16歳未満の者については、行為者との年齢差がその意思決定に影響を及ぼすことがあるのは当然であるので、年齢差5歳未満の場合も、本条1項8号（類するものを含む）等による同意しない意思の表明等が困難な状態に乗ずる場合など、あるいは2項の誤信等に乗ずる場合などに当たることも少なくないであろう。

6 処　罰

暴行・脅迫を用いて13歳未満の者に対しわいせつな行為をしたときは、改正前の176条前段、後段を区別することなく、176条に該当する一罪が成立するとされているので（最決昭44・7・25刑集23・8・1068）、令和5年改正後も同様の処理となる。

平成29年改正により、2人以上現場で共同して実行行為の一部を分担した場合に限らず、親告罪ではなくなっているが、令和5年改正により、公訴時効も5年間延長されており、本罪（未遂及び児童福祉法60条1項（自己を相手方として淫行をさせるものに限る）も同じ）の公訴時効は12年とされ（刑訴法250条3項3号（条文☞261頁参照））、しかも被害者が犯罪行為が終わった時に18歳未満である場合は、当該被害者が18歳に達する日までの期間を加算した期間を経過することによって完成する。

本罪は、未遂も処罰する（180条）。婦女に対し、わいせつ行為には至らない迷惑行為を犯したときは、暴行罪（208条）のほか「酒に酔って公衆に迷惑をかける行為の防止等に関する法律」や「軽犯罪法」（1条5号13号）又は関係条例が適用されうる。

また、13歳以上の児童（18歳未満の者）については、暴行・脅迫を伴わない性交ないし性交類似行為が対償の供与（約束を含む。）によって行われるときは、「児童買春の罪」（児童買春、児童ポルノに係る行為等の処罰及び児童の保護等に関する法律3条の2、4条）に当たり、対償の供与のないものについても、なお児童福祉法34条1項6号の児童に淫行させる行為（児童を事実上支配するような優越的地位にある者が淫行の相手方になったり、児童に自慰行為をさせる行為につき最決平

10・11・2判時1663・149）や青少年保護育成条例違反により処罰されることになる（児童買春に当たる行為に係る育成条例の罰則は失効するものとされている。児童買春等処罰法付則2条）。監禁罪と本罪が観念的競合となることがある（東京高判平24・11・1判時2196・136）。

☞【実例】　（接吻はわいせつ行為か）

　　　　　　甲は、A女とは顔見知りという程度の間柄であったが、夜、帰宅途中のA女を見かけて甲の自動車に誘って乗せ走行中、急にA女と接吻したい欲望にかられ、車内で極力抵抗するA女の手を掴み、肩を押さえるなどしてA女の口に接吻した。A女は甲を告訴した。

＊児童福祉法＊
第34条　何人も、次に掲げる行為をしてはならない。
　一　身体に障害又は形態上の異常がある児童を公衆の観覧に供する行為
　二　児童にこじきをさせ、又は児童を利用してこじきをする行為
　三　公衆の娯楽を目的として、満15歳に満たない児童にかるわざ又は曲馬をさせる行為
　四　満15歳に満たない児童に戸々について、又は道路その他これに準ずる場所で歌謡、遊芸その他の演技を業務としてさせる行為
　四の二　児童に午後10時から午前3時までの間、戸々について、又は道路その他これに準ずる場所で物品の販売、配布、展示若しくは拾集又は役務の提供を業務としてさせる行為
　四の三　戸々について、又は道路その他これに準ずる場所で物品の販売、配布、展示若しくは拾集又は役務の提供を業務として行う満15歳に満たない児童を、当該業務を行うために、風俗営業等の規制及び業務の適正化等に関する法律（昭和23年法律第122号）第2条第4項の接待飲食等営業、同条第6項の店舗型性風俗特殊営業及び同条第9項の店舗型電話異性紹介営業に該当する営業を営む場所に立ち入らせる行為
　五　満15歳に満たない児童に酒席に侍する行為を業務としてさせる行為
　六　児童に淫（いん）行をさせる行為
　七　前各号に掲げる行為をするおそれのある者その他児童に対し、刑罰法令に触れる行為をなすおそれのある者に、情を知つて、児童を引き渡す行為及び当該引渡し行為のなされるおそれがあるの情を知つて、他人に児童を引き渡す行為
　　　　（第8号省略）
　九　児童の心身に有害な影響を与える行為をさせる目的をもつて、これを自己の支配下に置く行為
　　　　（第2項省略）
第60条　第34条第1項第6号の規定に違反した者は、10年以下の懲役若しくは300万円以下の罰金に処し、又はこれを併科する。
　　　　（第②項〜第⑤項省略）
＊酒に酔つて公衆に迷惑をかける行為の防止等に関する法律＊
　（罰則等）
第4条　酩酊者が、公共の場所又は乗物において、公衆に迷惑をかけるような著しく粗野又は乱暴な言動をしたときは、拘留又は科料に処する。
2　前項の罪を犯した者に対しては、情状により、その刑を免除し、又は拘留及び科料を併科することができる。
3　第1項の罪を教唆し、又は幇助した者は、正犯に準ずる。

540　各論第2編3部　第1章　わいせつ、不同意性交等及び重婚の罪

〔解説〕

　　　A女が甲に接吻されてもよいと認める態度に積極的に出たとか、甲において
　　A女の真摯な同意を得られる事情があったとかという事実が認められれば、不
　　同意わいせつ罪は成立しない。しかし、本件では、甲は性的欲望が生じるや、
　　いきなり、がむしゃらに行為に及んでいて、このような事実があったとは認め
　　られなかった。甲の行為は、暴行をもってわいせつの行為をしたものに当たる
　　（最決昭50・6・19裁判集196・653）。

＊軽犯罪法＊

第1条　左の各号の一に該当する者は、これを拘留又は科料に処する。

　　（第1号～第4号省略）

　五　公共の会堂、劇場、飲食店、ダンスホールその他公共の娯楽場において、入場者に対して、又は汽
　　車、電車、乗合自動車、船舶、飛行機その他公共の乗物の中で乗客に対して著しく粗野又は乱暴な言動
　　で迷惑をかけた者

　　（第6号～第12号省略）

　十三　公共の場所において多数の人に対して著しく粗野若しくは乱暴な言動で迷惑をかけ、又は威勢を示
　　して汽車、電車、乗合自動車、船舶その他の公共の乗物、演劇その他の催し若しくは割当物資の配給を
　　待ち、若しくはこれらの乗物若しくは催しの切符を買い、若しくは割当物資の配給に関する証票を得る
　　ため待つている公衆の列に割り込み、若しくはその列を乱した者

　　（第14号～第34号省略）

＊児童買春、児童ポルノに係る行為等の規制及び処罰並びに児童の保護等に関する法律＊

（児童買春、児童ポルノの所持その他児童に対する性的搾取及び性的虐待に係る行為の禁止）

第3条の2　何人も、児童買春をし、又はみだりに児童ポルノを所持し、若しくは第2条第3項各号のいずれ
　かに掲げる児童の姿態を視覚により認識することができる方法により描写した情報を記録した電磁的記録
　を保管することその他児童に対する性的搾取又は性的虐待に係る行為をしてはならない。

（児童買春）

第4条　児童買春をした者は、5年以下の懲役又は300万円以下の罰金に処する。

（児童買春周旋）

第5条　児童買春の周旋をした者は、5年以下の懲役若しくは500万円以下の罰金に処し、又はこれを併科する。

2　児童買春の周旋をすることを業とした者は、7年以下の懲役及び1000万円以下の罰金に処する。

（児童買春勧誘）

第6条　児童買春の周旋をする目的で、人に児童買春をするように勧誘した者は、5年以下の懲役若しくは
　500万円以下の罰金に処し、又はこれを併科する。

2　前項の目的で、人に児童買春をするように勧誘することを業とした者は、7年以下の懲役及び1000万円
　以下の罰金に処する。

附　則　抄

（条例との関係）

第2条　地方公共団体の条例の規定で、この法律で規制する行為を処罰する旨を定めているものの当該行為に
　係る部分については、この法律の施行と同時に、その効力を失うものとする。

2　前項の規定により条例の規定がその効力を失う場合において、当該地方公共団体が条例で別段の定めをし
　ないときは、その失効前にした違反行為の処罰については、その失効後も、なお従前の例による。

第5項　不同意性交等罪　541

第5項　不同意性交等罪

＊刑法等の一部を改正する法律（令和4年法律第67号）の施行後は、下線部分の（拘禁刑）（有期拘禁刑）等となる。

（不同意性交等）

第177条　前条第1項各号に掲げる行為又は事由その他これらに類する行為又は事由により、同意しない意思を形成し、表明し若しくは全うすることが困難な状態にさせ又はその状態にあることに乗じて、性交、肛門性交、口腔性交又は膣若しくは肛門に身体の一部（陰茎を除く。）若しくは物を挿入する行為であってわいせつなもの（以下この条及び第179条第2項において「性交等」という。）をした者は、婚姻関係の有無にかかわらず、5年以上の有期懲役に処す（有期拘禁刑）る。

2　行為がわいせつなものではないとの誤信をさせ、若しくは行為をする者について人違いをさせ、又はそれらの誤信若しくは人違いをしていることに乗じて、性交等をした者も、前項と同様とする。

3　16歳未満の者に対し、性交等をした者（当該16歳未満の者が13歳以上である場合については、その者が生まれた日より5年以上前の日に生まれた者に限る。）も、第1項と同様とする。

1　本条の趣旨

平成29年改正前は、被害者を女子に限定し、暴行・脅迫による「姦淫」と13歳未満の女子に対する「姦淫」を「強姦」として処罰することとしていたが、同改正により、「性交等」として従前は強制わいせつ罪に問擬されていた行為のうち性交と同等の悪質性、重大性を持つものについても「強姦」と同様に処罰することとし、客体・主体ともに性別を問わないこととなった。

令和5年改正においては、前条の「不同意わいせつ」同様に、

①　同意しない意思の形成、表明等が困難な状態での性交等であることを中核的な要件としてとらえ、同状態の原因となり得る行為・事由を列挙し（176条1項各号（☞533頁参照）、本条1項）

② 配偶者間においても不同意性交等罪が成立することを確認的に明示し（本条1項）

③ 錯誤のうち、誤信、人違いの場合を限定列挙して処罰対象とし（本条2項）

④ その者に対し暴行・脅迫などによることのない「性交等」自体が処罰される年齢を13歳未満から16歳未満に引き上げたうえ（本条3項）

⑤ 改正前には「強制わいせつ」にとどまった膣又は肛門に、陰茎以外の身体の一部又は物を挿入する行為を「性交等」に含める（本条1項）

こととされている。

2 **暴行・脅迫**

「強姦罪」における暴行・脅迫ついては、相手の反抗を抑圧する程度に達していなくてもよいが、反抗を著しく困難ならしめる程度に達することを要するとされ（最判昭24・5・10刑集6・711）、暴行・脅迫の態様、相手の年齢、性別、精神状態、時間・場所、犯人の素行・経歴その他の事情を総合的に考慮してこれに当たるかどうかを判断することとされていた（最判昭33・6・6裁判集126・171）。本罪における暴行・脅迫も各般の事情を総合して同意しない意思の形成、表明等が困難な状況であるかどうかが判断されることになる。

3 **性交等**

「性交」は従前の「姦淫」と同義であり、陰茎を膣内に没入することであって射精を要しない（大判大2・11・19刑録19・1255）。一部でも没入すれば既遂である（仙台高判昭30・5・31高検速報61）。「**肛門性交**」とは肛門内に陰茎を入れる行為であり、「**口腔（こうくう）性交**」とは、口腔内に陰茎を入れる行為のことであって、自己又は第三者の陰茎を被害者の膣内等に入れる行為だけでなく、自己又は第三者の膣内等に被害者の陰茎を入れる（入れさせる）行為を含むとされている。本罪の保護法益が性的自由（性的自己決定権）であることからすると、性別適合手術によって形成された「陰茎」や「膣」も含まれることになると思われる。

令和5年改正では、近時の心理学的・精神医学的知見等を踏まえ、「**膣若しくは肛門に身体の一部（陰茎を除く。）若しくは物を挿入する行為であってわいせつなもの**」も性交等と同様の重大な精神的ダメージを負うことから。これを「性交等」

第5項　不同意性交等罪　543

に加えることとされた。「物」について、形状・性質による限定はなく、陰茎とは全く類似性のないものも含まれる。本来の医療行為のようにわいせつな行為といえないものを除く趣旨で「わいせつなもの」に限定されている。

4　16歳未満

前条解説5☞537頁**参照**のこと。

5　処　罰

未遂を処罰する（180条）。平成29年改正により非親告罪化され（6条の刑の変更には当たらないので遡及することにつき、同改正法附則2条）、下限が3年から5年に引き上げられた。

令和5年改正では、公訴時効期間が10年から15年に引き上げられ（刑訴法250条3項3号（条文☞261頁**参照**））、被害者が犯罪行為の終わった時に18歳未満であるときは、18歳に達するまでの期間に相当する期間さらに公訴時効が延長される（同条4項）。

13歳未満の者に対し、暴行・脅迫を加えて強姦したときは平成29年改正前の前段・後段の区別のない177条の罪が成立するとされていたが（最決昭44・7・25刑集23・8・1068）、令和5年改正後の16歳未満の者に対する犯罪も同様に考えることになる。暴行・脅迫を加えて心神喪失・抗拒不能にさせて強姦したときは削除前の178条の罪ではなく、177条の強姦罪に当たるとするのが判例であったが（最判昭24・7・9刑集3・8・1174）、令和5年改正後は、本条1項（176条1項1号「暴行・脅迫」）の罪が成立する。

☞**【実例】**　（自動車に引きずり込む行為と不同意性交（強制性交）の着手）

甲は、乙と共に、夜間1人歩きをしているA女をみつけ不同意性交（強制性

＊刑法　附　則　（平成29年6月23日法律第72号）　抄＊
（経過措置）
第2条　この法律の施行前にした行為の処罰については、なお従前の例による。
2　この法律による改正前の刑法（以下「旧法」という。）第180条又は第229条本文の規定により告訴がなければ公訴を提起することができないとされていた罪（旧法第224条の罪及び同条の罪を幇助する目的で犯した旧法第227条第1項の罪並びにこれらの罪の未遂罪を除く。）であってこの法律の施行前に犯したものについては、この法律の施行の際既に法律上告訴がされることがなくなっているものを除き、この法律の施行後は、告訴がなくても公訴を提起することができる。

（第3項〜第4項省略）

交）しようと相談し、甲運転のダンプカーの運転席に、必死に抵抗するA女を2人がかりで引きずり込み、発進して同所から6キロ離れた町はずれに至り、運転席で、甲乙がA女に性交した。

〔解説〕

A女を車に引きずり込む暴行を加えた場所と性交した場所とが6キロも離れていても、暴行罪と不同意性交等罪とが別々に成立するのでなく、同一の機会に犯されたものとして不同意性交等の一罪が成立する。最初の暴行（引きずり込み）のとき不同意性交等の実行の着手があると認められるので（最決昭45・7・28刑集24・7・585（総論第6章第2項②の解説☞104頁参照））、引きずり込む際にA女に傷害を負わせておれば、性交が未遂であっても、不同意性交等致傷（181条（☞548頁参照））が成立する。

第6項　準強制わいせつ罪・準強制性交等罪

（準強制わいせつ及び準強制性交等）（令和5年改正により削除）
第178条　人の心神喪失若しくは抗拒不能に乗じ、又は心神を喪失させ、若しくは抗拒不能にさせて、わいせつな行為をした者は、第176条の例による。
2　人の心神喪失若しくは抗拒不能に乗じ、又は心神を喪失させ、若しくは抗拒不能にさせて、性交等をした者は、前条の例による。

① **行　為**

削除前の本条は、人の心神喪失又は抗拒不能に乗じて性的行為をすること、暴行・脅迫以外の方法で人の心神を喪失させまたは抗拒不能の状態に陥らせて、性的行為をすることを暴行・脅迫による場合と同様に処罰の対象としていた（「第176条の例による。」など）。性的行為の相手（被害者）は男女を問わない。

② **心神喪失・抗拒不能**

「心神喪失」とは、精神の障害によって正常な判断能力を失っている状態のことであり、高度の精神遅滞（知能程度4、5歳の女子に対する性交につき東京高判昭

51・12・13判決特報20・165)・泥酔（東京高判令3・6・14高裁刑事裁判速報令和3年173）、熟睡、麻酔状態等（覚せい剤使用による意識障害につき福岡高判昭54・6・13高検速報1256。睡眠導入剤使用につき横浜地判平10・12・28判時1668・158）がこれに当たる。「**抗拒不能**」とは心神喪失以外の理由で心理的・物理的に抵抗が不可能、困難な状態にあることをいい、共犯関係にない第三者に手足を縛られ、あるいは、暴行・脅迫を受けて畏怖している状態、疲労困憊している状態、治療行為等と誤信している状態（大判大15・6・25刑集5・285。近時の例としては、外科手術につき東京高判令2・7・13判時2490・94、レントゲン検査につき福岡高判令4・7・21高裁刑事裁判速報令和4年375、整体施術につき東京高判令3・2・12高裁刑事裁判速報令和3年123、語学上達のリラックス法と称した事例につき東京高判平15・9・29東時54・1＝12・67、眠気などのため相手が夫等と誤信している状態につき仙台高判昭32・4・18高刑集10・6・491、広島高判昭33・12・24高刑集11・10・701）等をいう。また、プロダクションの実質的経営者がモデル志願の女子学生らにモデルになるために必要と称して全裸にさせて写真撮影、陰部を撫でまわすなどした事案につき、拒否すればモデルとして売り出してもらえなくなると誤信させ、心理的に抗拒不能の状態にあったとして本罪の成立を認めたものとして東京高判昭56・1・27刑裁月報13・1＝2・50がある。令和5年改正法で本条は削除されたが、これらの行為は改正後の176条（不同意わいせつ罪）などによって処罰されることになる。

3 **処　罰**

　削除前の本条違反の罪の公訴時効期間は、176条の例による本条1項違反については12年、177条の例による本条2項違反については15年に延長されている（被害者が犯罪行為終了時18歳未満の延長も同じ。刑訴法250条3項2号、3号、4項（条文☞261頁**参照**））。

546　各論第2編3部　第1章　わいせつ、不同意性交等及び重婚の罪

第7項　集団強姦等罪

> （集団強姦等）（平成29年改正により削除）
> **第178条の2**　2人以上の者が現場において共同して第177条又は前条2項の罪
> を犯したときは、4年以上の有期懲役に処する。

　2人以上の者が現場において共同してこれらの罪を犯した場合には、その暴力犯罪としての凶悪性が著しく強度であることなどから、非親告罪とされているが、平成16年改正により集団的形態の強姦罪及び準強姦罪について加重処罰類型の集団強姦等罪が新設された。強制わいせつ、強制性交等が非親告罪とされるなどした平成29年改正により本条は削除された。

第8項　監護者わいせつ罪、監護者性交等罪

> （監護者わいせつ及び監護者性交等）
> **第179条**　18歳未満の者に対し、その者を現に監護する者であることによる影
> 響力があることに乗じてわいせつな行為をした者は、第176条第1項の例によ
> る。
> **2**　18歳未満の者に対し、その者を現に監護する者であることによる影響力があ
> ることに乗じて性交等をした者は、第177条第1項の例による。

① 趣　旨

　実親、養親等、現に18歳未満の者を監護する者（民法820条参照）が、被監護（保護）者に対し、性交等（177条の **③** ☞542頁**参照**）やわいせつな行為（176条の **④** ☞536頁**参照**）を継続的に繰り返している事案等においては特に顕著である

＊民法＊
（監護及び教育の権利義務）
第820条　親権を行う者は、子の利益のために子の監護及び教育をする権利を有し、義務を負う。

が、その場面だけをみると暴行、脅迫が認められず、抗拒不能とも言い難いものが存在する。しかし、18歳未満の者は、一般に、精神的に未熟であり、監護者に経済的、精神的に依存していることから、監護者であることによる影響力があることに乗じて18歳未満の者の性的自由を侵害する行為の悪質性、当罰性にかんがみ、強制わいせつ罪、強制性交等罪等と同様に処罰することとされ平成29年改正で本条が新設された。

2 現に監護する者

「監護する」とは、民法820条に規定されているのと同様に監督、保護することであるが、「現に監護する者」であるので、法律上の監護権を有するか否かではなく、事実上、現に18歳未満の者を監督し、保護していることが必要である。従って、法律上の監護権を有していても、経済的にも精神的にも監護といえる実態がなければこれに当たらないことになる。具体的な個別事案における同居の有無、生活費の支出状況、指導状況などの諸事情を総合的に考慮し、依存・被依存あるいは保護・被保護の関係がある程度継続的に認められることが必要になろう（3年以上別居していた実父につき成立を認めた東京高判令4・12・13判タ1516・133）。

身分犯である。

3 影響力に乗じて

上記2の「現に監護する者」であれば、これによって生じる影響力が一般的に存在しているのが通常であるが、当該行為時において、影響力を利用するための特別の具体的行為が必要ではなく、同影響力を及ぼしている状態で、被監護者にわいせつな行為や性交等を行うことである。もっとも、実際には極めて例外的事案とは思われるが、当該行為時に監護者の影響力と無関係に行われたと認められる場合には本条に当たらないことになる。また、監護者がその影響力のあることに乗じておれば足り、被害者である18歳未満の者の同意の有無は本罪の成否には関係がない。

4 故意

「18歳未満の者を現に監護する者であることによる影響力があることに乗じて」いることの故意が必要であるが、監護に当たるかどうかという評価ではなく、故意としては、現に監護する者であることを基礎づける事実の認識があれば、同認

548　各論第２編２部　第１章　わいせつ、不同意性交等及び重婚の罪

識は、同時に、通常、影響力が一般的に存在することを基礎づける事実の認識であり、当該行為時における影響力を及ぼしていることの認識も認められることになろう。結局、現に監護する者であることを基礎づける事実についての認識があれば、本罪の故意が認められることになるように思われる。被害者の同意の有無は、上記の通り犯罪の成否と関係がないので、被害者が同意していると誤信したとしても本罪の成否に影響しない。

⑤　他罪との関係

　本罪は、従来の強制わいせつ罪等によってまかなえない場合も処罰することとしたものであるので、不同意わいせつ罪が成立するときに重ねて監護者わいせつ罪が成立するものではなく、不同意性交等罪についても同様と考えられる。

　本罪と児童福祉法の淫行させる罪（同法60条１項、34条１項６号（条文は☞539頁参照））は改正前の強制わいせつ罪、強姦罪との関係と同様とされているので、観念的競合になると解され、非身分者の共同正犯者に65条２項適用の余地はない（大阪高判令５・10・27警察公論79巻６号88頁）。

⑥　処　罰

　未遂を処罰する（180条（条文☞534頁参照））。令和５年改正により、176条１項の例又は177条１項の例の例によって公訴時効期間が延長されている（176条解説⑥（☞538頁）、177条⑤解説（☞543頁）参照）。

第９項　不同意わいせつ等致死（傷）罪

＊刑法等の一部を改正する法律（令和４年法律第67号）の施行後は、下線部分の（拘禁刑）（有期拘禁刑）等となる。

（不同意わいせつ等致死傷）

第181条　第176条若しくは第179条第１項の罪又はこれらの罪の未遂罪を犯し、よって人を死傷させた者は、無期又は３年以上の懲役に処する。
　　　　　　　　　　　　　　　　　　　　　　　　　　　　　　　（拘禁刑）

2　第177条若しくは第179条第２項の罪又はこれらの罪の未遂罪を犯し、よって人を死傷させた者は、無期又は６年以上の懲役に処する。
　　　　　　　　　　　　　　　　　　　　　　　　　　（拘禁刑）

① 行　為

不同意わいせつ罪・不同意性交等罪・監護者わいせつ罪・監護者性交等罪又はこれらの罪の未遂罪を犯し、よって人を死亡させたり、傷害を負わせたりすることである。本罪は、結果的加重犯である。不同意性交等致傷罪についていえば、不同意性交等の故意があり、不同意性交等の行為（暴行等か性交等か）で相手に傷害を負わせれば、犯人としては全く予期しなかった傷害の結果についても責任を生じ、本罪が成立する。

殺人の故意（殺意）をもって不同意性交等の行為を行い死亡させたときは、殺人罪と不同意性交等致死罪とが成立する（観念的競合、最判昭31・10・25刑集10・10・1455（第1編第1部第1章第1項殺人罪【実例】2の解説☞170頁参照）等）。

② **死傷の結果**

わいせつ行為・性交等の行為自体によって生じても（陰部の発血等）、その手段としての暴行・脅迫によって生じても（顔を殴られての顔面挫傷）、脅かされ窓から逃げようとして飛び降り足を捻挫しても、基本犯に随伴するものとしていずれも本罪が成立する（犯人がその場から逃走するため加えた暴行につき最決平20・1・22集62・1・1）。電車内でわいせつ行為をした直後に、逮捕を免れるため、被害者に掴まれた腕を振り払って負傷させた場合も同様とされている（東京高判平12・2・21判時1740・107）。

性交行為のため処女膜が破れた場合はもとより、「メンタム1回つけただけで後は苦痛を感ぜずに治った」程度の軽度の傷害でも不同意性交等（強姦）「致傷」に当たる（最判昭23・7・26裁判集12・831）。性交自体は未遂でも、不同意性交等に着手し傷害を負わせば不同意性交等致傷罪（既遂）が成立する（最決昭34・7・7裁判集130・515等）。不同意性交等致傷罪の未遂罪はない。したがって中止未遂の問題も生じない（最判昭24・7・9（総論第6章第3項中止犯②の2の解説☞105頁参照））。致死の場合も同様である。

③ **処　罰**

不同意性交目的で暴行を加えた結果、被害者を死亡させた直後の性交は、包括して不同意性交等（不同意性交既遂）致死罪となる（最判昭36・8・17刑集15・7・1244）。令和5年改正により、本条違反のうち負傷させたときについては公訴時効

550　各論第２編２部　第１章　わいせつ、不同意性交等及び重婚の罪

期間が20年に引き上げられ、被害者が犯罪行為が終わった時に18歳未満である場合の同期間延長も176条等と同じである（241条1項の強盗・不同意性交等罪も同じ。刑訴法250条3項1号、4項（条文☞261頁参照））。

☞【実例】　（輪姦の際の致傷）

　　　甲乙丙の3人で通謀し、夜間1人歩きの女性Aを甲が自動車で誘って乙丙の待ち受ける場所に連れてゆき、3人でA女を草むらに引き出し、1人が性交している間に他は手足を押さえるというやり方で3人で順次性交した。A女は、このため処女膜裂傷を負ったが3人のうち誰の性交の際に生じたものが判明しなかった。

〔解説〕

　　　甲ら3人は、A女を不同意性交しようと共謀して上記の犯行を共同して遂げたので共同正犯であり（平成16年改正による178条の2の罪。平成29年改正により削除。☞546頁参照）、また不同意性交等致傷罪は結果的加重犯であって、暴行・脅迫により性交等をする意思があれば、傷害を与えることについて認識がなくても結果として傷害が発生すれば同罪は成立するのであるから、共犯者全員が不同意性交等致傷罪の共同正犯となる（最判昭24・7・12刑集3・8・1237等）。

第10項　16歳未満の者に対する面会要求等

＊刑法等の一部を改正する法律（令和4年法律第67号）の施行後は、下線部分の（拘禁刑）（有期拘禁刑）等となる。

第182条　わいせつの目的で、16歳未満の者に対し、次の各号に掲げるいずれかの行為をした者（当該16歳未満の者が13歳以上である場合については、その者が生まれた日より5年以上前の日に生まれた者に限る。）は、1年以下の懲役又は50万円以下の罰金に処する。
（拘禁刑）
　一　威迫し、偽計を用い又は誘惑して面会を要求すること。
　二　拒まれたにもかかわらず、反復して面会を要求すること。
　三　金銭その他の利益を供与し、又はその申込み若しくは約束をして面会を要求すること。
2　前項の罪を犯し、よってわいせつの目的で当該16歳未満の者と面会をした者は、2年以下の懲役又は100万円以下の罰金に処する。
（拘禁刑）

3　16歳未満の者に対し、次の各号に掲げるいずれかの行為（第2号に掲げる行為については、当該行為をさせることがわいせつなものであるものに限る。）を要求した者（当該16歳未満の者が13歳以上である場合については、その者が生まれた日より5年以上前の日に生まれた者に限る。）は、1年以下の懲役又は50万円以下の罰金に処する。
（拘禁刑）

一　性交、肛門性交又は口腔性交をする姿態をとってその映像を送信すること。

二　前号に掲げるもののほか、膣又は肛門に身体の一部（陰茎を除く。）又は物を挿入し又は挿入される姿態、性的な部位（性器若しくは肛門若しくはこれらの周辺部、臀部又は胸部をいう。以下この号において同じ。）を触り又は触られる姿態、性的な部位を露出した姿態その他の姿態をとってその映像を送信すること。

1　趣　旨

16歳未満の者が性被害に遭うことを未然に防止し、その性的自由等の保護を徹底するため、令和5年改正で、

①　わいせつの目的で、16歳未満の者に対し、威迫、偽計等の一定の不当な手段を用いて面会を要求すること

②　このような面会要求をして、わいせつの目的で面会すること

③　16歳未満の者に対し、性的な姿態をとってその映像の送信を要求すること

を処罰することとされた。

2　行為の客体、主体

176条3項及び177条3項同様、客体となるのは16歳未満の者である。主体については、行為の客体が13歳未満である場合にはその主体に限定はないが、13歳以上16歳未満の者が客体である場合には、その者が生まれた日より5年以上前に生まれた者に限定される。

3　わいせつの目的

225条（営利目的等略取及び誘拐）の「わいせつの目的」と同義である（225条解説3参照（☞228頁））。主体自らが対象者にわいせつな行為をする場合だけでな

552　各論第2編3部　第1章　わいせつ、不同意性交等及び重婚の罪

く、対象者に対し、第三者をしてわいせつな行為をさせる場合や対象者にわいせつ
な行為をさせる場合も含まれるので、売春等をさせる目的もわいせつの目的に当た
る（売春防止法☞554頁参照）。

4　面　会

　人と直接会うことである。

5　要　求

　面会を求める意思表示のことであり、間接的・黙示的なものも含まれる。相手方
に了知される必要があるとされているが、身代金要求（225条の2第2項「要求す
る行為」）と同様でなくとも、少なくとも強要未遂（223条3項。大判昭7・3・17
刑集11・437）同様、相手方が了知可能な状態になれば足りるのではないかと思
われる。

6　威迫・偽計・誘惑

　「威迫」とは言語などによって気勢を示し、不安・困惑を生じさせる行為（249
条（恐喝）の解説5参照（☞335頁））、「偽計」とは人の判断を誤らせるような術策
（233条（信用毀損及び業務妨害）の解説4参照（☞262頁））、「誘惑」とは甘言を
弄すること（224条（未成年者略取及び誘拐）の解説2参照（☞227頁））である。

7　金銭その他の利益

　財産上の利益に限らず、人の需要・欲望を満足させるに足りる者であればすべて
含まれる。

8　性的な姿態をとって

　16歳未満の者に性的姿態を取らせることなく、同人があらかじめ持っていた性
的画像を送信するように要求する行為は含まれないとされている。

第11項　淫行勧誘罪

＊刑法等の一部を改正する法律（令和4年法律第67号）の施行後は、下線部分の（拘禁刑）（有期拘禁刑）等となる。

（淫行勧誘）

第183条　営利の目的で、淫行の常習のない女子を勧誘して姦淫させた者は、3
　年以下の懲役又は30万円以下の罰金に処する。
　　　　（拘禁刑）

第12項　重婚罪　553

① 行　為

淫行の常習のない女子を勧誘して姦淫（性交）させることと、それが営利目的で行われることが成立要件である。

「淫行の常習のない女子」とは、通常の貞操観念を持つ婦女のことをいう。処女を意味しない。淫行の常習とは、例えば売春の常習者をいう。

「勧誘」とは、姦淫の意思のない者にその意思を生じさせようとする行為をいう。

本罪は、婦女が姦淫行為にとりかかった段階で既遂となる。勧誘しただけでは本罪は成立しない。本罪は婦女を勧誘して、姦淫行為に取りかからせた者だけを処罰の対象としている。

② 特別法

婦女に売春させる行為は、売春防止法に管理売春、売春契約などいくつかの処罰規定があり、また児童に淫行させる行為は、児童福祉法に処罰規定がある（34条1項6号・60条。なお、条文は☞539頁参照）。本罪と児童福祉法違反とは観念的競合であると考えられる（仙台高裁秋田支判昭30・5・17裁判特報2・19・476）。

第12項　重婚罪

＊刑法等の一部を改正する法律（令和4年法律第67号）の施行後は、下線部分の（拘禁刑）（有期拘禁刑）等となる。

（重婚）

第184条　配偶者のある者が重ねて婚姻をしたときは、2年以下の<u>懲役</u>（拘禁刑）に処する。その相手方となって婚姻した者も、同様とする。

① 配偶者のある者

正規に婚姻届をした法律上の配偶者のある者をいう。事実上長年にわたり夫婦生活を営んでいても、これに当たらない。

② 重　婚

「重ねて婚姻する」とは、協議離婚・裁判離婚など適法な離婚手続をとる、一方が死亡するなど正規に婚姻が解消していないのに、再び婚姻（法律上の婚姻）をすることである。夫が妻に内緒で妻の名義を勝手に使って協議離婚届を作り、その届

554　各論第２編３部　第１章　わいせつ、不同意性交等及び重婚の罪

＊売春防止法＊

（勧誘等）

第５条　売春をする目的で、次の各号の一に該当する行為をした者は、６月以下の懲役又は１万円以下の罰金に処する。

一　公衆の目にふれるような方法で、人を売春の相手方となるように勧誘すること。

二　売春の相手方となるように勧誘するため、道路その他公共の場所で、人の身辺に立ちふさがり、又はつきまとうこと。

三　公衆の目にふれるような方法で客待ちをし、又は広告その他これに類似する方法により人を売春の相手方となるように誘引すること。

（周旋等）

第６条　売春の周旋をした者は、２年以下の懲役又は５万円以下の罰金に処する。

２　売春の周旋をする目的で、次の各号の一に該当する行為をした者の処罰も、前項と同様とする。

一　人を売春の相手方となるように勧誘すること。

二　売春の相手方となるように勧誘するため、道路その他公共の場所で、人の身辺に立ちふさがり、又はつきまとうこと。

三　広告その他これに類似する方法により人を売春の相手方となるように誘引すること。

（困惑等による売春）

第７条　人を欺き、若しくは困惑させてこれに売春をさせ、又は親族関係による影響力を利用して人に売春をさせた者は、３年以下の懲役又は10万円以下の罰金に処する。

２　人を脅迫し、又は人に暴行を加えてこれに売春をさせた者は、３年以下の懲役又は３年以下の懲役及び10万円以下の罰金に処する。

３　前２項の未遂罪は、罰する。

（対価の収受等）

第８条　前条第１項又は第２項の罪を犯した者が、その売春の対価の全部若しくは一部を収受し、又はこれを要求し、若しくは約束したときは、５年以下の懲役及び20万円以下の罰金に処する。

２　売春をした者に対し、親族関係による影響力を利用して、売春の対価の全部又は一部の提供を要求した者は、３年以下の懲役又は10万円以下の罰金に処する。

（前貸等）

第９条　売春をさせる目的で、前貸その他の方法により人に金品その他の財産上の利益を供与した者は、３年以下の懲役又は10万円以下の罰金に処する。

（売春をさせる契約）

第10条　人に売春をさせることを内容とする契約をした者は、３年以下の懲役又は10万円以下の罰金に処する。

２　前項の未遂罪は、罰する。

（場所の提供）

第11条　情を知つて、売春を行う場所を提供した者は、３年以下の懲役又は10万円以下の罰金に処する。

２　売春を行う場所を提供することを業とした者は、７年以下の懲役及び30万円以下の罰金に処する。

（売春をさせる業）

第12条　人を自己の占有し、若しくは管理する場所又は自己の指定する場所に居住させ、これに売春をさせることを業とした者は、10年以下の懲役及び30万円以下の罰金に処する。

（資金等の提供）

第13条　情を知つて、第11条第２項の業に要する資金、土地又は建物を提供した者は、５年以下の懲役及び20万円以下の罰金に処する。

２　情を知つて、前条の業に要する資金、土地又は建物を提供した者は、７年以下の懲役及び30万円以下の罰金に処する。

出をして役場の戸籍簿に離婚した旨記載してもらったうえで、別の女性との新しい婚姻届を提出して戸籍簿に登載させるなどの策略を用いることによって、本罪は成立する（名古屋高判昭36・11・8高刑集14・8・563。この場合、戸籍簿上は前の婚姻は抹消されても、離婚は無効であり、法律上の婚姻は有効に存続しているので、重婚となる。その上、私文書偽造・同行使、公正証書原本不実記載・同行使の罪も成立する）。日本人同志の婚姻が、外国で行われたときは、前婚、後婚とも外国での方式に従ったものであれば足りるが（法の適用に関する通則法24条）、配偶者ある者が外国人の場合は、我が国の婚姻制度を維持するという保護法益からみて後婚が日本国内で、日本人あるいは日本の方式に従ってなされる必要があると考えられる。その場合は、本国法が重婚を許すものでも本罪は成立し得る。

③　**相手方となって婚姻した者**

改正前の「相婚した者」と同義である。配偶者のある者と婚姻するのであることを知らないものは、本罪の故意を欠き犯罪は成立しない。

＊法の適用に関する通則法＊
（婚姻の成立及び方式）
第24条　婚姻の成立は、各当事者につき、その本国法による。
2　婚姻の方式は、婚姻挙行地の法による。
3　前項の規定にかかわらず、当事者の一方の本国法に適合する方式は、有効とする。ただし、日本において婚姻が挙行された場合において、当事者の一方が日本人であるときは、この限りでない。
（婚姻の効力）
第25条　婚姻の効力は、夫婦の本国法が同一であるときはその法により、その法がない場合において夫婦の常居所地法が同一であるときはその法により、そのいずれの法もないときは夫婦に最も密接な関係がある地の法による。
（離婚）
第27条　第25条の規定は、離婚について準用する。ただし、夫婦の一方が日本に常居所を有する日本人であるときは、離婚は、日本法による。

556　各論第2編3部　第2章　賭博及富くじに関する罪

第2章　賭博及び富くじに関する罪

第1項　総　説

　賭博・富くじに関する罪は、偶然の事実によって財物の得失を争う行為を内容とする犯罪である。このような行為は、一時の娯楽の程度に止まるものである間はよいが、射倖心を助長し、勤労意欲を失わせ不健全な生活に陥らせ、他の犯罪を誘発させるおそれがあるため禁止されている。今日でも暴力団の資金源となることが多く、絶えず厳しい取締りが行われている。

　もっとも、競馬・競輪・競艇・宝くじなどのように国や地方自治体の財政その他の政策上法令によって認許されているものがある（立法政策の問題であることにつき最決昭54・2・1裁判集刑事214・47）。

第2項　賭　博　罪

> （賭博）
> **第185条**　賭博をした者は、50万円以下の罰金又は科料に処する。ただし、一時の娯楽に供する物を賭けたにとどまるときは、この限りでない。

① 偶然性

　当事者が確実に予見したり自由に支配したりすることのできない事実によって勝敗を争うこと（大判大11・7・12刑集1・377。主観的に不確定な事実であれば足りることにつき大判大3・10・7刑録20・1816）が必要である。

　改正前は「偶然の輪贏に関し」と規定されていたもので、改正後の「賭博をす

る」にも同様の要件が必要である。囲碁・将棋の勝負でも、いくらかは偶然性が働くから、賭け碁（大判大4・10・16刑録21・1632）や賭け将棋（大判昭12・9・21刑集16・1299）は、賭け麻雀（大判昭6・5・2刑集10・197）とともに、偶然性があることになる。

② 賭 博

「博戯」とは当事者の行為によって勝敗が決まるもの（例、賭け麻雀）であり、「賭事」とは当事者の行為と無関係に勝敗が決まるもの（例、相撲の見物人が力士の勝敗に賭ける）であるが、刑法上同一に扱われていて区別の実益に乏しく、平易に「賭博」と解することで足りるため、法改正では賭博と表現された。花札とばくなどは本罪の対象として適例であるが、遊技機を用いるものも横行している（【実例】☞540頁参照）。

③ 財物を賭けること

金銭などを勝負に賭けること。財物は、窃盗罪などでいう財物より広い観念であり、財産上の利益を含む（大判大4・12・14刑録21・2097）。

④ 一時の娯楽に供する物

価格が僅少で、たんに勝負に興を添える程度のものをいう。その場で飲食する茶菓子をかけるなどは代表的な例である。これらは犯罪とならない。

金銭については、その性質上、一時の娯楽に供するものとはいえないとして、その額の多少にかかわらず賭博罪が成立し、取得した金銭を後に共同の娯楽・飲食の費用に当てることにしていても、犯罪になるとするのが判例の主流である（最判昭23・10・7刑集2・11・1289等）。

⑤ 既 遂

財物の得失を約束して賭博を開始すれば既遂になる。花札とばくでは、賭銭を場に出したり、花札を配ったりすれば、本罪は成立している（最判昭23・7・8刑集2・8・822等）。賭け金のやりとりが現に行われることも必要でない。

⑥ 特別法

中央競馬・地方競馬の競走に関し、いわゆる呑み屋の客となって金銭をかけ勝負する行為は、競馬法違反（勝馬投票類似行為をした罪）として処罰される（同法

33条2号)。

第3項　常習賭博罪・賭博開張等図利罪（賭博開張図利罪・博徒結合図利罪）

＊刑法等の一部を改正する法律（令和4年法律第67号）の施行後は、下線部分の（拘禁刑）（有期拘禁刑）等となる。

（常習賭博及び賭博場開張等図利）

第186条　常習として賭博をした者は、3年以下の懲役に処する。
　　　　　　　　　　　　　　　　　　　　　　（拘禁刑）
2　賭博場を開張し、又は博徒を結合して利益を図った者は、3月以上5年以下の懲役に処する。
　　（拘禁刑）

1　常習賭博罪

常習として賭博をすることによって成立する。

「**常習性**」があるかどうかは、同種の前科が多数あるとか、前科はなくても繰り返し行っていたことが明らかであるとか、将来繰り返し行うことが確実であったとかによって認める。要は、とばくを反覆累行する習癖があって、その発現として当該賭博行為が行われたと認められねばならない（最判昭23・7・29刑集2・9・1067）。なお、判例は常習者が非常習者の賭博を幇助した場合、賭博を行った者は単純賭博罪（185条）が成立し、幇助者には常習賭博の幇助犯が成立するとしている（大判大3・5・18刑録20・932）。

2　賭博開張図利罪
　　とばくかいちょうとりざい

賭博場を開張し利益をはかることによって成立する。

「**賭博場の開張**」とは、自ら主宰者となって、賭博をさせる場所や設備を提供す

＊競馬法＊

第30条　次の各号のいずれかに該当する者は、5年以下の懲役又は500万円以下の罰金に処する。

　　（第1号〜第2号省略）

　三　中央競馬の競走若しくは地方競馬の競走又は日本中央競馬会、都道府県若しくは指定市町村が勝馬投票券を発売する海外競馬の競走に関し勝馬投票類似の行為をさせて財産上の利益を図つた者

第33条　次の各号のいずれかに該当する者は、100万円以下の罰金に処する。

　　（第1号省略）

　二　第30条第3号の場合において勝馬投票類似の行為をした者（第29条の2第1項の規定による許可を受けた場合を除く。）

ることである。開張者自身が賭場に居る必要はなく、自分が賭博に加わることも必要ではない（自ら賭博をすれば、賭博罪・常習賭博罪も成立）。主宰者ではなくて、単に賭博が行われることを承知で場所を貸したものは、本罪の幇助犯である。

「**利益を図る**」とは、賭博場を開張することによって賭博をする者から利益を得る目的があることである。この目的がなければ本罪は成立しない。いわゆる寺銭をとるため開張するのが典型例であるが、入場料・入会金等その名目は何でもよい。この目的があれば、現実に利益を収得したことは必要でない（最判昭24・10・8裁判集14・113等）。

③ 博徒結合図利罪

「**博徒**」とは賭博の常習者を指す。「**結合する**」とは、一定の縄張り内で適宜集まって賭博が行える便宜を与えるため、博徒を賭博目的で組織することである。親分子分の関係をもつことは必ずしも必要でないが、随時賭博をすることができるような人間関係が作られることを要する。本罪も、「**利益を図る**」目的が必要である。

④ 特別法

組織的な態様によるものについては、刑が加重され、組織的な常習賭博は5年以下の懲役に、組織的な賭博場開張等図利は3月以上7年以下の懲役（拘禁刑）に処せられる（組織的犯罪処罰法3条1項（条文は☞167頁参照））。

☞【実例】　（ギャンブル遊技機の設置）

甲は、長年にわたり鋳造業を営み、前科などはない。知人からギャンブル遊技機34台を設置した遊技場の営業を5000万円で譲り受け、親戚の者を責任者として営業を開始した。客は最初の3日間で140名来場し約70万円の売上利益を得たが、警察に摘発され、わずか3日間で営業を廃止した。

甲は、上記の3日間の営業行為につき常習賭博罪で起訴されたので、甲は「賭博の前科前歴も一切なく、鋳物製造所の経営収益によって人並みの生活ができている者が、あとにもさきにも3日間、賭博営業をしただけで、賭博を反覆累行する習癖が形成されたなどということは経験則に反する、そうでなければ、常習概念の不当な拡張解釈である」などと主張して争った。

560　各論第２編３部　第２章　賭博及富くじに関する罪

〔解説〕

　　本件は在来型の賭博事犯とは異なり、色々な問題が含まれている。「本件のような営業活動がなぜ賭博罪に該当するのか」「営業賭博を処罰する規定の立法を図るべきで、常習賭博での処罰は無理」「賭博開張図利罪を適用するのが実態に適合するのでないか」など。最近この種の事犯が増えているが、実務上は、常習賭博罪を適用して処理されている。

　　遊技機を設置し営業活動を長期間継続しても営業者の人間的属性として賭博習癖は形成されないという批判や、逆に常習には習癖的な類型のほかに営業的な類型もあるという見解もあるが、最高裁は、本件について、本件の事実関係のもとでは、被告人に賭博を反覆累行する習癖がありその習癖の発現として賭博をしたと認めるのを妨げないとして常習賭博罪の成立を認めた（最決昭54・10・26刑集33・6・665）。本件では、長期間営業を継続する意思の下に多額の資本を投下して多数の賭博遊技機を設置した遊技場の営業を開始し、警察による摘発を受けて廃業する迄の３日間、来場した多数の遊技客と賭博をしたなどの事情から賭博への性格的偏向が推認されて常習性認定の理由となったものと思われる。また本件では、甲は、胴元となって客に遊技をさせて賭博場を開張したものではなく、客と勝負をした（客は勝に賭け、営業者甲は負に賭ける）のであるから、賭博ないし常習賭博をしたとされたものである。この種事件については、賭博による損益の帰属する者が正犯とされる傾向にある。

　　なお、リース業者が、賭博遊技機の設置を、飲食店などに勧誘して設置させる例が多いが、リース業者の求めにより「ラッキー」と称する遊技機を１年２か月にわたって設置していた飲食店営業者についても、常習賭博罪の成立が認められている（東京高判昭53・2・27刑裁月報10・1＝2・120）。

第４項　富くじ発売罪・同取次罪・同授受罪

＊刑法等の一部を改正する法律（令和４年法律第67号）の施行後は、下線部分の（拘禁刑）（有期拘禁刑）等となる。

（富くじ発売等）

第187条　富くじを発売した者は、２年以下の<u>懲役</u>又は150万円以下の罰金に処
　　　　　　　　　　　　　　　（拘禁刑）

する。

2　富くじ発売の取次ぎをした者は、1年以下の懲役又は100万円以下の罰金に
　（拘禁刑）
処する。

3　前2項に規定するもののほか、富くじを授受した者は、20万円以下の罰金又
は科料に処する。

① 富くじ

改正前の「富籤」と同義であり、特定の者が多数の人に籤札を買わせ、抽せんの
方法により一部の者に偶然の利益を得させることをいう。偶然の事情によって財物
の得喪が決せられる点で賭博と共通するが、富くじでは、発売者が全く損害の危険
を負わないところに特徴がある（大判大3・7・28刑録20・1548）。

② 行　為

「発売」・「取次」・「授受」である。「取次」は、発売者と買受人の中間にあってくじ
を売り捌く行為、「授受」は取次以外の一切の受け渡しをいい、買い受けるのも、
これに当たる。

562　各論第2編3部　第3章　礼拝所及び墳墓に関する罪

第3章　礼拝所及び墳墓に関する罪

第1項　礼拝所不敬罪・説教等妨害罪

＊刑法等の一部を改正する法律（令和4年法律第67号）の施行後は、下線部分の（拘禁刑）（有期拘禁刑）等となる。

（礼拝所不敬及び説教等妨害）

第188条　神祠、仏堂、墓所その他の礼拝所に対し、公然と不敬な行為をした者は、6月以下の懲役若しくは禁錮又は10万円以下の罰金に処する。
（拘禁刑）

2　説教、礼拝又は葬式を妨害した者は、1年以下の懲役若しくは禁錮又は10万円以下の罰金に処する。
（拘禁刑）

① **礼拝所に対する不敬な行為**

　　神祠・仏堂・墓など礼拝の場所に対して、不特定又は多数の者が認識できる状態で、一般人の宗教的感情を害する行為をすることである。行為時、人がいなくとも認識し得る状態であればよい（通行人のいない夜中に共同墓地の墓碑を押し倒した行為につき、最決昭43・6・5刑集22・6・427）。

　　墓に向け放尿したり、放尿する恰好をしたりする（東京高判昭27・8・5高刑集5・8・1364）、墓石を押し倒して転落させる（福岡高判昭61・3・13判タ601・76）などは、これに当たる。

② **説教等の妨害**

　　宗教的行事である説教・礼拝・葬式の遂行に支障を生じさせるべき行為をすることである。これらの行事が現実に阻止されることは必要でない。

　　ここに挙げたもの以外の公私の儀式に対する妨害については、業務妨害罪（刑法233条、234条☞262頁・264頁参照）のほか軽犯罪法にも処罰規定（1条24号）

がある。

第2項　墳墓発掘罪

＊刑法等の一部を改正する法律（令和4年法律第67号）の施行後は、下線部分の（拘禁刑）（有期拘禁刑）等となる。

（墳墓発掘）

第189条　墳墓を発掘した者は、2年以下の<u>懲役</u>に処する。
（拘禁刑）

1　墳　墓

人の死体及び人の形をした死胎を埋葬し、祭祀礼拝の対象となっている墓をいう。無縁仏の墓も含むが、祭祀礼拝の対象とされなくなった古墳は含まれない（大判昭9・6・13刑集13・747）。

2　発　掘

墳墓の覆土の全部もしくは一部を除去し、又は墓石等を破壊解体して、墳墓を損壊する行為をいい、死体等を露出させることを要しない（最決昭39・3・11刑集18・3・99。納骨堂の重要部分の破壊解体を要するとするものとして福岡高判昭59・6・19判時1127・157）。

第3項　死体遺棄罪・遺骨等遺棄罪・棺内蔵置物遺棄罪等

＊刑法等の一部を改正する法律（令和4年法律第67号）の施行後は、下線部分の（拘禁刑）（有期拘禁刑）等となる。

（死体損壊等）

第190条　死体、遺骨、遺髪又は棺に納めてある物を損壊し、遺棄し、又は領得した者は、3年以下の<u>懲役</u>に処する。
（拘禁刑）

＊軽犯罪法＊

第1条　左の各号の一に該当する者は、これを拘留又は科料に処する。

　　　（第1号〜第23号省略）

　二十四　公私の儀式に対して悪戯などでこれを妨害した者

　　　（第25号〜第34号省略）

564　各論第2編3部　第3章　礼拝所及び墳墓に関する罪

1　死　体

不法に墓の中から掘り出した死体は191条に規定されている。本条のは、正式に埋葬される前の死体や適法に発掘されたものである。死胎も、すでに人の形をしているものは死体である（大判昭6・11・13刑集10・597）。死体の身体の一部も死体である（大判大14・10・16刑集4・613）。

2　死体等の損壊

物質的に破壊すること。婦女の死体への姦淫行為（屍姦）は、死体の物理的破壊を伴わない限り、損壊でない。人を殺害したのち手足を切断する行為は、殺人罪と死体損壊罪とが成立する。もっとも、手足を切断したうえ袋などに詰めて山中や海に投棄したときは、それが一連のものであれば損壊と死体遺棄罪の包括一罪であるが、日時等を異にすれば併合罪となる（最判昭27・6・24刑集6・6・804）。

3　死体等の遺棄

葬祭の風習に反して（習俗上の埋葬とみられる方法によらないで）死体・遺骨などを、他の場所に運び、放置又は処分することをいう（他者が死体を発見することを困難にするものであっても、いまだ習俗上の埋葬等と相容れない処置ではないとして遺棄を認めなかった最判令5・3・24判タ1510・163）。通常は、場所的移転を必要とするが、葬祭をする義務のある者（親族であるとか雇主などとして人を監護していた者など）であれば、死者を埋葬することなく死亡した場所にそのまま放置しておくこと（不作為）によっても本罪が成立する（大判大6・11・24刑録23・1302）。

殺した死体を、共同墓地に埋めて隠匿したり（大判昭20・5・1刑集24・1）、屋内押入れに運び、これを隠匿する行為も遺棄に当たる（最判昭24・11・26刑集3・11・1850、東京高判昭56・3・2高検速報2496）。犯人が合掌したり死者の冥福を祈ったりしたこと、犯人の監視内にあったことは、犯罪の成立を妨げる事由とならない。

4　死体等の領得

葬祭の風習に反して死体等の所持を取得する一切の行為をいう。買い受け、貰い受けなどを含む。移植用臓器の売買等は、国民の国外犯を含め、臓器の移植に関す

＊臓器の移植に関する法律＊

（目的）

第1条 この法律は、臓器の移植についての基本的理念を定めるとともに、臓器の機能に障害がある者に対し臓器の機能の回復又は付与を目的として行われる臓器の移植術（以下単に「移植術」という。）に使用されるための臓器を死体から摘出すること、臓器売買等を禁止すること等につき必要な事項を規定することにより、移植医療の適正な実施に資することを目的とする。

（定義）

第5条 この法律において「臓器」とは、人の心臓、肺、肝臓、腎臓その他厚生労働省令で定める内臓及び眼球をいう。

（臓器売買等の禁止）

第11条 何人も、移植術に使用されるための臓器を提供すること若しくは提供したことの対価として財産上の利益の供与を受け、又はその要求若しくは約束をしてはならない。

2　何人も、移植術に使用されるための臓器の提供を受けること若しくは受けたことの対価として財産上の利益を供与し、又はその申込み若しくは約束をしてはならない。

3　何人も、移植術に使用されるための臓器を提供すること若しくはその提供を受けることのあっせんをすること若しくはあっせんをしたことの対価として財産上の利益の供与を受け、又はその要求若しくは約束をしてはならない。

4　何人も、移植術に使用されるための臓器を提供すること若しくはその提供を受けることのあっせんを受けること若しくはあっせんを受けたことの対価として財産上の利益を供与し、又はその申込み若しくは約束をしてはならない。

5　何人も、臓器が前各項の規定のいずれかに違反する行為に係るものであることを知って、当該臓器を摘出し、又は移植術に使用してはならない。

6　第1項から第4項までの対価には、交通、通信、移植術に使用されるための臓器の摘出、保存若しくは移送又は移植術等に要する費用であって、移植術に使用されるための臓器を提供すること若しくはその提供を受けること又はそれらのあっせんをすることに関して通常必要であると認められるものは、含まれない。

（業として行う臓器のあっせんの許可）

第12条 業として移植術に使用されるための臓器（死体から摘出されるもの又は摘出されたものに限る。）を提供すること又はその提供を受けることのあっせん（以下「業として行う臓器のあっせん」という。）をしようとする者は、厚生労働省令で定めるところにより、臓器の別ごとに、厚生労働大臣の許可を受けなければならない。

2　厚生労働大臣は、前項の許可の申請をした者が次の各号のいずれかに該当する場合には、同項の許可をしてはならない。

一　営利を目的とするおそれがあると認められる者

二　業として行う臓器のあっせんに当たって当該臓器を使用した移植術を受ける者の選択を公平かつ適正に行わないおそれがあると認められる者

（罰則）

第20条 第11条第1項から第5項までの規定に違反した者は、5年以下の懲役若しくは500万円以下の罰金に処し、又はこれを併科する。

2　前項の罪は、刑法（明治40年法律第45号）第3条の例に従う。

第22条 第12条第1項の許可を受けないで、業として行う臓器のあっせんをした者は、1年以下の懲役若しくは100万円以下の罰金に処し、又はこれを併科する。

566 各論第2編3部 第3章 礼拝所及び墳墓に関する罪

る法律により処罰される（同法11条、12条、20条、22条）。

　死体や遺骨から脱落した金歯は、死体・遺骨自体とは別個の純然たる財物として死者の遺族の権利に属し、これを不正に領得する行為は窃盗に当たるとする判例がある（大判昭14・3・7刑集18・93、東京高判昭27・6・3高刑集5・6・938）。棺内蔵置物の不法領得は、本罪のほかに窃盗罪も成立するか。通説は、財産罪の成立を否定する（死体の領得犯人からこれを買い受けた者につき本罪を認め、盗品等有償譲受け罪の成立を否定した大判大4・6・24刑録21・886）。

第4項　墳墓発掘死体遺棄罪・墳墓発掘遺骨等遺棄罪・墳墓発掘棺内蔵置物遺棄罪等

＊刑法等の一部を改正する法律（令和4年法律第67号）の施行後は、下線部分の（拘禁刑）（有期拘禁刑）等となる。

（墳墓発掘死体損壊等）

第191条　第189条の罪を犯して、死体、遺骨、遺髪又は棺に納めてある物を損壊し、遺棄し、又は領得した者は、3月以上5年以下の懲役に処する。
（拘禁刑）

① 結合犯

　本罪は、189条の罪と190条の罪との結合犯である。

② 墳墓発掘

　本条での発掘は不法な発掘の場合に限る。第三者が発掘したものや（大判大4・6・2刑録21・886）、適法に発掘したものについては、190条が適用される。

第5項　変死者密葬罪

（変死者密葬）

第192条　検視を経ないで変死者を葬った者は、10万円以下の罰金又は科料に処する。

1 趣 旨

本罪は宗教的風俗を保護することを直接の目的としたものではなく、警察目的を考慮したもの、すなわち行政犯的規定である。

2 変死者

「**変死者**」は、不自然な死亡を遂げその死因の不明な者のみを指すとの古い判例（大判大9・12・24刑録26・1437）もあるが、検視が行われるべき趣旨からして、不自然な死を遂げたことの疑いのある死体及び犯罪による死亡であることの明らかな死体も含むと解する。老衰死や病死などは自然死であり自殺や自過失死であることが明白なものも変死者に当たらないが、犯罪に基因する死体であるのに自殺・病死・自過失死などにみせかける場合が多い。そのような疑いがもたれる死体も、変死者に当たると解される。

3 検 視

「**司法検視**」（刑訴法229条）と「**行政検視**」の双方を含むと解する。「**司法検視**」は犯罪捜査の端緒となるものであり、「**行政検視**」は、医師法（21条）、戸籍法（89条、92条）、軽犯罪法（1条18号）、刑事収容施設法177条、同法施行規則93条等により、警察官等が死体もしくは死胎のあることを知ったとき、その現場に臨んで死体等を見分することをいう。

行政検視の対象は、ひろく変死者以外にも及ぶが、本罪が成立するのは、いうまでもなく変死者についてだけである。

4 葬 る

土葬、火葬、水葬のいかんを問わない。

568　各論第2編3部　第3章　礼拝所及び墳墓に関する罪

＊刑事訴訟法＊

第229条　変死者又は変死の疑のある死体があるときは、その所在地を管轄する地方検察庁又は区検察庁の検察官は、検視をしなければならない。

②　検察官は、検察事務官又は司法警察員に前項の処分をさせることができる。

＊医師法＊

第21条　医師は、死体又は妊娠4月以上の死産児を検案して異状があると認めたときは、24時間以内に所轄警察署に届け出なければならない。

＊戸籍法＊

第89条　水難、火災その他の事変によつて死亡した者がある場合には、その取調をした官庁又は公署は、死亡地の市町村長に死亡の報告をしなければならない。但し、外国又は法務省令で定める地域で死亡があつたときは、死亡者の本籍地の市町村長に死亡の報告をしなければならない。

第92条　死亡者の本籍が明かでない場合又は死亡者を認識することができない場合には、警察官は、検視調書を作り、これを添附して、遅滞なく死亡地の市町村長に死亡の報告をしなければならない。

②　死亡者の本籍が明かになり、又は死亡者を認識することができるに至つたときは、警察官は、遅滞なくその旨を報告しなければならない。

③　第1項の報告があつた後に、第87条第1項第1号又は第2号に掲げる者が、死亡者を認識したときは、その日から10日以内に、死亡の届出をしなければならない。

＊軽犯罪法＊

第1条　左の各号の一に該当する者は、これを拘留又は科料に処する。

　　　（第1号〜第17号省略）

　十八　自己の占有する場所内に、老幼、不具若しくは傷病のため扶助を必要とする者又は人の死体若しくは死胎のあることを知りながら、速やかにこれを公務員に申し出なかつた者

　十九　正当な理由がなくて変死体又は死胎の現場を変えた者

　　　（第20号〜第34号省略）

＊刑事収容施設及び被収容者等の処遇に関する法律＊

（死体に関する措置）

第177条　被収容者が死亡した場合において、その死体の埋葬又は火葬を行う者がないときは、墓地、埋葬等に関する法律（昭和23年法律第48号）第9条の規定にかかわらず、その埋葬又は火葬は、刑事施設の長が行うものとする。

2　前項に定めるもののほか、被収容者の死体に関する措置については、法務省令で定める。

＊刑事施設及び被収容者の処遇に関する規則＊

（検視）

第93条　刑事施設の長は、被収容者が死亡したときは、その死体を検視するものとする。

2　刑事施設の長は、前項の検視の結果、変死又は変死の疑いがあると認めるときは、検察官及び警察官たる司法警察員に対し、その旨を通報しなければならない。

＊昭和33年国家公安委員会規則第3号　検視規則＊

　検視規則を次のように定める。

（この規則の目的）

第1条　この規則は、警察官が変死者又は変死の疑のある死体（以下「変死体」という。）を発見し、又はこれがある旨の届出を受けたときの検視に関する手続、方法その他必要な事項を定めることを目的とする。

（報告）

第2条　警察官は、変死体を発見し、又はこれがある旨の届出を受けたときは、直ちに、その変死体の所在地を管轄する警察署長にその旨を報告しなければならない。

（検察官への通知）

第3条　前条の規定により報告を受けた警察署長は、すみやかに、警察本部長（警視総監又は道府県警察本部

長をいう。以下同じ。）にその旨を報告するとともに、刑事訴訟法（昭和23年法律第131号）第229条第1項の規定による検視が行われるよう、その死体の所在地を管轄する地方検察庁又は区検察庁の検察官に次の各号に掲げる事項を通知しなければならない。

一　変死体発見の年月日時、場所及びその状況

二　変死体発見者の氏名その他参考となるべき事項

（現場の保存）

第4条　警察官は、検視が行われるまでは、変死体及びその現場の状況を保存するように努めるとともに、事後の捜査又は身元調査に支障をきたさないようにしなければならない。

（検視の代行）

第5条　刑事訴訟法第229条第2項の規定により変死体について検視する場合においては、医師の立会を求めてこれを行い、すみやかに検察官に、その結果を報告するとともに、検視調書を作成して、撮影した写真等とともに送付しなければならない。

（検視の要領）

第6条　検視に当つては、次の各号に掲げる事項を綿密に調査しなければならない。

一　変死体の氏名、年齢、住居及び性別

二　変死体の位置、姿勢並びに創傷その他の変異及び特徴

三　着衣、携帯品及び遺留品

四　周囲の地形及び事物の状況

五　死亡の推定年月日時及び場所

六　死因（特に犯罪行為に基因するか否か。）

七　凶器その他犯罪行為に供した疑のある物件

八　自殺の疑がある死体については、自殺の原因及び方法、教唆者、ほう助者等の有無並びに遺書があるときはその真偽

九　中毒死の疑があるときは、症状、毒物の種類及び中毒するに至つた経緯

2　前項の調査に当つて必要がある場合には、立会医師の意見を徴し、家人、親族、隣人、発見者その他の関係者について必要な事項を聴取し、かつ、人相、全身の形状、特徴のある身体の部位、着衣その他特徴のある所持品の撮影及び記録並びに指紋の採取等を行わなければならない。

570 　各論第2編3部　第3章　礼拝所及び墳墓に関する罪

第3編　国家的法益に対する罪

第1章　公務の執行を妨害する罪

第2章　逃走の罪

第3章　犯人蔵匿証拠隠滅の罪

第4章　偽証の罪

第5章　虚偽告訴の罪

第6章　汚職の罪

　国家的法益に対する罪には、**国家の存立に対する罪**と**国家的作用に対する罪**とがあり、国家の存立に対する罪として、内乱に関する罪・外患に関する罪・国交に関する罪があり、国家的作用に対する罪として、公務執行妨害罪・逃走罪・犯人蔵匿及び証拠隠滅罪・偽証罪・虚偽告訴罪・汚職罪がある。

　本編では、これらのうち**国家的作用に対する罪**について説明する。

第1章　公務の執行を妨害する罪

第1項　公務執行妨害罪・職務強要罪

＊刑法等の一部を改正する法律（令和4年法律第67号）の施行後は、下線部分の（拘禁刑）（有期拘禁刑）等となる。

（公務執行妨害及び職務強要）

第95条　公務員が職務を執行するに当たり、これに対して暴行又は脅迫を加えた者は、3年以下の懲役若しくは禁錮又は50万円以下の罰金に処する。
（拘禁刑）

2　公務員に、ある処分をさせ、若しくはさせないため、又はその職を辞させるために、暴行又は脅迫を加えた者も、前項と同様とする。

① 保護法益

本条は、公務員を一般人よりも特別に厚く保護しようとする趣旨ではなく、公務員によって執行される国や地方公共団体の作用すなわち公務そのものを保護することを目的とする（最判昭28・10・2刑集7・10・1883）。

② 公　務

「**公務**」とは、国又は地方公共団体の事務をいう。国民・市民に命令し強制し義務を課するなどの権力的性質を有する事務はもとより、そのような性質のないサービス的業務なども公務である（最決昭54・1・10刑集33・1・1、同昭59・5・8刑集38・7・2621）。強制力を行使する権力的公務は本条のみの客体であるが、それ以外の公務は業務妨害罪の業務にも当たる（最決昭62・3・12刑集41・2・140（第1編第3部第2章第2項威力業務妨害罪②の解説☞269頁参照））。

③ 公務員

刑法において公務員とは、官吏・公吏、法令により公務に従事する議員・委

員、その他の職員をいうとの定義規定がおかれているが（7条（条文は☞464頁参照））、官吏・公吏というものは、現在の法制上はもはや存在せず、国家公務員法・地方公務員法により公務員の身分が定められているから、刑法の公務員というのも、次の者をいう。

① 公務員という身分を有する者

② 公務員の身分は有しないが法令により公務に従事する議員・委員その他の職員

公務員には、公務員とみなされる者つまり「みなし公務員」と呼ばれ刑罰法規適用上は公務員として取り扱われるものを含む。日本銀行など特殊な法人等の役職員（日本銀行法30条、国立大学法人法19条、東京オリンピック特別措置法28条）などがこれに当たる。最近の行政改革で民営化された専売・電々などの旧公社の役職員は、従前、みなす公務員であった。なお、非権力的、現業的性格をもつ公務を行う職員についても、判例は、その業務に対する暴行・脅迫について本罪が成立するものとしている（旧国鉄職員の現業業務につき最大判昭41・11・30刑集20・9・1076（⑥の解説☞576頁参照））。

「法令によって公務に従事する職員」とは、単に法律・命令・条例に基づき任用されたものに限らず、訓令・内規・通牒に任用の根拠があるものも含む。職員というためには、単純な機械的ないし肉体的労務に従事するにすぎない者は含まれないが、例えば民営化前の国鉄の気動車運転士や郵便局の郵便集配人は含むとされている（最決昭54・1・10前掲②☞前頁参照、最判昭35・11・18刑集14・13・

＊日本銀行法（平成9年法律第89号）＊

（役員及び職員の地位）

第30条　日本銀行の役員及び職員は、法令により公務に従事する職員とみなす。

＊国立大学法人法（平成15年法律第112号）＊

（役員及び職員の地位）

第19条　国立大学法人の役員及び職員は、刑法（明治40年法律第45号）その他の罰則の適用については、法令により公務に従事する職員とみなす。

＊令和3年東京オリンピック競技大会・東京パラリンピック競技大会特別措置法（平成27年法律第33号）＊

（組織委員会の役員及び職員の地位）

第28条　組織委員会の役員及び職員は、刑法（明治40年法律第45号）その他の罰則の適用については、法令により公務に従事する職員とみなす。

第1項　公務執行妨害罪・職務強要罪　575

1713)。

④　**職務の執行**

　逮捕や捜索などのように強制的性質を持つもののみでなく、ひろく公務員の職務上取扱う事務を行うことをいう。職務上の個々の行為のみならず、一定の継続性をもった勤務状態も職務の執行といえる。したがって、机に向かって執務中の公務員も、犯人たちに応待すべく執務を一時中断している公務員も、いずれも職務を執行している公務員（最判昭53・6・29刑集32・4・816（【実例】1の解説☞582頁参照））である。

⑤　**執行するに当たり**

　職務執行に際しての意味である。まさにその執行に着手しようとする場合や職務の執行直後の職務執行と不可分の関係にある事後行為も含まれるが（最判昭45・12・22刑集24・13・1812）、職務の執行が終わってしまった後は、公務員に暴行・脅迫を加えても、単純に暴行罪・脅迫罪などが成立するのみである。職務の性質上「待機」等している必要のある場合は、待機等していることが公務の執行に当たる（県議会特別委員会委員長の休憩宣言後の職務執行につき最決平元・3・10刑集43・3・188（【実例】1の解説☞582頁参照））。

⑥　**暴行・脅迫**

　公務の執行を妨害するに足る「**暴行**」・「**脅迫**」が加えられることを要する。

　その暴行・脅迫により直ちに本罪は成立し、妨害の結果の発生を要件としない。

　「**暴行**」は、公務員の身体に直接加えられることは必要でない（1回だけの命中しなかった投石につき最判昭33・9・30刑集12・13・3151、丸めた紙を顔面に突きつけ、座っている椅子をゆさぶる行為につき最判平元・3・9刑集43・3・95）。公務員が携帯している物、公務員の周囲にある物など、物に対して加えられた有形力の行使でも、公務員が現に行おうとする行動の自由を侵害するためになされ、それが公務員の身体に感応する作用を持つものであれば、間接的に公務員に対し暴行を加えたことになる。例えば、公務員が脇に抱えている書類などを引ったくる、机の上の書類を投げ棄てる、或いは公務員が押収した物品をその面前でトラックから投げ捨てる（最判昭26・3・20刑集5・4・794）、押収品を叩き割る（最判

昭33・10・14刑集12・14・3264、最決昭34・8・27刑集13・10・2769等）などである。

　また公務員ではない人に対する暴行が公務員に対する暴行となることもある。例えば執行官の命を受けその指示で家財道具を屋外に運び出している補助者に暴行を加えて搬出を妨害する（最判昭41・3・24刑集20・3・129）などである。

　公務員の身体に直接加える暴行ではないが公務員に対する暴行と評価される物や人（補助者）に対する上記の暴行は、これを**「間接暴行」**と呼んでいる。208条の暴行罪の暴行（☞185頁**参照**）は、人の身体に対する有形力の行使のみに限られるのと比較される。

　「脅迫」は、本罪では、人を畏怖させるに足る害悪の告知のすべてを含む。脅迫罪と異なり、内容・性質・通告方法のいかんを問わない。暴行が発展して傷害を負わせ、或いは致死・殺人に至ったときは、傷害・傷害致死・殺人の各罪も成立する。

　一方、暴行・脅迫に至らない程度の人の自由意思を制圧するような勢力（威力）を用いた場合には、権力的作用をなす公務（警察官の検挙活動などのように強制力を行使することによって妨害を排除できる段階、場面での公務遂行）については犯罪の性質上威力業務妨害罪（234条）は成立せず、それ以外の非権力的・現業的性格の公務（従来は国鉄職員の運輸業務や郵便局の郵便集配業務が例として挙げられていた。）に対するものは、それが民間の同種事業と同じ業務であることなどから威力業務妨害罪も成立することになる（最大判昭41・11・30等前掲**3**の解説☞574頁**参照**。なおインターネット掲示板に虚偽の殺人事件の実行予告をし、警察署員に警戒等の徒労の業務に従事させたことを偽計業務妨害とした東京高判平21・3・12判タ1304・302（第1編第3部第2章第1項**4 6**の解説☞262頁・264頁**参照**）、国籍不明者の不法入国との虚偽の犯罪事実の通報により海上保安庁職員を出動させたことを偽計業務妨害（233条）とした横浜地判平14・9・5判タ1140・280。なお、ドローンを総理大臣官邸屋上に落下させたことを官邸職員らに対する威力業務妨害とした東京地判平28・2・16判タ1439・245）。

7　職務行為の適法性

　公務執行妨害罪が成立するためには、暴行・脅迫を加えられた公務員の執行して

いる職務が「**適法**」であることを要する。法律の条文には明示されていないが解釈上この要件の具備が必要とされている（最決平元・9・26判時1357・147（【実例】2の解説☞583頁**参照**）等・通説）。逆にいえば、公務員の執行している職務が適法でないときは、これに対し暴行・脅迫が加えられても、公務執行妨害罪は原則として成立しない（手段としての暴行は暴行罪として評価されることにつき東京高判平26・5・1高裁刑事裁判速報平26年63頁）。

　職務行為が「**適法**」とされるためには、次の**三つの要件**が備わっていることが必要である（東京高判昭43・1・26高刑集21・1・23等）。

1　その行為が、その公務員の一般的（抽象的）権限の範囲内にあること

　　公務員の一般的権限は、通常、法令に規定されている。例えば、警察官の犯罪捜査の権限は刑事訴訟法第189条以下に、また職務質問等を行う権限は警察官職

＊刑事訴訟法＊
第189条　警察官は、それぞれ、他の法律又は国家公安委員会若しくは都道府県公安委員会の定めるところにより、司法警察職員として職務を行う。
②　司法警察職員は、犯罪があると思料するときは、犯人及び証拠を捜査するものとする。
第212条　現に罪を行い、又は現に罪を行い終つた者を現行犯人とする。
②　左の各号の一にあたる者が、罪を行い終つてから間がないと明らかに認められるときは、これを現行犯人とみなす。
　一　犯人として追呼されているとき。
　二　贓物又は明らかに犯罪の用に供したと思われる兇器その他の物を所持しているとき。
　三　身体又は被服に犯罪の顕著な証跡があるとき。
　四　誰何されて逃走しようとするとき。
＊警察官職務執行法＊
（質問）
第2条　警察官は、異常な挙動その他周囲の事情から合理的に判断して何らかの犯罪を犯し、若しくは犯そうとしていると疑うに足りる相当な理由のある者又は既に行われた犯罪について、若しくは犯罪が行われようとしていることについて知つていると認められる者を停止させて質問することができる。
2　その場で前項の質問をすることが本人に対して不利であり、又は交通の妨害になると認められる場合においては、質問するため、その者に附近の警察署、派出所又は駐在所に同行することを求めることができる。
3　前2項に規定する者は、刑事訴訟に関する法律の規定によらない限り、身柄を拘束され、又はその意に反して警察署、派出所若しくは駐在所に連行され、若しくは答弁を強要されることはない。
4　警察官は、刑事訴訟に関する法律により逮捕されている者については、その身体について凶器を所持しているかどうかを調べることができる。
＊海上保安庁法＊
第14条　海上保安庁に海上保安官及び海上保安官補を置く。
②　海上保安官及び海上保安官補の階級は、政令でこれを定める。
③　海上保安官は、上官の命を受け、第2条第1項に規定する事務を掌る。
④　海上保安官補は、海上保安官の職務を助ける

578　各論第3編　第1章　公務の執行を妨害する罪

＊麻薬及び向精神薬取締法＊
（麻薬取締官及び麻薬取締員）
第54条　厚生労働省に麻薬取締官を置き、麻薬取締官は、厚生労働省の職員のうちから、厚生労働大臣が命ずる。
2　都道府県知事は、都道府県の職員のうちから、その者の主たる勤務地を管轄する地方裁判所に対応する検察庁の検事正と協議して麻薬取締員を命ずるものとする。
3　麻薬取締官の定数は、政令で定める。
4　麻薬取締官の資格について必要な事項は、政令で定める。
5　麻薬取締官は、厚生労働大臣の指揮監督を受け、麻薬取締員は、都道府県知事の指揮監督を受けて、この法律、大麻取締法、あへん法、覚せい剤取締法（昭和26年法律第252号）若しくは国際的な協力の下に規制薬物に係る不正行為を助長する行為等の防止を図るための麻薬及び向精神薬取締法等の特例等に関する法律（平成3年法律第94号）に違反する罪若しくは医薬品医療機器等法に違反する罪（医薬品医療機器等法第83条の9、第84条第25号（医薬品医療機器等法第76条の7第1項及び第2の規定に係る部分に限る。）及び第26号、第85条第6号、第9号及び第10号、第86条第1項第23号及び第24号並びに第87条第13号（医薬品医療機器等法第76条の8第1項の規定に係る部分に限る。）及び第15号（以下この項において「第83条の9等の規定」という。）並びに第90条（第83条の9等の規定に係る部分に限る。）の罪に限る。）、刑法（明治40年法律第45号）第2編第14章に定める罪又は麻薬、あへん若しくは覚醒剤の中毒により犯された罪について、刑事訴訟法（昭和23年法律第131号）の規定による司法警察員として職務を行う。
6　前項の規定による司法警察員とその他の司法警察職員とは、その職務を行なうにつき互に協力しなければならない。
7　麻薬取締官及び麻薬取締員は、司法警察員として職務を行なうときは、小型武器を携帯することができる。
8　麻薬取締官及び麻薬取締員の前項の武器の使用については、警察官職務執行法（昭和23年法律第136号）第7条の規定を準用する。

＊労働基準法＊
（監督機関の職員等）
第97条　労働基準主管局（厚生労働省の内部部局として置かれる局で労働条件及び労働者の保護に関する事務を所掌するものをいう。以下同じ。）、都道府県労働局及び労働基準監督署に労働基準監督官を置くほか、厚生労働省令で定める必要な職員を置くことができる。
②　労働基準主管局の局長（以下「労働基準主管局長」という。）、都道府県労働局長及び労働基準監督署長は、労働基準監督官をもってこれに充てる。
③　労働基準監督官の資格及び任免に関する事項は、政令で定める。
④　厚生労働省に、政令で定めるところにより、労働基準監督官分限審議会を置くことができる。
⑤　労働基準監督官を罷免するには、労働基準監督官分限審議会の同意を必要とする。
⑥　前2項に定めるもののほか、労働基準監督官分限審議会の組織及び運営に関し必要な事項は、政令で定める。

＊刑事収容施設及び被収容者等の処遇に関する法律＊
第290条　刑事施設の長は、刑事施設における犯罪（労役場及び監置場における犯罪を含む。次項において同じ。）について、刑事訴訟法の規定による司法警察員としての職務を行う。
2　刑事施設の職員（刑事施設の長を除く。）であって、刑事施設の長がその刑事施設の所在地を管轄する地方裁判所に対応する検察庁の検事正と協議をして指名したものは、刑事施設における犯罪について、法務大臣の定めるところにより、刑事訴訟法の規定による司法警察職員としての職務を行う。

務執行法第2条以下に、海上保安官、麻薬取締官、労働基準監督官、刑事施設職員等の犯罪捜査の権限は海上保安庁法14条等に、規定されている。しかし、警察官が法令違反者を説諭するような行為などは、その権限が法令に具体的に明示されていないが、法令の解釈上当然にその権限ありとされており、一般的権限内の行為である（分掌事務を円滑に遂行するため、これを阻害する要因を排除・是正することも、相当な範囲にとどまる限り、本来の職務に付随するものとして適法な職務とするものとして東京高判平27・7・7判時2318・154）。一般的権限さえあれば、内部的な事務分担とか受持区域を間違えていたような場合であっても、適法な職務の執行に当たる（大判昭8・6・17刑集12・817）。

2 具体的職務行為について法律上の要件を具備していること

これは、個々の具体的な行為が職務行為としての形式と実質とを備えていること、すなわち一定の処分をするようなときはその具体的条件が法令の定める要件に当てはまっていることである。例えば、警察官が現行犯人として人を逮捕するには刑事訴訟法第212条に定める現行犯の要件が備わっていなければならない。緊急逮捕をするには、一定の法定刑に当たる罪を犯したことを疑うに足りる十分な理由と裁判官に逮捕状を求めるいとまがない緊急性とがなければならない（刑訴法210条1項）。

もっとも、現行犯人と信じて捕えたが真犯人ではなかったという場合に、直ちにそれは不適法な職務執行として本罪不成立となるか、というと、必ずしもそうではない。その場の具体的状況下で社会通念に照らし現行犯と信じたことに相当の理由があると認められるときは、適法な公務の執行として保護される（最決昭41・4・14判時449・64（【実例】6の解説☞587頁参照））。これに反し誤認が明白であるような場合は、たとえ本人が適法と信じていても、上記の保護は与えら

＊刑事訴訟法＊

第210条　検察官、検察事務官又は司法警察職員は、死刑又は無期若しくは長期3年以上の懲役若しくは禁錮にあたる罪を犯したことを疑うに足りる充分な理由がある場合で、急速を要し、裁判官の逮捕状を求めることができないときは、その理由を告げて被疑者を逮捕することができる。この場合には、直ちに裁判官の逮捕状を求める手続をしなければならない。逮捕状が発せられないときは、直ちに被疑者を釈放しなければならない。

②　第200条の規定は、前項の逮捕状についてこれを準用する。

580 各論第3編 第1章 公務の執行を妨害する罪

れない。

3 一定の方式や手続きが有効要件（必要）とされる行為にあっては、それらを正しく踏んでいること

例えば、逮捕状を執行するに当たり、逮捕状を被疑者に示さず被疑事実も告げずに逮捕したような場合は、職務行為の適法性を欠くものとして本罪は成立しない（大阪高判昭32・7・22高刑集10・6・521等）。これらの方式をふむことは法律の絶対的な要請であるため、これらの方式を欠けば違法が大きくて公務員の職務の執行として保護することと矛盾するからである。しかし、方式の違反が軽微であるとき、例えば、逮捕状に記載の氏名が旧姓で書かれていたとか、捜索差押令状の場所の表示部分に場所の同一性に影響のない若干の誤りがあったなどというときは、執行の適法性に影響がないのは当然である（逮捕状の緊急執行で被疑事実の要旨を告げなかった場合も本条の保護を受けることにつき福岡高判昭27・1・19高刑集5・1・12）。

8 **公務執行に対する認識**

公務執行妨害罪は、もとより故意犯であるから、本罪が成立するためには、犯人において、相手方が公務を執行中の公務員であることの認識がなければならない。この認識を欠けば、単純な暴行や脅迫が成立するにすぎない。妨害の目的等は不要である（大判大5・10・9新聞1182・32）。

また、犯人において公務員が職務行為の執行に当たっていることの認識があれば足り、具体的にいかなる内容の職務の執行中であるかまで認識することを要しない（最判昭53・6・29刑集32・4・816（【実例】1の解説☞582頁参照））。公務の適法性に関する錯誤は、錯誤内容により法律の錯誤と事実の錯誤に分ける説が有力であるが、判例は法律の錯誤としているように思われる（大判昭7・3・24刑集11・296。封印等破棄につき最判昭32・10・3刑集11・10・2413）。

9 **職務強要**

公務員に、ある処分をさせ、若しくはさせないために、又はその職を辞めさせるために、暴行・脅迫を加えることである。

「**処分**」とは、公務員がその職務上行うことができる行為をいうが、その職務権

限内の行為でなくてもよく、また不適法な処分も含まれ、その公務員の職務に関係
ある処分であれば足りる（最判昭28・1・22刑集7・1・8等）。

　本罪の「**暴行**」・「**脅迫**」は一項の公務執行妨害罪のそれと同じである。本罪は
目的犯であり、所定の目的をもって暴行・脅迫を加えれば、直ちに成立する（大判
昭4・2・9刑集8・59）。

⑩　特別法

　政治的目的をもってする公務執行妨害の予備・せん動等につき破壊活動防止法
（40条3号）に、また集団的方法で本罪を犯させる目的をもってする利益供与な
どにつき暴力行為等処罰ニ関スル法律（3条2項）に、それぞれ特別の規定がある。

　公務執行中の公務員に対して、数人共同し、或いは多衆の威力を示し、暴行・脅
迫を加えたとき、暴力行為等処罰ニ関スル法律違反（1条）は公務執行妨害罪に吸
収されることになる。

☞【実例】1　（用便中に襲撃された派出所警察官）

　　　　　派出所勤務中の警察官がたまたま便所に入って用を足しているときに、過激
　　　　派学生が派出所を襲撃してきて投石し火炎びんを投げ込んだ。

＊破壊活動防止法＊
（政治目的のための騒乱の罪の予備等）
第40条　政治上の主義若しくは施策を推進し、支持し、又はこれに反対する目的をもって、左の各号の罪の
　予備、陰謀若しくは教唆をなし、又はこれらの罪を実行させる目的をもってするその罪のせん動をなした
　者は、3年以下の懲役又は禁こに処する。
　一　刑法第106条の罪
　二　刑法第125条の罪
　三　検察若しくは警察の職務を行い、若しくはこれを補助する者、法令により拘禁された者を看守し、若
　　しくは護送する者又はこの法律の規定により調査に従事する者に対し、凶器又は毒劇物を携え、多衆共
　　同してなす刑法第95条の罪
＊大正15年法律第60号（暴力行為等処罰ニ関スル法律）＊
第1条　団体若ハ多衆ノ威力ヲ示シ、団体若ハ多衆ヲ仮装シテ威力ヲ示シ又ハ兇器ヲ示シ若ハ数人共同シテ刑
　法（明治40年法律第45号）第208条、第222条又ハ第261条ノ罪ヲ犯シタル者ハ3年以下ノ懲役又ハ30
　万円以下ノ罰金ニ処ス
第3条　第1条ノ方法ニ依リ刑法第199条、第204条、第208条、第222条、第223条、第234条、第260条
　又ハ第261条ノ罪ヲ犯サシムル目的ヲ以テ金品其ノ他ノ財産上ノ利益若ハ職務ヲ供与シ又ハ其ノ申込若ハ
　約束ヲ為シタル者及情ヲ知リテ供与ヲ受ケ又ハ其ノ要求若ハ約束ヲ為シタル者ハ6月以下ノ懲役又ハ10万
　円以下ノ罰金ニ処ス
②　第1条ノ方法ニ依リ刑法第95条ノ罪ヲ犯サシムル目的ヲ以テ前項ノ行為ヲ為シタル者ハ6月以下ノ懲役
　若ハ禁錮又ハ10万円以下ノ罰金ニ処ス

〔解説〕

　　用便中は職務の執行中とはいえない、したがって、公務執行妨害罪は成立し

ない、といいうるか。職務の執行は、必ずしも、特定の個々の職務行為に就い

ていることを要するものではない。派出所において待機して警戒活動に従事中

の警察官が「待機」という職務に就いている場合はもとより、執務用の鉛筆を

削っているとか制服を着替えるなど勤務中に次の仕事の段取りや準備行為をし

ているのも職務に含まれないと不合理である。また、犯人たちが不意に侵入し

てきて抗議行動などに出たためその応待のために執務を一時中断しているとき

も職務執行中に当たるといわねばならないのは当然である（最判昭53・6・29

刑集32・4・816（④の解説☞575頁参照））。県議会委員会委員長が、昼食のた

め休憩を宣言し、審議を打ち切った直後であっても、委員長は、委員会の秩序

を保持するなどの職務を執行しているので、これに対する暴行は公務執行妨害

となる（最決平元・3・10刑集43・3・188（⑤の解説☞575頁参照））。警察署

内で勤務時間中に2、3時間の休憩仮眠に入った警察官に対する本罪の成立を否

定した下級裁判所の裁判例（大阪高判昭53・12・15高刑集31・3・333）があ

るが、休憩という形で待機しているものであるかぎり、極めて疑問である。

　　本問の用便中の如きは、職務執行中に当たるといわねばならない（大阪高判

昭51・7・14刑裁月報8・6＝8・332）。

☞【実例】2　（職務質問のため通行人の腕を掴まえた警察官）

　　挙動不審の通行人がいたので呼び止めて派出所まで任意動向を求めたところ

急に逃げ出したので、職務質問を継続するため約130メートル追跡し、その背

後から「どうして逃げるのだ」といって腕に手をかけて引き止めた。するとそ

の通行人が、「何をするのだ」と言って警察官に殴りかかり暴行を加えた。

〔解説〕

　　公務執行妨害罪の成立に必要な職務行為の適法性が問題点である。警察官職

務執行法では、職務質問のためには停止させて質問することができ、また派出

所等への同行を求めることができるとあるが（2条1項・2項（条文は☞577頁

参照））、その場合、刑事訴訟に関する法律の規定によらない限り身柄を拘束され

たり意に反して連行されたり答弁を強要されることはないとも規定している（2条3項）。このため、質問のため停止させたり、答弁を求める手段として実力行使がゆるされるか、どの程度ゆるされるかが絶えず問題となる。しかも、これらは、職務質問を受けたり、任意同行を求められた者が抵抗・反撃に出て警察官に乱暴した場合に公務執行妨害罪が成立するかどうかという場で問題となる。

　具体的状況の下において、何らかの犯罪を犯したか犯そうとしていると疑いをかける相当な事情があり、緊急性があるときは、必要やむをえない最小限度の有形力の行使は、犯罪の制圧・防止という公益の要請からして、やむをえないものとして許容されるといわねばならない。最高裁判所も、本件のような逮捕に至らない程度の有形力の行使は、適法な職務行為と認め、公務執行妨害罪の成立を認める（最決昭29・7・15刑集8・7・1137、最決平元・9・26判時1357・147（**7**の解説☞577頁**参照**）など）。

　また、所持品検査も、刑事訴訟法にいう捜索に至らない程度のもので、相手方の任意の同意を得て行う場合或いは相手方の不同意が表明されない場合、犯罪の予防・防止・制圧等の公益のために必要性があり緊急を要する情況下で手段が相当であれば、ある程度の実力行使も許容される。例えば、猟銃による銀行強盗犯人が逃走したため検問中、タクシー運転手の通報により、犯人の乗車している可能性のある車両を発見し、バッグ等の開披を求めたが、氏名等を黙秘し、開披を拒否したため、チャックを開け、大量の紙幣を発見した場合のチャックを開ける行為は適法とされている（最判昭53・6・20刑集32・4・670）。

☞**【実例】3　（自動車の窓から手を入れてスイッチを切り運転を制止した警察官）**

　甲の自動車の信号無視を現認した警察官Aは、甲を呼び止め免許証の提出を受けたが、パトカーまで任意同行を求めたところ甲は応ぜず、かつ酒の臭いがして酒気帯び運転の疑いも生じたので、Aが酒気検知もする旨告げたところ、甲は反抗的となり、Aから免許証を奪い取り、自動車を発進させようとした。そこで、Aは、車の窓から手を差し入れてエンジンキーを廻転してスイッチを切り甲の運転を制止した。甲は怒って、Aに対して暴行を加えた。

584　各論第3編　第1章　公務の執行を妨害する罪

〔解説〕

　　最高裁判所は、この事件に対し、Aの行為は、警職法2条1項（条文は☞577頁参照）の職務質問を行うため停止させる方法として必要かつ相当な行為であるのみならず、道交法67条3項に定めるところの、自動車運転者が酒気帯び運転をするおそれがあるとき交通の危険を防止するために採りうる必要な応急措置に当たるから、警察官の職務の執行として適法なものであり、これに対する暴行は公務執行妨害罪を成立させるとした（最決昭53・9・22刑集32・6・1774）。

　　これとは別の事件で、車外に特異な物を投げてゆく挙動不審な者が運転する自動車を、職務質問するため停止させるべく車のドアから身体を乗り入れてエンジンキーを外そうとしたり、ハンドルを掴んで道端に車を寄せようとした警察官に暴行を加えた事例についても、同様に警職法上の職務質問のため停止させる方法として適法性が認められている（東京高判昭54・7・9刑裁月報11・7＝8・753）。

☞【実例】 4 （エンプラ反対飯田橋事件）

　　米原子力空母エンタープライズ号の佐世保寄港に反対する中核派学生200人が東京都市ヶ谷の法政大学構内から出て手に手に角材の柄の付いたプラカードを持ち、無許可のデモ行進をして国電飯田橋駅に向かった。学生たちは東京駅

＊道路交通法＊
（危険防止の措置）
第67条　警察官は、車両等の運転者が第64条第1項、第65条第1項、第66条、第71条の4第3項から第6項まで又は第85条第5項から第7項（第2号を除く。）までの規定に違反して車両等を運転していると認めるときは、当該車両等を停止させ、及び当該車両等の運転者に対し、第92条第1項の運転免許証又は第107条の2の国際運転免許証若しくは外国運転免許証の提示を求めることができる。
　　（第2項省略）
3　車両等に乗車し、又は乗車しようとしている者が第65条第1項の規定に違反して車両等を運転するおそれがあると認められるときは、警察官は、次項の規定による措置に関し、その者が身体に保有しているアルコールの程度について調査するため、政令で定めるところにより、その者の呼気の検査をすることができる。
4　前3項の場合において、当該車両等の運転者が第64条第1項、第65条第1項、第66条、第71条の4第3項から第6項まで又は第85条第5項から第7項（第2号を除く。）までの規定に違反して車両等を運転するおそれがあるときは、警察官は、その者が正常な運転ができる状態になるまで車両等の運転をしてはならない旨を指示する等道路における交通の危険を防止するため必要な応急の措置をとることができる。
　　（罰則　第1項については第119条第1項第8号　第3項については第118条の2）

第1項　公務執行妨害罪・職務強要罪　585

を経て佐世保に向かう予定であった。飯田橋駅の手前で警視庁機動隊は、無届デモ規制の阻止線を張っていたところ、学生集団の先頭部分が、これに殴りかかった。

〔解説〕

差戻前の東京高裁は「学生たちのデモは、公共の秩序維持のため都条例によって解散させなければならないほど明らかに差し迫った不隠なものではなかった」、「警察の警備活動は、一部の学生の暴行を機に、集団全員を逮捕しようという意図があった疑いもあり、適法な職務行為ではない」という趣旨の判示をして、公務執行妨害罪の成立を認めなかったが、差戻後の東京高裁は「警告を無視して無許可のデモが行われた場合には、警察当局は、都公安条例に基づいて適正な是正措置を講じることができ、この事件での警官隊の阻止線形成行為は、違反行為を是正するため必要な限度でとられた適法な行為である」との趣旨を判示して、公務執行妨害罪の成立を認めた（東京高判昭55・2・4未登載）。また、犯人検挙のために、歩行中の集団を停止させることも適法な職務行為である（最決昭59・2・13刑集38・3・295）。

☞【実例】5　（庁舎管理権に基づく排除行為に対する反撃）

仲間が逮捕留置されたことを抗議する市民学生らが警察署に訪れて、庁舎内で大声を出し執務が妨げられるため、警察署長が抗議集団全員に退去を命じ、警察官が退去に応じない者に対し、退去命令の執行として肩や背中を押し腰をかかえたりして庁舎外に連れ出す実力行使をしていたところ、反抗的な1人が反撃に出て来て警察官に暴行を加えた。

〔解説〕

庁舎や施設の管理者側の意に反して立ち入り或いは立ち入ろうとする者を管理者側が排除し阻止しようとするのに対して暴行が加えられることがある。近時の判例は、庁舎や施設の管理者に庁舎・施設の管理権があること、この管理権に基づいて不当目的の立ち入りを阻止しうることや立ち退きを強制しうることを認めるとともに、この阻止や立退き強制には、必要最小限度の実力行使が許されるのであり、適法な行為であるから、これが公務員の行為である場合、

586　各論第3編　第1章　公務の執行を妨害する罪

これに反撃して暴行を加えれば、公務執行妨害罪が優に成立するとする（東京高判昭51・2・24東時27・2・18、東京高判昭52・11・30判時880・99等）。ただ、この場合、退去命令は、権限のある管理者名を明示するとともに、退去命令の対象者を特定して明示的に告知することを要するとする例のあることに注意すべきである。

☞【実例】6　（誤認逮捕された者の反撃）

　　巡査Ａ・Ｂが警ら中、甲が日本刀（仕込杖）を所持しているのを発見したので、甲を銃刀法違反の現行犯人として逮捕しようとしたところ、甲の仲間らしい乙が甲に近寄り甲から何か物を手渡された気配がしたので、Ｂ巡査が甲、乙2人の間に割り込んだ。すると乙の腹のあたりから拳銃がポトリと落ちてきたので、ＡＢ両巡査は甲乙をともに銃刀法違反の現行犯人と思い込み逮捕にかかったが、甲乙が反撃してＡＢに暴行を加えた。甲乙は、銃刀法違反と公務執行妨害罪の共同正犯として起訴された。後日、乙の銃刀法違反（拳銃不法所持）は無罪となり、乙は、無実な者に対する警察官の実力行使は急迫不正の侵害であり反撃は正当防衛で公務執行妨害罪も無罪であると争った。

〔解説〕

　　職務行為が適法性の要件を備えているかどうかは、何人の立場を標準として決すべきか。適法性の判断基準の問題である。

　　①　裁判所が法令を解釈して定めるところによる（**客観説**）。

　　②　当該公務員が適法と信じてなした行為であれば適法と解してよい（**主観説**）。

　　③　一般人の見解を標準とし、一般人の見解において一応公務員の職務執行行為とみとめられる場合であれば適法と解してよい（**折衷説**）。

のおよそ三つの考え方がある。

　　ところで、職務行為の適法性は、事後的に純客観的な立場から判断されるべきではなく、行為当時の状況に基づいて客観的、合理的に判断されるべきである。本件のような具体的情況下にあっては、たとえ乙の拳銃所持が銃刀法違反の罪の構成要件に該当しないとして事後的に裁判所によって無罪の判断を受

けたとしても、その当時の状況としては乙の上記の挙動は客観的にみて銃刀法違反（拳銃所持）の現行犯人と認めるに十分な理由があるものと認められるから、ＡＢ両巡査が乙を逮捕しようとした職務行為は適法であるといわねばならない（最決昭41・4・14判時449・64（⑦の2の解説☞579頁参照））。

本件では、乙は銃刀法違反では無罪であったがＡＢに対する暴行（公務執行妨害罪）では有罪となって確定した。

第2項　封印破棄罪

＊刑法等の一部を改正する法律（令和4年法律第67号）の施行後は、下線部分の（拘禁刑）（有期拘禁刑）等となる。

> （封印等破棄）
> 第96条　公務員が施した封印若しくは差押えの表示を損壊し、又はその他の方法によりその封印若しくは差押えの表示に係る命令若しくは処分を無効にした者は、3年以下の懲役又は250万円以下の罰金に処し、又はこれを併科する。
> 　　　　　（拘禁刑）

① 封　印

物に対する任意処分を禁止するために公務員が、その物の外装に施した閉じ封その他の物的設備をいう。債務者等が占有中の有体動産に対する差押や仮差押に際して、有体動産が入っている容器に封を施して、中味の処分を禁止する手段とする場合などがこれに当たる。

② 差押の表示

「差押」とは、公務員がその職務上保全すべき物を自己の占有に移す強制処分をいう。民事執行法（昭和54年の法改正により民事訴訟法から分離独立した強制執行法）にいう有体動産の差押（執行官が占有を取得する）のみならず、仮差押・仮処分で不動産の占有を執行官が取得する処分、家屋明渡しの強制執行において執行官が居住者の占有を解いて自己の占有に移す処分などのほか、国税徴収法による収税官吏の差押などもある。改正前の「標示」と「表示」は同義であり、差押が行われたことの表示は必ずしも封印の方法による場合ばかりではないので、刑法では差押の表示も、客体として規定している。「差押の表示」とは、差押という処分を

明白ならしめるため特に施した表示（貼り紙・立て札）のことである。公務員の占有に移さない、単に債務者の処分を禁止するだけのもの、すなわち民事執行法上の不動産や金銭債務の差押は、ここにいう差押に含まれない（大判大11・5・6刑集1・261）。

③ 損　壊

はぎ取って別の物に貼り付ける、破る、別の紙を上に糊づけして貼り付けるなど物質的に事実上の効力を失わせることである。

④ 命令・処分を無効にする

損壊以外の方法によって事実上封印・差押表示に係る命令・処分の効力を滅失又は減殺させることである。平成23年改正により封印等が除去されてしまったものの、封印等に表示された「**命令**」（裁判所の裁判に基づくもの）・「**処分**」（執行官や行政機関の行為として行われるもの）が有効である間にその実質的効力を滅失・減殺する行為を処罰することとされた。桶に穴をあけ中味の酒を流出させる（大判明44・7・10刑録17・1409）、搬出して売却してしまう（大判昭12・5・28刑集16・811）、差押されている劇場を勝手に使って映画興行をする（最決昭28・5・13裁判集80・495）、他人に賃貸して住まわせる（最判昭31・4・13刑集10・4・554）、などがこれに当たる。

⑤ 故　意

封印などが公務員の施したものであることを認識し、かつこれを損壊又は封印等に係る命令・処分を無効にすることの認識・認容が必要である。もし、第三者の行為や自然の力により、すでに封印や表示が失われてしまっていたときでも（この点、包装紙で覆われるなどしていても容易に除去でき、表示内容が明らかになるときは、なお有効な表示であることにつき、最決昭62・9・30刑集41・6・297）、行為者においてその物が差押されていることの認識があれば本罪は成立することになる。

⑥ その他

職業的に行われたものは96条の5（☞596頁**参照**）により、組織的に行われたものは組織犯罪処罰法3条（条文は☞167頁**参照**）により、それぞれ刑が加重される。

第３項　強制執行妨害目的財産損壊等罪

＊刑法等の一部を改正する法律（令和4年法律第67号）の施行後は、下線部分の（拘禁刑）（有期拘禁刑）等となる。

（強制執行妨害目的財産損壊等）

第96条の2　強制執行を妨害する目的で、次の各号のいずれかに該当する行為をした者は、3年以下の懲役若しくは250万円以下の罰金に処し、又はこれを
（拘禁刑）
併科する。情を知って、第3号に規定する譲渡又は権利の設定の相手方となった者も、同様とする。

　一　強制執行を受け、若しくは受けるべき財産を隠匿し、損壊し、若しくはその譲渡を仮装し、又は債務の負担を仮装する行為

　二　強制執行を受け、又は受けるべき財産について、その現状を改変して、価格を減損し、又は強制執行の費用を増大させる行為

　三　金銭執行を受けるべき財産について、無償その他の不利益な条件で、譲渡をし、又は権利の設定をする行為

① **強制執行**

　民事訴訟法（民事執行法）上の強制執行（担保権の実行を含むと解される）や仮差押・仮処分の執行、及び同法を準用して行う罰金・科料・没収等の執行（刑訴法490条）等をいう（担保権実行のための競売が本条の強制執行に当たることにつき最決平21・7・14刑集63・6・613）。国税徴収法による滞納処分は国税の債権実現手続であるので含まれるが（平成23年改正前の本条につき最決昭29・4・28刑集8・4・596は含まれないとしているが同改正によりこの判例の判断の枠組みは変更されたと考えられる）、刑事訴訟法99条等による差押、国税通則法132条（旧国税犯則取締法）の犯則調査としての差押は、含まれない。

　改正前の本罪は、国家作用としての強制執行の機能を保護するとともに、その基本となる債権者の権利をも保護しようとするものであって、強制執行の一部又は全部が行われたことも、強制執行を現に免れたことも要しないが（最決昭35・4・28刑集14・6・836）、現実に強制執行を受けるおそれのある状況下で、これを免れ

590 各論第3編 第1章 公務の執行を妨害する罪

る目的で行われることが必要であり、かつ、基本となる債権が存在しなければならないとされている（最判昭35・6・2刑集14・8・1103）。しかし、本罪は公務執行妨害の一類型であり、妨害する目的で足りる上、保全処分が含まれることから、本案訴訟での確定勝訴判決が必要とすると疑問がある。

② 行為者

債務者のほか第三者でもよい（大判昭18・5・8刑集22・130）。

③ 隠 匿

財産の発見を不能又は困難にすることであり（大阪高判昭32・12・18裁特4・23・637）、所有関係を不明にすること（最判昭39・3・31刑集18・3・115、東京高判平17・12・28判タ1227・132）も含まれる（実態のない別会社の口座に

＊民事執行法＊
（趣旨）
第1条　強制執行、担保権の実行としての競売及び民法（明治29年法律第89号）、商法（明治32年法律第48号）その他の法律の規定による換価のための競売並びに債務者の財産の開示（以下「民事執行」と総称する。）については、他の法令に定めるもののほか、この法律の定めるところによる。
（執行機関）
第2条　民事執行は、申立てにより、裁判所又は執行官が行う。
（執行裁判所）
第3条　裁判所が行う民事執行に関してはこの法律の規定により執行処分を行うべき裁判所をもつて、執行官が行う執行処分に関してはその執行官の所属する地方裁判所をもつて執行裁判所とする。
＊刑事訴訟法＊
第99条　裁判所は、必要があるときは、証拠物又は没収すべき物と思料するものを差し押えることができる。但し、特②項の定のある場合は、この限りでない。
　　　　（第②項～第③項省略）
第490条　罰金、科料、没収、追徴、過料、没取、訴訟費用、費用賠償又は仮納付の裁判は、検察官の命令によつてこれを執行する。この命令は、執行力のある債務名義と同一の効力を有する。
②　前項の裁判の執行は、民事執行法（昭和54年法律第4号）その他強制執行の手続に関する法令の規定に従つてする。ただし、執行前に裁判の送達をすることを要しない。
＊国税通則法＊
（臨検、捜索又は差押え等）
第132条　当該職員は、犯則事件を調査するため必要があるときは、その所属官署の所在地を管轄する地方裁判所又は簡易裁判所の裁判官があらかじめ発する許可状により、臨検、犯則嫌疑者等の身体、物件若しくは住居その他の場所の捜索、証拠物若しくは没収すべき物件と思料するものの差押え又は記録命令付差押え（電磁的記録を保管する者その他電磁的記録を利用する権限を有する者に命じて必要な電磁的記録を記録媒体に記録させ、又は印刷させた上、当該記録媒体を差し押さえることをいう。以下同じ。）をすることができる。ただし、参考人の身体、物件又は住居その他の場所については、差し押さえるべき物件の存在を認めるに足りる状況のある場合に限り、捜索をすることができる。
　　　　（第2項～第7項省略）

賃料を振り込ませた事案につき最決平23・12・6判時2154・138)。

④ **譲渡の仮装**

　真実は譲渡する意思等がないのに、相手方（譲受人）と通謀するなどして表面の形式だけ譲渡が行われたように財産の名義を変更することである。債務者との通謀等のない第三者の行為を含めるため「譲渡を仮装し」と平成23年改正で改められた。譲渡は有償、無償を問わず、会社への出資も含む。

⑤ **債務負担の仮装**

　強制執行が実行されて配当が行われるとき特定の者に配当要求させるべく、その者に対して真実は債務を負っていないのに債務があるように借用証を作成したり抵当権を設定したりして表面だけ装うことをいう。平成23年改正で「仮装の債務を負担し」を「**債務の負担を仮装し**」と改められたのは譲渡同様、債務者との通謀等のない第三者の虚偽の主張を含めるためである。

⑥ **現状改変**

　改正前は、強制執行の目的財産の損壊は処罰対象であったが、損壊とはいえないものの無用の増改築、廃棄物等の大量搬入などにより、目的財産の物的状況を変化させ、対象財産の価値を減損させたり、除去に過大な費用を要する状態を作り出して費用倒れにさせるなどの妨害行為は対象外であった。2号はこのような行為についても処罰対象とすることとされたものである。

⑦ **不利益条件での譲渡・権利設定**

　仮装譲渡等ではないものの、無償その他不利益な条件での真実の譲渡や地上権等の権利設定による妨害行為についても処罰対象とすることとされたものである。「**金銭執行**」とは、金銭債権についての強制執行のことであり、民事執行法の「金銭の支払を目的とする債権についての強制執行」、担保権実行としての競売手続、民事保全法上の仮差押手続、さらに金銭債権の充足を目的として行われるこれらに準じる手続も含まれる。なお、差押後に行われた目的財産の譲渡等は差押債権者に対抗できないため、「**金銭執行を受けるべき財産**」を客体としている。

　また、真実の譲渡等であるので相手方が存在するため、情を知って相手方となった者も処罰されることを明らかにしている（本文後段）。

592　各論第3編　第1章　公務の執行を妨害する罪

8　特別法

　　破産法265条（条文は☞26頁参照）、民事再生法255条、会社更生法266条等に

　対象財産の隠匿、損壊等を処罰する規定が、刑法96条の5（☞596頁参照）及び組

　織的犯罪処罰法3条（条文は☞167頁参照）に本罪の加重規定が、それぞれ設けら

　れている。

＊民事再生法＊
（詐欺再生罪）
第255条　再生手続開始の前後を問わず、債権者を害する目的で、次の各号のいずれかに該当する行為をし
　た者は、債務者について再生手続開始の決定が確定したときは、10年以下の懲役若しくは1000万円以下
　の罰金に処し、又はこれを併科する。情を知って、第4号に掲げる行為の相手方となった者も、再生手続開
　始の決定が確定したときは、同様とする。
　一　債務者の財産を隠匿し、又は損壊する行為
　二　債務者の財産の譲渡又は債務の負担を仮装する行為
　三　債務者の財産の現状を改変して、その価格を減損する行為
　四　債務者の財産を債権者の不利益に処分し、又は債権者に不利益な債務を債務者が負担する行為
2　前項に規定するもののほか、債務者について管理命令又は保全管理命令が発せられたことを認識しなが
　ら、債権者を害する目的で、管財人の承諾その他の正当な理由がなく、その債務者の財産を取得し、又は
　第三者に取得させた者も、同項と同様とする。
＊会社更生法＊
（詐欺更生罪）
第266条　更生手続開始の前後を問わず、債権者、担保権者（株式会社の財産につき特別の先取特権、質
　権、抵当権又は商法 若しくは会社法の規定による留置権を有する者をいう。以下この章において同じ。）又
　は株主を害する目的で、次の各号のいずれかに該当する行為をした者は、株式会社について更生手続開始の
　決定が確定したときは、10年以下の懲役若しくは1000万円以下の罰金に処し、又はこれを併科する。情を
　知って、第4号に掲げる行為の相手方となった者も、更生手続開始の決定が確定したときは、同様とする。
　一　株式会社の財産を隠匿し、又は損壊する行為
　二　株式会社の財産の譲渡又は債務の負担を仮装する行為
　三　株式会社の財産の現状を改変して、その価格を減損する行為
　四　株式会社の財産を債権者、担保権者若しくは株主の不利益に処分し、又は債権者、担保権者若しくは
　　株主に不利益な債務を株式会社が負担する行為
2　前項に規定するもののほか、株式会社について更生手続開始の決定がされ、又は保全管理命令が発せられ
　たことを認識しながら、債権者、担保権者又は株主を害する目的で、管財人の承諾その他の正当な理由が
　なく、その株式会社の財産を取得し、又は第三者に取得させた者も、同項と同様とする。

第4項　強制執行行為妨害等罪

＊刑法等の一部を改正する法律（令和4年法律第67号）の施行後は、下線部分の（拘禁刑）（有期拘禁刑）等となる。

（強制執行行為妨害等）

第96条の3　偽計又は威力を用いて、立入り、占有者の確認その他の強制執行の行為を妨害した者は、3年以下の懲役若しくは250万円以下の罰金に処し、（拘禁刑）又はこれを併科する。

2　強制執行の申立てをさせず又はその申立てを取り下げさせる目的で、申立権者又はその代理人に対して暴行又は脅迫を加えた者も、前項と同様とする。

1　**立法趣旨**

本条は、平成23年改正で新設された規定であり、強制執行の進行を妨害する行為であって、執行官・債権者等の人に向けられたものを処罰しようとするものである。

2　**偽計・威力**

業務妨害（233条、234条（☞262・264頁**参照**））におけるそれと同義である。執行官等の公務員に向けられた妨害行為について公務執行妨害罪（95条）が成立する場合があるが、暴行・脅迫（第1項6☞575頁**参照**）に当たらない方法による妨害事案、例えば、明渡執行等の対象となっている保冷倉庫内を調査中に電源を遮断して真っ暗にする、建物敷地内に猛犬を放し飼いにする、出入り口の鍵穴に接着剤を入れて塞ぐ、実際の占有者と債務名義に示された強制執行の名宛人の同一性確認を妨げるなど様々な妨害事案が本罪に当たることになる。

3　**強制執行の行為**

強制執行の現場における執行行為のことであり、例えば、民事執行法等の規定に基づく執行官の執行行為としての立入り、占有者確認などがこれに当たる。なお、執行裁判所の裁判作用はこれに当たらないと解されている。

4　**暴行・脅迫**

債権者等に脅迫を加えて申立てを取り下げさせる場合、改正前でも強要罪や威力業務妨害が成立する場合があり得たが、強要罪の脅迫は害悪の告知内容が被害者自

594　各論第3編　第1章　公務の執行を妨害する罪

身又はその親族の生命、身体、自由等に関するものに限定されており（222条（☞220頁**参照**））、強要罪が既遂となるには被害者に義務のないことを行わせ、又は権利の行使を妨害したことが必要になる（223条（☞222頁**参照**））。また、業務妨害罪であれば、強制執行の申立てが業務として行われなければならない。

　本条2項は、脅迫の内容が知人、法人に向けられているなど強要罪の脅迫に当たらない場合でも、また申立てが業務として行われたものでなくともこれを保護することとし、同項に規定する目的で暴行・脅迫が行われた時点で既遂となる強制執行妨害罪を規定したものである。

⑤　**特別規定**

　職業的なものは96条の5（☞596頁**参照**）に、組織的なものについては組織的犯罪処罰法3条（条文は☞167頁**参照**）に、それぞれ刑の加重規定が設けられている。

第5項　強制執行関係売却妨害罪

＊刑法等の一部を改正する法律（令和4年法律第67号）の施行後は、下線部分の（拘禁刑）（有期拘禁刑）等となる。

（強制執行関係売却妨害）

第96条の4　偽計又は威力を用いて、強制執行において行われ、又は行われるべき売却の公正を害すべき行為をした者は、3年以下の<u>懲役</u>若しくは250万円以

（拘禁刑）
下の罰金に処し、又はこれを併科する。

---

① **立法趣旨**

　本条は、競売等妨害（改正前96条の3）のうち強制執行に関するものを取り出して規定し、これを拡充したものであり、平成23年改正で設けられた。特に、改正前の競売等妨害罪においては、公の権限ある機関による競売開始決定がなされた後でなければ犯罪が成立しないとされていたが（最判昭41・9・16刑集20・7・790）、今回の改正により、「**強制執行において行われるべき売却の公正**」と規定することで、競売開始決定前の妨害行為も処罰対象とされることとなった。

② **売　却**

　民事執行法では、財産の換価手続が入札又は競り売りに限定されていないことか

第5項　強制執行関係売却妨害罪　595

ら（民事執行法64条2項。なお、国税徴収法94条は公売方法として入札・競り売りを規定するが、同法109条の随意契約による売却もあり得る。）、「入札又は競売」を「売却」と改正することとされたものである。例えば、内容虚偽の賃貸借契約書写しの提出は偽計に当たり（最決平10・7・14刑集52・5・343）、落札後、威力を用いて取得の断念を要求するのも本罪が成立する（最決平10・11・4刑集52・8・542（第7項②③の解説☞598頁参照））。

③　その他

「談合」（第7項⑥の解説☞598頁参照）については、「偽計」によりその売却の公正を妨げる行為をしたものとして本条により処罰されることになる。なお、競売手続が進行している限り、公訴時効（刑訴法253条1項）は進行しないことがある（最決平18・12・13刑集60・10・857（第7項②の解説☞598頁参照））。

④　特別規定

職業的なものは96条の5に、組織的なものは組織犯罪処罰法3条（条文は☞167頁参照）に、それぞれ刑の加重規定が設けられている。

＊民事執行法＊
（売却の方法及び公告）
第64条　不動産の売却は、裁判所書記官の定める売却の方法により行う。
2　不動産の売却の方法は、入札又は競り売りのほか、最高裁判所規則で定める。
　　　（第3項～第7項省略）
＊国税徴収法＊
（公売）
第94条　税務署長は、差押財産を換価するときは、これを公売に付さなければならない。
2　公売は、入札又はせり売の方法により行わなければならない。
（随意契約による売却）
第109条　次の各号の一に該当するときは、税務署長は、差押財産を、公売に代えて、随意契約により売却することができる。
　一　法令の規定により、公売財産を買い受けることができる者が1人であるとき、その財産の最高価額が定められている場合において、その価額により売却するとき、その他公売に付することが公益上適当でないと認められるとき。
　二　取引所の相場がある財産をその日の相場で売却するとき。
　三　公売に付しても入札等がないとき、入札等の価額が見積価額に達しないとき、又は第115条第4項（売却決定の取消）の規定により売却決定を取り消したとき。
　　　（第2項～第4項省略）
＊刑事訴訟法＊
第253条　時効は、犯罪行為が終つた時から進行する。
②　共犯の場合には、最終の行為が終つた時から、すべての共犯に対して時効の期間を起算する。

596　各論第3編　第1章　公務の執行を妨害する罪

第6項　加重封印等破棄罪等

＊刑法等の一部を改正する法律（令和4年法律第67号）の施行後は、下線部分の（拘禁刑）（有期拘禁刑）等となる。

（加重封印等破棄等）

第96条の5　報酬を得、又は得させる目的で、人の債務に関して、第96条から前条までの罪を犯した者は、5年以下の懲役若しくは500万円以下の罰金に処
（拘禁刑）
し、又はこれを併科する。

1　立法趣旨

　　職業的に行われる強制執行妨害事案、すなわち、報酬目的で他人の強制執行に介入するものについて刑を加重することとされたものである。

　　そのため「**報酬を得、又は得させる目的で**」（薬物事犯の営利目的のように自己利得が目的である場合に限られないことを念のため規定し、明らかにしている。）、「**他人の債務に関し**」96条から96条の4の罪を行った場合に刑を加重している。

第7項　公契約関係競売等妨害罪

＊刑法等の一部を改正する法律（令和4年法律第67号）の施行後は、下線部分の（拘禁刑）（有期拘禁刑）等となる。

（公契約関係競売等妨害）

第96条の6　偽計又は威力を用いて、公の競売又は入札で契約を締結するためのものの公正を害すべき行為をした者は、3年以下の懲役若しくは250万円以
（拘禁刑）
下の罰金に処し、又はこれを併科する。

2　公正な価格を害し又は不正な利益を得る目的で、談合した者も、前項と同様とする。

1　公の競売・入札

　　「**公の**」とは、国・地方公共団体のほか地方公営企業、道路公団などの公共企業体が実施するものであることを意味する。

　　「**競売**」とは、競り売りのことである。平成23年改正により、民事執行法（昭和

54年法改正）に定める競売、特別売却（札幌高判平13・9・25判タ1086・313）や企業担保法に定める一括競売等のみならず国税徴収法に定める公売も、96条の4等によって処罰されることになると解される。

「**入札**」とは、会計法や地方自治法による競争入札（例、市町村が発注する土木建築工事請負に関する土建業者の入札など）に際し（権限ある機関が入札に付するべき旨決定すれば足りるが、入札の体裁を整えただけで現実には入札と目すべき行為が行われなかった場合には入札が否定されることにつき最判昭41・9・16刑集20・7・790）、入札に加わる多数の者のうち入札施行者にとって最も有利な申出をした者を相手として契約を締結するために、参加者各自から書面で契約内容を表示させることをいう。一般競争入札のみならず、指名競争入札を含む（福岡高判昭29・11・25裁特1・11・494、東京高判昭40・5・28高刑集18・4・273）。

落札者の決定が、入札価格のみでなく、その他の条件（工事請負契約では工事施行能力など）も加味して行われる場合でも、競争入札の実質を備える以上、入札に含まれる（最判昭33・4・25刑集12・6・1180）。

2 **偽計・威力**

信用毀損罪・業務妨害罪（233条）及び威力業務妨害罪（234条）にいう「**偽計**」、「**威力**」と同じである（☞262頁・264頁**参照**）。例えば、特定の入札者に予定価格を内報したり（最決昭37・2・9刑集16・2・54。積算根拠の非公開情報の提供につき大阪高判令元年・7・30判時2454・9）、特定業者に落札させるため、

＊会計法＊
第29条の3　契約担当官及び支出負担行為担当官（以下「契約担当官等」という。）は、売買、貸借、請負その他の契約を締結する場合においては、第3項及び第4項に規定する場合を除き、公告して申込みをさせることにより競争に付さなければならない。
　　　　（第②項～第⑤項省略）
第29条の5　第29条の3第1項、第3項又は第5項の規定による競争（以下「競争」という。）は、特に必要がある場合においてせり売りに付するときを除き、入札の方法をもつてこれを行なわなければならない。
　　　　（第②項省略）
＊地方自治法＊
（契約の締結）
第234条　売買、貸借、請負その他の契約は、一般競争入札、指名競争入札、随意契約又はせり売りの方法により締結するものとする。
　　　　（第2項～第6項省略）

598　各論第3編　第1章　公務の執行を妨害する罪

その入札価格を増額訂正する（甲府地判昭43・12・18下刑集10・12・1239）の
は「**偽計**」に当たる。「**威力**」には、暴行脅迫を含むものであり、落札後に威力を
用いて取得を断念させる行為も本罪に当たり得る（最決平10・11・4刑集52・8・
542（第5項**2**の解説☞595頁**参照**））。なお、裁判所執行官に虚偽事実を説明する
などした場合、同説明等に基づく競売手続が進行する限り、刑訴法253条1項（条
文☞575頁**参照**）の「犯罪行為が終った時」には至らず、本罪の公訴時効は進行し
ない（最決平18・12・13刑集60・10・857（第5項**3**の解説☞595頁**参照**））。

3　公正を害すべき行為

公の競売や入札に最も重要な意味をもつ自由競争に不当な影響を及ぼすべき行為
をいう。このうち談合行為には2項が独立して適用される。現実に公正を害さなく
ても本罪は成立する（最決昭58・5・9刑集37・4・401（【実例】の解説☞600頁**参
照**））。入札のみならず、開札が終了しても本罪は成立し得る（開札終了後、買受人
に威力を用いて所有権取得の断念を迫る行為につき最決平10・11・4前掲☞**2**参
照）。

4　公正な価格

「**公正な価格**」とは、競売・入札により公正な自由競争が行われたならば形成
されたであろう競落価格・落札価格を意味する（最判昭32・7・19刑集11・7・
1966等）。「**公正な価格を害する**」とは、この競争価格、落札価格をことさら引き
上げ又は引き下げることをいい、そのような意図をもって行われることを要する。

5　不正な利益

談合によって得る金銭その他の経済的利益であって、社会通念上いわゆる祝儀の
域を超えた、不当に高額のものをいうとされている（最判昭32・1・22刑集11・
1・50）。

6　談合

「**談合**」とは、競買人同士、入札参加者同士で予め相談し合い、その中の一人が
競落者・落札者となるよう合意協定すること（他の者は一定の価格以上又は以下に
付置、入札しないよう話し合うこと）をいう。談合者の得る利益が、いわゆる祝儀
の程度を超え、不当に高額である場合（最判昭32・1・22前掲）のように社会通

念上不当な額と思われる経済的利益を得る目的（不正の利益を得る目的）によるときは、公正な価格を現実に害しなくとも本罪は成立する。「談合」は、いわば偽計の典型例の一つであるので強制執行関係の「談合」は96条の4の「**偽計**」に当たる（第5項**3**☞595頁**参照**）。なお、入札が不調となっても談合罪の成否には関係しない（最判昭33・4・25刑集12・6・1180前掲**1**の解説☞597頁**参照**）。

7 特別法

独占禁止法では、自由経済秩序等を保護するため、不当な取引制限が処罰され、その一類型として談合協定の類も含まれる。同法では公の競売等に限定されず、公正な価格を害する等の目的も不要であるが、一定の取引分野における競争を実質的に制限するものであることが、必要とされる（独禁法89条等）。

☞**【実例】**

甲は、ある地方都市の土建業者であり、その町の業者仲間のボス的存在で暴力団とも関係がある男であるが、町が、ある町立小学校の体育館の新築工事の発注に関して入札を行おうとした際、業者Aが「自分はどうしてもあの工事を請負いたい」として入札に際しては相当低い価格の札を入れたい旨の意向を洩らしたのに対し、「これまで同業者仲間で一応順番に落札してきたのだし、今度は乙が落とす番だ。だいたいの話は、みんなでついているようなものだ。お前が、ひとりでそんなことをしたら、町には居れないようにしてやるぞ。おれが

＊昭和22年法律第54号（私的独占の禁止及び公正取引の確保に関する法律）＊
第3条 事業者は、私的独占又は不当な取引制限をしてはならない。
第6条 事業者は、不当な取引制限又は不公正な取引方法に該当する事項を内容とする国際的協定又は国際的契約をしてはならない。
第8条 事業者団体は、次の各号のいずれかに該当する行為をしてはならない。
　一　一定の取引分野における競争を実質的に制限すること。
　二　第6条に規定する国際的協定又は国際的契約をすること。
　三　一定の事業分野における現在又は将来の事業者の数を制限すること。
　四　構成事業者（事業者団体の構成員である事業者をいう。以下同じ。）の機能又は活動を不当に制限すること。
　五　事業者に不公正な取引方法に該当する行為をさせるようにすること。
第89条 次の各号のいずれかに該当するものは、5年以下の懲役又は500万円以下の罰金に処する。
　一　第3条の規定に違反して私的独占又は不当な取引制限をした者
　二　第8条第1号の規定に違反して一定の取引分野における競争を実質的に制限したもの
　②　前項の未遂罪は、罰する。

600　各論第3編　第1章　公務の執行を妨害する罪

どういう人間か、お前知っているだろう」などと言って脅かしたため、Aは、自分の考えをあきらめてしまい甲の意向に沿った入札をしたが、甲が別件の恐喝事件で逮捕されたのをきっかけとして同事件を警察に訴えた。

〔解説〕

業者Aは、入札の自由競争を求めていたのに対し、甲はこれを脅迫して妨害したもので、威力を用いて公の入札の公正を害すべき行為をしたということができ、競売入札妨害罪（改正前の96条ノ3第1項）が成立する（最決昭58・5・9前掲③の解説☞598頁参照）。

第2章　逃走の罪

　本章の罪は、国家権力による拘禁作用を保護法益とする。97条、98条は被拘禁者自身が逃走するのを処罰し、99条ないし101条では被拘禁者を逃走させた者を処罰する。なお、令和5年法律第28号（令和5年5月17日施行）により、逃走罪の被拘禁者は全て「法令により拘禁された者」（従前の99条ないし101条）に統一されている。

第1項　単純逃走罪

＊刑法等の一部を改正する法律（令和4年法律第67号）の施行後は、下線部分の（拘禁刑）（有期拘禁刑）等となる。

（逃走）

第97条　法令により拘禁された者が逃走したときは、3年以下の<u>懲役</u>に処す
（拘禁刑）
る。

（未遂罪）

第102条　この章の罪の未遂は、罰する。

① 法令により拘禁された者

　令和5年法改正(令和5年法律第28号)により、「裁判の執行により拘禁された既決又は未決の者」から「法令により拘禁された者」に改正された。

　また、改正前の「裁判の執行により拘禁された者」とは、懲役刑・禁錮刑・拘留刑の判決が確定して受刑中の者及び死刑執行まで拘置されている者をいう。刑の執行猶予が取り消されたため受刑した者はもとより、罰金・科料の換刑処分として労役場に留置中の者を含む。

602　各論第3編　第2章　逃走の罪

　また、改正前の「裁判の執行により拘禁された未決の者」とは、被疑者（捜査段階）又は被告人（起訴後）として勾留状により拘置されているものをいう。鑑定留置中の者を含む。勾引状が執行されただけとか現行犯として逮捕されただけで、いまだ勾留されていないものは、改正前の97条にいう未決の者に当たらない。いったん収容したうえは、移送や出廷の途中又は構外作業・解放施設で労働中あるいは病院移送に付された者（刑事収容施設法201条2項）など刑事収容施設内にいない場合も本条の客体であるが、収容状・勾留状の執行を受けたものの、いまだ収容の開始されない者は、これに当たらない。裁判例においても、未決勾留中の被告人で鑑定留置に付された者も勾留執行中の者の拘禁状態と同等であるとして未決の囚人に当たるとされている（仙台高判昭33・9・24高刑集11追録1）。刑事収容施設には「**刑事施設**」と「**留置施設**」が含まれるが、「**少年院**」は、矯正教育を授ける施設であって刑事収容施設ではない。これに対し、勾留に関しては、「**少年鑑別所**」は刑事施設に準じて考えるべきであろう。

　令和5年法改正（令和5年法律第28号）により、逮捕中に逃走した者等も主体に含め、法定刑が1年以下の懲役から3年以下の懲役に引き上げられた。「**法令により拘禁された者**」については、99条の**1**の解説参照のこと（☞606頁）。

2　逃　走

　拘禁から離脱すること。看守者の実力的支配を脱したとき既遂となる。居室から脱出すれば逃走の着手があるといえる（仙台高判昭24・9・24裁判特報5・31）。刑事施設の外壁内はもとより外壁を越えても追跡を受けている間は既遂といえない（福岡高判昭29・1・12高刑集7・1・1）。

＊刑事収容施設及び被収容者等の処遇に関する法律＊

（診療等）

第201条　留置業務管理者は、被留置者が次の各号のいずれかに該当する場合には、速やかに、当該留置業務管理者が委嘱する医師等による診療を行い、その他必要な医療上の措置を執るものとする。ただし、第1号に該当する場合において、その者の生命に危険が及び、又は他人にその疾病を感染させるおそれがないときは、その者の意思に反しない場合に限る。

一　負傷し、若しくは疾病にかかっているとき、又はこれらの疑いがあるとき。

二　飲食物を摂取しない場合において、その生命に危険が及ぶおそれがあるとき。

2　留置業務管理者は、前項の規定により診療を行う場合において、被留置者を病院又は診療所に通院させ、やむを得ないときは被留置者を病院又は診療所に入院させることができる。

③ 処 罰

　令和5年法改正（令和5年法律第28号）により、上記のとおり法定刑の上限が引き上げられた。未遂も処罰される（102条）。

　天災事変に際して解放された被収容者が避難を必要とする状況がなくなった後速やかに指定された場所に出頭しないときは本罪同様に処罰する特別規定がある（刑事収容施設法293条1項）。

第2項　加重逃走罪

＊刑法等の一部を改正する法律（令和4年法律第67号）の施行後は、下線部分の（拘禁刑）（有期拘禁刑）等となる。

> （加重逃走）
>
> **第98条**　前条に規定する者が拘禁場若しくは拘束のための器具を損壊し、暴行若しくは脅迫をし、又は2人以上通謀して、逃走したときは、3月以上5年以下の<u>懲役</u>に処する。
> 　　　　　（拘禁刑）

① 前条に規定する者

　97条に規定する**「法令により拘禁された者」**を指す。本条は、97条の単純逃走罪の加重類型を規定したものである。

　令和5年法改正（令和5年法律第28号）による改正前の「勾引状の執行を受けた者」の「勾引」とは、被告人につき刑訴法58条、68条の場合、証人につき同法152条の場合があるが、ここに言う**「勾引状」**とは、逮捕状をも含む趣旨であり、逮捕状の執行を受けた者（緊急逮捕された者につき逮捕状発付後の拘束）にも本罪の適用がある（東京高判昭33・7・19高刑集11・6・347）。現行犯逮捕されたがまだ勾留されない者や緊急逮捕されたが逮捕状の発付されていない者は含まれない。

② 拘禁場・拘束のための器具の損壊

　「拘禁場」とは刑事施設や留置施設（警察）などをいい、**「拘束のための器具」**とは、改正前の「械具」と同義であり、手錠や捕縄（ほじょう）などをいう。**「損壊」**とは物質的にこわすことである（手錠を壊すことなく外して、投棄しても損壊ではないとした例として、広島高判昭31・12・25高刑集9・12・1336）。

604　各論第3編　第2章　逃走の罪

③　暴行・脅迫

公務執行妨害罪（95条）にいう「**暴行**」・「**脅迫**」と同じである（第1章第1項⑥☞575頁**参照**）。看守者に対して向けられたものに限らず、看守者に協力する者に対して行われたものも逃走の手段とされているものであれば含まれる。

暴行・脅迫が行われた場所は刑事施設・留置施設に限定されないから、公判審理

＊刑事収容施設及び被収容者等の処遇に関する法律＊
（災害時の避難及び解放）
第83条　刑事施設の長は、地震、火災その他の災害に際し、刑事施設内において避難の方法がないときは、被収容者を適当な場所に護送しなければならない。
2　前項の場合において、被収容者を護送することができないときは、刑事施設の長は、その者を刑事施設から解放することができる。地震、火災その他の災害に際し、刑事施設の外にある被収容者を避難させるため適当な場所に護送することができない場合も、同様とする。
3　前項の規定により解放された者は、避難を必要とする状況がなくなった後速やかに、刑事施設又は刑事施設の長が指定した場所に出頭しなければならない。
（災害時の避難及び解放）
第215条　留置業務管理者は、地震、火災その他の災害に際し、留置施設内において避難の方法がないときは、被留置者を適当な場所に護送しなければならない。
2　前項の場合において、被留置者を護送することができないときは、留置業務管理者は、その者を留置施設から解放することができる。地震、火災その他の災害に際し、留置施設の外にある被留置者を避難させるため適当な場所に護送することができない場合も、同様とする。
3　前項の規定により解放された者は、避難を必要とする状況がなくなった後速やかに、留置施設又は留置業務管理者が指定した場所に出頭しなければならない。
第293条　第83条第2項（第288条及び第289条第1項において準用する場合を含む。）の規定により解放された被収容者（刑法第97条に規定する者に該当するものに限る。）、労役場留置者又は監置場留置者が、第83条第3項（第288条及び第289条第1項において準用する場合を含む。）の規定に違反して刑事施設又は指定された場所に出頭しないときは、1年以下の懲役に処する。
2　刑事施設に収容されている受刑者が次の各号のいずれかに該当する場合も、前項と同様とする。
　一　外部通勤作業の場合において、そのための通勤の日を過ぎて刑事施設に帰着しないとき。
　二　第106条第1項の規定による外出又は外泊の場合において、その外出の日又は外泊の期間の末日を過ぎて刑事施設に帰着しないとき。
3　第215条第2項の規定により解放された被留置者（刑法第97条に規定する者に該当するものに限る。）が、第215条第3項の規定に違反して留置施設又は指定された場所に出頭しないときも、第1項と同様とする。
＊刑事訴訟法＊
第58条　裁判所は、次の場合には、被告人を勾引することができる。
　一　被告人が定まつた住居を有しないとき。
　二　被告人が、正当な理由がなく、召喚に応じないとき、又は応じないおそれがあるとき。
第68条　裁判所は、必要があるときは、指定の場所に被告人の出頭又は同行を命ずることができる。被告人が正当な理由がなくこれに応じないときは、その場所に勾引することができる。この場合には、第59条の期間は、被告人をその場所に引致した時からこれを起算する。
第152条　裁判所は、証人が、正当な理由がなく、召喚に応じないとき、又は応じないおそれがあるときは、その証人を勾引することができる。

のため裁判所の法廷に看守者に護られ出廷中に逃走を企てて暴行・脅迫を加えた場合も、本罪が成立する。

4 結合犯

　次に述べる「2人以上通謀して逃走」を除いて、本罪は、「**拘禁場や拘束のための器具の損壊**」をして「**逃走した**」、あるいは、「**暴行・脅迫**」をして「**逃走した**」に成立する。つまり、「**結合犯**」である。逃走が成功すれば既遂となり、逃走の成功（看守者の実力的支配からの離脱）にいたらなかったときは未遂である。逃走を企てて暴行・脅迫を加えれば直ちに既遂となるのではない。拘禁場を損壊して脱出しても外壁の辺りで看守者に連れ戻されれば本罪の未遂である。しかし、逃走の手段として拘禁場や械具の損壊が開始されたときは、逃走可能な程に損壊されなくても、また逃走行為自体に着手した事実がなくても、加重逃走の実行の着手があったものとされ、そこに未遂が成立する（最判昭54・12・25刑集33・7・1105）。

5 **2人以上通謀して逃走**

　これは集団逃走を特に重く処罰する趣旨で設けられた規定で、単純逃走の加重類型である（沿革的理由に基づく）。したがって、被拘禁者が2人以上通謀し合い、かつ2人以上が逃走（逃走に着手しておれば逃走といえる）することによって成立する。この意味で、これは必要的共犯の一例といえる。この通謀逃走は結合犯ではない。逃走を企てて通謀し合ったという段階では、いまだ予備（不処罰）であり、未遂にもならない。逃走行為に着手したところで初めて未遂の問題が生じる。

　2人以上の被拘禁者が逃走を通謀して2人以上で房から脱出したものの、1人は逃走してしまったが他は逃走できず発見されたというとき、全員が共謀共同正犯であると認められるところから、逃走に着手したが失敗した者も本罪の既遂の責任を負う（これは共犯の責任の問題である）。ただし、裁判例には、本条が61条（総論第7章第3項教唆犯☞118頁**参照**）を排除するものであるとして逃走の着手のない者は未遂にも当たらず、かつ、逃走できなかったものは、他の共犯者の既遂の責任を負わないとするものがあるが疑問である（佐賀地判昭35・6・27下刑集2・5＝6・938）。

6 **処　罰**

606 各論第3編 第2章 逃走の罪

未遂も処罰される（102条（条文☞601頁参照））。

看守者に暴行・脅迫を加えて逃走したときでも、公務執行妨害罪は別に成立しないと解する（宮崎地判昭52・10・18刑裁月報9・9＝10・746）。本罪は構成要件的に95条1項（第1章第1項⑥☞575頁参照）をも予定して含んでいるものと解され、したがって法定刑も重い。

第3項　被拘禁者奪取罪

＊刑法等の一部を改正する法律（令和4年法律第67号）の施行後は、下線部分の（拘禁刑）（有期拘禁刑）等となる。

> （被拘禁者奪取）
> 第99条　法令により拘禁された者を奪取した者は、3月以上5年以下の懲役に処
> 　　　　　　　　　　　　　　　　　　　　　　　　　　　　　　　　（拘禁刑）
> する。

① **法令により拘禁された者**

既決・未決の被収容者及び勾引状の執行を受けた者、すなわち逃走罪・加重逃走罪の主体となりうるもののほか、現行犯逮捕（条文は☞577頁参照）や緊急逮捕（条文は☞579頁参照）された者、出入国管理法、少年法、逃亡犯罪人引渡法等により拘禁収容された外国人や少年など、適法に身体の自由を拘束された者がすべて含まれる（少年院に収容された少年が100条の法令により拘禁された者に当たるとした福岡高宮崎支判昭30・6・24裁特2・12・628）。

② **奪　取**

被拘禁者を自己又は第三者の実力支配に移すことをいう。手段を問わない。

③ **処　罰**

未遂も処罰される（102条（条文は☞601頁参照））。

第4項　逃走援助罪・逃走援助暴行罪（「逃走幇助罪」等）

＊刑法等の一部を改正する法律（令和4年法律第67号）の施行後は、下線部分の（拘禁刑）（有期拘禁刑）等となる。

> （逃走援助）
> 第100条　法令により拘禁された者を逃走させる目的で、器具を提供し、その他

第4項　逃走援助罪・逃走援助暴行罪（「逃走幇助罪」等）　607

> 逃走を容易にすべき行為をした者は、3年以下の懲役に処する。
> 　　　　　　　　　　　　　　　　　　　　　　　　　　　（拘禁刑）
> 2　前項の目的で、暴行又は脅迫をした者は、3月以上5年以下の懲役に処する。
> 　　　　　　　　　　　　　　　　　　　　　　　　　　　　　　　（拘禁刑）

1　逃走を容易にすべき行為

　　例えば、逃走の方法や時期を教えるなど幇助行為（62条1項）と同じである。器具の給与とは金鋸や縄梯子を与えることなどをいう。

　　本条1項の罪は、逃走罪の幇助行為を独立の罪に昇格させたものである（独立の罪でなければ、逃走罪に対し62条1項と63条を適用する（総論第7章第4項幇助犯

＊出入国管理及び難民認定法＊

（収容）

第39条　入国警備官は、容疑者が第24条各号の一に該当すると疑うに足りる相当の理由があるときは、収容令書により、その者を収容することができる。

2　前項の収容令書は、入国警備官の請求により、その所属官署の主任審査官が発付するものとする。

＊少年法＊

（観護の措置）

第17条　家庭裁判所は、審判を行うため必要があるときは、決定をもつて、次に掲げる観護の措置をとることができる。

一　家庭裁判所調査官の観護に付すること。

二　少年鑑別所に送致すること。

　　　　（第2項〜第10項省略）

（保護処分の決定）

第24条　家庭裁判所は、前条の場合を除いて、審判を開始した事件につき、決定をもつて、次に掲げる保護処分をしなければならない。ただし、決定の時に14歳に満たない少年に係る事件については、特に必要と認める場合に限り、第3号の保護処分をすることができる。

一　保護観察所の保護観察に付すること。

二　児童自立支援施設又は児童養護施設に送致すること。

三　少年院に送致すること。

　　　　（第2項省略）

＊逃亡犯罪人引渡法＊

（逃亡犯罪人の拘禁）

第5条　東京高等検察庁検事長は、前条第1項の規定による法務大臣の命令を受けたときは、逃亡犯罪人が仮拘禁許可状により拘禁され、又は仮拘禁許可状による拘禁を停止されている場合を除き、東京高等検察庁の検察官をして、東京高等裁判所の裁判官のあらかじめ発する拘禁許可状により、逃亡犯罪人を拘禁させなければならない。但し、逃亡犯罪人が定まつた住居を有する場合であつて、東京高等検察庁検事長において逃亡犯罪人が逃亡するおそれがないと認めるときは、この限りでない。

　　　　（第2項〜第3項　省略）

（仮拘禁に関する措置）

第24条　法務大臣は、前条の規定による書面の送付を受けた場合において、当該犯罪人を仮に拘禁することを相当と認めるときは、東京高等検察庁検事長に対し、当該犯罪人を仮に拘禁すべき旨を命じなければならない。

608　各論第3編　第2章　逃走の罪

☞122頁参照））。独立罪とされているため、被幇助者が逃走を実行しなくても本罪は成立し、逆に、逃走を実行しても総則の共犯とはならない。

2　前項の目的

法令により拘禁された者を逃走させる目的をいう。逃走を容易ならしめる行為をする目的ではない。

3　暴行・脅迫

95条の「暴行」・「脅迫」（第1章第1項**6**☞575頁参照）と同程度と解するが、逃走させる目的に向けられたものでなけらばならない。「暴行」・「脅迫」があれば直ちに本罪は成立し、逃走が行われたことは要件でない。

4　処　罰

未遂も処罰される（102条（条文は☞601頁参照））。逃走させる目的での幇助行為や暴行・脅迫を行おうとしてそれらの行為自体が未遂に終わった場合が本罪の未遂であるという趣旨である。

第5項　看守者逃走援助罪（「看守者逃走幇助罪」）

＊刑法等の一部を改正する法律（令和4年法律第67号）の施行後は、下線部分の（拘禁刑）（有期拘禁刑）等となる。

> （看守者等による逃走援助）
>
> **第101条**　法令により拘禁された者を看守し又は護送する者がその拘禁された者を逃走させたときは、1年以上10年以下の<u>懲役</u>に処する。
> （拘禁刑）

1　主　体

看守又は護送する任務を有する者に限られるから身分犯である。その任務は法令上の根拠を要し、逃走を容易にさせる行為を行った時にかかる任務を有しておれば足りる（逃走自体は任務解除後でも足りることにつき、大判大2・5・22刑録19・626）。

2　逃走させる

過失で逃走させたときを含まない。被拘禁者を解放するなどの作為のほか逃走しようとするのを黙認して防止しない不作為でも成立する。

第5項　看守者逃走援助罪（「看守者逃走幇助罪」）　609

③　処　罰

　未遂も処罰される（102条（条文は☞601頁参照））。本罪の既遂は被拘禁者が逃走してしまったときである。

610　各論第3編　第3章　犯人蔵匿証拠隠滅の罪

第3章　犯人蔵匿証拠隠滅の罪

第1項　犯人蔵匿罪・犯人隠避罪

＊刑法等の一部を改正する法律（令和4年法律第67号）の施行後は、下線部分の（拘禁刑）（有期拘禁刑）等となる。

（犯人蔵匿等）

第103条　罰金以上の刑に当たる罪を犯した者又は拘禁中に逃走した者を蔵匿
　　し、又は隠避させた者は、3年以下の懲役又は30万円以下の罰金に処する。
　　　　　　　　　　　　　　　（拘禁刑）
（親族による犯罪に関する特例）

第105条　前2条の罪については、犯人又は逃走した者の親族がこれらの者の利
　　益のために犯したときは、その刑を免除することができる。

[1]　**罰金以上の刑に当たる罪**

　　法定刑に罰金刑又はそれより重い刑罰が定められている罪のことである。逆にい
　えば拘留や科料しかない罪（刑法では改正前の231条の侮辱罪（☞259頁参照）、
　特別法では軽犯罪法違反など）以外の罪をいう。その罪の教唆犯・幇助犯を含む。

[2]　**罪を犯した者**

　　真実罪を犯した者のほか現に犯人として捜査の対象となっていたり、犯人として
　訴追されている者を含む（最判昭24・8・9刑集3・9・1440等）。

　　真実罪を犯している者については、捜査が開始されていなくても、あるいは、親

＊軽犯罪法＊
第1条　左の各号の一に該当する者は、これを拘留又は科料に処する。
　　　（第1号～第34号　省略）

告訴の事件につき告訴がなされていなくても、本罪が成立する（最判昭28・10・2刑集7・10・1879等）。反則金納付期限内の反則行為者（刑が罰金以上のものであることを不要とした福岡高判平13・11・20高検速報1426）は無論のこと、現に犯人として捜査又は訴追されている者については、後日その者が不起訴となったり無罪となったかどうかは本罪の成立に影響しない。処罰の可能性がなくとも、犯人特定の必要性があれば、死者も隠避の客体足り得る（札幌高判平17・8・18判タ1198・118）。

3 **拘禁中に逃走した者**

改正前の97条（☞601頁**参照**）の既決・未決の者に限らず、法令によって拘禁された者で逃走したものをすべて含む。

4 **蔵匿する**（ぞうとく）

場所を提供して官憲の発見・逮捕を免れるようかくまうことである（大判昭5・9・18刑集9・668等）。官憲がその所在を探知していても成立する。

5 **隠避させる**（いんぴ）

蔵匿以外の方法で官憲の発見や逮捕を免れさせるような一切の行為をいう。例えば、真犯人の検挙の前後を問わず、真犯人をかくし、あるいは、その罪責を免れさせるため自分が身代りになって犯人だと申し立てる（最決平1・5・1刑集43・5・405等）、第三者を身代り犯人に仕立てて自首させる、逃避者に金品を与えて逃走を容易にさせたり（大判大12・2・15刑集2・65）、捜査の形勢を通報して逃避の便宜を図ってやる（前掲大判昭5・9・18刑集9・668）、共犯者の処罰を免れるため、単独犯行であると申告して自首する（東京高判平17・6・22判タ1195・299（総論第6章第4項1自首の解説☞107頁**参照**））、身柄拘束の継続に疑念を生じさせるような口裏合わせに基づく犯人性等に関する虚偽の供述をすること（最決平29・3・27刑集71・3・183）などは、いずれも隠避せしめる行為である。逃げるように勧めたり、自首しようとするのを説得してやめさせる（大判昭5・2・7刑集9・51）のも、これに当たる。

6 **故　意**

本罪が成立するのには、蔵匿者や隠避者において被蔵匿者や被隠匿者が「罰金

612 各論第3編 第3章 犯人蔵匿証拠隠滅の罪

以上の刑にかかる罪を犯した者」又は「逃走中の者」であることの認識があること
を要する。しかし、どういうこと（犯罪）をした者であるかということが分かって
いれば、その犯罪の法定刑が罰金以上のものであることまで知っている必要はない
（最決昭29・9・30刑集8・9・1575、前掲福岡高判平13・11・20）。また重い
罪を犯してきた者であることが分かっていれば犯した犯罪の種類まで分かっている
必要もない（大判大4・3・4刑録21・231）。

7 犯人自身の行為

犯人又は逃走者自身の隠避行為は罪とならない（大判昭8・10・18刑集12・
1820）。共犯者相互に蔵匿行為を行っても同じであるが、犯人が他人を教唆して自
分を隠避させたとき（例えば、無免許運転で交通事故を起こした者が助手席にいた
免許ある者に依頼して身代りになってもらう）は、犯人隠避罪の教唆犯が成立する
（最決昭35・7・18刑集14・9・1189、最決令3・6・9裁判集刑事329・85）。

8 処 罰

犯人や逃走者の親族が、犯人や逃走者の利益のために本罪を犯した場合は、刑を
免除することができることになっている（105条）。親族に内縁関係は含まれない。

組織的な態様又は団体の不正権益の獲得・維持・拡大の目的で行われた禁錮以上
の罪に当たる行為について、犯人を蔵匿等すると5年以下の懲役（拘禁刑）又は50
万円以下の罰金に処せられ、親族の特例の適用はないと解される（組織的犯罪処罰
法7条）。

第2項 証拠隠滅罪

＊刑法等の一部を改正する法律（令和4年法律第67号）の施行後は、下線部分の（拘禁刑）（有期拘禁刑）等となる。

（証拠隠滅等）

第104条 他人の刑事事件に関する証拠を隠滅し、偽造し、若しくは変造し、
又は偽造若しくは変造の証拠を使用した者は、3年以下の懲役又は30万円以下
（拘禁刑）
の罰金に処する。

1 他人の刑事事件

改正前の「他人の刑事被告事件」と同義で、自己の事件については本条の罪は成立しない。

「刑事事件」とは、我が国の刑罰権が行使実現される対象となる事件（犯罪とこれに対する刑罰が問題となる事件）であり、民事事件（貸金を返済せよ、家屋を明け渡せ、損害を賠償せよなど主として私人間の争いを解決する事件）や行政事件（国や公共団体の行政処分に関しその取消や変更を求めるなどの事件）と対比される。「刑事事件」とは、現に裁判所に起訴されているもののほか、起訴前の被疑事件の段階にあるものも含み、かつ捜査中はもとより捜査開始前の事件についても、本罪は成立する（大判大2・2・7刑録19・194等）。他人の事件の証拠が同時に自己の事件の証拠であるときや共犯者の事件の証拠に関しても、専ら自己の利益のために行うのでなければ本罪は成立することになる（大判大8・3・31刑録25・403）。犯人が他人を教唆して、証拠を隠滅等させたときに、教唆犯が成立する点は、蔵匿等と同様である（最決昭40・9・16刑集19・6・679、保護処分の取消しにつき札幌地判平10・11・6判時1659・154）。

② 証 拠

改正前の「証憑（しょうひょう）」と同義で、捜査機関や裁判機関が、国家刑罰権の有無を断ずる

＊組織的な犯罪の処罰及び犯罪収益の規制等に関する法律＊

（組織的な犯罪に係る犯人蔵匿等）

第7条 禁錮以上の刑が定められている罪に当たる行為が、団体の活動として、当該行為を実行するための組織により行われた場合において、次の各号に掲げる者は、当該各号に定める刑に処する。
  一 その罪を犯した者を蔵匿し、又は隠避させた者 5年以下の懲役又は50万円以下の罰金
  二 その罪に係る他人の刑事事件に関する証拠を隠滅し、偽造し、若しくは変造し、又は偽造若しくは変造の証拠を使用した者 5年以下の懲役又は50万円以下の罰金
  三 その罪に係る自己若しくは他人の刑事事件の捜査若しくは審判に必要な知識を有すると認められる者又はその親族に対し、当該事件に関して、正当な理由がないのに面会を強請し、又は強談威迫の行為をした者 5年以下の懲役又は50万円以下の罰金
  四 その罪に係る被告事件に関し、当該被告事件の審判に係る職務を行う裁判員若しくは補充裁判員若しくはこれらの職にあった者又はその親族に対し、面会、文書の送付、電話をかけることその他のいかなる方法をもってするかを問わず、威迫の行為をした者 3年以下の懲役又は20万円以下の罰金
  五 その罪に係る被告事件に関し、当該被告事件の審判に係る職務を行う裁判員若しくは補充裁判員の選任のために選定された裁判員候補者若しくは当該裁判員若しくは補充裁判員の職務を行うべき選任予定裁判員又はその親族に対し、面会、文書の送付、電話をかけることその他のいかなる方法をもってするかを問わず、威迫の行為をした者 3年以下の懲役又は20万円以下の罰金
2 禁錮以上の刑が定められている罪が第3条第2項に規定する目的で犯された場合において、前項各号のいずれかに該当する者も、同項と同様とする。

に当たって関係ありと認められるべき一切の資料をいう（大判昭10・9・28刑集14・997）。したがって、事件の単なる情状にすぎない事実（犯歴とか示談弁償状況、身柄引受能力など）に関するものも当然に含まれる（大判昭7・12・10刑集11・1817）。また、証拠物や書証はもとより、他人の刑事事件の捜査・審判に必要な知識を有すると認められる者、すなわち人証も含む（捜査機関が調べようとしている参考人を隠匿すれば本罪が成立する。最決昭36・8・17刑集15・7・1293など）。供述の作出だけならば偽証罪の限度で処罰されるが、供述調書になれば本条に当たると解される（捜査官と相談しながら虚偽内容の供述調書を作成することが証拠偽造罪の共同正犯に当たるとした最決平28・3・31刑集70・3・58。反対、千葉地判平7・6・2判時1535・144）。

③ 隠滅する

改正前の「湮滅」(いんめつ)と同義であり、証拠を滅失させ、又はその顕出を妨げ、証拠の効力を滅失・減少させることをいう。例えば、証拠物の損壊や隠匿、証人の隠匿・出頭妨害など。

④ 偽造する

真実でない証拠を作成すること。すなわち現存しない証拠を新たに作り出すことである（アリバイ証拠であるビデオテープのねつ造につき、札幌地判平10・11・6前掲①の解説）。本人がその名義で作成した書面でも架空の事実を内容として記載したもの（例、上申書）を提出すれば偽造の証憑の使用となる（東京高判昭40・3・29高刑集18・2・126。前掲最決平28・3・31）。

⑤ 変造する

帳簿の改ざんなど既存の真実な証拠に加工して証拠としての効果を変えることである。

⑥ 使用する

証拠を捜査機関や裁判機関に提出することである。進んで提出したときのほか提出を求められたのに応じた場合を含む（東京高判昭40・3・29前掲）。

⑦ 処 罰

親族については前条（103条）と同じ特例がある（105条（条文は☞610頁参照））。

第3項　証人威迫罪　615

　　なお、組織的な態様又は団体の不正権益の獲得・維持・拡大の目的で行われた禁錮以上の罪に当たる行為について、証拠を隠滅等すると5年以下の懲役（拘禁刑）又は50万円以下の罰金に処せられ、親族の特例は適用されないと解される（組織的犯罪処罰法7条（条文は☞613頁参照））。また、証言しないこと、虚偽の証言、証拠隠滅等についての買収も処罰される（同法7条の2）。

第3項　証人威迫罪

＊刑法等の一部を改正する法律（令和4年法律第67号）の施行後は、下線部分の（拘禁刑）（有期拘禁刑）等となる。

> （証人等威迫）
> **第105条の2**　自己若しくは他人の刑事事件の捜査若しくは審判に必要な知識を有すると認められる者又はその親族に対し、当該事件に関して、正当な理由がないのに面会を強請し、又は強談威迫の行為をした者は、2年以下の懲役又（拘禁刑）は30万円以下の罰金に処する。

① 刑事事件

　　証拠隠滅罪（104条）の①の解説「刑事事件」☞613頁参照のこと。本罪は自己の刑事事件についても成立する点が異なる。

② 捜査審判に必要な知識

　　犯罪の成否・態様といった犯罪行為それ自体に関する知識のほか、量刑の資料となる情状に関する知識を含む。

＊**組織的な犯罪の処罰及び犯罪収益の規制等に関する法律**＊
（証人等買収）
第7条の2　次に掲げる罪に係る自己又は他人の刑事事件に関し、証言をしないこと、若しくは虚偽の証言をすること、又は証拠を隠滅し、偽造し、若しくは変造すること、若しくは偽造若しくは変造の証拠を使用することの報酬として、金銭その他の利益を供与し、又はその申込み若しくは約束をした者は、2年以下の懲役又は30万円以下の罰金に処する。
　一　死刑又は無期若しくは長期4年以上の懲役若しくは禁錮の刑が定められている罪（次号に掲げる罪を除く。）
　二　別表第一に掲げる罪
2　前項各号に掲げる罪に当たる行為が、団体の活動として、当該行為を実行するための組織により行われた場合、又は同項各号に掲げる罪が第3条第2項に規定する目的で犯された場合において、前項の罪を犯した者は、5年以下の懲役又は50万円以下の罰金に処する。

③ 知識を有すると認められる者

通常は被害者とか目撃者などである。これらの者が、将来証人や参考人として取調べを受ける可能性があることは要件でなく（東京高判昭35・11・29高刑集13・9・639）、取調べや証言（大阪高判昭35・2・18下刑集2・2・141）が終った者も含まれる。判決確定後は刑事司法の適正を害しないので、これに含まれないが、再審請求等は別異に解し得よう。

④ 行　為

面会強請・強談・威迫の説明は、恐喝罪（249条）の⑤の解説「他罪との関係」☞335頁参照。「威迫」は直接相対する場合だけでなく、文書送付によっても行われ得る（最決平19・11・13刑集61・8・743。留置施設の被収容者が拘置所に収容されている共犯者に文書を送付した事案につき東京高判令元・6・12高裁刑事裁判速報令和元年166頁）。これらの行為は、それが行われれば直ちに本罪は成立し、それによって刑事事件の捜査や審判に具体的な危険（悪影響）が発生することまでは必要でない（福岡高判昭51・9・22判時837・108）。

⑤ 故　意

捜査審判に必要な知識を有するものであることなどの認識は必要であるが、捜査や公判の結果に何らかの影響を及ぼそうという積極的な目的までも必要とするものではない（大阪高判昭35・2・18下刑集2・2・141等）。

⑥ 特別法

組織的な態様又は団体の不正権益の獲得・維持・拡大の目的で行われた禁錮以上の罪に当たる行為についての証人に対する面会強請・強談威迫は、5年以下の懲役（拘禁刑）又は50万円以下の罰金に処せられる（組織的犯罪処罰法7条（条文は☞613頁参照））。

第1項 偽証罪 617

第4章 偽 証 の 罪

第1項 偽 証 罪

＊刑法等の一部を改正する法律（令和4年法律第67号）の施行後は、下線部分の（拘禁刑）（有期拘禁刑）等となる。

（偽証）

第169条 法律により宣誓した証人が虚偽の陳述をしたときは、3月以上10年以下の懲役に処する。
_{（拘禁刑）}
（自白による刑の減免）

第170条 前条の罪を犯した者が、その証言をした事件について、その裁判が確定する前又は懲戒処分が行われる前に自白したときは、その刑を減軽し、又は免除することができる。

1 宣誓した証人

　我が国の民事訴訟法、刑事訴訟法、非訟事件手続法などでは、証人が宣誓したうえで証言することを定めており、これによって宣誓した証人のことである。

　民事訴訟では当事者訊問に際し宣誓させ得るとし（207条1項）、宣誓につき証人尋問の規定を準用しているが、そもそも当事者本人は証人でないから、「**宣誓した証人**」に当たらない。刑事の被告人に対する被告人質問では宣誓することはありえないが、分離された共犯者の公判においては証人となる（最決昭29・6・3刑集8・6・802）。

　証言拒絶権のある者（例、近親者などにつき刑訴法147条・民訴法196条、医師などにつき刑訴法149条・民訴法197条）であっても、拒絶することなく宣誓をして証言した以上は、本罪が成立しうる（最決昭28・10・19刑集7・10・1945）。

618　各論第3編　第4章　偽証の罪

＊民事訴訟法＊
（証人義務）
第190条　裁判所は、特別の定めがある場合を除き、何人でも証人として尋問することができる。
（宣誓）
第201条　証人には、特別の定めがある場合を除き、宣誓をさせなければならない。
　　　　（第2項〜第5項省略）
第207条　裁判所は、申立てにより又は職権で、当事者本人を尋問することができる。この場合において
は、その当事者に宣誓をさせることができる。
2　証人及び当事者本人の尋問を行うときは、まず証人の尋問をする。ただし、適当と認めるときは、当事者
の意見を聴いて、まず当事者本人の尋問をすることができる。
＊刑事訴訟法＊
第154条　証人には、この法律に特別の定のある場合を除いて、宣誓をさせなければならない。
＊非訟事件手続法＊
（証拠調べ）
第53条　非訟事件の手続における証拠調べについては、民事訴訟法第2編第4章第1節から第6節までの規
　定（同法第179条、第182条、第187条から第189条まで、第207条第2項、第208条、第224条（同法第
　229条第2項及び第232条第1項において準用する場合を含む。）及び第229条第4項の規定を除く。）を準用
　する。
＊刑事訴訟法＊
第147条　何人も、左に掲げる者が刑事訴追を受け、又は有罪判決を受ける虞のある証言を拒むことができ
　る。
　一　自己の配偶者、三親等内の血族若しくは二親等内の姻族又は自己とこれらの親族関係があつた者
　二　自己の後見人、後見監督人又は保佐人
　三　自己を後見人、後見監督人又は保佐人とする者
第149条　医師、歯科医師、助産師、看護師、弁護士（外国法事務弁護士を含む。）、弁理士、公証人、宗教の
　職に在る者又はこれらの職に在つた者は、業務上委託を受けたため知り得た事実で他人の秘密に関するも
　のについては、証言を拒むことができる。但し、本人が承諾した場合、証言の拒絶が被告人のためのみに
　する権利の濫用と認められる場合（被告人が本人である場合を除く。）その他裁判所の規則で定める事由が
　ある場合は、この限りでない。
＊民事訴訟法＊
（証言拒絶権）
第196条　証言が証人又は証人と次に掲げる関係を有する者が刑事訴追を受け、又は有罪判決を受けるおそ
　れがある事項に関するときは、証人は、証言を拒むことができる。証言がこれらの者の名誉を害すべき事
　項に関するときも、同様とする。
　一　配偶者、四親等内の血族若しくは三親等内の姻族の関係にあり、又はあったこと。
　二　後見人と被後見人の関係にあること。
第197条　次に掲げる場合には、証人は、証言を拒むことができる。
　一　第191条第1項の場合
　二　医師、歯科医師、薬剤師、医薬品販売業者、助産師、弁護士（外国法事務弁護士を含む。）、弁理士、弁
　　護人、公証人、宗教、祈祷若しくは祭祀の職にある者又はこれらの職にあった者が職務上知り得た事実
　　で黙秘すべきものについて尋問を受ける場合
　三　技術又は職業の秘密に関する事項について尋問を受ける場合
2　前項の規定は、証人が黙秘の義務を免除された場合には、適用しない。

第1項 偽証罪 619

② 虚偽の陳述

「**虚偽の陳述**」とは、自己の記憶に反する陳述のことである。自ら見聞したのでないのにいかにも自分が見聞したように言う、見聞したことにつき記憶と異なることを言う、いずれも虚偽の陳述である（大判明44・10・30刑録17・1824）。

記憶に反することを言ったが、その内容がたまたま真実と一致していたときも本罪は成立する（大判明42・6・18刑録15・735）。虚偽の陳述をすることは、それ自体裁判を誤らせる抽象的危険があるので、虚偽陳述が実際に裁判の結果に影響を及ぼしたことや裁判の結果を誤らせる危険が現実に具体的に生じたことは本罪の成立の要件でない（大判大2・9・5刑録19・845等）。

③ 本人の偽証教唆

民事事件で訴訟当事者本人が法廷で嘘の陳述をしたり刑事事件で被告人本人が被告人という立場で虚偽の陳述をしても、罪とならないが、証人を教唆して自己の事件につき偽証させたときは、偽証罪の教唆犯が成立する。本人という地位での虚偽陳述は、そこまで法が処罰を加えることには問題があるが、他人に犯罪を犯させることまでも期待可能性がないなどとして責任なしとすることは、本人の責任阻却事由を拡張しすぎる。すなわち教唆行為によって新たに犯罪人を作るということは、本人の責任阻却の限界を超えたものというべきだからである（最決昭28・10・19刑集7・10・1945等）。

④ 自白の特例

偽証罪を犯した者が、証言をした事件の裁判確定前（被教唆者の証言した事件の確定前に教唆者が自白したときも適用されることにつき大決昭5・2・4刑集9・32）又は懲役処分が行われる前に自白したとき（審問、追及の結果偽証事実全部が虚偽である旨を告白した場合を含む。）、刑の減軽又は免除ができる事由となる（170条）。自白を容易にし、できる限り誤判を防止しようとの政策的な目的に出た特例である。刑の減軽等は任意的である。

⑤ 特別法

特許法（199条、202条）や「議院における証人の宣誓及び証言等に関する法律」（6条）などには、特別な偽証の処罰規定がある。

620　各論第3編　第4章　偽証の罪

第2項　虚偽鑑定罪・虚偽通訳罪・虚偽翻訳罪

（虚偽鑑定等）

第171条　法律により宣誓した鑑定人、通訳人又は翻訳人が虚偽の鑑定、通訳
又は翻訳をしたときは、前2条の例による。

① 通訳人・翻訳人

改正前の「通事(つうじ)」と同義であり（刑訴法175条ないし178条、民訴法154条のい
ずれも現在では通訳人である）、文書表現についてのものが翻訳人である。

② 自白の特例

鑑定人や通訳の場合も証人の場合と同じ特例がある（170条（条文は☞617頁参照））。

＊特許法＊
（偽証等の罪）
第199条　この法律の規定により宣誓した証人、鑑定人又は通訳人が特許庁又はその嘱託を受けた裁判所に
対し虚偽の陳述、鑑定又は通訳をしたときは、3月以上10年以下の懲役に処する。
2　前項の罪を犯した者が事件の判定の謄本が送達され、又は特許異議の申立てについての決定若しくは審決
が確定する前に自白したときは、その刑を減軽し、又は免除することができる。
（過料）
第202条　第151条（第71条第3項、第120条（第174条第1項において準用する場合を含む。）及び第174
条第2項から第4項までにおいて準用する場合を含む。）において準用する民事訴訟法第207条第1項の規定
により宣誓した者が特許庁又はその嘱託を受けた裁判所に対し虚偽の陳述をしたときは、10万円以下の過
料に処する。
＊議院における証人の宣誓及び証言等に関する法律＊
第6条　この法律により宣誓した証人が虚偽の陳述をしたときは、3月以上10年以下の懲役に処する。
②　前項の罪を犯した者が当該議院若しくは委員会又は両議院の合同審査会の審査又は調査の終る前であっ
て、且つ犯罪の発覚する前に自白したときは、その刑を減軽又は免除することができる。
＊刑事訴訟法＊
第175条　国語に通じない者に陳述をさせる場合には、通訳人に通訳をさせなければならない。
第176条　耳の聞えない者又は口のきけない者に陳述をさせる場合には、通訳人に通訳をさせることができる。
第177条　国語でない文字又は符号は、これを翻訳させることができる。
第178条　前章の規定は、通訳及び翻訳についてこれを準用する。
＊民事訴訟法＊
（通訳人の立会い等）
第154条　口頭弁論に関与する者が日本語に通じないとき、又は耳が聞こえない者若しくは口がきけない者
であるときは、通訳人を立ち会わせる。ただし、耳が聞こえない者又は口がきけない者には、文字で問
い、又は陳述をさせることができる。
2　鑑定人に関する規定は、通訳人について準用する。

第1項　虚偽告訴罪　621

第5章　虚偽告訴の罪

第1項　虚偽告訴罪

＊刑法等の一部を改正する法律（令和4年法律第67号）の施行後は、下線部分の（拘禁刑）（有期拘禁刑）等となる。

（虚偽告訴等）

第172条　人に刑事又は懲戒の処分を受けさせる目的で、虚偽の告訴、告発その他の申告をした者は、3月以上10年以下の懲役に処する。
（拘禁刑）

（自白による刑の減免）

第173条　前条の罪を犯した者が、その申告をした事件について、その裁判が確定する前又は懲戒処分が行われる前に自白したときは、その刑を減軽し、又は免除することができる。

① **人に**

　他人にの意味である。自分についての虚偽の犯罪事実の公務員への申告は、身代りであれば、刑法103条（犯人隠避☞610頁**参照**）、そうでなければ軽犯罪法1条16号で処罰される。犯人自身が他人に刑事処分を受けさせるために虚偽の申述をしたときも本罪は成立しうる（注④☞次頁**参照**）。

② **刑事又は懲戒の処分**

　「刑事処分」には、刑罰を受ける（処罰される）ことのほか、少年に対する保護

＊軽犯罪法＊

第1条　左の各号の一に該当する者は、これを拘留又は科料に処する。

　　　　（第1号～第15号省略）

　十六　虚構の犯罪又は災害の事実を公務員に申し出た者

　　　　（第17号～第34号省略）

処分、売春婦に対する補導処分などがある。「**懲戒処分**」には、公務員が行政法上の懲戒として処分を受ける場合や刑事施設被収容者が懲罰を受ける場合のほか、弁護士・公証人・公認会計士に対する懲戒などもある。ただし、外国の政府、機関による、外国での刑事・懲戒処分は含まれない。

③ 目 的

本罪は目的犯である。この目的は、未必的な認識すなわち結果（処分）が発生するかも知れないとの認識があれば十分であるとされている（大判大6・2・8刑録23・41、最判昭28・1・23刑集7・1・46）。

④ 申 告

告訴、告発は、申告の例示であり、匿名や他人名義を用いた場合でも申告になる（大判明42・4・27刑録15・518）。「**申告**」の形式は口頭でも文書でもよく、管轄区域外でもよいが、捜査権のある検察官や司法警察職員などに（刑事処分）、又は処分権限者若しくは監督権のある上官に（懲戒処分）なされることを要する。前者の刑事処分を求める申告の例が告訴、告発である。また、「**申告**」は自発的でなければならず、取調べに応じて虚偽の陳述や回答をしても虚偽告訴等（改正前の「誣告^{ぶこく}」と同義）にはならない。

⑤ 虚 偽

客観的にみて真実に反することを要する（最判昭33・7・31刑集12・12・2805）。この点は、偽証罪の「虚偽の陳述」と異なる。虚偽であることの認識を要する。

⑥ 処 罰

虚偽告訴等の罪は虚偽申告が該当官署に到達したとき既遂となり（大判大3・11・3刑録20・2001）、この申告により捜査着手ないし起訴が行われることを要しない（大判大5・11・30刑録22・1837）。

本罪については、偽証罪と同様に、自白に関する特例がある（173条）。

第1項　公務員職権濫用罪　623

第6章　汚職の罪

第1項　公務員職権濫用罪

＊刑法等の一部を改正する法律（令和4年法律第67号）の施行後は、下線部分の（拘禁刑）（有期拘禁刑）等となる。

> （公務員職権濫用）
> **第193条**　公務員がその職権を濫用して、人に義務のないことを行わせ、又は権利の行使を妨害したときは、2年以下の懲役又は禁錮に処する。
> 　　　　　　　　　　　　　　　　　　　（拘禁刑）

1 **職権を濫用**

公務員が職権の行使に名をかり、その一般的権限に属する事項について、職務本来の趣旨に反する違法もしくは不当な行為をすることである（最決昭57・1・28刑集36・1・1）。いわゆる盗聴は、公務員の職務行使の体裁をとっていなければ本罪を構成しないとされ、その場合、相手方の意思に働きかけるという要件は必ずしも必要ではないとされてはいるが（最決平1・3・14刑集43・3・283）、強要罪同様、本罪でも相手の意思に働きかけて、義務のないことを行わせ、権利の不行使を余儀なくさせる性質のものであるのが通常である。

2 **公務員**

本条の罪は、特別公務員（194条）に限られず、公務員一般（7条（条文は☞464頁参照）、第1章第1項の3☞573頁参照）が主体である。ただし、公安調査官については、破防法45条に特別規定がある。

＊破壊活動防止法＊
（公安調査官の職権濫用の罪）
第45条　公安調査官がその職権を濫用し、人をして義務のないことを行わせ、又は行うべき権利を妨害したときは、3年以下の懲役又は禁こに処する。

624　各論第3編　第6章　汚職の罪

③　準起訴手続

本条から196条での職権濫用罪は、検察官が不起訴処分をしたときには、これに不服のある告訴・告発人は、裁判所に対し、事件を裁判所の審判に付することを請求できる（付審判請求、刑訴法262条。通信傍受については、犯罪捜査のための通信傍受に関する法律30条）。

第2項　特別公務員職権濫用罪

＊刑法等の一部を改正する法律（令和4年法律第67号）の施行後は、下線部分の（拘禁刑）（有期拘禁刑）等となる。

（特別公務員職権濫用）

第194条　裁判、検察若しくは警察の職務を行う者又はこれらの職務を補助する者がその職権を濫用して、人を逮捕し、又は監禁したときは、6月以上10年以下の<u>懲役又は禁錮</u>に処する。
（拘禁刑）

①　警察の職務を行う者

海上保安官、麻薬取締官等の特別司法警察職員を含む。

②　補助者

職務の性質上法令に基づき補助する者（裁判所の書記官、検察庁の検察事務官、警察の司法巡査など）をいい、単に事実上補助する私人は含まれず、補助する職務

＊**刑事訴訟法**＊
第262条　刑法第193条から第196条まで又は破壊活動防止法（昭和27年法律第240号）第45条若しくは無差別大量殺人行為を行った団体の規制に関する法律（平成11年法律第147号）第42条若しくは第43条の罪について告訴又は告発をした者は、検察官の公訴を提起しない処分に不服があるときは、その検察官所属の検察庁の所在地を管轄する地方裁判所に事件を裁判所の審判に付することを請求することができる。
②　前項の請求は、第260条の通知を受けた日から7日以内に、請求書を公訴を提起しない処分をした検察官に差し出してこれをしなければならない。
＊**犯罪捜査のための通信傍受に関する法律**＊
（通信の秘密を侵す行為の処罰等）
第30条　捜査又は調査の権限を有する公務員が、その捜査又は調査の職務に関し、電気通信事業法（昭和59年法律第86号）第179条第1項又は有線電気通信法（昭和28年法律第96号）第14条第1項の罪を犯したときは、3年以下の懲役又は100万円以下の罰金に処する。
2　前項の罪の未遂は、罰する。
3　前2項の罪について告訴又は告発をした者は、検察官の公訴を提起しない処分に不服があるときは、刑事訴訟法第262条第1項の請求をすることができる。

権限を有することが必要である（少年補導員が警察の職務を補助する補助者に当たらないことにつき最決平6・3・29刑集48・3・1）。

③ 逮捕・監禁

220条の解説（第1編第2部第1章第1項②③）☞217頁参照。

第3項　特別公務員暴行陵虐罪

＊刑法等の一部を改正する法律（令和4年法律第67号）の施行後は、下線部分の（拘禁刑）（有期拘禁刑）等となる。

> （特別公務員暴行陵虐）
> **第195条**　裁判、検察若しくは警察の職務を行う者又はこれらの職務を補助する者が、その職務を行うに当たり、被告人、被疑者その他の者に対して暴行又は陵辱若しくは加虐の行為をしたときは、7年以下の<u>懲役又は禁錮</u>に処する。
> （拘禁刑）
> 2　法令により拘禁された者を看守し又は護送する者がその拘禁された者に対して暴行又は陵辱若しくは加虐の行為をしたときも、前項と同様とする。

① 暴　行

「**暴行**」とは、人に対する有形力の行使で、身体に対する直接暴行（発砲につき最決平11・2・17刑集53・2・64。私服で内偵活動中、衣類をつかまれた際に身体を反転させる暴行を加えて転倒させた事案を正当防衛とした東京高判平31・3・1判時2435・115）のほか物に対する間接暴行を含む。戒護に必要な限度を超える制圧は本条により処罰される（最判昭28・9・29裁判集86・1081）。

② 陵辱・加虐

はずかしめる行為（陵辱<ruby>陵辱<rt>りょうじょく</rt></ruby>）と苦しめる行為（<ruby>加虐<rt>かぎゃく</rt></ruby>）とをあわせて「**陵虐**」というが、暴行以外の方法で精神的、肉体的に恥辱や苦痛を与えるすべての行為を指す（わいせつ、姦淫行為につき大判大4・6・1刑録21・717、東京高判平15・1・29判時1835・157）。相当な飲食物を与えない、睡眠をさせない、全裸にさせる、わいせつ行為を行うなどがこれに当たる。正当な理由のない脅迫もこれに当たることがある。

626 各論第3編 第6章 汚職の罪

第4項 特別公務員職権濫用致死（傷）罪・特別公務員暴行陵虐致死（傷）罪

（特別公務員職権濫用等致死傷）
第196条 前2条の罪を犯し、よって人を死傷させた者は、傷害の罪と比較して、重い刑により処断する。

① 処 罰

　「傷害の罪と比較して、重い刑により処断する」とは、**「致傷」**のときは**「傷害罪」**の法定刑と、**「致死」**の場合は**「傷害致死罪」**の法定刑と比較して上限、下限とも重い方の刑によるとの趣旨である。すなわち194条の罪又は195条の罪を犯して**「傷害」**を負わせたときについてみると、傷害罪（204条☞177頁参照）の法定刑（15年以下の懲役（拘禁刑）、50万円以下の罰金）と比べ、194条の罪は、法定刑の上限は10年以下の懲役（拘禁刑）で傷害罪より軽いが、下限は194条の罪の方（6月以上の懲役（拘禁刑））が重いから「6月以上15年以下の懲役（拘禁刑）に処す」ることになる。次に195条では、法定刑が7年以下の懲役又は禁錮（拘禁刑）、傷害罪は15年以下の懲役（拘禁刑）であるから、上限は傷害罪の「15年以下の懲役（拘禁刑）」をとり、下限は、195条には204条のような罰金がなくて195条（自由刑しかない）の方が重いから、結局「15年以下の懲役（拘禁刑）に処す」ということになる。

　次に**「致死」**（死亡させたとき）についてみると、傷害致死罪（205条☞181頁参照）の法定刑（3年以上の有期懲役（有期拘禁刑））と比較するわけで、194条、195条の両罪とも法定刑は上限も下限も傷害致死罪の方が重いから、「3年以上の有期懲役（有期拘禁刑）」ということになる。殺意のある場合には、付審判請求の対象になると考えられるが、殺人罪のみが成立するとする判例がある（大判大9・2・16刑録26・46）。保護法益が異なるので観念的競合と解すべきであろう。

第5項　単純収賄罪・受託収賄罪・事前収賄罪　627

第5項　単純収賄罪・受託収賄罪・事前収賄罪

＊刑法等の一部を改正する法律（令和4年法律第67号）の施行後は、下線部分の（拘禁刑）（有期拘禁刑）等となる。

（収賄、受託収賄及び事前収賄）

第197条　公務員が、その職務に関し、賄賂を収受し、又はその要求若しくは約束をしたときは、5年以下の懲役（拘禁刑）に処する。この場合において、請託を受けたときは、7年以下の懲役（拘禁刑）に処する。

2　公務員になろうとする者が、その担当すべき職務に関し、請託を受けて、賄賂を収受し、又はその要求若しくは約束をしたときは、公務員となった場合において、5年以下の懲役（拘禁刑）に処する。

① **賄賂罪**

公務の不可買収性と職務行為の公正を保護法益とする。公務員の職務執行の公正を保持し、職務の公正に対する社会の信頼を確保するのが、この罪の本質である（最大判昭34・12・9刑集13・12・3186）。公務員の犯罪である「**収賄罪**」と公務員に対する犯罪である「**贈賄罪**」とがある。

② **賄賂**

「**賄賂**」とは職務に関する不法な報酬（対価関係にある利益）をいう。有形、無形を問わず人の欲望を満たすもの（利益）であれば何でもよい（大判明43・12・19刑録16・2239）。金銭・商品券はもちろん酒食の饗応（東京地判平10・12・1判時1668・154）、芸妓の接待、情交（最判昭36・1・13刑集15・1・113等）、ゴルフ接待（東京地判平10・11・13判時1667・153）、債務の弁済（支払いの負担）（大判大14・5・7刑集4・266）、公私の職務上の地位（大判大4・6・1刑録21・703）、さらに、貸付（金融の利益）、売買による換金の利益（時価相当額での売買につき最決平24・10・15刑集66・10・990）も賄賂に当たる。社交的儀礼といえるにとどまる程度のものは賄賂といえない（最判昭50・4・24判時774・119）。しかし「中元」「歳暮」という社交儀礼に名をかりた贈り物でも、公務員等の職務行為に対する「対価」としての意味を持つときは賄賂となる（東京地判平

628　各論第3編　第6章　汚職の罪

10・12・24判時1673・152)。

　特に何らかの便宜を図ったことに対する謝礼である場合はもとより、通常の職務行為に対するものでも社交儀礼の限度を超えるものは賄賂であり（最判昭26・9・6裁判集52・113）、職務を行うにつきその事前に提供されると事後に提供されるとにより差異はない。

3　公務員

　「**公務員**」の意味は公務執行妨害罪（95条）の3公務員の説明☞573頁参照のこと。「**仲裁人**」は、平成15年改正により、仲裁法に贈収賄罪が規定された。

4　職務関連性

　賄賂罪が成立するために最も重要な要件は、利益が「**その職務に関し**」て授受さ

＊仲裁法＊
（収賄、受託収賄及び事前収賄）
第50条　仲裁人が、その職務に関し、賄賂を収受し、又はその要求若しくは約束をしたときは、5年以下の懲役に処する。この場合において、請託を受けたときは、7年以下の懲役に処する。
2　仲裁人になろうとする者が、その担当すべき職務に関し、請託を受けて、賄賂を収受し、又はその要求若しくは約束をしたときは、仲裁人となった場合において、5年以下の懲役に処する。
（第三者供賄）
第51条　仲裁人が、その職務に関し、請託を受けて、第三者に賄賂を供与させ、又はその供与の要求若しくは約束をしたときは、5年以下の懲役に処する。
（加重収賄及び事後収賄）
第52条　仲裁人が前2条の罪を犯し、よって不正な行為をし、又は相当の行為をしなかったときは、1年以上の有期懲役に処する。
2　仲裁人が、その職務上不正な行為をしたこと又は相当の行為をしなかったことに関し、賄賂を収受し、若しくはその要求若しくは約束をし、又は第三者にこれを供与させ、若しくはその供与の要求若しくは約束をしたときも、前項と同様とする。
3　仲裁人であった者が、その在職中に請託を受けて職務上不正な行為をしたこと又は相当の行為をしなかったことに関し、賄賂を収受し、又はその要求若しくは約束をしたときは、5年以下の懲役に処する。
（没収及び追徴）
第53条　犯人又は情を知った第三者が収受した賄賂は、没収する。その全部又は一部を没収することができないときは、その価額を追徴する。
（贈賄）
第54条　第50条から第52条までに規定する賄賂を供与し、又はその申込み若しくは約束をした者は、3年以下の懲役又は250万円以下の罰金に処する。
（国外犯）
第55条　第50条から第53条までの規定は、日本国外において第50条から第52条までの罪を犯した者にも適用する。
2　前条の罪は、刑法（明治40年法律第45号）第2条の例に従う。

れなければならないということである。

「職務に関し」とは、本来は、その公務員の地位に伴い公務として取り扱うべきすべての執務それ自体に対するものをいう（最判昭28・10・27刑集7・10・1971）。しかし、上記の範囲のほか、本来の職務行為と密接な関連性のある行為（**職務密接関連行為**）をも含むものと解されている（通説・大判大2・12・9刑録19・139）。ここで注意すべきは、上記のように拡張解釈された関連行為というのは、単に本来の職務行為とただ関連性があるというだけでは足りず、「**密接な**」関連性がなければならない点であり、判例も、「**準職務行為**」とか「**慣習上または事実上所管する職務行為**」と表現したり「**その職務に由来し慣例上その職務と密接な関係を有する行為**」としたりしている（最決昭31・7・12刑集10・7・1058等）。

これを要するに、「**職務に関し**」というのは、公務員の職務執行行為と何らかの関係があれば足りるというものではないことが指摘されるのである。しかし、このような行為の多くは、本来「職務」そのものとも解し得るものであり、最大判平7・2・22刑集49・2・1は、内閣総理大臣が運輸大臣に対し民間航空会社に特定機種の航空機の選定購入を勧奨するような働き掛けることも職務行為に当たるとしている。従前の判例では、議員について言えば、議員が他の議員に請託に沿った質疑、発言等を行うよう働きかけること（大判大5・12・13刑録22・1826、最決平20・3・27刑集626・3・250）、本来の職務に関連して諮問機関等において意見を述べること（大判昭7・10・27刑集11・1497）、議員が議会の議員を選出すること（最決昭60・6・11刑集39・5・219）など、また、国公立大学医学部付属病院の診療科部長が、医局に属する医師を外部病院に派遣する行為（最決平18・1・23集60・1・67）、北海道開発庁長官が下部組織の港湾部長に発注工事の業者選定について働きかける行為（最決平22・9・7刑集64・6・865）などが「**職務密接関連行為**」に当たるとされている。

なお、公務員の本来の職務行為の範囲は、法令（法律、政令、府令・省令、規則など）により定められているのが原則であるが（国家行政組織法4条・12条・13条）、法令に根拠があれば、訓令、通達、内規などで決められているものでもよい。また、内部的な事務分配ではその担当（所管事務）でなくても資格上は担当す

る一般的職務権限内の職務であれば、本罪にいう職務に当たる（最決昭32・11・21刑集11・12・3101、最決平17・3・11刑集59・2・1）。例えば法人税問題に関して同じ税務署の所得税課の職員に金を贈ったとき、その職員の納税ないし徴税の職務に関するものといえる。同一税務署の職員であれば署長の命により他の部課係の事務も執りうるからである（東京高判昭40・3・8高検速報1333）。

5 単純収賄

　「単純収賄」は、公務員が、その職務に関して賄賂を収受したり、要求したり、約束することによって成立する。「収受」とは賄賂を受け取ることである。無形の利益のときは現にその利益を受けたこと（立替弁済につき最決昭41・4・18刑集20・4・228）。「約束」とは、両当事者で賄賂の授受を合意することである。要求、約束に引き続き収受がなされれば包括一罪として本罪が成立する（大判昭10・10・23刑集14・1052）。

6 受　託

　「請託を受ける」とは、職務行為に関する依頼を承諾することであり、依頼された職務上の行為が不正な内容のものであると通常の（正当な）内容のものであると

＊国家行政組織法＊

（行政機関の設置、廃止、任務及び所掌事務）

第3条　国の行政機関の組織は、この法律でこれを定めるものとする。

2　行政組織のため置かれる国の行政機関は、省、委員会及び庁とし、その設置及び廃止は、別に法律の定めるところによる。

3　省は、内閣の統轄の下に第5条第1項の規定により各省大臣の分担管理する行政事務及び同条第2項の規定により当該大臣が掌理する行政事務をつかさどる機関として置かれるものとし、委員会及び庁は、省に、その外局として置かれるものとする。

4　第2項の国の行政機関として置かれるものは、別表第一にこれを掲げる。

第4条　前条の国の行政機関の任務及びこれを達成するため必要となる所掌事務の範囲は、別に法律でこれを定める。

第12条　各省大臣は、主任の行政事務について、法律若しくは政令を施行するため、又は法律若しくは政令の特別の委任に基づいて、それぞれその機関の命令として省令を発することができる。

2　各外局の長は、その機関の所掌事務について、それぞれ主任の各省大臣に対し、案をそなえて、省令を発することを求めることができる。

3　省令には、法律の委任がなければ、罰則を設け、又は義務を課し、若しくは国民の権利を制限する規定を設けることができない。

第13条　各委員会及び各庁の長官は、別に法律の定めるところにより、政令及び省令以外の規則その他の特別の命令を自ら発することができる。

2　前条第3項の規定は、前項の命令に、これを準用する。

を問わない（最判昭27・7・22刑集6・7・927）。**「請託」**は明示的でなくとも賄賂を供与することにより黙示的にその依頼の趣旨を表す場合も含む（東京高判昭28・7・20高刑集6・9・1210、東京高判昭37・1・23高刑集15・1・100）。請託を受けた場合は単純収賄より刑が加重される。なお、市長が任期満了前に、その一般的職務権限に属する事項に関し、再選された場合に担当すべき具体的職務の執行につき請託を受けて賄賂を収受した場合も、受託収賄罪が成立するとされている（最決昭61・6・27刑集40・4・369）。

7　**事前収賄**

　公務員になろうとする者が、その担当することになる職務に関して頼みごとをされてこれを承諾し、その報酬として賄賂を受けたり、要求したり、約束することによって成立する（立候補手続後に限定されないことにつき、宇都宮地判平5・10・16判タ843・258）。しかし、これらの者が公務員になった場合でなければ刑罰権は発生せず処罰できない（いわゆる**「処罰条件」**といわれるものの一つの例である）。

8　**特別法**

　日本電信電話株式会社等に関する法律19条、経済関係罰則ノ整備ニ関スル法律1

＊日本電信電話株式会社等に関する法律＊
（罰則）
第19条　会社及び地域会社の取締役、会計参与（会計参与が法人であるときは、その職務を行うべき社員。以下この条において同じ。）、監査役又は職員が、その職務に関して賄賂を収受し、要求し、又は約束したときは、3年以下の懲役に処する。これによつて不正の行為をし、又は相当の行為をしなかつたときは、7年以下の懲役に処する。
2　会社及び地域会社の取締役、会計参与、監査役又は職員になろうとする者が、就任後担当すべき職務に関し、請託を受けて賄賂を収受し、要求し、又は約束したときは、取締役、会計参与、監査役又は職員となつた場合において、2年以下の懲役に処する。
3　会社及び地域会社の取締役、会計参与、監査役又は職員であつた者が、その在職中に請託を受けて、職務上不正の行為をしたこと又は相当の行為をしなかつたことに関して、賄賂を収受し、要求し、又は約束したときは、2年以下の懲役に処する。
第20条　前条各項の場合において、犯人が収受した賄賂は、没収する。その全部又は一部を没収することができないときは、その価額を追徴する。
第21条　第19条各項に規定する賄賂を供与し、又はその申込み若しくは約束をした者は、3年以下の懲役又は250万円以下の罰金に処する。
2　前項の罪を犯した者が自首したときは、その刑を減軽し、又は免除することができる。
第22条　第19条の罪は、刑法（明治40年法律第45号）第4条の例に従う。
2　前条第1項の罪は、刑法第2条の例に従う。

632　各論第3編　第6章　汚職の罪

条（条文は☞22頁参照）等、特別法にも贈収賄処罰規定が少なからず存している。

第6項　第三者供賄罪

＊刑法等の一部を改正する法律（令和4年法律第67号）の施行後は、下線部分の（拘禁刑）（有期拘禁刑）等となる。

（第三者供賄）
第197条の2　公務員が、その職務に関し、請託を受けて、第三者に賄賂を供
　与させ、又はその供与の要求若しくは約束をしたときは、5年以下の<u>懲役</u>に処
　する。
（拘禁刑）

① **第三者供賄罪**

　公務員がその職務に関して頼みごとをされてこれを承諾し、頼みごとをした者を
して第三者へ賄賂を贈らせたり、第三者へ賄賂を贈るよう要求したり、第三者への
贈り物をすることを約束し合ったりすることである。

② **第三者**

　犯罪の主体である公務員以外の者のことであり、同じ職場の者であることもあれ
ば、職場外の人や法人あるいは法人格のない団体（同窓会など）でもよい（独立の
会計を有するなど独立の団体としての実質を具えた協同組合支部が第三者に当たり
得ることにつき最大判昭40・4・28刑集9・3・300）。

　警察署長に対し、その職務に関し請託して、同署長の属する警察署の自動車改造
費の負担を申し込んだときは、本条の賄賂の申込としての贈賄罪（198条）が成立
するが、この場合、「警察署」は本条にいう「第三者」に当たる（最判昭31・7・3
刑集10・7・965）。

第7項　加重収賄罪・事後収賄罪

＊刑法等の一部を改正する法律（令和4年法律第67号）の施行後は、下線部分の（拘禁刑）（有期拘禁刑）等となる。

（加重収賄及び事後収賄）
第197条の3　公務員が前2条の罪を犯し、よって不正な行為をし、又は相当の
　行為をしなかったときは、1年以上の<u>有期懲役</u>に処する。
（有期拘禁刑）

2　公務員が、その職務上不正な行為をしたこと又は相当の行為をしなかったことに関し、賄賂を収受し、若しくはその要求若しくは約束をし、又は第三者にこれを供与させ、若しくはその供与の要求若しくは約束をしたときも、前項と同様とする。

3　公務員であった者が、その在職中に請託を受けて職務上不正な行為をしたこと又は相当の行為をしなかったことに関し、賄賂を収受し、又はその要求若しくは約束をしたときは、5年以下の<u>懲役</u>に処する。
（拘禁刑）

①　加重収賄

第1項と第2項の収賄罪は、不正な職務行為がある場合に刑を加重しているもので、「**枉法収賄**（おうほうしゅうわい）」とも呼ばれる。「**不正**」とは職務に違反することであるが、裁量権を不当に行使していれば、「**不正な職務行為**」である。判例に現れた事例では、巡査が被疑者の要望を容れて必要な証拠品の押収を取りやめた事案につき、これは「相当な行為をなさざりしこと」に当たるとされている（最決昭29・9・24刑集8・9・1519。過去の請負契約の過払金返還に当たり、その額を過小に確定することにつき最決平21・3・16刑集63・3・81）。

②　事後収賄

第3項の収賄罪は、在職中に請託を受けて不正行為をしたことに関して退職後に事後に収賄した場合である。事前収賄（197条第2項）や第三者供賄（197条の2）と同じ法定刑である。なお、他の職務に転じたのちに前の職務に関し収賄した場合でも収賄のとき公務員であれば、事後収賄でなく、197条の収賄罪が成立する（最決昭58・3・25刑集37・2・170等）。これに対し、公務員退職後、例えば、不法な処理の謝礼として顧問料を受け取れば事後収賄となる（前掲最決平21・3・16）。

第8項　あっせん収賄罪

＊刑法等の一部を改正する法律（令和4年法律第67号）の施行後は、下線部分の（拘禁刑）（有期拘禁刑）等となる。

（あっせん収賄）

第197条の4　公務員が請託を受け、他の公務員に職務上不正な行為をさせる

634　各論第3編　第6章　汚職の罪

ように、又は相当の行為をさせないようにあっせんをすること又はしたことの報酬として、賄賂を収受し、又はその要求若しくは約束をしたときは、5年以下の懲役に処する。
（拘禁刑）

① あっせん

「あっせん」は、改正前の「幹旋」と同義であり、ある人とその相手方との間に仲介の労をとることである。公務員甲が、他の公務員乙に対して、乙の職務に属する一定の事項に関し乙の職務上の義務に違反して贈賄者丙に有利な取扱いをさせるように（甲が乙に）働きかけることをいう。甲が積極的にその地位を利用してあっせんすることは必要でないが、少なくとも甲が公務員としての立場であっせんすることを必要とし（公正取引委員会委員長に告発しないように公務員が働きかけた事例につき最決平15・1・14刑集57・1・1）、単なる私人としての甲の行為であると認められるときは、犯罪を構成しない（最決昭43・10・15刑集22・10・901）。

② 報酬としての賄賂

本罪では、賄賂が、あっせん行為に対する報酬である点で、他の収賄罪と異なる。

公務員の汚職（瀆職）事件では、あっせんをして多額の報酬を収受しても罪とならないという法の不備があったので、昭和33年に、本条が追加され新設された。

第9項　贈賄罪・あっせん贈賄罪

＊刑法等の一部を改正する法律（令和4年法律第67号）の施行後は、下線部分の（拘禁刑）（有期拘禁刑）等となる。

（贈賄）

第198条　第197条から第197条の4までに規定する賄賂を供与し、又はその申込み若しくは約束をした者は、3年以下の懲役又は250万円以下の罰金に処する。
（拘禁刑）

① 賄賂を供与する

賄賂を相手に取得させることであり、受け取らなければ、申込になる。不完全で

あっても贈賄するか否かの自由意思があれば足りる（大判昭10・12・21刑集14・1434、最決昭39・12・8刑集18・10・952）。

② 賄賂供与の申込をする

賄賂を受け取るよう、うながす行為をすることである。一方的な口頭の申し込みだけで足り、現実に賄賂を相手方が収受できる状態に置くことは要件でない（最判昭24・12・6刑集12・12・1884、大判大7・3・14刑録24・206）。また、その意思が伝達されておれば、相手がその意思や賄賂であることを認識していなくとも申込は成立する（最判昭37・4・1判時315・4）。

③ 賄賂供与の約束をする

賄賂を授受することを当事者間で合意することである。収受（収賄）と供与（贈賄）とが必要的共犯であるように、約束の場合も必要的共犯である。

第10項　賄賂の没収と追徴

（没収及び追徴）
第197条の5　犯人又は情を知った第三者が収受した賄賂は、没収する。その全部又は一部を没収することができないときは、その価額を追徴する。

犯人（公務員）又は情を知った第三者が収受した賄賂は没収される。その全部又は一部を没収することができないときは、その価額が追徴される（197条の5）。単なる提供にとどまる賄賂は、本条による没収の対象ではない（最判昭34・7・30裁判集130・695）。刑法19条及び19条の2（総論第9章第1項の解説☞143頁参照）の場合と異なり、没収可能なときは必ず没収し、没収できないときは必ず追徴すべきものとされている（必要的没収・追徴）。また賄賂は有体物に限定されるわけではないので、有体物でない賄賂は「没収できないとき」に当たり、追徴されることになる。追徴の価額は収受の時を基準に決定される（最大判昭43・9・25刑集22・9・871）。各共犯者の分配額が不明な場合でも、共犯者各自に賄賂の価額の全部を追徴でき、犯人に不正な利益の保有を許さないという要請が満たされる限りにおいて、相

当と認めるときは、各自に一部の額の追徴、又は一部の者のみからの追徴も可能とされている（最決平16・11・8集58・8・905）。

〈判例索引〉

＊大審院・最高裁判所関係＊

明　治

大判明 29・3・19 ………………………………… 77
大判明 29・4・1 ………………………… 349
大判明 34・5・23 ………………………… 349
大判明 34・10・11 ………………………… 370
大判明 35・4・14 ………………………… 413
大判明 35・12・12 ………………………… 413
大判明 36・6・1 ………………………… 319
大判明 37・5・13 ………………………… 447
大判明 39・4・12 ………………………… 196
大判明 40・1・24 ………………………… 491
大判明 41・5・18 ………………………… 121
大判明 41・12・21 ………………………… 475
大判明 42・4・27 ………………………… 622
大判明 42・6・18 ………………………… 619
大判明 42・11・1 ………………………… 17
大判明 42・11・15 ………………………… 320
大判明 42・11・19 ………………………… 389
大判明 42・11・25 ………………………… 479
大判明 43・1・25 ………………………… 299
大判明 43・2・3 ………………………… 265
大判明 43・4・15 ………………………… 346
大判明 43・5・13 ………………………… 510, 512
大判明 43・5・31 ………………………… 490
大判明 43・9・30 ………………… 226, 453, 463
大判明 43・11・17 ………………………… 522
大判明 43・12・2 ………………………… 344
大判明 43・12・19 ………………………… 627
大判明 44・1・24 ………………………… 133
大判明 44・2・27 ………………………… 375
大判明 44・4・13 ………………………… 263

大判明 44・4・24 ………………………… 392
大判明 44・5・23 ………………………… 320
大判明 44・6・16 ………………………… 400
大判明 44・6・22 ………………………… 410
大判明 44・6・23 ………………………… 17, 514
大判明 44・7・10 ………………………… 588
大判明 44・7・28 ………………………… 234
大判明 44・9・14 ………………………… 483
大判明 44・10・13 ………………………… 483, 489
大判明 44・10・30 ………………………… 619
大判明 44・11・10 ………………………… 422
大判明 44・11・16 ………………………… 409
大判明 44・12・8 ………………………… 206
大判明 44・12・18 ………………………… 360
大判明 45・3・7 ………………………… 489
大判明 45・4・8 ………………………… 363
大判明 45・5・6 ………………………… 412
大判明 45・5・30 ………………………… 508
大判明 45・6・20 ………………………… 178
大判明 45・7・16 ………………………… 332

大　正

大判大元・10・8 ………………………… 341
大判大元・12・20 ………………………… 319
大判大 2・1・23 ………………………… 451
大判大 2・2・7 ………………………… 613
大判大 2・3・18 ………………………… 127
大判大 2・5・22 ………………………… 608
大判大 2・3・25 ………………………… 361
大判大 2・9・5 ………………………… 619
大判大 2・11・19 ………………………… 542
大判大 2・12・9 ………………………… 341, 629

大判大 2・12・19	363	大判大 4・12・14	557
大判大 3・1・21	363	大判大 5・2・12	211
大判大 3・2・24	382	大判大 5・5・1	284
大判大 3・3・14	364	大判大 5・5・9	318, 483
大判大 3・4・6	484	大判大 5・9・18	400
大判大 3・4・14	227	大判大 5・10・9	580
大判大 3・5・5	348	大判大 5・10・10	324
大判大 3・5・18	558	大判大 5・11・10	344
大判大 3・6・9	388	大判大 5・11・30	622
大判大 3・6・13	353, 356	大判大 5・12・13	254, 629
大判大 3・6・20	371, 491	大判大 5・12・21	452
大判大 3・7・17	325	大判大 6・2・8	622
大判大 3・7・28	561	大判大 6・3・3	351
大判大 3・9・21	125	大判大 6・4・13	389
大判大 3・10・2	386	大判大 6・4・27	362
大判大 3・10・7	556	大判大 6・5・23	361
大判大 3・11・3	622	大判大 6・7・3	254
大判大 3・11・4	513	大判大 6・8・27	475
大判大 3・12・3	268	大判大 6・9・10	39
大判大 4・2・20	352	大判大 6・9・17	349
大判大 4・3・4	345, 612	大判大 6・10・15	349
大判大 4・4・26	133	大判大 6・10・25	218
大判大 4・4・29	365	大判大 6・10・27	435
大判大 4・5・21	210, 212, 290	大判大 6・11・12	220
大判大 4・6・1	625, 627	大判大 6・11・24	564
大判大 4・6・2	361, 566	大判大 7・2・6	284
大判大 4・6・15	332	大判大 7・2・26	514
大判大 4・6・24	566	大判大 7・3・14	635
大判大 4・10・16	557	大判大 7・5・18	206
大判大 4・10・20	467	大判大 7・6・17	117
大判大 4・10・30	384	大判大 7・11・11	238
大判大 4・11・2	384	大判大 7・11・16	36
大判大 4・11・6	382	大判大 7・11・25	423, 441
大判大 4・12・11	170	大判大 8・3・11	431

判例索引　639

大判大 8・3・31	613	大判大 12・3・31	425
大判大 8・4・4	284, 349	大判大 12・4・9	291
大判大 8・4・17	425	大判大 12・4・14	363
大判大 8・5・21	383	大判大 12・7・2	106, 116
大判大 8・6・30	223	大判大 12・7・3	420
大判大 8・7・9	333	大判大 12・7・14 31,	42, 182
大判大 8・8・30	211	大判昭 12・9・21	557
大判大 8・9・13	333	大判大 12・11・24	333
大判大 8・11・19	364	大判大 13・3・2	425
大判大 8・12・13	165	大判大 13・4・25	90
大判大 9・2・2	420	大判大 13・5・31	387
大判大 9・2・16	219, 626	大判大 13・10・22	536
大判大 9・2・26	267	大判大 14・1・22	123
大判大 9・3・5	435	大判大 14・1・28	228
大判大 9・3・16	122	大判大 14・2・25	425
大判大 9・4・13	347	大判大 14・5・7	627
大判大 9・6・3	127, 208	大判大 14・5・14	319
大判大 9・12・24	489, 567	大判大 14・6・9	90
大判大 10・3・7	375	大判大 14・9・25	496
大判大 10・5・7	206	大判大 14・10・16	564
大判大 10・6・18	348	大判大 14・12・23	479
大判大 10・7・8	361	大判大 15・6・15	187
大判大 10・10・24	270	大判大 15・6・19	525
大判大 11・2・28	361	大判大 15・6・25	545
大判大 11・3・1	121	大判大 15・10・8	284
大判大 11・3・31	401	**昭　和**	
大判大 11・5・1	491	大判昭 2・1・28	446
大判大 11・5・6	588	大判昭 2・3・28	183
大判大 11・5・11	354	大判昭 2・6・28	447
大判大 11・6・14	420	大判昭 2・10・16	199
大判大 11・7・12	361, 556	大判昭 2・11・28	425
大判大 11・12・11	383	大判昭 3・3・9	123
大判大 12・2・15	496, 611	大判昭 3・10・9	454, 467
大判大 12・3・15	422	大判昭 3・10・15	439, 440

大判昭4・2・9 …………………… 581
大判昭4・5・16 ………………… 306
大判昭4・6・3 …………………… 412
大判昭4・10・15 ………………… 451
大決昭5・2・4 …………………… 619
大判昭5・2・7 ……………… 248, 611
大判昭5・4・24 ………………… 383
大判昭5・5・17 ………………… 338
大判昭5・7・10 ………………… 333
大判昭5・9・18 ………………… 611
大判昭6・2・17 ………………… 324
大判昭6・5・2 …………………… 557
大判昭6・10・19 ………………… 254
大判昭6・10・22 ………………… 122
大判昭6・11・13 ………………… 564
大判昭6・11・19 ………………… 345
大判昭6・12・3 ………………… 75
大判昭6・12・10 ………………… 187
大判昭7・2・18 ………………… 410
大判昭7・2・25 ………………… 466
大判昭7・3・17 ………… 223, 224, 552
大判昭7・3・24 ………………… 580
大判昭7・3・31 ……………… 438, 441
大判昭7・4・11 ………………… 413
大判昭7・4・30 ………………… 390
大判昭7・5・11 …………………… 36
大判昭7・6・6 …………………… 447
大判昭7・6・9 …………………… 302
大判昭7・7・20 ………… 220, 224, 487
大判昭7・9・21 ………………… 371
大判昭7・10・10 ……………… 264, 267
大判昭7・10・27 ………………… 629
大判昭7・11・24 ……………… 451, 506
大判昭7・12・10 ………………… 614

大判昭8・6・5 …………… 177, 437, 439
大判昭8・6・17 ………………… 579
大判昭8・6・29 ……………… 310, 312
大判昭8・7・6 …………………… 431
大判昭8・9・2 …………………… 337
大判昭8・9・6 …………………… 177
大判昭8・9・11 ………………… 343
大判昭8・9・11 ………………… 536
大判昭8・10・16 ………………… 333
大判昭8・10・18 ………………… 612
大判昭8・11・30 …………… 61, 62, 305
大判昭8・12・6 ………………… 513
大判昭8・12・11 ………………… 363
大判昭9・1・31 …………………… 17
大判昭9・2・24 ……………… 467, 509
大判昭9・6・11 ………………… 320
大判昭9・6・13 ………………… 563
大判昭9・8・27 ……………… 64, 174
大判昭9・10・19 ………………… 286
大判昭9・10・29 ………………… 223
大判昭9・12・22 ………………… 368
大判昭9・12・24 ………………… 510
大判昭10・5・13 ………………… 312
大判昭10・6・6 ………………… 393
大判昭10・6・20 ………………… 115
大判昭10・9・23 ………………… 267
大判昭10・9・28 ………………… 614
大判昭10・10・23 ……………… 133, 630
大判昭10・10・25 ………………… 220
大判昭10・12・21 ………………… 635
大判昭11・1・31 ………………… 525
大判昭11・2・18 ………………… 392
大判昭11・2・24 ………………… 324
大判昭11・3・24 ………………… 246

判例索引 641

大判昭 11・5・7 ……………… 262, 272	最判昭 23・3・9 ……………………… 307
大判昭 11・7・23 ………………… 370	最大判昭 23・3・12 ……………… 10, 144
大判昭 11・11・12 ………………… 341	最判昭 23・3・16 ……………… 81, 116
大判昭 12・2・27 ………………… 267	最判昭 23・4・17 ………………… 286
大判昭 12・3・5 …………………… 232	最判昭 23・5・22 ………………… 304
大判昭 12・3・10 ………………… 124	最判昭 23・6・5 …………… 342, 347
大判昭 12・3・17 ………………… 262	最判昭 23・6・8 …………………… 405
大判昭 12・5・28 ………………… 588	最判昭 23・6・22 ………………… 156
大判昭 12・6・25 ………………… 106	最大判昭 23・6・30 ………………… 9
大判昭 12・7・5 …………………… 466	最判昭 23・7・8 …………………… 557
大判昭 12・9・10 ………………… 184	最大判昭 23・7・14 ……………… 80, 86
大判昭 12・9・21 ………………… 105	最判昭 23・7・26 ………………… 549
大判昭 12・9・30 …………… 232, 236	最判昭 23・7・29 ………………… 558
大判昭 12・11・6 ……………… 61, 62	最判昭 23・10・7 ………………… 557
大判昭 12・12・14 ………………… 513	最判昭 23・10・23 …………… 130, 486
大判昭 12・12・24 …………… 413, 441	最判昭 23・11・2 ………………… 387
大判昭 13・3・11 ………………… 386	最判昭 23・11・18 ………………… 296
大判昭 13・7・19 ………………… 124	最判昭 24・1・11 ………………… 337
大判昭 13・8・22 ………………… 397	最判昭 24・2・8 …… 116, 293, 296, 338
大判昭 14・3・7 …………………… 566	最判昭 24・2・15 ………………… 318
大判昭 14・6・24 ………………… 525	最判昭 24・3・8 …………………… 343
大判昭 15・8・22 ……………… 13, 419	最判昭 24・3・31 ………………… 156
大判昭 16・10・9 ………………… 510	最判昭 24・4・23 ………………… 70
大判昭 18・5・8 …………………… 590	最判昭 24・5・10 ………………… 542
大判昭 19・11・24 ………………… 310	最大判昭 24・5・18 ……………… 66, 70
大判昭 20・5・1 …………………… 564	最判昭 24・5・21 ………………… 287
最決平 14・7・1 …………………… 361	最判昭 24・6・14 ………………… 294
大判昭 2・6・17 …………………… 206	最大判昭 24・6・29 ………………… 343
大判昭 3・6・19 …………………… 51	最判昭 24・7・9 ………… 105, 302, 543, 549
大判昭 9・10・19 ………………… 103	最判昭 24・7・12 …………… 138, 550
大判昭 13・11・18 ………………… 124	最大判昭 24・7・13 ……………… 156
最決平 19・4・13 ………………… 285	最大判昭 24・7・22 ……………… 65, 243
最判昭 22・11・29 …………… 294, 303	最判昭 24・7・23 ………………… 133
最判昭 22・12・17 ………………… 446	最判昭 24・8・9 …………………… 610

642　判例索引

最判昭 24・8・18　……………………　50
最判昭 24・10・1　……………………　365
最判昭 24・10・8　……………………　559
最判昭 24・10・20　……………………　361
最判昭 24・11・26　……………………　564
最判昭 24・12・6　……………………　635
最大判昭 24・12・21　……………　10, 300
最判昭 24・12・24　………　298, 300, 310
最判昭 25・2・14　……………………　267
最判昭 25・2・24　……………………　326
最判昭 25・3・31　………………　31, 42
最判昭 25・7・6　………………………　36
最判昭 25・7・11　……………　83, 131
最判昭 25・8・29　……………………　280
最判昭 25・9・27　……………………　241
最判昭 25・10・10　……………………　131
最判昭 25・11・9　………………　42, 179
最判昭 25・12・12　……………………　360
最判昭 25・12・14　………　305, 371, 387
最判昭 25・12・19　……………………　121
最決昭 26・1・30　………………　361, 363
最判昭 26・2・27　……………………　138
最判昭 26・3・20　……………………　575
最判昭 26・3・27　………………　305, 312
最決昭 26・3・29　……………………　160
最大判昭 26・4・18　……………………　10
最判昭 26・5・11　……………………　455
最判昭 26・6・7　……………………　425
最判昭 26・7・13　……………………　285
最判昭 26・7・17　………………………　39
最決昭 26・8・9　……………………　306
最判昭 26・8・17　………………………　90
最判昭 26・9・6　……………………　628
最判昭 26・9・20　………　32, 111, 182, 184

最判昭 26・11・15　………………　80, 86
最判昭 26・12・6　……………………　119
最決昭 27・2・21　………………………　64
最判昭 27・6・6　………………　177, 178
最判昭 27・6・24　……………………　564
最決昭 27・7・10　……………………　363
最判昭 27・7・22　……………………　631
最判昭 27・7・25　……………………　222
最判昭 27・9・25　………………　17, 260
最判昭 27・12・25　……………………　470
最判昭 28・1・22　……………………　581
最判昭 28・1・23　……………………　622
最判昭 28・1・30　………　263, 264, 265, 272
最決昭 28・3・5　………………………　91
最判昭 28・4・14　……………………　137
最決昭 28・5・13　……………………　588
最判昭 28・5・21　……………………　383
最判昭 28・5・29　……………………　495
最判昭 28・9・29　……………………　625
最判昭 28・10・2　………………　573, 611
最決昭 28・10・19　………………　617, 619
最判昭 28・10・27　……………………　629
最判昭 28・11・13　……………………　455
最判昭 28・11・25　………………………　63
最判昭 28・11・26　……………………　223
最判昭 28・11・27　……………………　218
最判昭 28・12・15　………　254, 256, 257
最大判昭 28・12・16　……………………　139
最大判昭 29・1・20　……………………　106
最判昭 29・3・2　……………………　123
最判昭 29・4・6　……………………　334
最決昭 29・4・28　……………………　589
最決昭 29・5・6　………………………　33
最判昭 29・5・27　……………………　138

最決昭 29・6・3	617	最決昭 31・12・27	493
最決昭 29・7・15	583	最決昭 32・1・17	496
最決昭 29・8・20	454, 467	最判昭 32・1・22	58, 598
最判昭 29・8・20	186	最決昭 32・2・7	510
最決昭 29・9・24	633	最大判昭 32・3・13	89, 523
最決昭 29・9・30	612	最判昭 32・4・4	241
最判昭 29・11・5	343	最判昭 32・4・23	177
最判昭 29・11・16	383	最判昭 32・4・25	284
最判昭 30・1・11	468, 510, 512	最決昭 32・5・22	521, 522
最大判昭 30・4・6	9	最決昭 32・6・8	512
最判昭 30・4・8	320, 323	最決昭 32・6・21	388
最判昭 30・4・19	449	最判昭 32・7・18	138, 306
最大判昭 30・5・25	496	最判昭 32・7・19	598
最判昭 30・6・1	160	最判昭 32・7・25	493
最大判昭 30・6・22	420, 424	最判昭 32・8・1	306
最決昭 30・7・7	281, 316, 321, 322	最決昭 32・9・5	285
最判昭 30・10・14	339	最決昭 32・9・10	105
最判昭 30・12・9	258, 343	最決昭 32・9・18	415, 416
最判昭 30・12・23	314	最判昭 32・10・3	580
最判昭 30・12・26	341	最判昭 32・10・4	470, 472
最決昭 31・3・6	522	最判昭 32・10・18	87
最判昭 31・3・20	363	最判昭 32・11・8	284, 288
最判昭 31・4・13	588	最決昭 32・11・21	630
最判昭 31・5・4	17	最大判昭 32・11・27	75
最判昭 31・6・26	345	最決昭 32・12・24	265
最決昭 31・6・28	425	最大判昭 32・12・25	159
最判昭 31・7・3	632	最判昭 33・2・4	290
最決昭 31・7・5	510	最決昭 33・3・6	333
最決昭 31・7・12	629	最決昭 33・3・19	217
最決昭 31・8・22	242	最判昭 33・4・10	467
最判昭 31・10・25	170, 549	最決昭 33・4・11	471, 490
最判昭 31・12・7	353	最判昭 33・4・18	200
最判昭 31・12・11	26, 99	最判昭 33・4・25	597, 599
最判昭 31・12・26	17	最決昭 33・5・1	156

644 判例索引

最大判昭 33・5・28 …………………… 114
最判昭 33・6・6 ………………………… 542
最判昭 33・6・24 ……………………… 313
最判昭 33・7・10 ……………………… 26
最判昭 33・7・25 ……………………… 404
最判昭 33・7・31 ……………………… 622
最決昭 33・9・5 ………………………… 490
最判昭 33・9・9 …………………… 80, 393
最判昭 33・9・30 ……………………… 575
最判昭 33・10・8 ……………………… 345
最判昭 33・10・10 …………………… 356
最判昭 33・10・14 …………………… 575
最判昭 33・10・24 …………………… 363
最判昭 33・11・21 …………………… 175
最判昭 33・12・25 …………………… 413
最決昭 34・2・9 ………………………… 361
最判昭 34・2・13 ………………… 342, 356
最決昭 34・2・19 ……………………… 255
最判昭 34・3・5 ………………………… 432
最判昭 34・4・28 ……………………… 223
最判昭 34・5・7 ………………… 113, 255
最判昭 34・6・30 ………………… 447, 449
最判昭 34・7・3 ………………………… 363
最決昭 34・7・7 ………………………… 549
最判昭 34・7・24 ……………………… 213
最判昭 34・7・30 ……………………… 635
最決昭 34・8・27 ……………………… 576
最決昭 34・10・29 …………………… 522
最大判昭 34・12・9 …………………… 627
最決昭 34・12・25 …………………… 255
最判昭 34・12・25 …………………… 404
最決昭 35・1・12 ……………………… 478
最判昭 35・2・4 ………………………… 63
最決昭 35・2・9 ………………………… 136

最判昭 35・2・18 ……………………… 420
最決昭 35・3・10 ……………………… 512
最判昭 35・4・26 ……………………… 284
最決昭 35・4・28 ……………………… 589
最決昭 35・6・2 ………………………… 590
最決昭 35・7・18 ……………………… 612
最決昭 35・8・12 ……………………… 355
最決昭 35・11・18 …………………… 574
最決昭 35・12・8 ………………… 381, 382
最決昭 35・12・13 …………………… 364
最決昭 35・12・22 …………………… 366
最決昭 35・12・23 …………………… 27
最決昭 35・12・27 …………………… 375
最判昭 36・1・10 ……………………… 417
最判昭 36・1・13 ……………………… 627
最判昭 36・3・30 ………………… 455, 469
最判昭 36・6・20 ……………………… 473
最決昭 36・8・17 ……………………… 614
最判昭 36・8・17 ……………………… 549
最判昭 36・9・8 ………………………… 438
最決昭 36・9・26 ……………………… 425
最決昭 36・9・26 ………………… 462, 495
最決昭 36・11・21 …………………… 41
最決昭 37・2・9 ………………………… 597
最判昭 37・2・13 ……………………… 354
最決昭 37・3・1 ………………………… 473
最判昭 37・3・23 ……………………… 39
最判昭 37・3・27 ……………………… 196
最判昭 37・4・1 ………………………… 635
最判昭 37・5・4 ………………………… 91
最決昭 37・11・8 ……………… 102, 173, 300
最決昭 37・11・21 …………………… 228
最決昭 38・7・9 ………………………… 353
最判昭 38・7・9 ………………………… 54

判例索引　645

最決昭 38・11・8 …………………… 364	最決昭 43・6・6 …………………… 316
最判昭 38・12・24 ………………… 367	最判昭 43・6・28 ………………… 376
最決昭 39・1・26 ………………… 186	最判昭 43・9・17 ……………… 218, 290
最決昭 39・1・28 ………………… 179	最大判昭 43・9・25 ……………… 635
最決昭 39・3・11 ………………… 563	最決昭 43・10・15 ……………… 634
最判昭 39・3・31 ………………… 590	最決昭 43・11・7 ………………… 210
最判昭 39・5・29 ………………… 525	最決昭 43・12・11 ……………… 338
最決昭 39・7・9 ………………… 136	最決昭 44・5・1 ……………… 368, 371
最決昭 39・12・8 ………………… 635	最大判昭 44・6・18 ………… 136, 138, 480
最決昭 40・3・9 ………………… 286	最判昭 44・6・25 ………………… 258
最決昭 40・4・16 ……………… 13	最判昭 44・7・17 ………………… 124
最大判昭 40・4・28 …………… 148, 632	最判昭 44・7・25 ………………… 543
最決昭 40・9・16 ………………… 613	最大判昭 44・10・15 ……………… 524
最判昭 41・3・24 ………………… 576	最判昭 44・12・4 ……………… 51
最判昭 41・4・8 ………………… 289	最決昭 45・1・29 ………………… 537
最決昭 41・4・14 ……………… 579, 587	最決昭 45・4・7 ………………… 531
最決昭 41・6・10 ………………… 372	最判昭 45・4・24 ………………… 447
最決昭 41・7・7 ……………… 58	最大判昭 45・6・17 ……………… 372
最判昭 41・9・16 ……………… 594, 597	最判昭 45・6・30 ………………… 453
最大判昭 41・11・30 ………… 269, 574, 576	最判昭 45・7・28 ……………… 34, 104, 544
最判昭 41・12・20 ……………… 94, 204	最判昭 45・9・4 ………………… 460
最判昭 42・3・7 ………………… 126	最判昭 45・9・29 ………………… 136
最決昭 42・5・25 ……………… 93	最決昭 45・10・22 ……………… 495
最決昭 42・5・26 ……………… 53	最判昭 45・11・17 ……………… 204
最決昭 42・10・12 ……………… 404	最判昭 45・12・3 ………………… 196
最判昭 42・10・13 ……………… 95	最判昭 45・12・22 ……………… 297
最決昭 42・10・24 ……………… 42	最判昭 45・12・22 …………… 375, 575
最決昭 42・11・2 ………………… 292	最判昭 46・4・22 ………………… 423
最決昭 42・11・28 ……………… 460	最判昭 46・6・17 ……………… 41
最決昭 42・12・21 ……………… 219	最決昭 46・7・30 ……………… 67
最決昭 43・1・18 ………………… 372	最決昭 46・10・22 ……………… 258
最決昭 43・2・27 ……………… 37	最判昭 46・11・16 …………… 49, 50, 56
最決昭 43・3・29 ………………… 136	最判昭 47・3・14 ………………… 196
最決昭 43・6・5 ………………… 562	最判昭 47・11・16 ……………… 204

646 判例索引

最決昭48・2・8 ……………………… 197

最決昭48・3・15 …………………… 473

最大判昭48・4・4 ………………… 171

最決昭49・4・18 …………………… 524

最大判昭49・5・29 ………… 137, 138, 426

最高裁昭50・4・3 ………………… 47

最判昭50・4・3 …………………… 181

最判昭50・4・24 …………………… 627

最判昭50・6・13 …………………… 448

最決昭50・6・19 …………………… 540

最判昭50・8・27 …………………… 43

最大判昭50・9・10 ………………… 12

最判昭50・11・28 ………………… 50

最判昭51・3・4 …………… 240, 241, 244

最決昭51・4・1 …………………… 324

最判昭51・4・30 ………………… 13, 456

最大判昭51・9・22 ………………… 138

最決昭52・3・25 …………………… 290

最決昭52・4・25 …………………… 482

最大判昭52・5・4 ………………… 69

最判昭52・7・14 …………………… 368

最決昭52・7・21 …………………… 56

最判昭52・12・22 …………………… 527

最決昭53・3・22 …………………… 171

最判昭53・6・20 …………………… 583

最判昭53・6・29 ………… 575, 580, 582

最判昭53・7・28 ………………… 83, 308

最決昭53・9・4 ………………… 382, 383

最決昭53・9・22 …………………… 584

最決昭54・1・10 ………………… 573, 574

最決昭54・2・1 …………………… 556

最決昭54・3・27 ………………… 86, 130

最決昭54・4・13 …………………… 130

最判昭54・4・19 …………………… 159

最決昭54・5・30 …………………… 456

最決昭54・6・26 …………………… 236

最決昭54・10・26 …………………… 560

最決昭54・11・19 ……301, 406, 523, 532

最判昭54・12・25 …………………… 605

最判昭55・2・29 …………………… 375

最決昭55・10・30 ………………… 285, 290

最決昭55・11・13 ………………… 65, 183

最判昭55・11・28 …………………… 523

最決昭55・12・9 …………………… 423

最決昭55・12・17 …………………… 73

最決昭56・2・20 …………………… 349

最決昭56・4・8 …………… 65, 458, 485

最判昭56・4・16 …………………… 258

最決昭56・12・22 …………………… 485

最判昭57・1・28 …………………… 623

最判昭57・6・24 …………………… 369

最決昭57・11・29 …………………… 231

最判昭58・3・8 …………………… 530

最判昭58・3・25 …………………… 633

最判昭58・4・8 …………………… 242

最決昭58・5・9 ………………… 598, 600

最決昭58・5・24 …………………… 353

最判昭58・6・23 …………………… 197

最判昭58・7・8 ………………… 10, 144

最決昭58・9・21 …………………… 120

最決昭58・9・27 …………………… 231

最判昭58・9・29 …………………… 431

最判昭58・10・27 …………………… 524

最決昭58・11・1 ………………… 253, 259

最決昭58・11・22 …………………… 196

最決昭58・11・24 ………… 463, 473, 478

最決昭58・12・21 …………………… 431

最決昭59・1・27 …………………… 140

最決昭 59・2・13	……………………	585
最決昭 59・2・17	……………………	485
最判昭 59・2・17	……………………	458
最判昭 59・3・6	……………………	82
最決昭 59・3・23	……………………	266
最決昭 59・4・12	……………………	416
最決昭 59・4・27	……………………	263
最決昭 59・5・8	……………………	573
最決昭 59・7・3	……………………	76
最決昭 59・7・6	……………………	42
最決昭 59・12・18	……………………	158
最決昭 59・12・21	……………………	381
最判昭 60・3・28	…………………… 393, 394
最決昭 60・4・3	……………………	353
最決昭 60・6・11	……………………	629
最決昭 60・9・12	……………………	50
最決昭 60・10・21	……………………	405
最大判昭 60・10・23	……………………	12
最決昭 61・6・9	……………………	86
最決昭 61・6・27	…………………… 457, 631
最決昭 61・11・18	……………………	309
最決昭 62・3・12	…………………… 269, 573
最決昭 62・3・24	……………………	230
最決昭 62・3・26	……………………	59
最決昭 62・4・10	……………………	285
最判昭 62・7・9	……………………	231
最決昭 62・7・16	…………………… 80, 87, 89
最決昭 62・9・30	……………………	588
最決昭 63・1・19	……………………	211
最判昭 63・1・19	……………………	208
最決昭 63・2・29	…………………… 32, 201
最判昭 63・10・27	……………………	205

平　成

| 最決平元・2・17 | …………………… | 475 |

最判平元・3・9	……………………	575
最決平元・3・10	…………………… 575, 582
最決平 1・3・14	……………………	623
最決平 1・5・1	……………………	611
最決平 1・6・26	……………………	116
最決平元・7・7	…………………… 284, 390
最決平元・7・14	…………………… 388, 390
最決平元・9・26	…………………… 577, 583
最判平元・11・13	……………………	51
最決平元・12・15	…………………… 211, 212
最決平 2・2・9	……………………	81
最決平 2・11・10	……………………	39
最決平 2・11・16	…………………… 97, 205
最決平 2・11・20	……………………	182
最決平 2・11・29	……………………	97
最決平 3・4・5	……………………	502
最判平 3・11・14	……………………	97
最決平 4・2・18	……………………	316
最決平 4・6・5	……………………	52
最決平 4・11・27	……………………	268
最決平 4・12・17	……………………	39
最決平 5・10・5	……………………	455
最決平 5・10・29	……………………	133
最決平 6・3・29	……………………	625
最決平 6・6・30	……………………	53
最決平 6・7・19	……………………	287
最決平 6・11・29	…………………… 458, 483, 485
最決平 6・12・9	……………………	18
最大判平 7・2・22	……………………	629
最判平 8・1・28	……………………	17
最判平 8・2・8	……………………	13
最判平 8・11・8	……………………	69
最判平 9・6・16	…………………… 49, 51
最決平 9・10・21	……………………	388

648　判例索引

最決平 9・10・30 ……………………… 36
最決平 10・7・14 ………………… 595
最判平 10・9・4 …………………… 231
最決平 10・11・2 ………………… 538
最決平 10・11・4 …………… 595, 598
最決平 10・11・25 ………… 354, 355
最決平 11・2・17 ………………… 625
最決平 11・4・8 ………………… 145
最決平 11・12・9 ………………… 292
最決平 11・12・20 ……… 454, 455, 483
最決平 12・2・17 …………… 266, 269
最決平 12・3・27 ………………… 320
最決平 12・12・15 ……………… 292
最判平 12・12・15 ……………… 292
最決平 12・12・20 ………… 97, 406
最決平 13・2・7 ……………… 97, 98
最決平 13・2・9 ………………… 107
最決平 13・7・16 ………… 525, 531
最判平 13・7・19 ………………… 323
最決平 13・10・25 ………… 35, 120
最決平 13・11・14 ……………… 431
最決平 14・2・14 ………………… 302
最決平 14・7・1 ………………… 364
最決平 14・9・30 ………………… 269
最決平 14・10・21 ……………… 280
最決平 15・1・14 ………………… 634
最判平 15・1・24 …………… 95, 204
最決平 15・2・18 ………… 355, 357
最判平 15・3・11 ………………… 263
最決平 15・3・12 ………………… 316
最決平 15・3・18 …… 73, 227, 232, 351, 353
最判平 15・4・14 ………… 392, 394
最大判平 15・4・23 ……………… 32
最判平 15・4・23 ………………… 344

最決平 15・5・1 ………………… 114
最決平 15・6・2 ………………… 420
最判平 15・7・10 ………………… 135
最決平 15・7・16 ……………… 39, 42
最決平 15・10・6 ………… 455, 459
最判平 15・10・7 ………… 134, 136
最判平 15・11・21 ……………… 91
最決平 15・12・9 ………………… 318
最決平 15・12・12 ……………… 487
最決平 15・12・18 ……………… 462
最決平 16・1・20 …… 35, 166, 174
最決平 16・2・9 ………………… 319
最決平 16・2・17 ………… 39, 182
最決平 16・3・22 …… 83, 104, 167
最決平 16・7・7 ………………… 319
最決平 16・7・13 ………………… 473
最決平 16・8・25 ………… 284, 288
最判平 16・9・10 ………………… 357
最決平 16・10・19 ……………… 39
最決平 16・11・8 ………………… 636
最決平 16・11・30 ……… 316, 454, 513
最判平 16・12・10 ……………… 302
最決平 17・3・11 ………………… 630
最決平 17・3・29 ………………… 178
最判平 17・4・14 ………… 218, 336
最決平 17・7・4 …… 35, 128, 166
最決平 17・8・1 ………………… 133
最決平 17・10・7 ………… 126, 357
最決平 17・11・15 ……………… 98
最決平 17・12・6 …… 43, 73, 227
最決平 17・12・13 ……………… 473
最決平 18・1・17 ………………… 372
最決平 18・1・23 ………………… 629
最決平 18・2・14 ………………… 329

最決平 18・2・27	88	最決平 21・3・16	633
最決平 18・3・14	194	最決平 21・3・26	344, 476
最決平 18・3・27	39, 219	最決平 21・6・29	285
最決平 18・5・16	526	最決平 21・6・30	115
最判平 18・6・20	144	最決平 21・7・7	133, 527
最決平 18・8・20	365	最決平 21・7・13	241
最決平 18・8・30	159, 286	最判平 21・7・16	50
最決平 18・10・10	286	最決平 21・11・9	353
最判平 18・10・12	73	最判平 21・11・30	242
最決平 18・11・21	119	最決平 21・12・7	71, 97, 166
最決平 18・12・13	595, 598	最決平 21・12・8	76
最決平 19・3・20	372	最決平 22・3・15	255, 258
最決平 19・3・22	136	最決平 22・3・17	133, 321
最決平 19・3・26	97, 205	最決平 22・7・29	316
最決平 19・6・14	524	最決平 22・9・7	629
最決平 19・7・2	242, 263	最決平 22・10・26	97, 98, 205
最決平 19・7・17	316	最決平 23・12・6	591
最決平 19・8・8	492	最決平 23・12・19	123
最決平 19・11・13	335, 616	最決平 24・1・30	178
最決平 19・11・14	114	最決平 24・2・8	97
最決平 19・12・3	137	最決平 24・2・13	247
最決平 20・1・22	312, 549	最決平 24・7・24	177
最決平 20・2・18	287, 345, 348	最決平 24・10・9	287, 345, 348
最決平 20・3・3	98	最決平 24・10・15	627
最判平 20・3・4	432	最決平 24・11・6	118, 219
最決平 20・3・27	629	最決平 25・4・15	34, 123
最判平 20・4・11	240, 242	最決平 26・3・17	133, 179
最判平 20・4・22	146	最決平 26・3・28	319
最判平 20・4・25	75, 76	最決平 26・4・7	316
最決平 20・5・19	355, 357	最決平 26・7・22	205
最決平 20・5・20	49, 57	最判平 26・11・7	104
最決平 20・6・25	52	最決平 26・11・25	525
最決平 20・10・16	194	最判平 27・5・25	75
最決平 21・2・24	51, 52	最判平 27・12・3	18

650 判例索引

最決平 28・3・24	111, 185	仙台高判昭 24・9・24	602
最決平 28・3・31	614	名古屋高判昭 24・11・12	291
最決平 28・5・25	97, 205	東京高判昭 25・6・10	186
最決平 28・7・27	18, 156	名古屋高判昭 25・11・14	286
最判平 28・12・5	476	広島高判昭 26・2・6	77
最判平 29・3・27	611	大阪高判昭 26・10・22	267
最判平 29・4・26	56	福岡高判昭 27・1・19	580
最大判平 29・11・29	537	東京高判昭 27・4・24	243
最決平 29・12・11	118, 318	東京高判昭 27・6・3	566
最決平 29・12・19	389	東京高判昭 27・6・26	304
最判平 30・3・19	212	東京高判昭 27・8・5	562
最判平 30・3・22	321	仙台高判昭 27・10・29	489
最決平 30・6・26	146	札幌高判昭 27・11・24	294
最決平 30・10・23	194	東京高判昭 27・12・18	522
最判平 30・12・11	114	東京高判昭 28・6・18	391
最決平 30・12・14	81, 114	札幌高判昭 28・6・30	118

令 和

最判令 2・7・16	524	東京高判昭 28・7・20	631
最判令 2・8・24	166	福岡高判昭 29・1・12	602
最決令 2・9・30	185	高松高判昭 29・4・20	156
最決令 2・12・7	107	名古屋高判昭 29・5・25	156
最決令 3・2・1	525	福岡高判昭 29・5・26	304
最決令 3・6・9	612	福岡高判昭 29・5・29	308
最決令 3・6・23	325	東京高判昭 29・6・7	321
最判令 4・1・20	516, 518	東京高判昭 29・6・9	267
最決令 4・2・14	34, 286	広島高判昭 29・8・9	333
最判令 4・4・18	346	福岡高判昭 29・11・25	597
最判令 4・6・9	126, 348	大阪高判昭 30・3・25	260
最判令 5・3・24	564	東高判昭 30・4・8	66

＊高等裁判所関係＊

昭 和

東京高判昭 20・1・29	289	東京高判昭 30・4・9	186
東京高判昭 51・11・8	47	仙台高秋田支判昭 30・5・17	553
		仙台高判昭 30・5・31	542
		福岡高宮崎支判昭 30・6・24	606
		東京高判昭 30・7・19	299
		広島高判昭 30・9・28	447

東京高判昭 30・10・11	355	仙台高判昭 36・10・24	209
広島高岡山支判昭 30・11・15	393	名古屋高判昭 36・11・8	555
広島高岡山支判昭 30・12・22	267	東京高判昭 37・1・23	631
東京高判昭 31・4・3	334	東京高判昭 37・3・29	450
福岡高判昭 31・4・14	238	東京高判昭 37・6・21	214
名古屋高判昭 31・5・25	347	東京高判昭 37・10・18	425
東京高判昭 31・6・26	450	名古屋高判昭 37・12・22	70, 176
広島高判昭 31・12・25	603	東京高判昭 38・6・28	297
名古屋高金沢支判昭 32・3・12	228, 238	福岡高判昭 38・7・15	335
東京高判昭 32・3・20	339	東京高判昭 39・1・27	196
仙台高判昭 32・4・18	545	東京高判昭 39・7・22	447
大阪高判昭 32・7・22	580	東京高判昭 39・11・25	267
東京高判昭 32・9・17	347	東京高判昭 40・3・8	630
東京高判昭 32・10・1	522	東京高判昭 40・3・29	614
大阪高判昭 32・12・18	590	東京高判昭 40・5・28	597
東京高判昭 33・3・10	349	東京高判昭 40・10・27	425
東京高判昭 33・7・15	476	名古屋高判昭 41・3・10	524
東京高判昭 33・7・19	603	大阪高判昭 41・6・18	441
仙台高判昭 33・9・24	602	東京高判昭 41・11・30	254
広島高判昭 33・12・24	545	大阪高判昭 42・1・18	199
東京高判昭 33・12・25	321	東京高判昭 43・1・26	577
高松高判昭 34・2・11	299	大阪高判昭 43・3・12	17
東京高判昭 34・5・11	413	東京高判昭 43・9・21	95
大阪高判昭 34・8・5	512	大阪高判昭 43・11・25	256
東京高判昭 34・9・30	400	東京高判昭 43・11・28	66
東京高判昭 35・2・1	48	東京高判昭 45・2・19	267
東京高判昭 35・2・13	47, 48	東京高判昭 45・5・11	211
大阪高判昭 35・2・18	616	札幌高判昭 45・7・14	185
東京高判昭 35・6・9	267	東京高判昭 45・8・11	423
東京高判昭 35・7・15	85	東京高判昭 45・9・8	286
東京高判昭 35・11・29	616	東京高判昭 46・2・20	258
東京高判昭 36・6・6	302	東京高判昭 46・3・4	170
名古屋高判昭 36・7・20	198	東京高判昭 46・7・15	303
東京高判昭 36・8・15	100	札幌高判昭 46・8・17	425

福岡高判昭 46・10・11	186	東京高判昭 53・9・13	309
大阪高判昭 46・11・26	344	広島高判昭 53・11・2	372
大阪高判昭 47・1・31	267	大阪高判昭 53・12・15	582
大阪高判昭 47・8・4	294, 314	東京高判昭 54・4・12	288
東京高判昭 47・11・21	384	東京高判昭 54・4・16	530
広島高判昭 48・1・29	266	東京高判昭 54・5・15	38
東京高判昭 48・8・7	263	東京高判昭 54・5・21	240, 242
福岡高判昭 49・5・20	185	東京高判昭 54・5・30	403
大阪高判昭 49・9・10	244	東京高判昭 54・6・13	326
東京高判昭 50・3・11	453, 513	福岡高判昭 54・6・13	545
東京高判昭 50・3・25	267	東京高判昭 54・6・27	533
東京高判昭 50・4・28	151	東京高判昭 54・7・9	459, 584
大阪高判昭 50・7・1	423	東京高判昭 54・7・24	416
東京高判昭 51・1・12	426	福岡高判昭 54・9・11	222
東京高判昭 51・1・23	407	東京高判昭 54・12・3	525
東京高判昭 51・2・24	586	仙台高判昭 55・1・24	374
札幌高判昭 51・3・18	96, 205	東京高判昭 55・2・4	585
広島高判昭 51・4・1	243	東京高判昭 55・3・3	285
東京高判昭 51・6・29	405	東京高判昭 55・9・26	89
大阪高判昭 51・7・14	582	東京高判昭 55・10・7	47, 219
福岡高判昭 51・9・22	616	東京高判昭 55・12・8	107
大阪高判昭 51・10・12	265	東京高判昭 56・1・27	545
東京高判昭 51・12・13	544	東京高判昭 56・2・18	186
東京高判昭 52・2・18	462	東京高判昭 56・3・2	564
東京高判昭 52・2・28	468	福岡高判昭 56・3・26	374
東京高判昭 52・3・24	411, 412	東京高判昭 56・8・25	280
東京高裁昭 52・10・31	55	東京高判昭 57・6・6	67
東京高判昭 52・11・21	319	福岡高判昭 57・6・25	223
東京高判昭 52・11・29	183	大阪高判昭 57・6・29	407
東京高判昭 52・11・30	586	東京高判昭 57・8・6	294
東京高判昭 52・12・8	301	大阪高判昭 58・8・26	292
東京高判昭 53・2・27	560	札幌高判昭 59・5・17	265
東京高判昭 53・3・22	447	大阪高判昭 59・5・23	325
東京高判昭 53・3・29	292	福岡高判昭 59・6・19	563

判例索引　653

東京高判昭 59・7・18	258
東京高判昭 59・11・22	52
東京高判昭 60・12・10	201
福岡高判昭 61・3・13	562
大阪高判昭 61・7・17	298
大阪高判昭 61・10・7	298
大阪高判昭 61・12・16	220
東京高判昭 62・4・7	199
大阪高判昭 62・10・2	123

平　成

東京高判平元・2・20	405
東京高判平元・2・27	295
大阪高判平元・3・3	298
東京高判平 2・4・11	107
名古屋高判平 2・7・17	106
広島高判平 2・8・7	423
東京高判平 2・12・12	306
東京高判平 3・4・1	288
東京高判平 5・6・4	87
東京高判平 5・6・29	328
大阪高判平 5・7・7	372
東京高判平 5・12・13	311
東京高判平 6・9・12	285
東京高判平 7・2・22	107
高松高判平 8・1・25	220
東京高判平 8・2・26	356
東京高判平 8・2・27	49
名古屋高判平 8・3・5	240
福岡高判平 8・3・19	107
広島高岡山支判平 8・5・22	457
東京高判平 9・8・4	65
大阪高判平 9・10・16	39
東京高判平 9・10・20	483
東京高判平 10・3・11	47

東京高判平 10・3・25	126
東京高判平 10・4・6	150
名古屋高判平 10・4・23	300
東京高判平 10・6・4	172, 173
大阪高判平 10・6・24	62, 63
大阪高判平 10・7・16	175
東京高判平 10・10・12	287
名古屋高判平 10・12・14	476
東京高判平 11・1・29	34, 123
大阪高判平 11・3・31	58
福岡高判平 11・9・7	105, 106
東京高判平 12・2・21	549
東京高判平 12・2・24	107
札幌高判平 12・3・16	123
大阪高判平 12・8・24	318
福岡高判平 12・9・21	270
東京高判平 13・6・26	292
東京高判平 13・7・16	513
東京高判平 13・9・19	59
札幌高判平 13・9・25	597
福岡高判平 13・11・20	611, 612
名古屋高判平 13・12・10	108
東京高判平 14・2・14	229
名古屋高判平 14・8・29	184
大阪高判平 14・9・4	52
東京高判平 15・1・29	625
東京高判平 15・9・29	545
東京高判平 16・4・13	192
大阪高判平 16・4・22	255
東京高判平 16・6・17	504, 505
東京高判平 16・12・1	179
東京高判平 17・3・31	107
東京高判平 17・6・22	107, 611
札幌高判平 17・8・18	611

654 判例索引

東京高判平 17・12・28 ……………………… 590

東京高判平 18・2・14 ……………………… 446

東京高判平 20・3・19 ……………………… 294

東京高判平 20・7・18 ……… 457, 461, 462

大阪高判平 21・1・20 ………………………… 89

東京高判平 21・3・12 ……… 262, 264, 576

福岡高判平 21・5・15 ……………………… 191

福岡高判平 21・10・20 …………………… 192

東京高判平 21・11・16 …………… 282, 295

東京高判平 22・2・17 ……………………… 392

東京高判平 22・7・13 ……………………… 232

東京高判平 22・9・30 ……………………… 467

東京高判平 24・3・26 …………… 272, 517

名古屋高判平 24・7・5 …………………… 285

東京高判平 24・10・30 …………… 330, 337

東京高判平 24・11・1 ……………………… 539

東京高判平 24・12・18 ……………………… 61

東京高判平 25・2・22 …………… 192, 525

東京高判平 25・6・6 ……………………… 289

東京高判平 25・6・11 ……………………… 202

札幌高判平 25・7・11 …………… 175, 183

高松高判平 25・9・3 ……………………… 482

東京高判平 25・9・4 ……………………… 316

仙台高判平 25・9・19 ……………………… 536

東京高判平 25・10・18 …………………… 348

高松高判平 26・1・28 …………… 65, 227

札幌高判平 26・2・6 ……………………… 145

東京高判平 26・2・13 ……………………… 537

名古屋高判平 26・3・18 …………………… 137

東京高判平 26・5・1 ……………………… 577

大阪高判平 27・10・6 ……………………… 218

東京高判平 28・2・19 ……………………… 476

大阪高判平 28・12・13 …………………… 192

福岡高判平 28・12・20 …………………… 114

大阪高判平 29・6・30 ……………………… 525

東京高判平 29・10・20 …………………… 222

東京高判平 30・8・1 ……………………… 294

東京高判平 31・1・23 ……………………… 205

名古屋高判平 31・2・14 …………………… 476

東京高判平 31・3・1 ……………………… 625

大阪高判平 31・3・14 ……………………… 287

令　和

東京高判令元・6・12 ……………………… 616

大阪高判令元年・7・30 …………………… 597

東京高判令元・8・20 ……………………… 229

東京高判令 1・11・5 ……………………… 224

東京高判令 2・2・7 ……………………… 518

仙台高判令 2・2・13 ……………………… 61

広島高判令 2・2・18 ……………………… 269

東京高判令 2・6・11 ……………………… 490

東京高判令 2・7・13 ……………………… 545

広島高判令 2・11・10 …………………… 241

東京高判令 2・11・25 ……………………… 76

札幌高判令 3・1・21 ……………………… 107

東京高判令 3・2・2 ……………………… 263

東京高判令 3・2・12 ……………………… 545

名古屋高判令 3・2・12 …………………… 191

福岡高判令 3・3・29 ……………………… 349

大阪高判令 3・4・19 ……………………… 218

東京高判令 3・4・20 ……………………… 329

福岡高判令 3・5・26 ……………………… 254

東京高判令 3・6・14 ……………………… 545

大阪高判令 3・7・16 ……………………… 241

大阪高判令 3・12・13 ……………………… 73

名古屋高判令 3・12・14 …………………… 285

東京高判令 4・4・18 ……………………… 192

福岡高判令 4・7・21 ……………………… 545

東京高判令 4・12・13 …………………… 547

大阪高判令 5・10・27 ……………… 548

＊地方裁判所関係＊

大　正
長崎地判大 5・8・24 　……………… 268

昭　和
京都地判昭 22・5・10 ……………… 268

富山地判昭 31・10・1 ……………… 238

大阪地判昭 32・5・28 ……………… 400

東京地判昭 32・7・13 ……………… 256

神戸地姫路支判昭 33・9・27 ……… 473

佐賀地判昭 35・6・27 ……………… 605

東京地判昭 36・9・13 ……………… 266

高松地判昭 37・12・44 …………… 413

東京地判昭 38・3・23 ……………… 178

新潟地相川支判昭 39・1・10 ……… 292

福岡地判昭 39・7・7 ……………… 265

東京地判昭 40・9・30 ……………… 170

大阪地判昭 41・9・19 ……………… 395

釧路地網走支判昭 41・10・28 …… 485

大阪地判昭 42・5・13 ……………… 186

松山地宇和島支判昭 43・6・12 …… 266

大阪地判昭 43・7・13 ……………… 267

甲府地判昭 43・12・18 …………… 598

京都地判昭 45・10・12 …………… 217

福岡地小倉支判昭 45・10・19 …… 266

名古屋地判昭 46・4・1 …………… 525

大阪地判昭 47・2・17 ……………… 266

徳島地判昭 48・11・28 ……………・ 96

東京地判昭 50・12・26 …………… 266

松江地判昭 51・11・2 ……………… 115

東京地判昭 51・12・9 ……………… 116

横浜地判昭 54・3・29 ……………… 403

福岡地小倉支判昭 54・4・18 …… 266

東京地判昭 54・8・10 ……………… 178

東京地判昭 54・10・19 …………… 530

東京地判昭 55・2・14 ……………… 290

長崎地佐世保支判昭 55・5・30 …… 267

長崎地判昭 55・8・22 ……………… 267

東京地判昭 55・10・30 …………… 299

札幌地判昭 55・10・31 …………… 407

大阪地判昭 55・12・15 …………… 537

静岡地沼津支判昭 56・3・12 …… 267

名古屋地判昭 56・6・30 ………… 407

東京地判昭 56・11・6 ……………… 483

大阪地判昭 58・2・8 ……………… 403

東京地判昭 58・9・30 ………………・ 27

大阪地判昭 59・1・31 ……………… 266

鹿児島地判昭 59・5・31 …………… 178

東京地判昭 59・6・22 ……………… 397

東京地判昭 59・8・31 ……………… 290

東京地判昭 60・2・13 ……………… 344

福島地判昭 61・1・31 ……………… 462

東京地判昭 61・7・8 ……………… 478

大阪地判昭 61・10・13 …………… 201

仙台地石巻支判昭 62・2・18 ……… 65

東京地判昭 62・10・16 …………… 259

大阪地判昭 63・10・7 ………… 328, 490

東京地判昭 63・10・26 …………… 211

平　成
東京地判平元・2・17 ……………… 489

東京地判平元・2・22 ……………… 489

甲府地判平元・3・31 ……………… 489

大阪地判平 1・6・28 ………………・ 76

山口地徳山支判平 1・8・10 ……… 273

高知地判平 2・9・17 ………………・ 71

神戸地判平 3・9・19 ……………… 367

東京地判平 4・5・12 ……………… 526

656 判例索引

大阪地判平 5・7・9 ……………………… 182

宇都宮地判平 5・10・16 ……………… 631

東京地判平 7・2・13 …………………… 329

横浜地判平 7・3・28 ……………………… 71

千葉地判平 7・6・2 …………………… 614

東京地判平 7・10・24 ………………… 106

那覇地沖縄支判平 7・10・31 ………… 198

東京地判平 8・4・22 …………………… 531

東京地判平 8・6・26 ……………………… 99

大阪地判平 8・7・8 ……………… 461, 462

名古屋地判平 9・1・10 ………………… 328

京都地判平 9・9・24 …………………… 531

大阪地判平 9・10・3 ……………… 271, 273

岡山地判平 9・12・15 ………………… 531

東京地判平 10・7・7 …………………… 344

東京地判平 10・8・19 …………… 458, 459

札幌地判平 10・11・6 …………… 613, 614

東京地判平 10・11・13 ………………… 627

東京地判平 10・12・1 ………………… 627

東京地判平 10・12・24 ………………… 627

横浜地判平 10・12・28 ………………… 545

神戸地判平 11・2・1 …………………… 201

大阪地堺支判平 11・4・22 …………… 117

水戸地判平 11・7・8 …………………… 304

横浜地判平 11・10・6 ………………… 175

東京地判平 13・3・28 ………………… 205

富山地判平 13・4・19 ………………… 177

東京地判平 14・2・8 …………………… 512

横浜地判平 14・9・5 …………………… 576

函館地判平 14・9・17 ………………… 192

山口地下関支判平 14・9・20 ………… 76

東京地判平 16・4・20 ………………… 177

横浜地判平 17・3・25 …………………… 71

神戸地判平 21・5・29 …………………… 76

東京地判平 28・1・15 ………………… 191

東京地判平 28・2・16 ………………… 576

〈事項索引〉

※注意・【旧】マークは改正前の旧用語

−あ−

相手方となって婚姻した者	555
愛のコリーダ事件	530
あおり	101
赤色信号又はこれに相当する信号	194
欺く	315
アシスト機能付自転車（自走機能のない）	191
あっせん	612
斡旋【旧】→あっせん	634
あっせん収賄罪	633
あっせん贈賄罪	634
あっせん利得処罰法	23
あへん煙吸食場所提供罪	434
あへん	429, 431
あへん煙	431
阿片煙【旧】→あへん煙	431
あへん煙吸食器具輸入罪	433
あへん煙吸食罪	434
あへん煙膏	431
あへん煙等所持罪	435
あへん煙輸入罪	431
あへん法	429, 430, 432, 435
アルコール	190
アルコール又は薬物の影響	190
安死術	175
安全な場所	236
安楽死	70, 175

−い−

遺棄	210, 211
遺棄致死（傷）罪	212

遺骨等遺棄罪	563
意思形成困難	535
遺失物横領罪	348
遺失物法	349
医師の免状	476
意思表明困難	535
医師法	486, 567
移送	232
委託	341
委託物横領罪	340
一罪一勾留の原則	132
一事不再理	132
著しく接近	192
一部執行猶予	156
一部露出説	165
一項詐欺	318
一所為数法	137
溢水（いっすい）せしめ【旧】→出水させる	409
一体説	502
一時の娯楽に供する物	557
一般予防主義	8
囲繞地（いじょうち・いにょうち）	240
犬の鑑札	476
威迫	335, 552, 616
畏怖	220, 293, 295, 297, 332, 333, 334, 576
畏怖によって金品を交付する決意	337
違法性	25, 43, 91
違法性阻却	43
違法性阻却事由	44, 63, 68
違法性阻却事由説	62

658 事項索引

違法性の意識 ……………………… 80, 86

違法性の意識不要説 ……………… 80, 86

違法性の錯誤 ………………… 79, 80, 82

違法性の認識 ……………………………… 80

違法性の認識可能性説 ………………… 87

威力 ………………… 265, 593, 594, 597

威力業務妨害罪 ……………………… 264

威力を用いる ………………………… 264

瘖啞者（いんあしゃ）【旧】→削除 ………… 76

印影 ……………………………… 467, 508

印顆 ……………………………… 467, 508

因果関係 ………… 30, 31, 39, 92, 182

因果関係の錯誤 ………………… 82, 83

因果関係の中断 ……………………… 40

因果関係の予見可能性 ……………… 96

印鑑登録 ……………………………… 473

淫行勧誘罪 …………………………… 552

淫行の常習のない女子 ……………… 553

印紙 …………………………………… 493

印紙等模造取締法 …………………… 493

印紙犯罪処罰法 ………………… 21, 493

印章 ………… 467, 482, 508, 509, 513

インターネット 258, 262, 271, 273, 525, 576

インターネットのプロバイダ ……………… 531

隠匿 ………… 278, 290, 377, 398, 590

隠避 …………………………………… 235

隠避させる …………………………… 611

陰謀 …………………………………… 101

湮滅（いんめつ）【旧】→隠滅 ……………… 614

隠滅する …………………………… 614592

－う－

受け子 ………………………………… 81

売掛金ファイル ……………………… 488

運転者管理マスターファイル ……………… 491

運転上必要な注意 …………………… 197

運搬 …………………………………… 363

－え－

影響力に乗じて …………………… 547

営利拐取等幇助目的被拐取者収受罪 ……… 233

営利の目的 …………………………… 228

営利目的拐取罪 ……………………… 228

営利目的被拐取者収受罪 …………… 233

得べかりし利益 ……………………… 353

延焼 …………………………………… 397

エンプラ反対飯田橋事件 …………… 584

－お－

押捺客体説 …………………………… 512

応報刑 …………………………………… 8

枉法収賄 ……………………………… 633

往来の危険 …………………………… 425

往来の妨害 …………………………… 416

往来妨害罪 …………………………… 414

往来妨害致死罪 ……………………… 414

往来妨害致傷罪 ……………………… 414

横領 …………………………………… 278

横領行為 ………………… 343, 347, 349

横領罪 ………………………………… 340

公の …………………………………… 596

公の競売 ……………………………… 596

汚染 …………………………………… 437

汚穢（おわい）【旧】→汚染 ……………… 437

恩赦法 ………………………………… 157

オンライン化された銀行の元帳ファイル … 329

事項索引　659

－か－

カード型の電子マネー	499
カードの構成要素となっている電磁的記録	499
外貨偽造法	449
概括的故意	81
外患陰謀罪	101
械具【旧】	603
会計法	597
外国人登録原票	473
外国人登録票	476
(旧)外国人登録法	91
外国通貨偽造罪	448
外国通貨変造罪	448
外国倒産処理手続の承認援助に関する法律	21
外国ニ於テ流通スル貨幣紙幣銀行券証券偽造
変造及模造ニ関スル法律	449
外国の貨幣等	449
会社更生法	592
会社の株券	493, 496
会社法	126, 356, 357
拐取	226
拐取罪	226
拐取者	230
拐取者身の代金取得罪	229
拐取者身の代金要求罪	229
海上保安官	579
海上保安庁法	579
拐帯横領	344
街頭募金詐欺	133, 321
開披【旧】	245
開封	245
解放	236
解放減軽	235

替え玉による受験	485
火炎びん処罰法	21
加虐	625
覚せい剤取締法	151
拡張解釈	13
確定的故意	81
核物質防護条約	23
額面価格	451
科刑上一罪	136
画号（書画の）	513
火災の際	398
重ねて婚姻する	553
過失	74, 90, 92, 198
過失往来妨害罪	424
過失激発物破裂罪	400
過失建造物等以外浸害罪	412
過失建造物等浸害罪	412
過失致死罪	199
過失により	425
過失による出水	412
過失犯	37, 90
加重収賄罪	632
加重逃走罪	603
加重封印等破棄罪	596
加重類型	203
過剰避難	62
過剰防衛	51
貸し渡す	501
かすがい関係	138
ガス等漏出罪	407
ガス等漏出致死罪	407
ガス等漏出致傷罪	407
仮想通貨	518
仮装の債務を負担し【旧】	591

660　事項索引

勝馬投票券 …………………… 488, 489, 493

勝馬投票類似行為 ………………………… 557

学校教育法 ………………………………… 47

家庭内暴力 ………………………………… 72

可能性説 ……………………………… 86, 87

可罰的違法性 ……………………………… 71

可罰的違法性の理論 ……………………… 72

貨幣 ……………………………………… 445

牙保（がほ）【旧】→有償処分のあっせん … 363

貨物引換証 …………………………… 493, 496

科料 ……………………………… 143, 145

監禁 ……………………………… 217, 625

監禁致死（傷）罪 ………………………… 218

監護者性交等罪 …………………………… 546

監護者わいせつ罪 ………………………… 546

監護する …………………………………… 547

鑑札 ……………………………………… 476

慣習刑法の排斥 …………………………… 11

慣習上または事実上所管する職務行為 …… 629

慣習法 …………………………………… 11

看守者逃走援助罪 ………………………… 608

看守者逃走幇助罪 ………………………… 608

関税定率法 ……………………………… 530

関税法 ……………………… 86, 432, 433

間接教唆 ………………………………… 121

間接従犯 ………………………………… 124

間接正犯 ………………………………… 35

間接暴行 ………………………………… 576

艦船 ……………………… 241, 372, 388

艦船往来危険罪 …………………………… 419

艦船往来危険転覆罪 ……………………… 424

艦船転覆罪 ……………………………… 422

官庁の証券 ……………………………… 493

姦通罪 …………………………………… 521

棺内蔵置物遺棄罪 ………………………… 563

観念的競合 ………………… 137, 382, 440

簡約文書→省略文書 ……………………… 454

勧誘 ……………………………………… 553

管理可能性説 …………………………… 280

－き－

議院における証人の宣誓及び証言等に関

　する法律……………………………… 619

器械 ……………………………… 451, 506

汽缶【旧】→ボイラー…………………… 401

毀棄 ……………………… 278, 290, 368

毀棄罪 …………………………………… 374

企業担保法 ……………………………… 597

危惧感 …………………………………… 95

危惧感説 ………………………………… 96

偽計 …………………… 552, 593, 594, 597

偽計を用いる …………………………… 262

危険運転致死傷罪………………………… 183

危険犯 …………………………………… 31

偽証罪 …………………………………… 595

既遂………………………………………… 102

寄蔵（きぞう）【旧】→保管 ……………… 356

偽造 ……… 446, 457, 467, 483, 495, 510,

　　　　　　513, 614

偽造委任状 ……………………………… 487

偽造印章・署名の使用 …………………… 510

偽造外国通貨行使罪 ……………………… 448

偽造御璽等使用罪 ………………………… 508

偽造公印使用罪 …………………………… 509

偽造公記号使用罪 ………………………… 511

偽造私印使用罪 …………………………… 513

偽造通貨行使罪 …………………………… 445

偽（変）造通貨収得後知情行使罪 ………… 450

事項索引　661

偽造有印公文書行使罪 ……………… 479

偽造有印私文書行使罪 ……………… 486

偽造有価証券行使罪 ………………… 497

毀損 ……………………………………… 263

期待可能性 ……………………… 26, 74, 99

期待可能の標準 ……………………… 100

寄託契約 ……………………………… 341

器物 ……………………………………… 374

器物損壊罪 …………………………… 374

偽（変）造通貨収得罪 ……………… 450

義務のないことを行わせる ………… 223

欺罔（ぎもう）【旧】→欺く … 227, 315

客殺し商法 …………………………… 316

客体の錯誤 ……………………… 82, 83

客観主義 ………………………………… 7

客観説 ……………………………………… 33

客観説（不能犯） ……………………… 38

客観的相当因果関係説 ……………… 40

客観的牽連性 ………………………… 138

客観的注意義務　91

キャッシュカード … 285, 295, 316, 328, 329,
　　　　　　　331, 488, 489, 491, 498, 500

キャッシュカードすり替え型の窃盗 ……… 286

旧過失論 ………………………………… 93

救護義務違反 ………………………… 181

吸収関係（法条競合） ……………… 139

吸食 …………………………………… 435

吸食器具 ……………………………… 433

旧派 ……………………………………… 7

急迫不正の侵害 ………………………… 49

教育刑主義 ……………………………… 8

境界毀損罪 …………………………… 376

境界標 ………………………………… 376

恐喝 ………………………… 278, 281, 332

恐喝罪 ………………………………… 332

兇器【旧】→凶器 …………………… 195

凶器 …………………………………… 195

凶器準備結集罪 ……………………… 195

凶器準備集合罪 ……………………… 195

狭義の共犯 …………………………… 109

狭義の文書 …………………………… 453

狭義の文書偽造 ……………………… 457

教唆 …………………………………… 119

教唆の教唆 …………………………… 121

教唆の錯誤 …………………………… 121

教唆犯 …………………… 109, 118, 619

教唆犯同士の錯誤 …………………… 130

行政刑法 ………………………………… 6

行政検視 ……………………………… 567

強制執行 ……………………………… 589

強制執行関係売却妨害罪 …………… 594

強制執行行為妨害等罪 ……………… 593

強制執行において行われるべき売却の公正　594

強制執行の行為 ……………………… 593

強制執行法 …………………………… 587

強制執行妨害目的財産損壊等罪 …… 589

強制性交等罪【旧】→不同意性交等罪… 541

行政犯 …………………………………… 6, 31

強制力を行使する権力的公務 …… 269, 573

強制わいせつ（旧） ………………… 534

共同意思 ………………………… 111, 382

共同意思主体説 ……………………… 113

共同加害の目的 ……………………… 196

共同加功の意思 ……………………… 111

共同正犯 ………………………… 109, 111

共同正犯の間の錯誤 ………………… 128

脅迫…… 218, 220, 223, 293, 302, 333, 382,
　　　　542, 575, 593, 604, 608

662 事項索引

共犯 …………………………………… 109

共犯関係からの離脱 ……………… 106, 114

共犯従属性 ………………………… 119

共犯と身分 ………………………… 125

共犯の錯誤 ………………………… 127

共謀 …………………………………… 111

共謀共同正犯 ……………………… 113

共謀共同正犯の理論 ……………… 113

業務 ………………………………… 270, 404

業務上 ……………………………… 200

業務上横領罪 ……………………… 346

業務上過失往来妨害罪 …………… 424

業務上過失激発物破裂罪 ………… 404

業務上過失傷害罪 ………………… 199

業務上過失致死罪 ………………… 199

業務上失火 ………………………… 404

業務上堕胎罪 ……………………… 208

業務上堕胎致死（傷）罪 ………… 208

業務上の過失 ……………………… 98

業務上の占有 ……………………… 346

業務上の特別義務者 ……………… 63

業務上必要な注意 ………………… 200, 404

業務に従事する者 ………………… 200, 425

業務の妨害 ………………………… 263

業務妨害 ………………… 268, 269, 270

供用 ………………………………… 464, 479

強要罪 ……………………………… 222

（賄賂を）供与する ……………… 634

（賄賂）供与の申込をする ……… 635

（賄賂）供与の約束をする ……… 635

虚偽 ………………………………… 622

虚偽鑑定罪 ………………………… 620

虚偽記入有価証券行使罪 ………… 497

虚偽告訴罪 ………………………… 621

虚偽診断書等行使罪 ……………… 486

虚偽診断書等作成罪 ……………… 485

虚偽通訳罪 ………………………… 620

虚偽の記入 ………………………… 496

虚偽の情報 ………………………… 328

虚偽の情報若しくは不正な指令を与え 271, 328

虚偽の陳述 ………………………… 619

虚偽の風説の流布 ………………… 262

虚偽の申立 ………………………… 475

虚偽文書の作成 …………………… 458

虚偽翻訳罪 ………………………… 620

虚偽無印公文書作成罪 …………… 470

虚偽有印公文書作成罪 …………… 470

漁業法 ……………………………… 145

極端従属性説 ……………………… 120

御璽（ぎょじ） …………………… 465

御璽等偽造罪 ……………………… 508

御璽等不正使用罪 ………………… 508

挙動犯 ……………………………… 31

御名（ぎょめい） ………………… 465

緊急避難 …………………………… 59, 60

緊急避難の補充性 ………………… 61

禁錮 ………………………………… 143, 145

禁錮以上の刑に処せられた ……… 156

銀行券 ……………………………… 445

近親者その他略取され又は誘拐された者の

　安否を憂慮する者 ……………… 230

禁制品 ……………………………… 281

金銭執行 …………………………… 591

金銭執行を受けるべき財産 ……… 591

金銭その他の利益 ………………… 552

近代学派 …………………………… 7

－く－

事項索引　663

偶然性 ……………………………… 556

偶然の輪贏（ゆえい）に関し【旧】 … 556

具体的危険説（不能犯） ………………… 38

具体的危険犯 ………… 31, 392, 394, 417

具体的事実の錯誤 ……………………… 82

具体的符合説 …………………………… 83

倉荷証券 ………………………………… 493

車の幅寄せ ……………………………… 179

クレジットカード … 319, 329, 482, 498, 499, 500, 503

クレプトマニア ………………………… 76

－け－

経済関係罰則整備法 …………………… 23

経済関係罰則ノ整備ニ関スル法律 ……… 631

経済的関係 ……………………………… 536

警察官職務執行法 ………384, 577, 582, 584

警察の職務を行う者 …………………… 624

警察法 …………………………………… 384

形式的意義の刑法 ……………………… 3

形式的違法性 …………………………… 43

形式的客観説 …………………………… 33

形式犯 …………………………………… 31

刑事事件 …………………………613, 615

刑事施設 …………………………603, 604

刑事収容施設法 ………………………… 245

刑事施設職員 …………………………… 579

刑事収容施設 …………………………… 602

刑事収容施設法 …………………567, 602

刑事処分 ………………………………… 621

刑事訴訟法 …… 27, 44, 107, 151, 159, 238, 239, 248, 258, 260, 286, 334, 344, 348, 362, 577, 579, 589, 595, 603, 617, 620, 624

刑訴法 …………………………………… 45

刑事未成年 ……………………………… 77

継続犯 ……………………………32, 196

携帯型の電磁的記録 …………………… 491

刑の裁量的免除 ………………………… 202

刑の必要的減軽 ………………………… 174

刑の変更 ………………………………… 18

刑の免除 …………………………150, 174

競売 ……………………………………… 596

刑罰の予防的機能 ……………………… 8

刑罰法規 ………………………………… 3

刑罰法規の不遡及 ……………………… 11

競馬法 …………………………101, 557

軽犯罪法 …… 121, 244, 260, 263, 264, 395, 398, 400, 411, 413, 416, 417, 533, 538, 562, 567, 610, 621

刑法施行法 ……………………………… 23

刑法犯 …………………………………… 6

競輪車券 ………………………………… 493

激発すべき物 …………………………… 401

激発物 …………………………………… 401

激発物破裂罪 …………………………… 400

けし ……………………………429, 431

けしがら ………………………429, 431

結果回避義務 …………………………… 93

結果的加重犯 … 31, 122, 182, 212, 312, 398, 424, 549

結果犯 ……………………………30, 39

結果予見義務 …………………………… 93

月刊ペン事件 …………………………… 257

結合する ………………………………… 559

結合犯 …………………32, 133, 566, 605

結婚の目的 ……………………………… 228

結婚目的拐取罪 ………………………… 228

664　事項索引

決闘ニ関スル件 …………………………… 175

検案書 ………………………………………… 486

原因説 …………………………………………… 40

原因において自由な行為 …………… 36, 76

喧嘩 ……………………………………………… 57

厳格故意説（違法性の意識） ……… 80, 86, 88

減軽 …………………………………………… 236

現在の危難 …………………………………… 61

検視 …………………………………………… 567

現住建造物等浸害罪 …………………… 409

現住建造物等放火罪 …………………… 386

現状改変 ……………………………………… 591

建造物 …………………………………… 241, 371

建造物等 ……………………………………… 387

造物等以外延焼罪 ……………………… 397

建造物等以外浸害罪 …………………… 410

建造物等以外放火罪 …………………… 394

建造物等延焼罪 …………………………… 397

建造物等失火罪 …………………………… 399

建造物等損壊罪 …………………………… 371

建造物等損壊致死罪 …………………… 371

建造物等損壊致傷罪 …………………… 371

限定責任能力者 ……………………………… 76

現に監護する者 …………………………… 547

現に人がいる ………………………… 388, 422

現に人が住居に使用する ……………… 388

現場 …………………………………………… 183

現場助勢罪 …………………………………… 183

憲法 ……………………………………… 171, 524

権利、義務に関する文書 ……………… 482

権利、義務又は事実証明に関する電磁的記録 488

権利の行使を妨害する …………………… 223

権利又は義務に関する電磁的記録 ……… 370

権利又は義務に関する文書 …………… 370

権利若しくは義務に関する公正証書の原本　472

原料 …………………………………… 451, 506

権力的公務 …………………… 268, 269, 573, 576

牽連犯 …………………………………… 136, 137

－こ－

故意 ……………………………………… 74, 79, 92

故意ある道具 ………………………………… 36

故意なき道具 ………………………………… 35

故意犯 …………………………………… 37, 364

公安調査官 …………………………………… 623

行為共同説 …………………………………… 127

行為時法 ………………………………… 11, 17

行為者主義 …………………………………… 8

行為者標準説 ……………………………… 100

行為主義 ……………………………………… 7

行為と責任の同時存在の原則 ………… 37

行為の客体 …………………………………… 30

行為の結果 …………………………………… 30

行為の主体 …………………………………… 29

行為標準説 ………………………………… 132

勾引 …………………………………………… 603

公印偽造罪 ………………………………… 509

勾引状 ………………………………………… 603

公印不正使用罪 …………………………… 509

公海に関する条約 ………………………… 19

強姦【旧】 ………………………………… 541

公印偽造罪 ………………………………… 509

勾引状 ………………………………………… 603

公印不正使用罪 …………………………… 509

公海に関する条約 ………………………… 19

公記号偽造罪 ……………………………… 511

公記号不正使用罪 ………………………… 511

広義の自首 ………………………………… 107

広義の文書偽造	458	公正証書の原本として用いられる電磁的記録	473
公共危険罪	422	公正な価格	598
公共的事実に関する名誉毀損	256	構成要件	28
公共の危険	387, 392, 400, 410	構成要件該当性	25, 28, 43, 91
公共の危険を生じさせる	410	構成要件該当性の判断	28
公共の福祉	524	構成要件的符合説	83
公共の利害に関する事実	257	構成要件の違法性推定機能	43
抗拒不能	545	構成要件標準説	132
拘禁刑	135, 143, 145	構成要件要素	29
拘禁場	603	構成要件を充足している	29
拘禁場・拘束のための器具の損壊	603	公正を害すべき行為	598
拘禁中に逃走した者	611	公然	254, 521
口腔性交	542	公然陳列	525
航空機強取等処罰法	21, 108	公然わいせつ罪	521
口腔性交	311	高速自動車国道法	418, 419
航空の危険を生じさせる行為等の処罰に		拘束のための器具	603
関する法律	415, 419	港則法	405
航空法	18, 419	公訴時効	538, 543, 548, 549
公契約関係競売等妨害罪	596	公訴時効期間	545
鉱抗	388	強談（ごうだん）	335, 616
広告依頼書	489	交通切符	484
公債証書	493	交通反則切符	369, 458
行使	447, 479, 486, 487, 497	公電磁的記録毀棄罪	367
皇室典範	24	強盗	277, 281
行使の目的	447, 461, 466, 482, 495,	強盗殺人罪	305
	496, 509	強盗致死罪	305
強取	294	強盗致傷罪	305
公衆等脅迫目的資金提供等処罰法	21	強盗の機会	305, 306, 310
公衆の飲料用浄水	438	強盗の罪若しくはその未遂罪を犯した者	310
公職選挙法	4, 98, 146, 269	強盗・不同意性交等罪	309
強請	335	強盗・不同意性交等致死罪	309
公正証書原本不実記載罪	472	強盗予備罪	300
公正証書の原本	463	交付	447, 497
公正証書の原本としての用に供し	479	交付させる	317

666　事項索引

公文書	466	国連海洋法条約	19
公務	573	人的法益	30
公務員	384, 573, 623, 628	戸籍簿	473
公務員職権濫用罪	623	戸籍法	21, 567
公務員の印章	467, 509	誤想過剰防衛行為	53, 58
公務員の署名	510	誤想避難	63
公務執行に対する認識	580	誤想防衛	52
公務執行妨害罪	573	誇張従属性説	120
公務所の印章	510	国会招集の詔書	465
公務所の記号	512	国家行政組織法	629
公務所の署名	510	国家公務員法	69, 101, 249, 574
公務所の用に供する電磁的記録	367	国家代表等保護条約	21
公務所の用に供する文書	367	国家的作用に対する罪	571
公務所又は公務員により作られるべき電		国家的法益	30
磁的記録	490	国家の存立に対する罪	571
公務所若しくは公務員の作成すべき文書		国家標準説	100
・図画	466	古典学派	7
公務所より保管を命ぜられた物	344	殊更に無視	194
拷問禁止条約	23	故買（こばい）【旧】	363
肛門性交	310, 542	コピー（写真コピー）の文書性	455
効用喪失説	387	古物営業法	91
公用文書	367	古物商の許可証	476
公用文書毀棄罪	367	個別化説（原因説）	40
拘留	143, 145	婚姻と告訴	238
勾留延長裁判書	467	昏酔強盗罪	304
小切手	493, 496	昏酔させる	304
呼吸終止説	166	コントロールドデリバリー	36, 86
国際組織犯罪防止条約	23	混入 440	
国璽（こくじ）	465	コンピューターウィルス	272
国税徴収法	587, 589, 595, 597	コンピュータ・ウイルス	515
国税通則法	589	混和	342
国税犯則取締法	589		
国民健康保険被保険者証	468		
国立大学法人法	574	罪刑専断主義	10

－さ－

罪刑法定主義	10	サリン法	21, 108
財産刑	143, 144	産業スパイ事件	290
財産権の得喪若しくは変更に係る電磁的記録	329	三徴候説	166

ーしー

財産上の事務処理	498	シージャック防止条約	23
財産上の損害	353	私印偽造罪	513
財産上の利益	277, 279, 281, 319	私印不正使用罪	513
財産上不法の利益	294, 309, 319, 334	時間的適用範囲	17
財産上不法の利益を得	330	指揮	383
財産犯	277	自救行為	44, 66
最終条件説（原因説）	40	死刑	143, 144
最小従属性説	120	（死刑）存置論と廃止論	144
罪数論	132	事後強盗罪	301
裁定通算	159	事後従犯	112, 124
サイバーポルノ	531	事後収賄罪	632
裁判時法	11	自己所有建造物等以外放火罪	394
裁判の執行により拘禁された未決の者	602	自己所有非現住建造物等失火罪	399
裁判の執行により拘禁された者	601	自己所有非現住建造物等放火罪	391
財物	277, 279, 284	自己の計算において	356
財物罪	279	自己の所有物	392
財物を賭けること	557	自己の占有する他人の物	340
財物を交付させる	230	自己の物	410
債務負担の仮装	591	自己又は他人の権利の防衛	50
最有力条件説（原因説）	40	自己又は他人の生命・身体・自由・財産	
詐欺	277, 281	についての避難行為	61
作為犯	34	自己や第三者の利益を図る目的	354
作成	517	自殺教唆罪	174
作成名義	454	自殺幇助罪	174
作成名義人	455	私事性的画像記録提供等被害防止法	527
酒に酔って公衆に迷惑をかける行為の防止		事実関係	454
等に関する法律（酩酊防止法）	121, 538	事実証明に関する電磁的記録	489
差押	587	事実証明に関する文書	370, 374, 483
差押の表示	587	事実の錯誤	82, 127, 308
殺人行為	166		
殺人予備罪	172		

事実の摘示 ……………………………… 254
死者の占有 ……………………………… 289
自首 …………………………… 107, 237
自招侵害 …………………………… 49, 57
死傷の結果 ……………………………… 549
私戦陰謀罪 ……………………………… 101
事前収賄 ……………………………… 631
事前収賄罪 ……………………………… 627
自然犯 …………………………………… 6
自然犯法定犯区分説 …………………… 86, 88
自然犯法定犯区別説 …………………… 80
死体 …………………………………… 564
死体遺棄罪 ……………………………… 563
死体等の遺棄 …………………………… 564
死体等の損壊 …………………………… 564
死体等の領得 …………………………… 564
質屋の許可証 …………………………… 476
失火により ……………………………… 399
実行行為 …………………………… 29, 32
執行するに当たり ……………………… 575
実行中止 ………………………………… 105
実行の着手 ……………………………… 33
実行の着手 ……………………………… 103
執行の免除を得た ……………………… 157
実行の用に供する ……………………… 516
実行未遂 ………………………………… 104
執行猶予 …………………………… 151, 156
実質的意義の刑法 ……………………… 3
実質的違法性 …………………………… 43
実質的客観説 …………………………… 33
実質犯 …………………………………… 31
実証学派 ………………………………… 7
自手犯 …………………………… 36, 111
私電磁的記録毀棄罪 …………………… 369

私（公）電磁的記録不正作出罪 ……… 487
児童買春、児童ポルノに係る行為等の処罰
　及び児童の保護等に関する法律（児童買
　春等処罰法） …………… 23, 233, 533, 538
児童買春の罪 …………………………… 538
児童虐待防止法 ………………………… 45
自動車 …………………………… 191, 202
自動車運転過失致死傷罪【旧】 ……… 199
自動車運転死傷行為等処罰法 ………… 38
自動車運転上の過失 …………………… 202
自動車運転上の過失 …………………… 98
自動車運転免許証 ……………………… 476
自動車登録ファイル …………… 368, 463, 473,
　　　　　　　　　　　　　　　　478, 490, 491
自動車の運転に支障を及ぼすおそれ
　がある病気 …………………………… 195
自動車の運転により人を死傷させる
　行為等の処罰に関する法律 … 169, 194, 195,
　　　　　　　　　　　　　　　202, 203, 427
自動車保管場所確保法 ………………… 91
児童福祉法 ……………………………… 548
児童福祉法 ………………… 21, 45, 77, 538, 553
児童ポルノ ……………………………… 133
白の特例 …………………… 619, 620, 622
支払用カード電磁的記録不正作出罪 … 497
支払用カード電磁的記録不正作出準備罪 … 503
支払用のカード …………………………… 499
私文書 …………………………………… 454
紙幣 ……………………………………… 445
司法検視 ………………………………… 567
死亡証書 ………………………………… 486
司法書士法 ……………………………… 249
死亡診断書 ……………………………… 486
事務処理 …………………………… 328, 488

事項索引　669

社会通念 …………………… 523
社会的関係 ………………… 536
社会的責任論 ……………… 7
社会的相当行為 …………… 73
社会的法益 ………………… 30
社交儀礼 …………………… 628
社債券 ……………………… 493
写真コピーの文書性 ……… 467
ＪＡＳＲＡＣ …………… 453, 513
重過失 ………………… 98, 201
重過失激発物破裂罪 ……… 404
重過失失火罪 ……………… 404
重過失傷害罪 ……………… 199
重過失致死罪 ……………… 199
住居 ………………………… 240
住居侵入罪 ………………… 239
自由刑 ………………… 144, 145
集合 …………………… 196, 381
聚合（しゅうごう）【旧】→集合 … 381
集合犯 ………………… 110, 133
重婚 ………………………… 553
重婚罪 ……………………… 553
13 歳未満 …………… 535, 537
収受 …………………… 234, 630
収受【旧】→無償譲受け ……… 362
収受者身の代金取得罪等 … 233
重大な過失 …………… 201, 405
重大な交通の危険 ………… 192
集団強姦等罪【旧】 ……… 546
銃刀法 ……………………… 108
銃砲刀剣類所持等取締法 … 586
収得 ………………………… 450
収得後の知情 ……………… 450
8 歳未満の者 ……………… 79

従犯 ………………………… 122
自由保障の機能 …………… 6
住民基本台帳ファイル …… 473
住民基本台帳法 …………… 473
住民票 ……………………… 473
14 歳に満たない者 ……… 77
一四歳未満の者 …………… 26
16 歳未満 ………… 535, 537, 543
16 歳未満の者 …………… 79, 551
収賄罪 ……………………… 627
首魁（しゅかい）【旧】→首謀者 …… 383, 385
主観主義 …………………… 7, 8
主観説 ……………………… 33
主観的牽連性 ……………… 138
主観的構成要件要素 …… 29, 382
主観的相当因果関係説 …… 40
主刑 ………………………… 143
授受 ………………………… 561
主体表示説 ………………… 512
受託 ………………………… 630
受託収賄罪 ………………… 627
受注ファイル記録 ………… 489
出水 ………………………… 413
出水させる ………………… 409
出入国管理及び難民認定法 … 480, 606
取得 …………………… 504, 518
首服【旧】→自首 ………… 107
首謀者 …………………… 383, 385
狩猟免状 …………………… 476
準起訴手続 ………………… 624
準強制性交等罪【旧】 …… 544
準強制わいせつ【旧】 …… 534
準強制わいせつ罪【旧】 … 544
準強盗 ……………………… 305

670 事項索引

準強盗罪	301
準詐欺罪	331
準職務行為	629
準備	196, 451, 506
傷害	177, 375
傷害が軽いとき	203
傷害致死罪	181
傷害の罪と比較して、重い刑により処断する	626
障害未遂	104
消火妨害罪	398
消火用の物	398
焼燬（しょうき）【旧】→焼損	387
商業登記簿	473
商業登記法	474
情況の認識	50
消極的身分犯	125
承継的共同正犯	112, 117
条件説	39
条件付き故意	82
証拠	613
証拠隠滅罪	612
証拠証券	493
乗車券（鉄道・バス）	493
常習性	558
常習特殊強盗	295
常習特殊窃盗	287
常習賭博罪	558
常習累犯強盗	295
常習累犯窃盗	287
詔書	465
情状により	203
詔書偽（変）造罪	465
浄水	437
浄水汚染罪	437

浄水汚染致死罪	440
浄水毒物混入罪	439
使用する	614
使用窃盗	290
焼損	387
状態犯	32
承諾殺	175
承諾殺罪	174
譲渡の仮装	591
証人威迫罪	615
承認援助法	23
少年院	602
少年院法	79
少年鑑別所	602
少年法	13, 79, 159, 606
少年補導員	625
証憑（しょうひょう）【旧】→証拠	613
商品券	493
商品台帳ファイル	489
私用文書毀棄罪	369
商法	11
消防法	398, 406, 408
使用目的に違ふ動作【旧】	272
使用目的に沿うべき動作	271
使用目的に反する動作	272
条約批准書	465
省略文書	454, 467, 483, 513
情を知って	505
職権を濫用	623
嘱託殺	175
嘱託殺罪	174
触法少年	77
職務関連性	628
職務強要	580

事項索引　671

職務強要罪 ……………………………… 573
職務行為の適法性 ……………………… 576
職務に関し …………………………… 629
職務の執行 ……………………………… 575
職務密接関連行為 ……………………… 629
所在国外移送目的拐取罪 ……………… 231
所在国外に移送 ………………………… 232
所持 ………………… 432, 435, 503, 526
助勢 ……………………………………… 183
処断刑 …………………………………… 150
処罰条件 ………………………… 26, 631
処罰阻却事由 …………………… 26, 29
処分 ……………………………………… 580
署名 ………… 467, 482, 508, 509, 513
自力救済 ………………………………… 66
浸害 ……………………………………… 409
侵害犯 …………………………………… 31
新過失論 ………………………………… 93
新幹線鉄道における列車運行の安全を
　妨げる行為の処罰に関する特例法… 421, 423
信義誠実の原則（信義則）…… 341, 353, 355
進行を制御する技能 …………………… 192
進行を制御することが困難な高速度 ……… 191
申告 ……………………………………… 622
親告罪 ………… 27, 198, 237, 259, 260, 375,
　　　　　　376, 377
真実であることの錯誤 ………………… 258
真実の証明 ……………………………… 258
信書隠匿罪 ……………………………… 376
信書開封罪 ……………………………… 245
信書便法 ………………………… 246, 377
心神耗弱 ………………………………… 332
心神耗弱者 ……………………………… 75
心神喪失 ………………………………… 544

心神喪失者 ……………………………… 75
心神喪失の者 …………………………… 26
人身取引議定 …………………………… 234
人身売買罪 ……………………………… 231
真正不作為犯 …………………………… 35
真正身分犯 ………………………… 29, 125
親族間の犯罪に関する特例（親族相盗例）
………… 286, 287, 290, 292, 295, 331, 335,
　　　　348, 357, 360, 364, 365
親族の特例（105条）………… 610, 612, 614
侵奪 ……………………………………… 291
診断書 …………………………… 471, 486
心的外傷後ストレス障害 ……………… 177
人的処罰阻却事由 ……………… 24, 27, 29
人的適用範囲 …………………………… 24
侵入 ……………………………………… 241
新派 ……………………………………… 7
信用 ……………………………………… 263
信用の毀損 ……………………………… 263
信頼の原則 ………………………… 94, 203
森林法 …………… 139, 287, 290, 394, 400

－す－

水害の際 ………………………………… 411
水源 ……………………………………… 438
水閘（すいこう）【旧】→水門
推定的承諾 ………………………… 66, 243
水道 ………………………… 438, 440, 441
水道汚染罪 ……………………………… 438
水道汚染致死罪 ………………………… 440
水道損壊罪 ……………………………… 441
水道毒物混入罪 ………………………… 440
水道毒物混入致死罪 …………………… 440
水道法 …………………………… 413, 441

672 事項索引

水難救護法 ……………………… 349
水防 ……………………………… 411
水防法 …………………………… 411
水防妨害罪 ……………………… 411
水門 ……………………………… 413
水利 ……………………………… 412
水利妨害罪 ……………………… 412
水路 ……………………………… 416
スキミング ………………… 504, 506
スパイウェアー ………………… 516

－せ－

税関官吏【旧】→税関職員 ……… 434
税関職員 ………………………… 434
税関職員あへん煙等輸入罪 …… 434
制限故意説 …………………… 80, 87
制限従属性説 …………………… 120
制限責任説 ……………………… 87
性交 ……………………………… 310
性行為非公然の原則 …………… 523
性交等 …………………………… 542
性質上の凶器 ………………… 195, 222
正常な運転が困難な状態 ……… 191
青少年保護育成条例 …………… 539
成績原簿（私立大学の） ……… 483
製造 ……………………………… 432
生存に必要な保護 ……………… 212
請託 ……………………………… 631
請託を受ける …………………… 630
性的行為 ………………………… 535
性的姿態 ………………………… 552
性的自由・性的自己決定権の侵害 ………… 534
性的な姿態を撮影する行為等の処罰及び
　押収物に記録された性的な姿態の影像

に係る電磁的記録の消去などに関する
　法律（性的姿態撮影等処罰法） …… 146, 527
性的な姿態をとって …………… 552
正当業務行為 …………………… 44
正当業務による行為 …………… 45
正当な理由がないのに …… 43, 239, 516, 517
正当防衛 …………………… 25, 44, 49
成年後見制度 …………………… 348
正犯 ………………… 33, 114, 123
生命刑 ………………………… 143, 144
生命・身体加害の目的 ………… 228
税理士法 ………………………… 249
世界主義 ………………………… 21
責任 ………………… 26, 74, 91
責任条件 ………………………… 74
責任阻却事由 …………………… 99
責任能力 …………………… 74, 75
責任無能力者 …………………… 76
説教等の妨害 …………………… 562
説教等妨害罪 …………………… 562
窃取する ………………………… 284
接続犯 …………………………… 132
絶対的応報刑論 ………………… 9
絶対的不定期刑の禁止 ………… 13
折衷的相当因果関係説 ………… 41
窃盗 ……………………………… 277
窃取既遂 ………………………… 291
窃盗症 …………………………… 76
窃盗の機会 ………………… 302, 303
窃盗の機会の継続中 …………… 302
選挙運動用ポスターに押す検印 … 510
選挙ポスター …………………… 468
先行行為に基づく作為義務 …… 35
宣告刑 …………………………… 150

事項索引　673

宣誓した証人 …………………………… 617

船籍簿 …………………………………… 473

前提犯罪 ………………………………… 148

船舶法 …………………………………… 18

全部執行猶予 …………………………… 156

占有 ……………………………………… 283

占有離脱物 ………………………… 288, 348

占有を離れた他人の物 ………………… 348

－そ－

そう鬱病 ………………………………… 195

臓器の移植に関する法律 …………… 166, 564

走行中の自動車の直前に進入 ………… 192

相婚した者【旧】………………………… 555

捜査機関 ………………………………… 107

捜査審判に必要な知識 ………………… 615

騒擾（そうじょう）行為【旧】→騒乱行為 … 382

想像的競合 ……………………………… 137

相対的応報刑論 ………………………… 9

相対的不定期刑 ………………………… 13

相当因果関係説 …………………… 40, 41

蔵匿 ……………………………………… 234

蔵匿する ………………………………… 611

贓物（臓物）【旧】→盗品その他財産に対する

　罪に当たる行為によって領得された者…… 360

贓物（臓物）の罪 ……………………… 278

騒乱行為 ………………………………… 382

騒乱指揮罪 ……………………………… 381

騒乱首謀罪 ……………………………… 381

騒乱助勢罪 ……………………………… 381

騒乱付和随行罪 ………………………… 381

贈賄罪 ……………………………… 627, 634

ソースコード …………………………… 516

遡及効 …………………………………… 11

即時犯 …………………………………… 32

属人主義 ………………………………… 23

即成犯 …………………………………… 32

属地主義 ………………………………… 18

組織的な態様 …………………………… 168

組織的な犯罪の処罰及び犯罪収益の規制等に関す

　る法律（組織的犯罪処罰法）…… 21, 102, 147,

　　　　　148, 168, 174, 218, 224, 231, 237,

　　　　　263, 264, 334, 335, 373, 559, 588,

　　　　　592, 594, 595, 612, 615, 616

訴訟詐欺 ………………………………… 323

訴訟条件 ………………………………… 27

そそのかし ……………………………… 101

率先して勢いを助け …………………… 383

率先して勢いを助けた者 ……………… 383

備付型の電磁的記録 …………………… 491

その意図に沿うべき動作をさせず ……… 516

その意図に反する動作をさせるべき不正

　な指令 ………………………………… 516

その事務処理の用に供する ……………… 488

その事務処理の用に供する電磁的記録 …… 499

その職務に由来し慣例上その職務と密接な

　関係を有する行為 …………………… 629

その他の方法 …………………………… 271

その用に供する電磁的記録 …………… 270

損壊 ………… 271, 372, 374, 398, 402, 416,

　　　　　　588, 603

尊厳死 …………………………………… 71

尊属遺棄 ………………………………… 172

尊属加重規定 …………………………… 172

尊属殺人罪【旧】…………………… 167, 171

尊属傷害致死 …………………………… 172

尊属逮捕監禁 …………………………… 172

674　事項索引

－た－

対抗言論の法理	258
対向犯	110
第三者	225, 632
第三者供賄罪	632
対物防衛	59
逮捕	217, 625
逮捕致死（傷）罪	218
代理権限を超えた場合	460
代理資格の冒用	459
宝くじ	493
択一関係（法条競合）	140
択一的故意	81
多衆	381
多衆不解散罪	384
多衆不解散首謀罪	384
堕胎	206
奪取罪	279
他人の印章・署名	513
他人の刑事事件	612
他人の刑事被告事件【旧】	613
他人の財物	283
他人の債務に関し	596
他人の事務	352
他人の信書	376
他人のためにその事務を処理する者	351
他人の電磁的記録	370
他人の不動産	291
他人の文書	370
談合	594, 595
単純収賄	630
単純収賄罪	627
単純逃走罪	601
団体	169
単独犯	109

－ち－

地域的適用範囲	18
致死	441, 626
知識を有すると認められる者	616
致死傷	425, 440
致傷	626
秩序維持の機能	6
知的障害	75
地方公務員法	69, 249, 574
地方自治法	597
着手中止	105
着手未遂	104
着服横領	344
チャタレー事件	89, 523
仲裁人	628
仲裁法	21, 23, 628
中止犯	104
中止未遂	104
抽象的危険犯	31, 262, 392, 417
抽象的事実の錯誤	82, 83
抽象的符合説	84
懲役	143, 145
懲戒処分	622
（旧）鳥獣保護狩猟適正化法	90
鳥獣の保護及び管理並びに狩猟の適正化に関する法律	13
抽象的危険犯	210
調整あへん	431
超法規的違法性阻却事由	72
著作権法	23
知慮浅薄	332

鎮火用の物【旧】→消火用の物················ 398

沈没 ····························· 422, 425

ーつー

追徴 ····················· 143, 146, 635

通貨偽造罪 ······················ 445

通貨偽（変）造準備罪 ················ 451

通貨の単位及び貨幣の発行等に関する法律 445

通貨変造罪 ······················ 445

通貨及証券模造取締法 ··············· 446

通行を妨害する目的 ··············· 192

通事【旧】→通訳人・翻訳人 ··········· 620

通訳人 ························ 620

通路 ·························· 414

罪を犯した者 ···················· 610

ーてー

定期券（裏面磁気面） ··············· 489

定期乗車券 ··················· 493, 496

提供 ····················· 505, 517

低血糖症 ······················ 195

邸宅 ·························· 240

手形 ················· 493, 495, 496

摘示 ·························· 254

鉄道営業法 ··················· 421, 423

デビットカード ················· 498, 500

テレホンカード ····· 329, 330, 370, 500, 501

爆テロ防止条約 ··················· 23

テロ資金防止条約 ················· 23

てんかん ······················ 195

電汽車往来危険転覆罪 ··············· 424

電汽車往来危険罪 ················· 419

電汽車転覆罪 ···················· 422

電汽車転覆致死罪 ················· 422

電気通信の送信による頒布 ············· 525

転居届（郵便局の） ··············· 483

電子計算機 ····················· 270

電子計算機使用詐欺罪 ··············· 327

電子計算機損壊等業務妨害罪 ··········· 269

電子計算機に向けられた加害行為 ········· 270

電子計算機の動作阻害 ··············· 270

電子情報処理組織による登記事務処理の
　　円滑化のための ················ 474

電磁的記録 ··········· 271, 463, 464, 499

電磁的記録に係る記録媒体 ············· 525

電磁的記録の情報 ················· 504

電磁的記録をその構成部分とするカード ··· 500

電磁的公正証書原本不実記録罪 ········· 472

電子マネー ····················· 329

伝播可能性の理論 ················· 254

転覆 ····················· 424, 425

顛覆【旧】→転覆 ················· 422

ーとー

同意殺 ························ 64

同意殺人 ······················ 174

同意しない意思を形成 ··············· 535

同意しない意思を形成し、表明し、又は
　　全うすることが困難な状態 ········· 535

同意しない意思を表明 ··············· 535

同意堕胎罪 ····················· 207

同意堕胎致死（傷）罪 ··············· 207

当該文書の作成権限のないこと ········· 458

登記事項証明書 ··················· 469

道義的責任論 ···················· 7

登記簿 ························ 466

東京オリンピック特別措置法 ··········· 574

瞳孔散大 ······················ 166

676　事項索引

統合失調症 ……………………… 75, 195
同時 …………………………………… 184
同時傷害罪 ………………………… 184
同時犯 ……………………………… 110
逃走 ………………………………… 602
逃走援助罪 ………………………… 606
逃走援助暴行罪 …………………… 606
逃走させる ………………………… 608
逃走中の者 ………………………… 612
逃走幇助罪 ………………………… 606
逃走を容易にすべき行為 ………… 607
盗犯等ノ防止及処分ニ関スル法律 ……53, 99,
　　　　　　　　　　　　　287, 295
盗品その他財産に対する罪に当たる行為
　によって領得さ ………………… 360
盗品等運搬罪 ……………………… 362
盗品等処分あっせん罪 …………… 362
盗品等に関する罪 ………………… 278
盗品等保管罪 ……………………… 362
盗品等無償譲受け罪 ……………… 362
盗品等有償譲受け罪 ……………… 362
逃亡犯罪人引渡法 ………………… 606
道路運送車両法 ……………463, 478
道路運送法 …………………418, 419
道路交通法 ……… 6, 92, 181, 191, 194, 201,
　　　　　　　211, 213, 373, 416, 418,
　　　　　　　426, 476, 477, 584
道路法 …………………………415, 418
図画（とが） ……………………… 453
独禁法 ………………………… 4, 27
瀆職（とくしょく） ……………… 634
独占禁止法 ………………………… 599
特定商取引に関する法律 ……316, 335
特定少年 …………………………… 79

特定秘密の保護に関する法律 …… 119
毒物その他人の健康を害すべき物 ………… 439
特別関係（法条競合） …………… 139
特別刑法 ……………………………… 6
特別公務員職権濫用罪 …………… 624
特別公務員職権濫用致死（傷）罪 … 626
特別公務員暴行陵虐罪 …………… 625
特別公務員暴行陵虐致死（傷）罪 … 626
特別司法警察員 …………………… 107
特別司法警察職員 ………………… 624
特別の義務 ………………………… 63
特別予防主義 ……………………… 8
特別予防主義 ……………………… 9
独立燃焼説 ………………………… 387
賭博 ………………………………… 557
賭博開張等図利罪 ………………… 558
賭博罪 ……………………………… 556
賭博場の開張 ……………………… 558
富くじ ……………………………… 561
富籤（とみくじ）【旧】→ …………… 富くじ
富くじ授受罪 ……………………… 560
富くじ取次罪 ……………………… 560
富くじ発売罪 ……………………… 560
図利加害の目的 …………………… 354
取次 ………………………………… 561
トロイの木馬 ……………………… 516

　ーなー

内国に流通【旧】→日本国内に流通する…… 449
内乱陰謀罪 ………………………… 101
名古屋中郵事件 …………………… 69
生あへん …………………………… 431
生カード …………………………… 506

事項索引 677

－に－

二項恐喝	334
二項詐欺	319
日銀法	445
日活ポルノビデオ事件	523
日本銀行法	574
日本国内に流通する	449
日本専売公社のたばこの外箱（民営化前の）	467
日本電信電話株式会社等に関する法律	631
入札	596, 597
入質横領	344
入試答案（大学の）	483
任意的共犯	110
認識ある過失	81
認識ある過失	97
認識説（犯罪事実の）	80
認識のない過失	97
認証官任免辞令	465
認容説（犯罪事実の）	80

－ね－

練馬事件	114
年齢計算ニ関スル法律	77

－の－

脳幹死説	166
脳死説	166
農地法	324

－は－

売却	594
売却横領	344
配偶者のある者	553

売春防止法	4, 552, 553
排他的経済水域及び大陸棚に関する法律	19
背任	278
背任行為	353
背任罪	351
売買	232
破壊	424, 425
破壊活動防止法	173, 384, 389, 393, 421, 423, 581, 623
博戯（ばくぎ）	557
博徒	559
博徒結合図利罪	558
爆発物取締罰則	21, 108, 401
破産法	21, 23, 26, 245, 592
橋	416
場所提供	435
罰金	143, 145
罰金以上の刑に当たる罪	610
罰金以上の刑にかかる罪を犯した者	611
罰金等臨時措置法	145
発掘	563
発売	561
パラノイア	76
犯意標準説	132
反抗を著しく困難にする程度のもの	536
犯罪共同説	126
犯罪供用物件	150
犯罪構成事実	28
犯罪構成要件	25
犯罪構成要素	25
犯罪捜査のための通信傍受に関する法律	624
犯罪組成物件	150
犯人隠避罪	610
犯人自身の行為	612

犯人蔵匿罪 …………………………… 610

販売 ……………………………………… 432

頒布 ……………………………………… 525

－ひ－

ＰＴＳＤ …………………………………… 177

被害者の承諾 …………………………… 63

被害者の承諾・同意 …………………… 44

被拐取者 ………………………………… 226

被害法益 ………………………………… 30

非現住建造物等放火罪 ………………… 391

被拘禁者奪取罪 ………………………… 606

非訟事件手続法 ………………………… 617

非奪取罪 ………………………………… 279

必要かつ相当な限度 …………………… 51

必要的共犯 ……………………………… 110

人 …………… 165, 220, 270, 328, 516

人質行為防止条約 ……………………… 21

人質にして …………………………… 224

人質による強要行為等の処罰に関する

　法律（人質処罰法）…… 21, 24, 224

人に ……………………………………… 621

人の飲料に供する ……………………… 437

人の看守する …………………………… 241

人の業務に使用する電子計算機 ……… 270

人の財産上の事務処理を誤らせる目的 498, 503

人の事務処理に使用する電子計算機 … 328

人の事務処理の用に供し ……… 330, 491

人の事務処理を誤らせる目的 ………… 488

人の住居に使用せず …………………… 391

人の電子計算機における実行の用に供

　する …………………………… 516, 517

人又は車の通行を妨害する目的 ……… 192

非難可能性 ……………………………… 74

避難の意思 ……………………………… 61

秘密 ……………………………………… 246

秘密漏示罪 ……………………………… 246

標示【旧】→表示 ……………………… 587

表示…………………………………… 587

百円札に紛らわしい外観の飲食店サービス券　87

第177条の罪若しくはその未遂の罪を

　犯した者 …………………………… 310

開かれた構成要件 ……………………… 92

非領得罪 ………………………………… 279

火を失して【旧】→失火により ……… 399

－ふ－

封印 ……………………………………… 587

封印破棄罪 ……………………………… 587

封緘（ふうかん）【旧】→封をする … 245

封をする ………………………………… 245

不解散 …………………………………… 384

不確定刑 ………………………………… 13

附加刑 …………………………………… 143

不可罰的事後行為 ……… 32, 326, 366

武器対等の原則 ………………………… 51

覆没（ふくぼつ）【旧】→沈没……… 422

誣告（ぶこく）【旧】 ………………… 622

不作為犯 ………………………………… 34

不実 ……………………………………… 475

不実記載公正証書原本行使罪 ………… 479

不実の電磁的記録 ……………………… 329

侮辱 ……………………………………… 259

侮辱罪 …………………………………… 259

不真正不作為犯 ………………………… 34

不真正身分犯 …………………… 29, 126

付審判請求 ……………………………… 624

不正アクセス行為の禁止等に関する

事項索引　679

法律 ……………………………… 273, 492

不正競争防止法 ……………… 23, 246, 316

不正権益 ……………………………… 169

不正作出 ……………………………… 464

不正作出私（公）電磁的記録供用罪 ……… 487

不正作出の未遂 …………………… 506

不正使用 …………………………… 513, 514

不正指令電磁的記録作成罪 ………… 515

不正指令電磁的記録取得罪 ………… 517

不正電磁的記録カード所持罪 ……… 502

不正な職務行為 …………………… 633

不正な指令 ………………………… 328, 516

不正な指令を記述した電磁的記録、その

　他の記録 ………………………… 516

不正な利益 ………………………… 598

不正に取得された ………………… 505

不正に作る ……………………… 489, 500

不退去 ……………………………… 242

2人以上通謀して逃走 …………… 605

物色 …………………………… 286, 291

物色行為 …………………………… 33

物品税証紙 ……………………… 467

物品税表示証紙 …………………… 512

物品税表示証の検印 ……………… 512

不定期刑 …………………………… 13

不同意性交等 ……………………… 311

不同意性交等罪 …………………… 541

不同意性交等の機会にその犯入が ……… 310

不同意堕胎罪 ……………………… 208

不同意堕胎致死（傷）罪 ………… 209

不同意わいせつ罪 ………………… 533

不同意わいせつ等致死（傷）罪 ……… 548

不動産侵奪罪 ……………………… 291

不動産登記ファイル ……………… 329

不動産登記簿 ……………………… 473

不動産登記法 …………………… 469, 474

不動産登記法及び商業登記の一部を

　改正する法律 …………………… 474

船荷証券 …………………………… 493

船の鑑札 …………………………… 476

不能犯 ……………………………… 38

不法原因給付 ……………………… 342

不法に ……………………………… 43

不法に領得する意思 ……………… 284

不法領得の意思 …… 285, 316, 343, 355, 356

不利益条件での譲渡・権利設定 ………… 591

振替貯金払出証書受領証 ………… 489

プリペイドカード … 329, 330, 370, 499, 502

プログラムのコード ……………… 516

付和随行 …………………………… 383

附和随行【旧】→付和随行 ……… 383

文書 ………………………………… 453

文書の作成名義 …………………… 455

墳墓 ………………………………… 563

墳墓発掘 …………………………… 566

墳墓発掘遺骨等遺棄罪 …………… 566

墳墓発掘棺内蔵置物遺棄罪 ……… 566

墳墓発掘罪 ………………………… 563

墳墓発掘死体遺棄罪 ……………… 566

―へ―

平均人標準説 ……………………… 100

併合罪 ……………………………… 134

閉塞 ………………………………… 441

閉塞 ………………………………… 416

弁解録取書 ………………………… 368

変死者 ……………………………… 567

変死者密葬罪 ……………………… 566

680 事項索引

騙取（へんしゅ）【旧】 …………………… 317

変造 …… 447, 458, 461, 467, 483, 495, 614

変造有価証券行使罪 …………………… 497

片面的従犯 …………………………………… 123

弁理士法 ………………………………………… 249

－ほ－

ボイラー ……………………………………… 401

ポイントカード ……………………………… 499

防衛行為の相当性 …………………………… 51

防衛の意思 …………………………………… 50

法益権衡の原則 ………………………… 51, 62

法益の権衡性 ………………………………… 62

法益の侵害 …………………………………… 30

法益標準説 …………………………………… 132

放火 …………………………………………… 386

包括一罪 ……………………………………… 133

暴行 ……… 218, 223, 293, 302, 382, 542,
　　　　　　575, 593, 604, 608, 625

暴行罪 ………………………………………… 185

暴行を加える ……………………………… 185

報酬としての賄賂 ………………………… 634

報酬を得、又は得させる目的で ……… 596

幇助 …………………………………… 123, 234

法条競合 ……………………………………… 139

幇助犯 ………………………………… 109, 122

幇助犯の錯誤 ………………………………… 130

法人税納税証明書 ………………………… 468

法定刑 ………………………………………… 150

法定通算 ……………………………………… 159

法定的符合説 ……………………… 83, 84, 131

法定犯 ………………………………………… 6

方法の錯誤 ………………………………… 82, 83

葬る …………………………………………… 567

房屋給与【旧】→場所提供 ……………… 435

法律上の占有 ……………………………… 346

法律の錯誤 …………………………………… 87

暴力行為等処罰ニ関スル法律　21, 24, 113, 139,
　　　　　　180, 187, 196, 221, 335, 375, 581

法令によって公務に従事する職員 ……… 574

法令により拘禁された者 …601, 606, 607, 608

法令による行為 ……………………………… 44

保管 363, 505, 518, 　　　　　　　　526

保険業法 ……………………………………… 357

保護責任 ……………………………………… 211

保護責任者遺棄罪 ………………………… 211

保護責任者遺棄致死（傷）罪 …………… 212

保護の客体 …………………………………… 30

保護法益 ……………………………………… 30

補充関係（法条競合） …………………… 140

補充の原則 ………………………………… 51, 61

補助金等適正化法 ………………………… 324

補助者 ………………………………………… 624

母体保護法 …………………………………… 206

没収 ………………………………… 143, 145, 635

捕虜等に関するジュネーブ諸条約 ……… 21

本人に損害を加える目的 ………………… 354

本人の偽証教唆 …………………………… 619

翻訳人 ………………………………………… 620

－ま－

マイレイジカード………………………… 490

国際的な協力の下に規制薬物に係る不正行
　　為を助長する行為等の防止を図るための
　　麻薬及び向精神薬取締法等の特例等に関
　　する法律（麻薬特例法）……… 4, 21, 24, 85,
　　　　　　　　　145, 430, 432

麻薬取締官………………………………… 579

事項索引　681

―み―

未決勾留日数の本刑算入	159
未遂	103
未遂犯	103
未成年者	227, 332
三鷹事件	420, 424
みなし公務員	574
身の代金拐取予備罪	237
身の代金目的拐取罪	229
未必の故意	37, 56, 81, 97, 114
未必の殺意	170
身分証明書	483
身分なき者の加功	476
身分犯	29, 208, 470, 547, 608
脈搏終止説	166
民事再生法	21, 23, 592
民事執行法	587, 591, 593, 594, 596
民事訴訟法	587, 589, 617, 620
民事保全法	591
民法	11, 45, 165, 211, 220, 227, 279, 332, 341, 342, 343, 347, 349, 351, 353, 361, 546

―む―

無印公文書偽（変）造罪	465
無印私文書	484
無印私文書偽造（変造）罪	482
無形偽造	457, 458, 496
無形偽造的変造	461, 471
無償譲受け	362

―め―

名義人	455

―も―

名刺（他人名義の）	514
名誉	253
名誉の毀損	255
命令・処分を無効にする	588
面会	552
面会強請	616
面会の強請	335
免状	476
免状等不実記載罪	472
免責証券	493

―も―

燃え上がり説	387
目的刑	8
目的犯	354
模造	446
模造百円札事件	89
森永ドライミルク砒素中毒事件	96

―や―

薬害エイズ事件	98
薬剤師の免状	476
約束	630
約束手形	495
薬物	190
薬物使用等の罪を犯した者に対する刑の一部の執行猶予に関する法律	159
弥彦神社参拝群衆死傷事件	93
やむを得ずにした行為	51, 61

―ゆ―

有印公文書偽（変）造罪	465
有印私文書偽造	483
有印私文書偽造（変造）罪	482

682 事項索引

誘拐 …………………………………… 227

誘拐罪 ………………………………… 226

有価証券 ……………………………… 493

有価証券偽造罪 ……………………… 495

有価証券虚偽記入罪 ………………… 495

有価証券変造罪 ……………………… 495

有形偽造 ……………… 457, 467, 495

有形偽造的変造 ……… 461, 467, 483

有償処分のあっせん ………………… 363

有償頒布目的所持・保管 …………… 525

有償譲受け …………………………… 363

有責性 ……………… 25, 26, 43, 91

有体性説 ……………………………… 279

有体物 ………………………………… 279

郵便切手 ……………………………… 493

郵便貯金通帳（民営化前の） ……… 466

郵便物の日付印（民営化前の） …… 467, 512

郵便法 ……… 69, 245, 246, 377, 493

猶予の言渡前に犯した他の罪 ……… 158

誘惑 …………………………… 227, 552

譲り渡す ……………………………… 501

輸送 …………………………………… 234

輸入 …………………… 431, 447, 497

許された危険 ………………………… 94

－よ－

要求 …………………………………… 552

壅塞（ようそく）【旧】→閉塞 ……… 416, 441

用法上の凶器 ………………… 196, 222

預金者保護法 ………………………… 327

預金元帳ファイル …………… 489, 490

予見可能性 …………………………… 95

預貯金の引出用カード ……………… 500

予備 …………………… 101, 237, 300

－ら－

落款（書画の） ……………………… 513

濫用されるおそれのある支配 ……… 341

－り－

利益を図る …………………… 435, 559

離隔犯 ………………………………… 36

陸揚げ ………………………… 431, 447

陸路 …………………………………… 414

利得罪 ………………………………… 279

リベンジポルノ ……………………… 527

略取 …………………………………… 226

略取罪 ………………………………… 226

留置施設 ……………………… 603, 604

流通食品への毒物の混入等の防止等に
　関する特別措置法 ………………… 439

領海及び接続水域に関する条約 …… 19

陵虐 …………………………………… 625

陵辱 …………………………………… 625

領得罪 ………………………………… 279

両罰規定 ……………………………… 4

旅券 …………………………………… 476

旅券法 ………………………………… 477

履歴書 ………………………………… 483

－る－

類推解釈の禁止 ……………………… 12

－れ－

礼拝所に対する不敬な行為 ………… 562

礼拝所不敬罪 ………………………… 562

－ろ－

漏示 ……………………………… 248

漏泄（ろうせつ）【旧】→漏示 ……………… 248

労働争議行為 …………………………… 68

労働基準監督官 ………………………… 579

労働基準法 …………………………… 4, 347

労働組合法 ………………………… 69, 265

労働争議行為 …………………………… 44

－わ－

ワーム ………………………………… 516

わいせつ ……………………………… 523

わいせつ図画 ………………………… 524

わいせつな行為 …………… 522, 534, 536

猥褻の行為【旧】→わいせつな行為 ………… 522

わいせつの目的 ……………… 228, 551

わいせつ物 …………………………… 523

わいせつ物陳列 ……………………… 522

わいせつ文書 ………………………… 524

わいせつ文書等頒布罪 ……………… 523

わいせつ目的拐取罪 ………………… 228

賄賂 …………………………………… 627

賄賂罪 ………………………………… 627

〈著者について〉

河村　博（かわむらひろし）

昭和52年検事任官
法務省刑事局刑事法制課長
同大臣官房審議官（刑事局担当）
最高検察庁公判部長
横浜地方検察庁検事正
札幌高等検察庁検事長
名古屋高等検察庁検事長等を経て
現在弁護士・元同志社大学法学部教授

編・著書

大コンメンタール刑法
大コンメンタール刑事訴訟法
注解特別刑法・火薬類取締法
裁判例コンメンタール（青林書院）
注釈刑事訴訟法
注釈特別刑法・医師法・医療法・あへん法（立花書房）
条解刑法
条解刑事訴訟法（弘文堂）等

10訂版－実務家のための－

刑 法 概 説

平成 6 年 6 月10日	初版発行	平成23年10月 5 日	7 訂版発行
平成 7 年 8 月10日	改訂版発行	平成27年 6 月22日	8 訂版発行
平成12年 3 月27日	3 訂版発行	平成30年11月 4 日	9 訂版発行
平成14年 3 月12日	4 訂版発行	令和 6 年11月 8 日	10訂版発行
平成17年 9 月25日	5 訂版発行		
平成19年11月29日	6 訂版発行		

著　者　河村 博
発行者　網谷玲彦
発行所　株式会社 実務法規
住　所　東京都中野区上高田 3 － 8 － 1
電　話　03－3319－0180
ＦＡＸ　03－3319－7056
振　替　00150－0－663025
ＵＲＬ　http://net-kindai.com/
印　刷　株式会社 啓文堂
製　本　根本製本 株式会社

検印省略

ISBN978-4-86088-030-9 C3032

●落丁・乱丁は、送料当社負担にてお取り替えいたします。

JCOPY ＜出版者著作権管理機構 委託出版物＞

本書（誌）の無断複製は著作権法上での例外を除き禁じられています。複製される場合は、そのつど事前に、出版者著作権管理機構（電話 03-5244-5088、FAX 03-5244-5089、e-mail: info@jcopy.or.jp）の許諾を得てください。

〔8訂版〕
犯罪事実記載の実務　刑法犯
Ａ－5判・全730頁

定価（本体価格 3,800 円＋税）

ISBN978-4-86088-029-3　C3032

末永秀夫・絹川信博・坂井靖・大仲土和・
長野哲生・室井和弘・中村芳生 共著

不同意性交等罪、不同意わいせつ罪、面会要求罪、侮辱罪、逃
走罪などの法改正に対応。

犯罪事実という具体例とともに最新の重要判例も解説している
ので、「生きた刑法」がわかる。

【本書の特色】

① 犯罪事実の記載例の重要な文言には番号が振ってあり、後述の「**注釈**」の番
号と照らし合わせることで、「**犯罪の構成要件**」が理解できる本書だけのオリジ
ナルの解説。

② 「**注釈**」にあたっては、犯罪を構成する個々の事実の意味について最新の「**重
要判例**」を紹介しながら解説を行ない、本書に記載例として掲載されていない
多種多様な犯罪事実にも対応できる。

③ 「**重要判例**」や「**関連項目**」は、他の章でも解説されている場合には「**参照頁
で紐付け**」されているので、関係がわかりやすく、有機的・立体的に理解でき
る。

④ 「**判例索引**」を巻末に掲載。「犯罪事実」という豊富な実例を780件超の実務上
重要な判例とともに解説。刑法の条文を事例から理解出来るので、「**生きた刑
法**」がわかる。